최신 기출문제 완벽 분석

2024

ADsP

데이터분석 준전문가

최신 기출문제 완벽 분석

2024 ADsP 데이터분석 준전문가

지은이 전용문, 박현민
펴낸이 박찬규 엮은이 이대엽, 윤가희, 전이주 디자인 북누리 표지디자인 아로와 & 아로와나

펴낸곳 위키북스 전화 031-955-3658, 3659 팩스 031-955-3660
주소 경기도 파주시 문발로 115 세종출판벤처타운 #311

가격 28,000 페이지 508 책규격 188 x 240mm

1쇄 발행 2024년 01월 15일
2쇄 발행 2024년 02월 15일
3쇄 발행 2024년 03월 15일
4쇄 발행 2024년 07월 15일
5쇄 발행 2024년 08월 30일
ISBN 979-11-5839-483-7 (13000)

등록번호 제406-2006-000036호 등록일자 2006년 05월 19일
홈페이지 wikibook.co.kr 전자우편 wikibook@wikibook.co.kr

최신 기출문제 완벽 분석

2024 ADsP 데이터분석 준전문가

전용문, 박현민 지음

위키북스

전용문

이 책은 빠르고 효율적으로 ADsP 자격 검정 시험에 합격하는 것을 목표로 쓰여졌습니다. 방대한 데이터 분석 콘텐츠를 ADsP 자격 검정 시험 출제 경향에 맞게 간결하게 정리하여 시간에 쫓기는 수험생들에게 최대한 공부 효율을 높일 수 있도록 구성했습니다. 20일만에 데이터 분석의 모든 것을 다 알기란 불가능에 가깝습니다. 하지만 20일 동안 이 책과 함께 매일 쉬지 않고 꾸준히 공부한다면 ADsP 합격은 전혀 불가능한 일이 아닙니다. ADsP 시험은 만점을 요구하는 시험이 아닙니다. 총 3과목이며 과목당 40점 이상, 평균 60점 이상을 획득하면 합격 가능하기에 초심자나 비전공자라 하더라도 20일이면 충분히 가능하리라 생각합니다. 이 책과 함께한 독자 여러분의 합격을 진심으로 기원합니다.

독자가 만나는 가장 첫 지면이 서문이지만, 실은 저자가 마지막 탈고를 앞두고 가장 힘들게 쓰는 글이기도 합니다. 고통스러운 원고 마감에서 벗어날 수 있다는 안도감 혹은 걱정과 불안이 교차하는 시간입니다. 집필의 마지막 문장이 서문이 되는 참 아이러니한 일이지만, 아마도 이 또한 새로운 시작을 위한 마침표라 생각합니다. 새로운 시작을 위해 이 책을 펼친 여러분들도 합격의 마침표를 곧 찍을 수 있으리라 믿습니다. 독자 여러분들의 건투를 빕니다.

박현민

4차 산업혁명이 진행되는 21세기의 대표적인 분야 중 하나가 빅데이터입니다. 그로 인해 많은 산업현장에서 빅데이터를 도입하려는 움직임이 적지 않습니다. 그러나 데이터를 다룬다는 것은 각 분야의 도메인 지식을 반드시 필요로 하며, 더 이상 특정 분야의 전공자만 접근할 수 있는 영역이 아닙니다.

데이터 분야의 인재로 거듭나기 위한 첫걸음으로 내디딜 수 있는 것이 바로 '한국데이터산업진흥원'에서 주관하는 데이터분석 준전문가(ADsP) 시험입니다. 이 시험을 준비하는 과정에서 가장 빠르고 쉽게 데이터 분석 역량을 확보할 수 있습니다. 그러나 시험을 준비하는 수험생분들께 한국데이터산업진흥원에서 출간한 《데이터 분석 전문가 가이드》는 1000페이지에 달하는 분량으로 핵심적인 내용만 파악하기 힘든 문제점이 있습니다. 따라서 이 책은 《데이터 분석 전문가 가이드》를 바탕으로 수험생분들이 중요한 부분만 빠르게 이해하는 데 초점을 맞춰 내용을 재구성했습니다. 이와 더불어 수험생분들의 꾸준한 학습을 위해 모바일 앱과 함께 네이버 카페(https://cafe.naver.com/easyadsp)를 운영하고 있으므로 많은 수험생분들이 도움을 얻었으면 합니다. 이 책을 통해 수험생분들이 많은 양의 데이터 속에서 가치를 찾는 데이터 분석 역량을 얻고, 원하는 산업 분야에 이를 적용함으로써 새로운 가치를 찾고 해당 산업을 발전시킬 수 있는 계기가 되길 바랍니다.

마지막으로 약 9개월에 걸친 집필 과정이었지만 그 과정에서 계속해서 새로운 것을 배울 수 있었던 값진 시간이었습니다. 책의 집필에 가장 큰 도움을 주신 위키북스 대표님과 관계자분들, 그리고 저의 부족한 부분을 채워 주신 전용문 님, 책을 집필할 기회를 만들어 주신 김혜경 강사님과 ㈜엔코아 관계자분들, 그리고 저의 부모님 모두에게 감사하다는 말씀을 드립니다.

{EASY PASS}

2024 ADsP 데이터분석 준전문가 사용 설명서

(1) 매일 하루에 20쪽 20일

이 책과 함께 하루에 2~3시간 정도 시간을 할애하여 매일 20쪽 내외의 분량을 학습하는 것을 기준으로 삼았습니다. 물론 수험생마다 이보다 더 짧은 시간에 가능할 수도 있고 혹은 시간이 더 소요될 수도 있습니다. 각 개인의 여건에 따라 탄력적으로 응용하시면 됩니다. 공부를 하면서 도저히 하루에 20쪽 내외의 분량을 소화하기 어려울 경우 2일 과정을 3일로 조율하는 등 탄력적으로 수정해서 계획을 세우길 바랍니다.

【 ADsP 과목별 문항 및 배점 】

과목	과목명	문항수	배점	합격기준
I 과목	데이터 이해	10	20	합격 총점 60점 이상 과락 과목별 40% 미만 (총점이 합격점을 넘어도 과락 있을 시 불합격)
II 과목	데이터 분석 기획	10	20	
III 과목	데이터 분석	30	60	
계		50	100	

더 자세한 수험 정보는 한국데이터산업진흥원 데이터 자격검정 사이트 'dataq.or.kr'을 참고하기 바랍니다.

【 ADsP 20일 스터디 계획 】

Day	과목	장	절
1_day	I	1장 데이터 이해	1절 데이터와 정보 2절 데이터베이스
		2장 데이터의 가치와 미래	1절 빅데이터의 이해
2_day	I		2절 데이터의 가치와 미래
			3절 가치창조를 위한 데이터 사이언스와 전략 인사이트
			[기출 유형 문제] + [예상문제]

Day	과목	장	절
3_day	II	1장 데이터 분석 기획의 이해	1절 분석 기획과 분석 방법론
4_day	II		2절 분석 과제 발굴 3절 분석 프로젝트 관리 방안
5_day	II	2장 분석 마스터플랜	1절 마스터플랜 수립
6_day	II		2절 분석 거버넌스 체계 수립 [기출 유형 문제] + [예상문제]
7_day	III	1장 R 기초와 데이터 마트	1절 R 기초
8_day	III		2절 데이터 마트 3절 데이터 탐색
9_day	III	2장 통계 분석	1절 통계의 이해
10_ day	III		2절 기초통계
11_ day	III		3절 회귀분석
12_ day	III		4절 다변량 분석
13_ day	III		5절 시계열 분석
14_ day	III	3장 정형 데이터 마이닝	1절 데이터 마이닝
15_ day	III		2절 분류 분석 1. 로지스틱 회귀분석 2. 의사결정나무 3. 앙상블 분석
16_ day	III		4. 인공신경망 분석 5. 나이브 베이즈 분류 6. k-NN 알고리즘 7. 서포트벡터머신 8. 분류 모형 성과 평가
17_ day	III		3절 군집분석 1. 군집분석 2. 계층적 군집분석 3. 혼합 분포 군집 4. 자기조직화지도(SOM)
18_ day	III		4절 연관분석 1. 연관분석의 개요 및 측도 2. 연관분석의 알고리즘과 특징
19_ day	III	문제 풀이 + 핵심 체크	[기출 유형 문제] + [예상문제]
20_ day	all	모의고사 + 기출문제 + 오답노트	[모의고사 3회차] + [기출문제 3회차]

(2) 초심자 비전공자를 위한 'EASY BOX'

데이터 분석의 방대한 내용을 ADsP 시험에 맞게 압축한 내용이므로, 초심자나 비전공자가 보기에는 사실 어려운 내용들이 많습니다. 그래서 초심자 · 비전공자 입장에서 이해하기 어려운 개념이거나 꼭 알아야 하는 중요한 내용은 별도로 'EASY BOX'를 구성하여 이해하기 쉽도록 구성했습니다. 물론 어느 정도 기초 지식이 있으신 독자분들은 건너뛰셔도 됩니다.

8. 분류 모형 성과 평가 ★★★

(1) 성과 평가 개요

- 지금까지 다양한 분류 분석 기법들을 알아보았다. 여러 분류 기법들을 적용해보고 여러 모델 중 가장 예측력이 좋은 모델을 최종 모델로 선정하기 위해서는 평가 기준이 필요하다.
- 모형 평가의 기준으로는 다른 데이터에서도 안정적으로 적용이 가능한지 판단하는 일반화, 모형의 계산 양에 비한 모형의 성능을 고려하는 효율성, 구축된 모형의 분류 정확성 등의 기준이 있다.
- 여기서는 컨퓨전매트릭스(Confusion Matrix, 혼동행렬)라고도 불리는 오분류표, ROC 커브, 이익도표, 향상도곡선 등에 대해 알아보기로 한다.

성과 평가는 모형 성능 개선의 일환 EASY BOX

데이터 마이닝에서 성과 평가는 모형의 성능 개선 관점에서 바라볼 필요가 있다. 모형의 성과는 그저 단순히 점수를 매기는 것 이상의 의미를 가진다. 성과 평가를 하는 근본적인 이유는 바로 모형의 성능을 높이기 위해서다. '모형의 성능을 높인다=모형의 설명력을 높인다=모형의 예측력을 높인다'는 모두 같은 개념의 말이다. 즉, 성과 평가를 통해 궁극적으로 모형의 성능을 높이는 목적이 있다. 만약 여러분이 R이나 파이썬 등의 도구를 이용해 데이터 분석을 해보았다면 이 말에 충분히 공감할 것이다. 실제 데이터 마이닝 과정에서는 성과 평가로 끝나는 것이 아니라 이를 바탕으로 다시 분석을 수행하는 경우가 빈번하다. 그렇게 수차례에 걸쳐 분석을 수행하고 또 성과를 평가하면서 가장 성능이 높은 모형을 최종적으로 완성해 나가는 것이 데이터 마이닝의 과정이다.

(2) 오분류표와 평가 지표 ★★★

- 분류분석 성과 평가는 간단히 말해서 분류분석 모형이 내놓은 답과 실제 정답이 어느 정도 일치하는지를 판단하는 것이다. 일반적으로 정답과 예측값은 True와 False, 0과 1, 양성과 음성, Yes와 No 등의 이진 분류 클래스 레이블을 갖는다.

TIP _ 오분류표는 중요한 개념입니다. 자주 등장하는 이도, 민감도, 정밀도 등 오분류표의 특 ... 문제도 여러 번 ... 스코어 등을 계산하는 ... 출제된 적이 있으므로 계산방법도 잘 알아두어야 합니다.

- 분류분석 후 예측한 값과 실제 값을 차이를 교차표(Cross Table) 형태로 정리한 것을 오분류표 혹은 컨퓨전매트릭스(Confusion Matrix, 혼동행렬)라고 부른다.
- 오분류표는 실제값과 예측치의 값에 대한 옳고 그름을 표로 나타낸 것으로, 분류오차의 정확한 추정치를 얻기 위해서 평가용(test) 데이터로부터 계산되어 얻은 표다. 훈련용(train) 데이터를 활용한 오분류표는 과적합의 위험성이 존재하기 때문이다. 다음 페이지의 표에서 실제집단과 예측집단의 위치를 헷갈리지 않도록 주의하자.

318 ADsP 데이터분석 준전문가

(3) 친절한 'TIP BOX'와 '★표시'

시험에 자주 나오는 중요한 개념이거나 반드시 체크해야 할 내용은 본문 중간 중간에 'TIP BOX'를 구성하여 수시로 중요도를 파악할 수 있게 했습니다. 또 중요한 내용에는 '★표시'를 통해 놓치지 않도록 구성했습니다.

(4) 깊이감을 더하는 '참고 BOX'

좀 더 자세한 내용을 알고 싶을 때 '참고 BOX'를 활용하세요. 본문 곳곳에 수시로 등장하여 본문의 내용을 보충하고, 본문의 이해를 도와줍니다.

(5) 복잡한 내용을 한눈에 알기 쉽게 정리

이 책에는 독자의 이해를 돕기 위해 표, 그림, 다이어그램, 그래프 등 다양한 시각 자료들을 활용하여 구성했습니다.

참고

빅데이터 출현 배경이 된 기술

- 고객 데이터 축적 및 활용 증가(CRM의 확대), 인터넷 확산, 무선통신의 발전(5G), 모바일 생태계 확산, 스마트폰의 확대, 저장 기술의 발전과 메모리 가격 하락, 클라우드 컴퓨팅 기술 발전, SNS 확대, IoT(사물인터넷), 데이터 분석 툴의 발전 등

클라우드 컴퓨팅은 인터넷('클라우드')을 통해 서버, 스토리지, 데이터베이스, 네트워킹, 소프트웨어, 분석, 인텔리전스 등의 컴퓨팅 서비스를 제공하는 것을 말한다. 클라우드 컴퓨팅을 통해 더 빠른 혁신과 유연한 리소스를 기업은 제공받을 수 있고, 경영의 이익 효과도 누릴 수 있게 됐다.

【 ICT 발전과 빅데이터의 출현 】

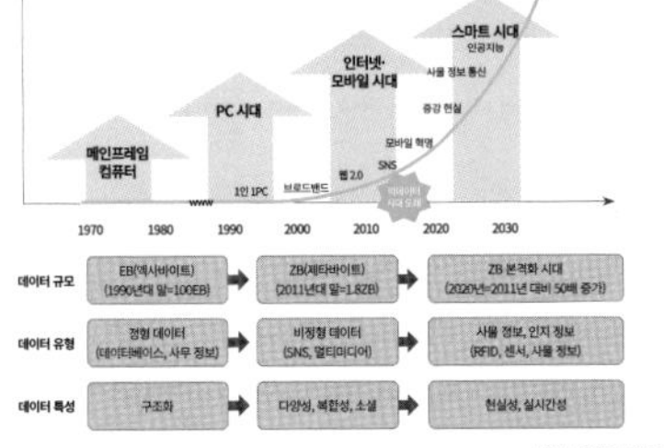

데이터 규모	EB(엑사바이트) (1990년대 말=100EB)	ZB(제타바이트) (2011년대 말=1.8ZB)	ZB 본격화 시대 (2020년=2011년 대비 50배 증가)
데이터 유형	정형 데이터 (데이터베이스, 사무 정보)	비정형 데이터 (SNS, 멀티미디어)	사물 정보, 인지 정보 (RFID, 센서, 사물 정보)
데이터 특성	구조화	다양성, 복합성, 소셜	현실성, 실시간성

* 출처: <데이터 분석전문가가이드>, 한국데이터산업진흥원

(2) 빅데이터의 기능과 변화

TIP _ 빅데이터의 '기능' 및 '빅데이터에 거는 기대'를 비유한 표현들은 시험에 자주 출제되었습니다.

① 빅데이터의 기능 ***

빅데이터는 "산업혁명의 석탄 · 철"	제조업뿐만 아니라 서비스 분야의 생산성을 획기적으로 끌어올려 사회 · 경제 · 문화 · 생활 전반에 혁명적 변화를 가져올 것으로 기대된다.
빅데이터는 "21세기 원유"	빅데이터도 원유처럼 각종 비즈니스, 공공기관 대국민 서비스, 그리고 경제 성장에 필요한 정보를 제공하여 산업 전반의 생산성을 향상시키고 새로운 범주의 산업을 만들어낼 것으로 기대된다.
빅데이터는 "렌즈"	렌즈를 통해 현미경이 생물학 발전에 끼쳤던 영향만큼, 빅데이터도 렌즈처럼 산업 발전에 큰 영향을 줄 것으로 기대된다. **대표 사례)** 구글의 Ngram Viewer
빅데이터는 "플랫폼"	플랫폼은 공동 활용의 목적으로 구축된 유무형의 구조물을 말한다. 빅데이터는 플랫폼으로서 다양한 서드파티 비즈니스에 활용될 것으로 기대된다. **대표 사례)** 페이스북, 카카오톡 등

② 빅데이터가 만들어내는 변화 ***

TIP _ 시험에 자주 등장하는 중요한 개념이며, '후-전-양-상'으로 암기하면 쉽습니다.

- **사전처리 → 사후처리:** 데이터를 사전 처리하지 않고, 가능한 많은 데이터를 모으고 데이터를 다양한 방식으로 조합하여 숨은 인사이트를 발굴한다.
- **표본조사 → 전수조사:** IoT · 클라우드 기술의 발전으로 데이터 처리 비용이 감소하게 되면서 데이터 활용 방법이 표본조사에서 전수조사로 변화했다.
- **질 → 양:** 수집 데이터의 양이 증가할수록 분석의 정확도가 높아져 양질의 분석 결과 산출에 긍정적인 영향을 주었다.
- **인과관계 → 상관관계:** 특정한 인과관계가 중요시되던 과거와 달리, 데이터의 양이 급격하게 늘어나면서 상관관계를 통해 특정 현상의 발생 가능성이 포착되고 그에 상응하는 행동을 추천하는 등 상관관계를 통한 인사이트 도출이 점점 확산되고 있다.

③ 빅데이터의 등장에 따른 변화

- 빅데이터가 등장함에 따라 다양한 영역에서의 변화가 일어나고 있다. 빅데이터는 크게 '기술과 인재&조직', 이 두 가지 범주에 영향을 끼치고 있다. 첫 번째는 빅데이터의 등장에 의한 기술 변화이고, 두 번째는 인재와 조직의 변화다. 빅데이터에 의해 데이터의 처리, 저장, 분석 및 아키텍처의 기술까지 변화하고 있으며, 데이터 사이언티스트 같은 인재가 요구되면서 동시에 데이터 중심의 조직이 등장하기 시작하였다.

【 빅데이터로 인한 변화 】

기술 변화	데이터 변화	인재 조직 변화
데이터 처리, 저장, 분석 및 아키텍처 클라우드 컴퓨팅 활용	데이터의 양(Volume) 데이터의 유형(Variety) 데이터의 수집 및 처리 기술(Velocity)	데이터 사이언티스트 수요 증가 데이터 중심 조직 등장

26 ADsP 데이터분석 준전문가

1과목 _ 데이터 이해 27

01. 빅데이터 시대가 도래하면서 발생 가능한 부정적인 측면 중 하나인 '책임 원칙의 훼손'에 대한 사례로 가장 적절한 것은?

① 빈집털이를 목적으로 SNS를 활용한 탐색
② 구글의 사용자 행동 예측
③ 알 수 없는 이유로 인한 인공지능으로부터의 피해 발생
④ 인공지능의 범죄 예측으로 범죄 발생 이전에 체포

02. 다음 중 빅데이터 시대의 위기 요인 중 사생활 침해 문제를 해결하기 위한 대책으로 올바른 것은 무엇인가?

① 알고리즈미스트를 통한 사생활 침해 문제 해결
② 개인정보를 사용하는 사람이 직접 책임지는 책임제의 도입
③ 개인정보 주체로부터 개인정보 사용을 위한 허락 절차 강화
④ 정보주체에게 피해가 예상되는 경우 정보를 사용할 수 없도록 제한

03. 다음 중 개인정보 비식별화 기법을 설명한 것으로 가장 부적절한 것은?

① 데이터 마스킹 – 개인 식별을 위한 데이터를 삭제
② 총계 처리 – 데이터의 총합 또는 평균을 나타내어 개별 데이터 값을 숨김
③ 가명 처리 – 개인 식별을 위한 데이터를 식별할 수 없는 값으로 변경
④ 범주화 – 데이터의 값을 범주화하여 기존 값을 감춤

[6] 핵심문제로 점검

본문의 '절'마다 공부가 끝나면 곧바로 자신이 공부한 내용 중 핵심 사항을 문제로 확인할 수 있도록 별도의 핵심문제를 수록했습니다. 문항 수가 많지는 않지만 해당 '절'의 가장 중요한 내용이니 꼭 확인하세요.

[7] 최신 출제 유형을 파악하는 '기출 유형 문제'

과목별 최근 3년 간의 출제 유형을 분석하여 '기출 유형 문제'를 새롭게 출제했습니다. 현재 기출문제는 주관처인 한국데이터산업진흥원에서 공개하고 있지 않으며, 기출문제 복원을 금지하고 있습니다. 유형별 분석 후 집필진이 새롭게 출제한 '기출 유형 문제'입니다.

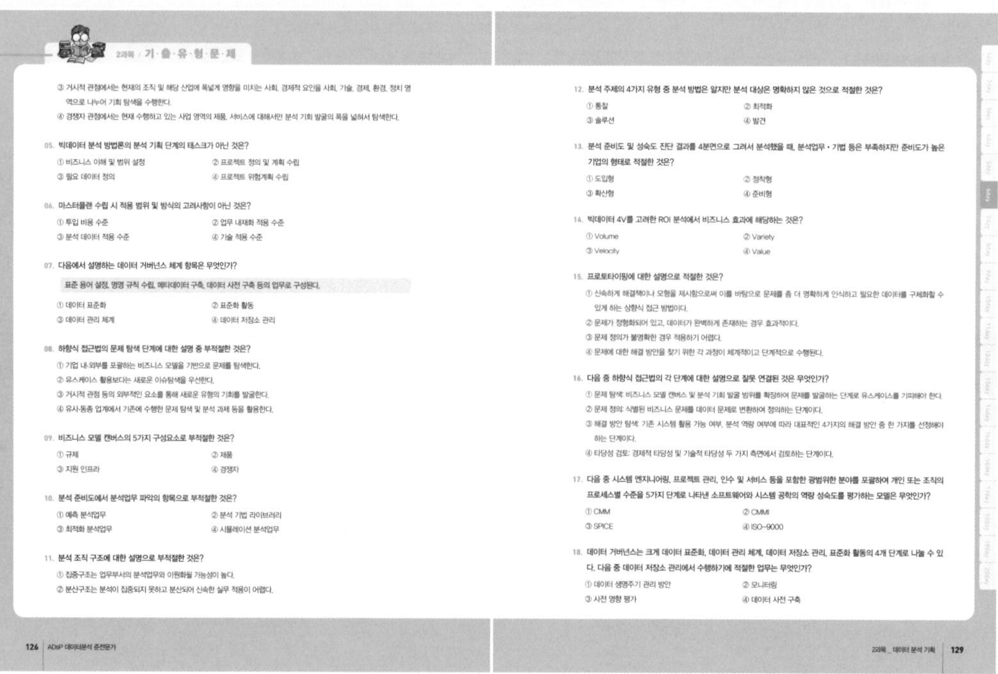

2과목 / 기·출·유·형·문·제

③ 거시적 관점에서는 현재의 조직 및 해당 산업에 폭넓게 영향을 미치는 사회, 경제적 요인을 사회, 기술, 경제, 환경, 정치 영역으로 나누어 기회 탐색을 수행한다.
④ 경쟁자 관점에서는 현재 수행하고 있는 사업 영역의 제품, 서비스에 대해서만 분석 기회 발굴의 폭을 넓혀서 탐색한다.

05. 빅데이터 분석 방법론의 분석 기획 단계의 태스크가 아닌 것은?

① 비즈니스 이해 및 범위 설정 ② 프로젝트 정의 및 계획 수립
③ 필요 데이터 정의 ④ 프로젝트 위험계획 수립

06. 마스터플랜 수립 시 적용 범위 및 방식의 고려사항이 아닌 것은?

① 투입 비용 수준 ② 업무 내재화 적용 수준
③ 분석 데이터 적용 수준 ④ 기술 적용 수준

07. 다음에서 설명하는 데이터 거버넌스 체계 항목은 무엇인가?

표준 용어 설정, 명명 규칙 수립, 메타데이터 구축, 데이터 사전 구축 등의 업무로 구성된다.

① 데이터 표준화 ② 표준화 활동
③ 데이터 관리 체계 ④ 데이터 저장소 관리

08. 하향식 접근법의 문제 탐색 단계에 대한 설명 중 부적절한 것은?

① 기업 내·외부를 포괄하는 비즈니스 모델을 기반으로 문제를 탐색한다.
② 유스케이스 활용보다는 새로운 이슈탐색을 우선한다.
③ 거시적 관점 등의 외부적인 요소를 통해 새로운 유형의 기회를 발굴한다.
④ 유사·동종 업계에서 기존에 수행한 문제 탐색 및 분석 과제 등을 활용한다.

09. 비즈니스 모델 캔버스의 5가지 구성요소로 부적절한 것은?

① 규제 ② 제품
③ 지원 인프라 ④ 경쟁자

10. 분석 준비도에서 분석업무 파악의 항목으로 부적절한 것은?

① 예측 분석업무 ② 분석 기법 라이브러리
③ 최적화 분석업무 ④ 시뮬레이션 분석업무

11. 분석 조직 구조에 대한 설명으로 부적절한 것은?

① 집중구조는 업무부서의 분석업무와 이원화될 가능성이 높다.
② 분산구조는 분석이 집중되지 못하고 분산되어 신속한 실무 적용이 어렵다.

126 ADsP 데이터분석 준전문가

12. 분석 주제의 4가지 유형 중 분석 방법은 알지만 분석 대상은 명확하지 않은 것으로 적절한 것은?

① 통찰 ② 최적화
③ 솔루션 ④ 발견

13. 분석 준비도 및 성숙도 진단 결과를 4분면으로 그려서 분석했을 때, 분석업무 · 기법 등은 부족하지만 준비도가 높은 기업의 형태로 적절한 것은?

① 도입형 ② 정착형
③ 확산형 ④ 준비형

14. 빅데이터 4V를 고려한 ROI 분석에서 비즈니스 효과에 해당하는 것은?

① Volume ② Variety
③ Velocity ④ Value

15. 프로토타이핑에 대한 설명으로 적절한 것은?

① 신속하게 해결책이나 모형을 제시함으로써 이를 바탕으로 문제를 좀 더 명확하게 인식하고 필요한 데이터를 구체화할 수 있게 하는 상향식 접근 방법이다.
② 문제가 정형화되어 있고, 데이터가 완벽하게 존재하는 경우 효과적이다.
③ 문제 정의가 불명확한 경우 적용하기 어렵다.
④ 문제에 대한 해결 방안을 찾기 위한 각 과정이 체계적이고 단계적으로 수행된다.

16. 다음 중 하향식 접근법의 각 단계에 대한 설명으로 잘못 연결된 것은 무엇인가?

① 문제 탐색: 비즈니스 모델 캔버스 및 분석 기회 발굴 범위를 확장하여 문제를 발굴하는 단계로 유스케이스를 기피해야 한다.
② 문제 정의: 식별된 비즈니스 문제를 데이터 문제로 변환하여 정의하는 단계이다.
③ 해결 방안 탐색: 기존 시스템 활용 가능 여부, 분석 역량 여부에 따라 대표적인 4가지의 해결 방안 중 한 가지를 선정해야 하는 단계이다.
④ 타당성 검토: 경제적 타당성 및 기술적 타당성 두 가지 측면에서 검토하는 단계이다.

17. 다음 중 시스템 엔지니어링, 프로젝트 관리, 인수 및 서비스 등을 포함한 광범위한 분야를 포괄하여 개인 또는 조직의 프로세스별 수준을 5가지 단계로 나타낸 소프트웨어와 시스템 공학의 역량 성숙도를 평가하는 모델은 무엇인가?

① CMM ② CMMI
③ SPICE ④ ISO-9000

18. 데이터 거버넌스는 크게 데이터 표준화, 데이터 관리 체계, 데이터 저장소 관리, 표준화 활동의 4개 단계로 나눌 수 있다. 다음 중 데이터 저장소 관리에서 수행하기에 적절한 업무는 무엇인가?

① 데이터 생명주기 관리 방안 ② 모니터링
③ 사전 영향 평가 ④ 데이터 사전 구축

2과목 _ 데이터 분석 기획 129

[8] 과목별 '예상 문제'

과목별 예상문제를 수록하여 공부한 내용을 점검할 수 있도록 했습니다. 예상문제 확인 후 틀린 내용은 본문을 다시 찾아 왜 틀렸는지 꼭 점검하기 바랍니다.

2과목 예·상·문·제

01. 다음 중 빅데이터의 특징을 나타내는 4V의 요소 중 비즈니스 효과에 해당하는 것은 무엇인가?

① Volume ② Variety
③ Velocity ④ Value

02. 기업의 데이터 분석 도입 수준을 명확하게 파악하기 위해 사용하는 분석 준비도의 구성 요소로 가장 적절하지 않은 것은?

① 분석 자원 ② 분석 인프라
③ 분석 기법 ④ 분석 인력

03. 다음 중 분석 마스터플랜 수립을 위한 우선순위 결정에 관련한 내용으로 부적절한 것은 무엇인가?

① 우선순위 선정 결정을 위해 포트폴리오 사분면을 활용한다.
② 일반적인 우선순위 평가는 전략적 중요도와 실행 용이성에서 결정한다.
③ 우선순위 선정 절차는 분석 과제 도출, 우선순위 평가, 우선순위 정렬이다.
④ 기간 및 인력 투입 용이성 정도는 실행 용이성의 기술 용이성 평가 요소다.

04. 문제가 무엇인지 인식하고 그에 대한 해결책을 찾는 하향식 접근법이라 한다. 문제에 대한 해결 방안을 탐색하는 과정에서 분석 역량을 확보했고, 기존 시스템으로 분석 가능한 경우 기업이 검토해야 하는 항목은 무엇인가?

① 교육 및 채용을 통한 역량 확보 ② 전문업체에 소싱
③ 기존 시스템 개선 활용 ④ 시스템 고도화

[9] 모의고사와 최신 기출 문제로 최종 점검

모의고사 3회분과 최신 기출 문제 3회분을 수록했습니다. 시험을 보기 전, 최종적으로 모의고사를 통해 자주 틀리는 문제 유형과 핵심 내용을 빠르게 점검할 수 있습니다.

ADsP(Advanced Data Analytics Semi-Professional)

3회 모의고사

객관식

01. 다음 중 데이터 사이언티스트의 요구 역량 예시로 가장 부적절한 것은 무엇인가?

① R의 ggplot2 또는 파이썬의 matplotlib와 seaborn ② 설득력 있는 전달을 위한 논문 구현 능력
③ 빅데이터 분석 방법론 ④ 강력한 호기심

02. 다음 중 빅데이터가 등장할 수 있었던 배경으로 가장 관련이 적은 것은 무엇인가?

① 스마트폰의 등장과 함께 신규 메신저 서비스 이용 고객 증가
② 이미지, 영상, 음성 등 자료들이 컴퓨터가 읽을 수 있도록 디지털화
③ 인공위성을 활용한 범지구위치결정시스템의 등장
④ 대용량 데이터를 다룰 수 있는 분석 기법 및 분석 도구의 등장

03. 더그 래니는 빅데이터를 3V로 요약하였다. 다음 중 3V를 바르게 짝지은 것은 무엇인가?

① Volume, Variety, Value ② Volume, Velocity, Value
③ Volume, Variety, Velocity ④ Variety, Value, Velocity

04. 다음 중 빅데이터로 인한 변화가 아닌 것은 무엇인가?

① 표본조사에서 전수조사 ② 질에서 양
③ 사전처리에서 사후처리 ④ 상관관계에서 인과관계

05. 다음 중 빅데이터 활용 기본 테크닉과 그 사례가 가장 거리가 멀게 연결된 것은 무엇인가?

① 유형분석 – 기업의 경영 상태, 채권 관련 재무 상태 등으로 기업의 파산(Yes)/회생(No) 여부를 분류
② 회귀분석 – SNS 이용 시간 대비 온라인상에 흘어져 있는 개인정보 데이터 양의 관계
③ 연관분석 – A를 시청한 고객이 B를 시청할 가능성을 파악하여 추천 여부를 결정
④ 기계학습 – 고객의 쇼핑몰 장바구니를 분석해 새로운 상품을 추천

06. 다음 중 데이터베이스에 대한 설명으로 가장 가장 부적절한 것은 무엇인가?

① 데이터베이스란 데이터를 체계적으로 저장한 데이터의 집합이다.
② 데이터베이스는 중복된 데이터를 갖고 있지 않다는 통합된 데이터의 특징이 있다.
③ 데이터베이스와의 통신을 위해서는 SQL이 반드시 필요하다.
④ DBMS는 관계형 데이터베이스뿐 아니라 비정형 데이터베이스 관리 시스템을 포괄한 개념이다.

434 ADsP 데이터분석 준전문가

07. 다음 중 일차원적 분석과 비교하였을 때 전략도출 가치기반 분석의 특징으로 올바른 것은 무엇인가?

① 해당 부서나 업무 영역에서 상당한 효과를 얻을 수 있다.
② 사회 변화 및 고객의 니즈 변화를 빠르게 파악하고 새로운 기회를 포착할 수 있다.
③ 일차원적인 분석으로도 기업이 최고의 의사결정을 내리기에 충분하다.
④ 기업의 의사결정을 위해서는 반드시 전략도출 가치기반 분석을 수행해야 한다.

08. 데이터베이스의 활용은 기업의 목적과 사회의 목적으로 나누어 볼 수 있다. 다음 중 나머지와 다른 특성의 데이터베이스는 무엇인가?

① EAI ② ITS
③ NEIS ④ GPS

09. 다음 중 분석 마스터플랜에 대한 설명으로 가장 부적절한 것은 무엇인가?

① 탐색한 문제에 대한 해결 방안들을 총체적인 관점에서 적용 우선순위를 설정하기 위함이다.
② 우선순위 결정을 위해서는 전략적 중요도, ROI 관점 등의 요소를 고려한다.
③ 적용 범위 및 방식을 고려하기 위해 실행 용이성과 기술 적용 수준의 요소를 고려한다.
④ 분석 마스터플랜은 분석 과제 도출, 우선순위 평가, 이행계획 수립 순서로 수행된다.

10. 다음 중 분석 기획 고려사항에 대한 설명으로 가장 관련이 적은 것은?

① 분석의 재료가 되는 사용 가능한 데이터의 존재 여부를 반드시 고려해야 한다.
② 기존 실패 사례 등 유스케이스를 확보하여 과거의 전례를 밟지 않도록 한다.
③ 분석을 수행하는 데 있어 발생 가능한 장애요소에 대한 사전계획을 수립한다.
④ 확보한 데이터들을 어떻게 분석할 수 있을지 분석 기법과 분석의 목적을 설정한다.

11. 다음 중 분석 과제 발굴을 위한 하향식 접근법을 수행하기 위한 각 단계와 그 설명을 잘못 짝지은 것은 무엇인가?

① 문제 탐색: 분석 과제 발굴을 위해 무엇이 문제인지를 파악하고자 모델 기반 탐색과 외부 사례 기반 문제 탐색을 실시한다.
② 문제 정의: 탐색된 문제에 대하여 데이터 문제를 비즈니스 문제로 변환한다.
③ 해결 방안 탐색: 정의된 문제에 대하여 해결 방안을 모색하는 단계다.
④ 타당성 검토: 경제적 타당성과 데이터 및 기술적 타당성 평가를 통해 해결 방안을 결정한다.

12. 다음 중 분석의 대상(What)과 더불어 분석의 방법(How)을 아는 경우는 어느 유형에 해당하는가?

① Solution ② Optimization
③ Discovery ④ Insight

13. 다음 중 하향식 접근법의 해결 방안 탐색 단계에서 분석의 역량(Who)은 확보하였지만 분석 기법 및 시스템(How)은 기존 시스템을 사용해야 하는 경우 문제 해결을 위한 적절한 방안은 무엇인가?

① 기존 시스템 개선 후 활용 ② 기존 시스템을 활용하기 위한 신규 인력 확보
③ 신규 시스템을 도입하여 시스템을 고도화 ④ 분석 전문업체에 위탁

모의고사 435

[10] 유튜브 무료 강의(핵심 요약 벼락치기 특강) 제공

중요한 핵심 개념을 총정리 할 수 있는 핵심 요약 강의와 기출 문제 풀이 강의로 효율적으로 공부할 수 있습니다.

https://bit.ly/adsp특강

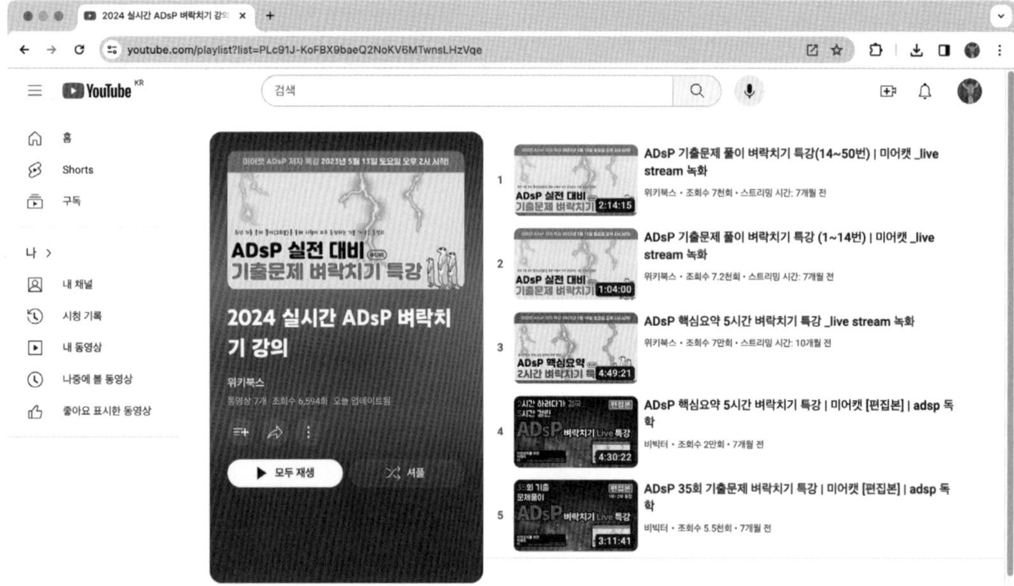

(11) 자투리 시간 활용을 위한 수험용 앱 활용

지하철에서 혹은 누구를 기다릴 때, 자투리 시간을 이용해 앱으로 공부할 수 있습니다.

- 애플 앱스토어 또는 구글 플레이스토어에서 'ADsP'나 '데이터분석 준전문가'로 검색하거나 오른쪽 주소에서 내려받을 수 있습니다.

https://bit.ly/adsp앱

- 데이터분석 준전문가 시험의 기본 정보와 시험 일정을 확인할 수 있습니다. 시험 일정에 있는 [알림] 버튼을 탭하면 캘린더에 일정이 저장됩니다.

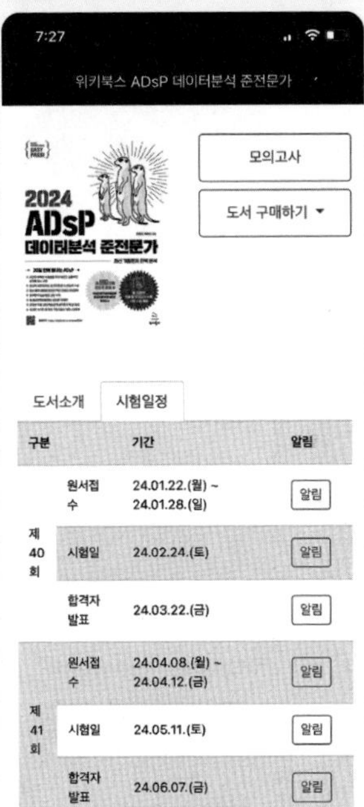

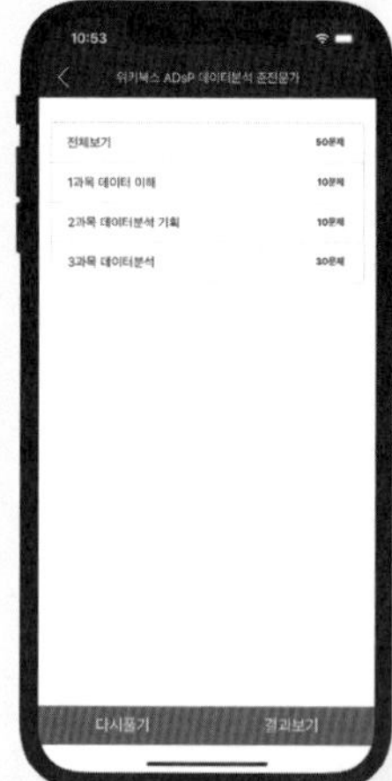

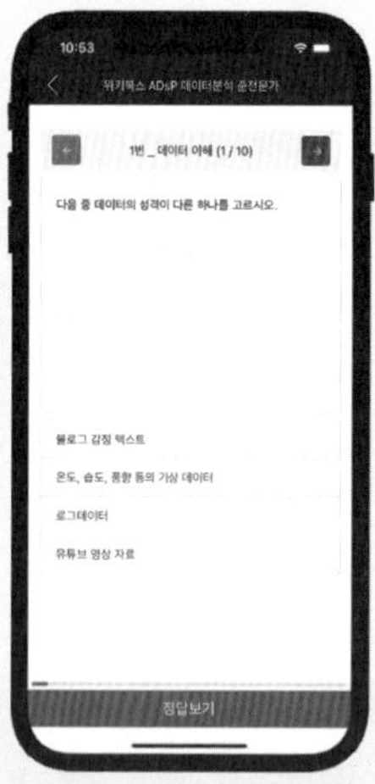

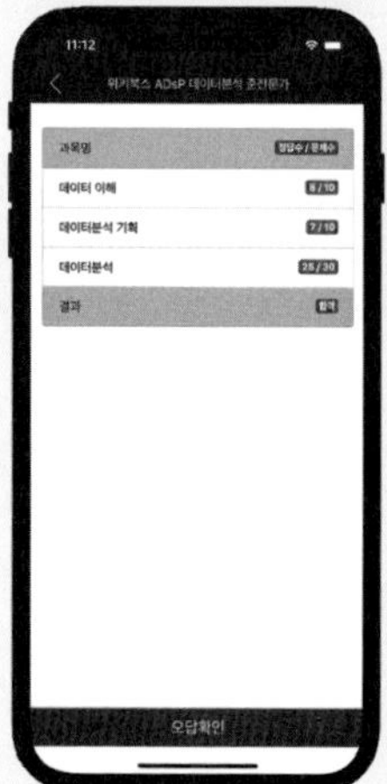

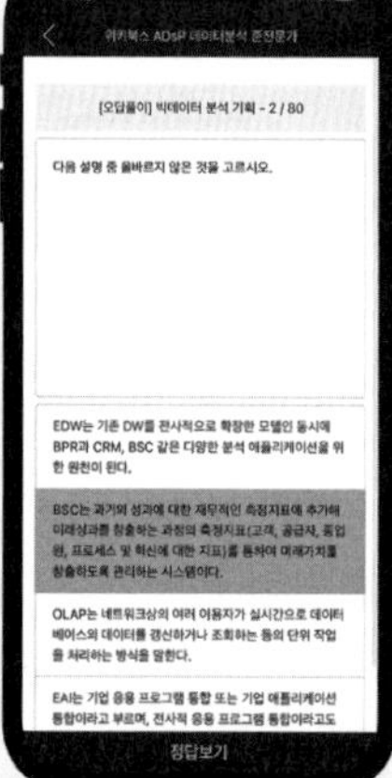

- 모의고사에서는 문제를 풀어볼 수 있습니다. [정답보기] 버튼을 누르면 정답과 해설을 살펴볼 수 있고, 문제를 모두 푼 후에는 채점 결과가 나옵니다. [오답확인]에서는 틀린 문제를 다시 풀어볼 수 있습니다.

데이터분석 준전문가 앱의 일부 기능은 도서 구매 인증이 필요합니다. 인증 코드를 입력하라는 화면이 나오면 표시된 번호에 해당하는 코드를 아래 표에서 찾아 정확하게 입력합니다.

1	XHNWTC	11	LWDKQH	21	KEZECR
2	WEEXGO	12	PRVBPJ	22	HBAFCL
3	ETJQWJ	13	WXAICO	23	LZTNPO
4	YPLZUB	14	IGFXMD	24	YIGEHI
5	BRPRKV	15	FXOFMD	25	BKGJNU
6	HCBNYK	16	TDLFEN	26	IFPJNZ
7	GWEAJS	17	EMOULF	27	LYZFRP
8	RCVLHC	18	FPAJVQ	28	SEMTEU
9	EWGJJG	19	UOQSEI	29	OPHPEP
10	UNXGFP	20	GXCJUP	30	GJFHIC

[12] 독자의 궁금증을 해결해주는 Q&A 커뮤니티 운영!

네이버 카페 '데이터분석 준전문가(ADsP)'에 독자들을 위한 데이터분석 준전문가 커뮤니티를 운영합니다. 커뮤니티에서 궁금한 점을 해결하고, 책에 수록되지 않은 정보와 최신 자료들도 얻을 수 있습니다.

구분	2024년		접수기간	시험일	사전점수 발표	결과 발표
데이터분석 준전문가 (ADsP)	제40회	필기	1.22 ~ 28	2.24(토)	3.15 ~ 19	3.22
	제41회	필기	4.8 ~ 12	5.11(토)	5.31 ~ 6.4	6.7
	제42회	필기	7.1 ~ 5	8.10(토)	8.30 ~ 9.3	9.6
	제43회	필기	9.30 ~ 10.4	11.3(일)	11.22 ~ 26	11.29
빅데이터 분석기사	제8회	필기	3.4 ~ 8	4.6(토)	4.19 ~ 23	4.26
		실기	5.20 ~ 24	6.22(토)	7.5 ~ 9	7.12
	제9회	필기	8.5 ~ 9	9.7(토)	9.20 ~ 24	9.27
		실기	10.28 ~ 11.1	11.30(토)	12.13 ~ 17	12.2

네이버 카페 주소

https://cafe.naver.com/easyadsp

01 과목

데이터 이해

02 과목

데이터 분석 기획

01장 _ 데이터 분석 기획의 이해

02장 _ 분석 마스터플랜

03 과목

데이터 분석

01장 _ R 기초와 데이터 마트

02장 _ 통계 분석

03장 _ 정형 데이터 마이닝

데이터 이해

데이터의 이해

01 _ 데이터와 정보

학습단계	학습목표
1. 데이터의 정의	데이터와 정보의 개념과 기초 지식에 대해 학습한다.
2. 데이터와 정보	암묵지와 형식의 개념을 이해하는 것이 중요하다.

02 _ 데이터베이스

학습단계	학습목표
1. 데이터베이스 개요	데이터베이스의 기본 개념과 특징을 이해하는 것이 중요하다.
2. 데이터베이스 활용	데이터베이스의 종류와 산업별 쓰임새에 대해 알아 두어야 한다.

01 데이터와 정보

1. 데이터의 정의

(1) 데이터의 정의

① 데이터의 정의

- 데이터(Data)는 라틴어 'dare(주다)', 'Datum(주어진 것, 선물, 자료)'에서 왔으며, 보통 연구나 조사 등의 바탕이 되는 재료 혹은 자료를 의미한다.
- 1646년 영국 문헌에서 처음으로 등장한 데이터는, 추상적이고 관념적인 개념이었다가 1900년대 중반 컴퓨터의 시대가 도래하면서 그 의미가 기술적이고 사실적인 의미의 '자료'로 변화하였다.

② 데이터의 특성 *

- 데이터는 있는 그대로의 사실, 예를 들어 수학 80점, 영어 100점과 같이 가공되지 않은 자료, 즉 객관적인 사실을 의미한다.
- 정보는 이러한 데이터로부터 얻은 것으로 '수학과 영어 점수의 평균은 90점'과 같이 가공된 자료를 의미한다.
- '있는 그대로의 사실'을 나타내는 것을 데이터의 존재적 특성이라 하며, 후자와 같이 '추론 · 예측 · 전망 · 추정을 위한 정보의 근거'가 될 수 있는 것을 데이터의 당위적 특성이라고 한다.

【 데이터의 특성 】

구분	형태	예
존재적 특성	데이터는 있는 그대로의 객관적 사실	수학 80점, 영어 100점
당위적 특성	데이터는 추론 · 예측 · 전망 · 추정을 위한 근거	평균 90점

데이터와 정보는 뭐가 다를까?  EASY BOX

일반적으로 데이터란 이론을 세우는 데 기초가 되는 사실 또는 바탕이 되는 자료, 혹은 컴퓨터가 처리할 수 있는 문자, 숫자, 소리, 그림 따위의 형태로 된 자료 등을 의미한다. 여기서 중요한 것은 데이터는 정보가 아니라 자료라는 점이다. 이 둘의 차이는 기본적으로는 의미를 담고 있느냐 없느냐의 차이다. 데이터가 의미를 담고 있으면 정보가 되지만, 의미가 없다면 그냥 자료로 남는다. 일기예보를 위한 기초 자료는 데이터다. 일기예보를 머릿속에 상상해 보자. 온도, 습도, 풍향, 기압 등의 자료가 모여 내일 비가온다 혹은 맑다는 등의 일기예보를 가능하게 한다. 여기서 온도, 습도, 풍향, 기압 등은 자료이며, 이를 근거로 일기예보라는 추론과 추정이 가능해질 때 자료는 '의미'와 '가치'가 부여되어 정보가 된다. 이처럼 데이터는 단순한 정보 객체로서의 가치뿐만 아니라 다른 객체(온도, 습도, 풍향, 기압 등)와의 상호관계 속에서 가치(일기예보, 예측)를 갖는다.

(2) 데이터의 유형

① 정성적 데이터와 정량적 데이터

- **정성적 데이터:** 언어와 문자 등을 예로 들 수 있다. 수학시간에 배운 집합을 예로 들어보면, 정성적 데이터는 집합으로 표현할 수 없다. 정성적 데이터는 이처럼 기준이 명확하지 않은 데이터를 의미한다.
- **정량적 데이터:** 정량적 데이터는 수치, 도형, 기호 등을 예로 들 수 있으며, 집합으로 표현할 수 있는 기준이 명확한 데이터를 의미한다.

【 정성적 데이터와 정량적 데이터 】*

구분	형태	예
정성적 데이터	언어, 문자 등	문자 텍스트, 언어, 문자
정량적 데이터	수치, 도형, 기호 등	30cm, 정육면체, 3시 방향 등

② 정형 데이터와 비정형 데이터, 그리고 반정형 데이터

- **정형 데이터:** 고정된 틀을 가지고 있으면서 연산이 가능한 데이터다. 주로 다음 장에서 보게 될 관계형 데이터베이스(이하 DB)에 저장하며, 데이터의 수집과 관리가 용이하다.
- **비정형 데이터:** 고정된 틀이 존재하지 않고 연산이 불가능하다. 따라서 수집과 관리가 어려우며 일반적으로 관계형 DB가 아닌 NoSQL(Not only SQL) DB에 저장된다.
- **반정형 데이터:** 고정된 형태는 있지만 연산이 불가능하다. 수집과 관리가 쉽지는 않으며 일반적으로 테이블 형태보다는 파일 형태로 저장한다. 반정형 데이터는 가공을 거쳐 정형 데이터로 변환이 가능하다.

【 정형 데이터, 비정형 데이터, 반정형 데이터 】 ★

구분	특징	예
정형 데이터	정형화된 틀이 있고 연산이 가능	CSV, 엑셀 스프레드시트 등
비정형 데이터	정형화된 틀이 없고 연산이 불가능	소셜 데이터, 댓글, 영상, 음성 등
반정형 데이터	형태는 있지만 연산이 불가능	XML, JSON, 센서 데이터 등

③ 암묵지와 형식지★★

- 암묵지(暗默知, Tacit Knowledge): '학습과 체험을 통해 개인에게 습득되어 있지만, 겉으로 드러나지 않는 상태의 지식'을 말한다. 머릿속에 존재하는 지식으로, 언어나 문자를 통해 나타나지 않는 지식이다. 또한 암묵지는 대개 시행착오와 같은 경험을 통해 체득하는 경우가 많다.

TIP _ 암묵지와 형식지의 기본 개념과 상호작용을 묻는 문제가 종종 시험에 등장합니다.

- 형식지(形式知, Explicit Knowledge): '암묵지가 문서나 매뉴얼처럼 외부로 표출돼 여러 사람이 공유할 수 있는 지식'을 말한다. 교과서, 데이터베이스, 신문, 비디오와 같이 어떤 형태로든 형상화된 지식은 형식지라고 할 수 있다.
- 암묵지와 형식지의 상호작용: 공유화되기 어려운 암묵지가 형식지로 표출되고 연결되면 그 상호작용으로 지식이 형성된다. 개인에게 내면화된 암묵지가 조직의 지식으로 공통화되기 위해서는(형식지가 되기 위해서는) 표출화하고 이를 다시 개인의 지식으로 연결화하는 과정을 거치게 된다. 이는 다시 개인에게 내면화되는 과정을 거친다.

【 암묵지와 형식지의 상호작용 】 ★★

암묵지	형식지
공통화(Socialization)	표출화(Externalization)
내면화(Internalization)	연결화(Combination)

암묵지

조직의 지식으로 공통화를 위한
'표출화'

개인에게 연결 및 습득되는
'내면화'

형식지

2. 데이터와 정보

(1) DIKW 피라미드 ★★★

① 데이터에서 지혜를 얻는 과정

- 데이터(Data): 개별 데이터 자체는 의미가 중요하지 않은 객관적인 사실을 말한다.
- 정보(Information): 데이터의 가공 · 처리와 데이터 간 연관 관계 속에서 의미가 도출된 것을 말한다. 하지만 정보가 내포하는 의미는 유용하지 않을 수 있다.
- 지식(Knowledge): 데이터를 통해 도출된 다양한 정보를 구조화하여 유의미한 정보를 분류하고 개인적인 경험을 결합해 고유의 지식으로 내재화된 것을 말한다.
- 지혜(Wisdom): 지식의 축적과 아이디어가 결합된 창의적 산물이다.

② DIKW 피라미드

TIP _DIKW 피라미드는 시험에 출제될 가능성이 높습니다.

【 DIKW 피라미드 】

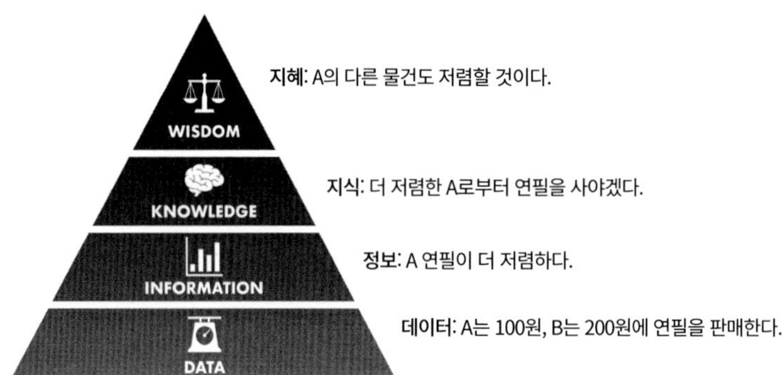

(2) 데이터에 관한 상식

① 비트와 바이트

- 비트(bit): '0'과 '1'의 두 가지 값으로 신호를 나타내는 최소단위. 이진수를 뜻하는 'binary digit'의 약자.
- 바이트(byte): 8개의 비트로 구성된 데이터의 양을 나태내는 단위. 1바이트로는 숫자와 영어의 한 글자를 표현할 수 있다. 한글은 한 글자가 2바이트(byte) 크기를 갖는다.

② 데이터 단위

TIP _ 데이터의 단위를 순서대로 나열하는 문제가 자주 출제되었습니다.

- 1바이트(byte) = 8비트(bit)
- 1킬로바이트(KB) = 1024바이트(byte)
- 1메가바이트(MB) = 1024킬로바이트(KB)
- 1기가바이트(GB) = 1024메가바이트(MB)
- 1테라바이트(TB) = 1024기가바이트(GB)
- 1페타파이트(PB) = 1024테라바이트(TB)
- 1엑사바이트(EB) = 1024페타바이트(PB)
- 1제타바이트(ZB) = 1024엑사바이트(EB)
- 1요타바이트(YB) = 1024제타바이트(ZB)

1과목 / 1장 / 핵·심·문·제

01. 다음 중 객관적인 사실을 의미하는 데이터로부터 얻을 수 없는 것은?

① 지혜
② 정보
③ 지식
④ 도형

02. 개인이 보유한 경험을 다른 사람이 쉽게 접근할 수 있도록 문서나 매체로 변환하는 과정은 무엇인가?

① 표출화
② 공통화
③ 내면화
④ 연결화

【정답&해설】

01. **답:** ④
해설: 데이터로부터 정보와 지식, 지혜를 도출할 수 있다.

02. **답:** ①
해설: 내재된 지식을 외부로 표출하는 작업은 표출화다.

02 데이터베이스

1. 데이터베이스 개요

(1) 데이터베이스 정의

① 데이터베이스 용어의 연혁

- **1950년대**: 미군에서 군수물자를 관리하기 위해 수집된 자료를 일컫는 '데이터(Data)'와 '기지(Base)'의 합성어로 데이터베이스(Database)라는 용어가 처음 등장했다.
- **1963년 데이터베이스 용어를 공식적으로 사용**: 1963년 미국 SDC(System Development Corporation)가 개최한 심포지엄에서 '대량의 데이터를 축적하는 기지'라는 개념으로 데이터베이스라는 용어가 공식적으로 처음 사용됐다. 같은 해 GE의 C. 바크만은 최초로 현대적 의미의 데이터베이스 관리 시스템인 IDS를 개발했다. 이후 저장장치에 직접 접근하기 위한 다양한 데이터 모델과 데이터베이스 관리 시스템이 개발됐다.
- **우리나라에서 처음 사용**: 우리나라에서는 1975년 미국의 CAC(Chemical Abstracts Condensates)가 한국과학기술정보센터(KORSTIC)를 통해 데이터베이스를 처음 시작한 것이 그 시초다.

② 데이터베이스의 다양한 정의

- **EU의 '데이터베이스의 법적 보호에 관한 지침'**: 데이터베이스란 체계적이거나 조직적으로 정리되고 전자식 또는 기타 수단으로 개별적으로 접근할 수 있는 독립된 저작물, 데이터 또는 기타 소재의 수집물이다.
- **우리나라의 '저작권법'**: 데이터베이스란 소재를 체계적으로 배열 또는 구성한 편집물로서 개별적으로 그 소재에 접근하거나 그 소재를 검색할 수 있게 한 것이다(법률적으로 기술 기반 저작물로 인정).
- **'컴퓨터용어사전', '정보통신용어사전(TTA)'**: 데이터베이스란 동시에 복수의 적용 업무를 지원할 수 있게 복수 이용자의 요구에 대응해서 데이터를 받아들이고 저장 · 공급하기 위해 일정한 구조에 따라 편성된 데이터의 집합이다.

- '위키피디아': 데이터베이스란 체계적으로 정렬된 데이터 집합을 의미한다. 데이터 양과 이용이 늘어나면서 데이터베이스는 대용량의 데이터를 저장 · 관리 · 검색 · 이용할 수 있는 컴퓨터 기반의 데이터베이스로 진화했다.
- '한국데이터산업진흥원': 데이터베이스란 문자, 기호, 음성, 화상, 영상 등 상호 관련된 다수의 콘텐츠를 정보처리 및 정보통신기기에 의하여 체계적으로 수집 · 축적하여 다양한 용도와 방법으로 이용할 수 있게 정리한 정보의 집합체를 의미한다. 여기서 콘텐츠란 다양한 의미 전달 매체에 의해 표현된 데이터, 정보, 지식, 저작물 등의 인식 가능한 모든 자료를 의미한다.

【 DB와 DBMS 】

DB System	DB (Data–Base)	체계적으로 수집 · 축적하여 다양한 용도와 방법으로 이용할 수 있게 정리한 정보의 집합체
	DBMS (Data–Base Management System)	이용자가 쉽게 데이터베이스를 구축 · 유지할 수 있게 하는 관리 소프트웨어

(2) 데이터베이스의 특징

① 데이터베이스의 일반적인 특징 ***

- 통합된 데이터(Integrated data): 동일한 내용의 데이터가 중복되지 않게 통합되어 있다.
- 저장된 데이터(Stored data): 컴퓨터 기술을 바탕으로 컴퓨터가 접근할 수 있는 저장 매체에 저장되어 있다.
- 공용 데이터(Shared data): 여러 사용자가 서로 다른 목적으로 데이터베이스의 데이터를 공동으로 이용할 수 있다. 일반적으로 대용량화되고 구조가 복잡하다.
- 변화하는 데이터(Operational data, 운영 데이터): 새로운 데이터의 삽입, 기존 데이터의 수정 및 삭제의 변화를 통해 항상 최신의 정확한 데이터 상태를 유지한다.

【 데이터베이스의 일반적인 특징 】

특징	내용
통합된 데이터	동일한 내용의 데이터가 중복되어 있지 않다.
저장된 데이터	컴퓨터 매체가 접근할 수 있는 저장 매체에 저장되어 있다.
공용 데이터	여러 사용자가 공유할 수 있다.
변화하는 데이터	삽입, 수정, 삭제를 통해 항상 최신의 정확한 데이터를 유지해야 한다.

② 데이터베이스의 다양한 측면에서의 특성 ★★★

TIP_데이터베이스의 다양한 측면에서의 특성은 헷갈리기 쉬우며, 또 시험에 종종 출제된 적이 있습니다.

정보의 축적 및 전달 측면	▪ **기계 가독성**: 대량의 정보를 일정한 형식에 따라 컴퓨터 등의 정보처리기기가 읽고 쓸 수 있다. ▪ **검색 가능성**: 다양한 방법으로 필요한 정보를 검색할 수 있다. ▪ **원격 조작성**: 정보통신망을 통해 원거리에서도 즉시 온라인으로 이용 가능하다.
정보이용 측면	▪ 이용자의 정보요구에 따라 다양한 정보를 신속하게 획득할 수 있고 원하는 정보를 정확하고 경제적으로 찾아낼 수 있다.
정보관리 측면	▪ 정보를 일정한 질서와 구조에 따라 정리 · 저장하고 검색 · 관리할 수 있게 하여 방대한 양의 정보를 체계적으로 축적하고, 새로운 내용 추가나 갱신이 용이하다.
정보기술발전 측면	▪ 데이터베이스는 정보처리, 검색 · 관리 소프트웨어, 관련 하드웨어, 정보 전송을 위한 네트워크 기술 등의 발전을 견인할 수 있다.
경제 · 산업적 측면	▪ 데이터베이스는 다양한 정보를 필요에 따라 신속하게 제공 · 이용할 수 있는 인프라의 특성을 가지고 있어 경제, 산업, 사회 활동의 효율성을 제고하고 국민의 편의를 증진하는 수단으로써의 의미를 가진다.

데이터베이스 트랜잭션 특성

트랜잭션(Transaction)이란 데이터베이스에서 명령을 수행하는 하나의 논리적인 기능의 단위다. 데이터베이스에서 명령이 수행됨에 따라 변화가 생기는데, 잘못된 명령 혹은 여러 사용자에 의한 명령 등과 같은 다양한 상황에서 데이터를 보호하기 위해 트랜잭션에는 다음과 같은 4가지 특성이 있다.

- **원자성(Atomicity)**: 트랜잭션이 데이터베이스에 모두 적용되거나 또는 모두 적용되지 않아야 한다.
- **일관성(Consistency)**: 트랜잭션의 결과는 항상 일관성을 띠어야 한다.
- **고립성(Isolation)**: 하나의 트랜잭션이 다른 트랜잭션에 영향을 주지 않아야 한다.
- **지속성(Durability)**: 트랜잭션이 성공적으로 수행된 경우 그 결과는 영구적이어야 한다.

2. 데이터베이스 활용

(1) 데이터베이스 활용

① 기업 내부의 데이터베이스 ★

- 인하우스 DB: 1990년대 정보통신망 구축이 가속화되면서 기업 경영 전반에 관한 모든 자료를 연계하여 일관된 체계로 구축 및 운영하는 데 중점을 두었다. 이후 경영 활동의 기반이 되는 전사자원관리시스템(ERP)으로 확대됐다.

- OLTP(Online Transaction Processing) 시스템: 1990년대 중반 이전, 정보의 수집과 이를 조직 내에서 공유하기 위한 경영정보시스템(MIS)과 생산 자동화, 통합 자동화 등 기업 활동에서 영역별로 구축되던 단순 자동화 중심의 시스템을 말한다.
- OLAP(Online Analytical Processing) 시스템: 데이터 마이닝 등의 기술이 등장하면서 단순한 정보의 '수집'과 '공유'에서 탈피하여 '분석'이 중심이 되는 시스템 구축으로 변화하게 되었는데, 이를 OLAP라 부른다.
- CRM과 SCM: 2000년에 들어서면서 기업 DB 구축의 화두는 CRM(Customer Relationship Management, 고객관계관리)과 SCM(Supply Chain Management, 공급망관리)으로 변화했다. 유통 · 판매 및 고객 데이터가 CRM과 연동되어 CRM과 SCM은 상호 밀접한 관련을 가지게 됐다.

기업 내부 데이터베이스에 대해 자세히 알아보자!  EASY BOX

■ **OLTP와 OLAP**

OLTP는 Transaction, 즉 거래 단위에 초점을 맞춘 개념이다. 예컨대 마트에서 물건을 구매하기 위해 결제하는 그 순간 혹은 은행에서 계좌 이체를 하는 그 순간에 맞춘 자동화된 데이터 처리 및 데이터 수집을 의미한다. OLAP는 분석이라는 Analytical의 의미 그대로 OLTP를 거쳐 적재된 데이터에 초점을 맞춰 데이터 분석을 통해 의사결정에 활용할 수 있는 정보를 제공하는 것이 목적이다.

유형	목적	예시
OLTP	각각의 거래 단위에 초점	주문 입력
OLAP	각각의 데이터가 쌓인 전체 데이터에 초점	데이터의 분석

【 데이터의 OLTP에서 OLAP로 이동 】

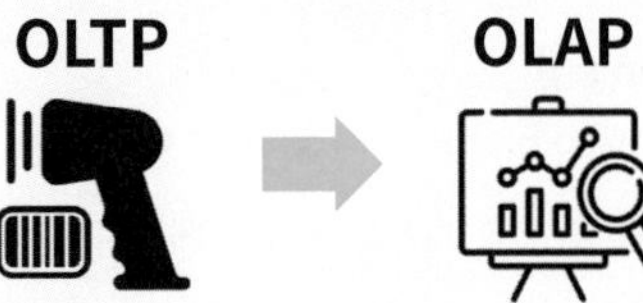

■ **EAI(Enterprise Application Integration)**

하나의 기업은 여러 개의 서비스를 보유하고 있지만 서비스 간 연계가 필요할 경우 그 연결 루트는 서비스 수가 증가함에 따라 기하급수적으로 증가한다. 따라서 이러한 모든 서비스를 중앙에서 관리한다면 연결 루트가 간소화되는 기업 애플리케이션 통합이 이뤄진다.

【 EAI의 서비스 간 연결 구조 】

■ KMS(Knowledge Management System) ★

지식 경영 시스템을 의미하며, 직원 개개인의 지식, 프로젝트 경험, 과거 사례 등 기업이 보유할 수 있는 모든 지식을 통합해서 문제 해결 능력을 향상시키는 것이 목적이다.

【 KMS 】

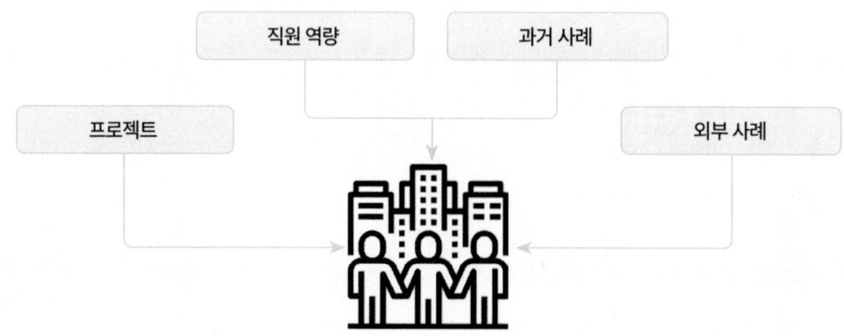

■ SCM(Supply Chain Management) ★

유통 부문의 SCM은 공급망 관리를 의미하며 원자재에서부터 기업을 거쳐 고객에게 도달할 때까지 유통 단계를 최적화해서 고객에게 제공하는 것이 목적이다.

■ ERP(Enterprise Resource Planning)

제조 부문의 ERP는 경영 자원 통합 관리를 의미하며, 여러 자원 및 업무가 하나로 통합된 시스템으로 재구축해서 어느 부서에서 필요로 하는 자원이 있다고 알릴 경우 바로 그 자원에 대한 구매 및 생산이 진행될 수 있도록 도와 업무의 효율성을 높이는 것이 목적이다.

■ CRM(Customer Relationship Management) ★

제조 부문의 CRM은 고객 관계 관리로서 기업 내 외부적인 분석을 통해 마케팅 측면에서 신규 고객 창출 혹은 기존 고객의 이탈을 방지하는 것이 목적이다.

■ BI(Business Intelligence)

제조 부문의 BI는 비즈니스 인텔리전스로 기업의 의사결정 프로세스를 의미한다. 기업의 경영권을 소유한 자가 올바른 의사결정을 내릴 수 있도록 기업의 데이터를 가공 및 분석하는 것이 목적이다. 가트너는 BI를 '여러 곳에 산재되어 있는 데이터를 수집하여 체계적이고 일목요연하게 정리함으로써 사용자가 필요로 하는 정보를 정확한 시간에 제공할 수 있는 환경'으로 정의하였다.

[참고] ad hoc report: 비즈니스 이슈에 답하기 위해 신속한 보고서 작성을 위한 BI도구

■ **RTE(Real Time Enterprise)**

제조 부문의 RTE는 기업의 업무 프로세스에서 발생하는 정보를 실시간으로 통합 및 전달해서 신속한 대응이 가능한 스피드 경영이다.

② 산업 부문별 데이터베이스 발전 과정 *

제조 부문	▪ 데이터베이스 기술의 가장 중요한 적용 분야 ▪ 2000년대 이전 부품 테이블이나 재고 관리 등 영역에서 활용 ▪ 2000년대 이후 부품의 설계, 제조, 유통 등 전 공정을 포함하는 범위로 확대 ▪ 2000년대 초 기업별 고유 시스템 형태로 구축됐다가 이후 솔루션 유형으로 발전 ▪ 2000년대 중반 이후 중소기업에 대한 인하우스 DB 구축 투자 증가 ▪ 실시간 기업(RTE: Real Time Enterprise)이 대표적 화두: 실시간 기업은 기업의 비즈니스 프로세스를 투명하고 민첩하게 유지하여 환경 변화에 따른 적응 속도를 최대화하여 지연시간을 없애는 정보화 전략 ▪ RTE는 대기업–중소기업 간 협업적 IT화로 그 비중이 점차 확대 ▪ 최근 제조 부문의 ERP(전사자원관리, Enterprise Resource Planning) 시스템 도입과 DW, CRM, BI 등 진보된 정보기술을 적용한 기업 내부 인하우스 DB 구축이 주류
금융 부문	▪ 1998년 IMF 이후 금융사 간의 합병이나 지주회사 설립 등을 통해 총체적인 부실을 타파하기 위한 노력이 지속되면서 금융 부문의 업무 프로세스 효율화나 e비즈니스 활성화 및 금융권 통합 시스템 구축 등이 크게 확산 ▪ 2000년대 초반 EAI, ERP, e–CRM 등 데이터베이스 간 정보 공유 및 통합이나 고객 정보의 전략적 활용이 주된 테마 ▪ 2000년대 중반 DW를 적극적으로 도입해 관련 DB 마케팅 증대를 위한 노력이 가시화되었고, 대용량 DW를 위한 최적의 BI 기반 시스템 구축도 급속도로 퍼짐 ▪ 향후 EDW(Enterprise Data Warehouse) 확장이 데이터베이스 시장 확대에 기여 예상
유통 부문	▪ 2000년대 이후 전반적인 IT 변화 환경에 맞물려 CRM과 SCM 구축이 이루어짐 ▪ 상거래를 위한 각종 인프라 및 KMS(Knowledge Management System)를 위한 별도의 백업시스템이 구축됨 ▪ 2000년대 중반 체계적인 고객정보 수집 · 분석과 상권분석 등으로 심화 ▪ 균형성과관리(BSC), 핵심성과지표(KPI), 웹 리포팅 등 다양한 고객 분석 툴을 통해 기존 데이터베이스와 연계 ▪ 최근 전자태그(RFID)의 등장은 대량의 상품을 거래하는 유통 부문에 적용되었을 때 파급 효과가 매우 클 것으로 전망. 향후 이를 지원하는 대용량 데이터베이스를 지원하는 플랫폼이 요구되는 상황

③ '사회기반구조'로서의 데이터베이스

TIP _ 각 부문별 사회 기반 구조 데이터베이스의 예가 잘못 짝지어진 것을 묻는 문제가 출제된 적이 있습니다.

- 1990년대 사회 각 부문의 정보화가 본격화되며 DB 구축이 활발하게 추진됐다.
- 이후 무역, 통관, 물류, 조세, 국세, 조달 등 사회간접자본(SOC) 차원에서 EDI 활용이 본격화되면서 부가가치통신망(VAN)을 통한 정보망이 구축됐다.
- 지리 · 교통 부문의 데이터베이스는 고도화되고, 의료 · 교육 · 행정 등 사회 각 부문으로 공공 DB의 구축 · 이용이 확대됐다.

【 부문별 사회 기반 구조 데이터베이스 】 ★★

물류 부문	▪ '실시간 차량 추적'을 위한 종합물류정보망 구축 ▪ CVO 서비스, EDI 서비스, 물류 정보 DB 서비스, 부가서비스로 구성 ▪ CALS(Commerce At Light Speed): 제품의 설계 · 개발 · 생산에서 유통 · 폐기에 이르기까지 제품의 라이프사이클 전반에 관련된 데이터를 통합하고 공유 · 교환할 수 있게 한 경영통합정보시스템을 말한다. ▪ PORT-MIS: 항만운영정보시스템 ▪ KROIS: 철도운영정보시스템
지리 부문	▪ GIS 응용에 활용하는 4S 통합기술 ▪ 지리정보유통망 가시화: 지리정보 통합관리소 운영, 지리정보 수요자에 정보 제공 ▪ GIS(Geographic Information System): 지리정보시스템 ▪ LBS(Location-Based Service): 위치정보서비스 ▪ SIM(Spatial Information Management): 공간정보 관리시스템
교통 부문	▪ 지능형교통정보시스템(ITS), 교통정보, 기초자료 및 통계 제공, 대국민 서비스 확대
의료 부문	▪ 의료정보시스템: 처방전달시스템, 임상병리, 전자의무기록, 영상처리시스템, 병원의 멀티미디어, 원격의료, 지식정보화 ▪ HL7 국내 표준화 작업에 따라 전국적인 진료 정보 공유 체계 구축 계획 수립 ▪ U헬스 실현에 기존 의료정보 데이터베이스 기반 활용 ▪ PACS(Picture Archiving and Communications System) ▪ U-Health(Ubiquitous-Health)
교육 부문	▪ 첨단 정보통신기술(ICT)을 활용한 각종 교육 정보의 개발 및 보급, 정보 활용 교육 ▪ 대학 정보화 및 교육행정 정보화 위주로 사업 추진 ▪ 교육행정정보시스템(NEIS)은 학사뿐만 아니라 기타 교육행정 전 업무를 처리하는 시스템

(2) 데이터베이스 종류

TIP _이 부분은 기초 지식이 있을 경우 그냥 넘어가도 좋습니다. 비전공자이거나 처음 공부하시는 분이시라면 데이터베이스 기초에 해당하는 내용이므로 한 번 꼭 읽어보시길 권해드립니다.

① 데이터베이스의 종류*

- 데이터베이스의 종류는 계층형, 네트워크형, 관계형, NoSQL 등 여러 가지가 있으며, 가장 많이 사용하는 관계형 데이터베이스와 NoSQL에 대해서는 반드시 숙지하기를 권장한다.
- **관계형 데이터베이스(RDB)**: 데이터를 행과 열로 이뤄진 테이블에 저장하며, 하나의 열은 하나의 속성을 나타내고 같은 속성의 값만 가질 수 있다. 데이터 저장 방식은 구조적으로는 엑셀 파일과 유사하며, 정형 데이터를 다루는 데 특화되어 있다.
- NoSQL: NoSQL은 'Not only SQL', 'Non SQL' 또는 'Non-relational'의 의미로 관계형이 아닌 비관계형을 의미하는 단어에서 생성된 명칭이다. NoSQL은 SQL이 필요없다는 의미가 아니라 기존 RDB의 SQL을 보완 및 개선한 비관계형 DB라는 의미를 담고 있다. 비정형 데이터와 대용량의 데이터 분석 및 분산처리에 용이하다.

【 RDB와 NoSQL 】

RDB	· Oracle, MySQL(Oracle), MS-SQL(Microsoft), DB2 · Infomix(IBM), MariaDB(Sun Microsystems), Derby(Apache), SQLite(오픈소스) · Oracle, DB2 · Infomix 등은 엄밀히 말하면 객체 관계형 DB로 객체지향 개념을 도입한 것으로, 오늘날에는 많은 RDB가 이러한 객체지향 기능을 포함하고 있다.
NoSQL	· Document-Oriented DB: CouchDB, MongoDB, Elasticsearch, Cloudant · Key-Value DB: 아마존의 Dynamo, Redis, Riak, Coherence, SimpleDB · Column-Oriented DB: 구글의 Bigtable, Cassandra, HBase, HyperTable

다양한 종류의 데이터베이스에 대해서 알아보자!  EASY BOX

- **계층형 DBMS**: 데이터가 부모 자식 형태를 갖도록 관계를 맺어 관리하는 데이터베이스 관리 시스템으로서 데이터 중복 문제가 발생하기 쉬운 단점이 있다.
- **네트워크형 DBMS**: 각 데이터 간의 연결을 통해 네트워크처럼 복잡한 그물 형태로 데이터를 관리하는 데이터베이스 관리 시스템으로서 계층형 DBMS의 중복 문제를 해결했으나 복잡한 구조로 인해 구조 변경에 많은 어려움이 발생한다는 단점이 있다.
- **분산형 DBMS**: 분산된 여러 개의 데이터베이스를 하나의 데이터베이스로 인식하고 사용할 수 있는 데이터베이스 관리 시스템이다.
- **객체지향 DBMS**: 사용자가 정의하는 타입을 하나의 데이터 유형으로 저장하는 데이터베이스 관리 시스템으로서 구조가 없는 비정형 데이터라도 사용자가 원하는 방식에 따라 표현 가능하다는 장점이 있다.

② SQL의 이해

- SQL(Structured Query Language)은 DBMS에서 데이터베이스에 명령을 내리는 데이터베이스의 하부 언어다.
- SQL은 DB(Oracle, MySQL, MS-SQL 등)마다 문법이 서로 다르지만, 기본적인 데이터 추출과 분석에 사용되는 문법은 거의 동일하기 때문에 하나의 SQL을 알고 있다면 어렵지 않게 다른 DB에서 SQL을 사용할 수 있다.
- 한국데이터산업진흥원 SQL 교재는 기본적으로 Oracle을 기반으로 하고 있다.
- SQL 언어는 크게 데이터 정의 언어인 DDL(Data Definition Language)과 데이터 조작 언어인 DML(Data Manipulation Language)로 나눌 수 있다. DDL에는 CREATE, ALTER, RENAME, DROP이 있으며, DML에는 INSERT, SELECT, UPDATE, DELETE가 있다.

【 DDL과 DML 】

DDL	데이터 정의 언어	▪ CREATE: 데이터베이스 내에 테이블을 생성하는 명령어다. ▪ ALTER: 테이블의 정보를 바꾸는 명령어다. ▪ RENAME: 테이블 이름을 변경하는 명령어다. ▪ DROP: 테이블을 삭제하는 명령어다.
DML	데이터 조작 언어	▪ SELECT: 테이블에 포함된 데이터를 조회하는 명령어다. ▪ INSERT: 테이블에 데이터를 삽입하는 명령어다. ▪ UPDATE: 테이블에 포함된 데이터를 변경하는 명령어다. ▪ DELETE: 테이블에 포함된 데이터를 삭제하는 명령어다.
DCL	데이터 제어 언어	▪ GRANT: DBMS 사용자에게 권한을 부여하기 위한 명령어다. ▪ REVOKE: DBMS 사용자로부터 권한을 회수하기 위한 명령어다.
TCL	트랜잭션 제어 언어	▪ COMMIT: 사용자에 의해 변경된 데이터를 일괄 적용한다. ▪ SAVEPOINT: 현재 데이터의 상태를 기억한다. ▪ ROLLBACK: COMMIT이 되지 않았다면 변경사항들에 대한 명령을 철회하거나 특정 SAVEPOINT 시점으로 되돌아간다.

SQL 'SELECT' 기본 질의 문법

- SQL은 다양한 문법이 존재하지만, 여기서는 기본 질의 문법인 'SELECT'를 중심으로 살펴보기로 한다.
- 기본 문법: SELECT (칼럼명) FROM (TABLE명) WHERE (조건절)

예) SELECT * FROM EMP

EMP 테이블의 모든 칼럼을 조회(애스터리스크(*)는 모든 칼럼명을 의미)

예) SELECT * FROM EMP **WHERE** SAL >= 1000;

EMP 테이블에서 SAL이 1000 이상인 데이터의 모든 칼럼을 조회

예) SELECT * FROM EMP **WHERE** EMPNO IS NOT NULL;

EMP 테이블에서 EMPNO가 NULL이 아닌 데이터를 조회

SQL 'SELECT' 집계 함수 문법

- 집계 함수는 특정 칼럼의 데이터에 대해 데이터의 개수, 합계, 최댓값, 최솟값, 평균 등의 요약값을 구하는 데 사용된다.
- 기본 문법: SELECT (칼럼명) FROM (TABLE명) WHERE (조건절) GROUP BY (대상칼럼) HAVING (대상칼럼조건)
- HAVING: 그룹화할 대상을 정의하는 조건절
- WHERE: 그룹화된 최종 결과에 대한 조건절

다음은 오라클 내장 데이터인 EMP 테이블의 일부다.

EMPNO	JOB	MGR	SAL	DEPTNO
7369	CLERK	7902	800	20
7499	SALESMAN	7698	1600	30
7521	SALESMAN	7698	1250	30
7566	MANAGER	7839	2975	20
7654	SALESMAN	7698	1250	30
7698	MANAGER	7839	2850	30
7782	MANAGER	7839	2450	10

예) SELECT DEPTNO, COUNT(*) AS COUNT FROM EMP GROUP BY DEPTNO

EMP 테이블의 각 부서번호(DEPTNO)별 데이터의 개수를 구함

DEPTNO	COUNT
10	1
20	2
30	4

예) SELECT DEPTNO, SUM(SAL) AS SUM_SAL FROM EMP GROUP BY DEPTNO

EMP 테이블의 각 부서번호(DEPTNO)별 SAL의 합계를 계산

DEPTNO	SUM_SAL
10	2450
20	3775
30	6950

예) SELECT DEPTNO, MIN(SAL) MIN_SAL FROM EMP GROUP BY DEPTNO HAVING DEPTNO 〉 10

EMP 테이블의 부서번호(DEPTNO)가 10보다 큰 부서에 대해 각 부서번호(DEPTNO)별 최소 SAL을 계산

DEPTNO	MIN_SAL
20	800
30	1250

예) SELECT DEPTNO, SUM(SAL) AS SUM_SAL FROM EMP GROUP BY DEPTNO HAVING SUM(SAL) 〈= 3000

EMP 테이블의 각 부서번호(DEPTNO)별 SAL의 합계가 3000이하인 부서번호(DEPTNO)를 대상으로 그룹화하여 출력

DEPTNO	SUM_SAL
10	2450

데이터베이스 구성 요소

- **인스턴스**: 인스턴스란 하나의 객체를 의미하며 존재하는 모두 인스턴스가 될 수 있다. 사람, 동물, 물건 등 모두 인스턴스로써 표현이 가능하다.

사람 1	장영실	남자	000101-1234567	010-1234-5678	발명가

- **속성**: 객체를 표현하기 위해 사용되는 값을 의미한다. 사람이 가질 수 있는 속성의 예로는 이름, 성별, 주민등록번호, 직업 등이 있다.

이름	성별	주민등록번호	전화번호	직업

- **엔터티**: 엔터티는 데이터의 집합을 의미한다. 그러나 실체가 존재하는 테이블과 달리 개념적인 존재로서 개념, 장소, 사건 모두 엔터티로 여겨질 수 있다. 엔터티는 2개 이상의 인스턴스와 1개 이상의 속성을 보유하고 있어야 한다.

	이름	성별	주민등록번호	전화번호	직업
사람 1	장영실	남자	000101-1234567	010-1234-5678	발명가
사람 2	홍길동	남자	000202-2345678	010-2345-6789	도적
사람 3	임꺽정	남자	000303-3456789	010-3456-7890	백정

	이름	성별	주민등록번호	전화번호	직업
사람 1	장영실	남자	000101-1234567	010-1234-5678	발명가
사람 2	홍길동	남자	000202-2345678	010-2345-6789	도적
사람 3	임꺽정	남자	000303-3456789	010-3456-7890	백정

- **메타데이터**: 사진 파일의 속성 정보를 보면 사진 파일이 언제, 어디서 생성되었는지 알려주는 추가적인 데이터가 존재하는데, 이처럼 데이터를 설명하는 데이터를 메타데이터라 한다.
- **인덱스**: 데이터베이스에서 데이터를 저장할 때 내부에서 자동적으로 데이터의 이름을 지정하게 되는데, 이때 부여되는 이름들을 인덱스라 한다. 인덱스는 사용자의 질의에 신속하게 응답하고 정렬하고 탐색할 수 있도록 도와주는 책의 색인과 비슷한 역할을 한다.

데이터의 집합인 데이터베이스는 엔터티, 속성, 인스턴스 등 여러 요소들로 구성되어 있다.

데이터 마트(DM)와 데이터 웨어하우스(DW)

데이터 마트와 데이터 웨어하우스는 일반적인 개념의 데이터베이스이지만 목적이 조금 다른 형태의 데이터베이스다.

일반적인 데이터베이스는 데이터 유형에 상관없이 정보의 집합체를 의미하지만 데이터의 형태가 USB에 담긴 CSV 파일, HDD/SSD에 저장된 엑셀 파일, DBMS에 담긴 데이터 또는 클라우드에 업로드된 형태의 여러 가지 파일이 될 수 있다.

그러나 데이터 웨어하우스는 이렇게 분산된 환경에 흩어져 있는 데이터들을 개인이나 조직이 총체적인 관점에서 의사결정을 위해 공통의 형식으로 변환해 관리하는 역할을 하며, 데이터 마트는 데이터 웨어하우스로부터 추출된 작은 데이터베이스로서 특정 목표를 달성하는데 필요한 데이터를 제공하는 역할을 한다.

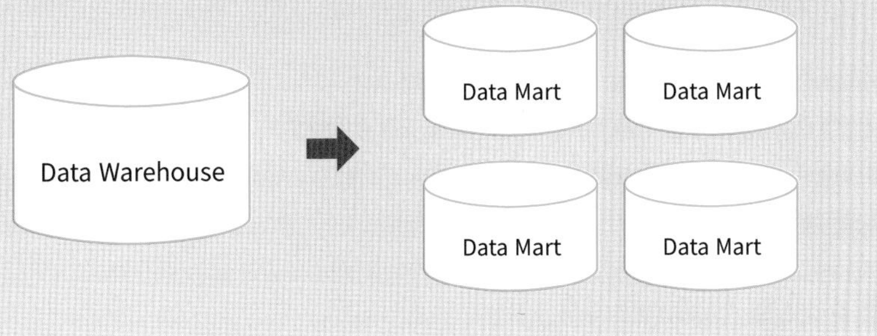

01. 다음은 데이터베이스의 구성 요소들을 설명한 것이다. A, B를 올바르게 짝 지은 것은 무엇인가?

> 데이터의 일종으로 다른 데이터를 설명해주는 데이터는 (A)이다.
> (B)는 데이터베이스에 저장된 데이터를 빠른 정렬 및 탐색이 가능하게 한다.

① A – 메타데이터　B – 인덱스　　② A – 데이터 모델　B – 트리거
③ A – 백업 데이터　B – 데이터 마트　　④ A – 스키마 구조　B – 저장된 절차

02. 다음 중 데이터베이스의 일반적인 특징에 대한 설명으로 가장 부적절한 것은?

① 다수의 사용자가 이용하는 공용 데이터다.
② 동일한 내용의 데이터가 중복되어 있지 않은 통합된 데이터다.
③ 컴퓨터가 접근할 수 있는 매체에 저장된 데이터다.
④ 고정된 형식이 있는 정형 데이터다.

03. 아래 구문에 대한 설명 중 올바른 것은?

```
SELECT PRICE, ITEM FROM SHOP WHERE PRICE <= 10000;
```

'PRICE는 품목의 가격, ITEM은 품목의 이름이다.'

① SELECT는 대표적인 데이터 정의 언어(DDL)이다.　　② 여러 개의 테이블에서 정보를 불러온다.
③ 가격이 10000 이하인 결과만 조회한다.　　④ 2개의 결과 행이 나타난다.

04. 아래 구문에 대한 설명으로 부적절한 것은?

```
SELECT CUSTOMER_ID, SUM(PRICE) AS TOTAL_PRICE FROM SHOP GROUP BY CUSTOMER_ID HAVING
CUSTOMER_ID < 10000
```

'CUSTOMER_ID는 고객 ID, PRICE는 구매 상품의 금액이다.'

① HAVING을 WHERE로 바꿔도 같은 결과를 출력한다.
② 조건이 CUSTOMER_ID < 10000에 대해서만 그룹화를 수행한다.
③ 고객별 구매금액의 합계를 조회한다.
④ AS는 생략 가능하다.

05. 다음 중 NoSQL 데이터베이스가 아닌 것은?

① HBase　　② Cassandra
③ Elasticsearch　　④ MySQL

06. 다음 중 CRM에 대한 설명으로 적절한 것은?

① 조직 내 프로젝트 사례 및 직원 역량의 통합
② 기업의 고객 관리 및 신규 고객 발굴을 목적

③ 외부와의 정보시스템 통합으로 시간 및 비용의 절감

④ 위성으로부터 신호를 수신받아 위치를 결정

07. 다음은 데이터베이스를 기반으로 기업 내 구축되는 주요 정보시스템 중 하나를 설명한 것이다. 보기에서 가장 적합한 것을 고르시오.

> 기업이 보유한 자원의 효과적 이용을 목적으로 경영의 효율화를 위한 데이터의 통합 및 관리

① ERP　　② CRM

③ SCM　　④ GPS

【정답&해설】

01. 답: ①

해설: 메타데이터는 데이터를 설명하는 데이터이며, 인덱스는 각 데이터를 가리키는 내부 이름으로서 데이터의 탐색과 정렬을 빠르게 처리할 수 있도록 도와준다.

02. 답: ④

해설: 4번은 통합된 데이터, 공용 데이터, 저장된 데이터, 변화하는 데이터 중 어느 하나도 아니다.

03. 답: ③

해설: WHERE PRICE <=10000을 통해 가격이 10000 이하인 결과만 조회한다는 것을 확인할 수 있다. SELECT는 DML에 해당하며 SHOP이라는 하나의 테이블에서 정보를 가져온다. SHOP 테이블이 주어지지 않아 몇 개의 결과 행이 출력되는지는 확인할 수 없지만 SELECT PRICE, ITEM을 통해 2개의 결과 열이 출력된다는 것을 확인할 수 있다. 4번 보기의 경우 테이블이 주어지지 않아 몇 개의 결과 행이 출력되는지 알 수 없다.

04. 답: ①

해설: WHERE 절은 GROUP BY 이전에 위치하며, HAVING은 GROUP BY 다음에 위치한다.

추가적으로 HAVING은 그룹화를 수행할 데이터에 대한 조건절을 정의하며, WHERE는 그룹화가 수행된 뒤에 조회할 데이터에 대한 조건절을 정의한다.

05. 답: ④

해설: MySQL은 관계형 데이터베이스 관리 시스템이다.

06. 답: ②

해설: CRM은 내 · 외부 고객 모두를 대상으로 한 정보시스템이며, 단순한 고객 정보 수집에서 그치지 않고 고객정보 분석까지 나아간다.

07. 답: ①

해설: 경영자원 통합 관리를 의미하는 ERP(Enterprise Resource Planning)다.

데이터의 가치와 미래

01 _ 빅데이터의 이해

학습단계	학습목표
1. 빅데이터의 이해	빅데이터의 정의와 출현배경에 대해 이해한다.
2. 빅데이터 출현 배경	빅데이터의 특징, 기능 그리고 변화에 대한 기본 흐름을 이해한다.

02 _ 빅데이터의 가치와 미래

학습단계	학습목표
1. 빅데이터의 가치와 영향	빅데이터의 가치와 영향에 대해 이해한다.
2. 빅데이터와 비즈니스 모델	빅데이터의 위기요인과 통제방안에 대해 잘 알아두어야 한다.
3. 빅데이터의 위기 요인과 통제 방안	

03 _ 가치 창조를 위한 데이터 사이언스와 전략 인사이트

학습단계	학습목표
1. 빅데이터 분석과 전략 인사이트	빅데이터 분석의 근본적인 목적인 인사이트 도출에 대해 이해한다.
2. 전략 인사이트 도출을 위해 필요한 역량	데이터 사이언스의 특징에 대해 이해한다.
3. 빅데이터 그리고 데이터 사이언스의 미래	

01 빅데이터의 이해

1. 빅데이터의 이해

(1) 빅데이터의 정의

① 일반적 정의

- 빅데이터의 '빅(Big)'에는 단순히 양적인 개념뿐만 아니라 복잡하고 다양한 질적인 개념도 포함되어 있다. 일반적으로 빅데이터란 큰 용량과 복잡성으로 기존 애플리케이션이나 툴로는 다루기 어려운 데이터셋의 집합을 의미한다.

② 가트너(Gartner) 정의

- 빅데이터란 향상된 시사점과 더 나은 의사결정을 위해 사용되는 비용 효율이 높고 혁신적이며 대용량, 고속 및 다양성의 특성을 가진 정보 자산을 말한다(2012).

③ 매킨지(McKinsey) 정의

- 빅데이터란 일반적으로 데이터베이스 소프트웨어가 저장, 관리, 분석할 수 있는 범위를 초과하는 규모의 데이터를 말한다(McKinsey Global Institute, 2011).

④ IDC 정의

- 빅데이터란 다양한 종류의 대규모 데이터에서 낮은 비용으로 가치를 추출하고, 데이터의 초고속 수집과 발굴을 지원하도록 고안된 차세대 기술 및 아키텍처를 말한다(2011).

⑤ 일본 노무라연구소 정의

- 노무라연구소는 데이터와 데이터 처리, 저장 및 분석기술에 의미 있는 정보 도출은 물론이고, 그에 필요한 인재나 조직까지도 넓은 의미의 빅데이터에 포함시킬 것을 제안했다.

⑥ 더그 래니(Doug Laney)의 정의(3V)

- 빅데이터는 데이터의 양(Volume), 데이터의 유형과 소스의 다양성(Variety), 데이터 수집과 처리 측면에서의 속도(Velocity)가 급격히 증가하면서 나타나는 현상이다.

⑦ 마이어쇤베르크와 쿠키어(Mayer-Schönberg&Cukier)의 정의

- 빅데이터란 대용량 데이터를 활용해 작은 용량으로는 얻을 수 없었던 새로운 통찰이나 가치를 추출해내는 일이다. 나아가 이를 활용해 시장, 기업 및 시민과 정부의 관계 등 많은 분야에 변화를 가져오는 일이다.

⑧ 한국데이터산업진흥원 정의

- 빅데이터란 데이터에 대한 기존의 접근 방식으로는 얻을 수 없었던 통찰과 가치를 창출하는 모든 것을 말한다.

(2) 빅데이터의 특징

① 더그 래니의 3V ***

- 가트너 그룹의 부회장인 더그 래니는 빅데이터를 데이터의 양(Volume), 데이터의 유형(Variety), 데이터의 생성 및 처리 속도의 증가(Velocity)로 요약하였다.

【 더그 래니의 3V 】

② 빅데이터의 새로운 특징 4V ***

일부 학자들은 더그 레니의 3V에 추가로 Value(가치) 혹은 Veracity(정확성)를 포함해 4V로 빅데이터의 특징을 설명하기도 한다. 여기에 Visualization(시각화), Variability(가변성) 등을 추가하는 견해도 있다.

- Value(가치): 데이터 전체를 파악하고 패턴을 발견하기가 어렵게 되면서 가치(value)의 중요성이 강조된다.
- Veracity(정확성): 빅데이터 기반의 예측 분석 결과에 대한 신뢰성이 중요하게 되었다.

2. 빅데이터 출현 배경

(1) 빅데이터의 출현 배경*

① 데이터의 양적 증가

- 과학기술의 발달과 컴퓨터와 스마트폰 보급으로 우리 주변에 수많은 데이터가 쏟아져 나오고 있다. 예를 들면 이메일, SNS, CCTV 기록이나 카드 내역 등이 다양한 데이터 형식으로 발생하고, 특히 스마트폰을 이용한 디지털 소통 또는 전자상거래, 디지털미디어 서비스 사용은 폭발적인 데이터 증가로 이어졌다.
- 하지만 빅데이터가 갑자기 출현한 것은 아니다. 빅데이터는 새롭게 등장한 개념이 아니라, 기술의 패러다임 시프트 현상으로 바라봐야 한다.

② 산업계의 변화

- 산업계에서 일어난 빅데이터 현상을 '양질 전환의 법칙'으로 설명하기도 한다(한국데이터산업진흥원). '양질 전환의 법칙'이란 헤겔의 변증법에 기초를 둔 개념으로, 양적인 변화가 축적되면 질적인 변화도 이루어진다는 개념이다.
- '양질 전환의 법칙'은 정보가 지속적으로 축적되면서 거대한 데이터는 새로운 기술을 만나 새로운 가치를 창출할 수 있는 변화의 상태가 된다고 설명한다.

③ 학계의 변화

- 학계에서도 빅데이터를 다루는 현상이 증가하고 있다. 거대한 데이터를 다루는 학문 분야가 늘어나면서 필요한 기술 아키텍처 및 통계 도구도 지속해서 발전하고 있다(예: 게놈 프로젝트, 대형 강입자 충돌기, NASA의 기후 시뮬레이션 등).

④ 관련 기술의 발전

- 빅데이터가 출현한 배경을 기술 발전에서 찾을 수 있다. 디지털화의 급진전, 저장 기술의 발전과 가격 하락, 인터넷의 발전과 모바일 시대 돌입, 클라우드 컴퓨팅 보편화 등은 빅데이터의 출현과 매우 밀접하다.
- 특히 클라우드 컴퓨팅*은 많은 정보가 클라우드에 수집되는 것도 의미가 있지만, 무엇보다 빅데이터의 처리 비용을 획기적으로 낮추었다는 점에서 의의가 있다. 대용량의 데이터를 클라우드 분산 병

TIP _ 빅데이터 분석에 경제성을 제공해 준 대표적인 기술로 자주 출제됩니다.

렬처리 시스템으로 처리할 경우 비용이 혁신적으로 줄어든다는 점도 빅데이터를 분석하고 새로운 가치를 창출하는 데 기여했다고 볼 수 있다.

빅데이터의 출현 배경이 된 기술

- 고객 데이터 축적 및 활용 증가(CRM의 확대), 인터넷 확산, 무선통신의 발전(5G), 모바일 생태계 확산, 스마트폰의 보급 확대, 저장 기술의 발전과 메모리 가격 하락, 클라우드 컴퓨팅 기술 발전, SNS 확대, IoT(사물인터넷) 증가, 데이터 분석 툴의 발전 등
- 클라우드 컴퓨팅은 인터넷('클라우드')을 통해 서버, 스토리지, 데이터베이스, 네트워킹, 소프트웨어, 분석, 인텔리전스 등의 컴퓨팅 서비스를 제공하는 것을 말한다. 클라우드 컴퓨팅을 통해 더 빠른 혁신과 유연한 리소스를 기업은 제공받을 수 있고, 경영의 이익 효과도 누릴 수 있게 됐다.

【 ICT 발전과 빅데이터의 출현 】

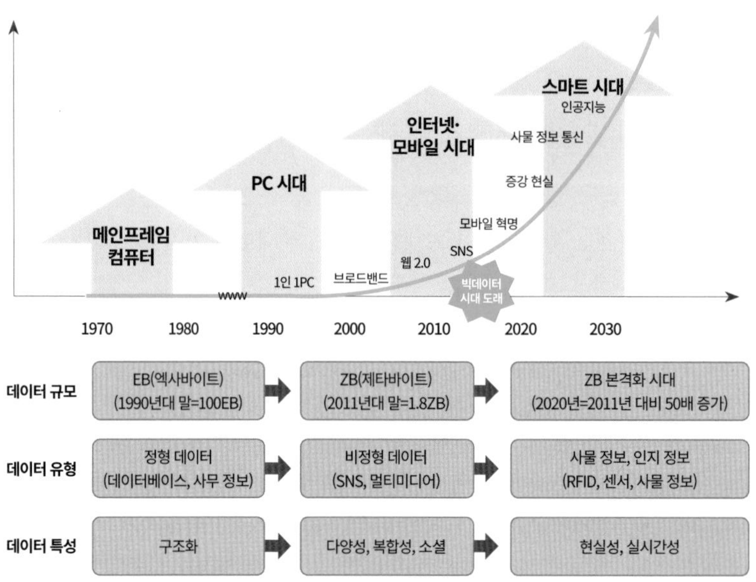

* 출처: <데이터 분석전문가가이드>, 한국데이터산업진흥원

(2) 빅데이터의 기능과 변화

TIP _ 빅데이터의 '기능' 및 '빅데이터에 거는 기대'를 비유한 표현들은 시험에 자주 출제되었습니다.

① 빅데이터의 기능 ***

빅데이터는 "산업혁명의 석탄 · 철"	제조업뿐만 아니라 서비스 분야의 생산성을 획기적으로 끌어올려 사회 · 경제 · 문화 · 생활 전반에 혁명적 변화를 가져올 것으로 기대된다.

빅데이터는 "21세기 원유"	빅데이터도 원유처럼 각종 비즈니스, 공공기관 대국민 서비스, 그리고 경제 성장에 필요한 정보를 제공하여 산업 전반의 생산성을 향상시키고 새로운 범주의 산업을 만들어낼 것으로 기대된다.
빅데이터는 "렌즈"	렌즈를 통해 현미경이 생물학 발전에 끼쳤던 영향만큼, 빅데이터도 렌즈처럼 산업 발전에 큰 영향을 줄 것으로 기대된다. **대표 사례)** 구글의 Ngram Viewer
빅데이터는 "플랫폼"	플랫폼은 공동 활용의 목적으로 구축된 유무형의 구조물을 말한다. 빅데이터는 플랫폼으로서 다양한 서드파티 비즈니스에 활용될 것으로 기대된다. **대표 사례)** 페이스북, 카카오톡 등

② 빅데이터가 만들어내는 변화 ***

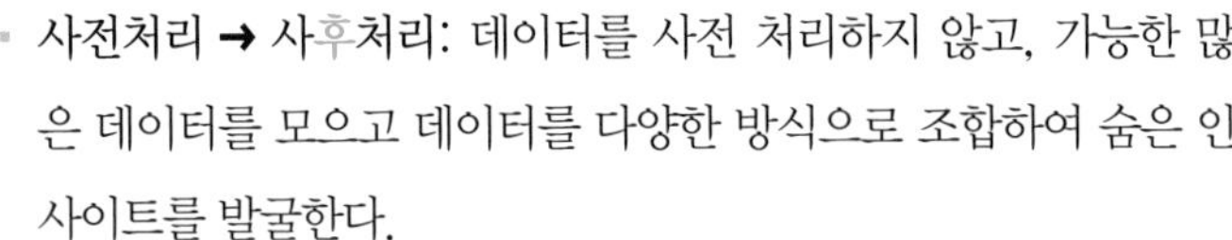

- **사전처리 → 사후처리**: 데이터를 사전 처리하지 않고, 가능한 많은 데이터를 모으고 데이터를 다양한 방식으로 조합하여 숨은 인사이트를 발굴한다.

TIP_시험에 자주 등장하는 중요한 개념이며, '후-전-양-상'으로 암기하면 쉽습니다.

- **표본조사 → 전수조사**: IoT · 클라우드 기술의 발전으로 데이터 처리 비용이 감소하게 되면서 데이터 활용 방법이 표본조사에서 전수조사로 변화했다.
- **질 → 양**: 수집 데이터의 양이 증가할수록 분석의 정확도가 높아져 양질의 분석 결과 산출에 긍정적인 영향을 주었다.
- **인과관계 → 상관관계**: 특정한 인과관계가 중요시되던 과거와 달리, 데이터의 양이 급격하게 늘어나면서 상관관계를 통해 특정 현상의 발생 가능성이 포착되고 그에 상응하는 행동을 추천하는 등 상관관계를 통한 인사이트 도출이 점점 확산되고 있다.

③ 빅데이터의 등장에 따른 변화

- 빅데이터가 등장함에 따라 다양한 영역에서의 변화가 일어나고 있다. 빅데이터는 크게 '기술과 인재&조직', 이 두 가지 범주에 영향을 끼치고 있다. 첫 번째는 빅데이터의 등장에 의한 기술 변화이고, 두 번째는 인재와 조직의 변화다. 빅데이터에 의해 데이터의 처리, 저장, 분석 및 아키텍처의 기술까지 변화하고 있으며, 데이터 사이언티스트 같은 인재가 요구되면서 동시에 데이터 중심의 조직이 등장하기 시작하였다.

【 빅데이터로 인한 변화 】

데이터 변화	기술 변화	인재 조직 변화
데이터의 양(Volume) 데이터의 유형(Variety) 데이터의 수집 및 처리 기술(Velocity)	데이터 처리, 저장, 분석 및 아키텍처 클라우드 컴퓨팅 활용	데이터 사이언티스트 수요 증가 데이터 중심 조직 등장

1과목 / 2장 / 핵·심·문·제

01. 다음 중 빅데이터 출현 배경에 대하여 잘못 설명한 것은?

① 기업의 방대한 양의 고객 데이터 축적

② 데이터의 정형화를 통한 관리의 용이성

③ 스마트폰 및 인터넷 보급을 통한 기하급수적인 데이터 양의 증가

④ 기술의 발전을 통한 저장 및 분석 비용의 감소

02. 빅데이터 출현 배경 중 거대한 데이터의 분석 비용 문제를 해결해준 것은 무엇인가?

① 하드 드라이브의 발전 및 가격 하락
② 클라우드 컴퓨팅
③ 아날로그의 디지털화
④ 스마트폰의 보급

03. 빅데이터의 여러 기능 중 여러 사람이 공동으로 사용 가능한 구조물로서의 역할을 하는 것은 어떤 기능인가?

① 렌즈
② 철 또는 석탄
③ 원유
④ 플랫폼

【정답&해설】

01. **답**: ②

해설: 데이터 정형화는 빅데이터의 출현 배경과 상관이 없다.

02. **답**: ②

해설: 개인의 컴퓨터 사양이 분석에 적합하지 못할 경우 기업이 제공하는 원격 고사양 컴퓨터를 활용하여 분석할 수 있다. 하드 드라이브의 가격 하락은 데이터 분석이 아닌 데이터 저장 비용 문제를 해결해 주었다.

03. **답**: ④

해설: 유튜브나 카카오톡처럼 여러 사람이 사용하는 구조물은 빅데이터 플랫폼의 역할이다.

02 데이터의 가치와 미래

1. 빅데이터의 가치와 영향

(1) 빅데이터의 가치

① 빅데이터의 가치

- 빅데이터의 가치는 결국 어떤 인사이트를 발굴하여 어떻게 활용할 것인지에 달렸다. 그 인사이트가 신규 사업으로 이어져 엄청난 사업 성공으로 이어진다면 수십 조의 가치를 지닐 수도 있고, 반대로 그 인사이트가 기대를 저버리고 기업의 수익 모델에 크게 도움을 주지 못할 수도 있다.
- 결국 빅데이터의 가치를 산정하는 일은 어렵기도 하거니와 어찌 보면 의미가 없는 일일 수도 있다. 중요한 것은 빅데이터를 통한 인사이트를 가치 있게 만드는 과정 그 자체이며, 그 과정의 결과가 크든 작든 상관없이 분명히 우리의 삶을 변화시키는 데 중요한 역할을 할 것이라는 점이다.

② 빅데이터 가치 산정의 어려움

- 빅데이터 가치 산정은 데이터 활용 방식, 가치 창출 방식, 분석 기술의 발전이라는 세 가지의 이유로 쉽지 않다.

【 빅데이터 가치 산정이 어려운 이유 】*

구분	내용
데이터 활용 방식	빅데이터의 재사용이나 재조합, 다목적용 데이터 개발 등이 일반화되면서 특정 데이터를 누가, 언제, 어떻게, 어디서 활용하는지 알 수 없게 되었기 때문에 가치 산정이 어렵다.
가치 창출 방식	빅데이터는 기존에 없던 새로운 가치를 창출함에 따라 그 가치를 산정하기 어렵다.
분석 기술의 발전	데이터 분석 기술의 발전으로 가치 있는 데이터와 가치 없는 데이터의 경계를 나누기 어려워졌다. 오늘의 가치 없는 데이터가 내일은 가치 있는 데이터가 될 수도 있기 때문에 빅데이터의 가치 산정은 어렵다.

(2) 빅데이터의 영향

① 빅데이터의 영향

기업	빅데이터를 활용해 소비자의 행동을 분석하고, 시장 변동을 예측해 비즈니스 모델을 혁신하거나 신사업을 발굴
정부	빅데이터 활용 부문은 크게 환경 탐색, 상황 분석, 미래 대응*으로 나눌 수 있음 * 미래 대응: 법제도 및 거버넌스 시스템 정비, 미래성장 전략, 국가안보 대응 등
개인	개인의 목적에 따라 빅데이터의 활용이 확산되면서 스마트라이프로 변화됨

② 빅데이터가 가치를 만들어내는 5가지 방식(맥킨지의 빅데이터 보고서, 2011)

- 투명성 제고로 연구개발 및 관리 효율성 제고
- 시뮬레이션을 통한 수요 포착 및 주요 변수 탐색으로 경쟁력 강화
- 고객 세분화 및 맞춤 서비스 제공
- 알고리즘을 활용한 의사결정 보조 혹은 대체
- 비즈니스 모델과 제품, 서비스의 혁신 등

빅데이터 경영혁신의 4단계

[1단계] 생산성 향상 ··· [2단계] 발견에 의한 문제 해결 ··· [3단계] 의사결정 향상 ··· [4단계] 새로운 고객가치와 비즈니스 창출

2. 빅데이터와 비즈니스 모델

(1) 빅데이터 활용 사례

① 기업혁신 사례

- 구글 검색 기능, 월마트 매출 향상, 질병 예후 진단 등 의료 분야에 접목

② 정부 활용 사례

- 실시간 교통정보수집, 기후정보, 각종 지질 활동 등에 활용, 국가안전 확보 활동 및 의료와 교육 개선에의 활용 방안 모색

③ 개인 활용 사례

- 정치인과 연예인의 SNS 활용

참고 **미래의 빅데이터 활용에 필요한 3요소★**

요소	내용
데이터	모든 것의 데이터화
기술	진화하는 알고리즘, 인공지능
인력	데이터 사이언티스트, 알고리즈미스트

(2) 7가지 빅데이터 활용 기본 테크닉★★★

TIP _ 자주 출제되는 매우 중요한 내용이므로 방법과 그 예를 잘 알아두어야 합니다.

① 연관 규칙 학습(Association rule learning)

- 어떤 변인 간에 주목할 만한 상관 관계가 있는지를 찾아내는 방법이다.
- 연관 규칙 학습은 연관분석 혹은 장바구니 분석으로도 불리며 고객이 구매한 물품들을 분석하여 품목 사이에 어떠한 규칙이 있는지 찾아내는 분석 기법이다.

예) A를 구매한 사람이 B를 더 많이 사는가?
이것을 구매한 사람들이 많이 구매한 물품은?
장바구니 분석
상품 추천

② 유형분석(Classification tree analysis)

- 새로운 사건이 속할 범주를 찾아내는 방법이다.
- '이 사용자가 어떤 특성을 가진 집단에 속하는가?'와 같은 문제를 해결하는 방법이다.

예) 문서를 어떻게 분류할 것인가?
조직을 어떻게 여러 그룹으로 나눌 것인가?
온라인 수강생들의 특성을 반영하여 어떻게 분류할 것인가?

참고 **분류와 군집**

상기 기술 내용은 한국데이터산업진흥원 교재에 근거한 내용으로, 여기서 언급한 '유형분석'은 그 개념이 정확히 '분류'인지 '군집'인지 약간 모호하게 기술되어 있다. 조금 깊게 들어가자면 분류와 군집은 서로 다른 분석방법의 유형이다. 영어로 표기할 때 분류는 'Classification', 군집은 'Clustering'이라고 표기하며, 분류는 지도학습, 군집은 비지도학습에 속한다. 자세한 사항은 3장에서 다루기로 한다.

③ 유전 알고리즘(Genetic algorithms)

- 최적화가 필요한 문제의 해결책을 자연선택, 돌연변이 등과 같은 메커니즘을 통해 점진적으로 진화시켜 나가는 방법이다.
- '최대의 시청률을 얻으려면 어떤 프로그램을 어떤 시간대에 방송해야 하는가?'와 같은 문제를 해결할 때 사용한다.

예) 최적화된 택배 차량 배치, 최고의 시청률을 내기위한 방송 프로그램 배치
응급실에서 의사를 어떻게 배치하는 것이 가장 효율적인가?
연비가 좋은 자동차를 개발하기 위해 원자재와 엔지니어링을 어떻게 결합하는 것이 좋을까?

④ 기계학습=머신러닝(Machine learning)

- 컴퓨터가 데이터로부터 규칙을 찾고 이러한 규칙을 활용해 '예측'하는 데 초점을 둔 방법이다.
- '기존 시청 기록을 바탕으로 시청자가 보유한 영화 중 어떤 영화를 가장 보고 싶어 할까?'와 같은 문제를 해결할 때 사용한다.

예) 유튜브 및 넷플릭스의 미디어 추천 시스템
스팸메일 필터링
질병 진단 예측

참고 **'기계학습=머신러닝'에 사용하는 알고리즘**

기계학습은 어떤 하나의 분석 방법이라기보다는 다양한 분석 알고리즘을 이용해 예측하는 분석모델을 아우르는 넓은 개념이다. 따라서 기계학습에는 다양한 분석 알고리즘이 사용될 수 있으며, 실제로도 어느 하나의 방법만 사용하지 않고 다양한 분석 알고리즘을 두루 사용한다. 기계학습에 사용되는 분석 알고리즘에는 의사결정나무, k-NN, 인공신경망, SVM, 군집, 딥러닝, 유전 알고리즘 등 다양한 분석 알고리즘이 있다.

⑤ 회귀분석(Regression analysis)

- 독립변수를 조작하면서 종속변수가 어떻게 변하는지를 보며 수치형으로 이루어진 두 변인의 관계를 파악하는 방법이다.
- '구매자의 나이가 구매 차량의 타입에 어떤 영향을 미치는가?'와 같은 문제를 해결할 때 사용한다.

예) 사용자의 만족도가 충성도에 어떤 영향을 미치는가?
이웃들과 그 규모가 집값에 어떤 영향을 미치는가?
상품가격은 매출에 어떤 영향을 미치는가?

⑥ 감정분석(Sentiment analysis)

- 특정 주제에 대해 말하거나 글을 쓴 사람의 감정을 분석하는 방법이다.
- 비정형 데이터 마이닝의 대표적인 기법 중 하나로, 텍스트 파일로부터 단어를 추출하고 추출된 단어의 긍정, 부정을 선별하여 글을 쓴 사람의 감정을 분석하는 분석 방법이다.
- '새로운 환불 정책에 대한 고객의 평가는 어떤가?'와 같은 문제를 해결할 때 사용한다.

예) 호텔에서 고객의 후기를 분석하여 고객의 니즈를 찾아낸다.

제품의 사용기에 나타난 고객의 감정은 어떠한가?

【 감정 분석의 프로세스 】

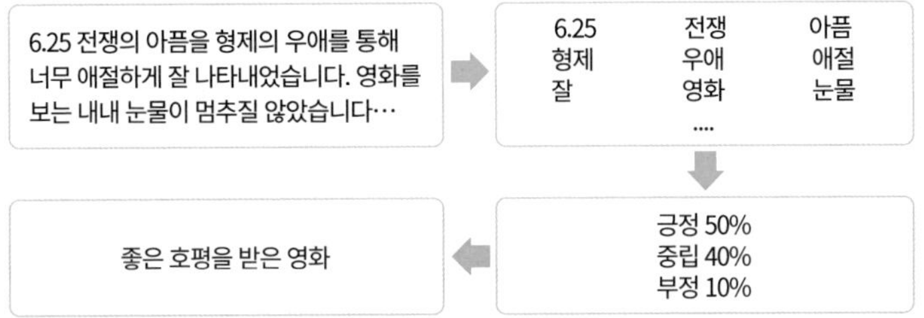

참고 **텍스트 마이닝 용어**

- **스태밍(stemming):** '가겠다', '갈 것이다', '간다', '가야 한다' 등의 단어들은 그 어원이 '가다'라는 단어이다. 이처럼 감정분석과 같은 텍스트 마이닝을 수행할 때 단어의 원형을 통해 그 의미를 파악할 수 있는데, 이때 단어의 어원을 찾는 작업을 스태밍이라 한다.
- **코퍼스(Corpus):** 말뭉치란 뜻을 가진 코퍼스는 텍스트 분석을 위해 모아놓은 단어 혹은 문장을 보유한 저장소이다. 특정 단어가 어떤 단어들과 주로 어울리는지를 파악하는 등 코퍼스는 다양한 목적을 갖고 사용될 수 있다.
- **토큰화(Tokenization):** 문장 또는 코퍼스를 여러 개의 뜻을 가진 가장 작은 단위의 단어들로 나누는 작업을 의미한다. 한글에서는 –은, –는, –이, –가 와 같이 조사 때문에 띄어쓰기로 나눈다는 것이 토큰화가 될 수 없으므로 토큰화보다 상위개념인 형태소 분석을 수행해야 한다.
- **임베딩(Embedding):** 토큰화가 수행된 단어 집합에 대해서 일련의 벡터로 변환하는 작업을 의미한다.

⑦ 소셜 네트워크 분석(SNA; Social Network Analysis)

- 사회 관계망 분석으로도 불리며, SNS 같은 온라인 공간에서 유저 사이의 팔로워, 팔로잉 관계를 분석하여 영향력이 있는 사람을 찾아내어 기업의 효율적인 마케팅이나 범죄 수사에서 공범을 찾는 등 다양한 분야에서 활용될 수 있다.
- 오피니언 리더, 즉 영향력 있는 사람을 찾아낼 수 있으며, 고객 간 소셜 관계를 파악할 수 있다.

예) 도시계획 및 지리학 분야에서 SNA를 활용하여 도시공간분석에 이용
특정인과 다른 사람이 몇 촌 정도의 관계인가?
이 사람이 어느 정도 영향력 있는 '인플루언서'인가?

소셜 네트워크 분석 요소

소셜 네트워크 분석은 비정형 데이터 분석으로 ADsP의 3과목에서 다루지 않는 영역이지만 최근 소셜 네트워크 분석과 관련된 용어가 출제됨에 따라 아래의 용어 정도는 숙지하기를 권한다.

- **연결 중심성:** 하나의 점에 얼마나 많은 다른 점이 연결돼 있는지 나타내는 척도로, 연결된 노드들의 수의 합으로 표현한다.
- **근접 중심성:** 노드 사이의 거리를 기반으로 측정한 척도다.
- **매개 중심성:** 네트워크 내에서 해당 노드가 어디에 위치하는지 파악함으로써 해당 노드의 영향력을 파악할 수 있다.
- **아이겐벡터 중심성:** 네트워크 내의 노드와 다른 벡터의 중심성과 가중치를 활용하여 계산하는 방식으로, 해당 노드와 연결된 다른 노드들이 네트워크 내에서 얼마나 중요한지 파악하는 지표다.

3. 빅데이터의 위기 요인과 통제 방안

TIP _ 자주 출제되는 매우 중요한 내용이므로 방법과 그 예를 잘 알아두어야 합니다.

(1) 위기요인 ★★★

① 사생활 침해

- 개인의 사생활 침해 위협을 넘어 사회 · 경제적 위협으로 변형될 수 있다.
- 익명화 기술이 발전되고 있으나, 아직도 충분하지 않으며, 정보가 오용될 때 위협의 크기는 막대하다.

예) 조지오웰의 ≪1984≫에서의 '빅브라더'
SNS에 여행 게시글을 올린 사용자를 대상으로 한 빈집털이 발생

② 책임 원칙 훼손

- 빅데이터 기반 분석과 예측 기술이 발전하면서 정확도가 증가한 만큼, 분석 대상이 되는 사람들이 예측 알고리즘의 희생양이 될 가능성도 높아졌다.
- 빅데이터 시스템에 의해 부당하게 피해 보는 상황을 최소화할 장치 마련이 필요하다.

예) 영화 〈마이너리티 리포트〉
신용카드 발급 여부 판단에 있어 불이익 발생

③ 데이터 오용

- 데이터 과신 혹은 잘못된 지표의 사용으로 인한 잘못된 인사이트를 얻어 비즈니스에 적용할 경우 직접 손실이 발생할 수 있다. 빅데이터는 과거 데이터를 분석하는 것이기 때문에 창조적인 미래를 예측하는 경우, 과거 데이터를 과신하거나 오용하면 창조적인 제품을 개발하기 어렵다.

예) 포드 자동차 발명 vs. 더 빠른 말
스티브 잡스의 아이폰 vs. 그냥 전화기
적군의 사망자 수로 전쟁의 승리를 예측하는 오류

【 빅데이터의 위기 요인과 그 예시 】

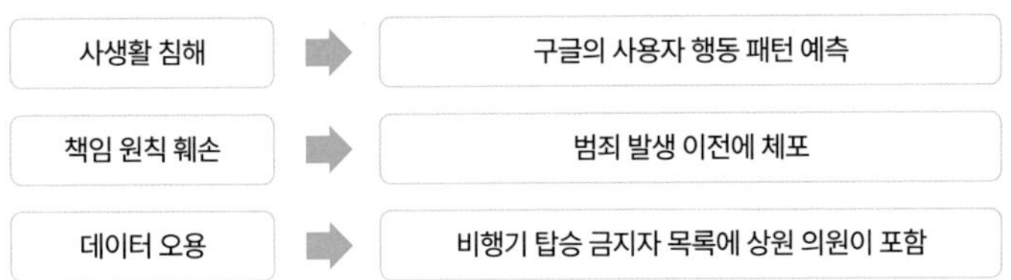

(2) 통제방안★★★

① 사생활 침해의 통제 방안 → '동의'에서 '책임'으로

- 개인정보 제공자의 '동의'를 통해 해결하기보다 개인정보 사용자의 '책임'으로 해결한다는 방안이다.

② 책임 원칙 훼손의 통제 방안 → 결과 기반 책임 원칙 고수

- 특정인의 '성향'에 따라 처벌하는 것이 아닌 '행동 결과'를 보고 처벌한다.
- 범죄를 저지를 것이라 예상되더라도 현 시점에서 아무런 범죄가 발생하지 않았으므로 어떠한 조치도 취할 수 없다는 것이다.

③ 알고리즘 접근 허용

- 데이터가 어떻게 사용되어 어떠한 이유로 피해자가 발생하게 되었는지 데이터 활용 로직인 알고리즘을 살펴봄으로써 피해자를 구제할 수 있다.
- 최근에는 알고리즘을 이해하고 해석함으로써 사전에 피해자를 방지하고 피해자를 구제하는 전문인력인 알고리즈미스트(Algorithmist)가 부상하고 있다.

【 빅데이터 위기 요인과 통제 방안 】

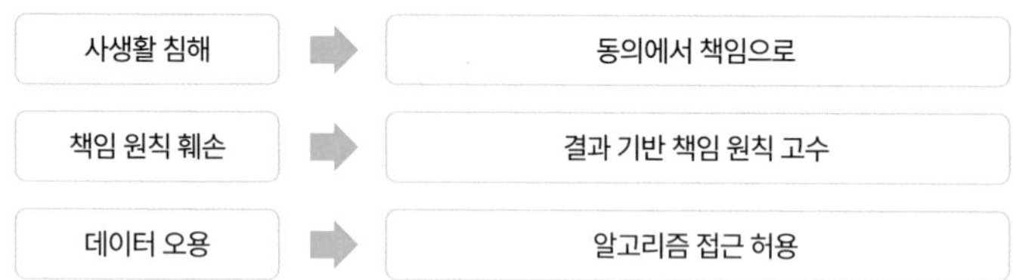

참고 **개인정보 비식별 기술***

개인정보 비식별 기술이란 데이터 속에서 특정 개인을 식별할 수 있는 요인을 숨김으로써 특정 개인을 식별할 수 없도록 하는 기술이다. 최근에 빅데이터로 인한 위기 요인이 발생함에 따라 개인정보의 비식별 기술이 더욱 각광받고 있다.

- **데이터 마스킹:** 데이터의 기존 형식을 유지한 채 식별할 수 없는 임의의 값(혹은 기호)으로 대체한다.

  플레이 데이터 → 데이터 마스킹 → *** 데이터

- **가명 처리:** 데이터의 값을 다른 값으로 변경한다.

  홍길동 → 가명 처리 → 임꺽정

- **총계 처리:** 각각의 데이터 값이 아닌 전체 데이터에 대한 총합 또는 평균으로 데이터를 보여준다.

  70점 80점 90점 → 총계 처리 → 평균 80점

- **데이터 값 삭제:** 데이터 값의 일부를 삭제한다.

  서울시 서초구 → 데이터 값 삭제 → 서울시

- **데이터 범주화:** 데이터의 값을 범주화하여 특정 값이 아닌 범위를 제공한다.

  수학 80점 → 데이터 범주화 → 수학 70~90점

참고 미연방거래위원회(FTC)의 소비자 프라이버시 보호 3대 권고사항

① 기업은 상품 개발 단계에서부터 소비자 프라이버시 보호 방안을 적용

② 기업은 소비자에게 공유정보 선택 옵션을 제공

③ 소비자에게 수집된 정보 내용 공개 및 접근권 부여

1과목 / 2장 / 핵·심·문·제

01. 빅데이터 시대가 도래하면서 발생 가능한 부정적인 측면 중 하나인 '책임 원칙의 훼손'에 대한 사례로 가장 적절한 것은?

① 빈집털이를 목적으로 SNS를 활용한 탐색

② 구글의 사용자 행동 예측

③ 알 수 없는 이유로 인한 인공지능으로부터의 피해 발생

④ 인공지능의 범죄 예측으로 범죄 발생 이전에 체포

02. 다음 중 빅데이터 시대의 위기 요인 중 사생활 침해 문제를 해결하기 위한 대책으로 올바른 것은 무엇인가?

① 알고리즈미스트를 통한 사생활 침해 문제 해결

② 개인정보를 사용하는 사람이 직접 책임지는 책임제의 도입

③ 개인정보 주체로부터 개인정보 사용을 위한 허락 절차 강화

④ 정보주체에게 피해가 예상되는 경우 정보를 사용할 수 없도록 제한

03. 다음 중 개인정보 비식별화 기법을 설명한 것으로 가장 부적절한 것은?

① 데이터 마스킹 – 개인 식별을 위한 데이터를 삭제

② 총계 처리 – 데이터의 총합 또는 평균을 나타내어 개별 데이터 값을 숨김

③ 가명 처리 – 개인 식별을 위한 데이터를 식별할 수 없는 값으로 변경

④ 범주화 – 데이터의 값을 범주화하여 기존 값을 감춤

04. 다음 중 데이터의 가치 측정이 어려운 이유로 부적절한 것은 무엇인가?

① 데이터 활용 방식: 일반화로 데이터를 언제 누가 사용했는지 알 수 없기 때문이다.

② 가치 창출: 무심코 지나칠 수 있는 데이터 속에서 가치가 발견될 수 있기 때문이다.

③ 분석 기술 발전: 과거에 찾지 못했던 가치를 찾을 수 있기 때문이다.

④ 인공지능: 이미지 분석, 음성 분석과 같은 인공지능의 발전에 기여하기 때문이다.

05. **다음 중 비즈니스 모델에서 빅데이터 분석 방법과 그에 대한 활용 예시가 부적절한 것은?**

① 회귀분석: 연인들의 거리에 따른 애정도의 변화는 얼마인가?

② 감정분석: 고객의 만족도가 높을수록 재방문할 가능성은 얼마인가?

③ 유형분석: 같은 패턴의 행동을 보이는 동물은 무엇인가?

④ 연관 규칙학습: 고객의 장바구니를 분석한 결과 어떤 구입 품목들이 연관성을 가지는가?

06. **다음 중 감정분석에 대한 설명으로 가장 적절한 것은?**

① 물품에 대한 만족도에 따른 재구매율이 어떻게 변하는지를 알 수 있다.

② 주로 온라인 쇼핑몰에서 사용자의 상품평에 대한 분석이 대표적 사례다.

③ 온라인에서 사용자 간 친분의 정도를 분석하기 위하여 사용한다.

④ '좋아요' 버튼 클릭과 같이 사용자의 행동을 분석한다.

07. **다음 중 최적화 문제를 해결하기 위한 기법의 하나로 자연 세계의 진화 과정에 기초한 모델로서 1975년에 존 홀랜드에 의해 개발된 기법으로 선택, 변이, 교차, 대치 등의 연산을 보유한 기법은 무엇인가?**

① 기계학습 ② 강화학습

③ 유전 알고리즘 ④ 감정분석

【정답&해설】

01. **답:** ④

해설: 예측된 범행 이전의 체포는 책임 원칙 훼손의 대표적인 예시다. 범하지 않은 죄에 대한 처벌은 정당한 것인지 정당하지 않은 것인지 판단할 수 없기 때문이다.

02. **답:** ②

해설: 사생활 침해에 대한 통제 방안은 사용자가 직접 책임지는 책임제의 도입이다.

03. **답:** ①

해설: 데이터 마스킹은 데이터의 기존 형식을 유지한 채 식별할 수 없도록 값을 바꾸는 기술이다.

04. **답:** ④

해설: 인공지능은 데이터 활용 방안의 일종으로 데이터의 가치 측정이 어려운 이유로 부적절하다.

05. **답:** ②

해설: 감정분석은 특정 주제에 대한 사용자들의 긍정, 부정의 의견을 분석하는 방법이다. 고객의 만족도에 따른 재방문 가능성은 회귀분석이 적절하다.

06. **답:** ②

해설: 감정분석의 분석 대상은 사용자가 작성한 댓글과 같이 비정형 데이터의 일종인 텍스트다.

07. **답:** ③

해설: 유전 알고리즘은 선택, 변이 교차, 대치의 연산을 통해 최적화 문제를 해결하기 위해 고안되었다.

03 가치창조를 위한 데이터 사이언스와 전략 인사이트

1. 빅데이터 분석과 전략 인사이트

(1) 빅데이터 열풍과 회의론

① 빅데이터에 대한 관심과 기대

- 최근 빅데이터에 대한 관심과 기대가 매우 높아졌다. 많은 기업이 많은 데이터를 보유하고 싶어 하며, 그 속에서 무언가 쓸 만한 것을 찾아내 새로운 가치를 창출할 수 있을 거라고 생각한다. 하지만 많은 양의 데이터가 반드시 새로운 가치로 연결되지는 않는다.
- 의약 기업으로 유명한 버텍스 사의 보슈아 보거 박사는 데이터에 기초한 의사결정이 중요하다고 말한다. 버텍스 사의 빅데이터 성공사례를 보면 데이터의 양보다 데이터 분석 문화가 주요 경영 의사결정에 뿌리 깊게 자리 잡고 있었던 것을 알 수 있다.

② 빅데이터 회의론의 원인

- **부정적 학습효과**: 과거의 IT 솔루션 영역에서는 공포 마케팅이 잘 통해서 CRM 같은 솔루션은 반드시 도입되어야 하는 것으로 강조되었다. 그러나 막대한 비용을 지불하여 빅데이터 시스템을 구축했어도 어떻게 가치를 창출하는지를 몰랐다.
- **과대 포장**: 기존의 분석 성공 사례를 빅데이터 성공사례로 포장한 것이 많다. 빅데이터의 궁극적인 목표는 기존에 알지 못했던 가치를 도출하는 것이다. 하지만 기존의 우수 고객, 이탈 고객 예측 분석 등의 분석을 빅데이터 분석인 것 마냥 과대 포장했다.

(2) 빅데이터 분석의 핵심은 'Big'이 아닌 '인사이트'

① '크기'가 아니라 '인사이트' *

- 데이터는 크기가 아니라, 데이터로부터 어떤 시각과 인사이트(Insight: 통찰)를 얻을 수 있느냐의 문제다.
- 비즈니스의 핵심가치에 집중하고 이와 관련된 분석 평가 지표를 개발하고 이를 통해 효과적으로 시장과 고객의 변화에 대응할 수 있을 때 빅데이터 분석은 가치가 있다.

- 빅데이터와 관련된 걸림돌은 '비용'이 아니라 '분석적 방법과 성과에 대한 이해 부족'이다.

【 데이터로부터 가치를 뽑아내는 것이 빅데이터의 핵심 】

② 전략적 인사이트의 중요성

- 기업에서 단순히 데이터 분석을 많이 사용한다고 경쟁 우위에 도달한다거나 곧바로 매출이 상승하지는 않는다. 분석이 경쟁의 본질을 제대로 바라보지 못할 때는 쓸모없는 결과만 잔뜩 쏟아내게 된다.
- 이를 예방하기 위해 전략적인 인사이트를 가지고 핵심적인 비즈니스에 집중하여 데이터를 분석하고 차별적인 전략으로 기업을 운영해야 한다.

사례 1_ 싸이월드 사례

싸이월드는 2004년 당시만 해도 세계 최대의 SNS 서비스였으나, 지속 성장을 이루지 못하고 역사의 뒤안길로 사라지고 말았다. 그 이유에 대해 여러 가지 설이 있으나, 여기서는 데이터 분석 관점에서 바라보기로 한다. 당시 싸이월드에서 데이터 분석은 이루어지고 있었지만, 웹로그 분석과 같은 일차적인 분석이 이뤄지고 있었고, 이는 경영진의 직관력을 보조하는 일부로 활용될 뿐이었다. 사업 현황 확인을 위한 협소한 문제에 집중하는 경향이 있었으며 더 깊이 있는 분석이 수행되지 못했다. 특히 트렌드의 변화가 사업에 미치는 영향을 발 빠르게 알아차리지 못했다. 아울러 회원들의 SNS 활동 특성 분석을 위한 프레임워크나 평가 지표조차 마련되지 못했다. 성공적 인터넷 기업(구글, 링크드인, 페이스북)은 대부분 데이터 분석과 함께 시작되고 그 분석 내용이 내부 의사결정에 결정적 정보를 제공하지만, 싸이월드는 경영 의사결정이 깊이 있는 데이터 분석에 기초해 이루어지지 않았다.

■ **싸이월드 실패 요인**

1. OLAP 같은 분석 인프라는 있었지만 중요한 의사결정이 데이터 분석에 기초하지 못하였다.
2. 사업 상황 확인을 위한 협소한 문제에만 집중하였다.
3. 회원들의 특성 분석에 관한 프레임워크나 평가 지표조차 제대로 만들지 않았다.
4. 트렌드 변화가 사업에 미치는 영향을 알아차리지 못하였다.

■ **페이스북 성공 요인**

1. 사용자의 니즈를 반영한 대화 중심의 플랫폼을 지향하였다.
2. 모바일 트렌드에 발맞춰 모바일 소통을 위한 플랫폼을 지향함으로써 시장의 니즈를 반영하였다.

3. 개인정보의 노출범위를 사용자가 직접 통제하도록 하여 스스로를 지킬 수 있게 하였다.

4. 서비스 정착 이전까지 광고를 배제한 스마트한 비즈니스 모델을 활용하였다.

사례 2_ 미국 항공사 데이터 분석 사례

TIP _ 둘의 차이를 묻는 문제가 등장한 적이 있습니다. 시험에 출제될 가능성이 높습니다.

두 항공사 모두 데이터 분석을 하여 주요 경영 의사결정에 활용했지만, 전략적 인사이트 도출 여부의 차이로 그 성과는 달라졌다. 아메리칸항공은 비용은 일정 부분 절감했지만 타 경쟁사들과 차별화하지 못하여 결국 수익이 감소한 반면, 사우스웨스트항공은 인사이트를 도출하여 차별화된 경영전략으로 36년 연속흑자를 기록할 만큼 높은 시장가치를 확보했다.

아메리칸항공	사우스웨스트항공
수익 관리, 가격 최적화의 분석 접근법 사용 3년 만에 14억 달러의 수익을 올림	단순최적화 모델을 통한 가격 책정과 운영
비행경로와 승무원들의 일정을 최적화 12개 기종, 250개 목적지, 매일 3,400회 운항 ↓ 초기에는 비용을 절감했으나, 타 경쟁사들이 비슷한 수준의 수익관리 모델을 갖추면서 경쟁 우위에서 하락함	한 가지 기종의 비행기로 단순화 ↓ 단순 최적화로 가격 책정 및 운영 결과 경쟁 우위가 상승 36년 연속 흑자, 높은 시장가치 확보

(3) 일차원적 분석 vs. 전략 도출을 위한 가치 기반 분석

① 일차원적 분석(산업별) ★★

TIP _ 별(★) 표시가 있는 항목은 각종 시험에 지문으로 자주 등장합니다.

산업	일차원적 분석 애플리케이션
*금융 서비스	신용점수 산정, 사기 탐지, 가격 책정, 프로그램 트레이딩, 클레임 분석, 고객 수익성 분석
*에너지	트레이딩, 공급/수요 예측 *TIP _ '금융'이 아님에 주의!
*병원	가격 책정, 고객 로열티, 수익 관리
*정부	사기탐지, 사례관리, 범죄방지, 수익 최적화
소매업	판촉, 매대 관리, 수요 예측, 재고 보충, 가격 및 제조 최적화
제조업	공급사슬 최적화, 수요 예측, 재고 보충, 보증서 분석, 맞춤형 상품 개발, 신상품 개발
운송업	일정 관리, 노선 배정, 수익 관리
헬스케어	약품 거래, 예비 진단, 질병 관리
커뮤니케이션	가격 계획 최적화, 고객 보유, 수요 예측, 생산 능력 계획, 네트워크 최적화, 고객 수익성 관리

산업	일차원적 분석 애플리케이션
서비스	콜센터 직원 관리, 서비스-수익 사슬 관리
온라인	웹 매트릭스, 사이트 설계, 고객 추천
모든 사업	성과 관리

② 전략 도출을 위한 가치 기반 분석

- 빅데이터의 일차적 분석을 통해서도 해당 부서나 업무 영역에서는 상당한 효과를 얻을 수 있다. 하지만 이러한 일차원적인 분석은 대부분 업계 내부의 문제에만 포커스를 두고 있으며, 주로 부서 단위로 관리되기 때문에 비즈니스 성공에 핵심적인 역할을 기대하기는 어렵다.
- 우선은 일차적인 분석을 통해 점점 분석 경험을 늘려가고 작은 성공을 거두면 분석의 활용 범위를 더 넓고 전략적으로 변화시킴으로써 전략적 인사이트를 주는 가치 기반 분석 단계로 나아가야 한다. 이 단계에 도달하면 분석은 경쟁의 본질에 영향을 미치고 기업의 경쟁 전략을 이끌어갈 수 있다. 전략적 인사이트를 주는 가치 기반 분석을 위해 우선 사업과 이에 영향을 미치는 트렌드에 대해 큰 그림을 그려야 한다.
- 전략적 수준에서의 분석은 사업 성과를 견인하는 요소들과 차별화를 이룰 수 있는 기회에 대해 중요한 인사이트를 줄 것이다. 이러한 전략적 인사이트 창출에 포커스를 뒀을 때 분석은 해당 사업에 중요한 기회를 발굴하고, 주요 경영진의 지원을 얻어낼 수 있으며, 이를 통해 강력한 모멘텀을 만들어낼 수 있다.

2. 전략 인사이트 도출을 위해 필요한 역량

(1) 데이터 사이언스에 대한 이해와 역할

① 데이터 사이언스에 대한 이해

- 데이터 사이언스는 데이터로부터 의미 있는 정보를 추출해내는 학문이다.
- 통계학이 정형화된 실험 데이터를 분석 대상으로 하는 것에 비해, 데이터 사이언스는 정형 또는 비정형을 막론하고 다양한 유형의 데이터를 대상으로 한다.
- 위키피디아에서는 데이터 사이언스를 '데이터 공학, 수학, 통계학, 컴퓨터 공학, 시각화, 해커의 사고방식, 해당 분야의 전문 지식을 종합한 학문'으로 정의하기도 한다.

② 데이터 사이언스의 역할

- 데이터 사이언스와 데이터 마이닝은 비슷하지만, 서로 다르다. 데이터 마이닝은 주로 분석에 포커스를 두지만, 데이터 사이언스는 분석뿐 아니라 이를 효과적으로 구현하고 전달하는 과정, 궁극적으로는 전략적 인사이트 도출을 위한 일련의 행위까지 모두 포괄하는 광의의 개념이다.
- 데이터 사이언스는 더 포괄적이고 총체적인 접근법을 사용한다. 데이터 사이언스는 전략적 통찰을 추구하고 비즈니스 핵심 이슈에 답하고, 사업의 성과를 견인해 나갈 수 있다. 바로 이 점이 데이터 마이닝과의 차이점이다. 그리고 이 때문에 데이터 사이언티스트에게 '소통'이 중요한 핵심 역량이 된다.
- 훌륭한 데이터 사이언티스트는 비즈니스의 성과를 좌우하는 핵심요소를 정확하게 겨냥할 수 있으며, 이때 데이터 사이언스가 엄청난 위력을 발휘할 수 있다.

(2) '데이터 사이언스'와 '데이터 사이언티스트'

① 데이터 사이언스 구성 요소 ★★

- Analytics: 수학, 확률 모델, 머신러닝, 분석학, 패턴 인식과 학습, 불확실성 모델링 등
- IT(Data Management): 시그널 프로세싱, 프로그래밍, 데이터 엔지니어링, 데이터 웨어하우징, 고성능 컴퓨팅 등
- 비즈니스 분석: 커뮤니케이션, 프레젠테이션, 스토리텔링, 시각화 등

【 데이터 사이언스의 핵심 구성 요소 】

* 출처: <데이터 분석전문가가이드>, 한국데이터산업진흥원

② 데이터 사이언티스트에게 요구되는 역량 ★★★

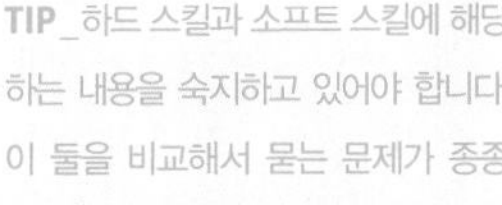

TIP _ 하드 스킬과 소프트 스킬에 해당하는 내용을 숙지하고 있어야 합니다. 이 둘을 비교해서 묻는 문제가 종종 출제됩니다.

- 하드 스킬(Hard skill)
  - 빅데이터에 대한 이론적 지식: 관련 기법에 대한 이해와 방법론 습득
  - 분석 기술에 대한 숙련: 최적의 분석 설계 및 노하우 축적

- **소프트 스킬(Soft skill)**
  - **통찰력 있는 분석:** 창의적 사고, 호기심, 논리적 비판
  - **설득력 있는 전달:** 스토리텔링, 시각화
  - **다분야 간 협력:** 커뮤니케이션

【 데이터 사이언티스트에게 요구되는 역량 】

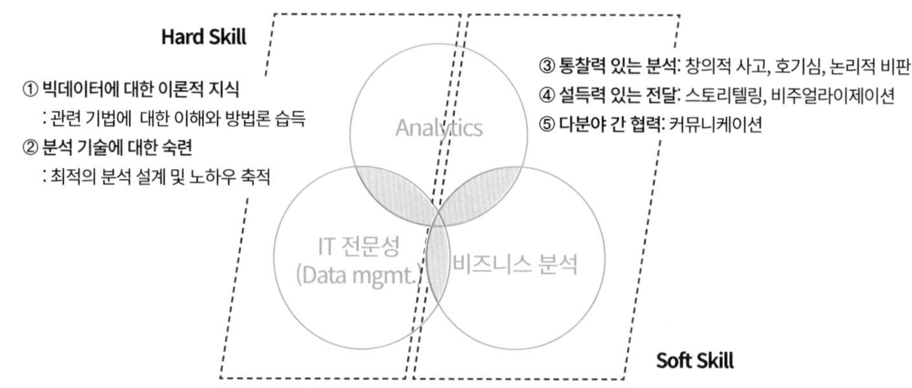

* 출처: <데이터 분석전문가가이드>, 한국데이터산업진흥원

참고 **가트너가 제시한 데이터 사이언티스트 요구 역량**

- **데이터 관리:** 데이터에 대한 이해
- **분석 모델링:** 분석론에 대한 지식
- **비즈니스 분석:** 비즈니스 요소에 초점
- **소프트 스킬:** 커뮤니케이션, 협력, 리더십, 창의력, 규율, 열정

TIP _ 가트너가 제시한 데이터 사이언티스트의 요구 역량은 시험에 자주 출제되므로 각 영역과 영역별 요구 역량에 대해 꼼꼼히 외워주세요.

(3) 데이터 사이언스: 과학과 인문학의 교차로

① 전략과 인사이트 도출을 위한 인문학*

- 기업들이 경영전략을 수립하는 데는 사고방식, 비즈니스 이슈에 대한 감각, 고객에 대한 공감 능력 등의 소프트 스킬이 필요하다.
- 이 소프트 스킬은 인문학에서 나오는데, 바로 이를 두고 '데이터 사이언스는 과학과 인문학의 교차로에 있다'고 말한다. 그래서 전문가들은 데이터 사이언티스트에게 스토리텔링, 커뮤니케이션 능력, 창의력, 열정, 직관력, 비판적 시각, 글쓰기 능력, 대화 능력 등이 필요하다고 말한다. 이러한 능력이 인문학의 주요 주제임은 두말할 필요도 없다.

- 공급자 중심의 기술 경쟁하에서는 '산출물'만을 중시하지만, 소비자가 어디에서 재미와 편의를 느끼는지 이해하기 위해서는 '창조 과정'에 주목하는 인문학적 통찰력이 필요하다. 기존 사고의 틀을 벗어나 문제를 바라보고 해결하는 능력뿐 아니라, 비즈니스 핵심가치를 이해하고 고객과 직원의 내면적 요구를 이해하는 능력을 시대가 점점 더 절실히 요구하고 있다.

【 외부 환경에서 본 인문학의 열풍 】★★

외부 환경	변화
컨버전스 → 디버전스	단순 세계화 → 복잡 세계화
생산 → 서비스	제품생산 → 서비스
생산 → 시장 창조	기술 경쟁 → 무형 자산의 경쟁

② 인문학적 사고의 특성

- 데이터 사이언티스트는 정량분석이라는 과학과 인문학적 통찰에 근거한 합리적 추론을 탁월하게 조합할 수 있어야 한다. 데이터 사이언티스트는 단순히 정보를 활용하는 정도의 수준을 넘어 사업 성과를 좌우하는 핵심적인 문제에 대답할 수 있는 수준의 인사이트를 제시해야 한다.
- 애플의 스티브 잡스는 항상 인문학적 요소를 중요시하였으며, 그의 청중을 사로잡는 프레젠테이션 기술이 데이터 사이언스 분야에 인문학 열풍을 불어넣기 시작하였다.

【 인문학적 사고의 특성 】

구분	정보	통찰
과거	무슨 일이 일어났는가? 예) 보고서 작성 등	어떻게, 왜 일어났는가? 예) 모델링, 실험 설계
현재	무슨 일이 일어나고 있는가? 예) 경고	차선 행동은 무엇인가? 예) 권고
미래	무슨 일이 일어날 것인가? 예) 추측	최악 또는 최선의 상황은 무엇인가? 예) 예측, 최적화, 시뮬레이션

[사례] 신용리스크 모델링에 인문학적 통찰력 적용

- **현재의 신용리스크 모델링**
  - 현재의 신용리스크 모델링은 인간을 행동적 관점에서 바라본다.
  - 즉 대출금을 갚을지 갚지 않을지에 대한 판단을 이전의 신용행동을 보고 판단한다.

- 신용리스크 모델링에 인문학적 통찰력을 적용
  - 인간을 과거 사실에 기초한 행동적 관점이 아니라, 상황적 관점으로 바라본다.
  - 상황적 관점이란 특정한 행동을 지속하는 사람들도 주변 맥락이 바뀌면 갑작스레 행동 패턴이 변화한다는 '인간의 가변적 성향'을 반영한 관점이다.
  - 신용리스크 모델링의 예측력을 높이기 위해 상황적 관점을 반영할 수 있는 데이터를 추가로 발굴해 반영해야 한다.
  - 이를 위해서는 '어떤 데이터가 더 필요하며', '어떤 기술을 활용해야 할 것인가'라는 질문에 중요한 가이드를 제공해야 한다.
- 인문학적 통찰력의 적용
  - 인간에 대한 새로운 해석 관점의 제공 외에도 인문학은 데이터 사이언티스트들에게 중요한 가치 창출의 원천이 될 수 있다.
  - 데이터 사이언티스트는 고정된 사고방식에서 벗어나 혁신을 생각하고 진부한 상상의 굴레에서 벗어난 창의성을 토대로 남보다 앞서 새로운 가치를 창출해야 한다.

3. 빅데이터 그리고 데이터 사이언스의 미래

(1) 가치 패러다임의 변화

① 가치 패러다임

- 패러다임(paradigm)이란 어떤 한 시대 사람들의 견해나 사고를 근본적으로 규정하고 있는 프레임으로서의 인식의 체계, 또는 사물에 대한 이론적인 틀이나 체계를 의미하는 개념이다.
- 패러다임은 시간의 흐름에 따라 다음 세대의 패러다임에 자리를 물려주고 떠나는 속성을 가지는데, 이를 패러다임 시프트라고 부른다.
- 가치 패러다임은 경제와 산업의 원천에 있는 가치에 대한 패러다임을 의미하며 많은 신기술과 상품, 서비스가 그 시기의 가치 패러다임과 맞아떨어질 때 성공을 거둔다.

② 가치 패러다임의 변화 *

- 현대는 크게 디지털화, 연결, 에이전시로 패러다임이 변화했다.

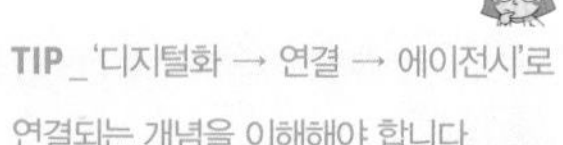

TIP _ '디지털화 → 연결 → 에이전시'로 연결되는 개념을 이해해야 합니다.

【 가치 패러다임의 변화 】

디지털화 (Digitalization)	아날로그의 세상을 어떻게 효과적으로 디지털화하는가가 이 시대의 가치를 창출해 내는 원천 **예)** 운영체제, 워드/파워포인트 같은 오피스 프로그램
연결(Connection)	디지털화된 정보와 대상들이 서로 연결되어 이 연결이 얼마나 효과적이고 효율적으로 제공되느냐가 이 시대의 성패를 가름 **예)** 구글의 검색 알고리즘, 네이버의 콘텐츠
에이전시(Agency)	사물인터넷(IoT)의 성숙과 함께 연결이 증가하고 복잡해짐 복잡한 연결을 얼마나 효과적이고 믿을 만하게 관리하는가가 이슈 데이터 사이언스의 역량에 따라 좌우

모든 것의 데이터화(datafication)

처음 카메라가 등장했을 때 카메라의 사진은 컴퓨터로 옮길 수 없었던 필름 카메라였다. 그러나 필름 카메라는 점차 사라지고 RGB 값을 이용해 사진을 컴퓨터에서 읽거나 컴퓨터로 옮길 수 있는 디지털 카메라가 등장했다. 이와 마찬가지로 주변의 많은 곳에서 아날로그에서 디지털로의 디지털화가 점차 이뤄지고 있으며, 이것은 곧 데이터화를 의미한다. 데이터화(datafication)의 대표적인 예가 바로 사물인터넷이다.

(2) 데이터 사이언스의 한계와 인문학

① 데이터 사이언스의 한계

- 정량적 데이터 분석이라도 모든 분석은 가정에 근거하며, 가정이 변하지 않는 동안에도 실제 외부 요인은 계속해서 변화한다.
- 데이터 분석은 100% 완벽하지 않다는 한계가 반드시 존재한다. 하지만 정보가 뒷받침되지 않는 직관보다는 낫다.

② 데이터 사이언티스트에게 요구되는 인문학

- 훌륭한 데이터 사이언티스트는 인문학자들처럼 모델의 능력에 대해 항상 의구심을 가지고, 가정과 현실의 불일치에 대해 끊임없이 고찰하고, 분석 모델이 예측할 수 없는 위험을 살피기 위해 현실 세계를 주시해야 한다.
- 그럴 때 비로소 빅데이터와 데이터 사이언스는 빅데이터에 묻혀 있는 잠재력을 풀어내고, 새로운 기회를 찾고, 누구도 보지 못한 창조의 밑그림을 그리는 힘을 발휘한다.

01. **다음 중 데이터 분석에 기초한 가치 창출에 대한 설명 중 가장 부적절한 것은?**

① 단순한 분석으로는 복잡한 사회 및 기업 구조에서 가치를 창출하기에 부족하다.

② 분석 모형의 최적화 능력과 통찰력이 발휘될 때 최고 수준의 가치를 창출할 수 있다.

③ 뛰어난 통찰력이 있다면 복잡한 분석 능력 없이도 충분히 활용가치를 찾을 수 있다.

④ 현재를 정확하게 해석할 수 있는 데이터 분석은 기업의 의사결정을 돕는 도구일 뿐이지 절대적인 기준이 될 수 없다.

02. **다음 중 데이터 사이언스에 대한 설명으로 가장 부적절한 것은?**

① 분석 결과를 전달할 수 있는 스토리텔링이 가장 중요한 핵심 능력이다.

② 기존 '통계학'과는 총체적 접근법을 사용한다는 점에서 다르다.

③ 분석 영역, IT 영역, 비즈니스 컨설팅 영역에서의 능력이 요구된다.

④ 하드 스킬과 소프트 스킬 중 무엇이 더 중요하다고 말할 수 없다.

03. **다음 중 데이터 사이언티스트의 요구 역량으로 가장 부적절한 것은?**

① 분석 기술에 대한 능력 및 숙련도
② 분석 결과에 대한 설득력 있는 전달
③ 다분야 간 협력을 위한 커뮤니케이션
④ 데이터의 중요도 여부를 판단하고 폐기하는 능력

04. **다음 설명 중 틀린 것은 무엇인가?**

① 데이터 사이언티스트의 중요한 핵심 요소로는 강력한 호기심을 들 수 있다.

② 시간의 흐름에 따라 단순 세계화에서 복잡 세계화로 변화하였다.

③ 분석을 수행하는 데 있어 인간의 주관적인 의사는 개입해서는 안 된다.

④ 비정형 데이터들이 현대에 들어서 분석 난이도가 낮아졌다.

05. **다음 중 데이터화(datafication)와 밀접한 관련이 있는 기술은 무엇인가?**

① 메타버스
② 블록체인
③ 사물인터넷
④ 3D 프린팅

【정답&해설】

01. **답**: ①

해설: 단순한 분석 기법으로도 통찰력이 있다면 기업의 발전에 도움이 되는 가치를 찾을 수 있다.

02. **답**: ①

해설: 강력한 호기심을 핵심 구성 요소로 스토리텔링, 커뮤니케이션, 창의력이 추가적으로 요구된다.

03. **답**: ④

해설: 데이터의 중요도 여부는 현재 시점에서 판단하기 어려우며, 데이터의 폐기 여부는 데이터의 생명주기 관리방안 수립을 통해 이루어진다.

04. **답**: ③

해설: 과학적 분석 과정에서는 가정과 인간의 해석의 개입이 필수적이다.

05. 답: ③

해설: 데이터화(datafication)와 가장 밀접한 관련이 있는 기술은 사물인터넷(IoT)이다. 데이터화가 가능했기에 사물인터넷이 가능했으며, 사물인터넷을 추구하고자 데이터화 방안을 모색한다.

빅데이터 'Trend Keyword 13' **  EASY BOX

1. 빅데이터와 인공지능

인공지능은 인간의 인지능력, 학습능력, 추론능력, 이해능력과 같은 고차원적인 정보처리 능력을 구현하는 ICT 기술을 의미한다. 인공지능에 대한 연구는 오래전부터 있어왔지만, 빅데이터 분석 방법의 발전을 거치면서 더욱 빛을 보게 되었다. 빅데이터 분석 기술은 대용량의 데이터를 단시간에 처리할 수 있는 알고리즘의 기술 수준이 발전하면서 특히 머신러닝 분야의 딥러닝 분석 기술에 관한 발전이 두드러졌다. 기계가 스스로 학습하여 패턴 혹은 공식을 만들어가는 것을 머신러닝이라 부르는데, 인공지능은 머신러닝 기술 중에서 특히 딥러닝과 연관이 매우 깊다. 이렇듯 인공지능 분야는 더욱더 발전하여 오늘날 자율 주행 자동차를 비롯해 AI 로봇, 의료기술, 미디어, 스마트시티 등 다양한 분야에서 상용화가 이루어지고 있다.

2. 머신러닝과 딥러닝의 차이

머신러닝과 딥러닝은 실은 하나의 뿌리를 가진다. 머신러닝은 데이터를 분석하고 이를 학습한 후에 그 데이터를 바탕으로 결정을 내리기 위해 학습한 내용을 적용하는 알고리즘을 말한다. 넷플릭스는 사용자가 선택한 영화를 분석해서 비슷한 유형의 영화를 추천해준다. 머신러닝 알고리즘의 결과다. 인터넷 쇼핑몰에서 '추천 상품' 알고리즘도 머신러닝 기술이 적용된 것이다. 딥러닝은 카테고리상으로 머신러닝에 포함된 개념이지만, 실제로는 딥러닝 기술이 훨씬 더 진보적이다. 머신러닝은 학습 데이터로 학습하면서 정확한 예측 알고리즘을 구현하기 위해 일정 부분 사람의 개입이 필요하다. 반면 딥러닝은 예측의 정확성 여부를 스스로 판단하고 결정을 내린다. 딥러닝은 인간이 결론을 내리는 방식과 유사한 논리 구조로 데이터를 엄청나게 빠른 속도로 분석하여 결과를 도출해낸다. 이런 분석 기술을 인공신경망 분석 기술이라 부른다. 이 딥러닝의 좋은 사례가 바로 바둑의 '신'이라 불리는 이세돌과 대결을 펼친 구글의 인공지능 머신 '알파고'다.

3. 빅데이터 플랫폼

빅데이터 플랫폼이란 데이터의 수집 · 저장 · 처리 · 관리 및 분석 등의 역할 수행을 지원함으로써 새로운 인사이트와 비즈니스 가치 창출이 가능한 빅데이터 프로세스 환경을 의미한다. 복잡한 빅데이터를 처리하기 위해서 기존의 ETL과 DW로는 한계가 있어 다양한 빅데이터 플랫폼이 개발되기에 이르렀다. 빅데이터 플랫폼은 빅데이터를 수집한 뒤 데이터 레이크라 불리는 저장소에 빅데이터를 적재하고, 다양한 솔루션을 활용해 관리 및 분석 환경을 조성하는 일련의 프로세스 환경을 모두 아우른다. 빅데이터 플랫폼은 크게 데이터의 수집 · 저장 · 처리 · 관리를 담당하는 빅데이터 관리 플랫폼과 데이터 분석을 지원하는 빅데이터 분석 플랫폼으로 구분할 수 있다.

4. 하둡(Hadoop)

하둡이 어떻게 개발됐는지 그 개발 배경을 이야기하기 전에, 먼저 구글의 데이터 분산 저장 처리기술인 GFS(Google File System)에서 그 실마리를 찾아야 한다. Apache에서 개발한 빅데이터 저장 및 처리기술 프레임워크인 하둡은 구글의 GFS에 기술의 뿌리를 두고 있기 때문이다. 구글은 자신들의 엄청난 양의 데이터 스토리지와 검색엔진의 효율화를 위해 빅데이터 분산 저장 처리기술인 GFS를 개발했다. 구글은 이 GFS 기술 논문을 발표하여 오픈소스로 공개했고, Apache에서 GFS의 아키텍처를 기반으로 클로닝(Cloning) 프로젝트로 바통을 이어받았다. Apache는 하둡(High-Availability Distributed Object-Oriented Platform)이라는 빅데이터 저장 및 처리기술 프레임워크를 자바(Java) 기반으로 개발하고 이를 세상에 오픈소스로 공개했다. 하둡이라는 이름에서 볼 수 있듯이 그 정체성은 '고가용성 분산 객체지향 플랫폼'이다. 그리고 구글의 GFS와 유사한 하둡 분산파일시스템인 HDFS(Hadoop Distributed File System)를 개발했다. Apache 하둡은 저장을 담당하는 HDFS, 분산 저장된 클러스터를 관리하는 얀(YARN), 그리고 분산 데이터를 배치 처리하는 맵리듀스(MapReduce), 이렇게 크게 3개의 프레임워크로 구성된다.

5. 하둡 에코시스템

오픈소스지만 확장성과 호환성이 높아서 최근 많은 기업이 채용하는 하둡 에코시스템(Hadoop Ecosystem)도 다른 에코시스템과 마찬가지로 특정한 기술 및 프레임워크가 아니라 하둡을 비롯한 십수 종의 다양한 기술과 프레임워크, 개발언어, 솔루션으로 이루어진 거대한 프로젝트의 집합체다. 마치 여러 대의 자동차가 합체하여 하나의 거대한 로봇이 되는 애니메이션 변신 로봇처럼 하둡 에코시스템은 다양한 빅데이터 기술이 집합된 결정체라고 할 수 있다.

【 하둡 에코시스템 】

6. 데이터 레이크(Data Lake)

빅데이터 시대에 접어들면서 나날이 증가하는 방대한 데이터와 새로운 포맷의 데이터를 수집하고 축적 · 활용해야 한다는 환경의 니즈가 증가하면서 기업들은 종전의 ETL과 DW 구축 및 관리만으로는 한계에 다다랐다. 이러한 이유로 많은 기업이 정형 데이터로 구성된 전통적인 데이터 외에 수많은 비정형 데이터(소셜 텍스트, 센서 데이터, 이미지, 동영상 등)를 실시간으로 수집, 정제, 통합, 분석해 활용하기 위해 데이터 레이크라는 새로운 개념의 데이터 관리 플랫폼을 도입하고 있다.

데이터 레이크는 정형, 비정형을 막론한 다양한 형태의 로 데이터(Raw Data)를 모은 집합소 개념으로, 데이터 분석가, 데이터 사이언티스트, 개발자 등의 사용자들이 로 데이터를 다양한 툴을 이용해 가공 및 분석하여 인사이트를 얻기에 매우 유용하다.
데이터 레이크는 메타데이터를 수집 및 관리하는 별도의 과정은 필요하지만, 사전에 정의된 스키마가 없으므로 종전의 ETL 과정에서처럼 데이터의 스키마를 맞추는 작업은 필요하지 않다. 또 하나의 데이터 모델링에 국한하지 않고 여러 데이터 모델링에 대응할 수 있다. 이것이 데이터 레이크의 장점 중 하나인 유연성이다.

7. 마이데이터(Mydata)

최근 세계의 정보보호 관련 이슈 중 가장 큰 이슈는 바로 '마이데이터(Mydata)' 운동이다. 마이데이터 운동은 정보의 주체가 개인정보 권한을 갖고 관리할 수 있게 하자는 취지다. 2015년 브뤼셀에서 처음 시작된 이 운동은 유럽을 거쳐 전 세계로 확산되었다. 마이데이터 기구(mydata.org) 사이트에서 이들의 선언문(declaration)을 보면 그 취지를 잘 알 수 있다. 마이데이터 선언문에는 '이 선언에서 제시하는 변화와 원칙은 균형을 회복하고 개인정보에 대한 인간 중심의 비전을 향해 나아가는 것을 목표'로 한다고 명시되어 있다. 그리고 이것은 '공정하고 지속 가능하며 번영하는 디지털 사회의 조건'이라고 말한다.

8. 2020년 개정된 〈개인정보보호법〉

우리나라 〈개인정보보호법〉에 따르면 '개인정보는 살아 있는 개인에 관한 정보'를 말한다. 정보 소유의 주체가 '살아 있는 사람'이어야 한다는 것이다. 개인정보는 전자상거래, 고객관리, 금융거래 등 사회의 구성, 유지, 발전을 위한 필수적인 요소로서 기능한다. 특히 데이터 경제 시대를 맞이하여 개인정보와 같은 데이터는 기업 및 기관의 입장에서도 부가가치를 창출할 수 있는 자산적 가치로서 높게 평가되고 있다. 그러나 개인정보가 누군가에 의해 악의적인 목적으로 이용되거나 유출될 경우 개인의 사생활에 큰 피해를 줄 뿐만 아니라 개인 안전과 재산에 피해를 줄 수 있다.

- **개정된 〈개인정보보호법〉 주요 내용**
  - 개인정보 보호 원칙
  - 개인정보 자기 결정권
  - 개인정보 처리 제한(민감 정보, 고유식별정보)
  - 영상정보 처리기기 규제
  - 개인정보 유출 통지 및 신고제 도입
  - 정보 주체의 권리 보장
  - 안전조치 의무가명 정보의 처리에 관한 특례 도입

9. 개인정보 비식별화

데이터 내에 개인을 식별할 수 있는 정보가 있는 경우, 이의 일부 또는 전부를 삭제, 또는 일부를 속성 정보로 대체 처리함으로써 다른 정보와 결합하여도 특정 개인을 식별하기 어렵게 하는 조치를 의미한다. 개인정보 비식별화는 '보호'의 목적과 '활용'의 목적이라는 두 가지 목적을 동시에 가진다. 이미 선진국들은 개인정보 비식별화로 개인정보 침해 가능성을 최소화하면서 데이터 산업의 활성화 차원에서 비식별화된 정보의 활용에 대한 가이드를 마련하고 기업 및 공공기관들이 활용할 수 있게 하고 있다. 개정된 〈개인정보보호법〉에서는 예외적으로 가명 처리된 데이터가 통계 작성, 과학적 연구, 공익적 기록 보존 등의 목적이라면 정보 주체의 동의 없이 활용할 수 있게 규정하고 있다.

10. 스마트 팩토리(Smart Factory)

스마트 팩토리는 설계 및 개발, 제조 및 유통 등 생산과정에 디지털 자동화 솔루션이 결합된 정보통신기술(ICT)을 적용하여 생산성, 품질, 고객만족도를 향상시키는 지능형 생산공장으로, 공장 내 설비와 기계에 사물인터넷(IoT)을 설치하여 공정 데이터를 실시간으로 수집하고, 이를 분석해 스스로 제어할 수 있게 만든 미래의 공장이다.(위키피디아)

- **스마트 팩토리의 주요 기술**
  - 수요 예측: SNS 데이터나 인터넷 검색 우위에 있는 아이템 조사 분석, 온라인을 통한 고객의 수요 조사, 문화 콘텐츠의 동향, 기술 동향 등 다양한 분야의 자료를 분석
  - 제품 설계: PDM(제품데이터관리)에서 PLM(제품수명주기관리)으로 변화
  - 생산 계획: MES(생산관리시스템), IoT는 물론 최적화를 위한 인공지능 기술이 필요
  - 공정 관리: PLC(논리제어장치) & IoT, 실시간 실적 집계와 공정 모니터링 → 빅데이터화
  - 설비 관리: PHM(고장 발생 가능성 예측)
  - 품질 검사: FRACAS(사용 과정상 문제점 수집 및 분석) → 시정조치 시행

11. 블록체인(Blockchain)

관리 대상이 되는 데이터를 하나의 블록으로 생성해서 대규모의 노드들 사이에 분산 저장하는 P2P 방식을 기반으로 한다. 중앙 집중 구조가 아니기 때문에 개인 간의 자유로운 거래가 가능하며, 동시에 하나의 블록이 위조됐을 때 다른 블록들이 그 블록의 무결성을 증명해줄 수 있어 안전한 것이 특징이다. 최근 비트코인이나 이더리움 등 열풍을 불러오고 있는 가상화폐 또는 암호화폐들의 기반에는 블록체인이 자리 잡고 있다.

12. 메타버스(Metaverse)

메타버스는 meta(초월, 가상)와 universe(세계, 우주)의 합성어로 가상세계를 의미한다. 미국의 SF 소설가인 Neal Stephenson이 발표한 소설 《Snow Crash》에서 처음 거론됐으며, 아직 뚜렷한 정의는 확립되지 않았다. 기본적으로 메타버스는 디지털화된 지구, 현실을 초월한 가상의 세계를 의미하지만 시간이 지나면서 그 개념이 점차 확장되고 있다. 오늘날 메타버스는 증강현실, 일상기록, 거울세계, 가상세계의 4가지로 분류되며 메타버스 내의 불법행위, 가상화폐의 현금화 등 각종 문제가 대두되고 있다. 따라서 메타버스 내에서도 금융, 경제 등 다양한 영역에서 규제가 필요한 것으로 여겨지고 있다.

13. ChatGPT(Generative Pre-trained Transformer)

OpenAI사에서 제작한 자연어 처리를 위한 언어 모델로 사용자의 질문에 답하도록 설계되었다. 사용자와의 최근 질의를 기억하고 지시대명사에 대한 추론을 통해 사용자의 의도를 파악하는 놀라운 성능을 보여준다. 단, 학습 시점인 2022년 1월까지에 대한 질문에만 답이 가능하다. ChatGPT를 시작으로 사용자의 요청에 따라 자료를 찾고 문서 파일을 생성해 주는 AutoGPT, 엑셀과 같은 데이터 파일을 다루고 분석 및 시각화를 수행하는 GPT-4 등 다양한 모델이 등장하고 있다.

* 기출문제는 한국데이터산업진흥원에서 공개하지 않으며, 본 '기출 유형 문제'편은 최근 3년간 기출된 문제의 주제 및 유형을 분석하여 문제 및 보기를 새롭게 출제한 문제임을 밝힙니다.

01. 빅데이터 분석에 경제적 효과를 제공해준 결정적 기술로 가장 적절한 것은?

① 저장장치 비용의 지속적인 하락
② 스마트폰의 급속한 확산
③ 클라우드 컴퓨팅
④ 텍스트 마이닝

02. 다른 이해 관계자들이 보완적인 상품, 서비스를 제공하는 생태계를 구축하고자 하는 비즈니스 모델로 적절한 것은?

① 가치사슬형 비즈니스 모델
② 플랫폼형 비즈니스 모델
③ 대리인형 비즈니스 모델
④ 상거래형 비즈니스 모델

03. 데이터에 대한 구조화된 데이터로, 다른 데이터를 설명하는 데이터로 적절한 것은?

① 메타데이터
② 데이터 마트
③ 정형 데이터
④ 백업 데이터

04. 데이터 유형이 다른 것은?

① 비디오 데이터
② 문서 데이터
③ 이미지 데이터
④ 센서 데이터

05. 딥러닝과 관련된 분석 기법 중 거리가 가장 먼 것은?

① AUTOENCODER
② LSTM
③ SVM
④ CNN

06. 빅데이터 활용 테크닉 중 방법과 예시가 잘못 연결된 것은?

① 소득이 상품의 구매횟수에 어떤 영향을 미치는가? – 회귀분석
② 빠른 택배 배달을 위해서는 어떤 경로를 선택하는 것이 좋은가? – 유형분석
③ 맥주를 구매하는 사람은 기저귀도 함께 구매하는 경우가 많다. – 연관 규칙학습
④ 특정인과 다른 사람이 몇 촌 정도의 관계인가? – 소셜 네트워크 분석

07. 암묵지와 형식지의 상호작용과 관련없는 것은?

① 추상화
② 공통화
③ 내면화
④ 표출화

08. **데이터 사이언스와 관련해 다른 영역에 속하는 것은?**

① 데이터 시각화
② 시그널 프로세싱
③ 고성능 컴퓨팅
④ 프로그래밍

09. **데이터베이스 설계 절차로 적절한 것은?**

① 개념적 설계 → 논리적 설계 → 물리적 설계 → 요구사항 분석
② 요구사항 분석 → 개념적 설계 → 논리적 설계 → 물리적 설계
③ 개념적 설계 → 요구사항 분석 → 논리적 설계 → 물리적 설계
④ 요구사항 분석 → 물리적 설계 → 논리적 설계 → 개념적 설계

10. **사생활 침해에 따른 포괄적인 해결책으로 적절한 것은?**

① 개인정보 활용을 허가하는 동의제를 도입한다.
② 결과 기반 책임 원칙을 고수한다.
③ 정보 사용자에게 책임을 묻는다.
④ 알고리즘에 대한 접근을 허용한다.

11. **다음과 같은 일차원적 분석을 수행하는 산업으로 가장 적절한 것은?**

트레이딩, 공급/수요 예측

① 에너지
② 금융 서비스
③ 소매업
④ 제조업

12. **데이터 웨어하우스에 대한 설명으로 가장 부적절한 것은?**

① 데이터 웨어하우스에서 관리하는 데이터들은 시간의 흐름에 따라 변화하는 값을 저장한다.
② ETL은 주기적으로 운영 시스템에서 데이터를 추출, 가공하여 데이터 웨어하우스에 적재한다.
③ 데이터 웨어하우스는 데이터를 일관된 형식으로 관리한다.
④ 전사적 차원에서 접근하기보다는 재무, 생산, 운영과 같이 특정 업무 분야에 초점을 맞춰 구축한다.

13. **다음 중 용어와 설명의 연결이 부적절한 것끼리 짝지어진 것은?**

가. OLAP – 온라인 거래 처리를 위한 소프트웨어
나. 데이터 마이닝 – 대용량 데이터로부터 의미 있는 관계, 규칙, 패턴을 찾는 과정
다. BI – 데이터 기반 의사결정을 지원하기 위한 리포트 중심의 도구
라. Business Analytics – 다차원의 데이터를 대화식으로 분석하기 위한 소프트웨어

① 가, 나
② 나, 다
③ 나, 라
④ 가, 라

14. 빅데이터 출현 배경으로 가장 부적절한 것은?

① SNS의 급격한 확산
② 데이터 구조의 정형화
③ 클라우드 컴퓨팅의 보편화
④ 분산처리 기술의 발전

15. 멀티미디어 등 복잡한 데이터 구조를 표현 및 관리하는 DBMS로 적절한 것은?

① 계층형 DBMS
② 객체지향 DBMS
③ 네트워크 DBMS
④ 분산형 DBMS

16. 여러 데이터베이스의 활용 방법 중 데이터를 통합/분석하여 기업 활동에 연관된 의사결정을 돕는 프로세스로, 가트너는 이것을 '여러 곳에 산재한 데이터를 수집하여 체계적이고 일목요연하게 정리함으로써 사용자가 필요로 하는 정보를 정확한 시간에 제공할 수 있는 환경'으로 정의했다.

① SCM
② ERP
③ CRM
④ BI

17. 페이스북은 SNS 서비스로 시작했지만, 2006년 F8 행사를 기점으로 자사의 소셜 그래프 자산을 외부 개발자에게 공개했고, 서드파티 개발자들이 페이스북 위에서 작동하는 앱을 만들기 시작했다. 각종 사용자 데이터나 M2M 센서 등에서 수집된 데이터를 가공, 처리, 저장해 두고 이 데이터에 접근할 수 있도록 API를 공개했는데, 이 설명은 빅데이터의 역할 중 무엇에 대한 설명인가?

① 플랫폼
② 프레임워크
③ 오픈소스
④ 아키텍처

18. 다음 중 DIKW 피라미드에 대한 설명으로 잘못 연결된 것은 무엇인가?

① 데이터: 가공되지 않은 객관적인 사실을 의미하는 당위적 특성을 갖는다.
② 정보: 데이터의 가공, 처리를 통해 데이터 간의 관계에서 도출된 의미를 갖는다.
③ 지식: 정보에 개인적인 경험을 결합해 고유의 지식으로 내재화한 것을 의미한다.
④ 지혜: 지식의 축적과 아이디어가 결합된 창의적 산물을 의미한다.

19. 다음 중 데이터 사이언티스트의 요구 역량인 소프트 스킬에 대한 예시를 올바르게 나열한 것은 무엇인가?

① 창의적 사고, 호기심
② 빅데이터 분석 방법론, 논리적 비판
③ 분석 설계 최적화, 커뮤니케이션
④ 스토리텔링, 분석 노하우

20. 다음 중 기업이 외부 공급업체 또는 제휴업체와 통합된 정보시스템으로 연계하여 시간과 비용을 최적화시킬 수 있는 데이터베이스 시스템은 무엇인가?

① ERP　　② BI

③ SCM　　④ KMS

1과목 - 기출 유형 문제 정답 및 해설

01. 답: ③

해설: 클라우드 컴퓨팅은 빅데이터 분석의 경제성을 제공해준 결정적인 기술이다. 클라우드 컴퓨팅의 등장으로 대용량 데이터를 신속하고 저렴하게 처리하는 것이 가능해졌다.

02. 답: ②

해설: 플랫폼형 비즈니스 모델에 대한 설명이다.

가치사슬형 비즈니스 모델은 기업이 부가가치를 생산하는 과정인 가치사슬을 통합/세분화하여 시장 상황에 빠르게 대응할 수 있는 비즈니스 모델이다.

대리인형 비즈니스 모델은 거래 사이트가 직접 거래하지 않고 공급자와 수요자들이 자유롭게 거래할 수 있도록 서비스하는 비즈니스 모델이다.

상거래형 비즈니스 모델은 다양한 공급자와 수요자들이 만나는 상거래 사이트를 운영하는 비즈니스 모델이다.

03. 답: ①

해설: 메타데이터에 대한 설명이다.

04. 답: ④

해설: 센서 데이터는 반정형 데이터이고, 나머지는 비정형 데이터다.

05. 답: ③

해설: SVM은 지도학습 알고리즘으로 다른 보기의 딥러닝 기법들과 거리가 가장 멀다.

06. 답: ②

해설: 유전 알고리즘을 사용한다.

07. 답: ①

해설: 암묵지와 형식지의 상호작용에는 공통화, 표출화, 연결화, 내면화가 있다.

08. 답: ①

해설: 데이터 시각화는 비즈니스 분석 요소이고, 나머지는 IT 요소다.

09. **답**: ②

해설: 데이터베이스는 요구사항 분석 → 개념적 설계 → 논리적 설계 → 물리적 설계 순으로 설계한다.

10. **답**: ③

해설: 사생활 침해를 해결하기 위해서는 개인정보 사용자에게 책임을 물어 사용주체가 적극적인 보호장치를 강구하도록 해야 한다.

11. **답**: ①

해설: 트레이딩, 공급/수요 예측을 수행하는 산업은 에너지 산업이다.

12. **답**: ④

해설: 데이터 웨어하우스는 전사적 차원에서 구축해야 한다.

13. **답**: ④

해설: OLAP – 다차원의 데이터를 대화식으로 분석하기 위한 소프트웨어

Business Analytics – 경영 의사결정을 위한 통계적이고 수학적인 분석에 초점을 둔 기법

14. **답**: ②

해설: 빅데이터 분석은 정형 데이터와 비정형 데이터를 포괄한다.

15. **답**: ②

해설: 객체지향 DBMS에 대한 설명이다.

16. **답**: ④

해설: 위 문제는 BI(Business Intelligence)에 대한 설명이다.

17. **답**: ①

해설: 위 문제는 빅데이터의 플랫폼으로써의 역할에 대한 설명이다.

18. **답**: ①

해설: 가공되지 않은 객관적인 사실을 의미하는 것은 데이터의 존재적 특성을 의미한다.

19. **답**: ①

해설: 소프트 스킬의 예시로는 창의적 사고, 호기심, 논리적 비판, 스토리텔링, 비주얼라이제이션, 커뮤니케이션 등이 있다.

20. **답**: ③

해설: 위 문제는 SCM(Supply Chain Management)에 대한 설명이다.

01. 다음 중 빅데이터 출현 배경으로 부적절한 것은?

① 다양한 산업에서 기업들의 고객 데이터 축적

② 데이터 구조의 정형화로 수집 및 분석이 용이

③ 학계에서 게놈 프로젝트와 같은 데이터를 활용한 과학의 확산

④ 디지털화, 저장 기술, 인터넷 보급, 클라우드 컴퓨팅 등 관련 기술의 발전

02. 다음 중 데이터에 대한 설명으로 부적절한 것은?

① 데이터는 있는 그대로의 객관적인 사실을 나타낸 것이다.

② 데이터는 단순한 객체로서의 의미가 중요하다.

③ 암묵지란 개인에게 내재화된 지식이다.

④ 형식지는 외부로 표출되어 여러 사람이 공유할 수 있는 지식이다.

03. 다음 중 비정형 데이터에 속하지 않는 것은?

① SNS에 게시글에 작성한 표

② Oracle 데이터베이스로부터 추출한 CSV 파일

③ 1000만 화소 디지털 카메라로 찍은 사진 파일

④ 이력서 양식대로 작성한 워드 문서

04. 다음 중 기업 내부 데이터 베이스와 관련이 없는 것은?

① CRM ② ITS

③ ERP ④ EAI

05. 다음 중 성격이 다른 하나는?

① MySQL ② Redis

③ HBase ④ MongoDB

06. 데이터베이스의 일반적인 특징에 대한 설명으로 가장 적절하지 않은 것은?

① 데이터베이스는 동일한 내용의 데이터가 중복되어 있지 않은 통합된 데이터다.

② 데이터베이스는 컴퓨터 매체가 접근할 수 있는 저장된 데이터다.

③ 데이터베이스는 정량적 데이터를 저장할 수 있는 정량화된 데이터다.

④ 데이터베이스는 여러 사용자가 이용할 수 있는 공용 데이터다.

07. 다음 중 빅데이터 활용 기술과 그 사례가 잘못 연결된 것은?

① 연관분석: 맥주를 구매하는 사람은 기저귀도 함께 구매할까?

② 회귀 분석: 품목의 평점이 품목이 구매될 가능성에 어떤 영향을 미치는가?

③ 유전 알고리즘: 방송시간 편성을 어떻게 하는 것이 효율적인가?

④ 유형 분석: 택배 차량을 어떻게 배치하는 것이 비용 효율적인가?

08. 다음 중 빅데이터가 만들어 내는 본질적인 변화로 가장 부적절한 것은?

① 데이터의 품질보다 방대한 양의 데이터 속에서 다양한 방식으로 조합해 인사이트를 찾는 방식이 중요시되고 있다.

② 방대한 양의 데이터는 데이터의 복잡성을 증가시키기 때문에 표본조사의 기법이 중요시되고 있다.

③ 방대한 양의 데이터로 인해 몇 개의 잘못된 데이터는 분석 결과에 영향을 주지 못하는 경향이 증가하고 있다.

④ 데이터의 저장 및 분석 비용의 감소로 데이터의 사후처리가 가능해졌다.

09. 다음 중 개인 정보 비식별화 기법으로 부적절한 것은?

① 가명 처리: 개인 식별이 가능한 데이터를 식별이 불가능하도록 변환

② 데이터 마스킹: 개인 식별이 가능한 데이터에서 일부 데이터 값을 삭제

③ 데이터 범주화: 데이터의 값을 특정 값이 아닌 범위로 변환

④ 총계 처리: 여러 개의 개별 데이터 값을 총합 또는 평균 등 하나의 값으로 대체

10. 다음 중 빅데이터 가치 산정이 어려운 이유로 가장 부적절한 것은?

① 데이터는 다목적으로 재사용, 재조합이 일반화되면서 누가 언제 어디서 사용했는지 알 수 없기 때문이다.

② 기존에 존재하지 않던 가치를 창출하며 그 가치의 측정이 어렵기 때문이다.

③ 분석 기술의 발전으로 분석 불가능한 데이터를 분석할 수 있을 수 있기 때문이다.

④ 빅데이터 전문인력의 증가로 다양한 곳에서 빅데이터가 활용되고 있기 때문이다.

11. 다음 중 데이터를 가공 및 처리하여 얻을 수 있는 것으로 사람에게 가장 깊숙이 내재되어 있는 것은?

① 정보　　② 기호

③ 지식　　④ 지혜

12. 다음 중 빅데이터 활용에 필요한 3요소로 가장 적절한 것은?

① 데이터, 기술, 인력　　② 데이터, 기술, 프로세스

③ 데이터, 인력, 프로세스　　④ 기술, 인력, 프로세스

13. 다음 중 기업과 빅데이터 활용 사례 연결이 부적절한 것은?

① 구글 - 실시간 자동 번역
② 월마트 - 고객 구매 기록을 분석하여 상품 진열에 활용
③ 아마존 - 고객의 데이터를 분석하여 기업에게 분석 결과를 제공
④ IBM - 사용자 로그 데이터를 사용한 페이지랭크 알고리즘 혁신으로 검색 결과를 개선

14. 다음 중 데이터 사이언스의 영역 중 나머지와 다른 영역에 속한 것은 무엇인가?

① R, Python 프로그래밍 언어 지식
② 분산 컴퓨팅
③ 클라우드 컴퓨팅
④ 컨설팅 능력

15. 다음 중 데이터의 단위 중 가장 큰 단위는?

① ZB
② YB
③ PB
④ EB

16. 다음 SQL 문장에 대한 설명 중 올바른 것은?

```
SELECT PHONE AS NUMBER FROM CUSTOMERS WHERE NAME LIKE '%A_'
```

① PHONE 테이블에서 데이터를 불러온다.
② LIKE 대신 '='를 사용할 수 있다.
③ 두 번째 알파벳이 A인 데이터를 검색한다.
④ AS는 생략할 수 있다.

17. 다음 중 데이터 사이언스에 대한 설명으로 가장 부적절한 것은?

① 분석적 영역, IT 영역, 비즈니스 영역 세 개의 영역으로 나눌 수 있다.
② 강력한 호기심이 없다면 데이터 사이언티스트가 될 수 없다.
③ 하드 스킬과 소프트 스킬 사이의 상하 관계가 없다.
④ 데이터 사이언스는 정형 데이터, 비정형 데이터를 막론하고 데이터로부터 가치를 찾는 것을 목표로 한다.

18. 다음은 무엇에 대한 설명인지 고르시오.

사용자들의 기계학습과 딥러닝의 간편한 구현을 목표로 구글에서 만들었으며, 텐서플로에서 복잡한 모형을 만들기 쉽지 않은 문제를 해결하기 위하여 등장하였으며 텐서플로 없이 실행할 수 없는 파이썬 기반 라이브러리다.

① KERAS
② CAFFE
③ DEEP LEARNING 4J
④ TORCH

19. **다음 중 인공신경망과 가장 관련 없는 분석 기법은 무엇인가?**

① CNN
② RNN
③ k-NN
④ ANN

20. **다음 중 빅데이터와 관련이 없는 기술은 무엇인가?**

① IoT
② 3D프린터
③ 자율주행자동차
④ 디지털 초지능

21. **다음 중 빅데이터 시대의 위기 요인의 사례로 적절하지 않은 것은?**

① SNS에 올린 여행 게시글로 인하여 빈 집에 강도가 침입
② 관공서로 위장한 기관으로부터 알지 못하는 링크를 수신받음
③ 휴식 중 갑자기 범죄 예측 프로그램에 의한 긴급 체포
④ 개인정보가 도용되어 알지 못하는 사이트에 가입되었다는 안내문자를 수신받음

22. **다음 중 일차원적 분석에 비해 전략도출 가치기반 분석이 중요한 이유로 가장 적절하지 않은 것은?**

① 분석을 수행하는 해당 부서 혹은 해당 업무의 영역에서 상당한 효과를 얻을 수 있다.
② 해당 부서 혹은 해당 업무를 넘어서서 전사적인 새로운 기회를 포착할 수 있다.
③ 급변하는 환경에서 빠르게 고객의 니즈를 파악하는 등 전술적으로 활용할 수 있다.
④ 경쟁사들보다 더욱 경쟁력을 키울 수 있는 새로운 방안을 발견할 수 있다.

23. **다음 중 빅 데이터의 특징인 3V에 대하여 바르게 설명한 것끼리 묶은 것은?**

ㄱ. 데이터의 양이 가늠할 수 없을 정도임을 의미하는 Volume이 있다.
ㄴ. 자율주행과 같은 기술을 위해 빠른 속도의 분석을 의미하는 Velocity가 있다.
ㄷ. 데이터로부터 활용 가능한 가치를 얻을 수 있음을 의미하는 Value가 있다.
ㄹ. 이미지, 텍스트, 엑셀 등 여러 종류의 데이터가 분석 대상이 됨을 의미하는 Variety가 있다.

① ㄱ ㄴ ㄹ
② ㄱ ㄹ
③ ㄱ ㄷ ㄹ
④ ㄱ ㄴ ㄷ ㄹ

24. **다음 중 빅데이터의 활용 예시로 가장 부적절한 것은 무엇인가?**

① 정치 후보자 - 선거 유세 지역을 선정
② 가수 - 공연에서 부를 노래의 순서를 결정
③ 여론 조사 기관 - 전화로 대통령의 지지율을 조사
④ 마트 - 진열대의 상품을 배치하는 순서 정하기

25. 다음 여러 데이터 중 정형 데이터와 비정형 데이터를 바르게 묶은 것은 무엇인가?

ㄱ. 이력서 양식에 맞추어 적은 워드 문서
ㄴ. SQL Server에서 추출한 데이터
ㄷ. Python에서 pandas 라이브러리를 활용하여 작성된 데이터프레임
ㄹ. 쇼핑몰에 작성된 리뷰 데이터

	정형 데이터	비정형 데이터		정형 데이터	비정형 데이터
①	ㄱ ㄴ	ㄷ ㄹ	②	ㄴ ㄹ	ㄱ ㄷ
③	ㄴ ㄷ	ㄱ ㄹ	④	ㄷ ㄹ	ㄱ ㄴ

26. 다음 중 고객과 관련된 데이터를 분석하여 고객 개개인에게 차별화된 제품 및 서비스를 제공할 수 있도록 하기 위한 정보시스템은 무엇인가?

① NEIS
② ERP
③ CRM
④ ITS

27. 다음 중 인공지능으로부터 부당하게 피해를 입을 것으로 예상될 경우 그 피해를 사전에 방지하거나 피해를 입은 사람을 구제하기 위한 업무를 담당하는 인력은 무엇인가?

① 알고리즈미스트
② 데이터 사이언티스트
③ 손해평가사
④ 인공지능전문가

28. 다음에서 설명하는 빅데이터 관련 기술은 무엇인가? 대용량 데이터의 분산 처리를 위해 개발된 자바 기반의 프레임워크로써 여러 개의 컴퓨터가 하나인 것처럼 작업을 수행하기 때문에 처리 속도가 우수하다. 데이터를 키(key)와 값(value)의 쌍으로 표현하며, 각 키-값에 따라 원하는 결괏값을 얻는 맵리듀스를 사용한다.

① 데이터마트
② 하둡
③ 데이터 웨어하우스
④ 아파치 카프카

29. 다음 중 A, B에 들어갈 용어를 알맞게 짝 지은 것은 무엇인가?

빅데이터가 가져온 본질적인 변화의 특징 중 하나로 (A)에서 (B)로의 변화를 들 수 있다. (A)는 한 개의 선행된 요인이 뒤에 오는 다른 변인이 원인이라고 규정짓는 반면, (B)는 두 개의 요인 중 어떤 요인이 원인인지 알 수 없지만 관련성이 있다고 규정 짓는다.

① (A) 상관관계, (B) 선형관계
② (A) 선형관계, (B) 회귀관계
③ (A) 연관관계, (B) 인과관계
④ (A) 인과관계, (B) 상관관계

30. 추천 시스템은 여러 사용자 중 비슷한 성향의 사용자를 파악하고 비슷한 성향을 가진 사람들이 이용하는 서비스를 제공한다. 다음 중 이 설명과 가장 관련이 있는 빅데이터 분석 기법은 무엇인가?

① 감정 분석　　② 회귀 분석
③ 기계학습　　④ 소셜 네트워크 분석

[1과목 – 예상 문제 정답 및 해설]

01. 답: ②

해설: 빅데이터의 출현 배경은 기업에서의 고객 데이터 축적, 학계에서의 과학의 확산, 컴퓨팅 기술의 발전이 있으며, 모든 것의 디지털화로 인하여 사진, 비디오, 음성 데이터 같이 데이터의 비정형화가 진행되고 있다.

02. 답: ②

해설: 데이터는 단순한 객체로서의 의미보다 다른 객체와의 상호 관계 속에서 지닌 가치가 중요하다.

03. 답: ②

해설: CSV는 Comma Separated Value의 약어로 관계형 데이터베이스의 데이터의 틀을 유지한 데이터 형식이다.

04. 답: ②

해설: ITS는 Intelligent Transport Systems의 약자로 사회 구조 기반 데이터베이스의 일종으로 지능형 교통 시스템을 의미한다.

05. 답: ①

해설: MySQL은 Oracle, MariaDB와 함께 대표적인 관계형 데이터베이스 관리 시스템 중 하나다.

06. 답: ③

해설: 데이터베이스는 수정, 삽입, 삭제 등을 통하여 항상 최신의 상태를 유지해야 하는 변화하는 데이터이며, 정량적 데이터와 정성적 데이터, 모든 데이터가 저장 대상이다.

07. 답: ④

해설: 택배차량의 효율적인 배치를 위해서는 유전 알고리즘이 적당하다.

08. 답: ②

해설: 데이터 수집 및 저장 기술의 발전으로 표본조사 아닌 전수조사가 가능해졌다.

09. 답: ②

해설: 데이터 마스킹은 데이터의 형식은 유지한 채 알 수 없는 다른 문자로 대체하는 비식별화 기술이다.

10. **답:** ④

해설: 데이터의 가치 산정이 어려운 이유는 누가 데이터를 사용했는지 알 수 없는 데이터의 재사용 및 재조합, 다른 데이터와의 재조합 속에서 기존에 모르던 가치를 창출, 분석 기술의 발전으로 과거의 분석이 불가능했던 데이터를 활용할 수 있다는 특징들 때문이다.

11. **답:** ④

해설: DIKW 피라미드에 의하여 Data → Information → Knowledge → Wisdom으로 지혜가 개인에게 가장 깊숙이 내재되어 있다.

12. **답:** ①

해설: 빅데이터 활용을 위한 필요 3요소로 데이터, 기술, 인력이 있다.

13. **답:** ④

해설: 페이지랭크의 혁신을 통한 검색 결과의 개선은 구글이 활용한 빅데이터 사례다.

14. **답:** ④

해설: 컨설팅 능력은 소프트 스킬에 속하며, 다른 3가지는 하드 스킬에 속한다.

15. **답:** ②

해설: PB → EB → ZB → YB 순으로 YB가 가장 큰 데이터 단위다.

16. **답:** ④

해설: CUSTOMERS 테이블에서 데이터를 읽으며, LIKE 대신 '='를 사용할 수 없으며, %는 한 개 이상의 문자를 의미한다.

17. **답:** ②

해설: 강력한 호기심은 사이언티스트의 핵심 요소 중 하나이지만 반드시 있어야 할 필수 요소는 아니다.

18. **답:** ①

해설: CAFFE는 CNN 모델링을 위한 C++ 라이브러리이며, DEEP LEARNING 4J는 자바 기반의 딥러닝 프레임워크이며, Torch는 Lua 기반의 딥러닝 프레임워크다.

19. **답:** ③

해설: k-NN은 k-Nearest Neighbor의 약자로 분류 및 결측값 처리 등에 사용되는 알고리즘이다.

20. **답:** ②

해설: IoT, 자율주행 자동차, 디지털 초지능 모두 빅데이터를 기반으로 하며, 3D프린터는 빅데이터와 거리가 멀다.

21. **답:** ②

해설: 사기의 일종인 피싱으로 부정하게 데이터를 수집하려는 방법이다.

22. **답:** ①

해설: 일차원적 분석의 활용으로도 해당 부서 및 업무 영역에서 상당한 효과를 얻을 수 있다. 전략도출 가치기반 분석이 중요한 이유와 거리가 멀다.

23. **답**: ①

해설: 3V의 요소로는 Volume, Velocity, Variety가 있으며 각 V에 대해서 적절하게 설명하고 있다.

24. **답**: ③

해설: 여론 조사는 모집단인 국민 전체를 대상으로 조사할 수 없기 때문에 전화, 설문지 같은 수단으로 일부 사람들을 조사하는 표본조사를 수행한다.

25. **답**: ③

해설: 이력서는 정해진 양식이 있더라도 관계형 데이터베이스에 저장될 수 있는 2차원 구조의 정형 데이터가 아니다.
SQL Server는 관계형 데이터 베이스의 일종으로 CSV 같은 형식으로 추출한다면 정형 데이터다.
pandas의 데이터프레임은 2차원 구조의 정형 데이터다.
리뷰는 텍스트 파일로 문자, 숫자, 이모티콘이 포함될 수 있는 비정형 데이터다.

26. **답**: ③

해설: 위 문제는 고객관계관리(CRM, Customer Relationship Management)에 대한 설명이다.
나머지는 각각 교육행정정보시스템(NEIS), 전사자원관리(ERP), 지능형교통정보시스템(ITS)을 말한다.

27. **답**: ①

해설: 위 문제는 알고리즈미스트에 대한 설명이다.

28. **답**: ②

해설: 위 문제는 하둡에 대한 설명이며, 아파치 카프카는 실시간 스트리밍 플랫폼으로써 채팅, 방송 등을 위한 서비스에 활용 가능하다.

29. **답**: ④

해설: 빅데이터가 가져온 본질적인 변화는 인과관계에서 상관관계로의 변화이다.

30. **답**: ③

해설: 기계학습 또는 유형분석이 추천 시스템과 가장 관련이 깊다.

데이터 분석 기획

데이터 분석 기획의 이해

01 _ 분석 기획과 분석 방법론

학습단계

1. 분석 기획
2. 분석 방법론 개요
3. 전통적인 분석 방법론 두 가지
4. 빅데이터 분석 방법론

학습목표

분석 기획의 프로세스와 큰 흐름에 대해 이해한다.

분석을 위한 다양한 분석 방법론에 대해 이해한다.

02 _ 분석 과제 발굴

학습단계

1. 분석 과제 발굴 개요
2. 하향식 접근법
3. 상향식 접근법

학습목표

분석 과제를 발굴하는 방법에 대해 이해한다.

상향식 접근법과 하향식 접근법의 차이를 정확히 숙지한다.

03 _ 분석 프로젝트 관리 방안

학습단계

1. 분석 프로젝트 관리 개요
2. 분석 과제 관리 방안

학습목표

분석 과제 프로젝트를 어떻게 관리할 것인가에 대해 알아본다.

01 분석 기획과 분석 방법론

1. 분석 기획

(1) 분석 기획의 정의와 특징

① 분석 기획의 정의

- 분석 기획이란 실제 분석을 수행하기 전 분석을 수행할 과제의 정의 및 의도했던 결과를 도출할 수 있도록 관리하는 방안을 사전에 계획하는 작업을 의미한다.
- 분석을 직접 수행하는 것은 아니지만 어떠한 목표(What)를 달성하기 위하여 어떠한 데이터를 가지고 어떠한 방식(How)으로 수행할지에 대한 일련의 계획을 수립하는 중요한 사전작업이다.

② 분석 기획의 특징

- 분석을 기획하는 데는 데이터를 다루는 영역의 특성상 '1과목'에서 언급된 데이터 사이언티스트의 요구 역량인 수학/통계학적 지식, 분석 도구인 데이터 및 프로그래밍 기술, 해당 비즈니스에 대한 이해와 전문성에 대한 고른 역량과 시각 등이 요구된다.

③ 분석 대상과 그 방법에 따른 4가지 분석 주제***

- 분석 대상이 무엇인지 알고 있고 그 분석 방법도 알고 있다면 '최적화(Optimization)'
- 분석 대상이 무엇인지 알고 있지만, 그 분석 방법을 모른다면 '솔루션(Solution)'
- 분석 대상이 무엇인지도 모르고 그 분석 방법도 모른다면 있다면 '발견(Discovery)'
- 분석 대상이 무엇인지는 모르지만, 그 분석 방법은 알고 있다면 '통찰(Insight)'

TIP _ 4가지 주제 도출 과정은 시험에 출제될 가능성이 높습니다.

【 분석 대상과 그 방법에 따른 4가지 분석 주제 】

분석의 방법 How \ 분석의 대상 What	Known	Unknown
Known	최적화 Optimization	통찰력 Insight
Unknown	해결책 Solution	발견 Discovery

④ 목표 시점별 분석 기획**

당면한 과제를 언제 해결해야 하는가에 대하여 분석 기획을 두 가지 종류로 나누어 볼 수 있다.

- **과제 중심적인 접근 방식:** 빠르게 해결해야 하는 경우, 빠른 수행과 문제 해결이 목적
- **장기적인 마스터플랜 방식:** 지속적인 분석 내재화를 위한 경우, 정확도와 무엇이 문제인가에 대한 문제 정의가 목적

【 목표 시점별 분석 기획 방안 】

	당면한 분석 주제 해결 (과제 단위)	지속적 분석 문화 내재화 (마스터플랜 단위)
목적	빠르게 해결하는 것이 목적	지속적으로 해결하는 것이 목적
1차 목표	Speed & Test	Accuracy & Deploy
과제 유형	Quick & Win	Long Term View
접근 방식	Problem Solving	Problem Definition

(2) 분석 기획 시 고려사항 ***

TIP _ 세 가지 고려사항은 시험에 종종 출제되었습니다.

① 가용 데이터 고려

- 분석의 기본이 되는 데이터가 확보될 수 있는지에 대한 고려가 필요하다.
- 데이터가 존재하더라도 데이터 유형에 따라 분석 방법이 다르기 때문에 데이터 유형에 대한 분석이 선행적으로 이루어져야 한다.

② 적절한 활용 방안과 유스케이스의 탐색

- "바퀴를 재발명하지 마라"라는 격언처럼 기존에 잘 구현되어 활용되고 있는 유사 시나리오 및 솔루션을 최대한 활용하는 것이 중요하다.
- 과거의 유사한 분석 사례가 있다면 그 시나리오를 최대한 활용하여 과거의 실패를 반복하지 않거나 또는 성공적인 분석을 위한 가이드로서 참조할 수 있다.

③ 장애요소에 대한 사전 계획 수립

- 분석을 수행할 때 발생 가능한 장애요소에 대한 사전 계획 수립이 필요하다.

2. 분석 방법론 개요

(1) 분석 방법론 개요

① 분석 방법론이란?

- 개인 또는 소규모 조직이 분석 프로젝트를 진행할 때는 의사소통이 크게 어렵지 않기 때문에 방법론의 필요성을 느끼기 힘들 수 있다. 그러나 대규모 조직이 분석 프로젝트를 수행할 때는 구성원 간의 업무상의 통일을 위한 철저한 조직 관리와 더불어 성공적인 프로젝트 수행을 위한 방법론이 필요하다.
- 따라서 방법론이란 주어진 과제를 해결하기 위해 조직이 어떠한 절차로 작업을 수행해 나갈 것인지 일련의 절차를 정의한 것이다.

② 분석 방법론의 필요성

- 데이터 분석이 효과적으로 기업 내에 정착하기 위해서는 이를 체계화한 절차와 방법이 정리된 데이터 분석 방법론 수립은 필수적이다.
- 데이터 분석 프로젝트는 개인의 역량 혹은 우연한 성공에 기인해서는 안 되고, 일정한 수준의 품질을 갖춘 산출물과 프로젝트의 성공 가능성을 확보하고 제시할 수 있어야 한다.
- 따라서 방법론은 상세한 절차(Procedure), 방법(Methods), 도구와 기법(Tools & Techniques), 템플릿과 산출물(Templates & Outputs)로 구성되어 있어야 한다. *

참고 **방법론 구성 요소의 이해**

- **상세한 절차**: 작업을 수행하기 위한 절차를 의미한다.
- **방법**: 해당 절차를 수행하기 위한 방법으로, 전문가에게 자문을 요구하거나 고객의 요구사항 파악을 위한 대면조사 등을 예로 들 수 있다.
- **도구와 기법**: 작업을 수행하는 데 필요한 것을 의미하며, R이나 파이썬과 같은 분석 수행 언어, 파워포인트나 엑셀 같은 프로그램, 또는 하둡과 플럼과 같은 분석 환경이 도구와 기법에 해당한다.
- **템플릿과 산출물**: 템플릿이란 어떤 작업을 수행하기 위해 문서를 작성할 때 참고할 수 있는 일종의 양식, 문서 또는 프로그램이 될 수 있으며, 산출물이란 해당 작업이 종료된 이후 작성되는 문서 또는 프로그램을 의미한다.

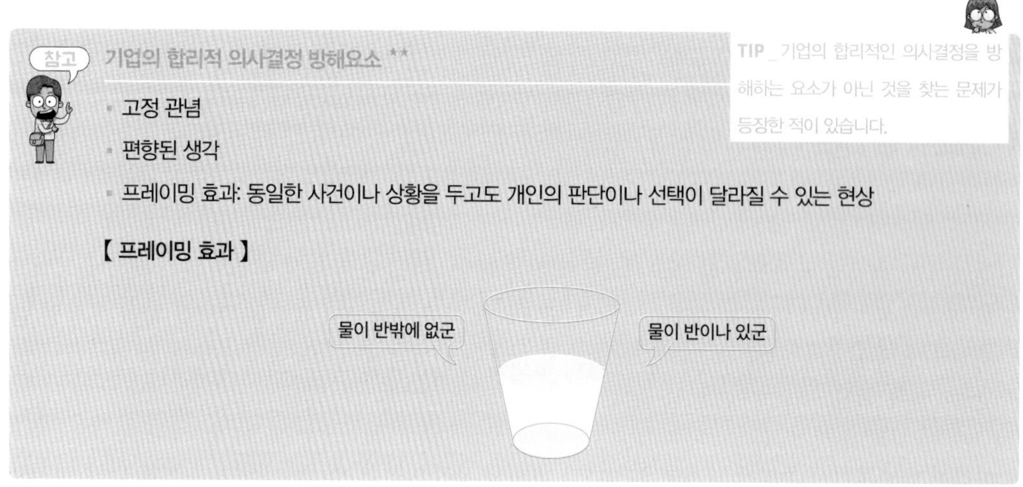

참고 기업의 합리적 의사결정 방해요소 **

- 고정 관념
- 편향된 생각
- 프레이밍 효과: 동일한 사건이나 상황을 두고도 개인의 판단이나 선택이 달라질 수 있는 현상

【 프레이밍 효과 】

TIP _ 기업의 합리적인 의사결정을 방해하는 요소가 아닌 것을 찾는 문제가 등장한 적이 있습니다.

③ 분석 방법론의 생성 과정

- 일반적으로 방법론의 생성 과정을 보면 다음과 같이 개인의 암묵지가 조직의 형식지로 형식화되고 조직의 형식지가 체계화되어 방법론이 될 수 있다.
- 체계화된 방법론은 다시 내재화 과정을 거쳐 개인의 암묵지로 발전되는 것이 일반적인 방법론의 생성 과정이다.

【 분석 방법론의 생성 과정 】 *

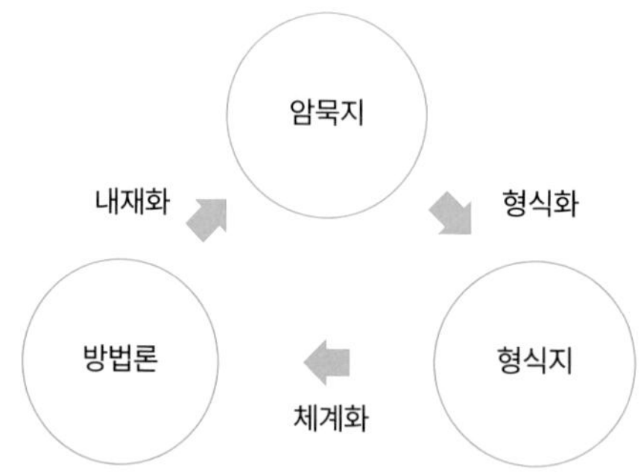

(2) 분석 방법론이 적용되는 업무 특성에 따른 모델 **

① 폭포수 모델

- 단계를 거쳐 순차적으로 진행하는 방법으로, 현재 단계가 완료되어야 다음 단계로 진행될 수 있는 하향식 방향으로 진행된다.
- 하지만 문제나 개선사항이 발견될 경우 이전 단계로 돌아가 피드백 과정을 수행할 수도 있다.

② 프로토타입 모델

- 사용자 중심의 개발 방법으로 고객의 요구를 완전히 이해하지 못할 경우 프로토타입 모델을 적용한다.
- 일부분을 먼저 개발하고, 그 이후 사용자의 요구를 분석, 정당성 점검, 성능을 평가하는 등의 과정을 통한 개선 작업을 시행하면서 점진적으로 시스템을 개발해 나가는 접근 방식이다.

③ 나선형 모델

- 반복을 통해 점증적으로 개발하는 측면에서 프로토타입 모델과 유사하지만 사용자의 요구에 초점을 맞추기보다 위험요소를 사전에 제거한다는 것에 초점을 맞춘다는 차이가 있다.
- 처음 시도하는 프로젝트에는 적용이 용이하지만 관리 체계를 효과적으로 갖추지 못하면 복잡도가 상승하는 문제가 있다.

④ 계층적 프로세스 모델

- 일반적으로 분석 방법론은 계층적 프로세스 모델의 형태로 구성된다.
- 계층적 프로세스 모델은 최상의 계층인 몇 개의 단계로 구성되어 있고 하나의 단계는 여러 개의 태스크로 구성되고 하나의 태스크는 여러 개의 스텝으로 구성되어 있다.
- 스텝은 WBS(Work Breakdown Structure)의 워크패키지에 해당되며, '입력(Input) – 처리 및 도구(Process & Tool) – 출력(Output)'으로 구성된 단위 프로세스다.

【 계층적 프로세스 모델의 구조 】

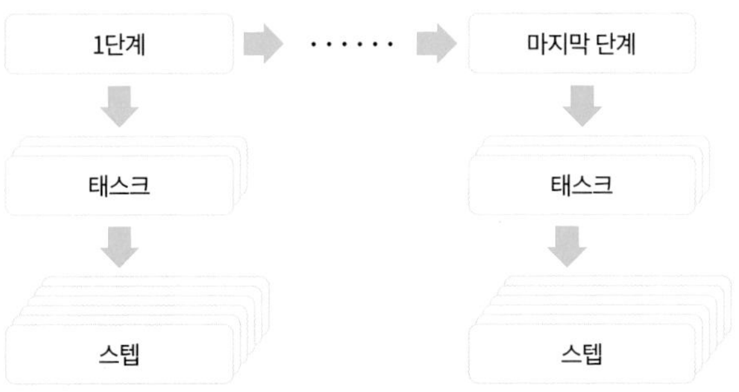

빅데이터 분석의 계층적 프로세스

단계(Phase)	프로세스 그룹을 통해 완성된 단계별 산출물 생성, 버전 관리 등을 통한 통제 필요
태스크(Task)	단계를 구성하는 단위 활동, 물리적 또는 논리적 단위로 품질 검토의 항목이 될 수 있음
스텝(Step)	WBS의 워크패키지에 해당하고, 입력 자료, 처리 및 도구, 출력 자료로 구성된 단위 프로세스

3. 전통적인 분석 방법론 두 가지

(1) KDD 분석 방법론*

① KDD 분석 방법론

- KDD(Knowledge Discovery in Database)는 데이터로부터 통계적 패턴이나 지식을 찾기 위해 체계적으로 정리한 데이터 마이닝 프로세스다.
- KDD는 데이터 마이닝 프로세스로, 데이터베이스에서 의미 있는 지식을 탐색하는 데이터 마이닝부터, 기계학습, 인공지능, 패턴인식, 시각화 등에서 응용 가능한 구조를 갖고 있다.

② KDD 분석 방법론 프로세스

TIP _ KDD와 CRISP-DM의 프로세스 차이를 묻는 문제가 등장하기도 합니다.

[1단계] 데이터셋 선택	· 비즈니스 도메인에 대한 이해와 프로젝트 목표 설정이 필수 · 분석에 필요한 데이터를 선택 → 타깃 데이터(target data) 생성
[2단계] 데이터 전처리	· 잡음, 이상치, 결측치를 파악하여 제거하거나 의미 있는 데이터로 재가공 · 추가로 요구되는 데이터셋이 있다면 데이터 선택 프로세스를 다시 실행
[3단계] 데이터 변환	· 변수를 생성/선택하고 데이터의 차원을 축소 · 학습용 데이터(training data set)와 검증용 데이터(test data set)를 분리
[4단계] 데이터 마이닝	· 학습용 데이터를 이용하여 분석 목적에 맞는 데이터 마이닝 기법을 선택하고 적절한 알고리즘을 적용 · 필요에 따라 전처리와 변환 프로세스도 추가
[5단계] 해석과 평가	· 분석 목적과의 일치성을 확인하고 평가 · 발견한 지식을 업무에 활용하기 위한 방안 마련

【 KDD 분석 방법론 프로세스 】

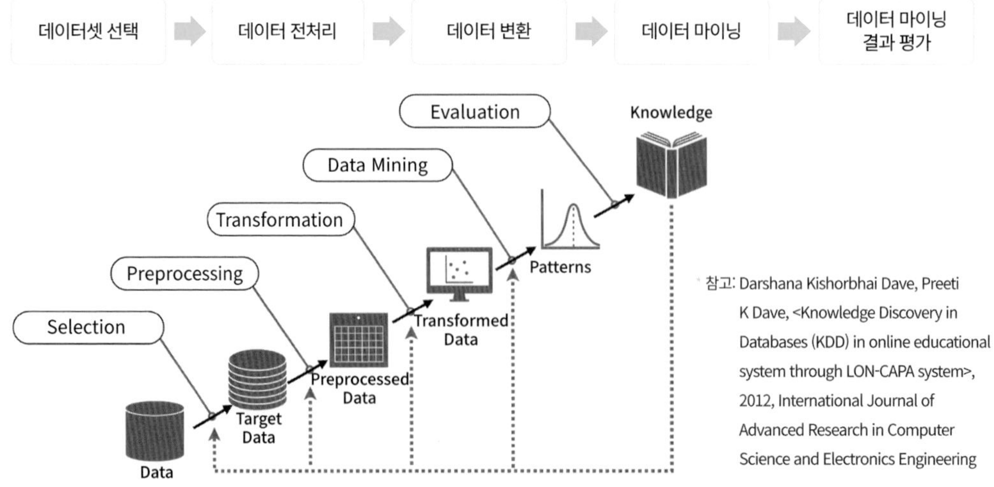

· 참고: Darshana Kishorbhai Dave, Preeti K Dave, <Knowledge Discovery in Databases (KDD) in online educational system through LON-CAPA system>, 2012, International Journal of Advanced Research in Computer Science and Electronics Engineering

(2) CRISP-DM 분석 방법론★★

① CRISP-DM 분석 방법론

- CRISP-DM(Cross Industry Standard Process for Data Mining) 분석방법론은 앞의 KDD 분석 방법론과 비슷하나, 약간 더 세분되어 있다는 점이 차이점이다.
- CRISP-DM은 1999년 유럽연합에서 발표된 계층적 프로세스 모델이다. 다른 계층적 프로세스 모델은 단계, 태스크, 스텝 3개의 레벨로 구성되어 있지만 CRISP-DM 분석 방법론은 단계, 일반화 태스크, 세분화 태스크, 프로세스 실행의 4개의 레벨과 업무 이해, 데이터 이해, 데이터 준비, 모델링, 평가, 전개의 6단계로 구성되어 있다.

② CRISP-DM 분석 방법론 프로세스

TIP _ KDD와의 차이점을 잘 알아둬야 합니다.

[1단계] 업무 이해	업무 목적 파악, 상황 파악, 데이터 마이닝 목표 설정, 프로젝트 계획 수립
[2단계] 데이터 이해	초기 데이터 수집, 데이터 기술 분석, 데이터 탐색, 데이터 품질 확인
[3단계] 데이터 준비	분석용 데이터셋 선택, 데이터 정제, 분석용 데이터셋 편성, 데이터 통합, 데이터 포매팅
[4단계] 모델링	모델링 기법 선택, 모델 테스트 계획 설계, 모델 작성, 모델 평가
[5단계] 평가	분석 결과 평가, 모델링 과정 평가, 모델 적용성 평가
[6단계] 전개	전개 계획 수립, 모니터링과 유지보수 계획 수립, 프로젝트 종료 보고서 작성, 프로젝트 리뷰

【 CRISP-DM 분석 방법론 프로세스 】

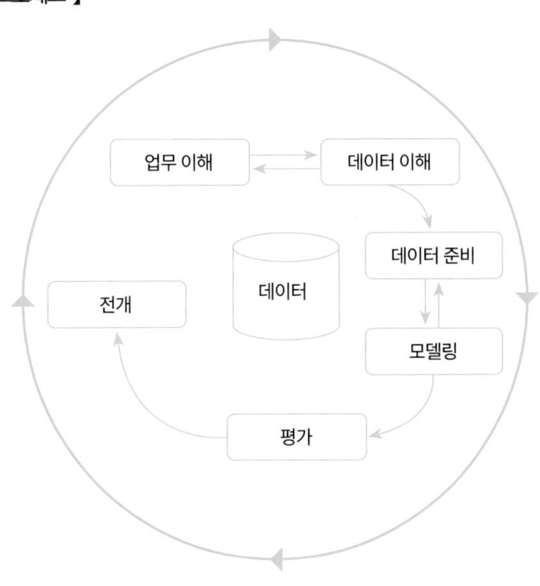

4. 빅데이터 분석 방법론

TIP _ 빅데이터 분석 방법론은 실무에서도 활용되는 방법론으로 매우 중요하며, 시험에도 자주 등장합니다. 단계별 수행 내용, 그리고 태스크로 이어지는 프로세스 정도는 꼭 알아두어야 합니다.

(1) 빅데이터 분석 방법론 개요

① 빅데이터 분석 방법론

- 빅데이터 분석 방법론은 완벽한 계층적 프로세스 모델로서 단계, 태스크, 스텝의 3계층 레벨과 5단계로 구성되어 있다.
- 5개의 단계들을 프로세스 그룹이라 하며, 각 단계는 여러 개의 태스크로 구성되는데 각 태스크는 물리적 또는 논리적으로 품질 검토의 항목이 될 수 있다.
- 마지막 계층인 스텝은 입력자료, 출력 및 도구, 출력자료 등으로 구성된 단위 프로세스들이다.

② 빅데이터 분석 방법론의 계층적 프로세스*

- 빅데이터 분석 방법론은 분석 기획, 데이터 준비, 데이터 분석, 시스템 구현, 평가 및 전개의 5개 단계와 각각의 태스크와 스텝이 순차적으로 진행되며, 필요에 따라 데이터 준비 단계와 데이터 분석 단계가 피드백을 주고받을 수 있다.

【 빅데이터 분석 방법론의 계층적 프로세스 】

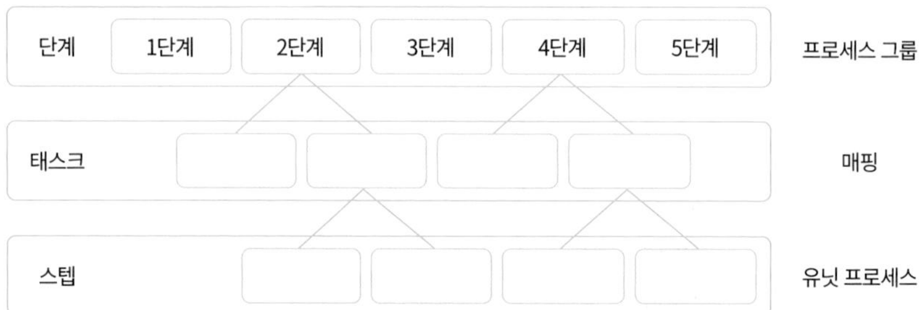

【 5단계 빅데이터 분석 방법론 플로우 】***

TIP _ 다섯 가지 단계와 각 태스크 정도는 이해하고 넘어가야 합니다.

단계(Phase)	태스크(Task)	스텝(Step)
[1단계] 분석 기획	비즈니스 이해 및 범위 설정	비즈니스 이해
		프로젝트 범위 설정
	프로젝트 정의 및 계획 수립	데이터 분석 프로젝트 정의
		프로젝트 수행 계획 수립
	프로젝트 위험 계획 수립	데이터 분석 위험 식별
		위험 대응 계획 수립

단계(Phase)	태스크(Task)	스텝(Step)
[2단계] 데이터 준비	필요 데이터 정의	데이터 정의
		데이터 획득 방안 수립
	데이터 스토어 설계	정형 데이터 스토어 설계
		비정형 데이터 스토어 설계
	데이터 수집 및 정합성 검정	데이터 수집 및 저장
		데이터 정합성 검정
[3단계] 데이터 분석	분석용 데이터 준비	비즈니스 룰 확인
		분석용 데이터셋 준비
	텍스트 분석	텍스트 데이터 확인 및 추출
		텍스트 데이터 분석
	탐색적 분석	탐색적 데이터 분석
		데이터 시각화
	모델링	데이터 분할
		데이터 모델링
		모델 적용 및 운영 방안
	모델 평가 및 검증	모델 평가
		모델 검증
[4단계] 시스템 구현	설계 및 구현	시스템 분석 및 설계
		시스템 구현
	시스템 테스트 및 운영	시스템 테스트
		시스템 운영 계획
[5단계] 평가 및 전개	모델 발전 계획	모델 발전 계획
	프로젝트 평가 및 보고	프로젝트 성과 평가
		프로젝트 종료

위험 대응 계획 수립

분석 기획의 프로젝트 위험 계획 수립 단계에서는 예상되는 위험으로부터 '**회피, 전이, 완화, 수용**'의 4가지 방법으로 대응한다.

(2) 빅데이터 분석 방법론 단계별 수행 프로세스

① [1단계] 분석 기획

▪ 태스크 #1 _ 비즈니스 이해 및 범위 설정

스텝	내용	입력자료	프로세스 및 도구	출력자료
비즈니스 이해	분석 대상인 업무 도메인에 대한 이해	업무 매뉴얼 업무 전문가의 지식	자료 수집 및 비즈니스 이해	비즈니스 이해 도메인 문제점
프로젝트 범위 설정	프로젝트 목적에 부합하는 범위를 설정	중장기 계획서 빅데이터 분석 프로젝트 지시서	자료 수집 비즈니스 이해 프로젝트 범위 정의서 작성 절차	프로젝트 범위 정의서 (SOW, Statement Of Work)

▪ 태스크 #2 _ 프로젝트 정의 및 계획 수립

스텝	내용	입력자료	프로세스 및 도구	출력자료
데이터 분석 프로젝트 정의	프로젝트 목표를 명확히 하기 위한 평가 기준을 설정	프로젝트 범위 정의서 빅데이터 분석 프로젝트 지시서	프로젝트 목표 구체화 모델 운영 이미지 설계	프로젝트 정의서 모델 운영 이미지 설계서
프로젝트 수행 계획 수립	프로젝트 목적, 기대효과 프로젝트 관리방안 등 프로젝트 수행 계획서 작성	프로젝트 정의서 모델 운영 이미지 설계서 모델 평가 기준	프로젝트 수행 계획 작성 WBS 작성 도구 일정계획 수립 도구	프로젝트 수행 계획서 WBS

▪ 태스크 #3 _ 프로젝트 위험 계획 수립

스텝	내용	입력자료	프로세스 및 도구	출력자료
데이터 분석 위험 식별	빅데이터 분석 프로젝트를 진행하면서 발생 가능한 위험 식별	프로젝트 범위 정의서 (SOW, Statement Of Work) 프로젝트 수행 계획서 선행 프로젝트 산출물	위험 식별 절차 위험영향도 및 발생가능성 분석 위험 우선순위 판단	식별된 위험 목록
위험 대응 계획 수립	식별된 위험에 대한 분석을 통하여 대응 방안을 수립	식별된 위험 목록 프로젝트 정의서 프로젝트 수행 계획서	위험 정량적 분석 위험 정성적 분석	위험관리계획서

② [2단계] 데이터 준비

- 태스크 #1 _ 필요 데이터 정의

스텝	내용	입력자료	프로세스 및 도구	출력자료
데이터 정의	다양한 데이터 소스로부터 필요 데이터를 정의	프로젝트 수행 계획서 시스템 설계서 ERD 메타데이터 정의서	내 · 외부 데이터 정의 정형 · 비정형 · 반정형 데이터 정의	데이터 정의서
데이터 획득 방안 수립	데이터를 수집하기 위한 구체적인 방안을 수립	데이터 정의서 시스템 설계서 ERD 메타데이터 정의서	데이터 획득 방안 수립	데이터 획득 계획서

- 태스크 #2 _ 데이터 스토어 설계

스텝	내용	입력자료	프로세스 및 도구	출력자료
정형 데이터 스토어 설계	데이터의 효율적인 저장과 활용을 위한 데이터 스토어를 설계	데이터 정의서 데이터 획득 계획서	데이터베이스 논리설계 데이터베이스 물리설계 데이터 매핑	정형 데이터 스토어 설계서 데이터 매핑 정의서
비정형 데이터 스토어 설계	하둡, NoSQL 등을 활용하여 반정형 데이터를 저장하기 위한 데이터 스토어 설계	데이터 정의서 데이터 획득 계획서	비정형·반정형 데이터 논리설계 비정형·반정형 데이터 물리설계	비정형 데이터 스토어 설계서 데이터 매핑 정의서

- 태스크 #3 _ 데이터 수집 및 정합성 검정

스텝	내용	입력자료	프로세스 및 도구	출력자료
데이터 수집 및 저장	수집된 데이터를 설계된 스토어에 저장	데이터 정의서 데이터 획득 계획서 데이터 스토어 설계서	데이터 크롤링 도구 ETL 도구 데이터 수집 스크립트	수집된 분석용 데이터
데이터 정합성 점검	데이터 품질 점검을 통하여 데이터의 정합성을 확보	수집된 분석용 데이터	데이터 품질 확인 데이터 정합성 점검 리스트	데이터 정합성 점검 보고서

③ [3단계] 데이터 분석

- 태스크 #1 _ 분석용 데이터 준비

스텝	내용	입력자료	프로세스 및 도구	출력자료
비즈니스 룰 확인	프로젝트의 목표를 인식하고 세부적인 비즈니스 룰과 필요 데이터 범위를 확인	프로젝트 정의서 프로젝트 수행 계획서 데이터 정의서 데이터 스토어	프로젝트 목표 확인 비즈니스 룰 확인	비즈니스 룰 분석에 필요한 데이터 범위
분석용 데이터셋 준비	데이터 스토어로부터 분석에 필요한 데이터를 추출	데이터 정의서 데이터 스토어	데이터 선정 데이터 변환 ETL 도구	분석용 데이터셋

- 태스크 #2 _ 텍스트 분석

스텝	내용	입력자료	프로세스 및 도구	출력자료
텍스트 데이터 확인 및 추출	텍스트 분석에 필요한 데이터 확인 및 데이터 추출	비정형 데이터 스토어	분석용 텍스트 데이터 확인 텍스트 데이터 추출	분석용 텍스트 데이터
텍스트 데이터 분석	추출된 텍스트 데이터를 분석 도구로 적재하여 다양한 기법으로 분석 및 모델 구축	분석용 텍스트 데이터 용어사전	분류체계 설계 형태소 분석 키워드 추출 감성 분석	텍스트 분석 보고서

- 태스크 #3 _ 탐색적 분석

스텝	내용	입력자료	프로세스 및 도구	출력자료
탐색적 데이터 분석	다양한 관점에서 데이터의 분포 및 특성 확인	분석용 데이터셋	EDA 도구 통계 분석 변수 간 연관성 분석 데이터 분포 확인	데이터 탐색 보고서
데이터 시각화	데이터 시각화는 탐색적 데이터 분석을 위하여 활용	분석용 데이터셋	시각화 도구 및 패키지 인포그래픽 시각화 방법론	데이터 시각화 보고서

- 태스크 #4 _ 모델링

스텝	내용	입력자료	프로세스 및 도구	출력자료
데이터 분할	모델의 과적합 문제 해결과 모델의 검증력을 테스트하기 위한 데이터 분할	분석용 데이터셋	데이터 분할 패키지	훈련용 데이터 테스트용 데이터
데이터 모델링	기계학습 등을 이용한 분류, 예측, 군집 등의 모델을 구축	분석용 데이터셋	통계 모델링 기법 기계학습 모델 테스트	모델링 결과 보고서
모델 적용 및 운영 방안	모델 적용을 위한 상세한 알고리즘 설명 작성과 모델의 운영 모니터링 방안 수립	모델링 결과 보고서	모니터링 방안 수립 알고리즘 설명서 작성	모니터링 방안

- 태스크 #5 _ 모델 평가 및 검증

스텝	내용	입력자료	프로세스 및 도구	출력자료
모델 평가	모델 평가 기준에 따른 모델의 객관적인 평가 진행	모델링 결과 보고서 평가용 데이터	모델 평가 모델 품질관리 모델 개선작업	모델 평가 보고서
모델 검증	모델의 적용성 검증 작업과 실제 모델 품질을 최종 검증	모델링 결과 보고서 모델 평가 보고서 검증용 데이터	모델 검증	모델 검증 보고서

④ [4단계] 시스템 구현

- 태스크 #1 _ 설계 및 구현

스텝	내용	입력자료	프로세스 및 도구	출력자료
시스템 분석 및 설계	가동 중인 시스템 분석 및 구축 설계 프로세스 진행	알고리즘 설명서 운영 중인 시스템 설계서	정보시스템 개발방법론	시스템 분석 및 설계서
시스템 구현	새로운 시스템 구축 및 가동 중인 운영 시스템의 커스터마이징을 통하여 설계된 모델을 구현	시스템 분석 및 설계서 알고리즘 설명서	시스템 통합개발도구 프로그래밍 언어 패키지	구현 시스템

▪ 태스크 #2 _ 시스템 테스트 및 운영

스텝	내용	입력자료	프로세스 및 도구	출력자료
시스템 테스트	구축된 시스템의 검증을 위하여 단위 테스트, 통합 테스트, 시스템 테스트 등을 실시	구현 시스템 시스템 테스트 계획서	품질관리 활동	시스템 테스트 결과보고서
시스템 운영 계획	구현된 시스템의 지속적인 활용을 위한 시스템 운영자, 사용자 교육 실시 및 시스템 운영 계획 수립	시스템 분석 및 설계서 구현 시스템	운영계획 수립 운영자 및 사용자 교육	운영자 매뉴얼 사용자 매뉴얼 시스템 운영 계획서

⑤ [5단계] 평가 및 전개

▪ 태스크 #1 _ 모델 발전 계획 수립

스텝	내용	입력자료	프로세스 및 도구	출력자료
모델 발전 계획	지속적인 운영과 기능 향상을 위한 발전 계획 수립	구현 시스템 프로젝트 산출물	모델 발전 계획 수립	모델 발전 계획서

▪ 태스크 #2 _ 프로젝트 평가 및 보고

스텝	내용	입력자료	프로세스 및 도구	출력자료
프로젝트 성과 평가	프로젝트의 정량적 성과와 정성적 성과로 나누어 성과 평가서를 작성	프로젝트 산출물 품질관리 산출물 프로젝트 정의서 프로젝트 수행 계획서	프로젝트 평가 기준 프로젝트 정량적 평가 프로젝트 정성적 평가	프로젝트 성과 평가서
프로젝트 종료	프로젝트 과정 간 모든 산출물 및 프로세스를 지식 자산화하고 최종 보고서를 작성	프로젝트 산출물 품질관리 산출물 프로젝트 정의서 프로젝트 수행 계획서	프로젝트 지식자산화 작업 프로젝트 종료	프로젝트 최종 보고서

빅데이터 분석 방법론을 다 외워야 하나? *** EASY BOX

빅데이터 분석 방법론은 시험에 자주 출제되지만, 무엇을 외워야 하는지 어려움이 있을 수 있다. 우선 중요한 것은 전체의 흐름을 파악하는 것이다. 5가지 단계는 반드시 기억해야 한다. 그리고 각 단계별로 태스크 정도까지만 외워두어도 된다. 입력자료, 프로세스 및 도구, 출력자료들을 모두 외우는 것보다는 5단계와 그에 따른 태스크가 어떤 것들이 있는지는 확실히 알아두는 것이 좋다.

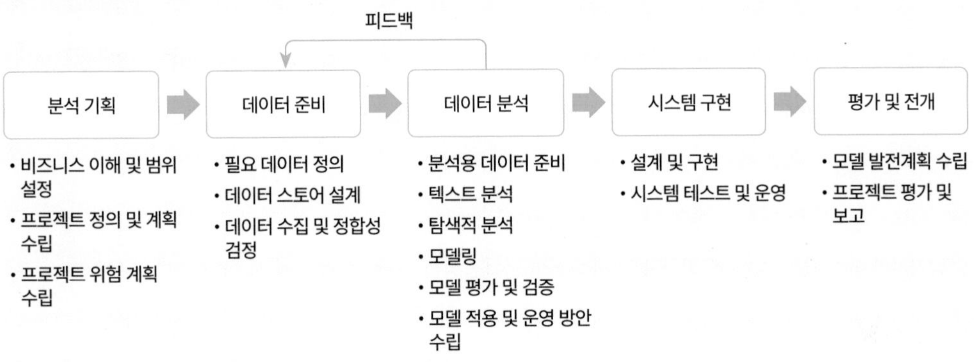

참고 다양한 출력자료(산출물)에 대해서 알아보자.

- **요구사항 정의서**: 개발이나 분석이 수행되길 원하는 고객이 무엇을 원하는지 정확히 파악하기 위해 작성하는 문서
- **업무분업구조(WBS)**: 개발이나 분석을 수행하는 전체 과정을 수십 개, 수백 개 또는 수천 개의 작은 단위의 업무로 나누어 수행 담당자 및 수행 기간 등을 작성한 문서
- **프로그램 목록(명세서)**: 개발이나 분석을 수행하는 중간 과정의 프로그램이나 모델을 관리하기 위한 문서
- **데이터 정의서**: 다수의 인원으로 구성된 프로젝트를 수행할 때 변수 및 데이터를 생성한 작성자의 의도를 정의한 문서. 데이터의 일관성 유지를 목표로 함
- **개체-관계 다이어그램(ERD)**: 데이터와 개체의 관계를 그림과 글로 표현한 것으로, 효율적인 데이터 운영을 목적으로 하는 문서
- **(클라우드) 자원 명세서**: 개발이나 분석을 수행하기 위한 컴퓨팅 자원을 명세한 것으로, CPU의 코어 수, 하드디스크 용량, 메모리 크기 등을 정의한 문서. 개발자들의 업무를 위한 자원 명세서와 실제 고객에게 배포될 자원 명세서는 다른 것이 일반적

프로젝트는 규모가 커질수록 관리가 어려워지고 복잡해지는 것이 일반적이다. 따라서 프로젝트의 효율적인 관리를 위해서는 산출물의 관리가 필수적이며, 이러한 산출물의 관리가 철저해짐에 따라 프로젝트가 성공할 가능성이 높아진다. 그러나 프로젝트를 수행하는 도메인과 환경에 따라 모든 상황은 변할 수 있기 때문에 프로젝트에 착수하기 이전에 활용할 산출물을 미리 정의하는 작업 역시 중요하다.

01. 다음 중 분석을 수행하기에 앞서 고려해야 할 요소로 부적절한 것은??

① 유사한 분석 케이스 확보
② 분석 장애 요소 파악
③ 활용 가능한 데이터의 파악
④ 요구되는 분석 기법의 파악

02. 분석의 대상과 분석 방법에 따라 크게 4가지 유형으로 나눌 수 있다. 4가지 유형 중 분석 대상은 명확한 반면, 분석 방법이 명확하지 않은 것으로 가장 적절한 것은?

① 최적화(Optimization)
② 해결책(Solution)
③ 통찰력(Insight)
④ 발견(Discovery)

03. "장기적인 마스터플랜 방식"에 비하여 "과제 중심적인 접근 방식"의 특징으로 가장 적절하지 못한 것은?

① Quick & Win
② Speed & Test
③ Problem Solving
④ Accuracy & Deploy

04. 다음 중 데이터에 기반한 의사결정을 방해하는 요소로 짝지어진 것은?

① 프레이밍 효과, 창의력
② 직관적 사고, 비편향적 사고
③ 프레이밍 효과, 비편향적 사고
④ 고정관념, 프레이밍 효과

05. 다음 중 데이터 분석 방법론의 구성 요소가 아닌 것은 무엇인가?

① 상세한 절차
② 방법
③ 도구와 기법
④ 분석 모델

06. 다음 중 순차적으로 진행되면서 이전 단계가 완료되어야 다음 단계로 진행할 수 있는 모델은 무엇인가?

① 프로토타입 모델
② 애자일 모델
③ 나선형 모델
④ 폭포수 모델

07. 다음 중 CRISP-DM 방법론의 모델링 단계에서 수행하는 태스크가 아닌 것은?

① 모델 테스트 계획 설계
② 모델링 기법 선택
③ 모델 평가
④ 모델 적용성 평가

08. 빅데이터 분석기획 단계에서의 3가지 과정 순서가 바르게 연결된 것은 무엇인가?

① 데이터 분석 위험 식별 → 비즈니스 이해 및 범위 설정 → 프로젝트 수행 계획 수립
② 데이터 분석 위험 식별 → 프로젝트 수행계획 수립 → 비즈니스 이해 및 범위 설정
③ 비즈니스 이해 및 범위 설정 → 프로젝트 수행 계획 수립 → 데이터 분석 위험 식별
④ 비즈니스 이해 및 범위 설정 → 데이터 분석 위험 식별 → 프로젝트 수행 계획 수립

09. **다음 중 빅데이터 분석 방법론의 데이터 분석 단계에서 수행하는 주요 태스크가 아닌 것은?**

① 텍스트 분석　　② 모델링
③ 모델 평가 및 검증　　④ 모델 발전 계획 수립

10. **프로젝트를 수행할 때 여러 개의 작은 업무 단위로 분해하고, 각각의 분해된 업무 담당자 및 수행 기간을 정의한 것은 무엇인가?**

① 요구사항 정의서　　② 업무분업구조
③ 분석 과제 정의서　　④ 프로그램 목록

【정답&해설】

01. **답**: ④
해설: 분석 기획 시에 어떤 분석 기법을 사용할지는 고려하지 않는다.

02. **답**: ②
해설: 분석의 대상은 명확하지만 분석 방법이 명확하지 않은 경우에는 Solution 유형이다.

03. **답**: ④
해설: 과제 중심적인 접근 방식은 현재 직면한 문제를 빠르게 해결해야 하는 Quick & Win, Speed & Test, Problem Solving의 특징이 있다.

04. **답**: ④
해설: 데이터에 기반한 의사결정의 방해 요소로는 고정관념, 편향된 생각, 프레이밍 효과가 있다.

05. **답**: ④
해설: 데이터 분석 방법론의 구성 요소는 상세한 절차, 방법, 도구와 기법, 템플릿과 산출물이 있다.

06. **답**: ④
해설: 폭포수 모델은 현재 단계가 완료되어야 다음 단계로 진행 가능하며, 문제 발생 시 이전 단계와 피드백이 가능하다.

07. **답**: ④
해설: 모델 적용성 평가는 CRISP-DM의 5단계인 평가에서 실시한다.

08. **답**: ③
해설: 분석 기획 단계는 다음과 같이 구성되어 있다.
　비즈니스 이해 및 범위 설정 → 프로젝트 수행 계획 수립 → 데이터 분석 위험 식별

09. **답**: ④
해설: 모델의 발전 계획 수립은 빅데이터 분석 방법론의 마지막인 평가 및 전개 단계에서 수행된다.

10. **답**: ②
해설: 업무분업구조(WBS; Work Breakdown Structure)에 대한 설명이다.

02 분석 과제 발굴

1. 분석 과제 발굴 개요

(1) 분석 과제 '발굴'의 개념과 '탐색' 방법

① 분석 과제 발굴

- 어느 기업에서 데이터 분석 플랫폼을 구축하고 이를 통해 기업경영 전략에 활용한다고 가정해보자. 가장 먼저 해야 할 일은 '무엇'을 분석해야 하는지 그 분석 과제를 발굴하는 일이다.
- 분석 과제 발굴이란 해결해야 할 다양한 기업(혹은 분석의 주체)의 문제를 '데이터 분석 문제'로 변환하는 것을 포함하는 개념이다.
- 분석 과제는 이해관계자들이 이해할 수 있게 프로젝트 수행 목적의 과제 정의서 형태로 도출된다.
- 분석 과제를 탐색하기 위해 크게 하향식 접근법과 상향식 접근법으로 나뉜다.

② 분석 과제 탐색 방법***

- **하향식 접근법**: 문제가 주어졌을 때 우리가 해결해야 할 과제가 무엇인지를 찾는 전통적인 Top-Down 수행 방법으로, 각 과정이 체계적으로 단계화되어 문제를 해결하는 방식이다.

TIP _ 상향식 접근법과 하향식 접근법의 개념은 꼭 문제 혹은 보기로도 종종 출제됩니다.

- **상향식 접근법**: 대규모 데이터가 생성되고 빠르게 변화는 현대에서는 문제가 무엇인지 사전에 정의하는 것이 어렵기 때문에 다양한 데이터의 조합 속에서 인사이트를 찾아내는 Bottom-Up 방식이다.
- 분석 대상을 알고 있다면 하향식 접근법, 모른다면 상향식 접근법을 사용한다.
- 실제 분석 과정에서는 분석 과제 발굴을 위해 하향식 접근법과 상향식 접근법을 혼용해서 사용하는 경우가 많다.

【 분석 과제 발굴 】

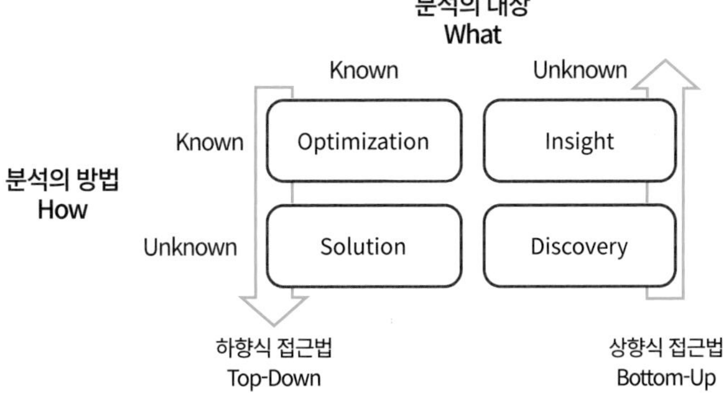

【 분석 과제 발굴 방법론 개념도 】

- 하향식 접근법은 현황 분석을 통해서 또는 인식된 문제로부터 기회나 문제를 탐색하고, 문제를 정의, 해결 방안을 탐색, 데이터 분석의 타당성을 평가하는 과정을 거쳐 분석 과제를 도출하는 과정으로 구성되어 있다.

TIP _ 시험에 출제될 가능성이 높으며, 특히 하향식 접근법의 각 단계별 내용을 잘 기억해야 합니다.

Start

분석 대상이 무엇인지 알고 있는가?

Yes ⇩ → **하향식 접근법**

㉮ 문제 탐색 단계	ⓐ 비즈니스 모델 탐색 기법
	ⓑ 분석기회 발굴 및 범위 확장
	ⓒ 외부 참조 모델 기반 문제 탐색
	ⓓ 분석 유스케이스
㉯ 문제 정의 단계	식별된 비즈니스 문제를 데이터 문제로 변환하여 과제를 정의
㉰ 해결 방안 탐색 단계	과제 정의 후 어떻게 해결할 것인지 그 방안을 탐색(분석 기법, 시스템 등)
㉱ 타당성 검토 단계	경제적 타당성, 기술적 타당성 등을 검토

No ⇩ → **상향식 접근법**

㉮ 지도 · 비지도학습	ⓐ 지도학습
	ⓑ 비지도학습
㉯ 프로토타입	시행착오 해결법

(2) 디자인 씽킹

① IDEO사의 디자인 씽킹

- IDEO사의 디자인 씽킹 프로세스는 크게 문제 발견과 솔루션 제시 영역으로 구분된다.
- 더블 다이아몬드 프로세스라 불리는 이 디자인 씽킹 프로세스는 상향식 접근법의 발산 단계와 하향식 접근법의 수렴 단계가 반복적으로 수행되어 상호 보완적으로 분석의 가치를 높이는 의사결정 방식이다.
- 수렴과 발산을 반복하면서 창의적이고 혁신적인 아이디어를 도출하는 방식이다.

【 IDEO사의 더블 다이아몬드 프로세스 】

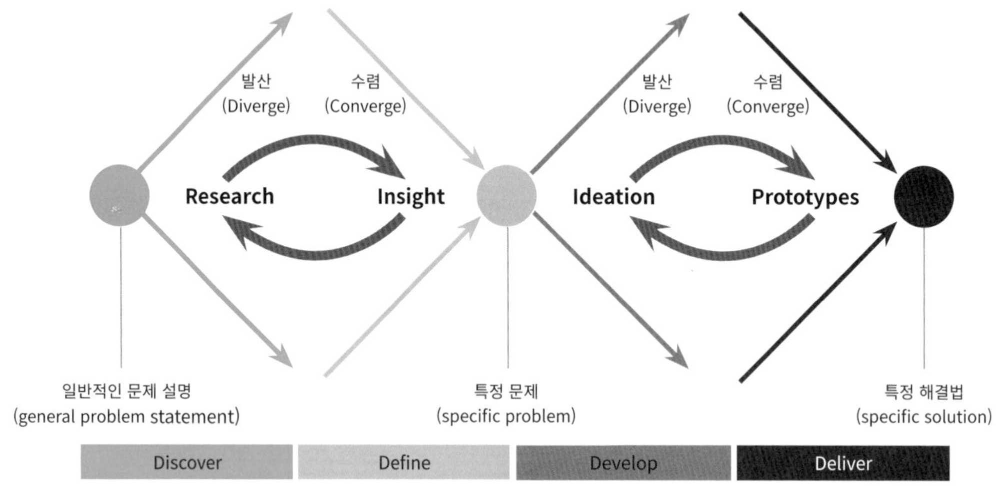

② 스탠퍼드대학 d.school의 디자인 씽킹

- 스탠퍼드대학 d.school의 디자인 씽킹은 비즈니스와 기술 그리고 인간 중심 사고가 만나 혁신적 해결책을 도출하는 또 하나의 새로운 방법이 될 수 있다.
- d.school의 디자인 씽킹은 ①공감(Empathize) → ②문제 정의(Define) → ③아이디어 도출(Ideate) → ④프로토타입(Prototype) → ⑤테스트(Test) → ⑥평가(ASSESS) 과정을 거친다.
- 스탠퍼드대학 d.school의 디자인 씽킹은 상향식 접근법에 속한다고 볼 수 있다.

【 스탠퍼드대학 d.school의 디자인 씽킹 】

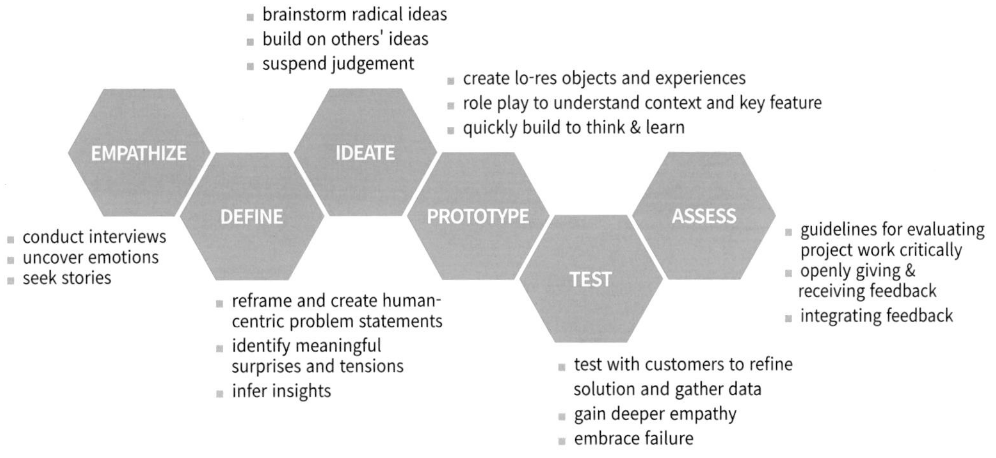

* not necessarily linear, apply as needed ©2019

* 출처: d.school Executive Education(https://empathizeit.com/design-thinking-models-stanford-d-school)

2. 하향식 접근법★★★

> TIP _ 하향식 접근법의 4단계는 시험에 자주 등장했던 내용이므로, 각 단계별 내용을 잘 알아두어야 합니다.

(1) 1단계 – 문제 탐색 단계

① 비즈니스 모델 탐색 기법★★

- 비즈니스 모델 캔버스의 9가지 블록을 5가지로 단순화한 탐색 기법이다.
- 업무(Operation), 제품(Product), 고객(Customers) 단위로 문제를 발굴하고 이를 관리하는 규제와 감사(Audit & Regulation), 지원 인프라(IT & Human Resource)의 두 가지 영역에 대한 기회를 추가로 도출하는 작업을 수행한다.
- 여기서의 지원 인프라는 분석을 수행하는 시스템 영역(IT)과 이를 운영하고 관리하는 인력(Human Resource)의 영역을 의미한다.

【 비즈니스 모델 캔버스 9 Block 】  【 9 Block 모델을 5개 영역으로 단순화 】

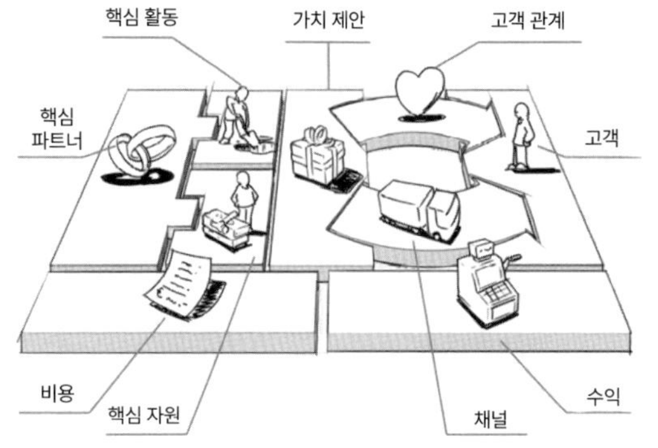

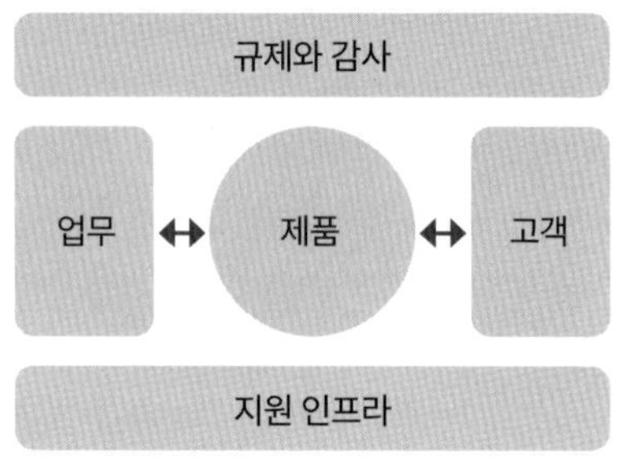

② 분석 기회 발굴 범위의 확장**

- 기업과 산업 환경을 중심으로 거시적 관점, 경쟁자, 시장의 니즈, 역량 등 4가지 영역에 대해 비즈니스 문제를 발굴하는 방법이다.

거시적 관점	▪ **문제 혹은 변화가 기업에 주는 영향을 탐색한다.** • 사회: 노령화 문제, 저출산 문제 등 • 기술: 나노 기술, IT 융합 기술, 로봇 기술의 등장 등 • 경제: 원자재 가격, 환율, 금리의 변화 등 • 환경: 탄소 배출 규제 등 • 정치: 대북 관계 등
경쟁자 확대 관점	▪ **기업에 위협이 될 상황을 탐색한다.** • 대체재: 기업의 상품 및 서비스가 대체될 수 있는 것에 대한 탐색 및 잠재적 위협 파악 • 경쟁자: 식별된 주요 경쟁사의 제품 및 서비스 카탈로그 및 전략을 분석 • 신규 진입자: 현재 직접적인 경쟁자는 아니지만 향후 영향력이 커질 것으로 판단되는 위협
시장의 니즈 탐색	▪ **시장의 니즈 탐색 관점에서 문제를 탐색한다.** • 고객: 고객 기업들의 산업 및 경영 현황 등을 파악 • 채널: 상품 및 서비스가 전달될 수 있는 경로에 대한 파악 • 영향자들: 시장 확대에 따른 유사 업종의 기업 인수 등에 대한 파악
역량의 재해석	▪ **역량의 재해석 관점에서 다시 기업 내부를 둘러보도록 한다.** • 내부 역량: 자사 소유 부동산 등 부가 가치 창출 기회의 탐색 • 파트너와 네트워크: 자사가 직접 보유하고 있지는 않지만 관계사 혹은 공급사의 역량을 활용한 부가가치 창출 기회의 탐색으로 기업경영 노하우 등이 있다.

【 분석 기회 발굴 범위의 확장 】

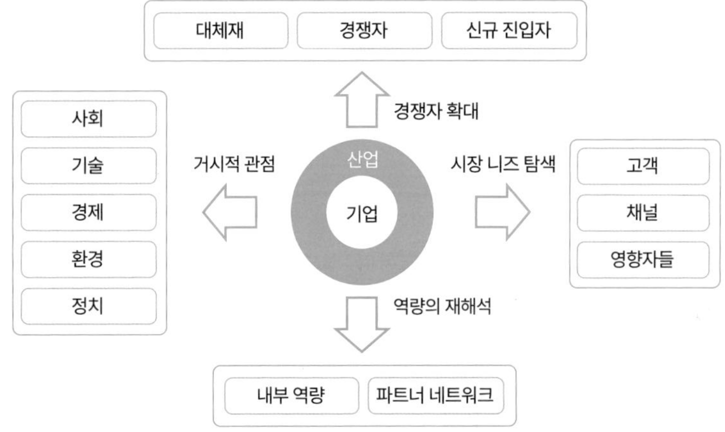

③ 외부 참조 모델 기반 문제 탐색 및 분석 유스케이스 정의

- 유사 동종 업계에서 기존에 수행한 문제 탐색 및 분석 과제 등을 활용하는 것 역시 중요한 시사점을 도출한다.
- 유사 동종 사례 벤치마킹을 통한 분석 기회 발굴은 산업별, 서비스별 분석테마 후보 그룹(POOL)을 통한 가장 빠르고 쉬운 방식(Quick & Easy)으로 분석 기회가 무엇인지 아이디어를 얻는 브레인스토밍을 활용한 방법이다.
- 현재 비즈니스 모델 및 유사, 동종 업계의 탐색을 통해 발견된 문제들을 세부과제로 도출하기 전에 먼저 '분석 유스케이스(Analytics Use Cases)'로 정의한다. 이렇게 정의한 다음, 향후 어떻게 풀어나가야 할지에 대한 방법과 그로 인한 효과도 함께 명시한다.
- 분석 유스케이스란 분석을 적용했을 때 업무 흐름을 개념적으로 설명한 것으로 프로세스 혁신 수단으로 활용되기도 한다.

(2) 2단계 – 문제 정의 단계

① 문제 정의

- 문제 정의 단계는 식별된 비즈니스 문제를 데이터의 문제로 변환하여 정의하는 단계다.
- 앞에서 본 비즈니스 모델 기반 문제 탐색과 외부 사례 기반 문제 탐색의 두 가지 방법에 의한 문제 탐색은 무엇을(What), 어떠한 목적으로(Why) 수행해야 하는지에 대한 관점이라면, 문제 정의 단계는 이를 달성하는 데 필요한 데이터 및 기법을 정의하기 위한 데이터 분석의 문제로 변환을 수행한다.

- 데이터 분석 문제의 정의는 최종 사용자(End-User)의 관점에서 이루어져야 한다.

② 문제 정의의 예

- 예컨대 영업 부서에서 '최근 고객들의 불만이 높아지고 있다'는 비즈니스 문제가 식별됐다고 가정해 보자.
- 이를 데이터의 문제로 변환하면 '고객의 불만에 영향을 끼치는 요인은 무엇인지 분석하고, 그 요인과 고객 불만율에 대한 상관 및 예측 모델을 수립한다' 정도로 바꿔볼 수 있다.
- 이것이 하향식 접근법의 2단계인 데이터로의 '문제 정의' 단계다.

(3) 3단계 – 해결 방안 탐색 단계

① 해결 방안 탐색

- 문제 정의 단계에서 정의된 데이터 분석 문제를 해결하기 위한 방안을 모색하는 단계다.
- 해결 방안을 탐색하면서 동시에 현재 기업 수준에서의 분석이 가능한 시스템을 갖추었는지, 분석을 수행할 인력이 확보되었는지를 함께 따져보아야 한다.

② 해결 방안 탐색 단계 프로세스

- 먼저 기존 시스템으로 가능한지와 기업 자체의 역량이 있는지를 판단하여 다음 그림과 같이 4개의 해결 방안 중 하나를 선정한다.

【 해결 방안 탐색 단계 프로세스 】

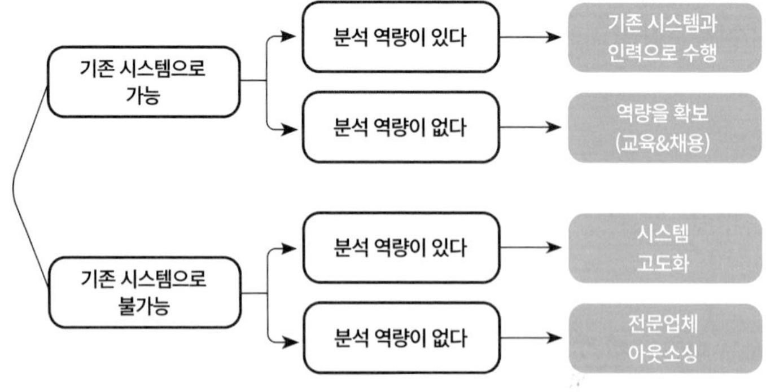

(4) 4단계 – 타당성 검토 단계

① 타당성 검토

- 수행되어야 할 분석 과제가 정의되었고 어떠한 방법으로 어떤 인력과 함께 수행될지 결정되었다면 과연 이 해결 방안이 타당한 것인지 검토해야 한다.
- 타당성 검토는 크게 경제적 타당성 검토와 데이터 및 기술적 타당성 검토의 두 가지로 나뉜다.

② 타당성 검토의 두 가지 유형

- **경제적 타당성**: 분석을 위한 지출 항목으로 데이터, 시스템, 인력, 유지보수 등과 같은 비용과 분석 결과가 적용되었을 때 추정되는 실질적 비용 절감, 추가 매출, 수익 등과 같은 경제적 가치를 고려해야 한다. 왜냐하면 분석에 수행되는 비용이 분석이 수행되었을 때의 경제적 이득보다 크다면 기업에는 손해임에 분명하다.
- **데이터 및 기술적 타당성**: 경제적 가치가 아무리 뛰어난 분석이라 하더라도 분석의 수행 가능 여부를 따져봐야 한다. 수행될 수 없는 분석을 추진하는 것 역시 경제적 손실이 따르기 때문이다. 데이터 및 기술적 타당성 검토에서는 데이터 존재 여부, 분석 시스템 환경, 그리고 분석 역량을 고려해야 한다.

사례를 통해 하향식 접근법 알아보기  EASY BOX

■ 항공사 고객 이탈 사례 발생

- 당신이 어느 항공사의 CEO라고 가정해보자.
- 최근 들어 항공사의 고객 이탈수가 증가했다.
- 이 문제를 해결하기 위해 하향식 접근법을 사용하자.

■ 1단계 – 문제 탐색 단계

- 비즈니스 모델 기반 문제 탐색
  - 업무: 고객이 항공권 발권에 너무 많은 시간을 소비하고 있을 수 있다.
  - 제품: 타 항공사 대비 항공권 가격이 비쌀 수 있다.
  - 고객: 고객이 원하는 서비스에 변화가 생겼을 수 있다.
  - 규제 & 감사: 보안상의 문제로 항공권 발권에 지나친 개인정보를 요구하고 있을 수 있다.
  - 지원 인프라: 온라인 발권 시 IT 시스템의 문제로 고객 불편함이 발생할 수 있다.
- 외부 사례 기반 문제 탐색
  - 동종 업계1: 여러 노선의 최적화로 가능한 한 많은 고객이 원하는 시간을 맞추었다.
  - 동종 업계2: 하나의 노선에 특화된 전략으로 하나의 노선을 독점할 수 있었다.

■ 2단계 – 문제 정의 단계

[1단계] 비즈니스 문제 탐색	➔	[2단계] 데이터의 문제
업무: 고객이 항공권 발권에 너무 많은 시간을 소비하고 있다.	➔	타 항공사 대비 항공권 발권에 소요되는 시간을 비교 분석
제품: 타 항공사 대비 항공권 가격이 비쌀 수 있다.	➔	타 항공사 대비 동일 노선에 대한 항공권 가격 비교 분석
고객: 고객이 원하는 서비스에 변화가 생겼을 수 있다.	➔	고객의 수요가 저렴한 티켓보다 안락한 좌석, 향상된 기내 서비스 등으로 변화하였는가? 고객 니즈 분석(후기, 인터넷 평가 등 분석)
규제 & 감사: 보안상의 문제로 항공권 발권에 지나친 개인정보를 요구하고 있을 수 있다.	➔	고객의 입장에서 발권 시 입력하기를 주저하는 항목이 있는가?
지원 인프라: 온라인 발권 시 IT 시스템 문제로 불편함이 발생할 수 있다.	➔	고객 관점에서 온라인 발권 IT 시스템 점검 및 불편 사항 분석
동종 업계 1: 여러 노선의 최적화로 가능한 한 많은 고객이 원하는 시간을 맞추었다.	➔	동종 업계 현황 분석: 현재 우리의 노선과 일정에 대한 고객의 만족 여부를 조사한다.
동종 업계 2: 하나의 노선에 특화된 전략으로 하나의 노선을 독점할 수 있었다.	➔	우리 항공기를 이용하는 고객은 주로 어느 노선을 이용하는지 조사한다.

■ 3단계 – 해결 방안 탐색 단계

[2단계] 데이터의 문제	➔	[3단계] 해결 방안 탐색
타 항공사 대비 항공권 발권에 소요되는 시간을 비교 분석	➔	분석 역량 확보, 기존 시스템 활용
타 항공사 대비 동일 노선에 대한 항공권 가격 비교 분석	➔	분석 역량 확보, 기존 시스템 활용
고객의 수요가 저렴한 티켓보다 안락한 좌석, 향상된 기내 서비스 등으로 변화하였는가?	➔	분석 역량 확보, 기존 시스템 활용
고객 니즈 분석(후기, 인터넷 평가 등 분석)	➔	분석 역량 확보, 신규 시스템 도입
고객의 입장에서 발권 시 입력하길 주저하는 항목이 있는가?	➔	분석 역량 확보, 신규 시스템 도입
고객 관점에서 온라인 발권 IT 시스템 점검 및 불편 사항 분석	➔	분석 역량 미확보, 기존 시스템 활용
동종 업계 현황 분석: 현재 우리의 노선과 일정에 대한 고객의 만족 여부를 조사한다.	➔	분석 역량 미확보, 신규 시스템 도입
우리 항공기를 이용하는 고객은 주로 어느 노선을 이용하는지 조사한다.	➔	분석 역량 확보, 신규 시스템 도입

■ 4단계 – 타당성 검토 단계

[3단계] 해결 방안 탐색	➔	[4단계] 타당성 검토
분석 역량 확보, 기존 시스템 활용	➔	타당한 분석 과제
분석 역량 확보, 기존 시스템 활용	➔	과제 선정 탈락
분석 역량 확보, 기존 시스템 활용	➔	타당한 분석 과제
분석 역량 확보, 신규 시스템 도입	➔	타당한 분석 과제
분석 역량 확보, 신규 시스템 도입	➔	과제 선정 탈락
분석 역량 미확보, 기존 시스템 활용	➔	타당한 분석 과제
분석 역량 미확보, 신규 시스템 도입	➔	과제 선정 탈락
분석 역량 확보, 신규 시스템 도입	➔	타당한 분석 과제

- 이 사례는 이해를 돕기 위한 가상의 설정입니다. 실제 타당성 검토와 다름에 유의해야 합니다.

3. 상향식 접근법

(1) 상향식 접근법 개요

① 상향식 접근법 개념

- 상향식 접근법은 분석 대상이 무엇인지 모를 경우 분석 과제 발굴을 위해 사용하는 방법으로, 말 그대로 원천 데이터로부터 통찰과 지식을 얻는 접근 방법이다.
- 예를 들어, 100가지 물감이 있다고 했을 때 원하는 색을 찾기 위해 색의 선택과 그 비율을 무수히 많이 시도할 수 있다. 즉, 상향식 접근법은 다양한 원천 데이터로부터 통찰력과 지식을 얻는 방법이다.

② 상향식 접근법의 특징

- 하향식 접근법은 분석 계획을 수립하고 분석 단계로 이어지지만, 상향식 접근법은 먼저 분석부터 시작하고 그 결과로부터 가치가 있는 문제를 도출하는 방법이다.
- 앞서 언급한 스탠퍼드대학 d.school의 디자인 씽킹은 상향식 접근법에 속한다고 볼 수 있다.

【 상향식 접근법 예시 】

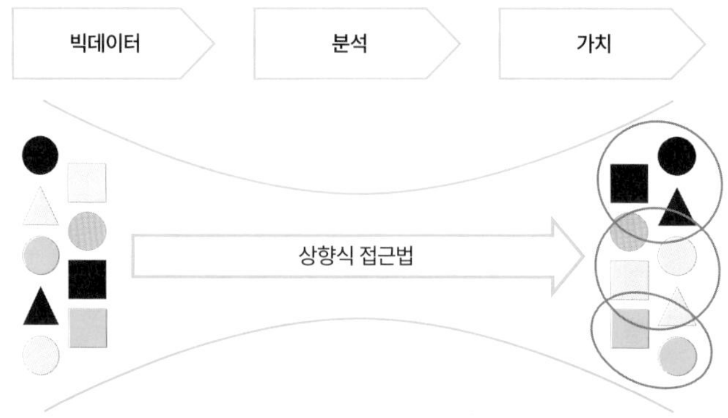

(2) 지도학습과 비지도학습★★★

① 지도학습

- 지도학습이란 정답이 있는 데이터를 활용하여 분석 모델을 학습시키는 것이다.
- 지도학습은 레이블(Label)이 범주형인 분류와 연속형인 회귀로 나누어진다.
- 예) 머신러닝, 의사결정 트리, 인공신경망 모형, 분류 분석

② 비지도학습

- 지도학습과는 달리 정답을 알려주지 않고 학습하는 것이다.
- 정답 레이블이 없는 데이터를 비슷한 특징을 가진 데이터끼리 군집화하여 새로운 데이터에 대한 결과를 예측한다.
- 목적이 명확하게 정의된 특정 필드의 값을 구하는 것이 아니라, 데이터 자체의 결합, 연관성, 유사성 등을 중심으로 데이터의 상태를 표현하는 것이다.
- 일반적으로 상향식 접근방식의 데이터 분석은 비지도학습에 의해 수행된다.
- 예) 장바구니 분석, 기술통계, 프로파일링, 군집 분석, 주성분분석, 다차원 척도

【 지도학습과 비지도학습 】

지도학습

변수1	변수2	정답
1	5	O
2	4	O
3	3	X
4	2	X
5	1	?????

비지도학습

변수1	변수2	
1	5	그룹 1
2	4	
3	3	그룹 2
4	2	

?

그룹 1

그룹 2

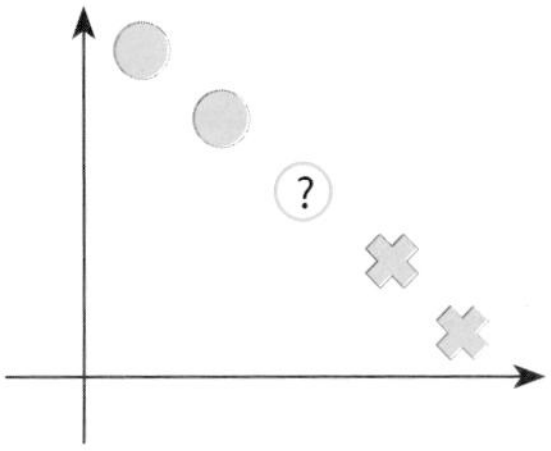

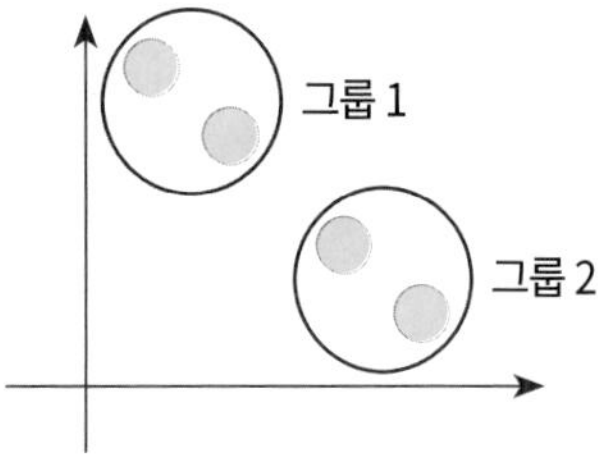

(3) 시행착오를 통한 문제 해결(프로토타이핑 접근법) ★★★

① 개념

- 상향식 접근법 중 하나로 시행착오 해결법이라고도 한다. 먼저 분석을 시도하고 그 결과를 확인하면서 조금씩 개선해나가는 방법이다.
- 하향식 접근법의 경우 문제를 먼저 정의할 수 있으며 그 문제 해결을 위한 데이터가 기업 내에 존재하는 경우 가능하지만, 만약 그럴 수 없는 경우에는 상향식 접근법 중 하나인 이 프로토타이핑 접근법이 좋은 대안이 될 수 있다.
- 문제 정의가 불명확하고 새로운 문제일 경우 빅데이터 분석 환경에서 오히려 프로토타이핑 접근법이 더 유용하게 활용된다.

② 프로세스

- 가설의 생성 ➜ 디자인에 대한 실험 ➜ 실제 환경에서의 테스트 ➜ 테스트 결과로부터 인사이트 도출 및 가설 확인

③ 프로토타이핑 접근법이 필요한 경우

- 문제에 대한 인식 수준이 낮거나 불명확할 경우
- 필요 데이터의 존재 여부가 불확실할 경우
- 데이터의 사용 목적이 고정되지 않고 변화할 경우

분석 과제 정의서

- 앞에서 본 두 가지 방법인 하향식 접근법과 상향식 접근법은 분석 과제 발굴을 위한 일련의 프로세스다. 위의 과정이 종료된 이후 분석 과제 정의서를 작성하여 분석 프로젝트를 관리할 수 있도록 한다.
- 분석 과제 정의서에는 분석별로 필요한 소스 데이터, 분석 방법, 데이터 입수 및 분석의 난이도뿐만 아니라 분석 데이터의 내 · 외부 비구조적인 데이터 및 오픈 데이터까지 범위를 고려하여 작성한다.

【 분석 과제 정의서 예시 】

<table>
<tr><td colspan="2">분석명</td><td colspan="2">분석 정의</td></tr>
<tr><td colspan="2">해지상담 접촉 패턴 분석</td><td colspan="2">기 해지 계약건 발생 고객의 해지 시점 상담정보 분석을 통해 해지 고객의 상담 특성을 발굴하는 분석</td></tr>
<tr><td>소스 데이터</td><td>데이터 입수 난이도</td><td colspan="2">분석 방법</td></tr>
<tr><td rowspan="3">접속 채널 · 건수 · 접촉 평균시간
최종 접촉 이후 해지까지 시간
상담인력 업무 능숙도</td><td>하</td><td colspan="2" rowspan="3">해지로 이어지는 해지상담의 유의미한 속성을 요인분석을 통해 발굴하고, 클러스터링 분석을 통해 영향요인을 그룹화하고, 그룹화된 요인 그룹이 해지에 미치는 영향도를 회귀분석</td></tr>
<tr><td>데이터 입수 사유</td></tr>
<tr><td>N/A</td></tr>
<tr><td>분석 적용 난이도</td><td>분석 적용 난이 사유</td><td>분석 주기</td><td>분석결과 검증 Owner</td></tr>
<tr><td>중</td><td>접촉 로그 등의 비구조적 데이터 분석 필요</td><td>월별 업데이트</td><td>해지방어팀</td></tr>
</table>

* 출처: 한국데이터산업진흥원

2과목 / 1장 / 핵 · 심 · 문 · 제

01. 문제 탐색 단계에서 사용하는 도구인 비즈니스 모델 캔버스의 9가지 블록을 5가지 블록으로 요약하였을 때 그 구성 요소가 아닌 것은?

① 지원 인프라　　② 업무
③ 제품　　④ 환경

02. 하향식 접근법의 문제 탐색 단계에 대한 설명으로 가장 부적절한 것은?

① 비즈니스 모델 캔버스의 5가지 블록을 활용한다.
② 유스케이스에 집착하지 않는다.
③ 탐색 가능한 모든 문제를 도출한다.
④ 시장 니즈를 파악하는 것 역시 중요하다.

03. 다음 중 분석 과제 발굴 방법 중 하향식 접근법의 순서로 적절한 것은?

① Problem Discovery → Problem Definition → Solution Search → Feasibility Study
② Problem Search → Problem Discovery → Problem Definition → Solution Search
③ Problem Search → Problem Definition → Problem Solving → Feasibility Study
④ Problem Discovery → Solution Search → Feasibility Study → Evaluation

04. 다음 중 분석 '분석 과제 정의서'에 대한 설명으로 가장 적절한 것은?

① '분석 과제 정의서'는 프로젝트의 방향을 설정하지만 성공 여부를 판별하는 기준이 될 수는 없다.
② 일반적으로 분석 데이터 소스는 정형 데이터를 대상으로 작성한다.
③ 소스 데이터, 데이터 입수 및 분석의 난이도, 분석 방법 등을 명확하게 작성한다.
④ '분석 과제 정의서'는 한 번 작성되면 어떠한 경우라도 수정될 수 없다.

05. 다음 중 분석 과제 발굴에 대한 설명으로 부적절한 것은 무엇인가?

① 분석 과제 발굴을 통해 문제를 찾아내고 도출된 문제에 대해서는 즉시 해결해야 한다.
② 분석 과제 발굴을 수행하기 위해서는 전사적인 관점에서 인사이트를 갖고 문제를 탐색하고자 하는 노력과 시간이 필요하다.
③ 문제를 정의하기 위한 상향식 접근법과 주어진 문제에 대해 해답을 찾는 하향식 접근법으로 나누어 볼 수 있다.
④ 하향식 접근법과 상향식 접근법 가운데 무엇이 더 중요한지 판단할 수 없으므로 두 접근법의 지속적인 반복 수행이 권장된다.

【정답&해설】

01. **답**: ④

해설: 비즈니스 모델 캔버스의 요약된 5가지 블록은 업무, 제품, 고객, 규제와 감사, 지원 인프라다.

02. **답**: ②

해설: 새로운 이슈 탐색보다 기존의 유사한 분석 유스케이스를 활용하는 것이 우선적이다.

03. **답**: ①

해설: 하향식 접근법은 Problem Discovery(문제 탐색) → Problem Definition(문제 정의) → Solution Search(해결 방안 탐색) → Feasibility Study(타당성 검토)의 4가지 단계로 진행된다.

04. **답**: ③

해설: 분석 과제 정의서에는 소스 데이터, 데이터 입수 및 분석의 난이도, 분석 방법이 포함되어야 한다.

05. **답**: ①

해설: 도출된 문제에 대해서는 해결하는 것이 이상적이지만 지금 시점에서 해결할 수 없는 경우 분석 과제 풀로 관리하여 추후에 해결할 수 있다.

03 분석 프로젝트 관리 방안

1. 분석 프로젝트 관리 개요

(1) 분석 프로젝트의 특성

- 분석가의 목표는 분석의 정확도를 높이는 것뿐만 아니라 원하는 결과를 사용자가 원활하게 활용할 수 있도록 고려해야 한다.
- 분석가는 데이터의 영역과 비즈니스 영역의 중간에서 조율을 수행하는 조정자의 역할을 수행해야 한다.
- 도출된 결과의 재해석을 통한 지속적인 모델 정교화 작업을 반복하여 모델을 개선할 수 있도록 적절한 관리 방안 수립이 필요하다.

(2) 분석 과제를 관리할 때 고려해야 할 5가지 속성 ★

① 데이터의 양

- 데이터의 양을 고려한 관리 방안 수립이 필요하다.
- 데이터 양이 작다면 가정용 컴퓨터로도 분석이 충분히 가능하지만 데이터의 양이 방대할 경우 하둡이나 클라우드 같은 분석환경을 활용하는 것이 유리하기 때문이다.

② 데이터 복잡도

- 정형화된 데이터를 확보할 수 있다면 이상적이지만 현실은 그렇지 않다.
- 텍스트, 오디오, 비디오 등 다양한 비정형 데이터를 분석할 때 초기 데이터의 확보와 통합뿐 아니라 해당 데이터에 잘 적용될 수 있는 모델을 고려할 필요가 있다.

③ 분석의 속도

- 분석의 속도도 중요하다. 지금 분석되어 일주일이나 한달 후의 기간을 두고 분석이 진행되어도 되는 경우도 있지만 도난카드의 사용이나 사기탐지 같은 실시간으로 수행되어야 하는 경우에는 분석의 결과를 실시간으로 전달할 수 있어야 하기 때문이다.

④ 분석 복잡도

- 분석 모델의 정확도와 복잡도는 트레이드오프 관계에 있다.
- 복잡도가 올라갈수록 정확도가 올라간다. 하지만 모델을 사용하는 직원 입장에서는 모델이 복잡하여 해석이 어려워지는 것이 일반적이다.
- 즉, 모델의 정확도가 높으면서 해석이 편리한 최적의 모델을 탐색해야 한다.

⑤ 정확도 & 정밀도

- 분석의 결과로 모델이 구축되었다면 모델의 성능을 측정해야 한다.
- 정확도(Accuracy)는 모델과 실제 값 간의 차이가 적다는 정확도를 의미하고, 정밀도(Precision)는 반복적으로 모델을 사용했을 때 모델 값들의 편차 수준을 나타낸다.

Time Boxing 기법

프로토타입 모델의 프로젝트 기획 및 관리 기법으로 현재 할당된 작업이 주어진 시간 동안 완수되지 못하였더라도 다음 작업으로 넘어가는 방법이다.

【 정확도와 정밀도 】

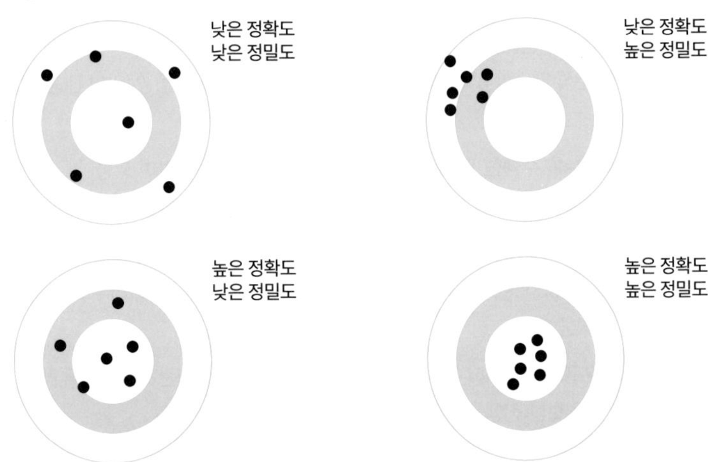

2. 분석 과제 관리 방안

분석 프로젝트는 데이터 분석의 특성을 살려 프로젝트 관리 지침(KS A ISO 21500:2013)을 기본 가이드로 활용할 필요가 있다. 프로젝트 관리 지침의 프로젝트 관리 체계는 통합, 이해관계자, 범위, 자원, 시간, 원가, 리스크, 품질, 조달, 의사소통의 10개의 주제 그룹으로 구성되어 있다.

【 분석 프로젝트 관리 방안과 항목 】

관리영역	분석 프로젝트의 특성 및 주요 관리 항목
통합	▪ 프로젝트 관리 프로세스들이 통합적으로 운영될 수 있도록 관리함
이해관계자	▪ 데이터 분석 프로젝트는 데이터 전문가, 비즈니스 전문가, 분석 전문가, 시스템 전문가 등 다양한 전문가가 참여하므로 이해관계자의 식별과 관리가 필요
범위	▪ 분석 기획 단계의 프로젝트 범위가 분석을 진행하면서 데이터의 형태와 양 또는 적용되는 모델의 알고리즘에 따라 범위가 빈번하게 변경됨 ▪ 분석의 최종 결과물이 분석 보고서 형태인지 시스템인지에 따라 투입되는 자원 및 범위가 크게 변경되므로 사전에 충분히 고려가 필요함
자원	▪ 고급 분석 및 빅데이터 아키텍처링을 수행할 수 있는 인력의 공급이 부족하므로 프로젝트 수행 전 전문가 확보 검토 필요
시간	▪ 데이터 분석 프로젝트는 초기에 의도했던 결과(모델)가 나오기 쉽지 않기 때문에 지속적으로 반복되어 많은 시간이 소요될 수 있음 ▪ 분석 결과에 대한 품질이 보장된다는 전제로 Time Boxing 기법으로 일정 관리를 진행하는 것이 필요
원가	▪ 외부 데이터를 활용한 데이터 분석인 경우 고가의 비용이 소요될 수 있으므로 사전에 충분한 조사가 필요함 ▪ 오픈소스 도구 외 프로젝트 수행 시 의도했던 결과를 달성하기 위하여 상용 버전의 도구가 필요
리스크	▪ 분석에 필요한 데이터 미확보로 분석 프로젝트 진행이 어려울 수 있어 관련 위험을 식별하고 대응 방안을 사전에 수립해야 함 ▪ 데이터 및 분석 알고리즘의 한계로 품질목표를 달성하기 어려울 수 있어 대응 방안을 수립할 필요가 있음
품질	▪ 분석 프로젝트를 수행한 결과에 대한 품질목표를 사전에 수립하여 확정 ▪ 프로젝트 품질은 품질통제와 품질보증으로 나누어 수행되어야 함
조달	▪ 프로젝트 목적성에 맞는 외부 소싱을 적절하게 운영될 수 있도록 관리함 ▪ PoC(Proof of Concept) 형태의 프로젝트는 인프라 구매가 아닌 클라우드 등의 다양한 방안을 검토할 필요가 있음
의사소통	▪ 전문성이 요구되는 데이터 분석의 결과를 모든 프로젝트 이해관계자가 공유할 수 있도록 해야 함 ▪ 프로젝트의 원활한 진행을 위한 다양한 의사소통 체계 마련 필요

* 출처: 한국데이터산업진흥원 가이드

참고

능력 성숙도 통합 모델(CMMI)이란?

소프트웨어 및 시스템 공학의 역량 성숙도를 파악하기 위한 모델로서 다음과 같이 5가지 단계로 나눠서 역량을 평가한다.

- **1단계:** 개인의 역량이 프로젝트의 성공과 실패를 나누는 주요 요인으로 프로젝트의 개발 프로세스가 거의 없다.
- **2단계:** 일정이나 비용과 같은 요소가 프로세스의 중심으로, 약간의 개발 프로세스하에서 통제되는 상태다.

- **3단계**: 2단계에서 존재하지 않는 조직을 관리하기 위한 프로세스가 존재하는 상태다.
- **4단계**: 체계적인 관리하에 프로젝트 및 산출물 등에 대한 정량적인 측정이 가능한 상태다.
- **5단계**: 조직적으로 최적화된 프로세스를 보유하고 지속적인 개선을 목표로 하는 상태다.

2과목 / 1장 / 핵 · 심 · 문 · 제

01. 다음 중 데이터 분석 과제에서 프로젝트 관리에 대한 설명 중 부적절한 것은?

① 프로젝트 결과로 얻는 산출물은 크게 보고서와 시스템 두 가지 유형이 있으며, 그에 따른 프로젝트 관리도 다르게 수행된다.

② 분석 프로젝트는 순차적으로 진행되며, 현재의 작업이 끝나지 않을 경우 다음 단계를 진행할 수 없다.

③ 분석 과제 수행에 있어 사전에 위험을 식별하고 대응 방안을 수립해야 한다

④ 분석 과제는 적용되는 기법에 따라 범위가 변할 수 있어 범위 관리가 중요하다.

02. 다음 중 분석 과제 관리를 위해 추가적으로 고려해야 할 주요 5가지 속성이 아닌 것은?

① 분석 속도
② 분석 복잡도
③ 데이터 양
④ 데이터 분석 방법

03. 다음 중 능력 성숙도 통합 모델에 대한 설명으로 부적절한 것은 무엇인가?

① 능력 성숙도 통합 모델은 소프트웨어 및 시스템 공학의 역량 성숙도를 파악하기 위한 모델이다.

② 계층적 프로세스 모델의 일종으로 6가지 단계로 구분된다.

③ 1단계 수준에서는 개인의 역량이 프로젝트의 성공 여부를 결정한다.

④ 2단계와 3단계의 가장 큰 차이는 조직을 관리하기 위한 전사 차원의 표준 프로세스 존재 여부다.

【정답&해설】

01. 답: ②

해설: 일정계획을 수립할 때 초기에 의도했던 결과가 나오기 쉽지 않기 때문에 Time Boxing 기법으로 일정 관리를 진행할 필요가 있다.

02. 답: ④

해설: 분석 프로젝트를 진행할 때 추가 고려사항으로 데이터의 양, 데이터 복잡도, 분석 속도, 분석 복잡도, 정확도 & 정밀도의 5가지가 있다.

03. 답: ②

해설: 능력 성숙도 통합 모델은 계층적 프로세스 모델의 일종으로, 5가지 단계로 구분된다.

분석 마스터플랜

01 _ 마스터플랜 수립

학습단계

1. 마스터플랜 수립
2. 수행 과제 도출 및 우선순위 평가
3. 이행 계획 수립

학습목표

데이터 분석을 위한 마스터플랜을 수립하는 과정을 이해한다.
마스터플랜 수립 후 수행 과제를 도출하고 우선순위를 정한 다음,
이행 계획을 수립하는 일련의 프로세스를 잘 숙지한다.

02 _ 분석 거버넌스 체계 수립

학습단계

1. 거버넌스 체계 개요
2. 데이터 분석 성숙도 모델 및 수준 진단
3. 분석 지원 인프라 방안 수립
4. 데이터 거버넌스 체계 수립
5. 데이터 조직 및 인력방안 수립
6. 분석 과제 관리 프로세스 수립
7. 분석 교육 및 변화관리

학습목표

분석 거버넌스가 무엇이며 어떻게 구축하는지에 대해 알아본다.
기업의 분석 수준에 따라 거버넌스 체계가 어떻게 달라지는지 이해한다.
분석 과제 관리 프로세스에 대해 학습한다.

01 마스터플랜 수립

1. 마스터플랜 수립

(1) 분석 마스터플랜의 개념

- 분석 마스터플랜이란 어떤 하나의 분석 프로젝트를 위한 전체 설계도와 같다. 앞서 공부한 분석방법론과 과제발굴 수행과정을 모두 아우르는 광의의 개념이다.
- 마스터플랜 수립 단계에서는 분석 과제의 우선순위를 결정하고 기업의 상황을 고려하여 분석 과제의 적용 범위 및 방식을 결정하여 분석 구현 로드맵을 수립한다.

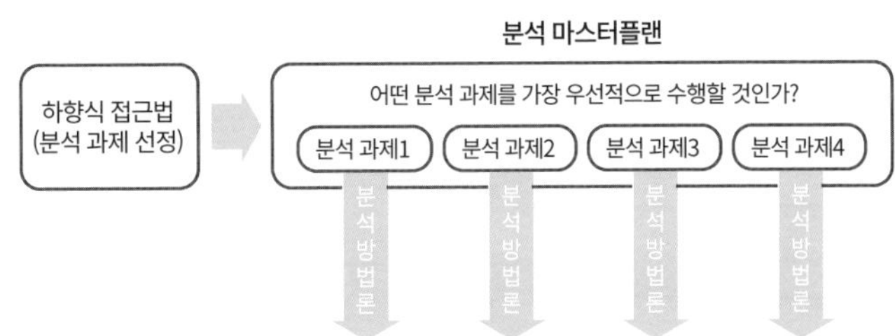

(2) 분석 마스터플랜 수립 프레임워크★★★

- 분석 마스터플랜을 수립하는 가장 첫 단추는, 발굴한 분석 과제의 우선순위를 정하는 일이다.
- 전략적 중요도, 비즈니스 성과 및 ROI, 분석 과제의 실행 용이성을 기준으로 고려해 분석 과제의 우선순위를 설정한다.
- 분석 과제의 우선순위와 함께 분석 과제의 적용 범위 및 방식을 설정해야 한다.
- 여기에는 분석 과제를 업무에 내재화할 것인지 여부, 분석 데이터를 내부의 데이터로 한정할 것인지, 아니면 외부의 데이터까지 포함할 것인지 여부, 그리고 기술의 적용 수준까지의 설정을 포함한다.
- 분석 과제의 우선순위와 적용 범위 및 방식을 종합적으로 고려하여 최종적으로 분석 구현의 로드맵을 수립한다. 이러한 일련의 과정과 형식을 마스터플랜 수립 프레임워크라 부른다.

【 분석 마스터플랜 수립 프레임워크 】

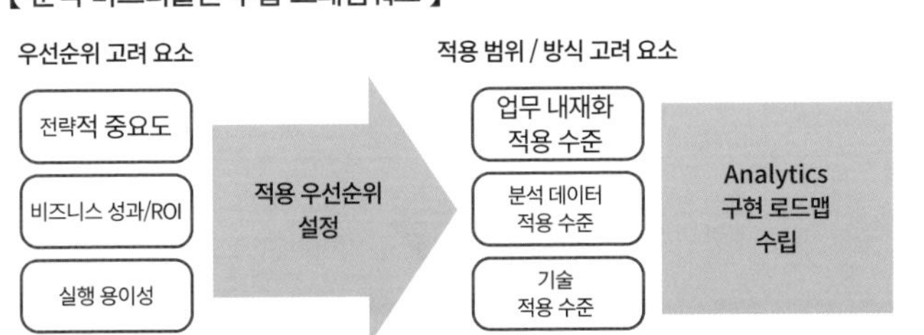

TIP _ 우선순위 고려요소와 적용범위/방식 고려 요소를 구분하는 것은 시험에 자주 출제되었습니다.

2. 수행 과제 도출 및 우선순위 평가

(1) 일반적인 IT 프로젝트 우선순위 평가★★

- 일반적인 IT 프로젝트인 경우 과제의 우선순위 평가를 위해 전략적 중요도, 실행 용이성 등 기업에서 고려하는 중요 가치 기준에 따라 다양한 관점에서의 우선순위 기준을 수립하여 평가한다.
- 도출된 과제에 대한 고려 요소로 전략적 중요도, 실행 용이성, 비즈니스 성과/ROI 등을 들 수 있다.

【 일반적인 IT 프로젝트 우선순위 평가 예시 】

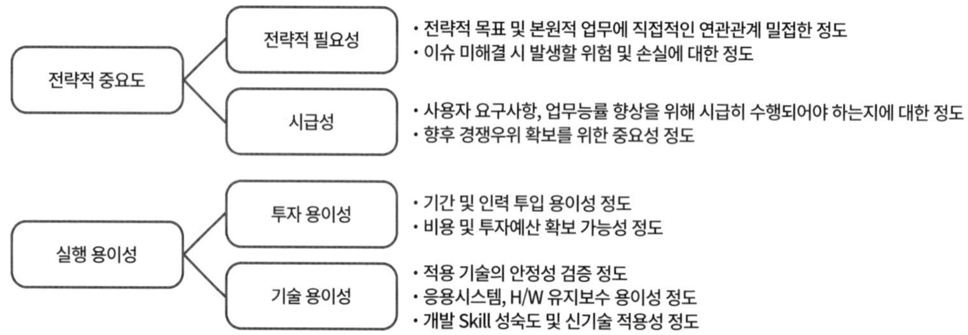

(2) 빅데이터의 특징을 고려한 분석 ROI 요소★★

- 빅데이터 특징을 고려한 분석 ROI 요소로는 크게 투자 비용 요소와 비즈니스 효과 요소가 있다.
- 빅데이터의 특징인 4V를 ROI 관점으로 살펴보면, 크기(Volume), 다양성(Variety), 속도(Velocity)의 3V는 투자 비용(Investment) 측면의 요소라고 볼 수 있다.
- 분석 결과를 활용하거나 실질적인 실행을 통해 얻게 되는 비즈니스 '가치(Value)'는 비즈니스 '효과' 측면의 요소라고 볼 수 있다.

【 빅데이터 특징을 고려한 분석 ROI 요소 】

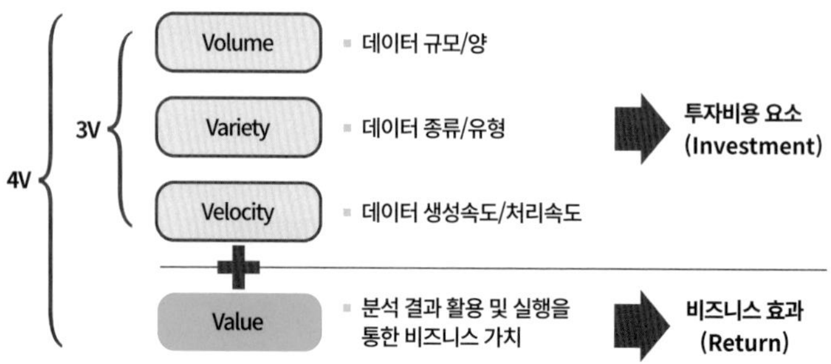

출처: 데이터전문가지식포털(dbguide.net)

(3) ROI를 활용한 우선순위 평가 기준★★

- 먼저 전략적 중요도에 따른 시급성을 판단한다. 시급성의 판단 기준은 전략적 중요도(기여도)가 핵심이며, 이는 현재 관점에 전략적 가치를 둘 것인지, 미래의 중장기적 관점에 전략적 가치를 둘 것인지 등 적정 시기를 고려할 수 있다. 더불어 분석 과제의 목표가치(KPI)를 함께 고려해 시급성 여부를 판단할 수 있다.
- 난이도는 현시점에서 과제를 추진하는 것이 적용 비용과 범위 측면에서 바로 적용하기 쉬운(Easy) 것인지 또는 어려운(Difficult) 것인지의 판단 기준으로서, 데이터 분석의 적합성 여부를 따져 살펴본다.

【 ROI를 활용한 우선순위 평가 기준 】

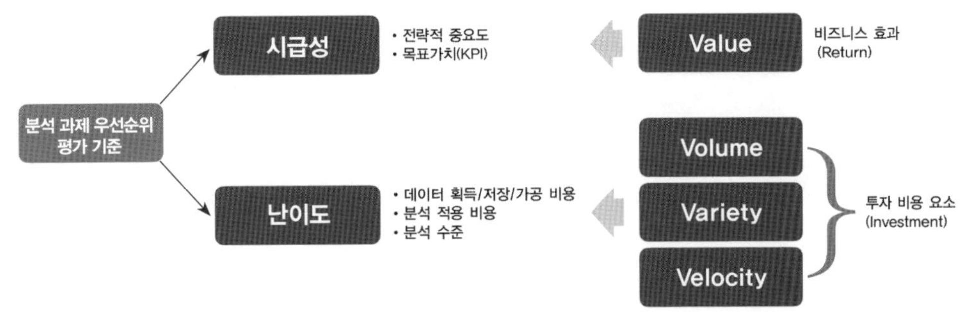

* 출처: 데이터전문가지식포털(dbguide.net)

(4) 포트폴리오 사분면(Quadrant) 분석을 활용한 우선순위 평가 기준★★

- 우선순위 평가 기준을 난이도와 시급성을 동시에 고려해 판단한다.
- 우선 추진해야 하는 분석 과제와 단기적 또는 중장기적으로 추진해야 하는 분석 과제 등 4가지 유형으로 구분해 분석 과제의 적용 우선순위를 결정한다.
- 다음 페이지의 그림에서 우선순위 평가 기준을 '시급성'에 둔다면 'Ⅲ → Ⅰ → Ⅳ → Ⅱ' 순서로, '난이도'에 둔다면 'Ⅲ → Ⅳ → Ⅰ → Ⅱ' 순서로 우선순위를 정할 수 있다(현재에 시급하며, 난이도가 쉬운 'Ⅲ'을 처음 우선순위로 할 경우).
- 단, 출제기관인 한국데이터산업진흥원에서는 시급성에 둘 경우 Ⅰ을 생략한 Ⅲ → Ⅳ → Ⅱ 로, 난이도에 기준을 둘 경우 Ⅵ를 생략한 Ⅲ → Ⅰ → Ⅱ 를 정답으로 이야기하고 있다.
- 하지만 이는 절대적인 것은 아니며, 시급성이 높고 난이도도 높은 'Ⅰ' 사분면의 경우 난이도를 낮추어 가장 먼저 우선순위를 정할 수도 있다. 또한 기술적인 난이도가 높다 하더라도 이를 조절하여 우선순위를 결정할 수도 있다. 기업의 상황에 따라 탄력적으로 운용이 가능하다.

【 포트폴리오 사분면 분석 】

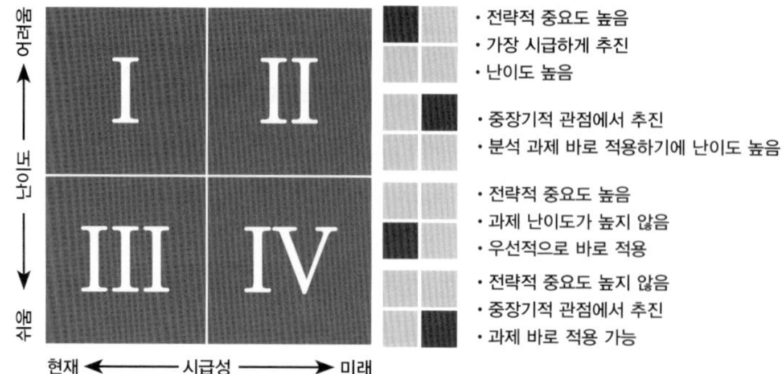

IT 용어 해설

- ISP(Information Strategic Planning): 정보기술 및 정보시스템을 전략적으로 활용하기 위해 먼저 조직의 내외부 환경을 분석하고 문제점을 도출하며, 사용자의 요구를 분석하여 시스템 구축 우선순위를 결정하는 등의 중장기 마스터플랜을 수립하는 절차를 말한다.
- SI(System Integration): 시스템 구축의 약자로, 전산시스템을 필요로 하는 곳으로부터 하청을 받아 시스템의 기획, 개발, 유지보수, 운영 등을 대신해주는 업종이다. 아무래도 개인보다는 기업이나 관공서가 주된 고객이다. 고객의 요청에 따라 제안서를 작성하고, PM과 개발자를 투입하여 프로젝트를 수행한 뒤, 소요된 인건비와 솔루션의 단가 등을 수임료로 벌어들이는 형태의 산업이다. 따라서 도급 시스템과 파견업무를 그 특성으로 한다.
- SM(System Management): 시스템 운영, 또는 유지보수의 약자다. 예전에는 SM이라고만 했는데, 최근에는 Information Technology Service Management(ITSM)와 일반 Service Management를 구분하여 사용한다.

*출처: 나무위키

'마스터플랜'과 'ISP', 뭐가 다를까?

EASY BOX

- '마스터플랜'과 'ISP', 이 둘의 차이점을 명확하기 구분하기 쉽지 않은 이유는 전반적인 구조와 방법론이 매우 유사하기 때문이다. 마스터플랜이란 개념은 정보시스템 마스터플랜(ISMP, Information System Master Plan)에서 나왔다. 정보시스템 마스터플랜은 특정 SW 개발 사업에 대한 상세분석과 제안 요청서를 마련하기 위해 비즈니스 및 정보기술에 대한 현황과 요구사항을 분석하고 기능점수 도출이 가능한 수준까지 기능적/기술적 요건을 상세히 기술하며, 구축 전략 및 이행 계획을 수립하는 활동이다. 마스터플랜은 즉 하나의 정보시스템 구축 중심의 개념이다.
- 이에 반해 ISP(Information Strategy Planning)는 좀 더 넓은 개념으로 이해하면 쉽다. 하나의 단일 정보시스템 구축을 위한 것이 아니라 조직 전체의 경영목표 전략을 효과적으로 지원하기 위한 정보화전략 및 비전을 정의하고 IT 사업과제 도출 및 로드맵을 수립하는 활동이다. 그렇게 때문에 ISP는 수행범위에 있어 전사 정보시스템을 모두 포괄하는 광의의 개념이므로 특정한 정보 시스템 구축을 마스터플랜까지 포괄하는 개념이다.

- '마스터플랜'과 'ISP'는 구조 및 방법론이 유사하지만 가장 큰 차이를 보이는 부분이 바로 기업의 환경분석에 관한 부분이다. ISP는 자사 · 경쟁사(유관기관) · 고객의 특성을 분석(경영환경분석)하고 최근 정보기술 동향을 분석하여 조직의 경영목표 전략을 확인하고, 이를 토대로 현재의 업무 및 정보시스템을 분석하며 정보화 전략을 수립한다. 반면 마스터플랜은 ISP 사업 등에서 기 수립된 정보화 전략을 검토하여 SW사업의 구축 방향과 일치시킬 뿐 조직의 경영목표 전략을 분석하는 환경 분석 활동은 필요하지 않다. 이외에도 분석 관점이나 설계 대상 등에도 차이가 발생한다.

3. 이행 계획 수립

(1) 로드맵 수립

- 분석 과제에 대한 포트폴리오 사분면 분석을 통해 결정된 과제의 우선순위를 토대로 분석 과제별 적용 범위 및 방식을 고려하여 최종 우선순위를 결정한 뒤 단계적 구현 로드맵을 수립한다.
- 이때 단계별로 추진하고자 하는 목표를 명확히 정의한 뒤 과제별 선 · 후행 관계를 고려하여 단계별 추진 내용을 정렬한다.

【 로드맵 수립 과정 】

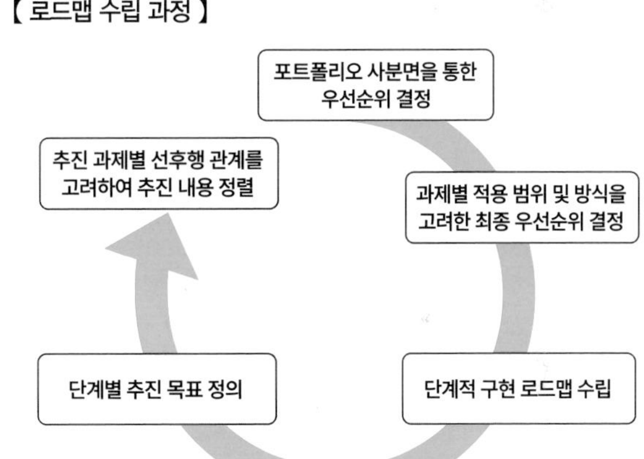

【 단계별 분석 로드맵 수립 】

추진 단계	[1단계] 분석 체계 도입	[2단계] 분석 유효성 검증	[3단계] 분석 확산 및 고도화
단계별 추진 목표	- 분석 기회 발굴 - 분석 과제 정의 - 분석 로드맵 수립	- 분석 과제 수행 - 성과 검증 - 분석 아키텍처 설계	- 분석 과제를 업무 프로세스에 내재화 - 검증 결과 확산 - 활용 시스템 구축 및 고도화
추진 과제	[추진과제 #0] - 분석 기회 발굴 및 과제 정의 - 분석 로드맵 수립	[추진과제 #1] - 알고리즘 및 아키텍처 설계 - 분석 과제 Pilot 수행	[추진과제 #2] - 업무 프로세스에 내재화를 위한 PI 관리 [추진과제 #3] - 빅데이터 분석 활용 시스템 구축 - 유관 시스템 고도화

* 출처: 데이터전문가지식포털(dbguide.net)

【 세부 일정 계획 추진 예시 】

추진기간 / 향후 추진과제	2021년				2022년											
	M1	M2	M3	M4	M5	M6	M7	M8	M9	M10	M11	M12	M13	M14	M15	M16
추진과제 1-1. 분석 알고리즘 및 분석 아키텍처 설계		3개월														
추진과제 1-2. 분석 과제 Pilot 수행		4개월														
추진과제 2-1. 업무 프로세스 내재화를 위한 Process Innovation						3개월										
추진과제 2-2. 변화관리											6개월					
추진과제 3-1. 빅데이터 분석-활용 시스템 구축								6개월								
추진과제 3-2. 유관시스템 고도화												4개월				

* 출처: 데이터전문가지식포털(dbguide.net)

(2) 세부 이행계획 수립*

- 세부 이행계획을 수립할 때 고전적인 폭포수(Waterfall) 방식도 있으나 반복적인 모델링 과정을 통하여 프로젝트의 완성도를 높이는 방식을 주로 사용한다.
- 그러나 모든 단계를 반복하기보다 모델링 단계를 반복적으로 수행하는 혼합형(Analytics)을 많이 적용한다.

【 반복적 정련 특성을 고려한 일정계획 수립 】

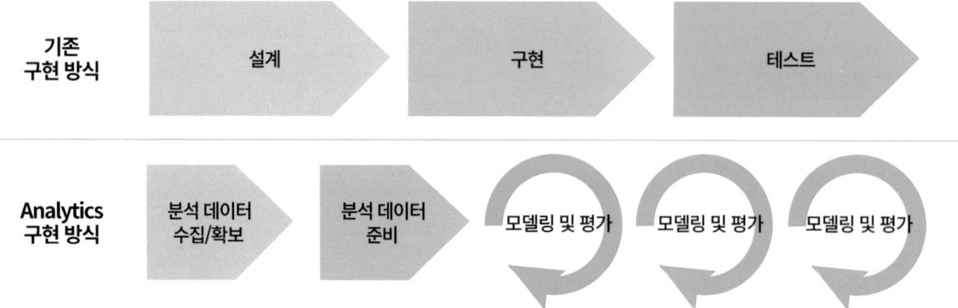

01. 다음 중 빅데이터의 4V를 고려할 때 Return Of Investment에서 비즈니스 효과에 해당하는 것은?

① Volume　　② Variety

③ Velocity　　④ Value

02. 다음 중 난이도와 시급성을 고려하였을 때 우선적으로 추진해야 하는 분석 과제로 적절한 것은?

① 난이도: 쉬움, 시급성: 미래　　② 난이도: 어려움, 시급성: 현재

③ 난이도: 쉬움, 시급성: 현재　　④ 난이도: 어려움, 시급성: 미래

03. 다음 중 분석 마스터플랜 수립에서 과제 우선순위 결정과 관련한 내용으로 부적절한 것은?

① 난이도 요소의 3V와 비즈니스 요소의 1V가 있다.

② 분석 과제 우선순위 결정에 고려할 사항에는 전략적 중요도, ROI, 실행 용이성이 있다.

③ 적용 기술의 안전성 검증요소는 투자 용이성의 평가 요소다.

④ 전략적 중요도는 전략적 필요성과 시급성의 두 가지 요소로 선별한다.

04. 아래 보기가 설명하는 것은 무엇인가?

> 정보기술이 발전하는 세계에서 정보시스템을 전략적으로 활용하여 기업의 경쟁을 발전시키기 위해 (　　　)를 수행한다. (　　　)를 수행하기 위해서는 조직의 내 · 외부 환경을 분석하고 기회나 문제점을 도출하여 사용자의 요구사항을 분석하는 등 기업의 장기적인 계획을 수립한다.

(　　　　　　　　　　　　　　　　　　　　)

【정답&해설】

01. 답: ④

해설: 데이터 양(Volume), 데이터 유형(Variety), 데이터 입출력 속도(Velocity)는 투자비용 요소이며, 데이터의 가치(Value)는 비즈니스 효과다.

02. 답: ③

해설: 포트폴리오 사분면에서 우선적으로 추진해야 하는 과제는 시급성(전략적 중요도)이 현재이며, 난이도가 쉬운 분석 과제다.

03. 답: ③

해설: 적용 기술의 안전성 검증은 기술 용이성의 평가 요소다.

04. 답: ISP(정보전략계획)

02 분석 거버넌스 체계 수립

1. 거버넌스 체계 개요

(1) 분석 거버넌스 체계 개요

- 거버넌스(Governance)는 '통치'라는 뜻으로 기업에서 의사결정을 위한 데이터의 분석과 활용을 위한 체계적인 관리를 의미한다.
- 이는 단순히 대용량 데이터를 수집 · 축적하는 것보다는 어떤 목적으로 어떤 분석을 수행하고, 분석을 위해 어떻게 데이터를 활용할 것인지 결정하고, 데이터 분석을 기업의 문화로 정착시키고 데이터 분석 업무를 지속적으로 고도화하기 위해 데이터 관리 체계를 수립하는 것이다.

(2) 분석 거버넌스 체계 구성 요소★

- 조직(Organization): 분석 기획 및 관리를 수행
- 과제 기획 및 운영 프로세스(Process)
- 분석 관련 시스템(System)
- 데이터(Data)
- 분석 관련 교육 및 마인드 육성 체계(Human Resource)

【 분석 거버넌스 체계 】

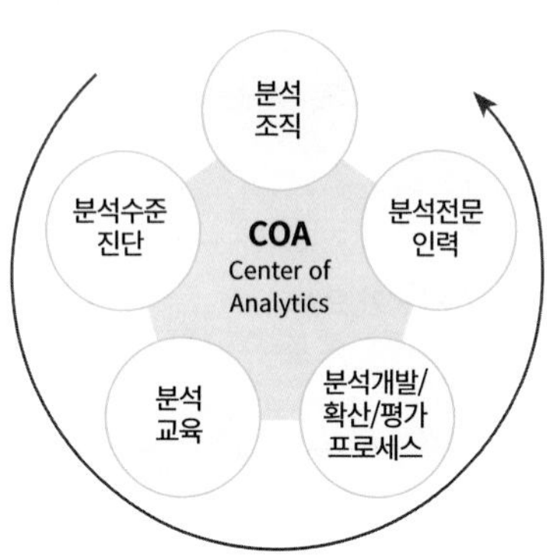

*출처: <데이터실무기술가이드>, 한국데이터산업진흥원

2. 데이터 분석 성숙도 모델 및 수준 진단

(1) 분석 수준 진단 프레임 워크

- 최근 들어 데이터를 어떻게 활용하느냐가 기업의 경쟁력을 좌우하는 궁극적 요소로 자리 잡고 있다.
- 이에 따라 기업들은 데이터 분석의 도입 여부와 활용 여부에 대한 명확한 분석 수준을 점검할 필요가 있다.
- 분석 준비도와 분석 성숙도를 통하여 데이터 분석 수준을 진단하고 데이터 분석 기반을 구현하기 위해 무엇을 준비하고 보완해야 하는지 등 분석의 유형 및 분석의 방향성을 결정할 수 있다.

(2) 분석 준비도★★★

TIP _ 6가지 항목이 헷갈리기 쉬우나, 시험에 출제될 가능성이 높습니다.

- 분석 준비도는 기업의 데이터 분석 도입의 수준을 파악하기 위한 진단 방법이다.
- 분석 문화, 분석 데이터, 분석 인프라, 분석 기법, 분석 업무, 분석 인력 및 조직의 6가지 영역을 대상으로 수준을 파악한다.

【 분석 준비도 평가 】

분석 업무 파악	분석 인력 및 조직	분석 기법
· 발생한 사실 분석 업무 · 예측 분석 업무 · 시뮬레이션 분석 업무 · 최적화 분석 업무 · 분석 업무 정기적 개선	· 분석전문가 직무 존재 · 분석전문가 교육 훈련프로그램 · 관리자 기본 분석 능력 · 전사총괄조직 · 경영진 분석 업무 이해	· 업무별 적합한 분석 기법 사용 · 분석 업무 도입 방법론 · 분석 기법 라이브러리 · 분석 기법 효과성 평가 · 분석 기법 정기적 개선
분석 데이터	**분석 문화**	**IT 인프라**
· 분석 업무를 위한 데이터 · 충분성/신뢰성/적시성 · 비구조적 데이터 관리 · 외부데이터 활용 체계 · 기준 데이터 관리(MDM)	· 사실에 근거한 의사결정 · 관리자의 데이터 중시 · 회의 등에서 데이터 활용 · 경영진 직관보다 데이터 활용 · 데이터 공유 및 협업 문화	· 운영 시스템 데이터 통합 · EAI, ETL 등 데이터 유통체계 · 분석 전용 서버 및 스토리지 · 빅데이터/통계/비주얼 분석환경

(3) 분석 성숙도★★

TIP _ 단계별 내용이 잘못 짝지어진 것을 묻는 문제가 출제될 수 있습니다.

- 소프트웨어 공학에서는 개발 업무능력과 조직, 프로세스 자체의 성숙도와 업무 프로세스 개선을 위한 조직 역량 등을 CMMI(Capability Maturity Model Integration) 모델을 활용하여 조직의 성숙도를 평가한다.
- 같은 맥락으로 데이터 분석 성숙도를 비즈니스 부문, 조직 및 역량 부문, IT 부문의 3개 부문을 대상으로 성숙도 수준을 나누어 볼 수 있다.

【 분석 성숙도 】

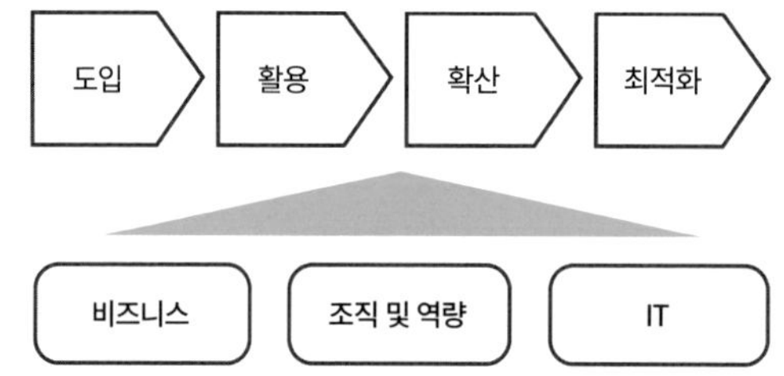

【 분석 성숙도 평가 】

단계	내용	부문		
		비즈니스 부문	조직 · 역량 부문	IT 부문
[1단계] 도입	분석 시작, 환경과 시스템 구축	• 실적 분석 및 통계 • 정기 보고 수행 • 운영 데이터 기반	• 일부 부서에서 수행 • 담당자 역량에 의존	• 데이터 웨어하우스 • 데이터 마트 • ETL/EAI • OLAP
[2단계] 활용	분석 결과를 업무에 적용	• 미래결과 예측 • 시뮬레이션 • 운영 데이터 기반	• 전문담당부서 수행 • 분석 기법 도입 • 관리자가 분석 수행	• 실시간 대시보드 • 통계분석 환경
[3단계] 확산	전사 차원에서 분석 관리, 공유	• 전사성과 실시간 분석 • 프로세스 혁신 3.0 • 분석규칙 관리 • 이벤트 관리	• 전사 모든 부서 수행 • 분석 COE 운영 • 데이터 사이언티스트 확보	• 빅데이터 관리 환경 • 시뮬레이션 · 최적화 • 비주얼 분석 • 분석 전용 서버
[4단계] 최적화	분석을 진화시켜 혁신 및 성과 향상에 기여	• 외부 환경 분석 활용 • 최적화 업무 적용 • 실시간 분석 • 비즈니스 모델 진화	• 데이터 사이언스 그룹 • 경영진 분석 활용 • 전략 연계	• 분석 협업환경 • 분석 SandBox • 프로세스 내재화 • 빅데이터 분석

(4) 분석 수준 진단 결과

- 해당 기업의 분석 준비도와 성숙도 진단 결과를 토대로 유관 업종 또는 경쟁사의 분석 수준과 비교해 분석 경쟁력 확보 및 강화를 위한 목표 수준을 설정할 수 있다.
- 분석 관점에서 4가지 유형으로 분석 수준 진단 결과를 구분해 향후 고려해야 하는 데이터 분석 수준에 대한 목표 방향을 정의하고, 유형별 특성에 따라 개선 방안을 수립한다.

【 분석 준비도 및 성숙도 진단 결과를 4분면으로 구분 】 ***

낮은 준비도, 높은 성숙도
- 준비도는 낮은 편. 조직, 인력, 분석 업무, 분석 기법을 제한적으로 사용. 우선적으로 분석의 정착이 필요한 기업

높은 준비도, 높은 성숙도
- 6가지 분석 구성 요소를 모두 갖춤. 지속적 확산이 가능한 기업

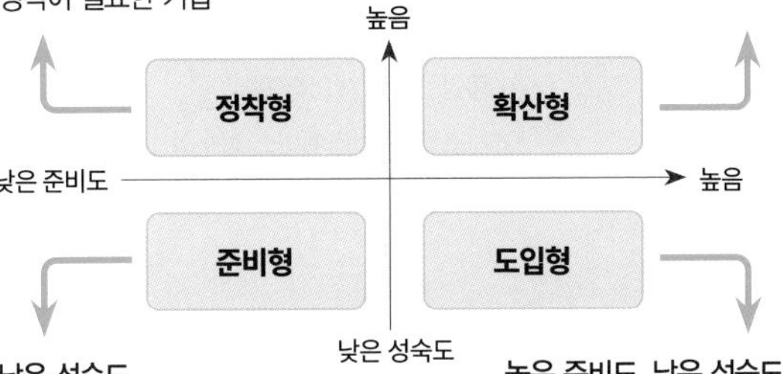

낮은 준비도, 낮은 성숙도
- 분석을 위한 데이터, 조직 및 인력, 분석 업무, 분석 기법이 적용되지 않으므로 사전 준비가 필요

높은 준비도, 낮은 성숙도
- 분석 업무 및 분석 기법 부족, 조직 및 인력 등 준비도가 높음. 데이터 분석을 바로 도입할 수 있는 기업

TIP _사분면 및 그 내용은 관련 시험에 자주 등장합니다('준-정-확-도'로 머리글자를 따서 암기).

3. 분석 지원 인프라 방안 수립

(1) 플랫폼으로 인프라 구축

- 분석 과제 단위별로 별도의 분석 시스템을 구축하는 경우, 관리의 복잡도 및 비용의 증대라는 부작용이 나타난다.
- 분석 마스터플랜을 기획하는 단계부터 장기적이고 안정적으로 활용할 수 있는 확장성을 고려한 플랫폼 구조를 도입하는 것이 적절하다.

【 개별 시스템과 플랫폼 구조의 차이 】

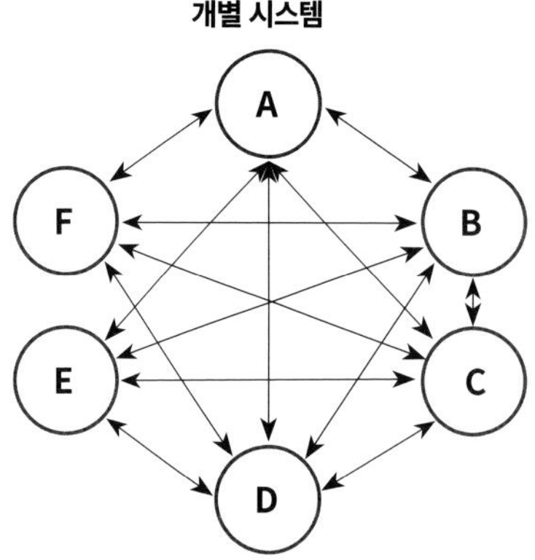

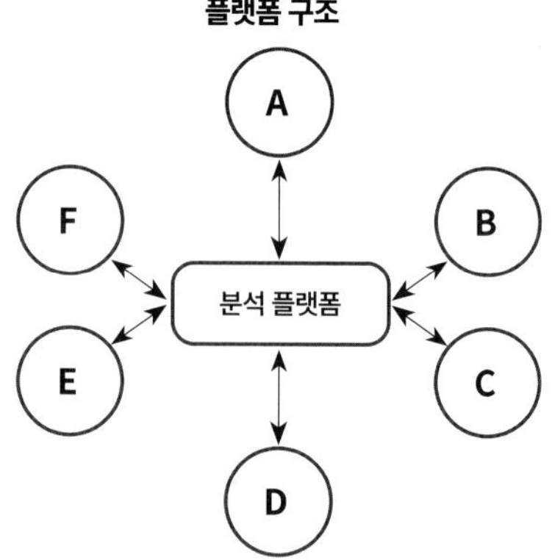

시스템 간 자체적인 데이터 교환
시스템별 독립적인 데이터 관리
확장 시 시스템 간 인터페이스 폭증

분석 플랫폼을 활용한 공동 기능 활용
중앙집중적 데이터 관리
시스템 간 인터페이스 최소화

플랫폼

단순한 분석 응용 프로그램뿐 아니라 서비스를 위한 응용프로그램이 실행될 수 있는 기초를 이루는 컴퓨터 시스템을 의미하며, 일반적으로 하드웨어에 탑재되어 데이터 분석에 필요한 프로그래밍 환경과 실행 및 서비스 환경을 제공하는 역할을 수행한다.

4. 데이터 거버넌스 체계 수립

(1) 데이터 거버넌스 구성 요소

① 개요

- 데이터 거버넌스란 전사 차원의 모든 데이터에 대해 정책 및 지침, 표준화, 운영 조직 및 책임 등의 표준화된 관리 체계를 수립하고 운영을 위한 프레임워크 및 저장소를 구축하는 것을 말한다.
- 한국데이터산업진흥원에서는 이를 '기업에서 보유하고 있는 데이터의 관리 정책, 지침, 표준, 전략 및 방향을 수립하고, 데이터를 관리할 수 있는 조직 및 서비스를 구축하는 정책과 프로세스 관점에서의 IT 관리 체계'라고 정의한다.
- 마스터 데이터, 메타데이터, 데이터 사전 등은 데이터 거버넌스의 중요한 관리 대상이다.

② 데이터 거버넌스 구성 요소

- 원칙(Principle): 데이터를 유지 관리하기 위한 지침과 가이드

  예) 보안 & 품질 기준, 변경 관리

- 조직(Organization): 데이터를 관리할 조직의 역할과 책임

  예) 데이터 관리자, DB 관리자, 데이터 아키텍트

- 프로세스(Process): 데이터 관리를 위한 활동과 체계

  예) 작업 절차, 모니터링 활동, 측정 활동

(2) 데이터 거버넌스 체계

① 데이터 표준화

- 데이터 표준화는 데이터 표준 용어 설정, 명명 규칙(Name Rule) 수립, 메타데이터(Metadata) 구축, 데이터 사전(Data Dictionary) 구축 등의 업무로 구성된다.
- 데이터 표준 용어는 표준 단어 사전, 표준 도메인 사전, 표준 코드 등으로 구성되며 사전 간 상호 검증이 가능하게 점검 프로세스를 포함해야 한다.

참고 **데이터 표준화 예시**

- 데이터 표준 용어 설정: 관용화된 용어를 사용하여 사용자 간 의사소통을 명확히 하도록 한다.

  → '직원급여'라고 표현할 경우 1년에 대한 급여인지 1달에 대한 급여인지 애매함이 발생할 수 있다.
  따라서 '직원 월급'이라는 표현을 사용하기로 결정한다.

- 명명 규칙 수립: 직원 월급을 컴퓨터상 영어로 표현한다면 어떻게 표현할 것인가?

  → 직원들의 월급을 어떻게 표현할 것인가? EmployeeSalary 또는 EmpSal?
  메모리 공간을 적게 차지하도록 EmpSal을 사용하기로 결정한다.

  → 카멜 표기법: commentWriterId
  팟홀 표기법: comment_writer_id

- 데이터 사전 구축: 관리될 모든 데이터에 대한 명명 규칙 수립의 연장된 작업이다.

  → 직원 번호 - EmpNumber
  직원 주민등록번호 - EmpSSN
  직원 월급 - EmpSal

② 데이터 관리 체계

- 데이터 정합성 및 활용의 효율성을 위하여 표준 데이터를 포함한 메타데이터와 데이터 사전의 관리 원칙을 수립한다.
- 수립된 원칙에 근거하여 항목별 상세 프로세스를 만들고 관리와 운영을 위한 담당자 및 조직별 역할과 책임을 상세하게 준비한다.
- 빅데이터의 경우 데이터 양의 급증으로 데이터의 생명 주기 관리 방안(Data Life Cycle Management)을 수립하지 않으면 데이터 가용성 및 관리 비용 증대 문제에 직면할 수도 있다.

데이터 생명주기 관리 방안

데이터는 시간이 지날수록 가치가 감소하는 것이 일반적이기 때문에 오래된 데이터를 보관할 경우 관리 비용이 데이터의 가치보다 더 클 수 있다. 따라서 데이터의 생명주기를 정해 주기가 만료된 데이터는 폐기하도록 한다.

③ 데이터 저장소 관리(Repository)

- 메타데이터 및 표준 데이터를 관리하기 위한 전사 차원의 저장소를 구성한다.
- 저장소는 데이터 관리 체계 지원을 위한 워크플로 및 관리용 응용 소프트웨어를 지원하고 관리 대상 시스템과의 인터페이스를 통한 통제가 이루어져야 한다.
- 또한 데이터 구조 변경에 따른 사전 영향 평가도 수행돼야 효율적인 활용이 가능하다.

데이터 구조 변경에 따른 사전 영향 평가

개인정보보호법이 통과됨에 따라 직원 주민등록번호를 생일로 변경해야 한다면 데이터 구조 변경이 발생한다. 이때 데이터의 명명 규칙 및 데이터 사전도 수정해야 하는 것은 당연하며 데이터를 사용하던 인터페이스도 변경해야 하므로 막대한 변경 비용이 초래될 수 있다. 따라서 발생 가능한 변경이 어떠한 영향을 미칠지 사전에 평가하도록 한다.

④ 표준화 활동

- 데이터 거버넌스 체계를 구축한 후 표준 준수 여부를 주기적으로 점검하고 모니터링을 실시한다.
- 거버넌스의 조직 내 안정적인 정착을 위한 지속적인 변화 관리 및 주기적인 교육을 진행한다.
- 지속적인 데이터 표준화 개선 활동을 통해 실용성을 높여야 한다.

5. 데이터 조직 및 인력방안 수립

(1) 데이터 분석 조직 및 인력방안 개요

① 데이터 분석 조직

- 분석 조직은 기업 내에 존재하는 빅데이터 속에서 가치를 찾아 전파하고 이를 행동화하는 역할을 한다.
- 따라서 분석 방법에 대한 지식과 분석 경험을 가지고 있는 인력으로 구성되어 기업의 경쟁력 확보를 위해 비즈니스 질문에 부합하는 가치를 찾고 비즈니스를 최적화하는 것이 목표다.

【 분석 조직 】*

목표	기업의 경쟁력 확보를 위하여 비즈니스 질문과 이에 부합하는 가치를 찾고 비즈니스를 최적화하는 것
역할	전사 및 부서의 분석 업무를 발굴하고 전문적 기법과 분석 도구를 활용하여 기업 내 존재하는 빅데이터 속에서 Insight를 찾아 전파하고 이를 Action화하는 것
구성	기초 통계학 및 분석 방법에 대한 지식과 분석 경험을 보유하고 있는 인력으로 전사 또는 부서 내 조직으로 구성하여 운영

② 조직 및 인력 구성 시 고려사항

구분	주요 고려사항
조직 구조	▪ 비즈니스 질문을 선제적으로 찾아낼 수 있는 구조인가? ▪ 분석 전담조직과 타 부서 간 유기적인 협조와 지원이 원활한 구조인가? ▪ 효율적인 분석 업무를 수행하기 위한 분석 조직의 내부 조직 구조는? ▪ 전사 및 단위부서가 필요할 경우 접촉하며 지원할 수 있는 구조인가? ▪ 어떤 형태의 조직으로 구성하는 것이 효율적인가?
인력 구성	▪ 비즈니스 및 IT전문가의 조합으로 구성되어야 하는가? ▪ 어떤 경험과 스킬을 갖춘 사람으로 구성해야 하는가? ▪ 통계적 기법 및 분석 모델링 전문 인력을 별도로 구성해야 하는가? ▪ 전사 비즈니스를 커버하는 인력이 없다. 그렇다면? ▪ 전사 분석 업무에 대한 적합한 인력 규모는 어느 정도인가?

(2) 데이터 분석 조직 유형***

① 집중형 조직 구조

- 조직 내에 별도의 독립적인 분석 전담 조직을 구성하고, 회사의 모든 분석 업무를 전담 조직에서 담당한다.
- 분석 전담 조직 내부에서 전사 분석 과제의 전략적인 중요도에 따라 우선순위를 정해 추진할 수 있다.
- 일부 현업 부서와 분석 업무가 중복 또는 이원화될 가능성이 있다.(단점)

② 기능 중심의 조직 구조

- 일반적으로 분석을 수행하는 형태이며, 별도로 분석 조직을 구성하지 않고 각 해당 업무 부서에서 직접 분석하는 형태다.
- 이러한 특징으로 인해 전사적 관점에서 핵심 분석이 어려우며, 특정 업무 부서에 국한된 분석을 수행할 가능성이 높거나 일부 중복된 분석 업무를 수행할 수 있는 조직 구조다.

③ 분산형 조직 구조

- 분석 조직의 인력을 현업 부서에 배치해 분석 업무를 수행하는 형태다.
- 전사 차원에서 분석 과제의 우선순위를 선정해 수행이 가능하며, 분석 결과를 신속하게 실무에 적용할 수 있다는 장점이 있다.

【 분석 조직의 유형 】***

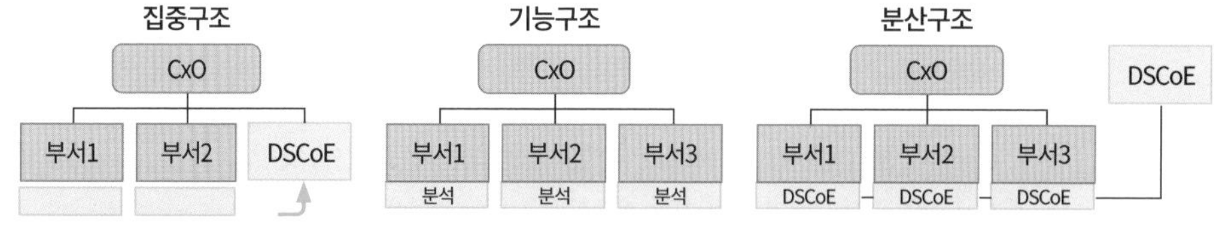

* DSCoE:분석조직(Data Science Center of Excellence)

6. 분석 과제 관리 프로세스 수립

(1) 분석 과제 관리 프로세스 수립 개요

- 분석 마스터플랜이 수립되고 분석 과제가 성공적으로 수행되었다면 지속적인 분석 니즈(needs) 및 기회가 분석 과제 형태로 도출될 수 있다.

- 이렇게 도출된 분석 과제들을 체계적으로 관리하기 위한 프로세스가 요구된다. 체계적인 분석 과제 관리 프로세스를 수행함으로써 기업 내 분석 문화를 내재화할 수 있다.

(2) 분석 과제 관리 프로세스

- 분석 과제 관리 프로세스는 크게 과제 발굴과 과제 수행으로 나뉜다. 과제 발굴 단계에서는 개별 조직 혹은 개인이 과제를 발굴하고 이를 과제화하여 POOL(사용 가능한 데이터의 집합)로 관리하고 분석 과제를 선정한다.
- 과제 수행 단계에서는 선정된 과제에 대하여 팀을 구성하고 분석 과제를 수행하면서 지속적인 모니터링 작업을 병행하고 그 결과를 공유 및 개선하는 절차를 수행한다.

【 분석 과제 관리 프로세스 】 **

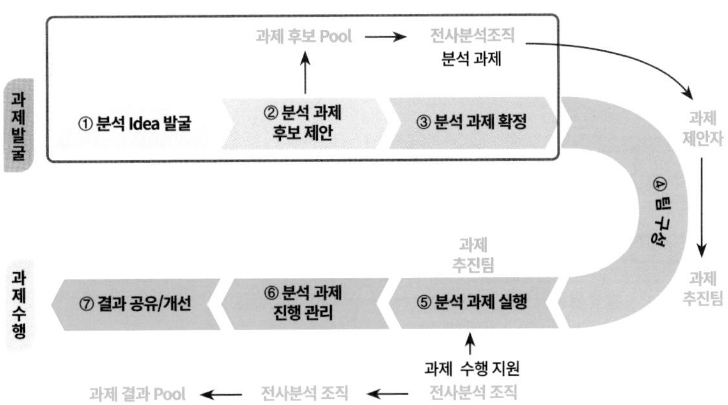

* 출처: <데이터 분석전문가가이드>, 한국데이터산업진흥원

7. 분석 교육 및 변화관리

(1) 분석 교육 및 변화관리의 개요

- 빅데이터의 등장은 많은 비즈니스 영역에서 변화를 가져왔다. 이러한 변화에 대응하기 위해 기업은 적합한 분석 업무를 도출하고, 가치를 높여줄 수 있도록 분석 조직 및 인력에 대한 지속적인 교육과 훈련을 실시해야 한다.
- 또한 경영층이 사실 기반의 의사결정을 할 수 있는 문화를 정착시키려는 변화관리를 지속적으로 계획하고 수행해야 한다.

(2) 분석 도입에 대한 문화적 대응

- 과거에는 분석 업무를 기업의 분석가가 담당하였지만 현재는 모든 구성원이 데이터를 분석하고 이를 업무에 즉시 활용할 수 있도록 분석 문화를 정착시키려는 움직임이 있다.
- 하지만 새로운 체계를 도입할 때 도입 이전의 과거로 되돌아가려는 관성 또한 존재하기 때문에 분석과 관련된 교육 및 마인드 육성을 위한 변화관리가 필요하다.

【 분석 도입에 대한 문화적 대응 】*

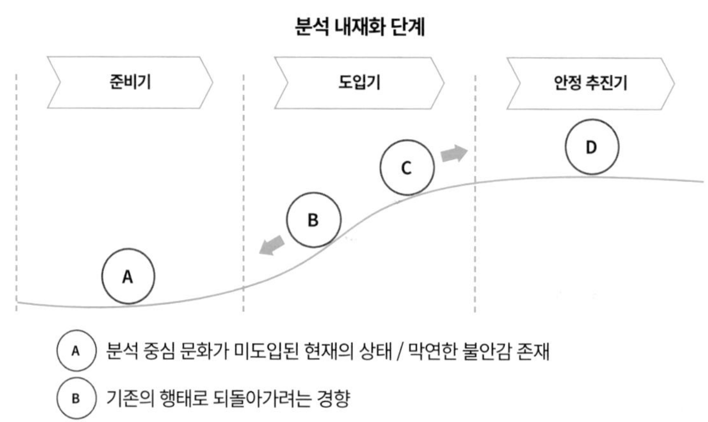

- A 분석 중심 문화가 미도입된 현재의 상태 / 막연한 불안감 존재
- B 기존의 행태로 되돌아가려는 경향
- C 성공 시 강한 탄성에 의한 변화 가속화
- D 분석 활용이 일상화된 균형 상태

(3) 분석 교육

- 분석 교육의 목적은 단순한 툴(R, Python, SAS 등) 교육이 아닌 분석 역량 확보 및 강화에 초점을 맞추어서 진행해야 한다.
- 분석 기획자에게는 데이터 분석 큐레이션 교육을, 분석 실무자에게는 데이터 분석 기법 및 도구에 대한 교육을, 업무 수행자에게는 분석 기회 발굴 및 시나리오 작성법 등의 교육을 통하여 조직 구성원 모두에게 분석 기반의 업무를 정착시킬 수 있어야 한다.

01. 다음 중 분석 준비도의 구성 요소 중 하나인 분석 업무 파악을 진단하기 위한 항목이 아닌 것은?

① 예측 분석 업무 ② 최적화 분석 업무
③ 업무별 적합한 분석 기법 사용 ④ 분석 업무의 정기적 개선

02. 다음 중 분석 성숙도가 활용 단계에 머물러 있는 기업이 현재 수행하고 있는 업무로 적절한 것은 무엇인가?

① 비즈니스 부문에서 미래 결과를 예측 ② 비즈니스 부문에서 실적 분석을 위한 통계 기법 사용
③ IT 부문에서 빅데이터 분석을 수행 ④ IT 부문에서 분석 전용 서버를 구축

03. 데이터 분석의 지속적인 적용 및 확산을 위한 분석 거버넌스 체계의 구성 요소가 아닌 것은 무엇인가?

① 분석 관련 시스템 ② 데이터
③ 분석 과제 기획 ④ 분석으로 얻는 가치

04. 다음 중 데이터 거버넌스 체계에서 데이터 표준 용어 설정, 명명 규칙 수립, 메타데이터 구축, 데이터 사전 구축 등의 업무로 구성된 항목은 무엇인가?

① 데이터 단순화 ② 데이터 표준화
③ 데이터 정규화 ④ 데이터 정형화

05. 다음 중 분석 지원 인프라 구성에 대한 설명 중 부적절한 것은 무엇인가?

① 플랫폼 구조는 플랫폼을 활용하여 여러 시스템으로부터의 데이터 관리가 용이하다.
② 플랫폼 구조는 기존 시스템에 공동으로 이용해야 하는 플랫폼이 증가하기에 인터페이스가 복잡해진다.
③ 개별 시스템을 구축하는 경우 시스템 간 독립적이다.
④ n개의 시스템을 개별 구축하는 경우 최대 $n \times (n-1)/2$개의 인터페이스가 필요할 수 있다.

06. 다음 설명은 어느 조직 구조에 대한 설명이다. 아래에서 설명하는 조직 구조는 무엇인가?

> 별도의 분석 전담 조직이 구성되어 있으며 전략적 중요도에 따라 분석 조직이 직접 우선순위를 정해서 진행 가능하다는 장점이 있다. 그러나 현업 업무부서와 분석업무의 이중화, 이원화의 가능성이 높은 분석 조직 구조다.

① 분산형 조직 구조 ② 피라미드 조직 구조
③ 기능 중심 조직 구조 ④ 집중형 조직 구조

07. 다음 중 분석 과제 관리 프로세스에 대한 설명 중 부적절한 것은 무엇인가?

① 분석 과제 관리 프로세스는 과제 발굴의 3단계와 과제 수행의 4단계로 구성된다.
② 과제 발굴에서 가장 중요한 단계는 인력을 구성하는 팀 구성의 단계다.
③ 분석 과제가 종료되어도 지속적인 모니터링 작업은 필요하다.
④ 분석 과제 관리 프로세스를 진행하는 이유는 지속적인 분석 니즈를 파악하고 분석을 수행함으로써 기업 내 분석 문화가 내재화되기 위함이다.

08. 다음 중 분석 교육에 관한 설명으로 가장 부적절한 것은 무엇인가?

① 분석 역량 확보를 위해 R, Python 같은 언어 교육은 필수다.

② 기업 내 모든 구성원에게 분석 기반의 업무를 정착시키는 것이 목적이다.

③ 분석 기획자는 분석의 효율적인 설계를 위한 큐레이션 교육이 요구된다.

④ 분석 실무자에게는 직접적인 데이터 분석 및 도구의 교육이 요구된다.

【정답&해설】

01. **답:** ③

해설: 업무별 적합한 분석 기법 사용은 분석 준비도 중 분석 기법을 진단하기 위한 항목이다.

02. **답:** ①

해설: 활용 단계의 기업이 비즈니스 부문에서 수행하는 업무로는 미래 결과 예측, 시뮬레이션, 운영 데이터 기반 구축 등이 있다.

03. **답:** ④

해설: 분석 거버넌스 체계의 구성 요소는 과제 기획 및 운영 프로세스, 분석 관련 시스템, 데이터, 분석 기획 및 관리 수행 조직, 분석 교육 및 마인드 육성체계의 5가지가 있다.

04. **답:** ②

해설: 표준화 활동이 표준 용어 설정, 명명 규칙 수립, 메타데이터 구축, 데이터 구축 등의 업무로 구성된다.

05. **답:** ②

해설: 플랫폼 구조는 공동 기능을 보유한 별도의 플랫폼을 보유하고 있기 때문에 시스템 간 인터페이스가 단순화될 수 있다.

06. **답:** ④

해설: 별도의 분석 전담 조직에서 전략적 중요도에 따라 우선순위를 정해서 분석 업무를 진행할 수 있지만 현업 업무부서의 분석업무 이중화, 이원화 가능성이 높은 구조는 집중형 조직 구조다.

07. **답:** ②

해설: 인력을 구성하는 팀 구성의 단계는 과제 수행의 첫 번째 단계다.

08. **답:** ①

해설: 분석을 위한 언어보다는 분석의 역량 확보 및 강화에 초점을 두어야 한다.

* 기출문제는 한국데이터산업진흥원에서 공개하지 않으며, 본 '기출 유형 문제'편은 최근 3년간 기출된 문제의 주제 및 유형을 분석하여 문제 및 보기를 새롭게 출제한 문제임을 밝힙니다.

01. 비즈니스 모델 캔버스의 채널에 대한 기능으로 부적절한 것은?

① 고객에게 value proposition을 전달한다.

② 기업이 전달하는 value proposition을 고객들이 평가할 수 있게 해준다.

③ 고객에게 에프터서비스(A/S)를 제공한다.

④ 고객에게 유통채널을 제공한다.

02. 경쟁자 확대 관점의 분석기회 발굴 영역이 아닌 것은?

① 경쟁자 ② 경쟁채널

③ 대체상품 ④ 신규진입자

03. 포트폴리오 사분면에서 우선순위를 시급성에 두었을 때 결정해야 할 우선순위는 무엇인가?

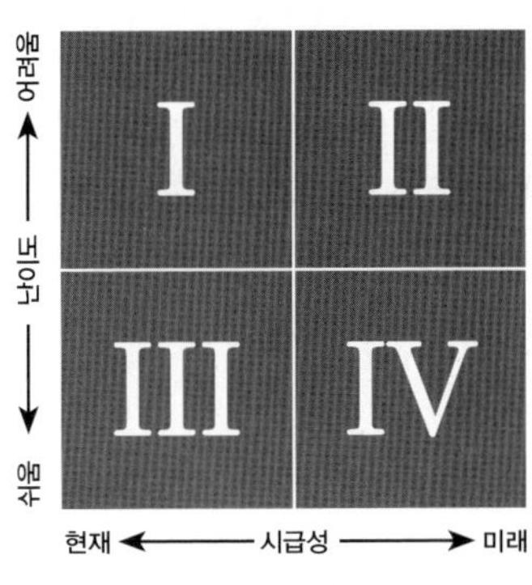

① III → IV → II ② III → II → IV

③ I → II → III ④ II → IV → I

04. 분석 기회 발굴의 범위 확장 방법에 대한 설명으로 부적절한 것은?

① 역량의 재해석 관점에서는 현재 해당 조직 및 기업이 보유한 역량뿐만 아니라 해당 조직의 비즈니스에 영향을 끼치는 파트너 네트워크의 역량을 포함해 폭넓은 분석 기회를 탐색한다.

② 시장의 니즈 탐색 관점에서는 현재 수행하는 사업에서의 직접 고객뿐만 아니라 고객과 접촉하는 역할을 수행하는 채널 및 고객의 의사결정에 영향을 미치는 영향자들에 대한 폭넓은 관점을 바탕으로 분석 기회를 탐색한다.

③ 거시적 관점에서는 현재의 조직 및 해당 산업에 폭넓게 영향을 미치는 사회, 경제적 요인을 사회, 기술, 경제, 환경, 정치 영역으로 나누어 기회 탐색을 수행한다.

④ 경쟁자 관점에서는 현재 수행하고 있는 사업 영역의 제품, 서비스에 대해서만 분석 기회 발굴의 폭을 넓혀서 탐색한다.

05. 빅데이터 분석 방법론의 분석 기획 단계의 태스크가 아닌 것은?

① 비즈니스 이해 및 범위 설정
② 프로젝트 정의 및 계획 수립
③ 필요 데이터 정의
④ 프로젝트 위험 계획 수립

06. 마스터플랜 수립 시 적용 범위 및 방식의 고려사항이 아닌 것은?

① 투입 비용 수준
② 업무 내재화 적용 수준
③ 분석 데이터 적용 수준
④ 기술 적용 수준

07. 다음에서 설명하는 데이터 거버넌스 체계 항목은 무엇인가?

표준 용어 설정, 명명 규칙 수립, 메타데이터 구축, 데이터 사전 구축 등의 업무로 구성된다.

① 데이터 표준화
② 표준화 활동
③ 데이터 관리 체계
④ 데이터 저장소 관리

08. 하향식 접근법의 문제 탐색 단계에 대한 설명 중 부적절한 것은?

① 기업 내·외부를 포괄하는 비즈니스 모델을 기반으로 문제를 탐색한다.
② 유스케이스 활용보다는 새로운 이슈탐색을 우선한다.
③ 거시적 관점 등의 외부적인 요소를 통해 새로운 유형의 기회를 발굴한다.
④ 유사·동종 업계에서 기존에 수행한 문제 탐색 및 분석 과제 등을 활용한다.

09. 비즈니스 모델 캔버스의 5가지 구성 요소로 부적절한 것은?

① 규제
② 제품
③ 지원 인프라
④ 경쟁자

10. 분석 준비도에서 분석업무 파악의 항목으로 부적절한 것은?

① 예측 분석업무
② 분석 기법 라이브러리
③ 최적화 분석업무
④ 시뮬레이션 분석업무

11. 분석 조직 구조에 대한 설명으로 부적절한 것은?

① 집중구조는 업무부서의 분석업무와 이원화될 가능성이 높다.
② 분산구조는 분석이 집중되지 못하고 분산되어 신속한 실무 적용이 어렵다.
③ 기능구조는 별도 분석조직 없이 해당 업무부서에서 분석을 수행한다.
④ 분산구조는 분석조직의 인력들을 현업부서에 직접 배치한다.

12. 분석 주제의 4가지 유형 중 분석 방법은 알지만 분석 대상은 명확하지 않은 것으로 적절한 것은?

① 통찰 ② 최적화
③ 솔루션 ④ 발견

13. 분석 준비도 및 성숙도 진단 결과를 4분면으로 그려서 분석했을 때, 분석업무 • 기법 등은 부족하지만 준비도가 높은 기업의 형태로 적절한 것은?

① 도입형 ② 정착형
③ 확산형 ④ 준비형

14. 빅데이터 4V를 고려한 ROI 분석에서 비즈니스 효과에 해당하는 것은?

① Volume ② Variety
③ Velocity ④ Value

15. 프로토타이핑에 대한 설명으로 적절한 것은?

① 신속하게 해결책이나 모형을 제시함으로써 이를 바탕으로 문제를 좀 더 명확하게 인식하고 필요한 데이터를 구체화할 수 있게 하는 상향식 접근 방법이다.
② 문제가 정형화되어 있고, 데이터가 완벽하게 존재하는 경우 효과적이다.
③ 문제 정의가 불명확한 경우 적용하기 어렵다.
④ 문제에 대한 해결 방안을 찾기 위한 각 과정이 체계적이고 단계적으로 수행된다.

16. 다음 중 하향식 접근법의 각 단계에 대한 설명으로 잘못 연결된 것은 무엇인가?

① 문제 탐색: 비즈니스 모델 캔버스 및 분석 기회 발굴 범위를 확장하여 문제를 발굴하는 단계로 유스케이스를 기피해야 한다.
② 문제 정의: 식별된 비즈니스 문제를 데이터 문제로 변환하여 정의하는 단계이다.
③ 해결 방안 탐색: 기존 시스템 활용 가능 여부, 분석 역량 여부에 따라 대표적인 4가지의 해결 방안 중 한 가지를 선정해야 하는 단계이다.
④ 타당성 검토: 경제적 타당성 및 기술적 타당성 두 가지 측면에서 검토하는 단계이다.

17. 다음 중 시스템 엔지니어링, 프로젝트 관리, 인수 및 서비스 등을 포함한 광범위한 분야를 포괄하여 개인 또는 조직의 프로세스별 수준을 5가지 단계로 나타낸 소프트웨어와 시스템 공학의 역량 성숙도를 평가하는 모델은 무엇인가?

① CMM ② CMMI
③ SPICE ④ ISO-9000

18. 데이터 거버넌스는 크게 데이터 표준화, 데이터 관리 체계, 데이터 저장소 관리, 표준화 활동의 4개 단계로 나눌 수 있다. 다음 중 데이터 저장소 관리에서 수행하기에 적절한 업무는 무엇인가?

① 데이터 생명주기 관리 방안 ② 모니터링
③ 사전 영향 평가 ④ 데이터 사전 구축

19. 다음 중 지속적인 반복 과정을 통해 점차 완성도를 높여나가는 개발 방법으로, 프로젝트 수행 중 발생할 수 있는 위험 요소를 사전에 제거하는 것이 주요 목적이며 새로운 프로젝트에 적용이 유리하다는 장점이 있으나, 관리 체계를 갖추지 못한 경우 복잡도가 상승해 프로젝트 진행이 어려울 수 있는 있는 모델은 무엇인가?

① 폭포수 모델　　② 프로토타입 모델
③ 계층적 프로세스 모델　　④ 나선형 모델

20. 다음 중 CRISP-DM에서 노이즈와 결측치를 식별하고 제거한 뒤 데이터셋을 선택하는 업무를 수행하는 단계는 무엇인가?

① 업무 이해　　② 데이터 이해
③ 데이터 준비　　④ 모델링

2과목 - 기출 유형 문제 정답 및 해설

01. 답: ④

해설: 채널의 기능은 다음과 같다.
고객에게 value proposition을 전달한다.
기업이 전달하는 value proposition을 고객들이 평가할 수 있게 해준다.
고객에게 애프터서비스(A/S)를 제공한다.
기업이 제공하는 상품이나 서비스에 대한 고객의 이해를 높여준다.

02. 답: ②

해설: 경쟁자 확대 관점의 분석기회 발굴 영역에는 대체재, 경쟁자, 신규 진입자가 있다.

03. 답: ①

해설: 시급성을 우선순위로 했을 경우에는 우선순위는 Ⅲ → Ⅰ → Ⅳ → Ⅱ다.

04. 답: ④

해설: 경쟁자 관점에서는 현재 수행하고 있는 사업 영역의 제품, 서비스뿐만 아니라 대체재, 경쟁자, 신규 진입자까지 포함해야 한다.

05. 답: ③

해설: 필요 데이터 정의는 데이터 준비의 태스크다.

06. 답: ①

해설: 마스터플랜 수립 시 적용 범위 및 방식의 고려사항에는 업무 내재화 적용수준, 분석 데이터 적용 수준, 기술 적용 수준이 있다.

07. 답: ①

해설: 데이터 표준화에서 수행하는 항목이다.

08. 답: ②

해설: 하향식 접근법의 문제 탐색 방법에는 비즈니스 모델 기반, 분석 기회 발굴 범위 확장, 외부 참조 모델 기반, 분석 유스케이스가 있다.

09. 답: ④

해설: 비즈니스 모델 캔버스의 5가지 구성 요소로는 규제와 감사, 업무, 제품, 고객, 지원 인프라가 있다.

10. 답: ②

해설: 분석 기법 라이브러리는 분석 기법의 항목이다.

11. 답: ②

해설: 분산조직구조는 신속한 실무 적용이 가능하다.

12. 답: ①

해설: 통찰(insight)에 대한 설명이다.

13. 답: ①

해설: 도입형에 대한 설명이다.

14. 답: ④

해설: Volume, Variety, Velocity는 투자비용 요소다.

15. 답: ①

해설: 프로토타이핑은 하향식 접근법처럼 정해진 방법이 있는 것이 아닌 분석을 시도해 보고 그 결과를 확인해 가면서 반복적으로 개선해 나가는 방법이다.

16. 답: ①

해설: 유사 동종 업계의 유스케이스들을 활용하는 것 역시 중요한 시사점을 도출하도록 도와준다.

17. 답: ②

해설: 위 문제는 능력 성숙도 통합 모델인 CMMI(Capability Maturity Model Integration)에 대한 설명이다. CMMI가 위 나열된 광범위한 분야에 대해 중점을 두었다면 CMM은 소프트웨어 개발 프로세스에 중점을 두었으며 SPICE는 각 수준을 6가지 단계로 나타냈고, ISO-9000는 국제표준기구에 의한 품질보증으로 인증/불인증 두 개의 수준을 갖는다.

18. 답: ③

해설: 데이터 생명주기 관리 방안(데이터 관리 체계 단계), 모니터링(표준화 활동 단계), 데이터 사전 구축(데이터 표준화 단계)

19. 답: ④

해설: 위 문제는 나선형 모델에 대한 설명이다.

20. 답: ③

해설: 위 업무는 데이터 준비 단계에서 수행한다.

01. 다음 중 빅데이터의 특징을 나타내는 4V의 요소 중 비즈니스 효과에 해당하는 것은 무엇인가?

① Volume ② Variety
③ Velocity ④ Value

02. 기업의 데이터 분석 도입 수준을 명확하게 파악하기 위해 사용하는 분석 준비도의 구성 요소로 가장 적절하지 않은 것은?

① 분석 자원 ② 분석 인프라
③ 분석 기법 ④ 분석 인력

03. 다음 중 분석 마스터플랜 수립을 위한 우선순위 결정에 관련한 내용으로 부적절한 것은 무엇인가?

① 우선순위 선정 결정을 위해 포트폴리오 사분면을 활용한다.
② 일반적인 우선순위 평가는 전략적 중요도와 실행 용이성에서 결정한다.
③ 우선순위 선정 절차는 분석 과제 도출, 우선순위 평가, 우선순위 정렬이다.
④ 기간 및 인력 투입 용이성 정도는 실행 용이성의 기술 용이성 평가 요소다.

04. 문제가 무엇인지 인식하고 그에 대한 해결책을 찾는 하향식 접근법이라 한다. 문제에 대한 해결 방안을 탐색하는 과정에서 분석 역량을 확보했고, 기존 시스템으로 분석 가능한 경우 기업이 검토해야 하는 항목은 무엇인가?

① 교육 및 채용을 통한 역량 확보 ② 전문업체에 소싱
③ 기존 시스템 개선 활용 ④ 시스템 고도화

05. 분석 성숙도는 도입, 활용, 확산, 최적화의 4개의 단계로 나누어 살펴볼 수 있다. 다음 중 분석 성숙도의 각 단계와 그에 대한 설명이 잘못 연결된 것은 무엇인가?

① 도입 단계 - 분석을 업무에 도입하는 단계로 담당자 역량에 의존하여 분석이 수행되는 단계이다.
② 활용 단계 - 분석의 결과를 전사적으로 관리 및 공유하고 새로운 활용 방안을 탐구하는 단계다.
③ 확산 단계 - 전체 기업의 관점에서 분석을 실시하며, 그 결과를 모든 부서가 공유하고 기업에 이익을 창출할 수 있는 활용 방안을 탐구하는 단계다.
④ 최적화 단계 - 분석 성숙도의 마지막 단계로 기업의 혁신을 끌어오는 단계다.

06. 다음 중 방법론의 생성 과정에 대한 설명 중 부적절한 것은 무엇인가?

① 개인의 경험으로 축적된 지식을 형식지로 변환하는 작업을 형식화라 한다.
② 형식지를 다른 사람들과 공유하면서 공통화에 의하여 방법론이 탄생한다.
③ 방법론을 활용한 경험이 쌓이고 개인에게 내재되어 암묵지가 된다.
④ 위 3단계의 반복으로 방법론은 점차적으로 개선 및 발전된다.

07. 다음 중 아래 보기에서 설명하는 것은 무엇인가?

> 프로젝트를 수행할 때 프로젝트를 여러 개의 작은 업무 단위로 쪼개어 각 업무에 대하여 우선순위를 정하고 각 업무 단위에 대해 시작 일자와 종료 일자를 포함한 프로젝트의 전체 계획표

① WBS
② SOW
③ 위험 관리 계획서
④ 데이터 정의서

08. 아래 보기에서 설명하는 조직 구조는 무엇인가?

> 각 부서가 분석 조직을 갖추고 분석을 직접 수행하는 구조로, 각 분석을 위한 업무에 대한 전문성은 갖추었지만 전사적인 차원에서 핵심적인 분석이 어렵다는 단점이 있다.

① 집중형 구조
② 기능형 구조
③ 합병형 구조
④ 분산형 구조

09. 다음 중 데이터 거버넌스 체계의 구성 요소가 아닌 것은?

① 원칙
② 조직
③ 인력
④ 프로세스

10. 다음 중 분석 방법론에 따른 모델에 대한 설명으로 가장 부적절한 것은 무엇인가?

① 현재 단계가 완료되었을 때 다음 단계를 진행하는 방법은 폭포수 모델이다.
② 나선형 모델은 시스템 개발에 있어서 위험을 최소화하기 위해 위험 분석과 개발 및 평가의 단계로 지속적으로 반복하는 방법이다.
③ 나선형 모델의 가장 큰 특징은 위험의 제거로 인하여 단기간에 수행 가능하다.
④ 사용자 관점에서의 개발로 지속적인 개선 사항을 요구하는 방법이 프로토타입 모델이다.

11. 분석 과제 발굴을 위해서는 분석의 대상과 분석의 방법에 따라 4가지 유형으로 나눌 수 있다. 다음 중 하향식 접근법의 과정으로 알맞은 것은 무엇인가?

① Discovery → Insight
② Insight → Optimization
③ Optimization → Solution
④ Solution → Discovery

12. 다음 중 하향식 접근법에 대한 설명으로 잘못된 것은 무엇인가?

① 문제 탐색 단계에서는 비즈니스 모델 기반의 문제 탐색과 외부 사례 기반의 문제 탐색을 수행한다.
② 비즈니스 모델 기반의 문제 탐색 단계에서는 고객, 업무, 인력, 지원 인프라, 규제 및 감사의 5가지 블록 관점에서 문제를 탐색한다.
③ 더 넓은 범위의 문제 탐색을 위해 거시적 관점, 경쟁자 확대, 시장 니즈 탐색 등 추가적인 문제 탐색을 수행한다.
④ 문제 탐색이 수행되면 탐색된 문제들을 데이터 관점의 문제로 변환하는 것이 하향식 접근법의 2번째 순서인 문제 정의 단계다.

13. 분석 준비도와 분석 성숙도라는 두 관점에 따라 기업의 분석 수준을 판단할 수 있다. 다음 중 분석 기법은 부족하지만 분석 준비도가 높은 기업은 무엇인가?

① 준비형 기업　　② 도입형 기업
③ 확산형 기업　　④ 정착형 기업

14. 다음 CRISP-DM 분석 방법론의 업무 이해 및 데이터 이해 단계에 관한 설명 중 올바른 것은 무엇인가?

① 데이터 준비의 이전 단계로 업무 이해와 데이터 이해 단계 사이의 피드백이 가능하다.
② 데이터로부터 인사이트를 발견하는 것은 업무 이해의 중요한 수행 과제다.
③ 데이터 마이닝 목표 설정은 데이터 이해의 중요한 수행 과제다.
④ 분석의 결과를 실제 업무에 적용하는 전개 과정 이후 문제가 발생했을 때 업무 이해 단계에서부터 다시 시작한다.

15. 다음은 빅데이터 분석 방법론의 분석 기획 단계의 주요 수행 과제다. 그 순서를 올바르게 나열한 것은 무엇인가?

ㄱ. 비즈니스 이해 및 범위 설정
ㄴ. 프로젝트 정의 및 계획 수립
ㄷ. 프로젝트 위험 계획 수립

① ㄱ - ㄴ - ㄷ　　② ㄱ - ㄷ - ㄴ
③ ㄴ - ㄱ - ㄷ　　④ ㄴ - ㄷ - ㄱ

16. 다음 중 하향식 접근법의 타당성 검토 단계에 대한 설명으로 가장 부적절한 것은?

① 탐색한 여러 해결 방안 중 가장 효율적인 방안을 찾기 위한 단계다.
② 경제적 타당성에서 ROI 관점에서 접근한다.
③ 기술적 타당성에서는 데이터 존재 여부 및 분석 역량을 파악한다.
④ 분석 역량과 분석 기법, 시스템 등을 고려하여 해결 방안을 모색한다.

17. 다음 중 분석 과제를 관리하기 위한 주요 영역이 아닌 것은 무엇인가?

① 데이터 복잡도　　② 데이터 분석 속도
③ 데이터 양　　④ 데이터의 신뢰도

18. 다음 중 데이터 거버넌스 체계에 대한 설명 중 가장 부적절한 것은 무엇인가?

① 데이터 표준화 작업은 데이터 표준 용어 설정, 명명 규칙 등 데이터의 표준 규격을 잡는 단계다.
② 데이터 관리 체계 단계의 주요 수행 과제 중 하나는 생명주기 관리 방안 수립이다.
③ 데이터 저장소 관리 단계에서 데이터 구조 변경에 따른 사전 영향 평가를 수행한다.
④ 데이터 거버넌스 체계를 수립하는 목적은 기업의 의사결정을 위해 데이터 분석 업무를 기업 문화로 정착시키기 위함이다.

19. 다음 중 KDD 분석 방법론에 대하여 잘못 설명한 것은 무엇인가?

① 데이터셋 선택 단계에서 비즈니스 도메인에 대한 이해는 필수다.

② 데이터 전처리 단계에서 데이터가 추가로 요구될 경우 데이터셋 선택 단계를 재실행할 수 있다.

③ 데이터 변환 단계에서 이상값 및 결측값을 식별하고 처리한다.

④ 데이터 마이닝 단계에서 기법을 선택하고 데이터 마이닝을 수행한다.

20. 다음 중 빅데이터 분석 방법론의 데이터 분석 단계를 올바르게 나열한 것은 무엇인가?

ㄱ. 모델링
ㄴ. 분석용 데이터 준비
ㄷ. 탐색적 분석
ㄹ. 텍스트 분석
ㅁ. 모델 평가 및 검증

① ㄴ - ㄱ - ㄷ - ㄹ - ㅁ　　② ㄴ - ㄹ - ㄷ - ㄱ - ㅁ

③ ㄴ - ㄷ - ㄱ - ㄹ - ㅁ　　④ ㄴ - ㄹ - ㄱ - ㄷ - ㅁ

21. 다음 중 빅데이터 분석 방법론의 분석 기획 단계에서 예상되는 위험에 대응하는 방법이 아닌 것은?

① 회피　　② 전이

③ 방관　　④ 수용

22. 다음 중 프레이밍 효과에 대한 설명으로 적절한 것은 무엇인가?

① 분석을 통해 구축한 모델의 성능은 우수하나 모델이 너무 복잡하여 고객에게 설명하는 일반 업무자가 이해할 수 없는 수준의 복잡한 모델이 발생한 것을 의미

② 모델이 입력 데이터를 지나치게 잘 설명하여 현실에 반영하여 사용하기에는 무리가 있는 일반화의 문제를 의미

③ 분석에 대한 결과의 해석은 언제나 인간의 개입이 필요하지만 결과를 해석하는 두 사람이 완전히 다른 결론을 내는 문제를 의미

④ A라면 B, C라면 D와 같이 원인에 대한 결과가 정해져 있는 것으로 모든 문제를 바라보는 관점을 의미

23. 다음 중 빅데이터 분석 방법론에서 피드백이 발생 가능한 단계는 무엇인가?

① 분석 기획 단계 - 데이터 준비 단계

② 데이터 준비 단계 - 데이터 분석 단계

③ 데이터 분석 단계 - 시스템 구현 단계

④ 시스템 구현 단계 - 평가 및 전개 단계

24. **다음 중 분석 과제 발굴에 대한 설명이 잘못된 것은 무엇인가?**

① 모든 분석 과제는 이해관계자들이 이해할 수 있도록 프로젝트의 수행 목적에 알맞은 과제 정의서 형태로 도출된다.

② 대규모 데이터가 빠르게 생성되고 변화하는 현대사회에는 문제 정의가 어렵기 때문에 다양한 데이터의 조합 속에서 인사이트를 찾아내는 것을 상향식 접근법이라 한다.

③ 문제가 주어졌을 때 각 과정을 체계적으로 해결하는 방법을 하향식 접근법이라 한다.

④ IDEO사의 디자인 씽킹 프로세스는 비즈니스와 기술, 그리고 인간 중심 사고가 만나 혁신적 해결책을 도출하는 방법을 의미한다.

25. **다음 중 정보시스템을 전략적으로 활용하기 위해 기업의 내부 및 외부 환경을 분석하고 기업의 문제 또는 기회를 발견하고 사용자의 요구사항을 분석하는 등 중장기 마스터플랜을 수립하는 과정은 무엇인가?**

① ISP
② MSA
③ SQL
④ ICT

26. **다음 중 빅데이터 분석 방법론의 분석 기획 단계에서 수행해야 하는 업무로 적절하지 않은 것은 무엇인가?**

① 비즈니스 이해 및 범위 설정

② 프로젝트 정의 및 계획 수립

③ 분석 데이터 정의

④ 프로젝트 위험 계획 수립

2과목 – 예상 문제 정답 및 해설

01. **답:** ④

해설: 난이도적 요소인 3V(Volume, Variety, Velocity)와 비즈니스 효과인 Value가 있다.

02. **답:** ①

해설: 분석 문화, 분석 데이터, 분석 인프라, 분석 기법, 분석 업무, 분석 인력 및 조직의 6가지 항목이 있다.

03. **답:** ④

해설: 기간 및 입력 투입 용이성 정도는 실행 용이성의 투자 용이성 평가 요소다.

04. **답:** ③

해설: 분석을 위한 인력은 확보되었지만 기존 시스템을 사용해야 하는 경우 기존 시스템을 개선하여 활용하는 방안을 검토하도록 한다.

05. **답**: ②

해설: 활용 단계는 분석 결과를 각 부서에서 실제 업무에 적용하는 단계이지 전사적 관리의 단계는 아니다.

06. **답**: ②

해설: 형식지의 공통화가 아닌 체계화를 통해 방법론이 탄생한다.

07. **답**: ①

해설: 업무 분업 구조(WBS)에 대한 설명이다.

08. **답**: ②

해설: 기능형 구조는 각 부서가 분석 조직을 갖추어 각 부서의 도메인에 대한 전문성을 갖추었다는 장점이 있지만 전사적인 분석이 불가능하다는 단점이 있다.

09. **답**: ③

해설: 데이터 거버넌스 체계의 구성 요소는 원칙, 조직, 프로세스의 3가지다.

10. **답**: ③

해설: 나선형 모델은 지속적인 위험 분석 및 개선의 반복으로 프로젝트의 기간이 길어진다는 단점이 있다.

11. **답**: ③

해설: 하향식 접근법은 문제가 무엇인지 인식하고 있는 경우, 즉 분석의 대상을 알 때 사용하는 방법으로 Optimization에서 Solution의 과정으로 수행한다.

12. **답**: ②

해설: 비즈니스 모델 캔버스의 9가지 블록을 5가지로 요약한 고객, 업무, 제품, 지원 인프라, 규제 및 감사의 영역에서 문제 탐색 단계를 수행한다.

13. **답**: ②

해설: 분석 기법은 부족하지만 분석 준비도가 높은 기업은 도입형 기업으로 분류한다.

14. **답**: ①

해설: 두 단계 사이에서 서로 피드백을 통해 업무와 데이터에 대한 이해를 충분히 숙지한 뒤 다음 단계로 진행한다. 또한 분석의 결과를 업무에 적용하기 이전 평가 단계에서 문제가 발생할 경우 처음으로 되돌아간다.

15. **답**: ①

해설: 분석 기획 단계는 비즈니스 이해 및 범위 설정 → 프로젝트 정의 및 계획 수립 → 프로젝트 위험 계획 수립의 단계로 이루어진다.

16. **답**: ④

해설: 분석 역량 및 분석 기법을 고려한 해결 방안 모색은 하향식 접근법의 해결 방안 탐색 단계에서 수행하는 과제다.

17. **답:** ④

해설: 분석 과제를 관리하기 위한 주요 5가지 영역으로는 데이터 복잡도, 분석 속도, 분석 복잡도, 데이터 양, 정확도와 정밀도의 5가지가 있다.

18. **답:** ④

해설: 기업의 의사결정을 위해 데이터 분석 업무를 기업 문화로 정착시키는 것은 분석 거버넌스의 목적이며 데이터 거버넌스의 목적은 데이터 관리다.

19. **답:** ③

해설: 데이터 전처리 단계에서 이상값 및 결측값을 식별하고 처리한다.

20. **답:** ②

해설: 데이터 분석 단계는 분석용 데이터 준비 → 텍스트 분석 → 탐색적 분석 → 모델링 → 모델 평가 및 검증의 단계로 이루어진다.

21. **답:** ③

해설: 예상되는 위험에 대응하는 방법으로는 회피, 전이, 완화, 수용의 4가지가 있다.

22. **답:** ③

해설: 프레이밍 효과란 같은 현상도 개인에 따라 전혀 다른 방식으로 해석 가능하다는 것을 의미한다. 같은 결과를 보고도 무심코 넘길 수 있는 반면 새로운 가치를 찾을 수 있는 관점도 존재한다.

23. **답:** ②

해설: 데이터 분석 단계에서 데이터의 부족과 같은 문제가 발생할 경우 데이터 분석이 수월하게 수행될 수 있도록 데이터 준비 단계로 되돌아간다.

24. **답:** ④

해설: 위 설명은 스탠퍼드 대학에서 고안한 디자인 씽킹 방법이다.

25. **답:** ①

해설: 위 문제는 정보전략계획(ISP, Information Strategy Planning)에 대한 설명이다.

26. **답:** ③

해설: 분석 데이터 정의는 데이터 준비 단계에서 수행하는 업무이다.

ADsP
데이터분석 준전문가

데이터 분석

R 기초와 데이터 마트

01 _ R 기초

학습단계	학습목표
1. R 설치 및 기본 사용법 2. R 기본 문법	데이터 분석 도구인 R의 기본적인 기능을 학습한다. 기본적인 명령어를 알고 있어야 실습과정을 이해할 수 있다.

02 _ 데이터 마트

학습단계	학습목표
1. 데이터 마트의 이해 2. 데이터 마트 개발을 위한 R 패키지 활용	데이터 마트에서 중요한 개념인 파생변수와 요약변수 개념을 이해한다. R의 다양한 패키지에 대해 알아본다.

03 _ 데이터 탐색

학습단계	학습목표
1. 탐색적 데이터 분석(EDA) 2. 결측값 3. 이상값	통계 분석에 들어가기 전 탐색적 데이터 분석을 통해 데이터의 특성을 이해한다. 결측값과 이상값을 처리하는 방법에 대해 알아본다.

01 R 기초

1. R 설치 및 기본 사용법

TIP _ 3과목의 경우 전체적인 내용의 구성을 R 코드로 입력해 보면서 학습할 수 있도록 구성하였습니다.

하지만 실제 시험의 경우 통계 분석, 데이터 마이닝을 위한 코드 문제가 출제될 가능성은 현저히 낮기 때문에 시험공부를 할 경우 코드는 이해를 위한 참고용으로 활용하고, R 코드를 너무 집중적으로 공부하지 않도록 주의하기 바랍니다.

(1) R 설치

① 다양한 통계 분석 프로그램

- 데이터 분석을 위한 도구로는 SAS, SPSS, S-Link 등 다양한 소프트웨어가 있지만 R과 Python이 가장 보편적으로 사용되고 있다. 이 둘은 오픈소스라는 큰 특징과 더불어 고차원적인 계산이 가능하고 복잡한 통계기법을 폭넓게 다룰 수 있으며, 데이터 시각화에 최적화된 환경을 제공한다. 그러나 이 시험의 출제기관인 한국데이터산업진흥원은 R과 그 개발환경인 Rstudio를 데이터 분석 준전문가 자격증 취득을 위한 분석 도구로 선택하였다.

【 분석 도구 비교 】

	SAS	SPSS	R	PYTHON
프로그램 비용	유료, 고가	유료, 고가	오픈소스	
설치 용량	대용량	대용량	저용량	
다양한 모듈 지원 및 비용	별도 구매	별도 구매	오픈소스	
최근 알고리즘 및 기술 반영	느림	다소 느림	빠름	매우 빠름
학습자료 입수의 편의성	유료 도서 위주	유료 도서 위주	다양한 공개 논문 및 자료	
공개 커뮤니티	NA	NA	활발	매우 활발

② 통계 및 데이터 분석 프로그램 R

- R은 뉴질랜드 통계학자인 로스 이하카(Ross Ihaka)와 캐나다 통계학자인 로버트 젠틀맨(Robert Gentleman)에 의하여 1995년에 제작된 언어로, 빠른 속도로 확산되고 현재까지도 다양한 분야에서 사용되는 오픈소스 통계 분석 도구다.

③ R 개발 개발 환경인 'RStudio'

- R은 통계 분석을 위한 언어인 반면 RStudio는 사용자가 원하는 대로 R 명령문을 활용해 구현하게 해주는 통합 개발 환경(IDE)이다.
- R 언어를 활용하여 작성된 함수에 따라 데이터를 분석하고, 결과 및 시각화된 결과를 사용자에게 개발 환경에서 즉시 보여준다.
- 일반적인 R 환경을 명령 프롬프트(cmd)에 비유한다면 RStudio는 사용자의 편의성을 위한 운영체제 중 하나인 윈도우에 비유할 수 있다.

【 R 실행 화면 】

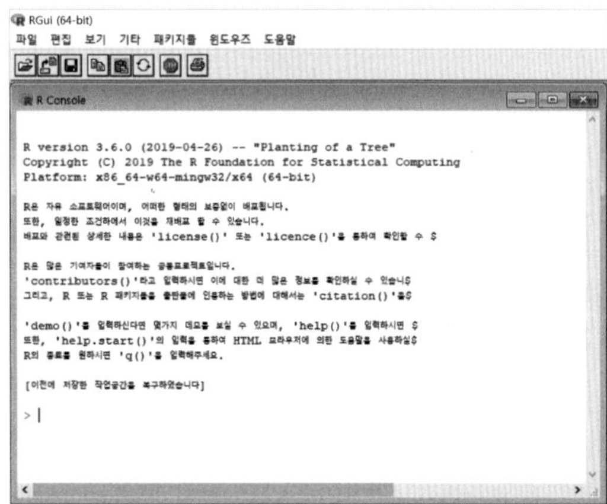

【 RStudio 실행 화면 】

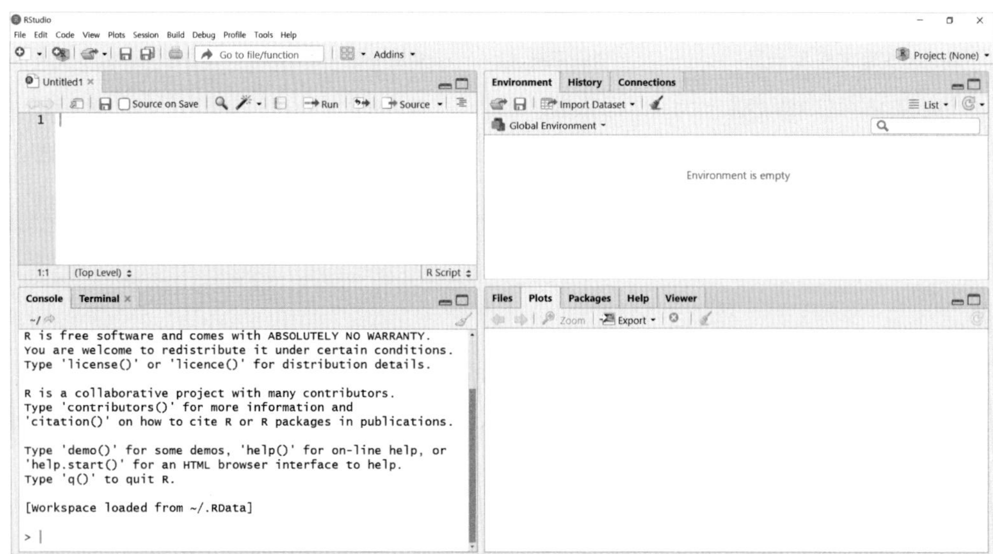

④ R 설치

- R을 먼저 설치하고 RStudio를 설치한다.
- R 공식 홈페이지인 http://www.r-project.org에 접속하여 좌측 메뉴의 CRAN을 클릭한다.

[Home]

Download

CRAN

R Project

About R
Logo
Contributors
What's New?
Reporting Bugs
Conferences
Search
Get Involved: Mailing Lists
Developer Pages

The R Project for Statistical Computing

Getting Started

R is a free software environment for statistical computing and graphics. It compiles and runs on a wide variety of UNIX platforms, Windows and MacOS. To **download R**, please choose your preferred CRAN mirror.

If you have questions about R like how to download and install the software, or what the license terms are, please read our answers to frequently asked questions before you send an email.

News

- **R version 4.0.3 (Bunny-Wunnies Freak Out)** has been released on 2020-10-10.
- Thanks to the organisers of useR! 2020 for a successful online conference. Recorded tutorials and talks from the conference are available on the R Consortium YouTube channel.
- **R version 3.6.3 (Holding the Windsock)** was released on 2020-02-29.
- You can support the R Foundation with a renewable subscription as a supporting member

공식 홈페이지

- 한국 서버를 기반으로 하는 R 설치 링크를 클릭한다.

Japan	
https://cran.ism.ac.jp/	The Institute of Statistical Mathematics, Tokyo
https://ftp.yz.yamagata-u.ac.jp/pub/cran/	Yamagata University
Korea	
https://ftp.harukasan.org/CRAN/	Information and Database Systems Laboratory, Pukyong National University
https://cran.yu.ac.kr/	Yeungnam University
https://cran.seoul.go.kr/	Bigdata Campus, Seoul Metropolitan Govermment
http://healthstat.snu.ac.kr/CRAN/	Graduate School of Public Health, Seoul National University, Seoul
https://cran.biodisk.org/	The Genome Institute of UNIST (Ulsan National Institute of Science and Technology)
Malaysia	
https://wbc.upm.edu.my/cran/	Univerisiti Putra Malaysia
Mexico	
https://cran.itam.mx/	Instituto Tecnologico Autonomo de Mexico

다운로드 링크

- 자신의 운영체제에 알맞은 링크를 클릭한다.

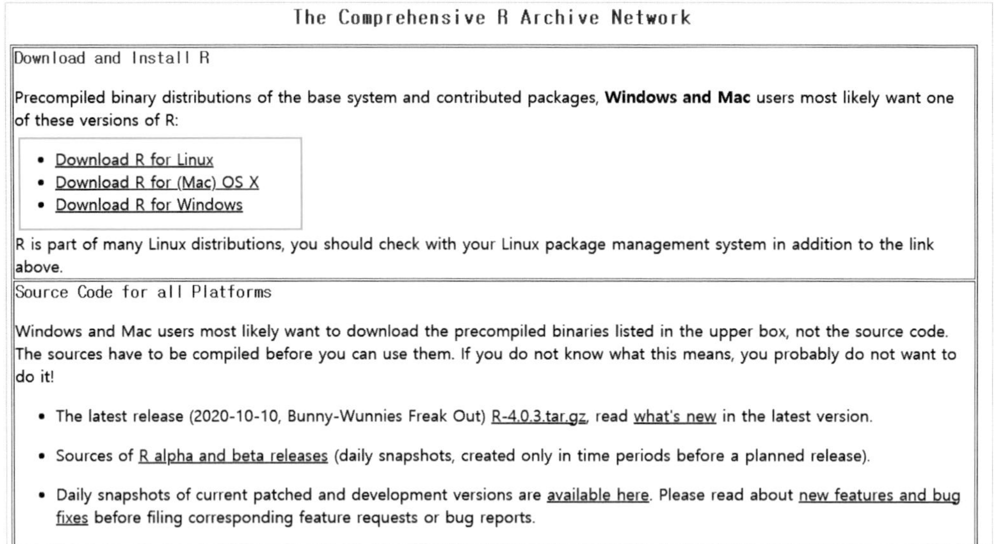

The Comprehensive R Archive Network
Download and Install R
Precompiled binary distributions of the base system and contributed packages, Windows and Mac users most likely want one of these versions of R:
Download R for Linux
Download R for (Mac) OS X
Download R for Windows
R is part of many Linux distributions, you should check with your Linux package management system in addition to the link above.
Source Code for all Platforms
Windows and Mac users most likely want to download the precompiled binaries listed in the upper box, not the source code. The sources have to be compiled before you can use them. If you do not know what this means, you probably do not want to do it!
The latest release (2020-10-10, Bunny-Wunnies Freak Out) R-4.0.3.tar.gz, read what's new in the latest version.
Sources of R alpha and beta releases (daily snapshots, created only in time periods before a planned release).
Daily snapshots of current patched and development versions are available here. Please read about new features and bug fixes before filing corresponding feature requests or bug reports.

R을 설치할 운영체제 선택

- 다운로드가 완료되면 원하는 버전의 언어로 설치를 진행한다.

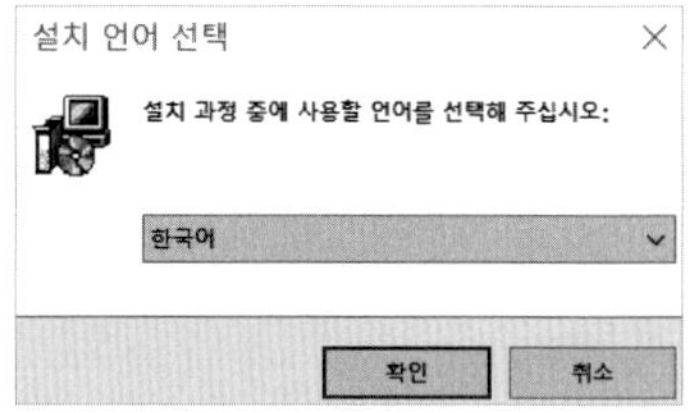

R 설치 언어 선택

- 부가적인 구성 요소를 설치할 수 있으나 특별한 이유가 없다면 기본값 설치를 권장한다.

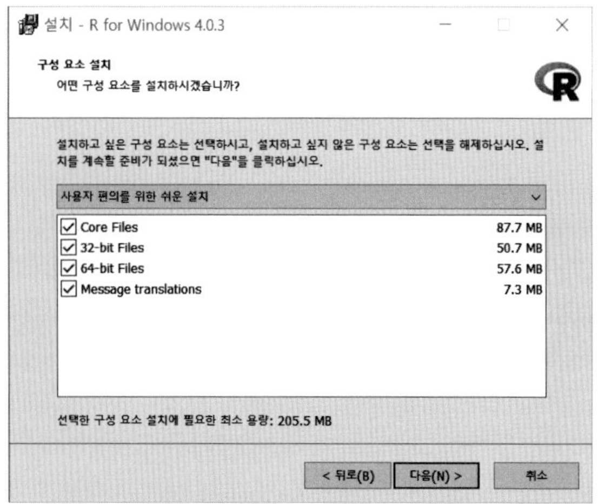

설치할 구성 요소 선택

⑤ RStudio 설치

- 앞의 과정을 통해 R 다운로드 및 설치 작업이 끝났다면 이제 RStudio를 설치할 수 있다.
- RStudio 공식 홈페이지인 https://posit.co 또는 http://www.rstudio.com에 접속하여 DOWNLOAD 링크를 클릭한다.

RStudio 공식 홈페이지

- RStudio 무료 버전을 다운로드받기를 권장한다.

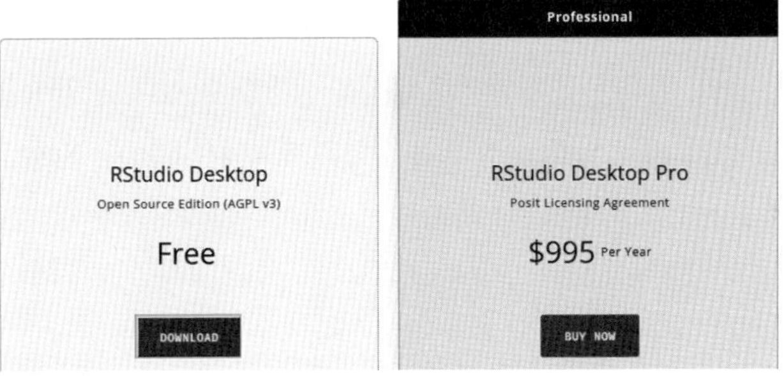

RStudio 무료 버전 선택

- 앞서서 R 설치를 완료했으므로, STEP2로 넘어가 DOWNLOAD버튼을 클릭하여 RStudio 다운로드를 진행한다.

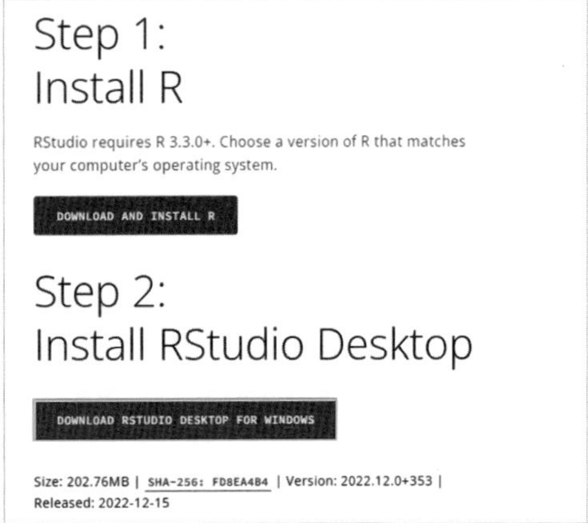

RStudio 다운로드

- RStudio를 다운로드하고 설치할 때는 추가로 설정할 내용 없이 설치를 진행할 수 있다.

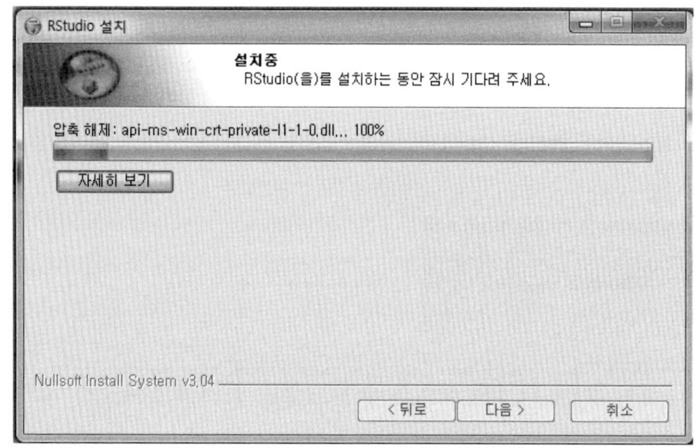

RStudio 설치

(2) RStudio를 활용한 R 기본 사용법

① RStudio 기본 구성

ⓐ R 스크립트 창

명령문을 작성하여 원하는 라인, 원하는 블록 단위로 문장을 실행할 수 있다. 만약 R을 실행했을 때 R 스크립트 창이 보이지 않는다면 Ctrl + Shift + N 또는 상단의 메뉴에서 File → New File → R Script를 클릭한다.

ⓑ 콘솔 창

R 스크립트 창과 같이 명령문을 작성하고 실행할 수 있으며, 명령문에 의해 발생한 오류, 결과 등을 확인할 수 있다.

ⓒ 환경(Environment)과 히스토리(History)

환경 창에서는 명령문을 통해 생성된 변수, 불러온 데이터, 생성된 함수 등의 개요를 볼 수 있으며, 히스토리 창에서는 그동안 실행된 과거 명령문을 볼 수 있다.

ⓓ 기타(파일, 산점도, 패키지, 도움말, 기타 뷰어)

현재 작업 디렉터리에 존재하는 파일, 현재 호출되어 있는 패키지, 산점도 같은 시각화 데이터, 도움말 등을 볼 수 있다.

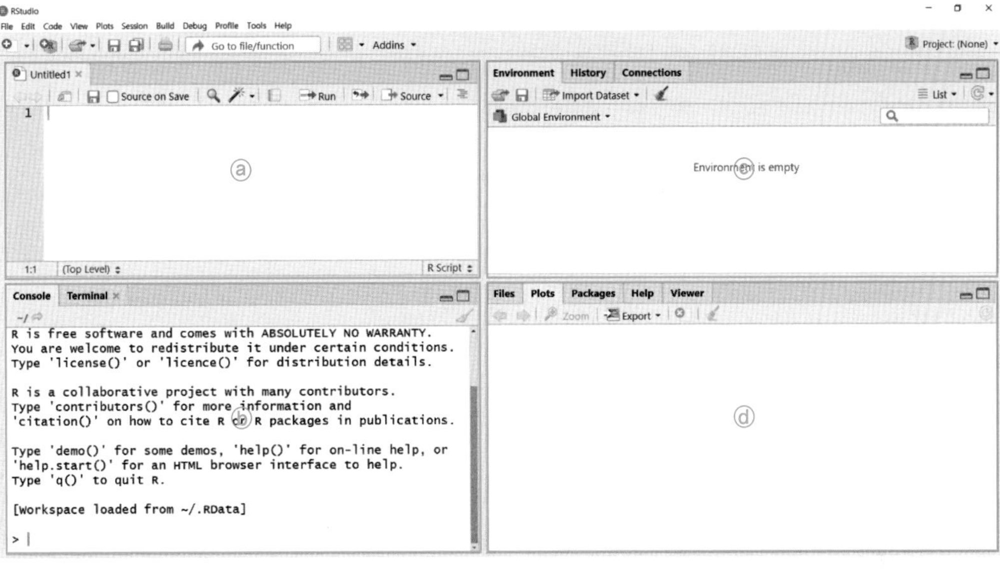

RStudio의 화면 구성

② R의 데이터 타입

ⓐ 문자형 타입

character는 문자형 타입으로, 따옴표 혹은 쌍따옴표로 표시할 수 있다. 숫자, 문자, 논리형 모두 따옴표 혹은 쌍따옴표 안에 표시할 경우 모두 문자형이 된다. 각 변수의 타입은 class 함수를 이용해 확인할 수 있다. class 함수는 데이터 타입을 문자열로 반환해준다.

- 앞으로 진행할 RStudio의 Console 창을 활용한 실습은 다음 그림과 R 스크립트 창에 명령문을 입력한 뒤 Ctrl + Enter를 입력함으로써 직접 실행하고 경험해보기를 권장한다.

```
> class('abc')
[1] "character"
> class("abc")
[1] "character"
> class('1')
[1] "character"
> class("TRUE")
[1] "character"
```

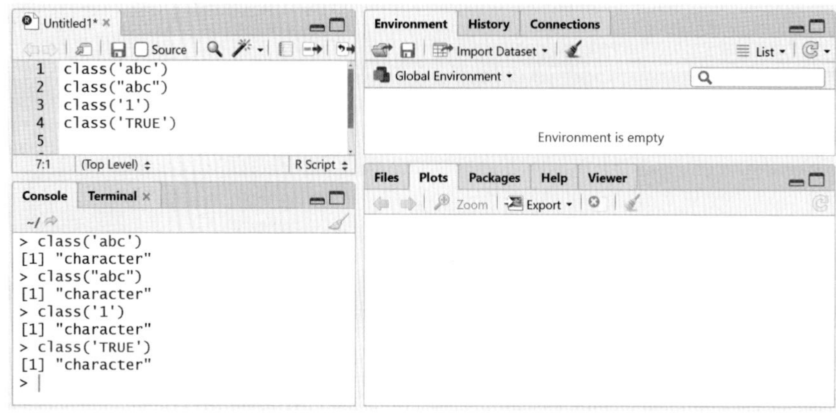

R 명령문 입력 예시

ⓑ 숫자형 타입

계산이 가능한 데이터를 숫자형 타입이라 한다. 숫자형 타입에는 numeric(숫자형), double(실수), integer(정수), complex(복소수) 등이 있다. double은 숫자형 타입으로 숫자로만 표현이 가능하다. Inf는 Infinite의 약자로, 무한대를 의미하며, -Inf는 음의 무한대를 의미한다.

```
> class(Inf)
[1] "numeric"
> class(1)
[1] "numeric"
> class(-3)
[1] "numeric"
```

ⓒ 논리형 타입

logical은 논리형 타입으로 참 혹은 거짓을 의미한다.

```
> class(TRUE)
[1] "logical"
> class(FALSE)
[1] "logical"
```

ⓓ NaN, NA, NULL

NaN은 'Not a Number'의 약자로 음수의 제곱근을 구하려고 시도하는 것과 같은 경우에 오류와 함께 숫자가 아님을 반환한다. 'Not Available'의 약자인 NA와 NULL은 결측값을 의미한다. NA는 하나의 공간을 차지하는 결측값을 의미하는 반면 NULL은 공간을 차지하지 않는 존재하지 않는 값을 의미한다.

```
> sqrt(-3)
[1] NaN  ←―――――――― 결과와 경고를 반환
Warning message:
In sqrt(-3)   :  NaNs produced
> class(NA)
[1] "logical"
> class(NULL)
[1] "NULL"
```

2. R 기본 문법

(1) 연산자

① 대입 연산자

- 대입 연산자는 변수에 값을 할당하기 위해 사용하는 연산자로, 크게 5가지가 있다.
- 변수에 값이 정상적으로 할당되었다면 RStudio의 오른쪽 상단에 있는 환경 창에 변수와 그에 대응되는 값 혹은 데이터의 개요가 등록될 것이다.

대입 연산자	내용
<- , <<- , =	오른쪽 값을 왼쪽에 대입
-> , ->>	왼쪽 값을 오른쪽에 대입

```
> string1 <- 'abc'
> "data" -> string2
> number1 <<- 15
> Inf ->> number2
> logical = NA
```

② 비교 연산자

- 대입 연산자에 의하여 할당된 값과 변수를 비교하거나 임의의 숫자, 문자 혹은 논리값을 비교할 수 있다. NA는 비교할 값이 존재하지 않으므로 어떤 것과 비교를 하더라도 NA를 반환한다.

비교 연산자	내용
==	두 값이 같은지 비교
< , >	초과, 미만을 비교
!=	두 값이 다른지를 비교
<= , =>	이상, 이하를 비교
is.character	문자형인지 아닌지를 비교
is.numeric	숫자형인지 아닌지를 비교
is.logical	논리형인지 아닌지를 비교
is.na	NA인지 아닌지를 비교
is.null	NULL인지 아닌지를 비교

TIP _ 결측값과 비교할 때는 반드시 is.na 함수를 활용해야 한다. 1 == NA는 비교할 수 없으므로 FALSE가 아닌 NA를 반환한다.

```
> string1 == 'abc'
[1] TRUE
> string1 != 'abcd'
[1] TRUE
> string2 > 'DATA'
[1] FALSE
> number1 <= 15
[1] TRUE
> is.na(logical)
[1] TRUE
> is.null(NULL)
[1] TRUE
```

③ 산술 연산자

- 두 숫자형 타입의 계산을 위한 연산자로서 다양한 연산이 가능하다.

산술 연산자	내용
+	두 숫자의 덧셈
-	두 숫자의 뺄셈
*	두 숫자의 곱셈
/	두 숫자의 나눗셈
%/%	두 숫자의 나눗셈의 몫
%%	두 숫자의 나눗셈의 나머지

^ , **	거듭제곱
exp()	자연상수의 거듭제곱

④ 기타 연산자

- 논리값을 계산하기 위한 연산자로는 부정 연산자, AND 연산자, OR 연산자가 있다. 부정 연산자는 현재의 논리값에 반대되는 값을 의미하며, AND 연산자는 두 값이 모두 참일 때만 참이 되며, OR 연산자는 둘 중 하나의 값만 참이더라도 참을 반환한다.

기타 연산자	내용
!	부정 연산자
&	AND 연산자
|	OR 연산자

```
> !TRUE
[1] FALSE
> TRUE&TRUE
[1] TRUE
> TRUE&FALSE
[1] FALSE
>!(TRUE&FALSE)
[1] TRUE
> TRUE | FALSE
[1] TRUE
```

(2) R 데이터 구조*

① 벡터

- 벡터는 타입이 같은 여러 데이터를 하나의 행으로 저장하는 1차원 데이터 구조다.
- '연결한다'라는 의미의 'concatenate'의 c를 써서 데이터를 묶을 수 있다.

```
> v4 <- c( 3 , TRUE , FALSE)
> v4
[1] 3 1 0
> v5 <- c( 'a' , 1 , TRUE )
> v5
[1] "a" "1" "TRUE"
```

- 벡터를 생성할 때 c 안에 콤마를 구분자로 써서 성분을 직접 입력할 수 있지만 콜론(:)을 활용하여 시작값과 끝값을 지정해 벡터를 생성할 수도 있다.

```
> v1 <- c( 1 : 6 )
> v1
[1] 1 2 3 4 5 6
```

② 행렬

- 행렬은 2차원 구조를 가진 벡터다. 벡터의 성질을 가지고 있으므로 행렬에 저장된 모든 데이터는 같은 타입이어야 한다.
- 그렇지 못할 경우 자동으로 타입 변환을 수행한다.
- matrix를 사용하여 행렬을 만들 경우 nrow를 사용하여 행의 수를 결정하거나 ncol을 사용하여 열의 수를 결정할 수 있다.

```
> m1 <- matrix( c( 1 : 6 ) , nrow = 2 )
> m1
     [,1] [,2] [,3]
[1,]    1    3    5
[2,]    2    4    6
> m2 <- matrix( c( 1 : 6 ) , ncol = 2 )
> m2
     [,1] [,2]
[1,]    1    4
[2,]    2    5
[3,]    3    6
```

- matrix를 사용하여 행렬을 만들 경우 행렬의 값들이 열로 저장되는 것을 볼 수 있다. 하지만 byrow 옵션에 T(TRUE)를 지정하면 값들이 열이 아닌 행으로 저장된다.

```
> m3 <- matrix( c( 1 : 6 ) , nrow = 2 , byrow = T )
> m3
     [,1] [,2] [,3]
[1,]    1    2    3
[2,]    4    5    6
```

- 행렬을 만드는 또 다른 방법은 벡터에 차원을 주는 방법이다. dim 함수를 사용하면 행의 개수와 열의 개수를 지정하여 행렬로 변환할 수 있다. 또한 다음 페이지의 콘솔 창에서 볼 수 있듯이 dim 함수는 벡터를 행렬로 변환할 뿐만 아니라 주어진 행렬이 몇 개의 행과 몇 개의 열로 구성되어 있는지 행렬의 크기를 나타내기도 한다.

```
> v1 <- c( 1 : 6 )
> v1
[1] 1 2 3 4 5 6
> dim(v1) <- c( 2 , 3 )
> v1
     [,1] [,2] [,3]
[1,]    1    3    5
[2,]    2    4    6
```

③ 배열

- 3차원 이상의 구조를 갖는 벡터를 배열이라고 한다.
- 배열 또한 벡터의 성질을 가지고 있으므로 하나의 배열에 포함된 데이터는 모두 같은 타입이어야 한다. array를 사용하여 배열을 만들 수 있으나 몇 차원의 구조를 갖는지 dim 옵션에 명시해야 한다.
- 그렇지 않으면 1차원 벡터가 생성된다.

```
> a1 <- array( c( 1 : 12 ) , dim = c( 2 , 3 , 2 ) )
> a1
, , 1
     [,1] [,2] [,3]
[1,]    1    3    5
[2,]    2    4    6
, , 2
     [,1] [,2] [,3]
[1,]    7    9   11
[2,]    8   10   12
```

- 배열을 생성하는 또 다른 방법으로 행렬과 마찬가지로 dim 함수를 사용해서 벡터에 차원을 지정해 만들 수 있다.

```
> a2 <- c( 1 : 12 )
 [1] 1 2 3 4 5 6 7 8 9 10 11 12
> dim(a2) <- c( 2 , 3 , 2 )
```

④ 리스트

- 리스트는 데이터 타입, 데이터 구조에 상관없이 사용자가 원하는 모든 것을 저장할 수 있는 자료구조다. 즉, 리스트는 성분 간에 이질적인 특징을 가지고 있다.

- 다음은 R 콘솔에서 list()를 사용해서 list를 담을 변수를 선언하고 첫 번째 성분으로 숫자형 데이터를, 두 번째 성분으로 벡터를, 세 번째 성분으로 행렬을, 네 번째 성분으로는 배열을 담은 뒤 리스트를 출력한 결과다.

```
> L <- list()
> L[[1]] <- 5
> L[[2]] <- c( 1 : 6 )
> L[[3]] <- matrix( c( 1 : 6 ) , nrow=2 )
> L[[4]] <- array( c( 1 : 12 ) , dim=c( 2 , 3 , 2 ) )
> L
[[1]]
[1] 5

[[2]]
[1] 1 2 3 4 5 6

[[3]]
     [,1] [,2] [,3]
[1,]    1    3    5
[2,]    2    4    6

[[4]]
, , 1
     [,1] [,2] [,3]
[1,]    1    3    5
[2,]    2    4    6
, , 2
     [,1] [,2] [,3]
[1,]    7    9   11
[2,]    8   10   12
```

⑤ 데이터프레임

- 데이터프레임은 데이터 분석을 위한 2차원 구조를 갖는 관계형 데이터 구조로서 R에서 가장 많이 활용되는 데이터 구조다.
- 행렬과 같은 모양을 갖지만 여러 개의 벡터로 구성되어 있기 때문에 각 열은 서로 다른 타입의 데이터를 가질 수 있다.

```
> v1 <- c( 1 , 2 , 3 )
> v2 <- c( 'a' , 'b' , 'c' )
> df1 <- data.frame( v1 , v2 )
```

```
> df1
  v1 v2
1  1  a
2  2  b
3  3  c
```

> 참고 **배열의 시작 인덱스 값**
>
> 파이썬, 자바, C 등 많은 언어는 배열의 시작 인덱스 값을 0으로 갖지만, R의 벡터는 시작 인덱스 값을 1로 갖는다.

(3) R 내장 함수

① 기본 함수

함수	내용	함수	내용
help() 또는 ?	함수들의 도움말을 볼 수 있다.	rm()	대입 연산자에 의해 생성된 변수를 삭제한다.
paste()	문자열을 이어 붙인다.	ls()	현재 생성된 변수들의 리스트를 보여준다.
seq()	시작값, 끝값, 간격으로 수열을 생성한다.	print()	값을 콘솔창에 출력한다.
rep()	주어진 데이터를 일정 횟수만큼 반복한다.		

```
> help(paste)  # 명령어 입력 후 우측 하단 도움말에 결과가 출력된다.
> ?paste
> paste( 'This is' , 'a pen' )
[1] "This is a pen"
> seq( 1 , 10 , by=2 )
[1] 1 3 5 7 9
> rep( 1 , 5 )
[1] 1 1 1 1 1
> a <- 1
> a
[1] 1
> rm( a )
> a
ERROR: object 'a' not found
> ls()
[1] "a1" "a2" "m1" "m2" "v1" "v2" "df1"
> print(10)
[1] 10
```

② 통계 함수*

함수	내용	예시
sum	입력된 값의 합을 구한다.	sum(vector1)
mean	입력된 값의 평균을 구한다.	mean(vector1)
median	입력된 값의 중앙값을 구한다.	median(vector1)
var	입력된 값의 표본 분산을 구한다.	var(vector1)
sd	입력된 값의 표본 표준편차를 구한다.	sd(vector1)
max	입력된 값의 최댓값을 구한다.	max(vector1)
min	입력된 값의 최솟값을 구한다.	min(vector1)
range	입력된 값의 최댓값과 최솟값을 구한다.	range(vector1)
summary	입력된 값의 요약값을 구한다.	summary(vector1)
skewness	입력된 값의 왜도를 구한다.	skewness(vector1)
kurtosis	입력된 값의 첨도를 구한다.	kurtosis(vector1)

```
> v1 <- c( 1 : 9 )
> sum( v1 )
[1] 45
> mean( v1 )
[1] 5
> median( v1 )
[1] 5
> var( v1 )
[1] 7.5
> sd( v1 )
[1] 2.738613
> max( v1 )
[1] 9
> min( v1 )
[1] 1
> range( v1 )
[1] 1 9
> summary( v1 )
Min.  1st Qu.  Median  Mean  3rd Qu.  Max.
   1        3       5     5        7     9
# 첨도와 왜도 값 계산 함수를 사용하려면 별도의 패키지가 필요하다.
> install.packages("fBasics")
```

```
> library( fBasics )
> skewness(v1)
[1] 0
attr(,"method")
[1] "moment"
> kurtosis(v1)
[1] -1.601481
attr(,"method")
[1] "excess"
```

(4) R 데이터 핸들링

① 데이터 이름 변경

- 행렬, 배열, 데이터프레임과 같이 2차원 이상의 데이터 구조는 colnames와 rownames 함수를 사용하여 행과 열의 이름을 알 수 있으며, 이름을 지정할 수 있다.

```
> m1 <- matrix( c( 1 : 6 ) , nrow = 2 )
> colnames( m1 ) <- c( 'c1' , 'c2' , 'c3' )
> rownames( m1 ) <- c( 'r1' , 'r2' )
> m1
   c1  c2  c3
r1  1   3   5
r2  2   4   6
> colnames( m1 )
[1] "c1" "c2" "c3"
> rownames( m1 )
[1] "r1" "r2"
> df1 <- data.frame( x = c( 1 , 2 , 3 ) , y = c ( 4 , 5 , 6 ) )
> colnames( df1 ) <- c( 'c1' , 'c2' )
> rownames( df1 ) <- c( 'r1' , 'r2' , 'r3' )
> df1
   c1  c2
r1  1   4
r2  2   5
r3  3   6
> colnames( df1 )
[1] "c1" "c2"
> rownames( df1 )
[1] "r1" "r2" "r3"
```

② 데이터 추출

- R이 보유한 여러 데이터 구조, 즉 벡터, 행렬, 배열, 리스트, 데이터프레임 모두 인덱싱을 지원하기 때문에 대괄호 기호([,])를 사용하여 원하는 위치의 데이터를 손쉽게 얻을 수 있으며 행과 열의 이름으로도 데이터를 얻을 수 있다.

```
> v1 <- c( 3 , 6 , 9 , 12 )
> v1[ 2 ]
[1] 6
> m1 <- matrix( c( 1 : 6 ) , nrow = 3 )
> m1[ 2 , 2 ]
[1] 5
> colnames( m1 ) <- c( 'c1' , 'c2' )
> m1[ , 'c1' ]
[1] 1 2 3
> rownames( m1 ) <- c( 'r1' , 'r2' , 'r3' )
> m1[ 'r3' , 'c2' ]
[1] 6
```

- 데이터프레임에서는 $ 기호를 사용하여 원하는 열의 데이터를 구할 수 있으며, $와 [ ]를 혼용할 수 있다.

```
> v1 <- c( 1 : 6 )
> v2 <- c( 7 : 12 )
> df1 <- data.frame( v1 , v2 )
> df1$v1
[1] 1 2 3 4 5 6
> df1$v2[3]
[1] 9
```

③ 데이터 결합

- R에서 벡터, 행렬, 데이터프레임을 서로 결합하는 방법은 다양하다. 그중 데이터를 행으로 결합하는 rbind와 열로 결합하는 cbind가 대표적이다.

```
> v1 <- c( 1 , 2 , 3 )
> v2 <- c( 4 , 5 , 6 )
> rbind( v1 , v2 )
   [,1] [,2] [,3]
v1    1    2    3
v2    4    5    6
```

```
> cbind( v1 , v2 )
     v1 v2
[1,]  1  4
[2,]  2  5
[3,]  3  6
```

- 행렬과 행렬, 데이터프레임과 데이터프레임의 경우 행의 수 혹은 열의 수가 같을 경우 결합이 가능하다. 하지만 벡터와 벡터의 결합에서는 재사용 규칙으로 인하여 부족한 데이터를 앞에서부터 다시 재활용하여 사용하며 오류와 함께 결과를 반환한다.

```
> v1 <- c( 1 , 2 , 3 )
> v2 <- c( 4 , 5 , 6 , 7 , 8 )
> rbind( v1 , v2 )
   [,1] [,2] [,3] [,4] [,5]
v1    1    2    3    1    2   ← 재사용 규칙에 의하여 v1에서 재사용됨
v2    4    5    6    7    8
Warning message:
In rbind(v1, v2) :
  number of columns of result is not a multiple of vector length (arg 1)
```

(5) 제어문

① 반복문

- 반복문은 대표적인 제어문 중 하나로 특정 부분의 코드가 반복적으로 수행되도록 한다.
- for 반복문과 while 반복문의 두 가지 종류가 있다.

```
> for ( i in 1:3 ){
+   print( i )
+ }
# 콘솔박스에서 명령어가 완성되지 않은 채 엔터가 입력되면 자동으로 +가 입력된다. 따라서 +는 입력하지 않는다.

[1] 1
[1] 2
[1] 3

> data <- c( "a" , "b" , "c" )
> for ( i in data ){
    print( i )
```

```
  }
[1] "a"
[1] "b"
[1] "c"

> i <- 0
> while( i < 5 ){
    print( i )
    i <- i + 1
  }
[1] 0
[1] 1
[1] 2
[1] 3
[1] 4
```

② 조건문

- 조건문은 반복문과 함께 가장 많이 사용되는 제어문 중 하나로서 참과 거짓에 따라 특정 코드가 수행될지 혹은 수행되지 않을지를 결정한다.

```
> number <- 5
> if ( number < 5 ){
    print( 'number는 5보다 작다.' )
  } else if ( number > 5 ){
    print( 'number는 5보다 크다.' )
  }else{
    print( 'number는 5와 같다.' )
  }
[1] "number는 5와 같다."

> number <- 3
> if ( number < 5 ){
    print( 'number는 5보다 작다.' )
  } else if ( number > 5 ){
    print( 'number는 5보다 크다.' )
  }else{
    print( 'number는 5와 같다.' )
  }
[1] "number는 5보다 작다."
```

```
> number <- 7
> if ( number < 5 ){
    print( 'number는 5보다 작다.' )
  } else if ( number > 5 ){
    print( 'number는 5보다 크다.' )
  }else{
    print( 'number는 5와 같다.' )
  }
[1] "number는 5보다 크다."
```

참고 **R에서의 '+' 기호**

R을 처음 접하는 사용자라면 콘솔 창에서 좌측에 표시된 + 기호 때문에 혼동될 수 있지만 + 기호는 이전 문장과 이어진 하나의 연속된 명령문을 표시하는 의미일 뿐이며, 다음 그림과 같이 입력하면 된다. 좌측 상단의 스크립트창에서 명령어를 입력하면 + 기호가 나타나지 않는다.

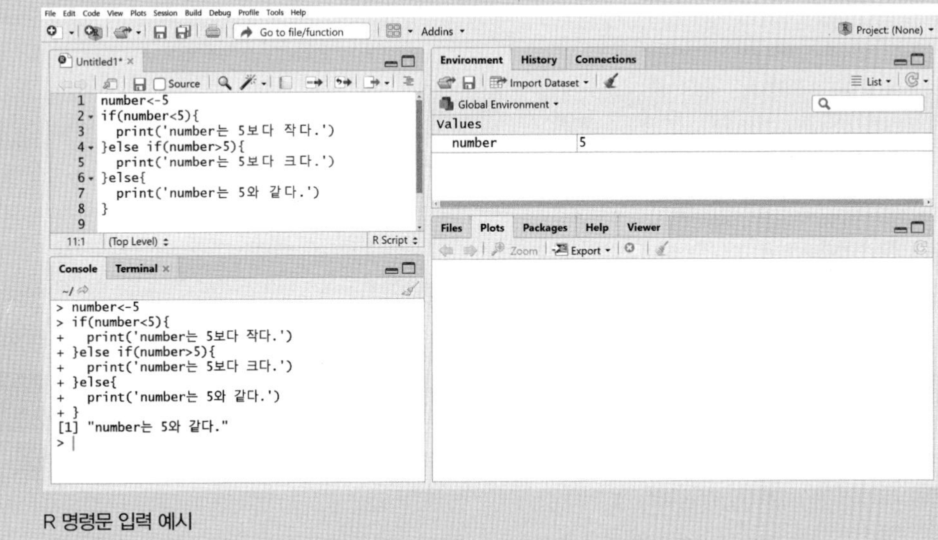

R 명령문 입력 예시

③ 사용자 정의 함수

- 자주 사용되는 구문을 필요할 때마다 작성하지 않고 하나의 함수로 명명하여 저장하였다가 필요한 경우 함수를 호출해서 대신할 수 있다.

```
> comparedTo5 <- function( number ){
>  if ( number < 5 ){
     print( 'number는 5보다 작다.' )
```

```
  } else if ( number > 5 ){
   print( 'number는 5보다 크다.' )
  }else{
   print( 'number는 5와 같다.' )
  }
 }
> comparedTo5( 10 )
[1] "number는 5보다 크다."
> comparedTo5( 3 )
[1] "number는 5보다 작다."
> comparedTo5( 5 )
[1] "number는 5와 같다."
```

④ 주석

- 주석은 R에서 실행되지 않는 문장으로, 바로 위 혹은 바로 아래에 위치한 R 코드를 설명하거나 함수를 설명할 목적으로 작성하는 글로서 #을 사용하여 표시한다.

```
# 1+1을 계산하는 방법
> 1 + 1
[1] 2
```

(6) 통계분석에 자주 사용되는 R 함수

① 숫자 연산

함수	내용
sqrt	주어진 수의 제곱근을 구한다.
abs	주어진 수의 절댓값을 구한다.
exp	자연상수 e의 제곱수를 구한다.
log	밑이 자연상수인 로그 값을 구한다.
log10	밑이 10인 로그 값을 구한다.
pi	원주율을 의미하는 pi 값인 3.141592를 나타낸다.
round	주어진 수의 반올림 값을 구한다
ceiling	주어진 수를 올림한다.
floor	주어진 수를 내림한다.

② 문자 연산

함수	내용
tolower	주어진 문자열을 소문자로 바꾼다.
toupper	주어진 문자열을 대문자로 바꾼다.
nchar	주어진 문자열의 길이를 구한다.
substr	문자열의 일부분을 추출한다.
strsplit	문자열을 구분자로 나누어 쪼갠다.
grepl	문자열에 주어진 문자가 있는지 확인한다.
gsub	문자열의 일부분을 다른 문자로 대체한다.

```
# 문자열 데이터 생성
> data <- 'This is a pen'
> tolower( data )
[1] 'this is a pen'
> toupper( data )
[1] 'THIS IS A PEN'
> nchar( data )
[1] 13
> substr( data , 9 , 13 )
[1] 'a pen'
> strsplit( data , 'is' )
[ [ 1 ] ]
[1] 'Th'  ' '  ' a pen'
> grepl( 'pen' , data )
[1] TRUE
> gsub( 'pen' , 'banana' , data )
[1] 'This is a banana'
```

③ 벡터 연산

함수	내용
length	주어진 벡터의 길이를 구한다.
paste	주어진 벡터를 구분자를 기준으로 결합한다.
cov	두 수치 벡터의 공분산을 구한다.
cor	두 수치 벡터의 상관계수를 구한다.
table	데이터의 개수들을 구한다.
order	벡터의 순서를 구한다.

④ 행렬 연산

함수	내용
t	전치행렬을 구한다.
diag	대각행렬을 구한다.
%*%	두 행렬을 곱한다.

⑤ 데이터 탐색

함수	내용
head	데이터의 앞 일부분을 보여준다.
tail	데이터의 뒤 일부분을 보여준다.
quantile	수치 벡터의 4분위수를 보여준다.

```
# 벡터 생성
> x <- c( 1 : 12 )
# 기본값은 6이지만 원하는 개수만큼 데이터를 탐색한다.
> head( x , 5 )
[1]  1  2  3  4  5
> tail( x , 5 )
[1]  8  9  10  11  12
> quantile( x )
   0%    25%    50%    75%   100%
 1.00   3.75   6.50   9.25  12.00
```

⑥ 데이터 전처리*

함수	내용
subset	데이터에서 조건식에 맞는 데이터를 추출한다.
merge	두 데이터를 특정 공통된 열을 기준으로 병합한다.
apply	데이터에 열(또는 행)별로 주어진 함수를 적용한다.

```
# 임의의 데이터프레임 생성
> df1 <- data.frame( x = c( 1 , 1 , 1 , 2 , 2 ) , y = c( 2 , 3 , 4 , 3 , 3 ) )
> df2 <- data.frame( x = c( 1 , 2 , 3 , 4 ) , z = c( 5 , 6 , 7 , 8 ) )
> subset( df1 , x == 1 )
  x y
```

```
1 1 2
2 1 3
3 1 4
> merge( df1 , df2 , by = c( 'x' ) )
  x y z
1 1 2 5
2 1 3 5
3 1 4 5
4 2 3 6
5 2 3 6
# 1은 각 행에 함수를 적용, 2는 각 열에 함수를 적용
> apply( df1, 1, sum )
[1]  3  4  5  5  5
> apply( df1, 2, sum )
x   y
7  15
```

⑦ 정규분포(기본값은 표준 정규 분포로 mean = 0, sd = 1이다)

함수	내용
dnorm	정규 분포의 주어진 값에서 함수 값을 구한다.
rnorm	정규 분포에서 주어진 개수만큼 표본을 추출한다.
pnorm	정규 분포에서 주어진 값보다 작을 확률 값을 구한다.
qnorm	정규 분포에서 주어진 넓이 값을 갖는 x값을 구한다.

⑧ 표본추출

함수	내용
runif	균일 분포에서 주어진 개수만큼 표본을 추출한다.
sample	주어진 데이터에서 주어진 개수만큼 표본을 추출한다.

⑨ 날짜

함수	내용
Sys.Date	연, 월, 일을 출력한다.
Sys.time	연, 월, 일, 시간을 출력한다.

함수	내용
as.Date	주어진 데이터를 날짜 형식으로 변환한다.
format	원하는 날짜 형식으로 변경한다.
as.POSIXct	타임스탬프를 날짜 및 시간으로 변환한다.

```
> Sys.Date()
[1]  "2020-01-01"
> Sys.time()
[1]  "2020-01-01  12:00:00 KST"
> as.Date( "2020-01-01" )
[1]  "2020-01-01"
# %Y는 연도 네 자리, %y는 연도 두 자리, %m은 월, %d는 일, %A는 요일 등
> format( Sys.Date() , '%Y/%m/%d' )
[1]  "2020/01/01"
> format( Sys.Date() , '%A' )
[1]  "수요일"
# 시간 데이터를 unclass하면 타임스탬프를 얻을 수 있다.
> unclass( Sys.time() )
[1] 1577804401
> as.POSIXct( 1577804401 , origin = '1970-01-01' )
[1]  "2020-01-01  00:00:01  KST"
```

참고 **타임스탬프**

타임스탬프는 1970년 1월 1일 UTC로부터 특정 날짜까지 몇 초가 흘렀는지 나타내는 값을 의미한다. 예를 들어, 기준 시간으로부터 1년이 지난 1971년 1월 1일 00시 00분 00초의 타임스탬프 값은 1년 = 365일 * 24시간 * 60분 * 60초 = 31536000이다.

⑩ 산점도

함수	내용
plot	주어진 데이터의 산점도를 그린다.
abline	산점도에 추가 직선을 그린다.

```
# 데이터 생성
> x <- c( 1 : 10 )
```

```
> y <- rnorm( 10 )
# 파라미터 type에서 p는 점, l은 직선, b는 점과 직선, n은 아무것도 표시하지 않음을 의미
# xlim로 x축의 범위, ylim로 y축의 범위를 설정할 수 있다.
# xlab, ylab으로 각 축의 이름을 지정할 수 있다.
# main으로 산점도의 이름을 정할 수 있다.
> plot( x , y , type = 'l' , xlim = c( -2 , 12 ) , ylim = c( -3 , 3 ) , xlab = 'X axis' ,
ylab = 'Y axis' , main = 'Test plot' )
# abline의 v는 수직선, h는 수평선을 그리는 매개변수다.
# col 매개변수로 색상을 선택할 수 있다.
> abline( v = c( 1 , 10 ) , col = 'blue' )
```

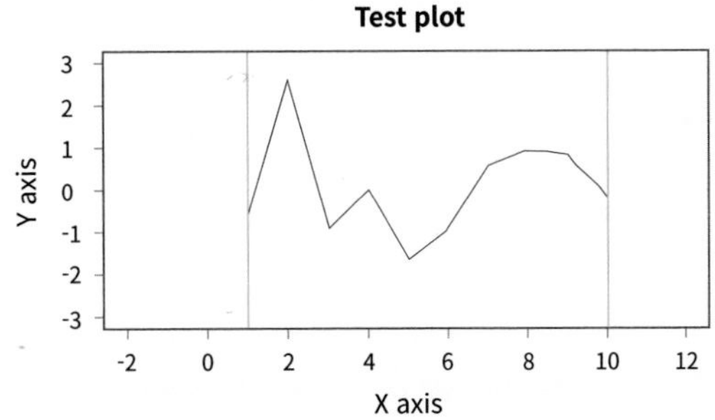

⑪ 파일 읽기 쓰기

함수	내용
read.csv	CSV 파일을 불러온다.
write.csv	주어진 데이터를 CSV 파일로 저장한다.
saveRDS	분석 모델 및 R 파일을 저장한다.
readRDS	분석 모델 및 R 파일을 불러온다.

⑫ 기타

함수	내용
install.packages	패키지를 설치한다.
library	설치된 패키지를 호출한다.
getwd	작업 디렉터리를 확인한다.
setwd	작업 디렉터리를 설정한다.

01. 다음 중 R 프로그래밍 언어에 대하여 잘못 설명한 것은 무엇인가?

① 무료 오픈소스로 사용자 간에 패키지와 최신 기술에 대한 공유가 쉽다.

② 파이썬과 같이 C 언어로 작성되어 속도 면에서 우수한 성능을 보여준다.

③ 인터프리터 언어로 라인별로 문장을 실행할 수 있다.

④ 독립적으로 재활용 가능한 여러 모듈로 구성되어 설치 용량이 작다.

02. 다음 중 RStudio의 오른쪽 하단인 기타 창에서 확인할 수 없는 사항은 무엇인가?

① 도움말 ② 현재 디렉터리의 파일

③ 생성된 변수 ④ 시각화 자료

03. 다음 중 두 번째로 큰 값은 무엇인가?

```
data <- c( 3 , 4 , 2 , 2 )
```

① mean(data) ② median(data)

③ which.max(data) ④ which.min(data)

04. 다음 중 R 데이터 구조에 대한 설명 중 잘못 설명한 것은 무엇인가?

① 리스트에 저장되는 모든 데이터는 서로 다른 형식의 데이터를 저장한다.

② 행렬에 저장되는 모든 데이터는 반드시 같아야 하므로 숫자 행렬에 문자를 추가할 수 없다.

③ 데이터프레임은 여러 개의 벡터로 구성되어 각 열이 다른 타입을 가질 수 있다.

④ 데이터프레임은 가장 많이 사용되는 구조 중 하나로 RDBMS에서 테이블과 유사한 형태다.

05. 다음 R 명령문의 결과로 알맞은 것은 무엇인가?

```
> data <- c( 1 , 2 , NA , 6)
> mean( data )
```

① NA ② 3

③ NaN ④ Warning Message

06. 아래 R 명령문을 수행할 때 가장 마지막에 출력되는 결과로 올바른 것은?

```
> X1 <- c( 1 , 2 , 3 , 4)
> X2 <- c( 2 , 3 , 4 , 5 )
> result <- rbind( X1 , X2 )
> class( result )
```

① vector ② matrix
③ list ④ data.frame

07. 다음 중 plot 함수가 보유하고 있는 매개변수의 사용이 잘못 연결된 것은 무엇인가?

① type = 'n' – none의 약자로 plot 위에 어떠한 결과도 출력하지 않는다.
② xlim = c(1 : 10) – plot의 x축의 범위를 1과 10 사이의 범위로 제한한다.
③ col = 'red' – plot 위에 출력되는 점 또는 선을 빨간색으로 지정한다.
④ main = 'mydata' – plot의 메인 이름을 mydata로 지정한다.

08. 평균이 3, 표준편차가 2인 정규분포로부터 10개의 데이터를 추출하려고 한다. 다음 중 알맞은 R 명령문은 무엇인가?

① dnorm(10 , 2 , 3) ② dnorm(10 , 3 , 2)
③ rnorm(10 , 2 , 3) ④ rnorm(10 , 3 , 2)

09. 아래 R 명령문의 수행 결과는 무엇인가?

```
> myFunction <- function( a , b ){
+   result = 1
+   for( i in 1:a ){
+      result = result + i * b
+   }
+   print( result )
+ }
> myFunction( 3 , 2 )
```

① 7 ② 9
③ 11 ④ 13

【정답&해설】

01. **답:** ②

해설: 파이썬은 C 언어를 기반으로 하지만 R은 S 언어(통계프로그래밍 언어)를 기반으로 작성되어 일반적으로 파이썬이 더 빠르다. 그러나 특정 함수의 경우 R이 더 빠른 경우도 있다. R의 다양한 패키지들은 C, C++, 자바, .NET, 파이썬 등 다양한 언어로 작성 가능하다.

02. **답:** ③

해설: 생성된 변수에 대한 정보는 우측 상단의 환경 창에서 확인할 수 있다.

03. **답:** ①

해설: which.max(data) 〈 median(data) 〈 mean(data) 〈 which.min(data)
2 〈 2.5 〈 2.75 〈 3으로 두 번째로 큰 값은 mean(data)이다.
which.max(data)는 max 값의 위치를 묻는 것으로 가장 큰 값인 4가 있는 2이다.

04. **답**: ②

해설: 행렬에 저장되는 모든 데이터 타입은 같아야 한다. 숫자 행렬에 문자가 추가되는 경우 숫자 행렬의 모든 숫자들이 문자 타입으로 변경되면서 문자가 추가된다.

05. **답**: ①

해설: 벡터에 결측값이 존재하는 경우 평균값을 계산할 수 없다. 결측값을 무시하고 평균을 구하기 위해서는 mean(data , na.rm = T)를 사용한다.

06. **답**: ②

해설: rbind와 cbind는 두 벡터의 결합으로 행렬(matrix)을 반환한다.

07. **답**: ②

해설: xlim은 x축의 범위를 제한하는 매개변수지만 콜론이 아닌 콤마로 표현한다.

xlim = c(1, 10)

08. **답**: ④

해설: 정규분포로부터 데이터를 추출하는 함수는 rnorm 함수다. 사용법은 rnorm(데이터 개수, 평균, 표준편차)이다.

09. **답**: ④

해설: i == 1일 때 result = result + 1 * 2로 result = 3

i == 2일 때 result = result + 2 * 2로 result = 7

i == 3일 때 result = result + 3 * 2로 result = 13

02 데이터 마트

1. 데이터 마트의 이해

(1) 데이터 마트★

- 효율적인 데이터 분석을 위해서는 데이터를 체계적으로 준비할 필요가 있다. 따라서 데이터 분석을 하기에 앞서 분석 목적에 맞춰 데이터를 수집, 변형하는 과정이 필요하다.
- 데이터 마트란 데이터 웨어하우스로부터 특정 사용자가 관심을 갖는 데이터들을 주제별, 부서별로 추출하여 모은 비교적 작은 규모의 데이터 웨어하우스다.
- 이렇게 분석 목적별, 주제별, 부서별로 데이터를 수집하고 변형하여 한 곳에 모으는 작업을 데이터 마트 개발이라 부른다.
- 효율적인 데이터 마트 개발을 위하여 R에서 제공하는 reshape, sqldf, plyr 등의 다양한 패키지를 활용할 수 있다.

【 데이터 웨어하우스와 데이터 마트 】

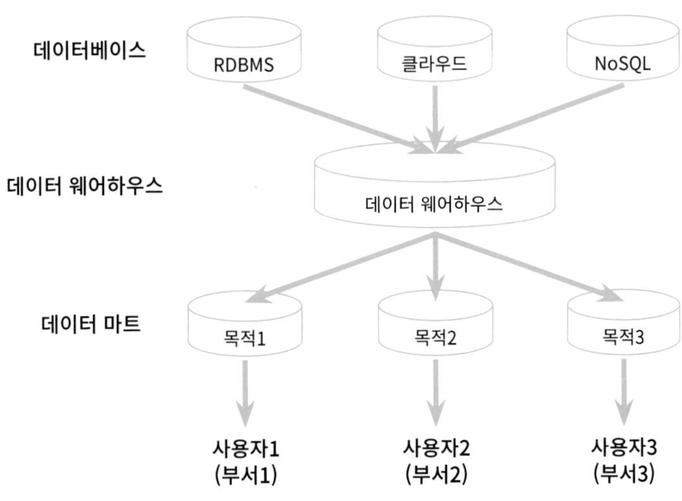

(2) 데이터 전처리

- 데이터 마트에 사용자가 원하는 데이터를 수집하고 변형하여 적재했다면(데이터 마트를 개발했다면), 이제 전처리 단계를 거쳐야 한다.

- 빅데이터 분석 단계에 들어가기 전, 데이터를 전처리(preprocessing)하는 과정이 꼭 필요하다. 이 전처리에는 데이터를 정제(cleansing)하는 과정과 분석 변수를 처리하는 과정이 포함된다. 간혹 인터넷 상에서 이 둘을 혼용하는 사례가 있는데, 전처리는 정제와 변수 처리를 포함한 광의의 개념이다.

- 데이터 정제 과정은 크게 결측값과 이상값을 처리하는 내용으로 이루어진다. 분석 변수 처리 과정은 변수 선택, 차원 축소, 파생변수 생성, 변수 변환, 클래스 불균형(불균형 데이터 처리) 등으로 이루어진다.

요약변수와 파생변수

EASY BOX

- **전처리**: 데이터 전처리 작업은 결측값과 이상값을 처리하는 '정제' 작업 외에도 변수처리 작업이 포함된다. 여기서 변수를 처리한다는 의미는 데이터 분석에 맞게 데이터셋의 변수들을 선택, 차원 축소, 파생변수 생성 등의 작업을 수행한다는 것이다. 데이터 전처리는 '요리'에 빗대어 비유하자면, 본격적인 요리를 시작하기에 앞서 양파를 잘게 썰어놓거나 양념장을 미리 만들거나 재료를 미리 손질하는 등의 작업이다. 이때 요약변수와 파생변수를 생성하는 작업은 분석에 있어 매우 중요하다.
- **요약변수**: 요약 변수는 원래의 데이터로부터 기본적인 통계 자료를 추출한 변수를 의미한다. 예컨대 총 합계, 평균, 횟수, 성별 구분 등 분석에 활용되는 기본적인 변수들로 재활용성이 높다. 기초적인 통계자료들이 여기에 속한다.
- **파생변수**: 파생변수는 범용으로 활용되는 기본적인 통계자료가 아닌, 특정한 목적을 갖고 조건을 만족하는 변수들을 새롭게 생성한 것을 의미한다. 예컨대 단순하게 합계를 구해 새로운 변수로 만들었다면 그것은 요약변수지만, 특정한 매장의 월별 합계 혹은 특정 기간 남성 고객의 구매 총액 등과 같이 목적 및 조건을 만족하는 변수를 생성했다면 그것은 파생변수다. 따라서 파생변수에는 목적에 따른 특정한 의미가 부여된다. 그래서 파생변수는 주관적일 수 있으므로 논리적 타당성을 갖추어야 한다.

2. 데이터 마트 개발을 위한 R 패키지 활용

(1) reshape 패키지

- reshape 패키지는 20개에 가까운 함수들을 보유하고 있으며, 데이터 마트를 개발하는 데 강력한 melt와 cast라는 두 개의 함수가 있다.

- 이 패키지에 포함된 함수와 활용법은 R 공식 문서에서 확인할 수 있다.

- reshape 공식 문서: https://cran.r-project.org/web/packages/reshape/reshape.pdf
- melt 함수: '녹이다'라는 뜻의 melt 함수는 데이터를 특정 변수를 기준으로 녹여서 나머지 변수에 대한 세분화된 데이터를 만들 수 있다. 다음 예제와 같이 직접 데이터셋을 만들고 melt 함수를 활용해 보는 것을 권장한다.

```
> score # 두 학생의 학기별 점수 데이터프레임
  student_number  semester math_score english_score
1              1         1         60            80
2              2         1         90            70
3              1         2         70            40
4              2         2         90            60

# reshape가 설치 및 호출되지 않을 경우 reshape2를 설치해도 된다.
> library( reshape )
> melt( score , id = c( "student_number" , "semester" ) )
  student_number  semester      variable  value
1              1         1    math_score     60
2              2         1    math_score     90
3              1         2    math_score     70
4              2         2    math_score     90
5              1         1 english_score     80
6              2         1 english_score     70
7              1         2 english_score     40
8              2         2 english_score     60
```

- cast 함수: '주조하다'라는 의미의 cast 함수는 melt에 의해 녹은 데이터를 요약을 위해 새롭게 가공할 수 있게 도와준다.

```
# melt를 활용하여 얻은 결과를 melted_score로 저장
> melted_score <- melt( score , id = c( "student_number" , "semester" ) )
>
# 학생의 과목별 평균점수를 알고 싶은 경우
> cast( melted_score , student_number ~ variable , mean )
  student_number math_score english_score
1              1         65            60
2              2         90            65
>
# 학생의 학기별 평균점수를 알고 싶은 경우
> cast( melted_score , student_number ~ semester , mean )
  student_number  1  2
1              1 70 55
```

```
2              2  80  75
>
# 학생의 과목별 최댓값을 알고 싶은 경우
> cast( melted_score , student_number ~ variable , max )
  student_number  math_score  english_score
1              1          70             80
2              2          90             70
```

(2) sqldf 패키지

- sqldf는 표준 SQL 문장을 활용하여 R에서 데이터프레임을 다루는 것을 가능하게 해주는 패키지로서 SAS에서 PROC SQL과 같은 역할을 한다. (SQL 문에 대한 자세한 설명은 1과목 1장을 참고바란다.)

```
> library( sqldf )
> sqldf( 'select * from score' )
  student_number   semester  math_score  english_score
1              1          1          60             80
2              2          1          90             70
3              1          2          70             40
4              2          2          90             60
>
> sqldf( 'select * from score where student_number = 1' )
  student_number  semester  math_score  english_score
1              1         1          60             80
2              1         2          70             40
>
> sqldf( 'select avg(math_score) , avg(english_score) from score group by student_number' )
  student_number  avg(math_score)  avg(english_score)
1              1               65                  60
2              2               90                  65
```

(3) plyr 패키지

- plyr은 apply 함수를 기반으로 데이터를 분리하고 다시 결합하는 가장 필수적인 데이터 처리 기능을 제공한다. plyr은 입력되는 데이터 구조와 출력되는 데이터 구조에 따라 여러 가지 함수를 지원한다.
- 이 밖에도 다양한 함수를 제공하지만 그중 ddply 함수는 시험 출제 빈도와 실제 활용 빈도가 상당히 높으므로 반드시 숙지하기를 권한다.
- plyr 공식 문서: https://cran.r-project.org/web/packages/plyr/plyr.pdf

		입력 데이터 구조		
		데이터프레임	리스트	배열
출력 데이터 구조	데이터프레임	ddply	ldply	adply
	리스트	dlply	llply	alply
	배열	daply	laply	aaply

```
> score

  class math english
1     A   50      70
2     A   70      80
3     B   60      60
4     B   90      80
>
> library( plyr )
> ddply( score , "class" , summarise , math_avg = mean(math) , eng_avg = mean(english) )

  class math_avg eng_avg
1     A       60      75
2     B       75      70

# summarise는 데이터 요약, transform은 기존 데이터에 추가
> ddply( score , "class" , transform , math_avg = mean(math) , eng_avg = mean(english) )

  class math english math_avg eng_avg
1     A   50      70       60      75
2     A   70      80       60      75
3     B   60      60       75      70
4     B   90      80       75      70
>
> data

    year  month  value
1   2012      1      3
2   2012      1      5
3   2012      2      7
4   2012      2      9
5   2013      1      1
6   2013      1      5
7   2013      2      4
```

```
8  2013       2     6
```

```
# 기준이 되는 변수를 2개 이상 묶어서 사용 가능
> ddply( data , c( "year" , "month" ) , summarise , value_avg = mean(value) )

  year  month  value_avg
1  2012     1          4
2  2012     2          8
3  2013     1          3
4  2013     2          5
```

```
# 원하는 임의의 함수를 작성해서 사용 가능
> ddply( data , c( "year" , "month" ) , function(x){
+ value_avg = mean( x$value )
+ value_sd = sd( x$value )
+ data.frame( avg_sd = value_avg / value_sd )
+ } )

  year  month    avg_sd
1  2012     1  2.828427
2  2012     2  5.656854
3  2013     1  1.060660
4  2013     2  3.535534
```

(4) data.table 패키지★

- 데이터 테이블은 데이터프레임과 유사하지만 특정 칼럼별로 주솟값을 갖는 인덱스를 생성하여 연산 및 검색을 빠르게 수행할 수 있는 데이터 구조다.
- 기존 데이터프레임보다 적게는 4배에서 크게는 100배에 가까운 빠른 속도로 데이터를 탐색, 연산, 정렬, 병합할 수 있게 한다.

```
> year <- rep( c( 2012:2015 ) , each = 12000000 )
> month <- rep( rep( c( 1:12 ) , each = 1000000 ) , 4 )
> value <- runif( 48000000 )
# 같은 데이터로 4800만 개의 행을 갖는 데이터프레임과 데이터 테이블을 생성
> DataFrame <- data.frame( year , month , value )
> DataTable <- as.data.table( DataFrame )
# 데이터프레임의 검색 시간을 측정
> system.time( DataFrame[ DataFrame$year == 2012 , ] )
```

```
  사용자   시스템  elapsed
   1.05     0.11     1.16
# 데이터 테이블의 검색 시간을 측정
> system.time( DataTable[ DataTable$year == 2012 , ] )
  사용자   시스템  elapsed
   0.27     0.12     0.25
# 명령문의 시작부터 종료까지 0.25초
# 데이터 테이블의 연도 칼럼에 키 값을 설정
# 칼럼이 키 값으로 설정될 경우 자동 오름차순 정렬
> setkey( DataTable , year )
# 키 값으로 설정된 칼럼과 J 표현식을 사용한 검색 시간 측정
> system.time( DataTable[ J(2012) ] )
  사용자   시스템  elapsed
   0.16     0.12     0.12
# 명령문의 시작부터 종료까지 0.12초
# 키 값을 활용한 데이터 테이블의 탐색 속도가 더 빠른 것을 확인할 수 있다.
```

3과목 / 1장 / 핵 · 심 · 문 · 제

01. 다음 중 여러 곳에 흩어진 데이터를 수집한 뒤 이용자의 목적에 맞게 구성된 데이터의 집합은 무엇인가?

① 데이터베이스 ② 데이터 마트
③ 데이터 레이크 ④ 하둡

02. 다음 보기에서 설명하는 패키지는 무엇인가?

> 데이터프레임을 하나 이상의 특정 변수를 기준으로 나누는 함수와 나누어진 데이터를 원하는 구성으로 재결합하는 함수를 대표적인 함수로 제공하며, 유연한 데이터 재구성 및 총계 처리가 가능하도록 도와주는 패키지다.

① reshape ② sqldf
③ plyr ④ dplyr

【정답&해설】

01. 답: ②

해설: 데이터 웨어하우스로부터 추출되는 데이터로서 사용자가 목적에 맞게 이용할 수 있는 데이터 집합인 데이터 마트다.

02. 답: ①

해설: reshape는 데이터를 하나 이상의 특정 변수를 기준으로 나누는 melt 함수와 나누어진 데이터를 재구성하는 cast 함수로 구성되어 있다.

03 데이터 탐색

1. 탐색적 데이터 분석(EDA)

(1) 탐색적 데이터 분석(EDA)

- 탐색적 데이터 분석(EDA: Exploratory Data Analysis)이란 데이터를 이해하고 의미 있는 관계를 찾아내기 위해 데이터의 통곗값과 분포 등을 시각화하고 분석하는 것을 말한다.
- 탐색적 데이터 분석을 통해 데이터 특성을 이해하고 이를 토대로 분석 모델을 구축할 수 있다.

(2) 붓꽃(IRIS) 데이터를 이용한 탐색적 데이터 분석의 예

- 붓꽃(IRIS) 데이터는 통계학자 피셔의 붓꽃 분류 연구에 기반한 데이터로 R 실습에 자주 활용된다.
- 세 가지 붓꽃 종(Species)에 따른 꽃받침 길이(Sepal Length), 꽃받침 폭(Sepal Width), 꽃잎 길이(Petal Length), 꽃잎 폭(Petal Width)을 기록한 데이터다.
- 붓꽃(IRIS) 데이터는 R에 기본 데이터로 내장되어 있으며, iris라는 데이터프레임을 불러올 수 있다.

```
> head( iris , 3 )
  Sepal.Length Sepal.Width Petal.Length Petal.Width Species
1          5.1         3.5          1.4         0.2  setosa
2          4.9         3.0          1.4         0.2  setosa
3          4.7         3.2          1.3         0.2  setosa

# 기초 통계량
> summary( iris )
  Sepal.Length    Sepal.Width     Petal.Length    Petal.Width          Species
 Min.   :4.300   Min.   :2.000   Min.   :1.000   Min.   :0.100   setosa    :50
 1st Qu.:5.100   1st Qu.:2.800   1st Qu.:1.600   1st Qu.:0.300   versicolor:50
 Median :5.800   Median :3.000   Median :4.350   Median :1.300   virginica :50
 Mean   :5.843   Mean   :3.057   Mean   :3.758   Mean   :1.199
 3rd Qu.:6.400   3rd Qu.:3.300   3rd Qu.:5.100   3rd Qu.:1.800
 Max.   :7.900   Max.   :4.400   Max.   :6.900   Max.   :2.500
```

```
# 데이터 구조 파악
> str(iris)
'data.frame':  150 obs. of  5 variables:
 $ Sepal.Length: num  5.1 4.9 4.7 4.6 5 5.4 4.6 5 4.4 4.9 ...
 $ Sepal.Width : num  3.5 3 3.2 3.1 3.6 3.9 3.4 3.4 2.9 3.1 ...
 $ Petal.Length: num  1.4 1.4 1.3 1.5 1.4 1.7 1.4 1.5 1.4 1.5 ...
 $ Petal.Width : num  0.2 0.2 0.2 0.2 0.2 0.4 0.3 0.2 0.2 0.1 ...
 $ Species     : Factor w/ 3 levels "setosa","versicolor",..: 1 1 1 1 1 1 1 1 1 1 ...
```

- 데이터 구조(structure)를 파악하기 위한 명령어 str를 활용한다면 위와 같은 결과를 얻을 수 있다. 데이터 타입은 data.frame이며, 150개의 행(또는 row 또는 observation)과 5개의 열(또는 column, 또는 변수 variables)로 구성되어 있다. $ 뒤에 표시된 단어는 iris 데이터의 변수들을 의미하며 'num' 또는 'Factor'는 각 변수의 type을 나타낸다.

2. 결측값

(1) 결측값

- 결측값은 존재하지 않는 데이터를 의미하며, NA(Not Available)로 표현하지만 데이터를 수집하는 환경에 따라 null, 공백, −1 등 다양하게 표현될 수 있다.
- 데이터 분석에 앞서 결측값 처리는 중요한 과제 중 하나다. 결측값을 삭제하는 것이 일반적이나 경우에 따라 의미를 갖는 경우도 있다.(예: 특정 설문 문항에 대해 결측값이 많다는 것은 해당 문항의 민감함을 나타내는 측도로써 활용 가능하다.)
- 결측값 처리를 위한 대표적인 패키지로 Amelia와 DMwR2 패키지가 있다.

참고 Amelia 패키지에 내장되어 있는 missmap 함수로 결측값 시각화

- Amelia 패키지에 내장되어 있는 missmap은 데이터프레임에서 결측값이 어디에 존재하고 어떻게 분포되어 있는지 한눈에 시각화하여 사용자에게 보여준다.

```
> copy_iris <- iris # 원본 데이터를 유지
> copy_iris[ sample( 1 : 150 , 30 ) , 1 ] <- NA # Sepal.Length에 30개의 결측값 생성
> library( Amelia ) # Amelia 패키지가 없다면 install.packages( "Amelia" )를 우선 실행
> missmap( copy_iris )
```

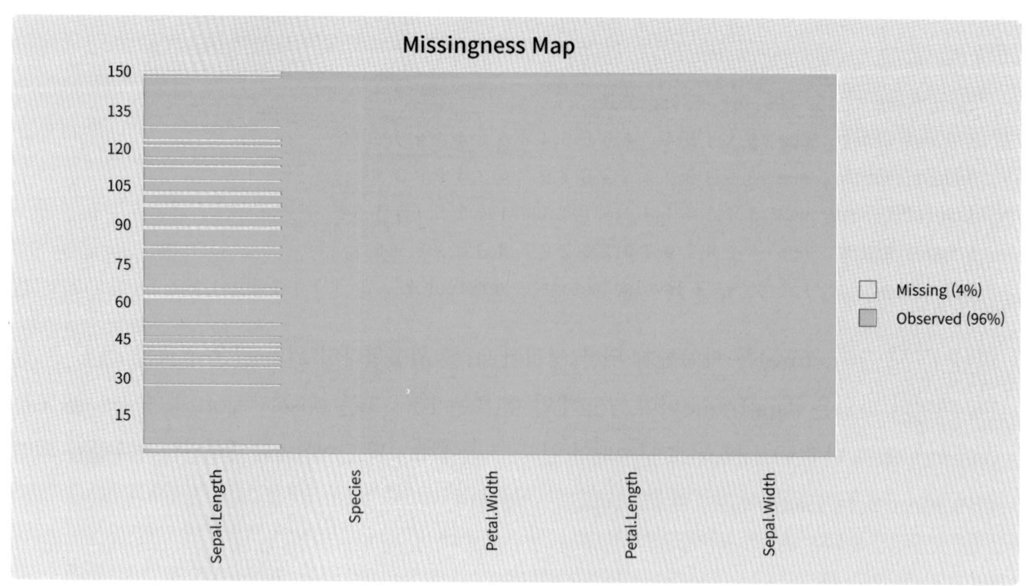

(2) 결측값 대치 방법★★

① 단순 대치법

- 결측값이 존재하는 데이터를 삭제하는 방법이다.
- 가장 쉬운 결측값 처리 방법이지만 결측값이 많은 경우 대량의 데이터 손실이 발생할 수 있다.
- 단순 대치법을 위한 함수로 complete.cases 함수가 있다.
- complete.cases는 하나의 열에 결측값이 존재하면 FALSE, 존재하지 않으면 TRUE를 반환한다.

【 단순대치법 예시 】

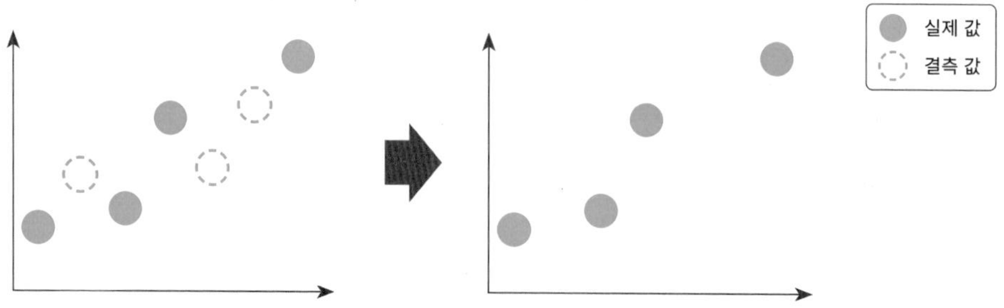

```
# 테스트를 위한 결측값을 가진 iris 데이터 생성
> copy_iris <- iris # 원본 데이터를 유지
> dim( copy_iris ) # 기존 데이터 수
[1] 150 5
> copy_iris[ sample( 1 : 150 , 30 ) , 1 ] <- NA # Sepal.Length에 30개의 결측값 생성
> copy_iris <- copy_iris[ complete.cases( copy_iris ) , ] # 단순대치법
> dim( copy_iris ) # 30개의 결측값을 보유한 행을 제거한 데이터의 수
[1] 120 5
```

② 평균 대치법

- 관측 또는 실험으로 얻은 데이터를 대표할 수 있는 평균 혹은 중앙값으로 결측값을 대치하여 불완전한 자료를 완전한 자료로 만드는 방법이다.
- 비조건부 평균 대치법과 조건부 평균 대치법이 있다. 비조건부 평균 대치법은 데이터의 평균값으로 결측값을 대치하는 반면 조건부 평균 대치법은 실제 값들을 분석하여 회귀분석을 활용하는 대치 방법이다.
- 평균값 혹은 중앙값을 직접 구하여 결측값을 대치해도 되지만 DMwR2 패키지의 central Imputation 함수를 사용하여 쉽게 대치할 수 있다.

【 평균 대치법 예시 】

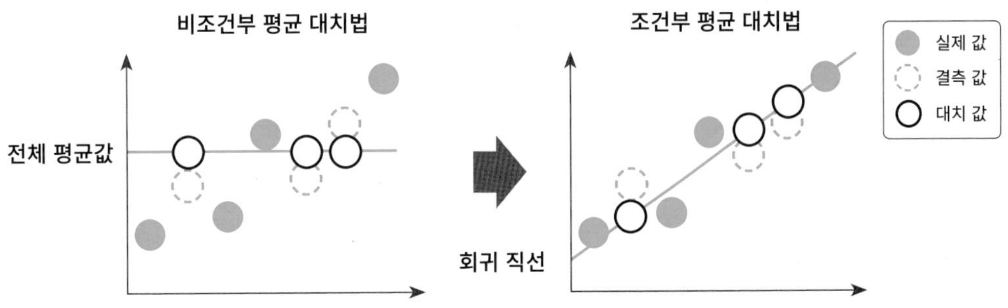


```
# 테스트를 위한 결측값을 가진 iris 데이터 생성
> copy_iris <- iris # 원본 데이터를 유지
> copy_iris[ sample( 1 : 150 , 30 ) , 1 ] <- NA # Sepal.Length에 30개의 결측값 생성
# 평균 대치법
> meanValue <- mean( copy_iris$Sepal.Length , na.rm = T ) # 결측값을 제외한 평균 계산
> copy_iris$Sepal.Length[ is.na( copy_iris$Sepal.Length ) ] <- meanValue # 평균 대치
# centralImputation을 활용한 중앙값 대치
> library( DMwR2 )
```

```
> copy_iris[ sample( 1 : 150 , 30 ) , 1 ] <- NA
> copy_iris <- centralImputation( copy_iris )
```

③ 단순 확률 대치법

- 평균 대치법에서 추정량 표준 오차의 과소 추정 문제를 보완하고자 고안된 방법이다. 대표적인 방법으로 K-Nearest Neighbor 방법이 있다.

【 단순 확률 대치법 예시 】

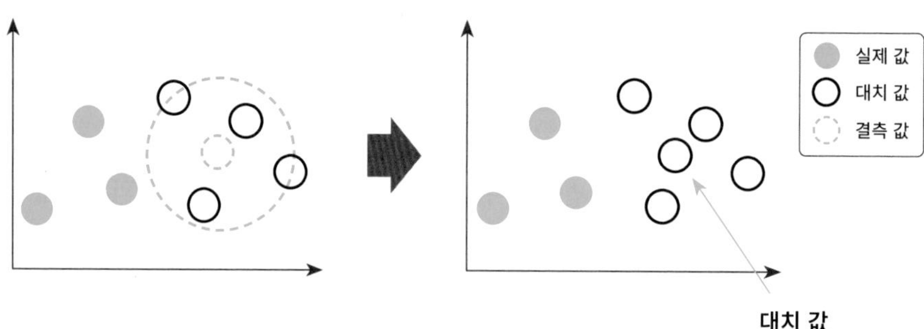

- K-Nearest Neighbor 방법: K 최근접 이웃 알고리즘으로 주변 K개의 데이터 중 가장 많은 데이터로 대치하는 방법이다. 아래 그림에서 K = 1인 경우 결측값으로 파란색이 유력해 보이지만 K = 4인 경우에는 결측값으로 검정색이 유력해 보인다. 따라서 주변 몇 개의 데이터가 결측값을 대치하기 좋은가에 대한 K를 선정하기가 쉽지 않다.

【 K-Nearest Neighbor 방법 예시 】

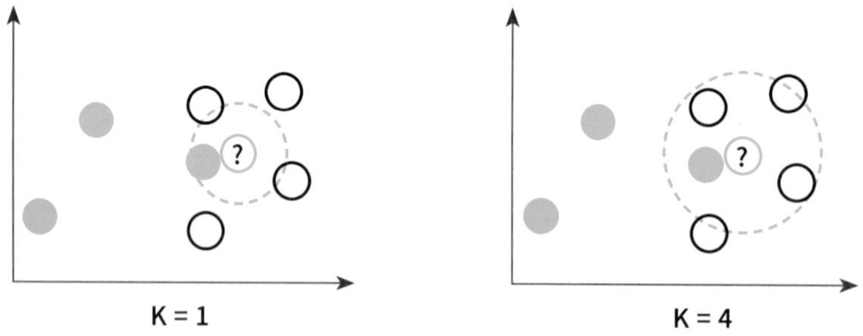


```
# 테스트를 위한 결측값을 가진 iris 데이터 생성
> copy_iris <- iris # 원본 데이터를 유지
> copy_iris[ sample( 1 : 150 , 30 ) , 1 ] <- NA # Sepal.Length에 30개의 결측값 생성
> copy_iris <- knnImputation( copy_iris , k = 10 )
```

④ 다중 대치법

- 여러 번의 대치를 통해 n개의 임의 완전자료를 만드는 방법으로, 결측값 **대치**, **분석**, **결합**의 세 단계로 구성되어 있다.

【 다중 대치법 예시 】

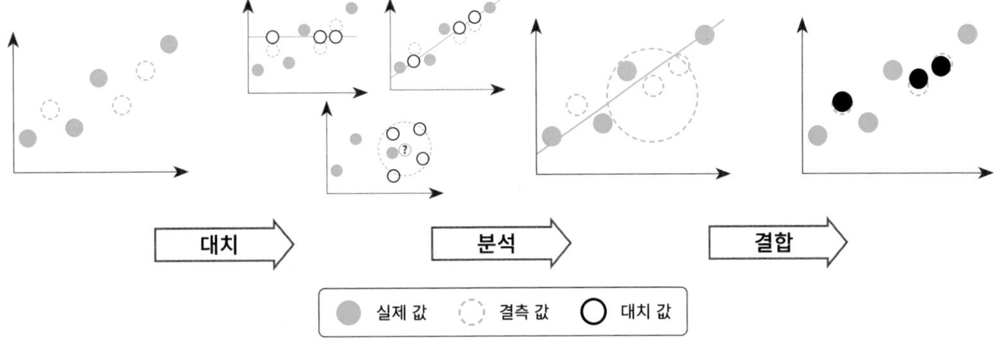


```
# 테스트를 위한 결측값을 가진 iris 데이터 생성
> copy_iris <- iris # 원본 데이터를 유지
> copy_iris[ sample( 1 : 150 , 30 ) , 1 ] <- NA # Sepal.Length에 30개의 결측값 생성
> library( Amelia )
> iris_imp <- amelia( copy_iris, m = 3 , cs = "Species" )
# cs는 cross-sectional로 분석에 포함될 정보를 의미
# 위 amelia에서 m 값을 그대로 imputation의 데이터셋에 사용한다.
> copy_iris$Sepal.Length <- iris_imp$imputations[[3]]$Sepal.Length
```

3. 이상값

(1) 이상값

- 이상값이란 값이 존재하지 않는 결측값과 달리 다른 데이터와 비교하였을 때 극단적으로 크거나 극단적으로 작은 값을 의미한다.
- 이상값은 데이터를 입력하는 과정에서 입력자의 실수로 입력되거나 설문응답자의 악의적인 의도에 의해 입력될 수 있다. 결측값과 마찬가지로 이상값도 제거하는 것이 일반적이지만 의미를 갖는 경우도 있으므로 목적이나 종류에 따라 사용자의 적절한 판단이 필요하다. 이상값을 판단하는 일반적인 방법을 알아보자.

(2) 이상값 판단★★★

① ESD(Extreme Studentized Deviation)

- ESD는 평균으로부터 '표준편차 3'만큼 떨어진 값들을 이상값으로 인식하는 방법이다. 정규분포에서 99.7%의 자료들은 '표준편차 3' 안에 위치하므로 전체 데이터의 약 0.3퍼센트를 이상값으로 구분한다.

【 ESD 】

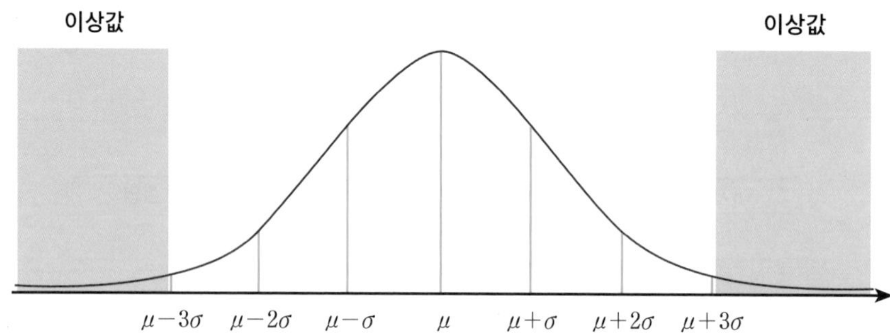

② 사분위수

- 사분위수를 이용하여 25%에 해당하는 값(Q1)과 75%에 해당하는 값(Q3)을 활용하여 이상치를 판단하는 방법이다. 자료를 크기 순서대로 나열했을 때 다음 그림과 같이 사분위수로 나눌 수 있다.
- 가장 작은 하한 사분위수를 Q1이라고 하고, 가장 큰 사분위수인 상한 사분위수는 Q3라고 한다. 여기서 IQR이란 사분위의 정상 범위인 Q1과 Q3 사이를 의미하며, 사분범위(Interquartile Range, IQR)라고 한다.
- 일반적으로 사분범위에서 1.5분위수를 벗어나는 경우 이상치로 판단한다. 다시 말해 Q1 − 1.5 × IQR(하한 최솟값)보다 작거나 Q3 + 1.5 × IQR(상한 최댓값)보다 큰 값은 이상값으로 간주한다.
- 시각적으로 상자 그림의 아웃라이어에 위치해 점으로 표현된 데이터를 이상값으로 판단할 수 있다.

【 사분위수 】

```
# 테스트를 위한 임의 데이터 생성
> data <- c( 3 , 10 , 13 , 16 , 11 , 20 , 17 , 25 , 43 )
> boxplot( data , horizontal = T)
```

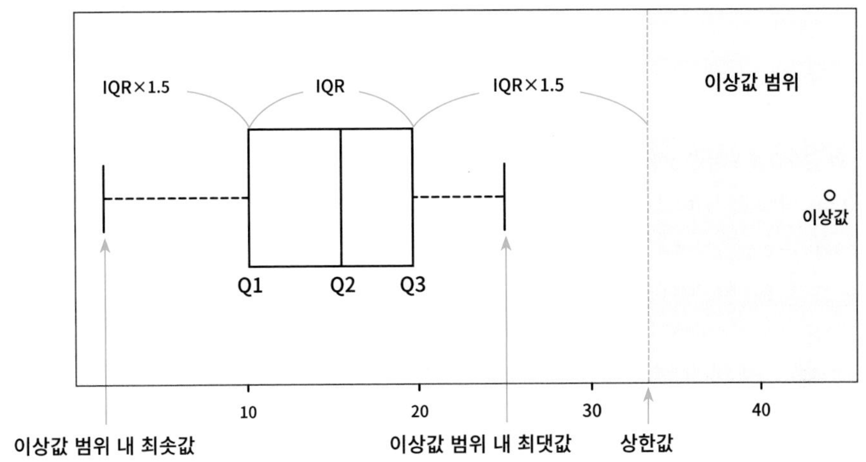

참고 **사분위수**

사분위수는 측정값을 최솟값에서 최댓값까지 오름차순으로 정렬한 자료를 4등분했을 때 각 등분 위치에 해당하는 값을 의미한다. IQR은 1분위 수(Q1)부터 3분위 수(Q3)까지의 범위를 의미하며, 2분위 수(Q2)는 앞서 자주 언급한 중앙값(median)이다.

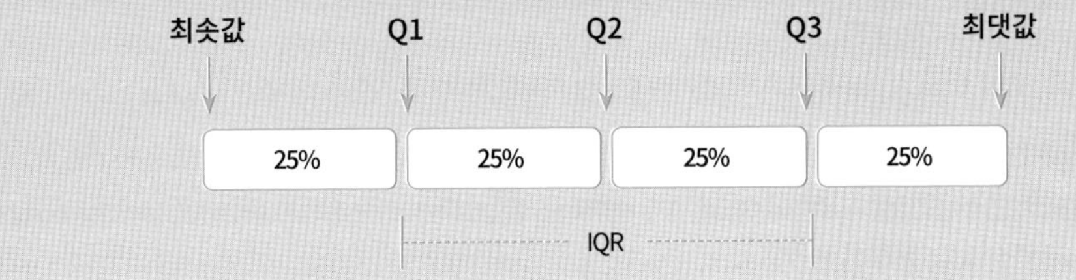

01. 아래 보기는 무엇에 대한 설명인가?

데이터 분석을 수행하기 전 데이터의 이해는 무엇보다도 중요하다. 그에 따라 데이터의 기초통계량 값을 확인하고 다양한 관점에서 데이터를 바라보며 데이터를 이해하기 위한 목적으로 수행하는 작업을 말한다.

( )

02. 다수의 결측값을 보유한 college라는 데이터프레임을 단순대치법을 활용하여 결측값을 처리하고자 한다. 이때 사용될 것으로 예상되는 R 코드는 무엇인가?

① college 〈– copy_college [complete.cases(copy_college),]

② college 〈– amelia(college, m = 3)

③ college 〈– knnImputation(college, k = 10)

④ college 〈– centralImputation(college)

03. 다음 중 이상값에 대한 설명으로 가장 부적절한 것은 무엇인가?

① 데이터 입력 시점에 사람의 실수로 인해 발생할 수 있는 값도 이상값의 한 종류다.

② ESD는 이상값을 판단하는 기준으로 평균으로부터 표준편차 3배를 넘어서는 데이터를 이상값으로 판단한다.

③ 사분위수를 이용한 이상값 판단 기준으로는 IQR의 1.5배를 사용한다.

④ 이상값도 결측값의 일종으로 무조건 단순대치법을 활용하여 제거한다.

【정답&해설】

01. **답:** EDA(탐색적 데이터 분석)

해설: Exploratory Data Analysis(EDA)로 데이터에 대한 이해를 목적으로 수행하는 작업이다.

02. **답:** ①

해설: 단순대치법은 결측값을 보유한 데이터를 모두 삭제하는 방법이다. 따라서 완벽한 데이터만 선택하는 complete.cases를 활용하여 단순대치법을 수행한다.

03. **답:** ④

해설: 이상값과 결측값은 별개의 개념으로 그 자체로 의미를 갖기도 한다. 따라서 단순대치법을 활용한 무조건적인 제거는 바르지 않다.

통계 분석

01 _ 통계의 이해

학습단계

1. 통계 개요
2. 확률과 확률분포
3. 추정과 가설검정

학습목표

통계의 기초 개념에 대해 학습한다.
추정과 가설검정은 통계에서 매우 중요한 개념이므로 반드시 숙지한다.

02 _ 기초통계

학습단계

1. t-검정
2. 분산분석
3. 교차분석
4. 상관분석

학습목표

차이를 검정하는 분석과 관계를 검정하는 분석에 대해 학습한다.
실제 실습 결과를 해석하는 법을 반드시 숙지한다.

03 _ 회귀분석

학습단계

1. 회귀분석 개요
2. 단순선형회귀분석
3. 다중선형회귀분석
4. 최적 회귀방정식
5. 고급 회귀분석

학습목표

인과관계를 규명하고 예측하는 회귀분석의 개념에 대해 학습한다.
최적 회귀방정식을 통해 모형의 성능을 높이는 방법을 숙지한다.

04 _ 다변량 분석

학습단계

1. 다차원 척도법
2. 주성분분석(PCA)

학습목표

객체들 사이의 유사성/비유사성을 측정하여 시각화하는 다차원 척도법에 대해 학습한다.
변수축소기법 중 하나인 주성분분석에 대해 학습한다.

05 _ 시계열 분석

학습단계

1. 시계열 분석 개요
2. 시계열 모형

학습목표

시간의 흐름에 따른 시계열 데이터의 특성을 이해한다.
시계열 분석의 다양한 방법에 대해 숙지한다.

01 통계의 이해

1. 통계 개요

(1) 통계와 표본조사

① 통계의 이해

- 통계란 분석하고자 하는 집단에 대해서 조사하거나 실험을 통해서 얻는 자료 또는 이의 요약된 형태를 말한다. 통계학이란 불확실한 상황에서 효과적인 의사결정을 할 수 있도록 수치자료를 수집하고, 정리하고, 표현하고, 분석하는 이론과 방법을 연구하는 학문이다.
- 통계분석이란 특정집단을 대상으로 자료를 수집하여 대상집단에 대한 정보를 구하고, 적절한 통계분석 방법을 이용하여 의사결정(통계적 추론)을 하는 과정을 말한다.

② 표본조사**

- 어떤 특정한 모집단 '한국의 대학생'에 대해 통계분석을 한다고 가정해보자. 모집단인 '한국의 대학생'은 규모가 매우 클뿐더러 전수조사도 거의 불가능하다.
- 그렇기 때문에 이 모집단인 '한국의 대학생'을 대표할 수 있는 표본집단을 선별하여 표본조사를 실시한다. 이때 선별한 표본집단은 반드시 '한국의 대학생'을 대표할 수 있는 집단이어야 한다. 이를 표본의 대표성이라 한다.
- 표본의 대표성을 신뢰할 수 있어야 표본조사를 통한 모집단의 통계분석 결과 또한 신뢰할 수 있다. 따라서 이 표본을 어떻게 추출할 것인지에 관한 방법은 매우 중요하다.

신뢰수준 & 오차범위는 뭘까? *  EASY BOX

- 먼저 다음 신문기사의 제목을 살펴보자. '성인 남녀 1000명을 대상으로 한 여론조사에서 A 후보 지지율 60%, B 후보 지지율 30%, 신뢰수준 95%, 오차범위는 ±3%포인트'
- A, B 후보의 지지율이야 그렇다 치고, 신뢰수준은 무엇이고 또 오차범위는 무엇일까?
- 신뢰수준 95%라는 말의 의미는 이번 여론조사를 95% 신뢰할 수 있다는 말이 아니라, 만약 100번 조사했을 때 오차범위 내(±3%포인트)에서 동일한 결과(A후보 지지율 60%, B후보 지지율 30%)가 95번 나온다는 의미다.

- 그렇다면 오차범위(±3%포인트)는 무엇일까? 결괏값(A후보 지지율 60%, B후보 지지율 30%)에 대한 오차범위다. 즉, A후보 지지율 60%에 대하여 오차범위는 57~63%, B후보 지지율 30%에 대하여 오차범위는 27~33%를 의미한다.
- 마지막으로 그렇다면 신문 기사의 제목은 다음과 같이 바뀌 쓸 수 있다.

  '성인 남녀 1000명을 대상으로 한 여론조사에서 A 후보 지지율 60%, B 후보 지지율 30%, 신뢰수준 95%, 오차범위는 ±3%포인트'

  ➔ 모집단 중 표본 1000명을 뽑아 100번 조사를 실시했을 때, A 후보 지지율은 57~63%, B 후보 지지율은 27~33%가 나올 확률이 95번이다.

- 여기서 주의할 것 하나! '%'와 '%포인트'는 서로 다르다. 잘 알고 있다시피 '%'는 100을 기준으로 할 때 차지하는 비율을 뜻한다. '%포인트'는 퍼센트 간의 차이를 나타낸다.
- 예컨대 지난해 어떤 나라의 실업률이 인구수 대비 2%였으며 올해는 4%를 기록했다고 가정해보자. 이때 '%'를 기준으로 '올해의 실업률은 지난해보다 100% 상승했다'라고 말할 수 있다. 또 '%포인트'를 기준으로 '지난해보다 올해의 실업률은 2%포인트 상승했다'라고 말할 수 있다.

(2) 표본추출 방법★★

① 단순 랜덤 추출법

- 표본추출 방법 중 가장 쉽고 단순한 방법으로, N개의 모집단에서 n개의 데이터를 무작위로 추출하는 방법이다. 사다리 타기 혹은 제비뽑기와 같은 방법으로도 표본의 추출이 가능하다.

【 단순 랜덤 추출법 】

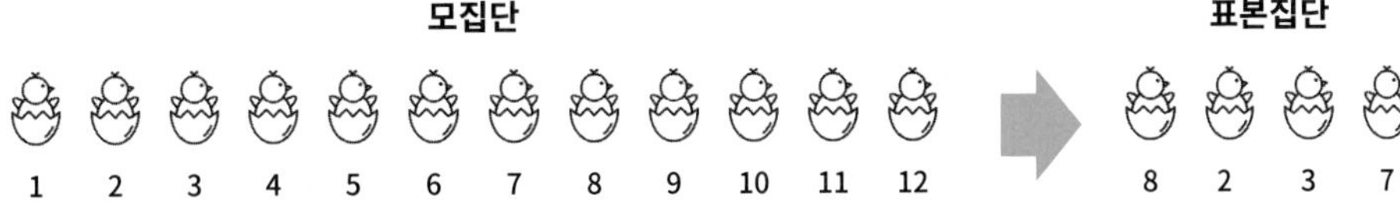

② 계통 추출법

- 모집단의 원소에 차례대로 번호를 부여한 뒤 일정한 간격을 두고 데이터를 추출하는 방법이다. N개의 모집단에서 K개씩(K=N/n) n개의 구간으로 나눈다. 첫 구간에서(1, 2, 3, …. K개의 구간) 하나를 임의로 선택하고 K개씩 띄어서 표본을 추출한다.

【 계통 추출법 】

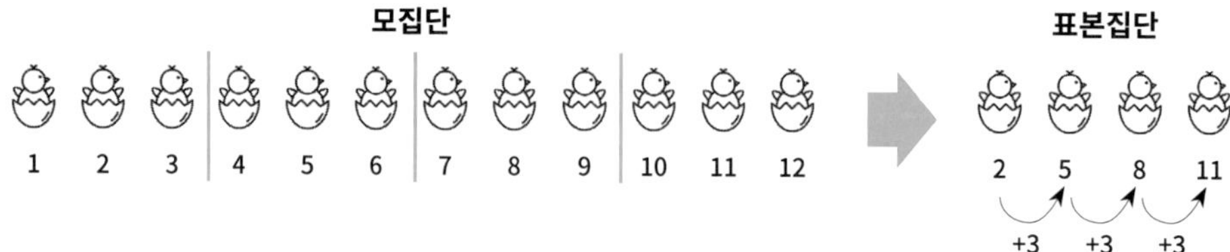

③ 집락(군집: Cluster) 추출법

- 집락 추출법은 군집 추출법이라고도 하며, 데이터를 여러 집락으로 구분한 뒤, 단순 랜덤 추출법에 의하여 선택된 집락의 데이터를 표본으로 사용하는 방법이다. 각 집락은 서로 동질적이며, 집락 내 데이터는 서로 이질적이다.

- 예를 들어, 학교의 학생들을 대상으로 표본조사를 실시한다면 다음 그림처럼 모든 집락들은 1학년, 2학년, 3학년이 고루 분포되어 있기 때문에 집락끼리 동질적이다. 반면 하나의 집락에 대해서는 서로 다른 성격의 1학년, 2학년, 3학년 데이터들이 포함되어 이질적이다.

【 집락 추출법 】

④ 층화 추출법

- 층화 추출법은 집락 추출법과 유사하나 반대의 성격을 지닌 추출 방법이다. 데이터를 여러 집락으로 구분하지만 각 집락은 서로 이질적이며, 군집 내 데이터들은 서로 동질적이다.

- 집락을 나눈 뒤, 각 집락에서 원하는 개수의 데이터를 추출하여 추출된 데이터에 대하여 표본조사를 실시한다. 집락별로 추출되는 데이터의 비율을 어떻게 정할 것인지에 따라 비례 층화 추출법과 불비례 층화 추출법으로 나눌 수 있다.

【 층화 추출법 】

3학년 3-1 3-2 3-3 3-10 집락3
2학년 2-1 2-2 2-3 2-10 집락2
1학년 1-1 1-2 1-3 1-10 집락1

【 비례 층화 추출법과 불비례 층화 추출법 】

비례 층화 추출법	비례 층화 추출법은 전체 데이터의 분포를 반영하여 각 군집별 데이터를 추출하는 방법이다. 예를 들어, 1학년 200명, 2학년 300명, 3학년 500명인 학교에서 표본을 추출한다면 각 군집별로 추출되는 데이터의 개수는 전체 데이터 분포의 비율과 동일하게 1학년 : 2학년 : 3학년 = 2 : 3 : 5를 유지해서 표본을 추출하는 방법이다.
불비례 층화 추출법	불비례 층화 추출법은 전체 데이터의 분포를 반영하지 않고 각 군집에서 원하는 개수의 데이터를 추출하는 방법으로, 원하는 군집에서 원하는 표본의 개수를 추출한다.

복원 추출과 비복원 추출  EASY BOX

표본을 추출할 때 가장 크게 나누는 것이 복원 추출과 비복원 추출이다. 복원 추출은 표본으로 뽑힌 데이터가 다시 모집단으로 들어가 한 번 더 추출될 수 있는 것을 의미하며, 비복원 추출은 한번 뽑힌 데이터는 모집단에서 제외되어 다시 추출될 수 없는 것을 의미한다.

위에서 본 방법 중 계통 추출법과 같이 각 데이터에 번호를 부여하여 일정한 간격을 두고 뽑는 것은 중복된 데이터가 발생할 수 없으므로 비복원 추출 방법의 일종으로 볼 수 있으며, 그 외 단순 랜덤 추출법, 집락 추출법, 층화 추출법은 복원으로 추출할 것인지 비복원으로 추출할 것인지가 중요한 결정 요소 중 하나다.

(3) 측정과 척도★★★

① 측정과 척도의 개념

- 측정: 표본조사를 실시하는 경우 추출된 원소들이나 실험 단위로부터 주어진 목적에 적합하게 관측해 자료를 얻는 것
- 척도: 관측 대상의 속성을 측정하여 그 값이 숫자로 나타나도록 일정한 규칙을 정하여 바꾸는 도구

② 척도의 종류

구분		특징	예시
질적 척도	명목척도	측정 대상이 어느 집단에 속하는지 나타내는 자료	성별, 지역 등
	순서척도 (서열척도)	측정 대상이 명목척도이면서 서열 관계를 갖는 자료	선호도, 신용도, 학년 등
양적 척도	구간척도 (등간척도)	측정 대상이 가지고 있는 속성의 양을 측정할 수 있으며 두 구간 사이에 의미가 있는 자료	온도, 지수 등
	비율척도	측정 대상이 구간척도이면서 절대적 기준 0이 존재하여 사칙연산이 가능한 자료	신장, 무게, 점수, 가격 등

(4) 기술통계와 추리통계★★

① 기술통계

- 기술 통계는 표본 자체의 속성이나 특징을 파악하는 데 중점을 두는 데이터 분석 통계다. 자료를 요약하고 조직화, 단순화하는 데 그 목적이 있다.
- 표본조사 이후 표본을 설명해주는 데이터의 최솟값, 최댓값, 중위수 등의 통계량이 바로 기술 통계량이며, 모집단의 특성을 유추하는 데 사용할 수 있다.

② 추리통계(추론통계)

- 추리통계(추론통계)는 수집한 데이터를 바탕으로 '추론 및 예측'하는 통계 기법을 의미한다.
- 추론통계는 표본에서 얻은 통계치를 바탕으로 오차를 고려하면서 모수를 확률적으로 추정하는 통계 기법이다.
- 추론통계는 표본에서 얻은 통계치를 가지고 모집단의 특성을 추정하는 데 초점을 두고 가설을 검증하거나 확률적인 가능성을 파악한다. 이를 통해 향후 발생할 수 있는 사건을 예측할 수 있다.

통계 기초 개념 '분산과 표준편차'  EASY BOX

비전공자 혹은 초심자를 위해 이해하기 쉽게 통계의 기초 개념을 설명하기로 한다. 지금 설명하는 통계 기초 개념은 시험에 직접적으로 나오지 않는다. 다만 이 개념을 모르면 앞으로 나올 무수한 통계 용어들이 더 어렵게 느껴질 것이다. 이미 통계의 기초인 '분산과 표준편차' 개념을 알고 있다면 이 부분은 건너뛰기 바란다.

■ **편차(difference)**

- 예를 들어, A는 수학시험에서 90점을 받았고, B는 수학시험에서 70점을 받았다. 그런데 수학시험 반평균이 80점이었다. A는 평균으로부터 10점 상위에 있고, B는 평균으로부터 10점 하위에 있다. 바로 이것이 편차다. 편차는 평균과의 차이를 말한다. 즉 A의 편차는 +10, B의 편차는 −10이다.

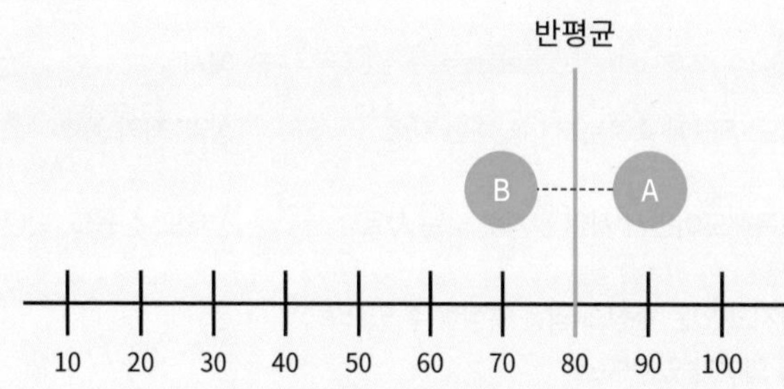

■ 분산(variance)

- A, B 둘 다 평균으로부터 10만큼씩 떨어져 있다. 여기서는 A, B 두 명만 나왔지만, 실제로는 그 데이터가 많을 것이다. 그 데이터들이 평균으로부터 얼마만큼 떨어져 있는지, 즉 평균으로부터의 분포를 알고 싶다.
- 평균으로부터의 분포를 알고 싶다는 것은 곧 편차들의 평균을 구한다는 말과 같다. 평균은 모든 값들을 더한 다음 개수만큼 나누면 되니까 편차들의 합을 구하면? A와 B의 편차를 더하니 '0'이 나온다. 다른 값들을 모두 더해도 '0'이 나온다. 어찌된 일일까? 편차값은 평균을 기준으로 한 양수와 음수의 합이므로 어찌 보면 당연한 이치다.
- 우리가 알고 싶은 건 '평균으로부터 얼마만큼 떨어져 있는지를 나타내는 분포'다. 그래서 편차들을 그대로 평균을 내면 '0'이 나오므로 편차를 제곱해서 모두 더한 후 데이터 개수만큼 나누는 방법을 사용한다. 이 값이 바로 분산이다.
- 평균으로부터 얼마만큼 떨어져 있는지 그 분포를 나타내는 숫자가 바로 분산이다. 이때 분산은 양과 음을 구분하지 않는다. 얼마만큼 떨어져 있느냐가 중요하지, 그게 양인지 음인지는 중요하지 않다. 그래서 분산은 '편차 제곱합의 평균'이다.
- 분산이 크다는 것은 각 데이터 값이 평균으로부터 떨어짐 정도(퍼짐의 정도)가 크다는 말과 같다. 분산이 0에 가까워 아주 작다는 말은 각 데이터 값이 평균과 아주 가깝다는 말이기도 하다.
- 그런데 분산은 평균으로부터의 분포를 숫자로 표시하긴 했지만, 그 숫자를 보고 어느 정도 퍼짐이 있는지 추측하기가 매우 어렵다. 편차제곱합의 평균이기 때문에 분산 숫자만으로는 정확히 파악하기가 어렵다. 그래서 대부분 통계에서 이를 알고 싶을 때 산점도(Scatter Plot)라는 그래프를 사용하여 분산의 퍼짐 정도를 파악한다.

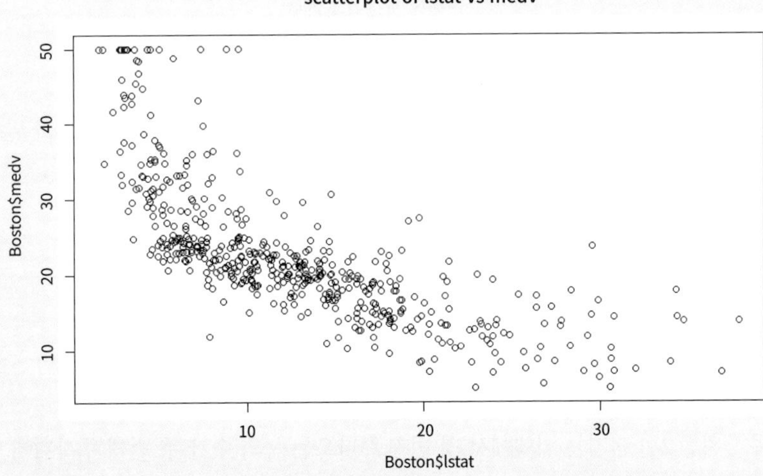

■ 표준편차(Standard Deviation)

- 앞에서 살펴보았듯이 분산은 편차제곱합의 평균이기 때문에 단위가 기존 단위의 제곱이 되어 기존과 다른 단위를 갖게 되는 문제가 있다. 그래서 단위를 일치시키기 위해 분산에 루트를 씌워서 값을 구하는데 이것이 바로 표준편차다.

- 편차는 평균과의 차이기 때문에 음과 양의 수 모두를 가진다. 하지만 분산은 편차 제곱의 합을 평균한 것이므로 양의 수만 가진다.
- 분산 $Var(X)$, 표준편차 $sd(X)$

$$sd(X) = \sqrt{Var(X)}$$

- 수능점수의 표준점수가 이 평균과 표준편차를 기준으로 결정된다. 수능 시험 점수를 정규분포라고 가정하고 평균을 100으로, 표준편차를 20으로 가정하고 상대적으로 얼마나 높은 점수를 받았는지 표현하는 것이 바로 표준점수다.

2. 확률과 확률분포

(1) 확률

① 확률 기초**

- **확률**: 발생 가능한 모든 사건들의 집합 표본공간에서 표본공간의 부분집합인 특정 사건 A가 발생할 수 있는 비율을 나타내는 값으로, 0과 1 사이의 값이며, 가능한 모든 사건의 확률의 합은 항상 1이다.

$$P(A) = \frac{\text{특정 사건 } A\text{의 개수}}{\text{전체 사건의 개수(표본공간)}}$$

- **조건부 확률**: 특정 사건 A가 발생했다는 것이 사실이라는 전제하에 또 다른 사건 B가 발생할 확률을 나타낸 값으로, 0과 1 사이의 값을 갖는다.

$$P(B|A) = \frac{P(B \cap A)}{P(A)}$$

② 독립사건과 배반사건***

- **독립사건**: 주사위를 2번 던지는 시행에서 첫 번째로 나오는 눈의 수가 두 번째 주사위에 영향을 주지 않는 것처럼 서로에게 영향을 주지 않는 두 개의 사건을 독립이라고 한다. 조건부 확률에서 두 사건 A와 B가 독립인 경우에는 A가 발생했을 때를 가정하더라도 B의 확률은 변하지 않기 때문에 다음의 식이 성립한다.

$$P(B|A) = P(B)$$

따라서 두 사건 A와 B가 독립이라면 아래 식이 성립한다.

$$P(A \cap B) = P(A)P(B)$$

- **배반사건**: 두 사건 A와 B에 대하여 교집합, 즉 공통된 부분이 없는 경우 즉, 동시에 일어날 수 없는 사건을 배반사건이라 하며 아래 식으로 표현한다.

$$A \cap B = \phi$$

③ 확률변수와 확률분포 그리고 확률함수***

- **확률변수**: 무작위 실험을 했을 때 특정 확률로 발생하는 각각의 결과를 수치적 값으로 표현하는 변수를 확률변수라 한다. 예컨대 두 번 연속으로 동전 던지기 실험에서 동전의 앞면 혹은 뒷면이 나올 확률을 가지고 발생하는 결과에 앞면일 경우 '1', 뒷면일 경우 '0'이라는 실수값을 부여할 때, 바로 그 실수값에 부여하는 변수를 확률변수라 한다. 확률 변수는 다시 변수의 특성에 따라 이산확률변수와 연속확률변수로 구분된다. 확률분포를 살펴보면서 이산확률변수와 연속확률변수에 대해 자세히 알아보기로 한다.

- **확률분포**: 확률변수의 모든 값과 그에 대응하는 확률이 어떻게 분포하고 있는지가 바로 확률분포다. 이때 확률변수에 의해 정의된 실수를 확률에 대응시키는 함수를 확률함수라 한다. 이산확률분포의 확률함수를 '확률질량함수', 연속확률분포의 확률함수를 '확률밀도함수'라 한다.

【 이산확률분포와 연속확률분포 】

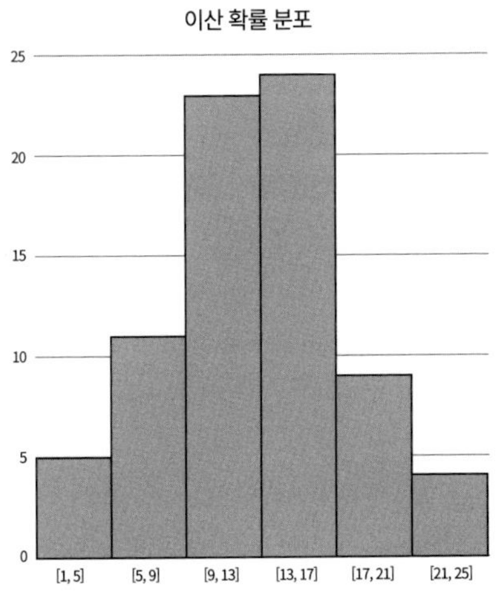

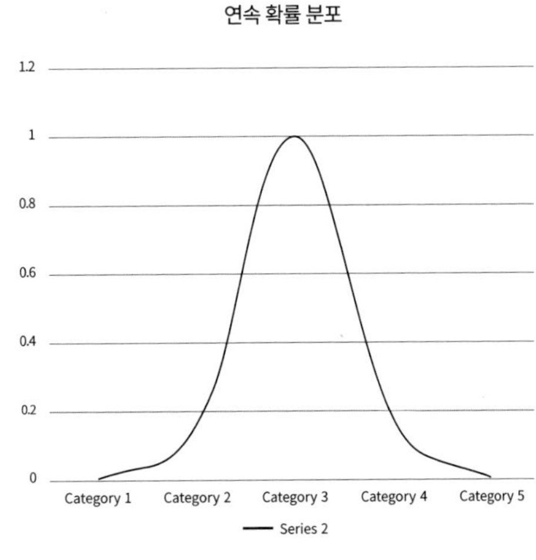

(2) 이산확률분포★★★

① 베르누이 분포

- 확률변수 X가 취할 수 있는 값이 두 개인 경우로 일반적으로 한 번의 시행을 할 때 성공과 실패로 나눌 수 있는 성공할 확률이 p인 분포를 의미한다.
- 하나의 동전을 던져서 앞면이 나올 확률, 제비뽑기에서 당첨될 확률, 시험에 합격하거나 혹은 불합격할 확률 등을 예로 들 수 있다.

$$P(X = x) = p^x(1-p)^{1-x} \text{ (단, } x = 0, 1)$$
$$E(X) = p$$
$$Var(X) = p(1-p)$$

② 이항 분포

- 이항 분포는 n번의 베르누이 시행(성공 또는 실패)에서 k번 성공할 확률의 분포를 의미한다.
- 하나의 동전을 3번 던져서 앞면이 2번 나올 확률, 하나의 주사위를 5번 던져서 1이 한 번 나올 확률, 3번의 제비뽑기에서 1번 당첨될 확률 등을 예로 들 수 있다.

$$P(X = k) = \binom{n}{k} p^k(1-p)^{n-k} \text{ (단, } x = 0, 1, 2, \cdots, n)$$
$$E(X) = np$$
$$Var(X) = np(1-p)$$

③ 기하 분포

- 성공 확률이 p인 베르누이 시행에서 처음으로 성공이 나올 때까지 k번 실패할 확률의 분포를 의미한다.
- 동전을 던져서 3번째에 앞면이 나올 확률, 주사위를 던져서 4번째에 1이 나올 확률, 제비뽑기를 복원 추출로 시행할 때 5번째에 당첨될 확률 등을 예로 들 수 있다.

$$P(X = k) = p(1-p)^k \text{ (단, } k = 0, 1, 2, \cdots, n)$$
$$E(X) = \frac{1}{p}$$
$$Var(X) = \frac{1-p}{p^2}$$

④ 다항 분포

- 이항 분포를 확장한 개념으로, n번의 시행에서 각 시행이 3개 이상의 결과를 가질 수 있는 확률의 분포를 의미한다.
- 주사위를 n번 던졌을 때 1의 눈이 p_1의 확률로 x번, 2의 눈이 p_2의 확률로 y번, 3 이상의 눈이 p_3의 확률로 z번 나올 확률 등을 예로 들 수 있다.

$$P(X=x,\ Y=y,\ Z=z)=\frac{n!}{x!y!z!}p_1^x p_2^y p_3^z \text{(단, } x+y+z=n\text{)}$$

⑤ 포아송 분포

- 단위 시간 또는 단위 공간 내에서 발생할 수 있는 사건의 발생 횟수에 대한 확률분포를 의미한다.
- 8시간 동안 3번의 장난전화가 왔을 때 1시간 동안 장난전화가 2번 올 확률, 5페이지 안에 3개의 오타가 있다면 1페이지 안에 2개의 오타가 있을 확률 등을 예로 들 수 있다.

$$P(X = x) = \frac{e^{-\lambda}\cdot\lambda^x}{x!}$$

(단, λ는 단위 시간 또는 단위 공간당 사건 발생 비율)

$$E(X) = \lambda$$

$$Var(X) = \lambda$$

⑥ 이산확률변수

- 확률변수가 취할 수 있는 실수 값의 수를 셀 수 있는 변수를 이산확률변수라 한다.
- 이산확률변수는 셀 수 있는 실수값을 취한다.
- 서로 배반인 사건들의 합집합의 확률은 각 사건의 확률의 합이다.

$$0 \le p(X) \le 1$$

$$\sum p(X) = 1$$

(3) 연속확률분포★★★

① 균일 분포

- 균일 분포는 연속형 확률변수인 X가 취할 수 있는 모든 값에 대하여 같은 확률을 갖고 있는 분포를 의미한다.
- 얼마나 들어 있는지 모르는 200ml 우유팩 속에 들어 있는 우유의 양 등과 같은 것을 예로 들 수 있다.
- 다음 두 개의 균일 분포 모두 그래프 아래 면적의 넓이는 확률의 총합인 1이다.

【 균일분포 】

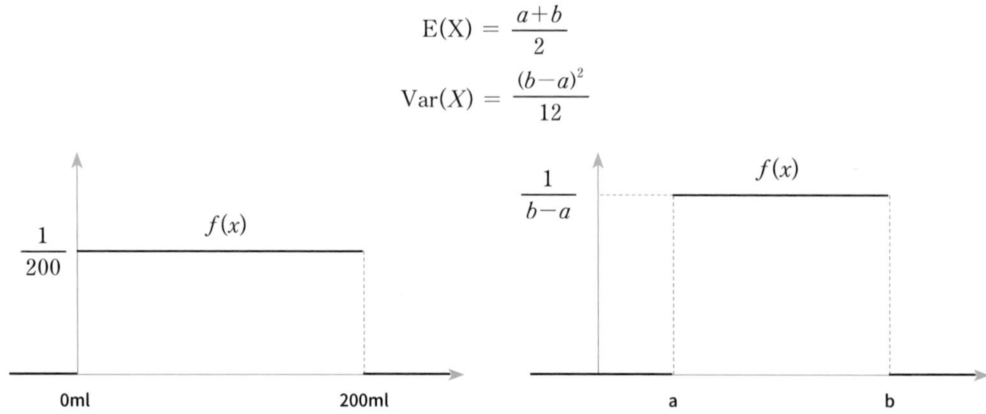

② 정규분포

- 정규분포는 가장 대표적인 연속형 확률분포 중 하나로 평균이 μ이고, 표준편차가 σ인 분포를 의미한다.
- 한 학교의 1학년 수학 점수의 분포, 전국 남성의 키 등과 같은 것을 예로 들 수 있다.
- 분포의 모양은 평균값에 가장 많이 몰려 있고 평균에서 멀어질수록 빈도수가 낮은 종 모양의 그래프를 갖는다.

【 정규분포 】

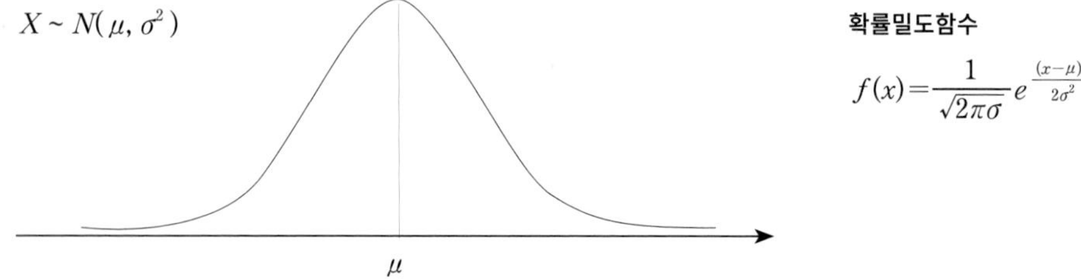

참고 **표준정규분포**

정규분포는 평균 μ와 표준편차 σ에 의하여 다양한 모양을 가질 수 있기 때문에 확률변수가 일정 범위 내에 포함될 확률을 매번 계산해야 하는 번거로움이 발생한다. 이러한 문제를 해결하기 위해 등장한 것이 표준정규분포다. 표준정규분포는 평균이 0, 표준편차가 1인 정규분포를 의미하며, 아래 식을 통하여 정규분포를 따르는 확률변수 X를 표준정규분포를 따르는 확률변수 Z로 변환할 수 있다. 이 작업을 표준화라 한다. 표준화된 확률분포는 표준정규분포 표를 활용하여 쉽게 확률 값을 구할 수 있다.

$$Z=\frac{X-\mu}{\sigma}\sim N(0,\ 1^2)$$

③ t-분포

- 자유도가 n인 t 분포는 표준정규분포와 마찬가지로 평균이 0이고 좌우가 대칭인 종 모양의 그래프지만 정규분포보다 두꺼운 꼬리를 갖는다.
- 표준정규분포를 활용하여 모평균(모수)을 추정하기 위해서는 모표준편차를 사전에 알고 있어야 한다. 그러나 현실적으로 모표준편차를 모르기 때문에 t 분포를 이용하여 모평균 검정 또는 두 집단의 평균이 동일한지 계산하기 위한 검정통계량으로 활용된다.
- 자유도가 커질수록 t 분포는 표준정규분포에 가까워진다.

【 t 분포 】

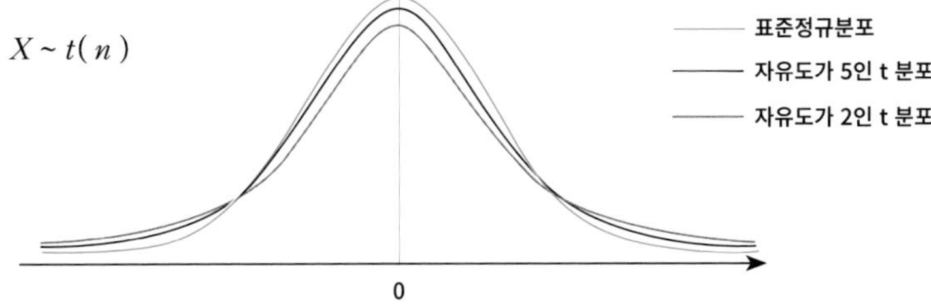

참고 **자유도**

자유도는 표본자료들이 모집단에 대한 정보를 주는 독립적인 자료의 개수를 의미한다. 예를 들어, 의자 4개와 사람 4명이 있을 때 앞의 3명까지는 원하는 빈자리를 찾아 앉을 수 있다. 하지만 마지막 사람은 선택권이 없이 남은 빈자리에 앉을 수밖에 없다. 따라서 자유도는 4명에서 하나 적은 3이 된다.

④ 카이제곱 분포

- 표준정규분포를 따르는 확률변수 Z_1, Z_2, Z_3, ⋯ , Z_n의 제곱의 합 X는 자유도가 n인 카이제곱 분포를 따른다.

- 카이제곱 분포는 모평균과 모분산을 모르는 두 개 이상의 집단 간 동질성 검정 또는 모분산 검정을 위해 활용된다.

【 카이제곱 분포 】

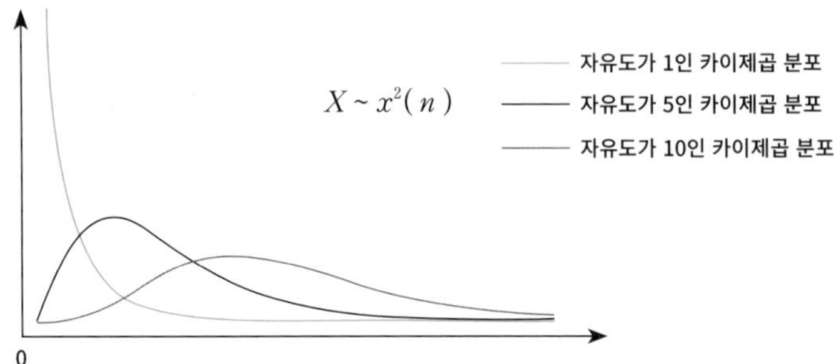

동질성 검정

속이 보이지 않는 두 개의 모금함이 있고, 도둑이 모금함에서 돈을 꺼냈을 때 다음 그림과 같은 결과를 얻었다고 가정해보자.

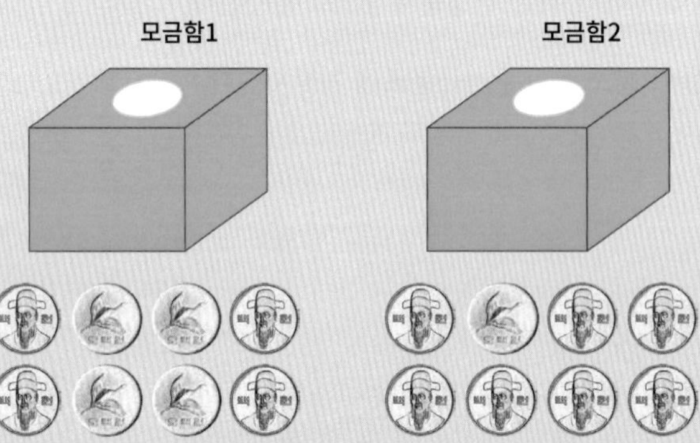

각 모금함에서 얻은 표본들의 금액으로 유추해 보아 모금함1은 모금함2보다 500원 동전이 더 많이 있을 것이라 유추하고 모금함1을 목표로 설정할 것이다. 이처럼 두 집단의 내부 구성비를 비교하는 것을 동질성 검정이라고 한다.

⑤ F 분포

- 서로 독립인 두 카이제곱 분포를 따르는 확률변수 $V_1 \sim x^2(k_1)$, $V_2 \sim x^2(k_2)$를 각각의 자유도로 나누었을 때 서로의 비율 X는 자유도가 k_1, k_2인 F 분포를 따른다.
- F 분포는 등분산 검정 및 뒤에서 다루게 될 분산분석을 위해 활용된다.

【 F 분포 】

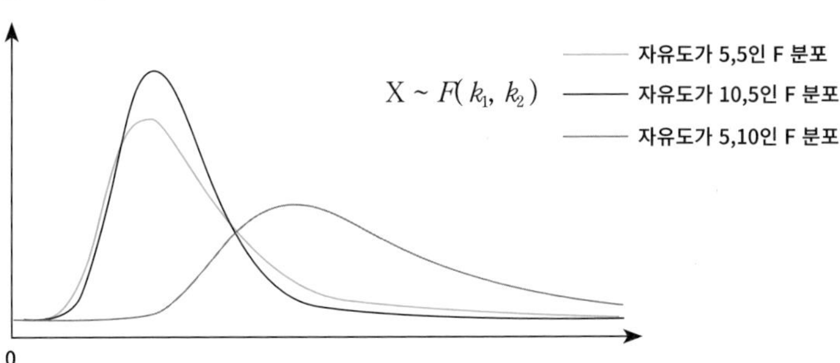

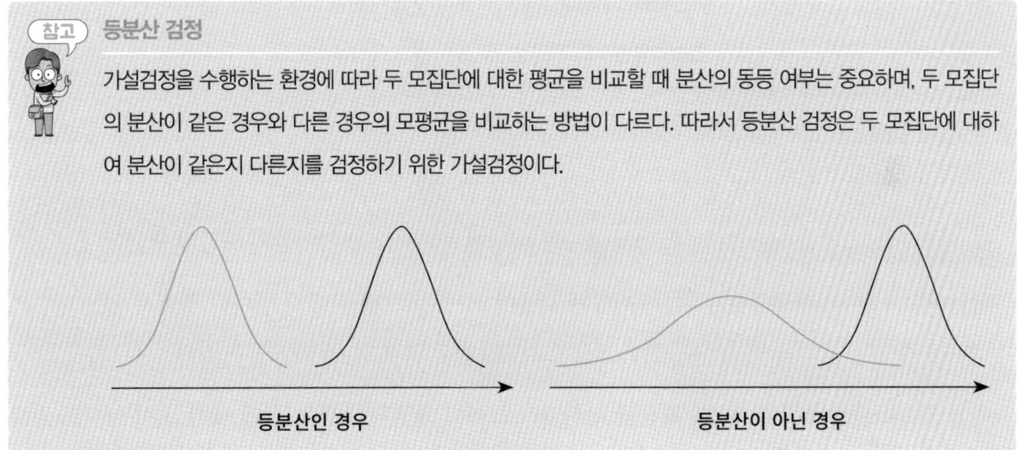

등분산 검정

가설검정을 수행하는 환경에 따라 두 모집단에 대한 평균을 비교할 때 분산의 동등 여부는 중요하며, 두 모집단의 분산이 같은 경우와 다른 경우의 모평균을 비교하는 방법이 다르다. 따라서 등분산 검정은 두 모집단에 대하여 분산이 같은지 다른지를 검정하기 위한 가설검정이다.

⑥ 연속확률변수

- 확률변수가 취할 수 있는 실수 값이 어떤 특정 구간 전체에 해당하여 그 수를 셀 수 없는 변수를 연속확률변수라 한다.
- 연속확률변수에서는 확률밀도함수의 아래 면적이 확률을 의미한다.
- 연속확률변수의 예: 신생아의 몸무게, 태풍으로 내린 강우량, 심장발작 이후 생존기간 등

$$\int_{-\infty}^{\infty} f(x)\,dx = 1$$

$$\mathrm{p}(X = a) = 0$$

$$\mathrm{P}(\mathrm{a} \le X \le \mathrm{b}) = \int_{a}^{b} f(x)\,dx$$

(4) 기댓값, 분산, 표준편차★★★

① 기댓값

- 특정 사건이 시행되었을 때 확률변수 X가 취할 수 있는 값의 평균 값을 의미한다.
- 확률변수 X의 값과 그 X가 발생할 확률의 곱들의 합으로 구할 수 있다.
- 관측될 것이라고 기대되는 관측값에 대한 평균이므로 기댓값이라고 하며, 확률변수의 평균, 즉 모평균은 통계분석에서 중요한 추론의 대상이다.

이산확률변수의 기댓값: $E(X)=\sum xf(x)$

연속확률변수의 기댓값: $E(X)=\int xf(x)\,dx$

② 분산

- 분산: 데이터들이 중심에서 얼마나 떨어져 있는지를 알아보기 위한 측도다. 관측값에서 평균을 뺀 값을 제곱하고, 그것을 모두 더한 후 전체 개수로 나눠서 구한다. 즉, 차이값의 제곱의 평균이다.
- **확률변수의 분산**: 확률변수가 취할 수 있는 값들이 그 중심(모평균)에서 얼마나 떨어져 있는지를 측정하는 측도다. 값이 크면 클수록 확률 X값이 기댓값에서 멀리 떨어져 있을 수 있다.
- 확률변수의 분산은 확률변수의 평균과 마찬가지로 이미 측정되어 있는 값에 대한 것이 아니고 앞으로 측정 또는 관측될 가능성이 있는 값들에 대한 측도다.

이산확률변수의 분산: $Var(X)=E[(X-E(X))^2]=E(X^2)-E(X)^2$

연속확률변수의 분산: $Var(X)=\int (x-E(X))^2 f(x)\,dx=\int x^2 f(x)\,dx-\left(\int xf(x)\,dx\right)^2$

【 분산 】

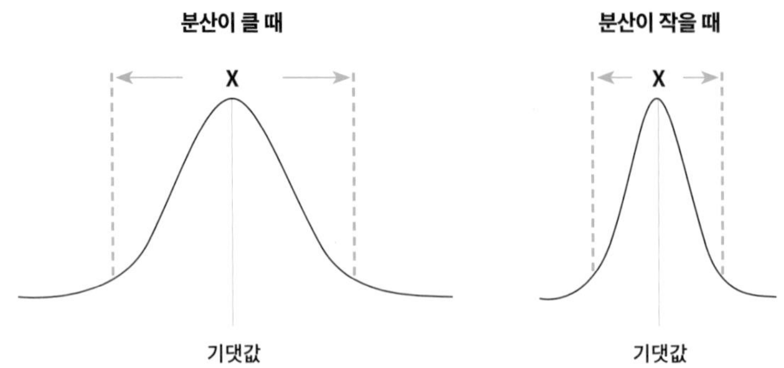

③ 표준편차

- 자료의 산포도를 나타내는 수치로, 분산의 양의 제곱근으로 정의된다. 제곱해서 값이 부풀려진 분산을 제곱근해서 다시 원래 크기로 만들어준다.
- 분산과 같이 값이 클수록 기댓값으로부터 멀리 떨어져 있다는 의미다.
- 표준편차의 사용 목적은 기존 자료와의 단위 통일이다.

이산확률변수 및 연속확률변수의 표준편차: $sd(X) = \sqrt{Var(X)}$

(5) 꼭 알아두어야 하는 통계 개념

① 첨도와 왜도

- 첨도: 첨도(kurtosis)는 확률분포의 뾰족한 정도를 나타내는 측도로서 값이 3에 가까울수록 정규분포 모양을 갖는다. 첨도값은 3을 기준으로 뾰족한 정도를 나타내지만 정규분포의 첨도를 0으로 나타내기 위해 첨도값에서 3을 빼서 사용하기도 한다.

【 첨도 】

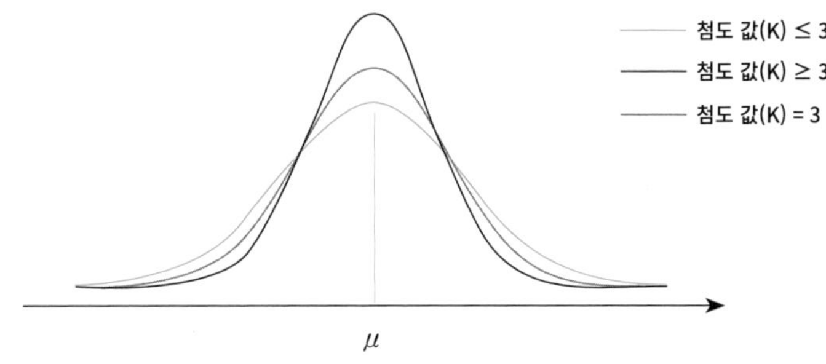

- 왜도: 왜도(skewness)는 확률분포의 비대칭 정도를 나타내는 측도로, 왜도값이 0인 경우에는 정규분포와 유사한 모습으로 평균, 중앙값, 최빈값이 모두 같다.

【 왜도 】

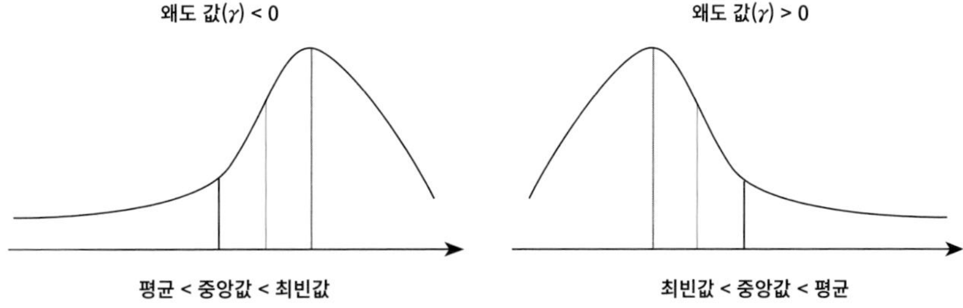

② 공분산

- 공분산(Covariance)은 두 확률변수 X, Y의 상관 정도를 나타내는 값으로, 하나의 확률변수가 증가할 때 다른 확률변수가 증가하는지 혹은 감소하는지를 알 수 있다.
- 공분산이 양수면 X가 증가할 때 Y도 증가하며, 공분산이 음수면 X가 증가할 때 Y는 감소한다.
- 그러나 공분산에는 문제점이 하나 있다. 공분산 값이 100이라는 양숫값을 갖는다면 X, Y의 두 확률분포가 어느 정도의 선형성을 갖는지 알 수 없다는 것이다.

$$\mathrm{Cov}(X, Y) = E[(X-\mu_X)(Y-\mu_Y)]$$

【 공분산 】

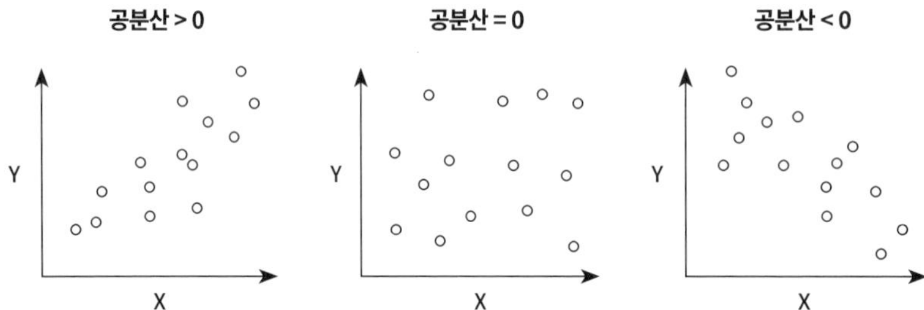

③ 상관계수

- 상관계수(Correlation)는 공분산의 문제를 해결한 값으로, −1과 1 사이의 값을 가지며 공분산을 X의 표준편차와 Y의 표준편차 모두로 나눈 값이다.

$$r_{xy} = \frac{Cov(X,\ Y)}{\sigma_x \sigma_y}$$

【 상관계수 】

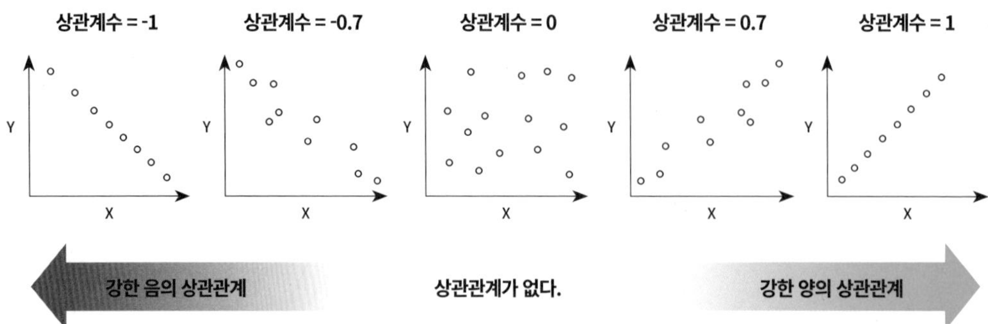

3. 추정과 가설검정

(1) 추정

① 모수의 추정

- 통계적 방법론에서 궁극적으로 알고 싶은 것은 모집단의 확률분포 및 특성을 알려주는 모평균과 모분산과 같은 값들인 모수라고 한다.
- 우리가 원하는 것은 모수이지만, 현실적으로 모집단 전체를 대상으로 조사하는 것은 거의 불가능하거나 쉬운 일이 아니기 때문에 대부분 표본조사를 실시하여 모수를 추정한다.

【 모수 추정 】

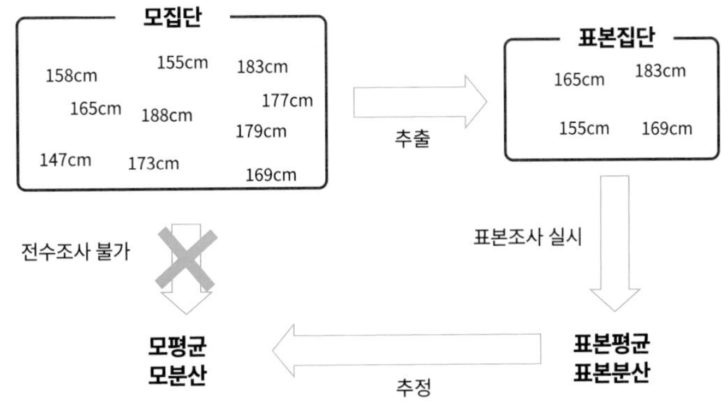

② 점추정

- 점추정이란 모집단의 모수, 특히 모평균을 추정할 때 모평균을 하나의 특정한 값이라고 예측하는 것이다. 모평균을 추정하기 위한 불편추정량은 표본집단의 평균값인 표본평균이 대표적이다.
- 불편(unbiased)추정량이란 모수를 추정할 때 추정하는 값과 실제 모수 값의 차이의 기댓값이 0으로 어느 한쪽으로 편향되지 않아 모수를 추정하기에 이상적인 값을 의미한다. 불편추정량 중에서 최소의 분산을 가진 추정량이 가장 좋은 추정량이다.

③ 구간추정

- 점추정은 모수가 특정한 값일 것이라 예상하는 반면, 구간추정은 모수가 특정한 구간 안에 존재할 것이라 예상하는 것이다. 구간추정은 모수(μ)가 특정 구간 안에 포함될 확률인 신뢰도(신뢰수준)가 필요하다. 신뢰도(신뢰수준)로는 95%와 99%를 가장 많이 사용한다.

- 신뢰도 95%의 신뢰구간

모분산 σ^2이 주어진 경우

$$\bar{X}-z_{0.025}\frac{\sigma}{\sqrt{n}}\le\mu\le\bar{X}+z_{0.025}\frac{\sigma}{\sqrt{n}}\ (\text{단, } z_{0.025}\text{는 } 1.96)$$

모분산 σ^2이 주어지지 않은 경우

$$\bar{X}-t_{(n-1,\,0.025)}\frac{s}{\sqrt{n}}\le\mu\le\bar{X}+t_{(n-1,\,0.025)}\frac{s}{\sqrt{n}}\ (\text{단, } t_{(10,\,0.025)}\text{는 } 2.23,\ t_{(20,\,0.025)}\text{는 } 2.09)$$

- 신뢰도 99%의 신뢰구간

모분산 σ^2이 주어진 경우

$$\bar{X}-z_{0.005}\frac{\sigma}{\sqrt{n}}\le\mu\le\bar{X}+z_{0.005}\frac{\sigma}{\sqrt{n}}\ (\text{단, } z_{0.005}\text{는 } 2.57)$$

모분산 σ^2이 주어지지 않은 경우

$$\bar{X}-t_{(n-1,\,0.005)}\frac{s}{\sqrt{n}}\le\mu\le\bar{X}+t_{(n-1,\,0.005)}\frac{s}{\sqrt{n}}\ (\text{단, } t_{(10,\,0.025)}\text{는 } 2.23,\ t_{(20,\,0.025)}\text{는 } 2.09)$$

(2) 가설검정 ★★★

TIP_가설검정은 통계학에서 매우 중요한 개념이며, 또 실제 시험에서도 자주 등장합니다. 귀무가설, 대립가설의 개념과 함께 '제1종 오류', '제2종 오류'는 매우 중요합니다.

① 가설검정의 개념

- 통계적 가설검정(statistical hypothesis test)은 모집단의 특성에 대한 주장 또는 가설을 세우고 표본에서 얻은 정보를 이용해 가설이 옳은지를 판정하는 과정이다.
- 통계적 가설은 귀무가설과 대립가설로 구분할 수 있다.

② 귀무가설(null hypothesis)

- 모집단이 어떠한 특징을 지닐 것으로 여겨지는 가설로서 일반적으로 '차이가 없다', '같다'(=) 기호를 사용하여 나타낼 수 있는 가설로 흔히 H_0로 나타낸다.
- 귀무가설은 실험, 연구를 통해 기각하고자 하는 어떤 가설로, H_0로 표시한다. 대립가설과 상반되며 귀무가설의 기각을 통해 입증하고자 하는 주장을 관철할 수 있다.

③ 대립가설(alternative hypothesis)

- 대립가설이란 귀무가설에 반대되는 가설로 귀무가설이 틀렸다고 판단될 경우 채택되는 가설로 H_1로 나타낸다.
- 대립가설은 실험, 연구를 통해 증명하고자 하는 새로운 아이디어 혹은 가설에 해당한다.

④ 제1종 오류와 제2종 오류 ***

- 제1종 오류: 귀무가설(H_0)이 사실인데 귀무가설(H_0)이 틀렸다고 결정하는 오류
- 제2종 오류: 귀무가설(H_0)이 사실이 아님에도 불구하고 귀무가설(H_0)이 옳다고 결정하는 오류

	H_0 채택(H_1 기각)	H_0 기각(H_1 채택)
H_0 사실	올바른 결정	제1종 오류
H_0 거짓	제2종 오류	올바른 결정

⑤ 검정통계량(test statistic)

- 귀무가설의 채택 여부를 판단하기 위하여 표본조사를 실시하였을 때 특정 수식에 의하여 표본들로부터 얻을 수 있는 값이다.
- 귀무가설의 옳고 그름을 판단할 수 있는 값이다.

⑥ 기각역

- 기각역은 귀무가설을 기각하게 될 검정통계량의 영역으로, 검정통계량이 기각역 내에 있으면 귀무가설을 기각한다. 반대로 검정통계량이 기각역 밖의 채택역에 있으면 귀무가설을 기각할 수 없다. 기각역의 경곗값을 임곗값(critical value)이라고 한다.

⑦ 유의수준(significance level, α)

- 유의수준은 귀무가설이 참인데도 이를 잘못 기각하는 오류를 범할 확률의 최대 허용 한계로, 1%(0.01)와 5%(0.05)를 주로 사용하며 가설검정을 수행하는 환경에 맞게 조절할 수 있다.
- 가설검정을 수행하는 데 있어 제1종 오류와 제2종 오류 모두를 줄일 수 있다면 아주 이상적이다. 하지만 제1종 오류와 제2종 오류는 서로 반비례 관계로 하나를 낮추면 다른 하나가 커지기 때문에 제1종 오류(귀무가설이 사실일 때 귀무가설을 기각하는 오류)를 허용할 수 있는 최대 확률 유의수준(α)을 설정하여 가설검정을 수행한다.

⑧ 유의확률(significance probability)

- 유의확률 또는 p-value는 귀무가설을 지지하는 정도를 나타낸 확률값으로 p-value가 유의수준 α보다 작은 경우에는 귀무가설이 참임을 가정했을 때 이러한 결과가 나올 확률이 매우 적다고 해석할 수 있다. 따라서 귀무가설을 기각하고 대립가설을 채택한다.
- 반면 p-value가 유의수준 α보다 큰 경우에는 대립가설을 기각하고 귀무가설을 채택하게 된다.

참고 **유의수준과 유의확률**

위 시험에서 가장 헷갈리는 내용 중 하나가 유의수준과 유의확률을 구분짓는 것이다. 하나의 단어를 다양하게 표현할 수 있는 만큼 아래의 표현에 대해서는 숙지하길 바란다.

- 유의수준
  - 귀무가설이 사실일 때, 이를 기각하는 확률
  - 제 1종 오류가 발생할 수 있는 최대의 확률
  - 가설검정을 수행하는 자가 환경에 맞게 값을 설정할 수 있지만, 통상적으로 0.05를 많이 사용
- 유의확률
  - 귀무가설을 지지하는 정도로 검정통계량으로부터 얻는 값
  - 귀무가설을 기각할 때 그 결정이 잘못되었을 확률

- 유의확률(p-value) 〈 유의수준(0.05)
  → 귀무가설을 기각할 수 있다.
- 유의확률(p-value) 〉 유의수준(0.05)
  → 귀무가설을 기각할 수 없다.

【 가설검정 절차 】

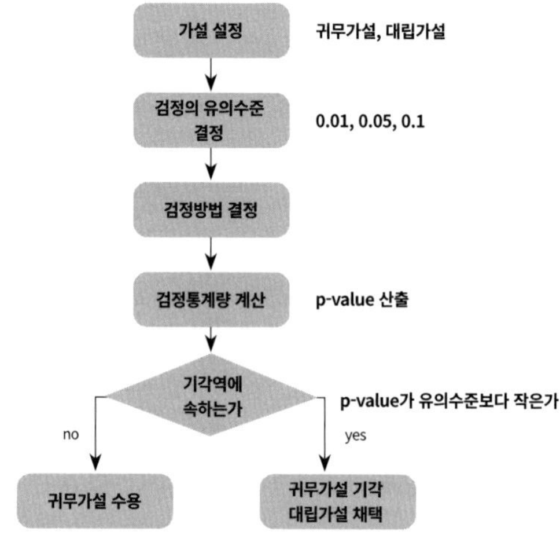

왜 주장하고 싶지 않은 귀무가설을 검증하는 것일까?  EASY BOX

- 왜 주장하고 싶지 않은 귀무가설을 검증하는 것일까? 귀무가설을 기각하는 것이 목적이라면 처음부터 자신이 주장하는 대립가설을 먼저 세우고 그것을 검증하면 되지 않을까? 라는 의문이 들 수 있다.
- 그렇다면 두 집단의 평균값 차이를 검증하는 경우를 생각해보자. 그런데 사실 우리는 실험을 하기 전이므로 두 집단의 평균값이 차이가 난다는 것조차 모르는 상황에서 과연 어떤 대립 가설을 세울 수 있을까? 다시 말해, 주장하고 싶은 가설을 어떻게 수립할지 막막하다.
- 예컨대 '두 집단 간의 평균의 차이는 5만큼 난다'고 세울 수도 있고, '두 집단 간의 평균의 차이는 6만큼 난다'고 가설을 세울 수도 있다. 또 확장하면 '7만큼, 8만큼, 9만큼, 10만큼 … 등' 거의 무한대로 가설을 수립할 수 있다.

- 만약 주장하고 싶은 가설로 먼저 가설을 수립한다면 엄청나게 여러 번 가설을 검증해야 원하는 결과를 달성할 수 있을지도 모른다. 시간과 자원의 낭비가 심각하다. 차라리 주장하고 싶지 않은 가설을 세우고 이것을 기각하는 방법이 훨씬 더 합리적이다.
- 그래서 연구 및 실험에서는 먼저 귀무가설을 수립하고 이를 기각하는 증거를 찾아내 주장하고 싶은 가설인 대립가설을 채택하는 방법을 취한다. 물론 이 역시 한 번의 가설 검증으로 완벽한 결과를 얻지 못할 수 있다. 따라서 대부분 여러 번의 실험을 통해 범위를 좁혀나가는 방법을 사용한다.

(3) 비모수 검정

① 모수검정 vs. 비모수 검정

- 모수검정은 앞서 살펴보았듯이 표본이 정규성을 갖는다는 모수적 특성을 이용하는 통계 방법이다. 따라서 표본의 정규성이 반드시 확보되어야 한다.
- 반면 비모수 검정은 정규성 검정에서 정규분포를 따르지 않는다고 증명되거나 표본 군집당 10명 미만의 소규모 실험에서와 같이 정규분포임을 가정할 수 없는 경우에 사용한다.
- 정규분포를 따르지 않는 경우 자료를 크기순으로 배열하여 순위를 매긴 다음 순위의 합을 통해 차이를 비교하는 순위합검정을 적용할 수 있는데 이런 방법들은 모수의 특성을 이용하지 않는다고 하여 비모수 검정이라 한다.
- 숫자로는 표현되지만 수량화할 수 없고 평균을 낼 수도 없는 서열척도의 경우에는 비록 연속형 자료는 아니지만, 순위의 합을 이용하는 비모수적 방법을 적용하는 것은 가능하다.
- 비모수 검정은 모수의 분포에 대해 어떠한 가정(정규분포)도 하지 않는 검정이다.
- 이상치로 인해 평균보다 중앙값이 더 바람직한 경우, 표본의 크기가 작은 경우, 순위와 같은 서수 데이터인 경우에 사용한다.

② 모수검정과 비모수 검정의 차이 **

모수검정(parametric test)	비모수 검정(nonparametric test)
등간척도, 비율척도	명목척도, 서열척도
평균	중앙값
피어슨 상관계수	스피어만 순위상관계수
one sample t–test, two sample t–test, paired t–test, one way anova	부호 검정, Wilcoxon 부호 순위 검정, Mann–Whitney 검정, Kruskal Wallis 검정

비모수 검정의 종류

- 연속성 검정(Wald–Wolfowitz runs test)
- 부호 검정(binomial sign test)
- 부호 순위 검정(Wilcoxon signed–rank test)
- 프리드만 검정(Friedman test)
- 순위 합 검정(Wilcoxon rank sum test, Mann–Whitney U test)
- 크러스컬–월리스 검정(Kruskal–Wallis one–way analysis of variance)
- 스피어만 서열상관분석(Spearman's rank correlation analysis)

TIP _ 비모수 검정을 골라내는 문제는 시험에 자주 출제되므로 다양한 종류의 비모수 검정을 익혀두세요.

3과목 / 2장 / 핵·심·문·제

01. **표본조사를 실시하기 위한 표본추출 방법의 선택은 중요한 과제다. 다음 보기에서 설명하는 표본추출 방법은 무엇인가?**

> 모집단의 구성비율을 반영한 표본집단을 생성하기 위해 모집단을 여러 개의 이질적인 집단으로 나눈 뒤 모집단의 비율과 같은 비율로 각 집단으로부터 표본을 추출하는 방법이다.

① 집락 추출법 ② 비례 층화 추출법
③ 계통 추출법 ④ 불비례 층화 추출법

02. **다음 중 데이터의 종류와 그 설명이 잘못 연결된 것은 무엇인가?**

① 명목척도: 여러 개의 범주로 구성되며 각 범주 사이의 높고 낮음이 존재하지 않는다. 학급과 같은 반을 예로 들 수 있다.
② 순서척도: 여러 개의 범주로 구성된 이산형 변수로 각 범주 사이에 높고 낮음이 존재하며 성적의 등급을 예로 들 수 있다.
③ 구간척도: 연속형 변수로 사칙연산이 가능한 온도와 GDP 같은 지수가 이에 해당한다.
④ 비율척도: 절대적 기준 0이 존재하며 키와 몸무게가 이에 해당한다.

03. **아래 보기에 들어갈 A와 B를 바르게 고른 것은 무엇인가?**

> 두 개의 사건에 대하여 두 사건이 서로 공통 부분이 존재하지 않는 경우를 (A) 관계라 하며, 두 개의 사건이 공통인 부분은 존재한다 하더라도 서로가 서로에게 영향을 주지 않는 경우를 (B) 관계에 있다고 한다.

	A	B		A	B
①	독립	상관	②	배반	독립
③	배반	상관	④	상관	배반

04. **다음 공분산과 상관계수에 대한 설명으로 잘못된 것은 무엇인가?**

① 상관계수는 두 변수에 대하여 서로의 선형관계를 나타내는 척도다.
② 공분산은 최댓값과 최솟값이 존재하지 않는다.
③ 상관계수 값 0은 두 변수의 선형관계가 존재하지 않음을 의미한다.
④ 공분산은 하나의 변수에 대한 선형관계를 나타내는 척도다.

05. 다음 중 왜도가 양수인 경우 평균, 중앙값, 최빈값의 대소 관계를 바르게 표현한 것은 무엇인가?

① 최빈값 〈 평균 〈 중앙값
② 최빈값 〈 중앙값 〈 평균
③ 평균 〈 중앙값 〈 최빈값
④ 중앙값 〈 평균 〈 최빈값

06. 아래 표는 확률변수 X에 대한 확률분포표를 나타낸 것이다. 아래 표를 보고 확률변수 X의 기댓값과 분산을 계산하시오.

X	0	1	2	3
$P(X=x)$	$\frac{1}{8}$	$\frac{1}{8}$	$\frac{1}{4}$	$\frac{1}{2}$

($E(X)$: , $Var(X)$:)

07. 다음은 여러 확률분포 중 어떤 확률분포에 대한 설명이다. 어느 확률분포를 설명하는지 고르시오.

n개의 독립적인 표준정규분포의 제곱의 합으로 얻을 수 있는 분포로 모집단의 구성을 파악하기 위한 동질성 검정을 위해 사용되는 분포다.

① t 분포
② F 분포
③ 카이제곱 분포
④ 포아송 분포

08. 다음 중 이산형 확률분포가 아닌 것은 무엇인가?

① 포아송 분포
② 균일 분포
③ 기하 분포
④ 베르누이 분포

09. 다음은 어느 확률분포에 대한 설명인지 고르시오.

발생할 수 있는 사건이 0과 1로 두 개인 확률분포를 n번 시행할 때 처음으로 성공인 시행(또는 1인 사건)이 나올 때까지 n번 시행할 확률을 나타내는 분포다.

① 기하 분포
② 베르누이 분포
③ 정규 분포
④ 포아송 분포

10. 다음 중 아래 보기에서 설명하는 용어는 무엇인가?

가설검정을 진행할 경우 특정 유의수준 이내에서 검정을 진행하여 귀무가설의 기각 여부를 판단한다. 이것은 검정통계량 값으로부터 얻은 값으로 귀무가설의 기각 여부를 판단할 수 있는 지표다.

① 유의확률
② 기각역
③ 제1종 오류
④ 제2종 오류

11. 다음 중 추정과 가설검정에 대한 설명 중 가장 부적절한 것은 무엇인가?

① 모든 데이터를 조사하는 전수조사가 불가능하여 표본조사로 모집단을 파악하고자 하는 것이 목적이다.
② 점 추정이란 모집단이 어느 특정한 값일 것이라 여기는 값을 찾는 것이다.
③ 귀무가설이란 대립가설에 반하는 가설로 흔히 모집단이 어떤 값일 것이라 특정하는 가설이다.
④ 제1종 오류와 제2종 오류를 모두 줄이기 위해 유의수준을 사용한다.

【정답&해설】

01. 답: ②

해설: 층화 추출법 중 비례 층화 추출법에 대한 설명이다.

02. 답: ③

해설: 구간척도는 연속형 변수이지만 사칙연산이 불가능한 자료를 의미한다.

03. 답: ②

해설: 공통 부분이 존재하지 않는 경우를 배반 관계라 하며, 두 개의 사건이 공통인 부분은 존재한다 하더라도 서로가 서로에게 영향을 주지 않는 경우를 독립 관계라고 한다.

04. 답: ④

해설: 공분산과 상관계수 모두 두 변수의 선형관계를 나타내는 측도다. 공분산의 경우 최댓값과 최솟값이 없으며 상관계수는 −1과 1 사이의 범위를 갖는다.

05. 답: ②

해설: 왜도가 양수인 경우 오른쪽으로 긴 꼬리를 갖는 분포로 최빈값 〈 중앙값 〈 평균의 관계를 갖는다.

06. 답: $E(X)=\frac{17}{8}$, $Var(X)=\frac{71}{64}$

해설:

$$E(X)=\frac{1}{8}\times 0+\frac{1}{8}\times 1+\frac{1}{4}\times 2+\frac{1}{2}\times 3=\frac{17}{8}$$

$$Var(X)=\frac{1}{8}\times 0^2+\frac{1}{8}\times 1^2+\frac{1}{4}\times 2^2+\frac{1}{2}\times 3^2-\left(\frac{17}{8}\right)^2=\frac{71}{64}$$

07. 답: ③

해설: 카이제곱 분포에 대한 설명이다.

08. 답: ②

해설: 일정 구간에서 모든 값들이 동일한 확률을 갖고 추출되는 균일 분포는 연속형 확률분포다.

09. 답: ①

해설: 기하 분포에 대한 설명이다.

10. 답: ①

해설: 유의확률에 대한 설명이다.

11. 답: ④

해설: 제1종 오류와 제2종 오류를 모두 줄일 수 없으므로 일반적으로 더 위험하다고 판단하는 제1종 오류만 통제하기 위해 유의수준을 사용한다.

02 기초통계

1. t-검정

(1) 일 표본 t-검정(one sample t-test)

① 일 표본 t-검정의 개념

- 일(단일) 표본 t-검정은 가설검정의 일종으로, 하나의 모집단의 평균(n)값을 특정값과 비교하는 경우 사용하는 통계적 분석 방법이다.

② 일 표본 단측 t-검정

- 모수에 대한 검정을 할 때 모수값이 '~보다 크다' 혹은 '~보다 작다'와 같이 한쪽으로의 방향성을 갖는 경우 수행되는 검정 방법이다.
- 예컨대 '○○공장에서 생산되는 지우개의 평균 중량은 50g 이하다(지우개 평균 중량 ≤50g)'라는 귀무가설을 수립했다고 가정해보자. 다음과 같이 R에서 t-검정을 수행했다.

```
# 일 표본 단측 t-검정을 위한 지우개 10개의 표본추출
> weights <- runif( 10 , min= 49 , max = 52 )
> t.test( weights , mu = 50 , alternative = 'greater' ) # 반대 방향은 'less'를 사용한다.

        One Sample t-test

data:  weights
t = 2.6963,  df = 9,  p-value = 0.01227
# 대립 가설: 지우개의 평균 중량은 50g보다 크다.
alternative hypothesis: true mean is greater than 50
95 percent confidence interval:
50.26328       Inf
sample estimates:
mean of x
 50.82239
```

- 그 결과를 보면 검정통계량은 t = 2.6963이며, 자유도는 표본의 개수보다 1만큼 적은 df = 9다.
- p-value가 유의수준 0.05보다 작으므로 귀무가설을 기각할 수 있다.

- 따라서 '○○공장에서 생산되는 지우개의 평균 중량은 50g 이하다'라는 귀무가설은 기각되고 대립가설인 '○○공장에서 생산되는 지우개의 평균 중량은 50g보다 크다'라는 대립가설을 채택한다.

③ 일 표본 양측 t-검정

- 단측 검정처럼 방향성을 갖지 않고 모수값이 '~이다' 혹은 '~이 아니다'와 같이 방향성이 없는 경우 수행되는 검정 방법이다.
- 예컨대 '대한민국 남성의 평균 몸무게는 70kg이다(대한민국 남성 평균 몸무게 = 70kg)'라는 귀무가설을 수립했다고 가정해보자. 다음과 같이 R에서 t-검정을 수행했다.

```
# 일 표본 양측 t-검정을 위한 40kg ~ 100kg 사이 남성 100명의 표본을 추출
> weights <- runif( 100 , min= 40 , max = 100 )
> t.test( weights , mu = 70 , alternative = 'two.sided' )

        One Sample t-test

data:  weights
t = 1.2687,  df = 99,  p-value = 0.2075
# 대립 가설: 대한민국 남성의 평균 몸무게는 70kg이 아니다.
alternative hypothesis: true mean is not equal to 70
95 percent confidence interval:
 68.85874  75.18838
sample estimates:
mean of x
 72.02356
```

- 그 결과를 보면 검정통계량은 t = 1.2687이며, 자유도는 표본의 개수보다 1만큼 적은 df = 99다.
- p-value가 유의수준 0.05보다 작지 않으므로 귀무가설을 기각할 수 없다.
- 따라서 '대한민국 남성의 평균 몸무게는 70kg이다'라는 귀무가설은 기각되지 않고 채택된다.

(2) 이(독립) 표본 t-검정(independent sample t-test) ★★

① 이 표본 t-검정의 개념

- 이 표본 T-검정은 가설검정의 일종으로 서로 독립적인 두 개의 집단에 대하여 모수(모평균)의 값이 같은 값을 갖는지 통계적으로 검정하는 방법이다.
- 책에 따라서 독립표본 t-검정이라고 부르기도 한다.

- 여기서 독립이란 두 모집단에서 각각 추출된 두 표본이 서로 관계가 없다는 것을 의미한다.
- 두 모집단의 분산이 같음을 의미하는 등분산성을 만족해야 한다. 따라서 이 표본 t-검정을 수행하기 전에 등분산 검정(F 검정)을 먼저 수행해야 한다.

② 이 표본 단측 t-검정

- 두 집단에 대하여 모수 비교를 할 때 '~이 ~보다 크다' 혹은 '~이 ~보다 작다'와 같이 두 집단 사이에 대소가 있는 경우 수행되는 검정 방법이다.
- 예컨대 'A회사의 급여가 B회사의 급여보다 같거나 많다(A회사 급여 ≥ B회사 급여)'라는 귀무가설을 수립했다고 가정해보자. 다음과 같이 R에서 t-검정을 수행했다.

```
# 이 표본 단측 t-검정을 위한 표본추출
> salaryA <- runif( 100 , min = 250 , max = 380 )
> salaryB <- runif( 100 , min = 200 , max = 400 )
> t.test( salaryA , salaryB , alternative = 'less' )

        Welch Two Sample t-test

data:  salaryA and salaryB
t = 2.6226,  df = 172.16,  p-value = 0.9952
# 대립 가설: A회사의 급여가 B회사의 급여보다 적다. (salaryA - salaryB < 0)
alternative hypothesis: true difference in means is less than 0
95 percent confidence interval:
 -Inf  29.91411
sample estimates:
mean of x  mean of y
 317.7475   299.4017
```

- 그 결과를 보면 검정통계량은 t = 2.26226이며, 자유도는 df = 172.16이다.
- p-value가 0.9952이며, 유의수준 0.05보다 크므로 귀무가설을 기각할 수 없다.
- 따라서 A회사의 급여가 B회사의 급여보다 같거나 많다고 할 수 있다.

③ 이 표본 양측 t-검정

- 두 집단에 대하여 모수 비교를 할 때 '두 집단이 같다' 혹은 '두 집단이 다르다'와 같이 두 집단 사이에 대소가 없는 경우 수행되는 검정 방법이다.
- 예컨대 'K와 L의 달리기 속도는 같다(K의 달리기 속도 = L의 달리기 속도)'라는 귀무가설을 수립했다고 가정해보자. 다음과 같이 R에서 t-검정을 수행했다.

```
# 이 표본 양측 t-검정을 위한 표본추출
> speedK <- runif( 100 , min = 30 , max = 40 )
> speedL <- runif( 100 , min = 25 , max = 35 )
> t.test( speedK , speedL , alternative = 'two.sided' )

        Welch Two Sample t-test

data:  speedK and speedL
t = 3.2704,  df = 17.141,  p-value = 0.00447
# 대립 가설: 두 집단의 평균의 차이가 0이 아니다. (speedK - speedL ≠ 0)
alternative hypothesis: true difference in means is not equal to 0
95 percent confidence interval:
 1.598352  7.399424
sample estimates:
mean of x  mean of y
 34.50734  30.00845
```

- 그 결과를 보면 검정통계량은 t = 3.2704이며, 자유도는 df = 17.141이다.
- p-value가 0.00447이며, 유의수준 0.05보다 작으므로 귀무가설을 기각할 수 있다.
- 따라서 대립가설을 채택하여 A씨와 B씨의 달리기 속도는 같다고 할 수 없다.

(3) 대응 표본 t-검정(paired t-test) ★★

① 대응 표본 t-검정의 개념

- 동일한 대상에 대해 두 가지 관측치가 있는 경우 이를 비교하여 차이가 있는지 검정할 때 사용한다.
- 주로 실험 전후의 효과를 비교하기 위해 사용한다.
- 예: 두 집단에 신약 투약 이후의 전후 수치 비교
  새로운 정책이 시행된 후의 부동산 가격의 전후 변화 등

② 대응 표본 t-검정

- 예를 들어 새로운 운동법이 체중감량의 효과가 있는지 검증하기 위해 새로운 운동법을 실시한 집단과 실시하지 않은 집단의 체중을 비교한다고 했을 때 대응 표본 t-검정을 수행한다.
- '새로운 운동법으로 체중 감량의 효과는 없다(운동 전 무게 - 운동 후 무게 ≤ 0)'라는 귀무가설을 수립하고 R에서 t-검정을 수행했다.

```
# 대응 표본 t-검정을 위한 표본추출
> before <- runif( 100 , min = 60 , max = 80 )
> after <- before + rnorm( 10 , mean = -3 , sd = 2 )
> t.test( before , after , alternative = 'greater' , paired = TRUE )

        Paired t-test

data:  before and after
t = 4.132,  df = 9,  p-value = 0.002552
# 대립 가설: 두 집단의 평균의 차이는 0보다 크다. (before - after > 0)
alternative hypothesis: true difference in means is greater than 0
95 percent confidence interval:
 1.624069  5.553651
sample estimates:
mean of the differences
               3.58886
```

- 그 결과를 보면 검정통계량은 t = 4.132이며, 자유도는 대응 개수 10보다 1만큼 적은 9다.
- p−value가 0.002552이며, 유의수준 0.05보다 작으므로 귀무가설을 기각할 수 있다.
- 따라서 대립가설을 채택하여 '두 집단의 평균의 차이는 0보다 크다.' 따라서 새로운 운동법으로 인한 체중 감량의 효과는 있다.

2. 분산분석(ANOVA)

(1) 분산분석

① 분산분석 개요**

- 분산분석은 세 개 이상의 모집단이 있을 경우에 여러 집단 사이의 평균을 비교하는 검정 방법이다.
- 분산분석의 귀무가설은 항상 'H_0: 모든 집단 간 평균은 같다.'이다.
- 분산분석을 수행하기 위해서는 아래의 세 가지 가정사항을 필요로 한다.

1. 정규성: 각 집단의 표본들은 정규분포를 따라야 한다.
2. 등분산성: 각 집단은 동일한 분산을 가져야 한다.
3. 독립성: 각 집단은 서로에게 영향을 주지 않는다.

- 분산분석의 한 가지 단점이 있다면 귀무가설을 기각할 경우 어느 집단 간 평균이 같은지, 혹은 어느 집단 간의 평균이 얼마나 다른지 알 수 없다는 점이다.
- 그래서 분산분석의 귀무가설을 기각했을 경우 어느 집단 간에 차이를 보이는지 알기 위한 사후검정 방법으로 Scheffe, Tukey, Duncan, Fisher's LSD, Dunnett, Bonferroni 등의 방법을 사용한다.
- 분산분석의 독립변수는 범주형 데이터여야 하고, 종속변수는 연속형이어야 한다.
- 분산분석에는 '(집단 간 분산)÷(집단 내 분산)'으로 계산되는 F-value가 사용된다.
- 평균을 비교하는 분산분석에 '분산'의 개념을 사용하는 이유는 집단 간 평균의 분산이 클수록 각 집단의 평균은 서로 멀리 떨어져 있기 때문이다. 그래서 집단 간 차이를 비교하기 쉬워진다.

② 일원분산분석(one-way Anova) **

- 셋 이상의 집단 간 평균을 비교하는 상황에서 하나의 집단에 속하는 독립변수와 종속변수 모두 한 개일 때 사용한다.
- 예컨대 연령대별(청소년, 성인, 노인) 유튜브 시청 시간의 차이가 있는지 알아보고 싶다고 가정해보자. 여기서 독립변수는 연령별 집단(청소년, 성인, 노인)이다. 종속변수는 유튜브 시청 시간이다. 셋 이상의 집단이지만 독립변수는 '연령별 집단' 하나의 종류로 봐야 한다. 하나의 독립변수가 각각 종속변수에 영향을 끼치기 때문이다.

【 연령대별(청소년, 성인, 노인) 유튜브 시청 시간의 차이 】

독립변수	종속변수
(연령별)	(시청 시간)
청소년	일평균 1시간
성인	일평균 30분
노인	일평균 10분

【 분산분석표 】

요인	제곱합	자유도	제곱평균	F비
처리	SSR	a = 집단 수 − 1	$MSR=\frac{SSR}{a}$	$F=\frac{MSR}{MSE}$
잔차	SSE	b = 전체 데이터 - 집단 수	$MSE=\frac{SSE}{b}$	
계	$SST=SSR+SSE$	$a+b$ (= 전체 데이터 − 1)	−	−

- SSE(residual sum of squares, sum squared errors): 잔차들이 자신의 표본평균으로부터 벗어난 편차의 제곱
- SSR(explained sum of squares, sum squared regression): 표본평균과 종속변수값 중 독립변수에 의해 설명된 부분과의 차이를 제곱하여 합한 값
- SST(total sum of squares): 종속변수의 관측값과 표본의 평균의 차이(편차)를 제곱하여 합한 값
- SST = SSR + SSE

③ 일원분산분석 R 실습

- 신형 핸드폰 A, B, C의 속도 차이가 있는지 여부
- 귀무가설(H_0): A, B, C라는 세 대의 신형 핸드폰 간의 속도 차이는 없다.
- 대립가설(H_1): 집단 간 평균의 차이가 존재한다.

```
# 분산분석을 위한 데이터 생성
> phoneSpeed <- runif( 45 , min = 75 , max = 100 )
> telecom <- rep( c( 'A' , 'B' , 'C' ) , 15 )
> phoneData <- data.frame( phoneSpeed , telecom )
# 분산분석 수행
> result <- aov( data = phoneData, phoneSpeed ~ telecom )
> summary( result )
            Df  Sum Sq  Mean Sq  F value  Pr(>F)
telecom      2    75.2    37.61    0.821   0.447
Residuals   42  1924.2    45.81
```

- p-value 값이 0.447로 0.05보다 작지 않으므로 귀무가설을 기각할 수 없다.
- 따라서 세 대의 신형 핸드폰 간의 속도 차이는 없다고 할 수 있다.

④ 이원분산분석(two-way Anova) **

- 일원분산분석 수행 시 독립변수의 수가 두 개 이상일 때 사용한다.
- 위의 일원분산분석 사례에서 만약 독립변수가 두 개 이상이 되는 상황을 가정한다면 어떨까? 성별 연령별 유튜브 시청 시간 차이를 알아보고 싶은 경우가 그것이다.
- 이원분산분석은 독립변수 간 교호작용이 있다고 판단될 때는 '반복이 있는 실험'을 하고, 교호작용이 없다고 판단될 때, 즉 두 독립변수가 독립인 경우에는 '반복이 없는 실험'을 한다.

- 이원분산분석은 이렇게 독립변수 간의 교호작용을 먼저 살펴보고 두 가지로 나누어서 실험해야 한다. 교호작용이란 독립변수끼리 서로 영향을 미치는 경우를 말한다. 위의 예를 들어보면, '여성'이라는 독립변수의 경우 '노인' 변수와는 교호작용이 미약할 수도 있겠지만, '여성'이라는 독립변수가 '청소년'과 만나면 서로 강한 교호작용이 있을 수 있다. 그래서 이원분산분석을 수행할 때 독립변수 간 교호작용을 먼저 살펴보고 두 가지로 나누어서 수행하는 것이다.
- 만약 집단 간의 평균 차이를 검증할 때 종속변수가 2개 이상이라면 '다변량분산분석(Manova)'을 수행한다. 이를 '다원분산분석'이라 부르기도 한다.

【 성별 및 연령대별(청소년, 성인, 노인) 유튜브 시청 시간의 차이 】

독립변수		종속변수
(연령별)	(성별)	(시청 시간)
청소년	남성	일평균 1시간
	여성	일평균 1시간 30분
성인	남성	일평균 30분
	여성	일평균 50분
노인	남성	일평균 10분
	여성	일평균 5분

【 교호작용이 있을 때 → 반복이 있는 이원분산분석표(p, q는 집단의 수, r은 반복횟수) 】

요인	제곱 합	자유도	제곱평균	F
A	SSA	p−1	MSA = SSA/p−1	MSA/MSE
B	SSB	q−1	MSB = SSB/q−1	MSB/MSE
A*B	SSAB	(p−1)(q−1)	MSAB = SSAB/(p−1)(q−1)	MSAB/MSE
오차	SSE	pq(r−1)	MSE = SSE/pq(r−1)	
총	SST	pqr−1		

【 교호작용이 없을 때 → 반복이 없는 이원분산분석표(p, q는 집단의 수) 】

요인	제곱 합	자유도	제곱평균	F
A	SSA	p−1	MSA = SSA/p−1	MSA/MSE
B	SSB	q−1	MSB = SSB/q−1	MSB/MSE
오차	SSE	(p−1)(q−1)	MSE = SSE/(p−1)(q−1)	
총	SST	pq−1		

3. 교차분석

(1) 교차분석

① 교차분석의 개념

- 범주형 자료(명목, 서열) 간의 관계를 알아보고자 할 때 사용되는 분석방법이다.
- 카이제곱(x^2)검정통계량을 이용한다.
- 적합도 검정, 독립성 검정, 동질성 검정에 사용된다.

② 교차분석표

- 두 범주형 변수를 교차하여 데이터의 빈도를 표 형태로 나타낸 것이다.
- 예를 들어 지역별 전자제품 브랜드 선호도를 교차분석표로 작성한다고 가정해보자.
- 다음의 표를 보면 우리나라와 미국에서는 B사 브랜드 선호도가 높은 반면, 유럽에서는 A사 브랜드의 선호도가 높다고 할 수 있다.

【 지역별 전자제품 브랜드 선호도 】

	A사	B사	C사	계
한국	30	55	15	100
미국	40	60	20	120
유럽	40	35	15	90
계	110	150	50	300

(2) 적합도 검정 ★★

① 적합도 검정의 개념

- 실험결과 얻어진 관측값이 예상값과 일치하는지 여부를 검정하는 방법이다.
- 여기서 실험 데이터를 '관측도수', 예측값을 '기대도수'라고 부른다.
- 정리하자면 모집단 분포에 대한 가정(예측값, 기대도수)이 옳게 됐는지 관측값(관측도수)과 비교하여 검정하는 것이다.
- 실험 결과 관측도수가 기대도수와 일치하면 실제 분포와 예측 분포 간에는 차이가 없다고 볼 수 있다.

② 적합도 검정에서의 가설

- H_0: 실제 분포와 예측 분포 간에는 차이가 없다. = 두 분포가 일치한다.
- H_1: 실제 분포와 예측 분포 간에 차이가 있다. = 두 분포가 일치하지 않는다.

③ 적합도 검정

- 적합도 검정을 하는 유의수준은 보통 α=0.05로 정한다.
- 적합도 검정의 기각값은 카이제곱 분포표에서 유의수준 a=0.05일 때 자유도 df=범주 수−1에 해당하는 $\chi_{a,\,df}$값이다.

(3) 독립성 검정★★

- 독립성 검정은 모집단이 두 개의 변수에 의해 범주화됐을 때 그 두 변수들 사이의 관계가 독립적인지 아닌지 검정하는 것을 의미한다.
- 변수들 사이의 관계가 독립적이라면 변수들 사이에 유의한 관계가 없다고 판단하며, 만약 독립적이지 않다면 유의한 관계가 있다고 판단한다.
- 카이제곱 검정에 의한 독립성 검정 결과는 두 범주형 변수 간에 관계가 있는지 없는지만을 나타낼 뿐이며, 두 변수 간 관계의 강도를 말해주지는 않는다.
- 따라서 두 범주형 변수가 유의한 관계가 있다고 판단한다고 해서 두 범주형 변수 간에 상관관계가 강하다고 보지는 않는다. 상관관계의 강도를 말하기 위해서는 상관분석을 실시해 수치를 따져봐야 한다.

(4) 동질성 검정★★

- 동질성 검정은 관측값들이 정해진 범주 내에서 서로 비슷하게 나타나고 있는지를 검정하는 것이다.
- 두 집단의 분포가 동일한 모집단에 추출된 것인지를 검정한다. 즉, 부모집단별로 요인에 대한 차이가 있는지 검정하는 것이 동질성 검정이다.
- 예컨대 속성 A, B를 가진 부모집단 각각으로부터 정해진 표본의 크기만큼 자료를 추출하는 경우 그 표본의 관측값(표본의 속성 A, B)의 분포가 부모집단의 속성(모집단의 속성 A, B) 분포와 동일한가를 검정하는 것이다.
- 동질성 검정통계량을 계산할 때는 교차표를 활용하며, 계산 및 검증법은 독립성 검정과 같다.

중심극한정리 EASY BOX

- 모집단의 분포와 상관없이 표본의 개수 n이 커질수록 표본평균의 분포는 정규분포에 가까워지는 현상을 '중심극한정리'라고 한다.
- 주의할 것은 표본의 크기가 아무리 크다 해도 표본집단의 평균은 모집단의 평균과 같아지지는 않는다는 것이다. 왜냐하면 표본은 매번 추출할 때마다 달라지고 그에 따라 표본의 평균값도 매번 달라지기 때문이다. 따라서 엄청나게 많은 표본의 평균값을 구했다고 해서 그것이 곧 모집단의 평균과 같다고 볼 수는 없다.
- 그렇다면 앞의 중심극한정리에서 설명한 '표본평균분포가 정규분포에 가까워진다'는 의미는 무엇일까? 중심극한정리에서 말하는 표본평균분포는 모집단에서 표본크기가 n인 표본을 여러 번 반복해서 추출했을 때 각각의 표본 평균들이 이루는 분포를 말한다. 바로 이 표본 평균들이 이루는 분포가 정규분포에 가까워진다는 의미다.
- 중심극한정리가 중요한 이유는 바로 추리통계(추론통계)의 이론적 근거를 제시하기 때문이다. 만약 표본의 크기가 엄청나게 크다면 표본 평균들의 분포가 정규분포에 아주 가까워질 것이다. 바로 이 점을 이용하여 특정한 사건이 일어날 확률을 구할 수 있다. 특정한 사건이 일어날 확률을 구할 수 있다는 것은 바로 모집단의 모수를 추정할 수 있다는 의미가 된다. 즉, 표본의 통계량을 이용하여 모집단의 모수를 추정할 수 있다는 의미다.

4. 상관분석

(1) 상관분석의 개념

① 상관분석의 개념★★

- 상관분석은 두 변수 간의 선형적 관계가 존재하는지 알아보는 분석 방법으로, 상관계수를 활용한다.
- 상관계수는 −1과 +1 사이의 값을 갖는데, +1에 가까우면 강한 양의 상관관계가, −1에 가까우면 강한 음의 상관관계가 있다고 본다. 0에 가까울수록 상관관계가 존재하지 않는다고 본다.
- 변수 간에 상관관계가 있다는 것이 반드시 그 변수들 사이에 인과관계가 있다는 말은 아니다. 상관관계는 존재하지만 인과관계는 없을 수도 있다. 인과관계는 다음 절에서 공부할 회귀분석에서 다루기로 한다.

② 산점도 행렬

- R에서 산점도 행렬(Scatter Plot Matrix)을 그려 여러 변수를 조합한 산점도와 상관계수를 한 화면에서 확인할 수 있다. 다음은 차량과 관련된 mtcars 데이터셋(R 기본 데이터 중 하나)을 사용해 다변량 산점도를 그린 모습이다. cyl 변수는 실린더 개수를 의미하는 이산형 변수로, 일정하게 점이 찍혀 있는 모습을 확인할 수 있다. 또한 배기량 disp와 cyl이 강한 양의 상관관계를 보이는 것을 확인할 수 있다.

【 상관분석의 예시 】

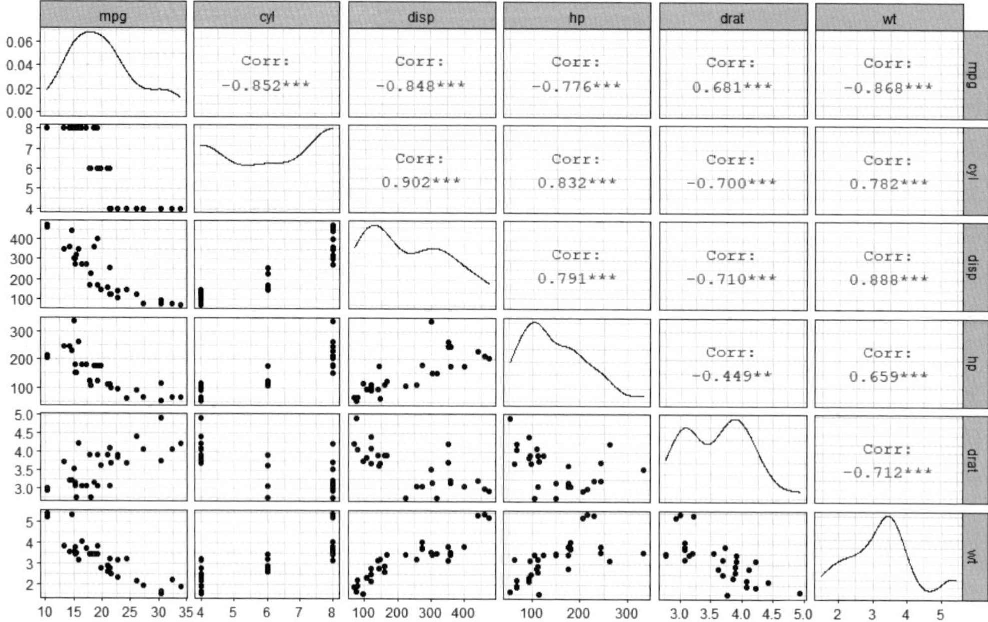

③ 상관분석 귀무가설

- 상관분석의 귀무가설은 'H_0:γ_{xy}=0(두 변수는 아무 상관관계가 없다)'이다.
- p-value가 유의수준보다 작아 귀무가설을 기각할 수 있다면 두 변수 간에 유의한 상관관계가 있다고 말할 수 있다.

(2) 상관분석의 종류

① 피어슨 상관분석(선형적 상관관계) ★★★

- 피어슨 상관계수는 모수적 방법의 하나로 두 변수가 모두 정규분포를 따른다는 가정이 필요하다.

$$\gamma_{xy} = \frac{\sum_i^n (X_i - \bar{X})(Y_i - \bar{Y})}{\sqrt{\sum_i^n (X_i - \bar{X})^2}\sqrt{\sum_i^n (Y_i - \bar{Y})^2}}$$

```
> X <- c( 1 , 2 , 3 , 4 , 5 )
> Y <- c( 3 , 6 , 4 , 9 , 8 )
> cor( X , Y , method = 'pearson' )
[ 1 ]  0.8062258
```

② 스피어만 상관분석(비선형적 상관관계) ***

- 측정된 두 변수들이 서열척도일 때 사용하는 상관계수다. 스피어만 상관계수는 비모수적 방법으로 관측값의 순위에 대하여 상관계수를 계산하는 방법이다.

```
> X <- c( 1 , 2 , 3 , 4 , 5 )
> Y <- c( 3 , 6 , 4 , 9 , 8 )
> cor( X , Y , method = 'spearman' )
[ 1 ]  0.8
```

(3) 상관분석 실습 ***

- 10명의 학생들에 대한 학습 시간과 시험 점수에 대한 데이터가 주어졌다. 학습 시간과 시험 점수 사이에 상관관계가 존재하는지 알아보자.

time	학습 시간(시간)	8	6	7	3	2	4	2	7	2	3
score	점수(점)	33	22	18	6	23	10	9	30	11	13

```
> time <- c( 8 , 6 , 7 , 3 , 2 , 4 , 2 , 7 , 2 , 3 )
> score <- c( 33 , 22 , 18 , 6 , 23 , 10 , 9 , 30 , 11 ,13 )
> cor.test( time , score )

        Pearson's product-moment correlation

data:  time and score
t = 3.0733,  df = 8,  p-value = 0.01527
alternative hypothesis : true correlation is not equal to 0
95 percent confidence interval:
 0.1978427  0.9331309
sample estimates:
      cor
0.7358112
```

- p-value 값 0.01527이 유의수준 0.05보다 작으므로 귀무가설을 기각한다.
- 두 변수의 상관계수 추정치(cor)는 0.7358112다.
- 두 변수 간(time, score) 상관관계가 있다고 통계적으로 말할 수 있다.

01. 다음은 A와 B라는 두 학교의 학생들 수학 점수에 대하여 t-검정을 진행한 결과다. 결과를 올바르게 해석한 것은 무엇인가?

```
> t.test(schoolA,schoolB,conf.level = 0.95)

        Welch Two Sample t-test

data:  schoolA and schoolB
t = 0.8162, df = 27.18, p-value = 0.4215
alternative hypothesis: true difference in means is not equal to 0
95 percent confidence interval:
 -3.462586  8.039427
sample estimates:
mean of x mean of y
 60.67721  58.38879
```

① 유의수준이 0.4215로 유의수준 0.05 이내에서 귀무가설을 기각한다.

② 기각되는 귀무가설은 '두 학교의 성적에 차이가 없다'이다.

③ conf.level = 0.95를 생략하면 다른 결과를 얻는다.

④ 이 표본 양측 t-검정을 수행하였다.

02. 다음은 공장에서 제조하는 초콜릿의 무게에 대한 가설검정을 진행한 결과다. 다음 중 결과를 가장 잘못 해석한 것은 무엇인가?

```
> t.test(chocolates,mu=52)

        One Sample t-test

data:  chocolates
t = -9.464, df = 99, p-value = 1.616e-15
alternative hypothesis: true mean is not equal to 52
95 percent confidence interval:
 49.60405 50.43458
sample estimates:
mean of x
 50.01931
```

① 귀무가설은 '초콜릿의 무게가 52g이다'이다.

② 귀무가설을 기각하여 초콜릿의 무게가 52g이 아니라고 할 수 있다.

③ 공장에서 생산되는 초콜릿의 평균 무게는 약 50g이다.

④ 일 표본 단측 t-검정을 진행하였다.

03. 다음은 몇 개의 반을 대상으로 실시한 시험에서 각 반의 성적에 대하여 분산분석을 실시한 결과다. 다음 중 결과를 잘못 해석한 것은 무엇인가?

```
> summary(result)
            Df Sum Sq Mean Sq F value Pr(>F)
group        3    9.5   3.171   0.406  0.749
Residuals   86  671.1   7.804
```

① 시험을 치른 반은 3개의 반이다.

② 유의확률은 0.749로 유의수준 0.05 이내에서 귀무가설을 기각할 수 없다.

③ 시험을 치른 전체 학생수는 90명이다.

④ 귀무가설은 '각 반의 성적 차이는 없다'이다.

04. 다음은 여러 학원들의 점수를 비롯한 여러 데이터에 대하여 상관분석을 시행한 결과다. 다음 중 결과를 잘못 해석한 것은 무엇인가?

```
> result<-cor(mydata,method='pearson')
> result
                  score    distance   students    teacher         bus    building recognition
score        1.00000000 -0.04463017 0.13618928 0.70588810  0.55874846  0.30678193  0.39161403
distance    -0.04463017  1.00000000 0.06134120 0.08503567 -0.12592261  0.04570100 -0.13443427
students     0.13618928  0.06134120 1.00000000 0.10327911  0.03247229  0.06777463  0.23178454
teacher      0.70588810  0.08503567 0.10327911 1.00000000  0.10734282  0.10676536  0.01170215
bus          0.55874846 -0.12592261 0.03247229 0.10734282  1.00000000  0.22553736  0.01585261
building     0.30678193  0.04570100 0.06777463 0.10676536  0.22553736  1.00000000 -0.05732844
recognition  0.39161403 -0.13443427 0.23178454 0.01170215  0.01585261 -0.05732844  1.00000000
```

① teacher가 증가할 때 score가 증가하는 상관관계가 있다. ② score와 building의 상관계수 추정치는 0.30678193이다.

③ method = 'pearson'을 생략해도 결과의 변화는 없다. ④ 위 명령문으로 보아 원본 데이터는 명목척도다.

05. 연령대별 혈압의 차이가 있는지 검정하려고 한다. 아래의 표를 보고 검정을 수행하기 위해 알맞은 R 코드는 무엇인가?

변수명	데이터 유형	데이터 예시
age	범주형	10대, 20대, 30대, …
pressure	연속형	87.1mmHg, 110mmHg, …

① aov(pressure ~ age) ② aov(age ~ pressure)

③ anova(pressure ~ age) ④ anova(age ~ pressure)

【정답&해설】

01. 답: ④

해설: 유의확률이 유의수준 0.05 이내에서 기각할 수 없으므로 귀무가설을 기각할 수 없다. 따라서 기각되는 대립가설(귀무가설이 채택)은 '두 학교의 성적에 차이가 있다'이다. 95% 신뢰도가 기본값이므로 conf.level = 0.95를 생략해도 같은 결과를 얻는다.

02. 답: ④

해설: R에서 t-test 수행 시, 단측검정 옵션을 지정하지 않는다면 기본값으로 양측 검정을 수행한다. 단측 검정(one-tailed test)을 수행하기 위해서는 alternative 옵션을 `"greater"` 또는 `"less"`라고 설정한다.

예) 우측 단측 검정: `t.test(chocolates, mu=52, alternative="greater")`
좌측 단측 검정: `t.test(chocolates, mu=52, alternative="less")`

03. 답: ①

해설: group의 자유도가 3이므로 시험을 치른 반의 수는 자유도보다 1만큼 큰 4개다.

04. 답: ④

해설: 명목척도에 대해서는 상관계수를 구할 수 없다. 등간척도와 비율척도인 경우에는 피어슨 상관계수를, 서열척도인 경우에는 스피어만 상관계수를 사용한다.

05. 답: ①

해설: 분산분석을 수행하기 위해서는 aov 함수를 사용하며, aov(연속형 ~ 범주형)으로 입력한다. anova 함수 역시 분산분석을 수행하기 위한 함수이지만 회귀분석이나 로지스틱 회귀분석과 같이 모델에 대한 분산분석 결과를 반환하기에 위 예시에 사용하기에는 적합하지 않다.

03 회귀분석 ★★★

1. 회귀분석 개요

TIP _ 회귀분석은 거의 모든 내용이 다 시험에 나온다고 봐야 할 만큼 매우 중요합니다.

(1) 회귀분석의 개념

① 회귀분석**

- 회귀분석이란 하나 이상의 독립변수(x_1, x_2, x_3, $\cdots$)들이 종속변수(y)에 얼마나 영향을 미치는지 추정하는 통계기법이다.
- 독립변수와 종속변수 간에 인과관계가 있다는 말은 독립변수가 원인이 되어 종속변수에 영향을 미친다는 의미다. 그런 의미에서 독립변수를 원인변수(혹은 설명 변수), 종속변수를 결과변수(혹은 반응 변수)라고도 한다.
- 독립변수가 하나이면 단순선형회귀분석, 2개 이상이면 다중선형회귀분석으로 분석할 수 있다.
- 회귀분석은 기본적으로 변수가 연속형 변수일 때 사용하며, 범주형 변수일 경우 이를 파생변수로 변환하여 사용한다. 만약에 종속변수가 범주형일 경우 로지스틱 회귀분석을 사용한다. 추후 로지스틱 회귀분석에서 자세히 다루기로 한다.
- 변수들이 일정한 경향성을 띤다는 의미는 그 변수들이 일정한 인과관계를 갖고 있다고 추측할 수 있다. 따라서 산점도를 봤을 때 일정한 추세선이 나타난다면, 경향성을 가지거나 혹은 변수들 간에 인과관계가 존재한다고 미루어 생각할 수 있다.
- 다음의 산점도를 보면 2번 그래프는 선형적인 추세선을, 3번 그래프는 2차 곡선 형태의 추세선을 나타내고 있다. 나머지 1번과 4번에서는 데이터들이 어떤 추세선을 나타낸다고 보기 어렵다. 분석을 하기 전 미리 EDA를 통해 산점도를 그려보면 변수들 간에 어떤 의미 있는 관계가 있는지 미리 짐작할 수 있다.

【 산점도 】

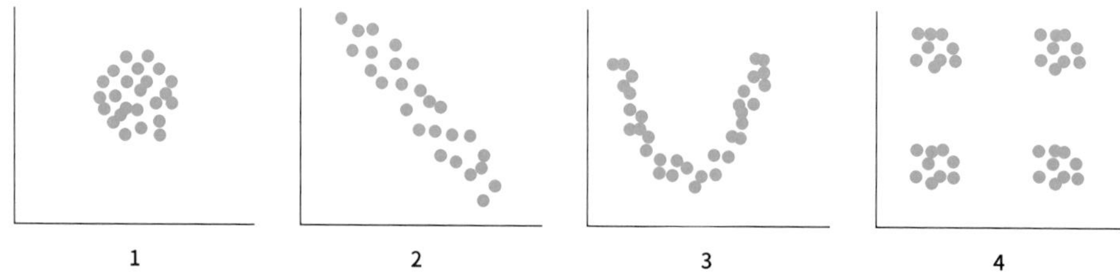

② 회귀분석의 종류

종류	식	모형
단순회귀	$Y=\beta_0+\beta_1 X+\varepsilon$	1개의 독립변수와 반응변수가 직선(선형) 관계
다중회귀	$Y=\beta_0+\beta_1 X_1+\beta_2 X_2+\cdots+\beta_k X_k+\varepsilon$	k개의 독립변수와 반응변수가 선형 관계
다항회귀	$Y=\beta_0+\beta_1 X^1+\beta_2 X^2+\cdots+\beta_d X^k+\varepsilon$	k개의 독립변수와 반응변수가 2차함수 이상의 관계
비선형회귀	$Y=\alpha e^{\beta_1 X}+\varepsilon$ $Y=\alpha \ln \beta_1 X+\varepsilon$ $Y=\alpha \sin \beta_1 X+\varepsilon$	회귀식이 미지의 모수들과 선형관계가 아닌 경우 (지수함수, 로그함수, 삼각함수 등)

이해하기 쉬운 회귀분석

비전공자 혹은 초심자를 위해 이해하기 쉽게 회귀분석의 기초개념을 설명하기로 한다. 회귀분석을 제대로 이해하지 못한다면 앞으로 나올 수많은 통계분석방법들 사이에서 길을 잃고 말 것이다. 그만큼 그 원리와 개념이 중요하다. 회귀분석의 기초개념을 알고 있다면 이 부분은 건너뛰기 바란다.

■ **회귀(Regression)의 의미**

- '회귀'라는 말에는 '돌아온다'는 의미가 담겨있다. 영어 단어 'regress'는 옛날 상태로 돌아간다는 의미를 담고 있다. 그렇다면 인과관계를 밝히는 분석에 왜 '회귀'라는 용어를 사용했을까?
- '회귀'의 원래 의미는 옛날 상태로 돌아가는 것을 의미한다. 영국의 유전학자 프랜시스 골턴은 부모의 키와 아이들의 키 사이의 연관 관계를 연구하면서 부모와 자녀의 키 사이에는 선형적인 관계가 있고 키가 커지거나 작아지는 것보다는 전체 키 평균으로 돌아가려는 경향이 있다는 가설을 세웠으며 이를 분석하는 방법을 '회귀분석'이라고 하였다. 이러한 경험적 연구 이후, 칼 피어슨은 아버지와 아들의 키를 조사한 결과를 바탕으로 함수 관계를 도출하여 회귀분석 이론을 수학적으로 정립하였다(출처: 위키피디아).

■ **인과관계가 있어야 '회귀'**

- 먼저 다음의 그림을 보면서 설명을 이어가 보자. X축의 값이 증가하면서 일정하게 Y축의 값도 변하는 데이터를 점으로 표현하고 그 추세를 따라 추세선을 그린 것이다.

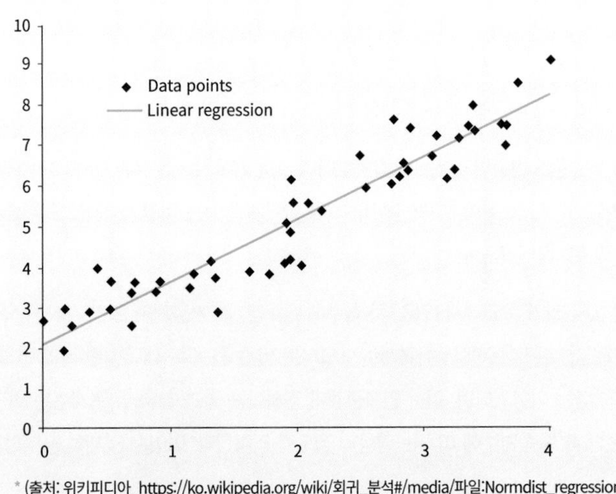

* (출처: 위키피디아_https://ko.wikipedia.org/wiki/회귀_분석#/media/파일:Normdist_regression.png)

- 파란색 추세선은 데이터의 추세(경향)에 따라 직선(Line)을 그려본 것이다. 그래서 선형(Linear) 회귀라는 단어를 사용한다.
- 이를 보고 수학자 골턴은 마치 데이터들이 추세선을 따라 회귀한다고 보았고 그 이름을 회귀분석이라 지었다. 하지만 최근에는 데이터를 주인공으로 보고 데이터를 따라 그려 보니 추세선이 진행(Progression)한다고 보는 학자들도 있다.
- 하지만 이러한 선형 그래프로만으로는 X축과 Y축의 두 변수가 서로 인과관계가 있다고 단정하기는 어렵다. 앞서 상관분석에서 살펴보았듯이 상관성은 있지만 그렇다고 인과관계가 반드시 존재한다고 볼 수는 없기 때문이다.
- 왜냐하면 인과관계가 존재하려면 몇 가지 전제 조건이 필요하다. 선형성, 독립성, 등분산성, 정규성, 비상관성 등이 그것이다. 자세한 것은 바로 뒤에서 공부하기로 한다.
- 그렇다면 이 몇 가지 전제조건이 있다면 두 변수는 인과관계가 있다고 볼 수 있을까? 정답은 '아니오'다. 말 그대로 전제조건이며 인과관계가 있다고 밝히기 위해서는 회귀분석을 사용하여 회귀결정계수를 도출하고 그 회귀결정계수를 판별하여 비로소 인과관계를 말할 수 있다.

■ **회귀분석과 예측**

- 예측을 위한 분석에 왜 회귀분석의 알고리즘이 사용될까?
- 회귀분석은 원인과 결과의 인과관계에 기반한 분석이다. 이 말의 의미를 풀어보면 원인과 결과 사이에 함수를 만들 수도 있다는 의미다. 그렇다면 그 회귀함수를 이용하여 예측도 가능하다는 말과 일맥상통한다. 그래서 회귀함수는 데이터를 통해 예측 혹은 분류하는 데이터 마이닝에 알고리즘으로 사용되기도 한다.
- 설명력이 높은 회귀함수가 만들어졌다고 가정해보자. 함수의 설명력이 높다는 말은 인과관계가 '크다 혹은 강하다'라는 말과 같으며, 그 함수에 미지의 값을 입력했을 때 그 결괏값의 예측력이 매우 높다는 말과 같다. 그래서 설명력이 높은 회귀함수(방정식, 모델)를 만들면 정확도가 높은 예측이 가능하여 많은 데이터 분석에 활용된다.
- 회귀결정계수가 1과 가깝다면 아주 강한 인과관계가 있다고 판단하고, 반대로 0과 가깝다면 약한 인과관계가 있다고 판단한다. 회귀결정계수와 회귀계수와는 다르다. 그렇다면 회귀계수란 것은 도대체 무엇일까? 위의 그래프를 다시 살펴보자.
- 데이터의 분포 사이에 파란색 추세선을 정의하면, 이것은 마치 중학교 때 배운 일차함수 그래프와 같은 모양이다. 회귀 추세선은 'Y=aX+b'라는 일차함수를 그래프로 그린 것과 동일하다.
- 이때 Y는 종속변수이고 X는 독립변수이며, a는 기울기, b는 X가 0일 때의 Y값, 즉 Y축의 절편이다. 일차함수에서 a는 기울기이지만, 회귀 추세선에서는 a를 회귀계수, b는 파라미터라고도 부른다. 결국 추세선의 기울기가 바로 회귀계수의 위치와 같다.
- 그렇다. 우리가 학교에서 배운 1차 함수에서 a 값, 즉 기울기가 크면 가파른 직선 형태, 기울기가 작으면 완만한 직선을 그린다. 회귀함수에서 회귀계수가 크다는 말은 곧 X축 값(독립변수)의 변화에 Y축 값(종속변수)이 매우 민감하게 반응한다는 이야기이며, 이는 인과관계가 강하다는 말과 같다. 회귀계수는 회귀함수의 기울기를 의미하며, 독립변수가 변할 때 종속변수에 미치는 영향의 정도를 의미한다. 이어서 자세히 공부하기로 한다.

(2) 회귀분석의 가정 ★★★

TIP _ 회귀분석의 가정(혹은 전제조건)은 객관식으로 자주 등장하는 단골 메뉴입니다.

선형성	▪ 독립변수와 종속변수가 선형적이어야 한다. ▪ 예외적으로 2차함수 회귀선을 갖는 다항회귀분석의 경우에는 선형성을 갖지 않아도 된다. ▪ 산점도를 통해 분석하기 전에 변수 사이의 관계를 짐작할 수 있어 회귀분석 하기 전 상관분석은 거의 필수적으로 함께 따라온다.
독립성	▪ 단순회귀분석에서는 잔차와 독립변수의 값이 서로 독립이어야 한다. ▪ 독립변수가 여러 개인 다중회귀분석의 경우에는 독립변수들 간에 상관성이 없이 독립이어야 한다. ▪ 만약 독립변수들 간에 상관성이 존재하는 경우, 이를 다중공선성이라 하며, 이를 제거하고 회귀분석을 수행해야 한다.
등분산성	▪ 등분산성이란, 분산이 같다는 의미이며 다른 말로 잔차들이 고르게 분포하고 있다는 의미다. ▪ 잔차의 중심에서 분산이 같아야 한다는 의미다. 등분산성을 만족하지 못하면 회귀선은 어떤 추세를 띠지 못하고 덩어리(뭉친) 모양을 하게 된다.
정규성	▪ 잔차항이 정규분포 형태를 띠는 것을 정규성을 만족한다고 한다. ▪ Q-Q Plot에서 잔차가 오른쪽으로 상승하는 형태를 띠면 정규성을 만족한다고 판단한다. ▪ 정규성을 검증하기 위한 방법으로는 히스토그램, QQ plot을 활용하여 시각적으로 확인할 수 있으며 샤피로 검정, 앤더슨-달링 검정, 하르케-베라 검정 등이 있다.

▪ **오차와 잔차**: 모집단의 데이터를 활용하여 회귀 식을 구한 경우 예측 값과 실제 값의 차이를 오차라 한다. 그러나 모집단을 특정할 수 없는 경우 모집단의 일부인 표본집단으로 회귀식을 추정하게 되는데, 이때 표본집단에 의해 추정된 회귀식의 예측 값과 실제 값의 차이를 잔차라 한다. 모집단에서 오차, 표본집단에서 잔차라고 부른다.

▪ **잔차도**: 예측 값과 실제 값의 차이를 나타낸 산점도를 잔차도라 한다. 예측 값과 실제 값의 차이가 없는 경우에는 잔차가 0이다. 잔차도를 활용하여 회귀식의 선형성, 등분산성의 가정성의 위배 여부 및 그에 대한 해결책을 찾을 수 있다.

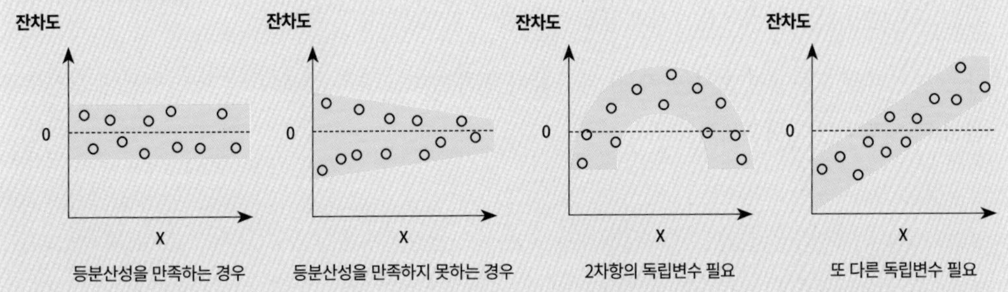

등분산성을 만족하는 경우 / 등분산성을 만족하지 못하는 경우 / 2차항의 독립변수 필요 / 또 다른 독립변수 필요

2. 단순선형회귀분석

(1) 회귀계수의 추정

① 단순선형회귀분석

- 독립변수와 종속변수가 1개씩일 때 둘 사이의 인과관계를 분석하는 것으로, 두 변수의 관계가 선형이다.
- 최소제곱법을 활용하여 실제 데이터와 오차가 가장 작아지는 직선의 방정식을 찾는다.

$$Y = \beta_0 + \beta_1 X + \epsilon$$

(β_0: 회귀계수 상수항, β_1: 회귀계수 기울기, ϵ: 오차항)

【 단순선형회귀 그래프 】

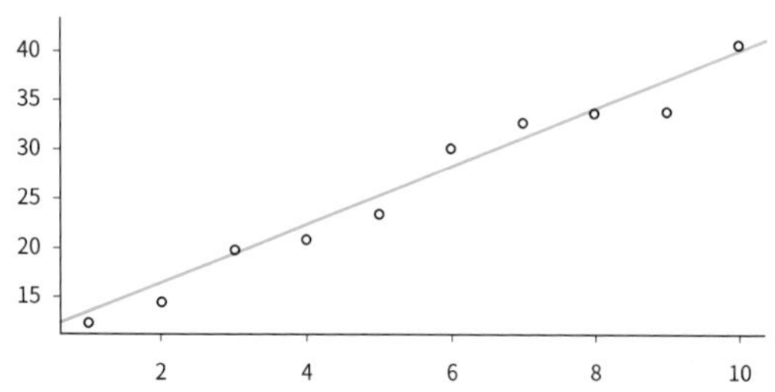

② 최소제곱법으로 회귀계수 추정 ★★★

- 최소제곱법을 통해 파라미터를 추정하고 추정된 파라미터를 통해 추세선을 그려 값을 예측하는 것이 회귀분석의 기본 알고리즘이다.
- 최소제곱법이란 실제 관측치와 추세선에 의해 예측된 점 사이의 거리, 즉 오차를 제곱해 더한 값을 최소화하는 것이다. 좌표평면상에서 다양한 추세선이 그려질 수는 있지만, 잔차의 제곱 합이 최소가 되는 추세선이 가장 합리적인 추세선이고 이를 통해 회귀분석을 실행한다.
- 다음 페이지의 그림에서 오차(파란색) 제곱합이 왼쪽보다 오른쪽 직선이 더 작기 때문에 오른쪽 직선이 더 이상적인 회귀추세선이다.

【 최소제곱법 】

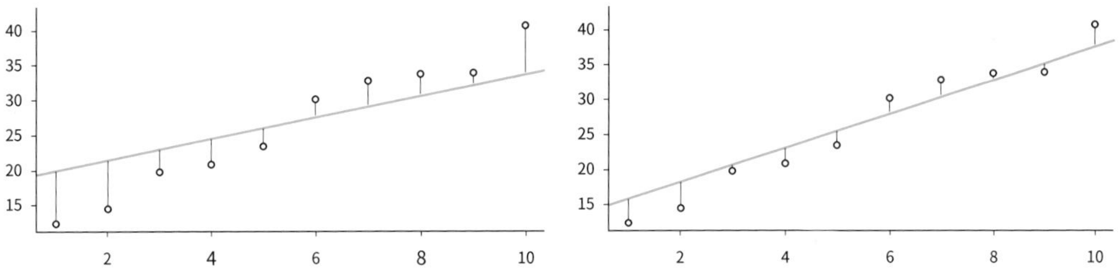

【 회귀계수 】

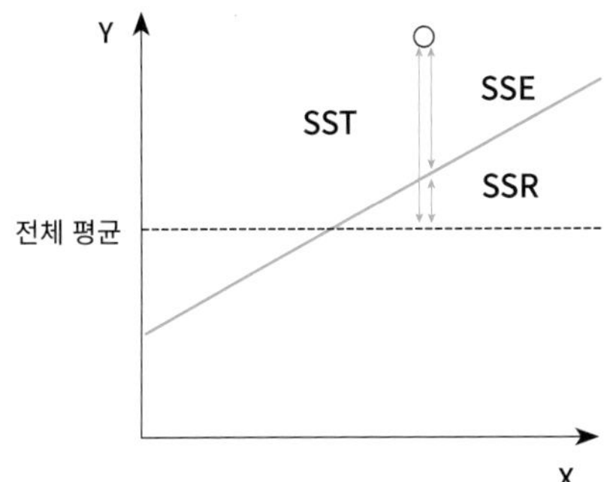

SST(총제곱합): 전체 설명이 필요
SSE(오차제곱합): 모형이 설명하지 못하는 부분
SSR(회귀제곱합): 모형이 설명하는 부분

(2) 회귀분석모형의 적합성 ★★★

① 회귀분석의 분산분석표

- 회귀분석의 결과에 대한 모형 적합성을 검정하기 위해서는 분산분석표를 사용해야 한다. 독립변수가 1개라면 단순회귀분석, 2개 이상이라면 다중회귀분석을 시행한다. 단순회귀분석과 다중회귀분석의 분산분석표는 다음과 같다.

TIP _ 회귀분석의 적합성을 진단하는 파트는 회귀분석에서 중요한 핵심입니다. 특히 회귀분석 결과를 보고 그 내용을 해석하고 또 회귀함수도 찾아낼 수 있어야 합니다.

【 단순선형회귀분석의 분산분석표 】

요인	제곱 합	자유도	제곱평균	F
회귀	SSR	1	MSR = SSR	
잔차	SSE	n−2	MSE = SSE/(n−2)	MSR/MSE
총	SST = SSR + SSE	n−1		

【 다중선형회귀분석의 분산분석표 】

요인	제곱 합	자유도	제곱평균	F
회귀	SSR	k	MSR = SSR/k	
잔차	SSE	n–k–1	MSE = SSE/(n–k–1)	MSR/MSE
총	SST = SSR + SSE	n–1		

② 회귀모형의 통계적 유의성 검증 ***

- 회귀모형의 귀무가설은 '모든 회귀계수는 0이다.'이며, F–검정을 통해 확인한다.
- F–검정은 분산의 차이를 확인할 때 사용되는데, 바로 이 분산의 차이가 크다는 것은 회귀모형에서 회귀계수가 크다는 의미를 갖는다.
- F–통계량 즉, F값이 크다는 말은 회귀계수가 크고 가파르다는 말과 같으니 변수 간에 유의미한 인과관계가 존재한다고 볼 수 있다는 것이다.
- 따라서 F값이 크면, F값이 '0'에서 얼마나 가까운지 확률적으로 측정한 값인 P값은 상대적으로 작아진다. P값은 회귀모형에서 0.05보다 작을 경우 유의미한 인과관계가 있다고 판단하는 중요한 기준이 된다.

③ 회귀계수의 통계적 유의성 검증

- 회귀계수의 유의성은 t–검정을 통해 확인할 수 있다. t–통계량은 회귀계수를 표준오차로 나눈 값이다. 따라서 t–통계량이 크다는 것은 분모가 작다는 의미이므로 분모에 해당하는 표준오차가 작다고 볼 수 있다. 반대로 말하면 분자인 회귀계수가 분모보다 크다는 말과 같다.
- t–통계량이 크면 회귀계수도 커지고, 회귀계수가 크므로 유의미한 인과관계가 검증이 되는 것이다. 위의 회귀모형의 통계적 유의성 검증에서 살펴본다면, t–통계량이 크면 회귀계수도 커지고 변수 간에 유의미한 인과관계가 존재하며 P값은 작아진다.

④ 모형의 설명력 ***

- 회귀모형의 설명력이 좋다는 의미는 데이터들의 분포가 회귀선에 밀접하게 분포하고 있다는 의미다.
- 회귀분석 결과를 분산분석하고, 도출된 결정계수 R^2로 모형의 설명력을 판단한다.

- 결정계수 R^2이 1에 가깝다면 데이터들이 회귀선에 매우 밀접하게 분포한다는 것이며, 이는 곧 회귀모형의 예측력이 높다는 말과도 같다. 다른 말로 결정계수가 1에 가까울수록 회귀모형이 주어진 자료를 잘 설명한다고 말하기도 한다.
- 결정계수 R^2를 구하는 공식은 다음과 같다.

$$R^2 = \frac{Q - Q_e}{Q}$$

- 여기서 Q는 전체 데이터들의 편차들을 제곱하여 합한 값이며, Q_e는 전체 데이터들의 잔차들을 제곱하여 합한 값이다.
- 따라서 이를 다른 공식으로 풀어보면 다음과 같다.

$$R^2 = \frac{\text{회귀모형에 의해 설명되는 변동}}{\text{총변동}} = \frac{SSR}{SST} = \frac{SST - SSE}{SST}$$

참고 **수정된 결정계수**

결정계수는 SSR/SST로 계산되므로 독립변수의 수가 많아질수록 증가하는 성질이 있다. 즉, 종속변수에 영향을 주지 않은 독립변수가 모형에 포함되어도 결정계수가 커지는 것이다. 이런 단점을 보완하기 위해 다중회귀분석에서는 수정된 결정계수라는 개념을 사용한다.

$$\text{adjusted } R^2 = 1 - \frac{(n-1)(1-R^2)}{n-p-1}$$

n = 표본의 크기, p = 독립변수의 수

식을 보면 분모에 p를 위치시켜 독립변수가 증가함에 따라 증가하는 결정계수를 상쇄해준다. 수정된 결정계수는 보통 결정계수보다 작게 계산되는 특징이 있다.

(3) 단순선형회귀분석의 예 ★★★

TIP_다음 예처럼 R 코드와 결과 창이 주어지고 이에 대한 해석으로 잘못된 것을 찾는 문제가 시험에 자주 등장합니다.

① 자동차 배기량과 연비 회귀분석

- 다음과 같이 자동차 배기량에 따른 연비 데이터가 있다고 가정해보자. 자동차 배기량과 연비의 인과관계가 존재하는지 회귀분석을 통해 회귀함수를 구해보자.

X	배기량(L)	1	1.4	1.6	2	2.2	2.4	3	3.3	3.6

Y	연비(km/L)	15	13	13	12	11	10.5	10	9	8

```
> X <- c( 1 , 1.4 , 1.6 , 2 , 2.2 , 2.4 , 3 , 3.3 , 3.6 )
> Y <- c( 15 , 13 , 13 , 12 , 11 , 10.5 , 10 , 9 , 8 )
> result <- lm( Y ~ X ) # lm은 Linear Model(선형모델)의 약어
> summary( result )
Call :
lm( formula = Y ~ X )
Residuals :
     Min       1Q   Median       3Q      Max
-0.47990 -0.41705  0.04524  0.21353  0.60809
Coefficients:
             Estimate Std. Error t value Pr(>|t|)
(Intercept)  16.8291     0.4142   40.63 1.43e-09 ***
X            -2.4371     0.1707  -14.27 1.97e-06 ***

Signif.  codes : 0 '***' 0.001 '**' 0.01 '*' 0.05 ',' 0.1 ' ' 1

Residual standard error: 0.4277 on 7 degrees of freedom
Multiple R-squared:  0.9668, Adjusted R-squared:  0.962
F-statistic: 203.7 on 1 and 7 DF,  p-value: 1.97e-06
```

- p-value의 값이 1.97e-06으로, 유의수준 0.05에서 회귀분석의 귀무가설을 기각한다.
- 따라서 '모든 회귀계수는 0이다'라고 할 수 없으므로 주어진 모형은 통계적으로 유의하다.
- 모형이 유의하면 각 회귀계수에 대한 p-value를 확인해야 한다. X의 회귀계수 p-value는 1.97e-06으로 독립변수 X에 대한 귀무가설을 기각한다. 따라서 X의 회귀계수는 -2.4371일 것으로 추정 가능하다.
- 상수항의 추정치는 16.8291이다.
- 따라서 추정되는 회귀식은 Y(연비) = {-2.4371 * (배기량X)} + 16.8291이다.

② 분산분석표와 수정계수

```
> X <- c( 1 , 1.4 , 1.6 , 2 , 2.2 , 2.4 , 3 , 3.3 , 3.6 )
> Y <- c( 15 , 13 , 13 , 12 , 11 , 10.5 , 10 , 9 , 8 )
> result <- lm( Y ~ X )
> anova( result )
```

```
Analysis of Variance Table
Response: Y
          Df Sum Sq Mean Sq F value   Pr(>F)
X          1 37.275  37.275  203.73 1.97e-06 ***
Residuals  7  1.281   0.183
```

$$R^2=\frac{SSR}{SST}=\frac{SSR}{SSR+SSE}=\frac{37.275}{37.275+1.281}=0.9667755...\approx0.9668$$

QQ-plot

QQ plot(Quantile – Quantile Plot)은 모집단 또는 표본집단의 정규분포를 따르는지 시각적으로 확인하기 위한 산점도다. QQ plot의 점들이 45도에 가까운 직선의 모양을 띨수록 정규분포를 따른다고 할 수 있다.

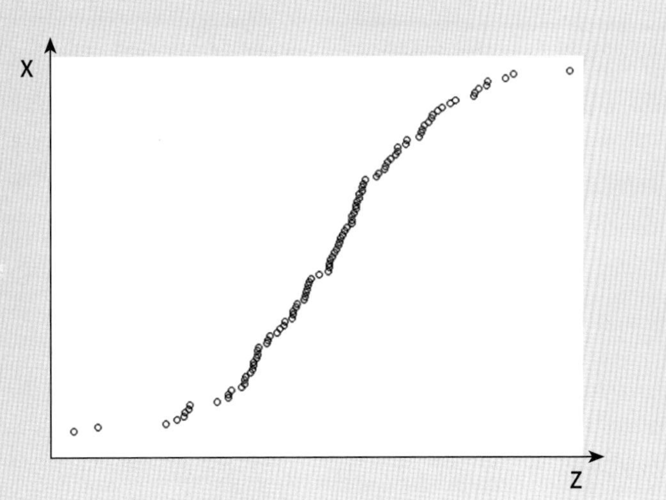

회귀분석 결과의 해석

앞에서 회귀분석 결과의 해석에 관해 많은 내용을 살펴보았지만 비전공자 혹은 초심자가 완벽히 이해하기란 쉽지 않은 것이 사실이다. 조금 더 이해하기 쉽게 '회귀분석 결과의 해석' 편을 설명하기로 한다. 물론 어느 정도 이해되면 이 글은 그냥 넘어가도 좋다.

■ '회귀분석 결과'를 보는 법

- 보통 회귀분석의 결과로 다음 그림과 같은 결과가 출력된다.

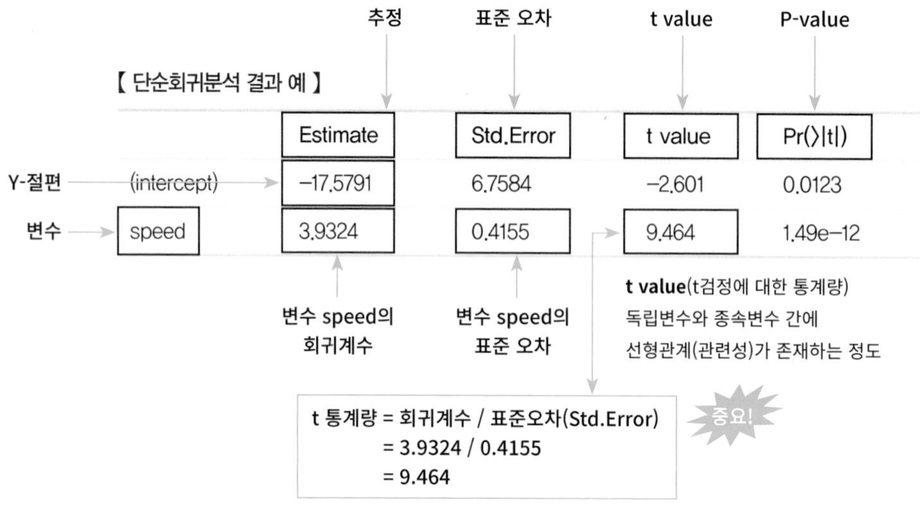

- 왼쪽부터 보면 (intercept) 항목에 y절편이 있다. 일차함수에서의 y절편이다.
- 함수의 기울기에 해당하는 회귀계수는 Estimate(추정)에 있는 회귀계수다.
- 일차함수의 기울기와 같은 개념으로, 변수에 곱하여 회귀함수를 만들 수 있다.
- Std.Error는 표준오차를 의미한다.
- Pr(>)이라고 쓰인 부분이 P값이다.
- 이 결과를 함수 식으로 표현하면(=회귀방정식=회귀식을 만들면) 다음과 같이 나온다.

  회귀방정식 = { 3.9324 X 변수(speed) } + y절편(-17.5791)

  y = ax + b

- 어렵게 생각하지 말자. 그냥 중학교 때 배운 일차함수다. 물론 다중 회귀분석으로 들어가면 좀 더 복잡해지지만 원리는 똑같다.
- 이렇게 R이나 파이썬, SPSS 등 통계프로그램을 통해 나온 결과를 보고 함수를 만드는 것을 모델(모형)을 만든다고 표현한다.

■ **F값과 P값의 의미**

- 어떤 독립변수들이 종속변수에 얼마나 영향을 끼치는지 파악하려면 회귀식에서 그 독립변수들의 계수가 모두 0인지 검정한다. 그 계수를 회귀계수라 부르는데 0에 가까우면 영향력이 없다.
- 이는 당연한 결과다. 위 회귀함수에서 만약 회귀계수가 0이라면 독립변수(x)는 전혀 영향을 미치지 못하기 때문이다.
- 그렇다면 그 회귀계수의 영향력을 어떻게 판단하는 것일까? 깊게 들어가면 너무 복잡하고 어려우므로 간단하게 설명하자.
- 회귀계수의 영향력이 크다는 것은 인과관계가 강하다는 말과 같다. 이때 F검정을 수행하여 F값을 계산한다. F검정은 원래 두 집단 간의 분산의 차이를 확인할 때 사용한다. 그런데 여기서 F검정으로 F값, 즉 분산의 차이를 구하면 회귀계수가 클 경우 분산의 차이도 커져서 F값도 크게 나온다.
- 회귀분석에서 회귀계수의 영향력이 크면 F값도 크다. 즉, 회귀계수의 영향력이 크면 분산의 차이가 크다는 말과 같다. 이는 두 변수 간에 유의미하고 강한 인과관계가 있다는 말이다. 그래서 F검정의 F값을 확인해서 그 값이 크다면 회귀계수도 1에 가깝다고 추측할 수 있다. 그렇다면 회귀분석결과로 나오는 P값은 무엇이며, 이 F값과 P값은 또 어떤 관계가 있을까?
- P값은 F값이 '0'에서 얼마나 가까운지 확률적으로 측정한 값이다. 만약 두 집단 간 분산의 차이가 커서 F값이 '0'으로부터 멀리 떨어져 있다면 P값은 F값이 '0'에서 가까울 확률이므로 점차 낮은 확률의 수치가 나올 것이다. 다시 말하면 F값이 '0'으로부터 멀리 떨어져 있다면, F값이 '0'에서 가까울 확률은 매우 낮다고 봐야 한다. 그러니까 F값이 '0'이 될 확률, 즉 P값은 매우 낮아질 것이다.
- P값이 낮다는 이야기는 바로 F값이 매우 크다는 말과 같다. 따라서 P값이 0과 가깝다는 말은 집단 간 분산의 차이인 F값이 매우 커서, 만약 P값이 0.05보다 작다면 그러한 일이 일어날 확률은 매우 적다는 의미이기도 하다. 즉, 어떠한 사건이 발생할 확률이 0.05보다 작다는 것은 그러한 일이 우연히 발생한 것이 아니라 무언가 특별한 이유가 있다고 판단하는 것이다. 이것이 우리가 앞에서 배운 기각역에 해당한다. 다시 말하면 우연히 발생하지 않았으므로 무언가 특별한 인과관계가 존재한다고 판단하는 것이다. 그래서 P값은 귀무가설을 기각하는 기준이 된다.
- 따라서 F값과 P값은 마치 시소처럼 반비례 관계다.

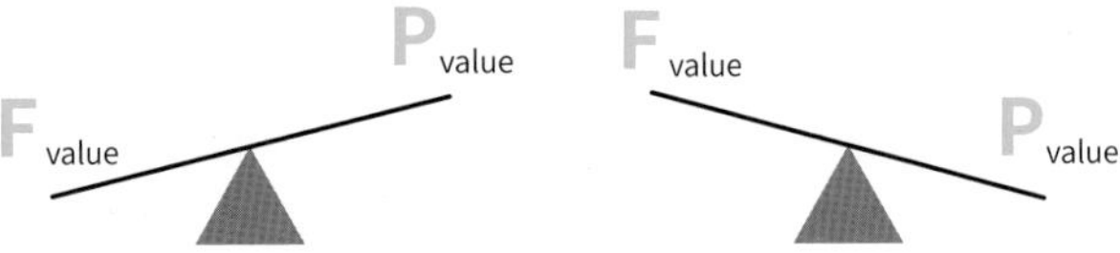

- F값이 크다 = 집단 간 분산의 차이가 크다

  = 회귀추세선이 가파르다 = 기울기가 가파르다 = 회귀계수가 양 혹은 음으로 크다

  = 유의미한 인과관계가 있다

  = P값은 낮아진다(p 〈 0.05)

- F값이 작다 = 집단 간 분산의 차이가 작다

  = 회귀추세선이 완만하다 = 기울기가 완만하다 = 회귀계수가 양 혹은 음으로 작다

  = 유의미한 인과관계가 있다고 보기 어렵다

  = P값은 높아진다(p 〉 0.05)

【 P값 정리표 】

	p 〈 0.05	p 〉 0.05
F값	F값이 크다 = 집단 간 분산의 차이가 크다	F값이 작다 = 집단 간 분산의 차이가 작다
회귀추세선	회귀추세선이 가파르다 = 기울기가 가파르다 = 회귀계수가 양 혹은 음으로 크다	회귀추세선이 완만하다 = 기울기가 완만하다 = 회귀계수가 양 혹은 음으로 작다
기각역	기각역 안에 있다 = 귀무가설 기각 = 대립가설 채택	기각역 밖에 있다 = 귀무가설 채택 = 대립가설 기각
독립변수	그 독립변수는 종속변수에 영향을 끼친다.	그 독립변수는 종속변수에 영향을 끼친다고 보기 어렵다.
우연히 발생할 확률	우연히 발생했다고 보기 어렵다 = 무언가 특별한 이유가 있다 = 원인과 결과의 인과관계가 있다	우연히 발생했다고 볼 수 있다.
인과관계	유의미한 인과관계가 있다.	유의미한 인과관계가 있다고 보기 어렵다.

■ 모형의 설명력을 검정 → 회귀분석 결과를 분산분석(R에서 'anova' 사용)

- 앞서 모형의 설명력을 검정하기 위해 분산분석을 사용한다고 언급했다. 여기서는 그 분산분석 결과를 보고 해석하는 방법을 살펴보기로 한다. 앞서 설명한 내용들과 다소 중복되는 부분이 있을 것이다. 이 점을 양해하기 바란다.

- 우선 모형의 설명력을 검정한다는 말의 의미가 정확히 무엇인지 이해할 필요가 있다. 모형의 설명력을 검정한다는 것은 다른 말로 그 회귀모형이 '얼마나 인과관계가 강한가'하는 문제다. 지금까지 우리가 공부한 대로 생각해보자. 앞서 회귀분석 결과를 해석하여 P값이 0.05보다 작게 나왔다고 가정해보자. 이것을 보고 우리는 이 독립변수는 종속변수에 유의미한 인과관계를 미친다고 판단할 수 있다. 그렇다면 어느 정도의 인과관계인지를 알 수 있을까? '그 유의미한 인과관계라는 것이 강도가 약할 수도, 강할 수도 있는데, 대체 그 정도가 어느 정도란 것인가?'같은 궁금증이 생길 수 있다. 바로 이것이 그 회귀모형의 설명력이다. 아주 인과관계가 강한 회귀함수, 즉 회귀모형이라면 설명력이 높다고 보는 것이다.

- 회귀설명력은 결정계수(R^2)를 보고 판단한다. 결정계수(R^2) 값이 높으면 아주 강한 인과관계가 있다고 판단한다. 그럼 그 기준은 무엇일까? 바로 1을 기준으로 판단한다. 결정계수(R^2) 값이 1에 가깝다면 아주 강한 인과관계를 가지므로 모형의 설명력이 높은 것이다. 반대로 결정계수(R^2) 값이 0에 가깝다면 약한 인과관계를 가지므로 모형의 설명력이 낮은 것이다. 결정계수(R^2) 값이 보통 0.6 ~ 0.8 사이 정도만 나와도 어느 정도 설명력이 있다고 판단한다. 결정

계수(R^2) 값이 0.8 이상이면 아주 설명력이 높은 편에 속하며, 0.5 미만이면 낮은 설명력을 가진다고 보통 판단한다. 설명력이 높다는 말은 머신러닝에서 예측력이 높다는 의미와도 상통한다.

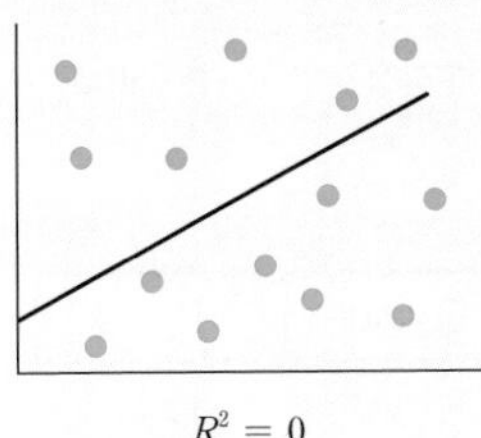
$R^2 = 0$

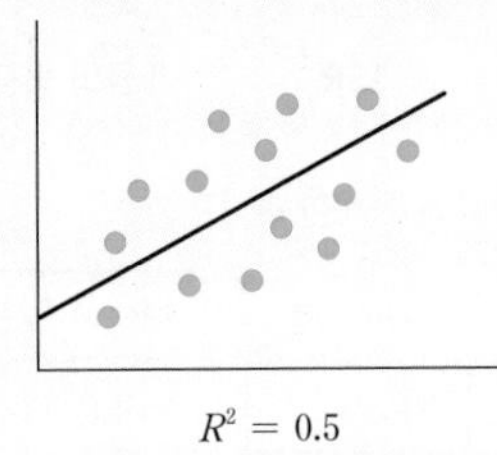
$R^2 = 0.5$

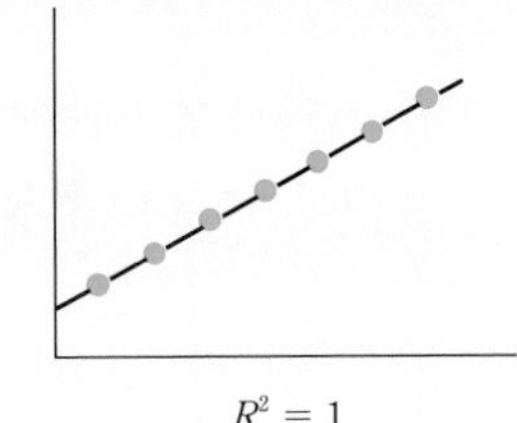
$R^2 = 1$

- 회귀계수와 결정계수는 서로 다르다. 책에 따라서 결정계수를 회귀결정계수로 표시하기도 해서 이 둘을 같은 것으로 오해할 수 있는데, 이 둘은 분명히 다르다. 회귀계수는 위의 그래프에서 추세선의 기울기를 결정하고, 결정계수(R^2)는 추세선을 따라 분포하는 데이터들의 분포가 얼마나 잘 모아져 있는지를 결정한다.

- 앞서 수정된 결정계수(adjusted R^2)를 살펴보았다. 왜 '수정된'이란 말이 붙었을까? 결정계수는 변수가 커지면 함께 커지는 속성을 가진다. 이 얘기는 변수의 수가 많아지면 실제 인과관계와는 별개로 결정계수가 많이 커질 수도 있다는 의미다.

- 단순 회귀분석에서는 별문제가 없는데, 다중회귀분석에서 독립변수의 개수가 많아지면 결정계수도 매우 커져버려서 실제와는 다르게 심하게 과장된 결정계수 값이 나올 수 있다는 말이다. 그래서 변수의 수가 증가하면서 같이 결정계수값이 증가하므로 이를 약간 조절할 필요가 생긴다. 그래서 그 값을 조정한 것이 바로 수정된 결정계수(adjusted R^2) 값이다. 수정된 결정계수는 결정계수보다 항상 작을 수밖에 없다. 왜냐면 이를 일부러 작게 조절한 것이기 때문이다.

- 그럼 이제부터 모형의 설명력을 판단하는 결정계수(R^2, $R\text{−}square$, R 스퀘어) 값을 구해보자.

- 결정계수(R^2) 값을 구하는 공식은 'SSR/SST'다.

  SSE(Sum of Square Error): 회귀식과 실제값의 차이, 회귀식과 실제값의 차이의 제곱한 값

  SSR(Sum of Square Regression): 회귀식과 평균값의 차이

  SST(Sum of Square Total): 편차의 제곱합

  (실제값과 예측값의 차이 + 실제값과 평균값의 차이)를 제곱한 값

  SST = SSE + SSR

- 이제 모형의 설명력을 판단하는 결정계수(R^2) 값을 구하기 위해 회귀분석 결과를 분산분석한 결과를 살펴보자.

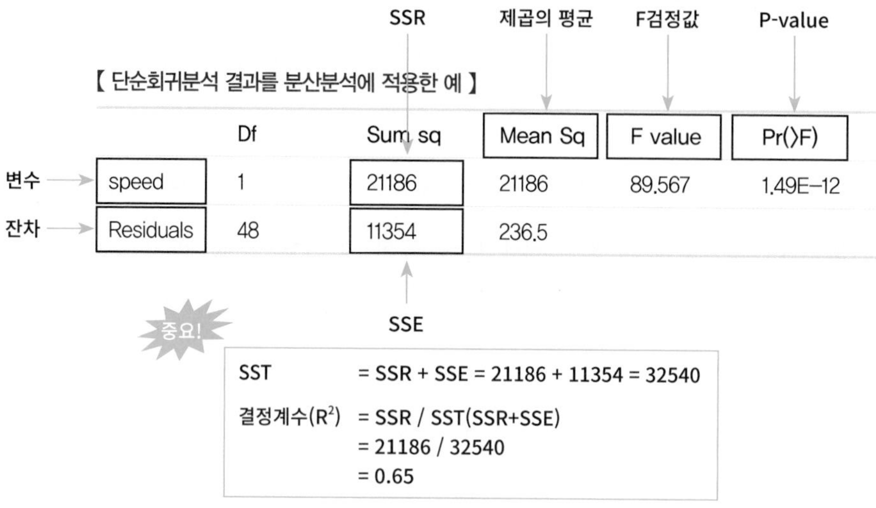

Sum sq
제곱의 합을 뜻하는 sum of squares의 가장 잘 알려진 예는
바로 표준편차(standard deviation)다. => 표준편차
SSR
제곱의 평균
F검정값
P-value
【 단순회귀분석 결과를 분산분석에 적용한 예 】
Df
Sum sq
Mean Sq
F value
Pr(>F)
변수
speed
1
21186
21186
89.567
1.49E-12
잔차
Residuals
48
11354
236.5
SSE
중요!
SST = SSR + SSE = 21186 + 11354 = 32540
결정계수(R2) = SSR / SST(SSR+SSE)
= 21186 / 32540
= 0.65

- 왼쪽부터 보면 speed 항목은 독립변수다.
- 만약 다중선형회귀분석이라면 이 독립변수의 수가 많을 것이다.
- Residuals는 잔차(표본집단의 오차)를 의미한다.
- 독립변수 speed의 'Sum sq' 항목이 바로 SSR(회귀식과 평균값 차이)을 의미한다.
- 잔차 Residuals의 'Sum sq' 항목은 SSE(회귀식과 실제값의 차이의 제곱)
- Mean sq는 제곱의 평균값, F-value는 F값, pr(>F)는 P값을 의미한다.
- 위의 결과를 보고 결정계수(R^2) 값을 계산하면

  R^2 = SSR / SST = SSR / (SSR+SSE)

  = 21186 / (21186 + 11354)

  = 0.65
- 위 결과로부터 결정계수(R^2)를 계산해보았다. F값은 89.567로 높은 편이며, P값은 0.05보다 상당히 작은 값을 가진다. 그러므로 통계적으로 유의미하다고 볼 수 있다.
- 참고로 숫자 뒤에 붙는 '1.49E-12'의 의미는 '1.49 곱하기 10의 -12승'이라는 의미다. 즉, '1.49×10^{-12}'이라는 의미다. 쉽게 소수점을 왼쪽으로 12개 옮기면 되므로 해당 값은 0.00000000000149다.

3. 다중선형회귀분석

(1) 다중선형회귀분석

- 독립변수가 2개 이상이고 종속변수가 하나일 때 사용 가능한 회귀분석으로 독립변수와 종속변수의 관계가 선형으로 표현된다. 단순회귀분석이 확장된 형태로 기본적인 회귀계수 및 통계적 유의성 검증 등은 단순회귀분석과 같다. 독립변수가 여러 개이므로 회귀계수도 여러 개다.

$$Y=\beta_0+\beta_1X_1+\beta_2X_2+\cdots+\beta_kX_k+\varepsilon$$

(2) 다중공선성★★★

① 다중공선성의 개념

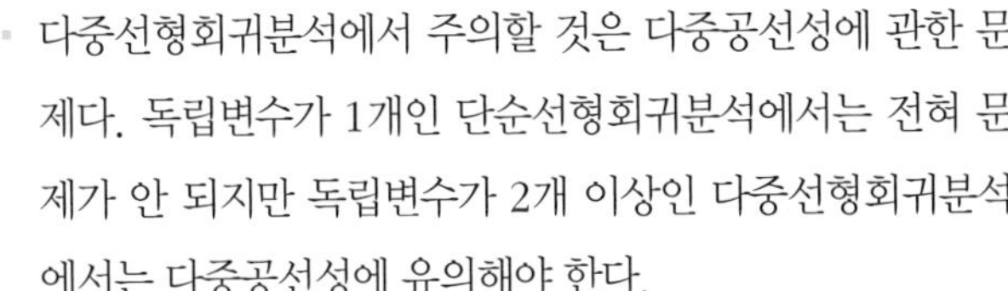

- 다중선형회귀분석에서 주의할 것은 다중공선성에 관한 문제다. 독립변수가 1개인 단순선형회귀분석에서는 전혀 문제가 안 되지만 독립변수가 2개 이상인 다중선형회귀분석에서는 다중공선성에 유의해야 한다.

TIP _ 다중공선성은 다중 회귀분석에서 가장 중요한 문제입니다. 시험에서도 개념과 진단 및 문제해결법 등이 등장할 확률이 높습니다.

- 다중공선성이란 회귀분석에서 독립변수 간에 강한 상관관계가 나타나는 문제다. 다중공선성이 존재하면 회귀분석의 기본 가정인 독립성(독립변수 간에는 상관관계가 없이 독립이다)에 위배된다.
- 또한 A, B라는 변수가 있을 때 이 둘 사이에 다중공선성이 존재하면 A라는 변수가 Y값에 어느 정도의 영향을 미치는지, 또는 B라는 변수가 Y값에 어느 정도의 영향을 미치는지를 정확하게 판단할 수 없다.
- 다중공선성을 해결하지 않고 분석을 하면 분석 결과의 회귀계수를 신뢰할 수 없고 잘못된 결과가 나올 수 있다.

② 다중공선성의 진단

- 결정계수 R^2 값이 커서 회귀식의 설명력은 높지만 각 독립변수의 P-value 값이 커서 개별 인자가 유의하지 않은 경우 다중공선성을 의심할 수 있다.
- 독립변수 간의 상관계수를 구한다.
- 분산팽창요인(VIF)을 구해 이 값이 10을 넘는다면 보통 다중공선성이 있다고 판단할 수 있다.

$$VIF=\frac{1}{1-R^2}\ (R^2\text{는 결정계수})$$

③ 다양한 다중공선성 문제 해결법

- 다중공선성의 문제가 발생하는 변수를 제거한다.
- 주성분분석(PCA)을 통해 변수의 차원을 축소한다. 여기서 차원을 축소한다는 의미는 단순히 변수를 삭제하여 차원을 줄이는 게 아니라 원래 데이터가 가진 내재적 속성을 보존하면서 데이터를 축소하는 방법을 의미한다.
- R에서 '스크리 산점도(Scree plot)'를 사용해 주성분 개수를 선택한다.
- 선형판별분석(LDA)으로 차원을 축소한다. LDA는 지도학습으로 데이터의 분포를 학습하여 결정경계(Decision Boundary)를 만들어 데이터를 분류한다.
- t-분포 확률적 임베딩(t-SNE)으로 차원을 축소한다.
- 특잇값 분해(SVD)로 차원을 축소한다. PCA와 유사한 행렬 분해 기법을 사용하지만, PCA와 달리 행과 열의 크기를 다른 어떤 행렬에도 적용할 수 있다는 이점이 있다.

(3) 다중선형회귀분석의 예★★★

- 다음과 같이 10개의 가구에 대하여 마당 면적, 집 면적, 주차 대수, 가장 가까운 편의점까지의 거리, 집 가격 등의 데이터가 주어져 있다. 주어진 변수에 따른 집 가격의 추정식을 구해보자.

yard	마당 면적(m^2)	30	31	27	39	30	32	28	23	28	35
area	집 면적(m^2)	58	51	47	35	48	42	43	56	41	41
park	주차 대수(대)	1	1	5	5	2	4	5	1	1	3
dist	편의점까지의 거리(m)	492	426	400	125	443	412	201	362	192	423
price	집 가격(만 원)	12631	12084	12220	15649	11486	12276	15527	12666	13180	10169

```
> yard <- c( 31 , 31 , 27 , 39 , 30 , 32 , 28 , 23 , 28 , 35 )
> area <- c( 58 , 51 , 47 , 35 , 48 , 42 , 43 , 56 , 41 , 41 )
> park <- c( 1 , 1 , 5 , 5 , 2 , 4 , 5 , 1 , 1 , 3 )
> dist <- c( 492 , 426 , 400 , 125 , 443 , 412 , 201 , 362 , 192 , 423 )
> price <- c( 12631 , 12084 , 12220 , 15649 , 11486 , 12276 , 15527 , 12666 , 13180 , 10169 )
> result <- lm( price ~ yard + area + park + dist )
> summary( result )
Call:
lm(formula = price ~ yard + area + park + dist)
```

```
Residuals:
     1      2      3      4      5      6      7      8      9     10
 211.9  193.4 -451.5 -193.6  247.8  801.9  387.0 -486.6  100.3 -810.6

Coefficients:
            Estimate Std. Error t value Pr(>|t|)
(Intercept) 3045.689   4084.218   0.746  0.48939
yard         117.922     65.779   1.793  0.13300
area         230.563     61.193   3.768  0.01305 *
park         436.801    155.508   2.809  0.03760 *
dist         -16.446      2.489  -6.609  0.00119 **
---
Signif. codes:  0 '***' 0.001 '**' 0.01 '*' 0.05 '.' 0.1 ' ' 1

Residual standard error: 645.3 on 5 degrees of freedom
Multiple R-squared:  0.9184, Adjusted R-squared:  0.8531
F-statistic: 14.07 on 4 and 5 DF,  p-value: 0.006267
```

- p-value 값이 0.006267이므로 유의수준 0.05에서 기각 귀무가설을 기각한다.
- 따라서 위 추정식은 통계적으로 유의하다고 볼 수 있다.
- 각 독립변수에 대한 p-value 값을 유의수준 0.05 이내에서 비교해보면, yard를 제외한 나머지 변수는 통계적으로 유의하다.
- 이 경우 yard를 제외한 나머지 3개를 독립변수로 회귀분석을 재수행할 것을 권장한다.
- 유의미하지 않은 변수 yard를 제외하지 않는다면, 추정되는 회귀식은 다음과 같다.

```
price = 3045.689 + (117.922 * yard) + (230.563 * area) + (436.801 * park) + ( - 16.446 * dist)
```

- 유의미하지 않은 변수 yard를 제외한다면 회귀분석 수행 후 위 회귀식에서 yard를 제외한 회귀식을 도출하면 된다.

다중공선성과 주성분분석 그리고 차원의 축소  EASY BOX

- 나중에 주성분분석을 공부하겠지만 미리 알아두면 좋을 것 같아 몇 가지만 이야기하고 넘어가고자 한다. 회귀분석은 대부분의 경우 다중회귀분석을 많이 활용한다. 왜냐하면 대부분의 통계 데이터들이 하나의 독립변수만으로 이루어져 있지 않고 많은 수의 독립변수들이 혼재한 데이터들이기 때문이다. 따라서 다중회귀분석의 경우 결국 다중공선성 문제를 해결해야만 한다. 다중공선성 문제를 해결하는 가장 큰 목적은 바로 회귀모형의 설명력과 예측력을 높이기 위해서다.
- 회귀모형의 설명력과 예측력을 높이기 위해 변수를 제거하거나 축소하는 방법을 사용하여 다중공선성 문제가 발생하지 않도록 하는 것이다. 그냥 단순하게 제거하면 편하겠지만 다중공선성이 발생한다고 하여 해당 독립변수를 무작정 제거하는 것은 바람직하지 않다. 왜냐하면 그 독립변수가 종속변수에 미치는 영향도 고려해야 하기 때문이다.
- 그래서 다중회귀분석에서 변수의 차원을 축소하는 다양한 방법이 연구되었고 또 다양한 방법들이 개발되었다. 앞에서 설명한 '다양한 다중공선성 문제 해결법'이 바로 그것이다. 뒤에 설명하게 될 '최적 회귀방정식'도 결국 변수를 잘 선택하여 최적의 회귀모형을 만드는 것이다. 넓게 보면 일종의 변수선택법이다. 다중공선성 문제가 아니더라도 과적합의 문제를 해결하기 위한 릿지나 라쏘 같은 정규화 선형회귀방법들도 결국은 변수를 최적화하여 분석모형의 성능(예측력)을 높이는 것이 목적이다.
- 결국 목적은 하나다. 분석모형의 성능(예측력)을 높이자는 목적하에 변수 제거 혹은 선택, 변수의 차원 축소, 정규화 선형회귀(라쏘, 릿지), 앙상블(배깅, 부스팅, 랜덤 포레스트)에 이르기까지 다양한 방법을 사용한다. 지금 당장 이러한 모든 분석법을 다 이해할 필요는 없다. 다만, 앞으로 공부하게 될 분석이 무엇을 위한 분석인지, 또 왜 하는지에 대한 이유를 생각하면서 공부해야만 이 넓은 데이터 분석의 바다에서 길을 잃지 않을 것이다. 이와 관련해서는 이 책의 말미에 한번 더 자세하게 이야기하기로 한다.

4. 최적 회귀방정식

(1) 최적 회귀방정식

① 최적 회귀방정식의 개념

- 1개의 반응변수 y를 설명하기 위한 k개의 독립변수 후보들이 있을 때 반응변수 y를 가장 잘 설명할 수 있는 회귀식을 찾는 것이 최적 회귀방정식의 목표다.
- 조금 더 쉽게 설명하면, 종속변수에 유의미한 영향을 미칠 것으로 생각되는 독립변수를 선택하는 과정이다. 보통 모델의 성능을 향상시키기 위해 사용한다.
- 정보는 많으면 많을수록 좋지만 모든 변수를 포함하여 분석하는 것이 반드시 좋은 결과를 보장하는 것은 아니다. 변수의 수가 많을 경우 일부 변수는 종속변수와 전혀 관련이 없을 수도 있고, 어떤 변수

는 중복된 정보를 포함하고 있을 수 있다. 이러한 변수의 특성을 고려해 선택하는 것은 데이터 모델링에서 중요한 과정이다.

- 앞서 공부한 결정계수(R^2) 혹은 수정된 결정계수(*adjusted* R^2)도 사실 변수 선택에 활용할 수 있다. 여기서는 결정계수를 활용한 변수선택법 외에 다른 방법을 알아보기로 한다.

② 최적의 회귀방정식을 도출하기 위한 방법**

- 변수선택법은 크게 부분집합법과 단계적 변수선택법으로 나눌 수 있다.
- 부분집합법은 모든 가능한 모델을 고려하여 가장 좋은 모델을 선정하는 방법이다. 변수가 많아짐에 따라 검증해야 하는 회귀 분석도 많아지는 단점이 있다. 변수의 개수가 적은 경우 높은 설명력을 가진 결과를 도출해내는 데 효과적이다. '임베디드 기법'이라고도 하며 라쏘, 릿지, 엘라스틱넷 등의 다양한 방법을 사용한다.
- 단계적 변수선택법은 말 그대로 일정한 단계를 거치면서 변수를 추가하거나 혹은 제거하는 방식으로 최적의 회귀방정식을 도출하는 방식이다. 전진선택법, 후진제거법, 단계선택법 등이 있다. 일반적으로 많이 사용되며, 이 책에서도 이를 중심으로 설명하기로 한다.

변수선택법의 작동 원리에 따른 분류

- **임베디드(Embedded)**: 임베디드 방법은 부분집합의 생성 및 선택 과정이 모형학습 과정에 포함되어 있다. 대표적인 방법으로 C4.5나 LASSO가 이에 해당한다.
- **래퍼(Wrapper)**: 래퍼 방법은 특정 모형의 성능 향상에 가장 이상적인 변수의 조합 찾는 방법이다. 회귀분석의 전진 선택법, 후진 제거법, 단계 선택법이 래퍼 방법에 해당한다. 래퍼 방법은 다른 방법에 비해 정확도가 높은 장점이 있으나 과적합 문제와 계산 비용이 많이 든다는 단점이 있다.
- **필터(Filter)**: 필터 방법은 모형학습과 독립적으로 변수 집합 F에서 적합도 평가 지표를 이용하여 기준 조건을 충족하는 변수를 선택함으로써 부분 집합을 구성하는 방법이다. 평가 지표로는 주로 상관계수를 사용하거나 정보이론의 엔트로피를 이용한다. 필터 방법은 래퍼 방법과 비교하여 성능이 다소 낮으나 계산 시간이 적으며 과적합을 피할 수 있다는 장점이 있다.

* 출처: <고차원 범주형 자료를 위한 비지도 연관성 기반 범주형 변수 선택 방법>, 2019, 이창기, 정욱, 동국대학교 경영대학 / https://www.jksqm.org/m/journal/view.php?number=2126

(2) 변수 선택에 사용되는 성능지표 ***

① 벌점화(penalty: 페널티) 방식의 AIC와 BIC

- 회귀 모형은 변수의 수가 증가할수록 편향(bias)은 작아지고 분산(variance)은 커지려는 경향이 있다.

- 그래서 변수의 수가 많아 복잡해진 모형에 벌점, 즉 일종의 페널티를 주어 최적 회귀방정식을 도출(회귀 모형의 설명력을 높이고자)하는 방법이다.
- 결과적으로 페널티가 적은 회귀모형이 좋은(설명력이 높은=최적화된 회귀방정식) 회귀모형이라고 할 수 있다. AIC와 BIC의 두 벌점 모두 편향과 분산이 최적이 되는 균형점을 제안해준다.

② AIC(Akaike Information Criteria: 아카이케 정보 기준)

- 모델의 성능지표로서 MSE에 변수 수만큼 페널티를 주는 지표다.
- 일반적으로 회귀분석에서 Model Selection할 때 많이 쓰이는 지표다.

$$AIC = -2\text{Log}L(\hat{\theta}) + 2k$$

($L(\theta)$는 가능도 함수, $\hat{\theta}$는 모수의 최대 가능도 추정량, k는 모형의 모수 개수)

③ BIC(Bayes Information Criteria: 베이즈 정보 기준)

- AIC의 단점인, 표본(n)이 커질 때 부정확하다는 단점을 보완한 지표가 BIC이다.
- BIC는 AIC와 큰 차이는 없지만 표본이 커질 경우 좀 더 정확한 결과가 나타난다.
- BIC의 경우 변수의 개수가 많을수록 AIC보다 더 큰 페널티를 주기 때문에 변수의 개수가 적은 모형이 우선이라면 BIC를 참고하는 것이 권장된다.

$$BIC = -2\text{Log}L(\hat{\theta}) + k\log(n)$$

($L(\theta)$는 가능도 함수, $\hat{\theta}$는 모수의 최대 가능도 추정량, k는 모형의 모수 개수, n은 자료의 개수)

④ 멜로우 Cp(Mallow's Cp)

- 멜로우가 제안한 통계량으로 Cp 값은 최소자승법으로 사용하여 추정된 회귀모형의 적합성을 평가하는 데 사용된다.
- Cp값은 수정된 결정계수(R^2) 및 AIC와 밀접한 관련이 있다.
- Cp 값은 모든 변수가 다 포함될 경우에 p값과 같아진다. 따라서 나쁜 모델은 Cp값이 p값보다 클 때이며 좋은 모델은 최소한 p값보다 작을 때다.

(3) 단계적 변수 선택법 ★★★

① 전진선택법(forward selection)

- 모든 독립변수 가운데 기준 통계치에 가장 많은 영향을 줄 것으로 판단되는 변수부터 하나씩 추가하면서 모형을 선택한다. 설명력이 가장 높은 설명변수(p-value가 가장 작은 변수)부터 시작해 하나씩 모형에 추가한다.
- 변수의 개수가 많을 때 사용할 수 있지만 변숫값이 조금만 변해도 결과에 큰 영향을 미치기 때문에 안정성이 부족한 방법이다.
- 상관계수의 절댓값이 가장 큰 변수에 대해 부분 F 검정으로 유의성 검정을 하고 더는 유의하지 않은 경우 해당 변수부터는 더 이상 변수를 추가하지 않는다.

② 후진제거법(backward elimination)

- 독립변수를 모두 포함하여 가장 적은 영향을 주는 변수부터 하나씩 제거하는 방법이다.
- 전진 선택법과 반대로 상관계수의 절댓값이 가장 작은 변수에 대해 부분 F 검정을 실시한다. 검정 결과가 가장 적은 영향을 주는 변수(=유의하지 않는 변수=p-value가 큰 변수)부터 하나씩 제거한다.
- 전체 변수의 정보를 이용한다는 장점이 있지만 변수의 개수가 너무 많은 경우 적용하기 어렵다.

③ 단계별 방법(stepwise method)

- 전진선택법과 후진 제거법을 보완한 방법이다.
- 전진선택법에 의해 변수를 추가하면서 추가될 때 예상되는 벌점 값과 이미 추가된 변수가 제거될 때 예상되는 벌점 값이 가장 작도록 만들어 나가는 방법이다.

(4) 최적 회귀방정식 실습★★★

- 다음의 집값 관련 데이터로 최적 회귀방정식 도출 실습을 해보자.

yard	마당 면적(m^2)	30	31	27	39	30	32	28	23	28	35
area	집 면적(m^2)	58	51	47	35	48	42	43	56	41	41
park	주차 대수(대)	1	1	5	5	2	4	5	1	1	3
dist	편의점까지 거리(m)	492	426	400	125	443	412	201	362	192	423

popul	인구 수(명)	4412	2061	4407	1933	4029	4180	3444	1683	3020	4459
price	집 가격(만 원)	12631	12084	12220	15649	11486	12276	15527	12666	13180	10169

① 전진선택법

```
> yard <- c( 31 , 31 , 27 , 39 , 30 , 32 , 28 , 23 , 28 , 35 )
> area <- c( 58 , 51 , 47 , 35 , 48 , 42 , 43 , 56 , 41 , 41 )
> park <- c( 1 , 1 , 5 , 5 , 2 , 4 , 5 , 1 , 1 , 3 )
> dist <- c( 492 , 426 , 400 , 125 , 443 , 412 , 201 , 362 , 192 , 423 )
> popul <- c( 4412 , 2061 , 4407 , 1933 , 4029 , 4180 , 3444 , 1683 , 3020 , 4459 )
> price <- c( 12631 , 12084 , 12220 , 15649 , 11486 , 12276 , 15527 , 12666 , 13180 , 10169 )
> result <- step( lm( price ~ 1 ) , scope = list( lower = ~1 , upper = ~ yard + area + park
+ dist + popul ) , direction = 'forward' )
Start:  AIC=149.52
price ~ 1                                   -> 절편만 있는 모형에서 시작
        Df Sum of Sq      RSS    AIC
+ dist   1  16958139  8557243 140.60        -> dist가 추가될 때 벌점 140.60
+ popul  1   5431481 20083900 149.13        -> popul이 추가될 때 벌점 149.13
+ park   1   4895399 20619982 149.39        -> park가 추가될 때 벌점 149.39
<none>               25515382 149.52        -> 현재 모형의 벌점 149.52
+ area   1   2806386 22708996 150.36        -> area가 추가될 때 벌점 150.36
+ yard   1    282704 25232677 151.41        -> yard가 추가될 때 벌점 151.41
                                            -> 벌점이 가장 작은 dist를 추가

Step:  AIC=140.6
price ~ dist                                -> dist가 추가된 모형
        Df Sum of Sq     RSS    AIC
+ area   1   2214900 6342343 139.60         -> area가 추가될 때 벌점 139.60
<none>               8557243 140.60         -> 현재 모형의 벌점 140.60
+ park   1    376540 8180703 142.15         -> park가 추가될 때 벌점 142.15
+ popul  1     90527 8466716 142.49         -> popul이 추가될 때 벌점 142.49
+ yard   1     53104 8504139 142.53         -> yard가 추가될 때 벌점 142.53
                                            -> 벌점이 가장 작은 area를 추가

Step:  AIC=139.6
price ~ dist + area                         -> area가 추가된 모형
        Df Sum of Sq     RSS    AIC
+ park   1   2922548 3419795 135.43         -> park가 추가될 때 벌점 135.43
<none>               6342343 139.60         -> 현재 모형의 벌점 139.60
+ yard   1    975693 5366650 139.93         -> yard가 추가될 때 벌점 139.93
+ popul  1    326295 6016048 141.07         -> popul이 추가될 때 벌점 141.07
```

```
                                          -> 벌점이 가장 작은 park를 추가
Step : AIC = 135.43
price ~ dist + area + park                -> park가 추가된 모형
        Df Sum of Sq     RSS    AIC
+ yard   1   1338046 2081748 132.46       -> yard가 추가될 때 벌점 132.46
<none>               3419795 135.43       -> 현재 모형의 벌점 135.43
+ popul  1       879 3418916 137.42       -> popul이 추가될 때 벌점 137.42
                                          -> 벌점이 가장 작은 yard를 추가

Step : AIC = 132.46
price ~ dist + area + park + yard         -> yard가 추가된 모형
        Df Sum of Sq     RSS    AIC
<none>               2081748 132.46       -> 현재 모형의 벌점 132.46
+ popul  1     54218 2027530 134.20       -> popul이 추가될 때 벌점 134.20
                                          -> 벌점이 가장 작은 yard를 추가
# 마지막 변수 popul이 추가될 경우 벌점이 증가한다.
# 따라서 더 이상 변수를 추가하지 않고 작업을 종료한다.
# price를 추정하기 위한 독립변수로는 dist, area, park, yard의 4개의 변수를 사용한다.
# 더 자세한 결과는 summary 함수를 사용하여 확인한다.

> summary( result )
Call:
lm(formula = price ~ dist + area + park + yard)

Residuals:
     1      2      3      4      5      6      7      8      9     10
 211.9  193.4 -451.5 -193.6  247.8  801.9  387.0 -486.6  100.3 -810.6

Coefficients:
            Estimate Std. Error t value Pr(>|t|)
(Intercept) 3045.689   4084.218   0.746  0.48939
dist         -16.446      2.489  -6.609  0.00119 **
area         230.563     61.193   3.768  0.01305 *
park         436.801    155.508   2.809  0.03760 *
yard         117.922     65.779   1.793  0.13300
---
Signif. codes:  0 '***' 0.001 '**' 0.01 '*' 0.05 '.' 0.1 ' ' 1

Residual standard error: 645.3 on 5 degrees of freedom
Multiple R-squared:  0.9184, Adjusted R-squared:  0.8531
F-statistic: 14.07 on 4 and 5 DF,  p-value: 0.006267
```

```
# 앞서 수행한 회귀분석과 동일한 결과를 얻을 수 있다.
# p-value 값 0.006267이 유의수준 0.05보다 작으므로 기각 귀무가설을 기각한다.
# 따라서 위 추정식은 통계적으로 유의하다.
# 각 독립변수에 대한 p-value 값을 유의수준 0.05 이내에서 비교한다.
# yard를 제외한 나머지 변수는 통계적으로 유의하다
# 이 경우 yard를 제외한 나머지 3개를 독립변수로 회귀분석을 재수행할 것을 권장한다.
# 재수행하지 않을 것이라면 추정되는 회귀식은 다음과 같다.
# price = 3045.689 + 117.922 * yard + 230.563 * area + 436.801 * park - 16.446 * dist
```

② 후진제거법

```
> yard <- c( 31 , 31 , 27 , 39 , 30 , 32 , 28 , 23 , 28 , 35 )
> area <- c( 58 , 51 , 47 , 35 , 48 , 42 , 43 , 56 , 41 , 41 )
> park <- c( 1 , 1 , 5 , 5 , 2 , 4 , 5 , 1 , 1 , 3 )
> dist <- c( 492 , 426 , 400 , 125 , 443 , 412 , 201 , 362 , 192 , 423 )
> popul <- c( 4412 , 2061 , 4407 , 1933 , 4029 , 4180 , 3444 , 1683 , 3020 , 4459 )
> price <- c( 12631 , 12084 , 12220 , 15649 , 11486 , 12276 , 15527 , 12666 , 13180 , 10169 )
> result <- step( lm( price ~ yard + area + park + dist + popul ) , scope = list( lower = ~1 ,
upper = ~ yard + area + park + dist + popul ) , direction = 'backward' )
Start:  AIC=134.2
price ~ yard + area + park + dist + popul          -> 모든 변수가 포함된 모형에서 시작
        Df Sum of Sq      RSS    AIC
- popul  1     54218  2081748 132.46               -> popul이 제거될 때 벌점 132.46
<none>                2027530 134.20               -> 현재 모형의 벌점 134.20
- yard   1   1391386  3418916 137.42               -> yard가 제거될 때 벌점 137.42
- park   1   2644982  4672512 140.55               -> park가 제거될 때 벌점 140.55
- area   1   5427894  7455424 145.22               -> area가 제거될 때 벌점 145.22
- dist   1  10086523 12114053 150.07               -> dist가 제거될 때 벌점 150.07
                                                   -> 벌점이 가장 작은 popul을 제거

Step:  AIC=132.46
price ~ yard + area + park + dist                  -> popul이 제거된 모형
       Df Sum of Sq      RSS    AIC
<none>                2081748 132.46               -> 현재 모형의 벌점 132.46
- yard  1   1338046  3419795 135.43                -> yard가 제거될 때 벌점 135.43
- park  1   3284902  5366650 139.93                -> park가 제거될 때 벌점 139.93
- area  1   5910682  7992431 143.91                -> area가 제거될 때 벌점 143.91
- dist  1  18183500  0265249 153.22                -> dist가 제거될 때 벌점 153.22

# 남은 변수들이 제거되는 경우 현재 모형보다 벌점이 증가한다.
# 따라서 더 이상 변수를 제거하지 않고 작업을 종료한다.
```

price를 추정하기 위한 독립변수로는 dist, area, park, yard의 4개의 변수를 사용한다.
더 자세한 결과는 summary 함수를 사용하여 확인한다.

③ 단계별 방법(stepwise method)

```
> yard <- c( 31 , 31 , 27 , 39 , 30 , 32 , 28 , 23 , 28 , 35 )
> area <- c( 58 , 51 , 47 , 35 , 48 , 42 , 43 , 56 , 41 , 41 )
> park <- c( 1 , 1 , 5 , 5 , 2 , 4 , 5 , 1 , 1 , 3 )
> dist <- c( 492 , 426 , 400 , 125 , 443 , 412 , 201 , 362 , 192 , 423 )
> popul <- c( 4412 , 2061 , 4407 , 1933 , 4029 , 4180 , 3444 , 1683 , 3020 , 4459 )
> price <- c( 12631 , 12084 , 12220 , 15649 , 11486 , 12276 , 15527 , 12666 , 13180 , 10169 )
> result <- step( lm( price ~ 1 ) , scope = list( lower = ~1, upper = ~ yard + area + park +
dist + popul ) , direction = 'both' )
Start:  AIC = 149.52
price ~ 1                                  -> 절편만 있는 모형에서 시작
        Df Sum of Sq      RSS    AIC
+ dist   1  16958139  8557243 140.60      -> dist가 추가될 때 벌점 140.60
+ popul  1   5431481 20083900 149.13      -> popul이 추가될 때 벌점 149.13
+ park   1   4895399 20619982 149.39      -> park가 추가될 때 벌점 149.39
<none>              25515382 149.52       -> 현재 모형의 벌점 149.52
+ area   1   2806386 22708996 150.36      -> area가 추가될 때 벌점 150.36
+ yard   1    282704 25232677 151.41      -> yard가 추가될 때 벌점 151.41
                                           -> 벌점이 가장 작은 dist를 추가


Step:  AIC = 140.6
price ~ dist                               -> dist가 추가된 모형
        Df Sum of Sq      RSS    AIC
+ area   1   2214900  6345343 139.60      -> area가 추가될 때 벌점 139.60
<none>                8557243 140.60      -> 현재 모형의 벌점 140.60
+ park   1    376540  8180703 142.15      -> park가 추가될 때 벌점 142.15
+ popul  1     90527  8466716 142.49      -> popul이 추가될 때 벌점 142.49
+ yard   1     53104  8504139 142.53      -> yard가 추가될 때 벌점 142.53
- dist   1  16958139 25515382 149.52      -> dist가 제거될 때 벌점 149.52
                                           -> 벌점이 가장 작은 area를 추가

Step:  AIC = 139.6
price ~ dist + area                        -> area가 추가된 모형
        Df Sum of Sq      RSS    AIC
+ park   1   2922548  3419795 135.43      -> park가 추가될 때 벌점 135.43
<none>                6342343 139.60      -> 현재 모형의 벌점 139.60
+ yard   1    975693  5366650 139.93      -> yard가 추가될 때 벌점 139.93
- area   1   2214900  8557243 140.60      -> area가 제거될 때 벌점 140.60
```

```
+ popul  1    326295  6016048 141.07       -> popul이 추가될 때 벌점 141.07
- dist   1  16366653 22708996 150.36       -> dist가 제거될 때 벌점 150.36
                                           -> 벌점이 가장 작은 park를 추가

Step:  AIC = 135.43
price ~ dist + area + park                 -> park가 추가된 모형
        Df Sum of Sq      RSS    AIC
+ yard   1   1338046  2081748 132.46       -> yard가 추가될 때 벌점 132.46
<none>                3419795 135.43       -> 현재 모형의 벌점 135.43
+ popul  1       879  3418916 137.42       -> popul이 추가될 때 벌점 137.42
- park   1   2922548  6342343 139.60       -> park가 제거될 때 벌점 139.60
- area   1   4760908  8180703 142.15       -> area가 제거될 때 벌점 142.15
- dist   1  17088473 20508268 151.34       -> dist가 제거될 때 벌점 151.34
                                           -> 벌점이 가장 작은 yard를 추가

Step: AIC = 132.46
price ~ dist +area + park + yard           -> yard가 추가된 모형
        Df Sum of Sq      RSS    AIC
<none>                2081748 132.46       -> 현재 모형의 벌점 132.46
+ popul  1     54218  2027530 134.20       -> popul이 추가될 때 벌점 134.20
- yard   1   1338046  3419795 135.43       -> yard가 제거될 때 벌점 135.43
- park   1   3284902  5366650 139.93       -> park가 제거될 때 벌점 139.93
- area   1   5910682  7992431 143.91       -> area가 제거될 때 벌점 143.91
- dist   1  18183500 20265249 153.22       -> dist가 제거될 때 벌점 153.22

# 새로운 변수를 추가 또는 기존 변수를 삭제하여 현재 벌점보다 낮출 수 없다.
# price를 추정하기 위한 독립변수로는 dist, area, park, yard의 4개의 변수를 사용한다.
# 더 자세한 결과는 summary 함수를 사용하여 확인한다.
```

5. 고급 회귀분석

(1) 정규화 선형회귀

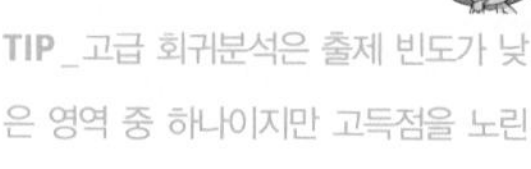

TIP _ 고급 회귀분석은 출제 빈도가 낮은 영역 중 하나이지만 고득점을 노린다면 꼼꼼히 숙지하자.

① 과적합과 과소적합***

- 과적합(overfitting) 또는 과대적합이란 모델이 학습 데이터를 과하게 학습하는 것을 의미한다.
- 일반적으로 학습 데이터에 과적합되면 일반화 성능이 낮아져 이미 학습한 훈련용 데이터에 대한 성능은 높게 나오지만, 아직 학습하지 않은 테스트 데이터에 대한 성능은 낮게 나온다.

- 그 이유는 모델이 학습 데이터에 너무 과하게 맞춰져서 새로운 데이터에 일반화하기가 어렵기 때문이다. 반대로 모델이 너무 단순해서 학습 데이터조차 제대로 예측하지 못하는 경우를 과소적합(underfitting)이라고 한다.

② 정규화 선형회귀

- 회귀분석에서 과적합되면 계수의 크기도 과도하게 증가하는 경향이 있다. 따라서 이를 방지하기 위해 계수의 크기를 제한하는 방법을 사용하는데, 이것을 정규화 선형회귀라 부른다.
- 정규화 선형회귀에는 제약 조건의 종류에 따라 릿지(Ridge), 라쏘(Lasso), 엘라스틱넷(Elastic Net) 회귀모형이 사용된다.

③ 정규화 선형회귀의 종류***

■ 라쏘(Lasso Regression)

- L1 규제라고도 하며, 가중치들의 절댓값의 합을 최소화하는 것을 제약조건으로 추가하는 방법이다.
- 라쏘 회귀에선 일정한 상숫값이 페널티로 부여되어 일부 불필요한 가중치 파라미터를 0으로 만들어 분석에서 아예 제외시킨다. 몇 개의 의미 있는 변수만 분석에 포함시키고 싶을 때 효과적인 방법이다.

■ 릿지(Ridge Regression)

- L2 규제라고도 하며, 가중치들의 제곱합을 최소화하는 것을 제약조건으로 추가하는 방법이다.
- 일부 가중치 파라미터를 제한하지만, 완전히 0으로 만들지는 않고 0에 가깝게 만든다.
- 릿지 회귀는 매우 크거나 작은 이상치의 가중치를 0에 가깝게 유도함으로써 선형 모델의 일반화 성능을 개선하는 데 사용할 수 있다.

■ 엘라스틱넷(Elastic Net)

- 라쏘와 릿지를 결합한 모델이다.
- 가중치의 절댓값의 합과 제곱합을 동시에 제약조건으로 가지는 모형이다.

(2) 일반화 선형회귀(GLM, Generalized Linear Regression)

① 일반화 선형회귀의 개념

- 회귀분석은 종속변수가 정규분포를 따른다는 정규성을 전제로 한다. 앞서 '회귀분석의 가정'에서 언급한 바 있다. 하지만 종속변수가 범주형 자료이거나 정규성을 만족하지 못하는 경우가 있다.

- 이렇게 회귀분석을 하고 싶지만 종속변수가 범주형 자료이거나 정규성을 만족하지 못하는 경우 그 종속변수를 적절한 함수 f(x)로 정의한 다음, 이 함수 f(x)와 독립변수를 선형 결합하여 회귀분석을 수행할 수 있는데 이를 일반화 선형회귀라 한다.

② 일반화 선형회귀의 구성 요소

- 확률 요소(Random Component): 종속변수의 확률분포를 규정하는 성분
- 선형 예측자(Linear Predictor, 혹은 체계적 성분): 종속변수의 기댓값을 정의하는 독립변수들 간의 선형 결합
- 연결 함수(Link function): 확률 요소와 선형예측자를 연결하는 함수

③ 일반화 선형회귀의 종류***

■ **로지스틱 회귀(Logistic regression)**

- 로지스틱 회귀는 종속변수가 범주형 변수(0 또는 1, 합격/불합격, 사망/생존 등)인 경우로 의학연구에 많이 사용된다.
- 로지스틱 회귀 분석(Logistic Regression Analysis)은 종속 변수와 독립 변수 간의 관계를 나타내어 예측 모델을 생성한다는 점에서는 선형 회귀 분석 방법과 동일하다. 하지만 독립 변수(x)에 의해 종속 변수(y)의 범주로 분류한다는 측면은 '분류 분석' 방법으로 분류한다.
- 자세한 것은 데이터 마이닝 분류 분석 편에서 다루기로 한다.

■ **포아송 회귀(Poisson regression)**

- 종속변수가 특정 시간 동안 발생한 사건의 건수에 대한 도수 자료(count data, 음수가 아닌 정수)인 경우이면서, 종속변수가 정규분포를 따르지 않거나 등분산성을 만족하지 못하는 경우에 포아송 회귀분석이 사용된다.
- 선형회귀모형이 최소제곱법으로 모수를 추정한다면 포아송 회귀모형은 최대 가능도 추정(MLE, Maximum Likelihood Estimation)을 통해 모수를 추정한다.

(3) 더빈 왓슨(Durbin-Watson) 검정

① 오차항의 상관관계

- 먼저 오차항이 서로 상관관계를 갖는 경우를 생각해보자. 오차항이 상관관계를 갖는 경우는 대부분의 경우 시계열 데이터의 경우다.

- 시계열 분석은 다음에 공부할 것이므로 간단히 살펴보면, 시계열 데이터는 시간의 흐름대로 나열된 데이터를 말한다. 시계열 데이터들은 연속적인 일련의 관측치들이 서로 상관되어 있다. 즉, 하나의 잔차항의 크기가 이웃하는 다른 잔차항의 크기와 서로 일정한 관련이 있다. 이를 자기상관성이라 한다.

② 더빈 왓슨 검정

- 회귀분석에 있어서는 오차항이 서로 연관성이 없어야 한다. 이 말은 회귀분석에서의 오차항의 공분산은 '0'이라는 것이다. 만약 자기 상관성이 있다면 회귀분석이 아니라 시계열 분석이나 다른 분석방법을 수행해야 한다.
- 회귀분석에 있어 이러한 자기상관성이 존재하는지(오차항이 독립성을 만족하는지=오차항이 서로 연관성이 없는지) 검정하는 방법이 바로 '더빈 왓슨 검정'이다.
- '더빈 왓슨 검정' 통계량 값이 2에 가까울수록 오차항의 자기상관이 없다는 의미다. 만약 0에 가깝다면 양의 상관관계가, 4에 가깝다면 음의 상관관계가 있다고 판단한다.

참고

회귀분석의 평가 지표

회귀 문제는 수치 값을 예측한다. 그래서 예측값과 실제 값의 차이를 기반으로 한 지표를 이용해 회귀 모형의 성능을 평가할 수 있다. 모형이 예측한 추정치와 실제 값의 차이가 작을수록 해당 모형의 성능이 좋다고 평가할 수 있다. 예컨대 미래의 주식 가격 예측, TV 판매량 예측, 비디오 게임 매출액 예측 등이 있다.

【 회귀분석 평가 지표 비교 】 **

평가 지표	수식	오차 상쇄 처리	이상치
MAE	$\frac{1}{n}\sum_{i=1}^{n}\lvert y_i-\hat{y}_i\rvert$	절댓값	유리
MSE	$\frac{1}{n}\sum_{i=1}^{n}(y_i-\hat{y}_i)^2$	제곱	불리
RMSE	$\sqrt{\frac{1}{n}\sum_{i=1}^{n}(y_i-\hat{y}_i)^2}$	제곱	불리
MAPE	$100\cdot\frac{1}{n}\sum_{i=1}^{n}\left\lvert\frac{y_i-\hat{y}_i}{y_i}\right\rvert$	절댓값	유리

01. 다음 중 선형회귀분석을 수행하기 위한 가정사항이 아닌 것은?

① 선형성　　② 등분산성
③ 정규성　　④ 공분산성

02. 다음은 무엇에 대한 설명인가?

회귀분석에서 각 독립변수에 대한 회귀계수를 추정하기 위한 방법으로 잔차의 제곱합이 최소가 되는 회귀식을 찾는 방법이다.

(　　　　　　　　　　　　　　　　)

03. 다음은 종속변수(y)를 추정하기 위해 독립변수(x)에 대하여 회귀분석을 수행한 결과다. 다음 중 결과를 잘못 해석한 것은 무엇인가?

```
> summary(result)

Call:
lm(formula = y ~ ., data = test)

Residuals:
    Min      1Q  Median      3Q     Max
-4.6589 -1.9336  0.3708  1.4874  5.0328

Coefficients:
            Estimate Std. Error t value Pr(>|t|)
(Intercept)  -3.7074     3.0152  -1.230  0.25379
x             3.8329     0.8299   4.619  0.00171 **
---
Signif. codes:  0 '***' 0.001 '**' 0.01 '*' 0.05 '.' 0.1 ' ' 1

Residual standard error: 3.361 on 8 degrees of freedom
Multiple R-squared:  0.7272,    Adjusted R-squared:  0.6932
F-statistic: 21.33 on 1 and 8 DF,  p-value: 0.001714
```

① 유의수준 0.05 이내에서 위 결과는 통계학적으로 유의하다고 할 수 있다.

② x의 t-검정통계량 값은 4.619다.

③ x의 회귀계수는 3.8329로 추정된다.

④ F 통계량의 자유도로 보아 9개의 데이터로 회귀분석을 수행하였다.

04. 다음은 10명의 수강생이 시험을 위해 필기 공부(paper_time)와 실기 공부(practical_time)에 투자한 시간을 독립변수로 하여 종속변수인 시험 성적(score)을 회귀분석한 결과를 나타낸 것이다. 다음 중 결과에 대한 해석이 잘못된 것은 무엇인가?

```
> summary(result)

Call:
lm(formula = score ~ ., data = test)

Residuals:
    Min      1Q  Median      3Q     Max 
-9.1492 -1.2713  0.0521  1.6868  6.4132 

Coefficients:
               Estimate Std. Error t value Pr(>|t|)    
(Intercept)      3.1719     3.7906   0.837 0.430360    
paper_time       2.2258     0.5637   3.949 0.005540 ** 
practical_time   3.8866     0.5516   7.046 0.000203 ***
---
Signif. codes:  0 '***' 0.001 '**' 0.01 '*' 0.05 '.' 0.1 ' ' 1

Residual standard error: 4.745 on 7 degrees of freedom
Multiple R-squared:  0.9146,    Adjusted R-squared:  0.8902 
F-statistic: 37.48 on 2 and 7 DF,  p-value: 0.000182
```

① 유의수준 0.1% 내에서 위 결과는 통계적으로 유의하다고 할 수 있다.

② 시험 성적을 올리기 위해서는 필기 공부보다 실기 공부를 하는 것이 유리하다.

③ 위 모형은 전체 데이터의 91.46%를 설명한다.

④ 다중회귀 분석을 수행하였다.

05. 다음 설명은 회귀분석의 여러 분석 기법들 중 무엇에 대한 설명인가?

> 여러 개의 독립변수 후보들 중 가장 최적인 회귀방정식을 찾는 방법으로 상수항만 있는 모형에서 출발하여 벌점에 따라 변수를 추가하는 반복 작업을 통해 최적 회귀방정식을 찾아내는 방법이다.

① 단순선형회귀 ② 다항회귀

③ 전진선택법 ④ 후진선택법

【정답&해설】

01. 답: ④

해설: 단순회귀분석을 수행하기 위한 가정사항으로는 선형성, 정규성, 독립성, 등분산성의 4가지가 있다.

02. 답: 최소제곱법

해설: 위 설명은 최소제곱법에 대한 설명이다.

03. 답: ④

해설: F statistic: 21.33 on 1 and 8 DF로 보아 F 통계량의 자유도는 1, 8이다. 따라서 분석에 사용된 데이터의 개수는 (1+8)+1=10개다.

04. 답: ③

해설: 다중회귀 분석을 수행한 경우 결정계수보다 수정된 결정계수를 본다. 따라서 위 회귀모형은 전체 데이터의 약 89.02%를 설명한다.

05. 답: ③

해설: 위 설명은 최적 회귀방정식의 전진선택법에 대한 설명이다.

04 다변량 분석

1. 다차원 척도법

(1) 다차원 척도법의 개요

① 다차원 척도법(Multidimensional Scaling, MDS)의 개념

- 다차원 척도법은 객체 간의 근접성을 시각화하는 통계기법으로, 군집분석과 유사하다.
- 객체들 사이에 유사성 혹은 비유사성을 측정하여 원래의 차원보다 낮은 차원의 공간에 군집분석처럼 점으로 표현한다.
- 다차원 척도법은 데이터를 축소하는 목적으로 사용된다. 즉 데이터들의 유사성 혹은 비유사성과 같은 데이터들의 정보 속성을 파악하기 위한 수단으로도 활용된다.
- 다차원 척도법에서 객체들 간의 거리는 유클리디안 거리행렬을 사용하여 계산한다.

② 다차원 척도법의 측도 **

- 다차원 척도법에서는 개체의 실제 거리와 모형에 의해 추정된 거리 사이의 적합도를 측정하기 위해 stress 척도를 사용한다. stress 척도는 다음과 같이 표현된다.

$$stress = \sqrt{\frac{\sum(\text{실제거리} - \text{추정거리})^2}{\sum \text{실제거리}^2}}$$

- stress 값은 0~1 사이의 값을 가지며 그 값이 낮을수록 적합도가 높다고 평가한다. 보통 0.05 이내이면 적합도가 좋다고 판단하고, 0.15 이상이면 적합도가 매우 나쁘다고 판단한다.

stress	적합도
0	완벽
0~0.05	매우 우수
0.05~0.1	우수
0.1~0.15	보통
0.15 이상	나쁨

(2) 다차원 척도법의 종류

계량적 MDS	비계량적 MDS
구간척도, 비율척도	서열척도
유클리디안 거리 행렬	서열척도를 거리속성값으로 변환하여 사용
R에서 'cmdscale' 함수 사용	R에서 'isoMDS' 함수 사용

(3) 다차원 척도법 실습

- 다음은 8개 과일에 대한 영양소 함유량을 나타낸 데이터다.
- 다차원 척도법을 이용하여 시각화해보자.

	변수명	사과	아보카도	바나나	블루베리	멜론	수박	딸기	포도
열량	cal(kcal)	52	160	89	57	34	32	30	69
탄수화물	car(g)	112.4	8.5	22.8	14.5	8.2	7.7	7.6	18.1
지방	fat(g)	0.2	14.7	1.3	0.7	0.2	0.3	0.2	0.2
단백질	pro(g)	0.3	2.0	1.1	0.3	0.8	0.7	0.6	0.7
식이섬유	fib(g)	2.4	6.7	2.6	2.4	0.9	2.0	0.4	0.9
설탕(당)	sug(g)	10.4	0.7	12.2	9.9	7.9	4.7	6.2	15.5

```
> cal <- c( 52 , 160 , 89 , 57 , 34 , 32 , 30 , 69 )
> car <- c( 112.4 , 8.5 , 22.8 , 14.5 , 8.2 , 7.7 , 7.6 , 18.1 )
> fat <- c( 0.2 , 14.7 , 1.3 , 0.7 , 0.2 , 0.3 , 0.2 , 0.2 )
> pro <- c( 0.3 , 2.0 , 1.1 , 0.3 , 0.8 , 0.7 , 0.6 , 0.7 )
> fib <- c( 2.4 , 6.7 , 2.6 , 2.4 , 0.9 , 2.0 , 0.4 , 0.9 )
> sug <- c( 10.4 , 0.7 , 12.2 , 9.9 , 7.9 , 4.7 , 6.2 , 15.5 )
> fruits <- data.frame( cal , car , fat , pro , fib , sug )  # 데이터프레임 생성
> rownames(fruits) <- c("apple","avocado","banana","blueberry","melon","watermelon",
  "starwberry","grape")  # 각 데이터(행)에 이름을 부여
> fruits_dist <- dist( fruits )  # 데이터별 거리를 측정
> fruits_loc <- cmdscale( fruits_dist )
> x_loc <- fruits_loc[ , 1 ]
> y_loc <- fruits_loc[ , 2 ]
> plot( x_loc , y_loc , type = 'n' )
# type = 'l'은 연결선, type = 'p'는 점, type = 'n'은 찍지 않음을 의미
> text( x_loc , y_loc , rownames( fruits ) )
> abline( v = 0 , h = 0 )
```

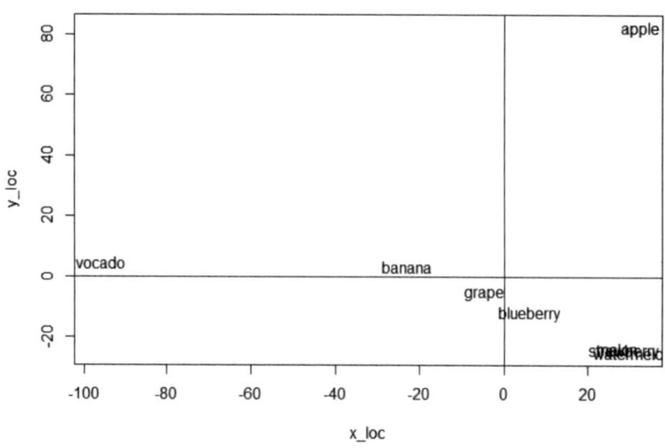


```
# x_loc와 y_loc가 무엇을 의미하는지는 알 수 없다.
# 수박, 멜론, 딸기는 비슷한 부류의 과일이다.
# 사과와 아보카도는 나머지 과일과 다른 부류의 과일이다.
```

2. 주성분분석(PCA)

(1) 주성분분석 개요

① 주성분분석(Principal Components Analysis)의 개념**

- 여러 개의 변수 중 서로 상관성이 높은 변수들의 선형 결합으로 새로운 변수(주성분)를 만들어 기존 변수를 요약 및 축소하는 분석 방법이다.

- 다음과 같이 X, Y라는 두 개의 변수에 의하여 자료의 위치정보를 나타낸 데이터가 주어졌다. 두 개의 변수는 데이터를 두 개의 관점에서 바라본다고 말할 수 있다. 그러나 두 개의 변수를 이해하기 힘든 경우 데이터들의 변수를 요약하여 하나의 변수로만 데이터의 위치 정보를 나타내는 것이 주성분분석의 목적이다.

【 2개의 변수를 갖는 데이터 】

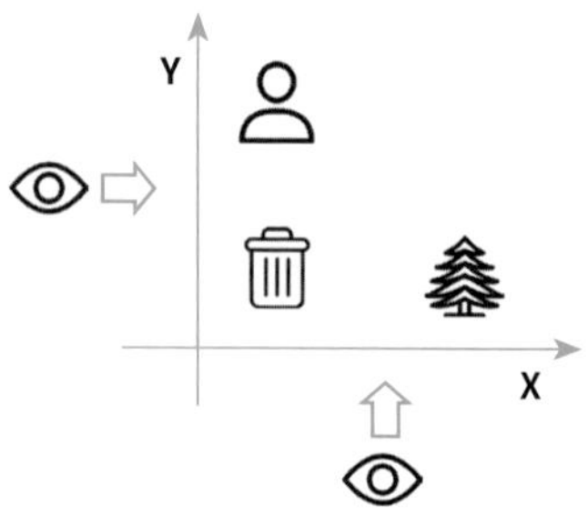

② 주성분분석의 목적 **

- 변수를 축소하여 모형의 설명력을 높임
- 다중공선성 문제를 해결

- 군집분석 시 모형의 성능을 높일 수 있음
- IoT 센서 데이터를 주성분분석 후 스마트팩토리에 활용
- 주성분분석 시 선형변환이 필요함

③ 주성분분석 방법

- 주어진 데이터를 하나의 변수로 요약한다는 것은 하나의 관점에서 바라보는 것을 의미하는데, 그에 따른 데이터 손실(점선)이 발생할 수밖에 없다.
- 다음 그림처럼 데이터를 바라볼 수 있는 관점은 다양하지만 그중 손실이 가장 작은 축을 찾는 것, 즉 자료의 분산(퍼진 정도)이 가장 큰 축을 찾아 새로운 변수로 만드는 방법이다.
- 데이터를 가장 잘 표현하는 직교상의 데이터 벡터들을 찾아서 데이터 압축한다. 속성들을 선택하고 조합하여 다른 작은 집합을 생성한다.
- 계산이 간단하며 데이터 부족이나 일률적 데이터 혹은 정렬되지 않은 속성을 가진 데이터도 처리할 수 있다는 장점이 있다.
- 고유값이란 고유 벡터의 크기를 의미하며 해당 값이 클수록 높은 설명력을 갖는다. 이때, 고유값들의 평균을 구한 뒤 고유값이 평균보다 작은 값을 갖는 주성분을 제거하는 것을 평균 고유값 방법이라 한다.

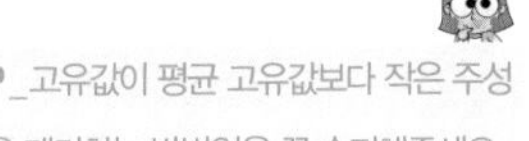

TIP _ 고유값이 평균 고유값보다 작은 주성분을 제거하는 방법임을 꼭 숙지해주세요.

【 주성분분석을 통해 하나의 변수를 갖는 데이터 】

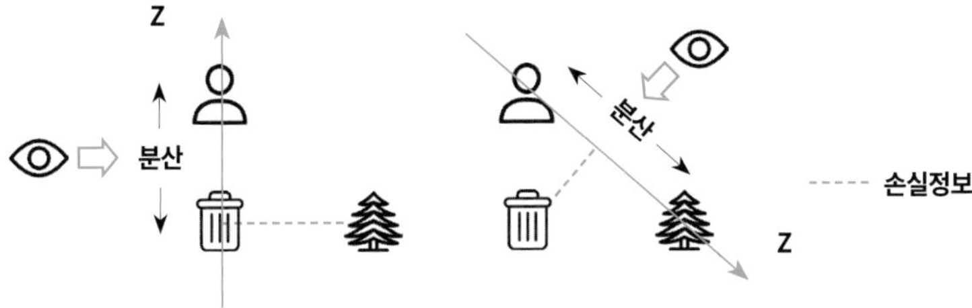

(2) 주성분분석 사례 실습

① 주성분분석#1 – 수행 및 해석★★★

- 계량적 다차원 척도법에서 활용한 과일 영양소 함유량 데이터로 주성분분석을 실시해보자.

	변수명	사과	아보카도	바나나	블루베리	멜론	수박	딸기	포도
열량	cal(kcal)	52	160	89	57	34	32	30	69
탄수화물	car(g)	112.4	8.5	22.8	14.5	8.2	7.7	7.6	18.1
지방	fat(g)	0.2	14.7	1.3	0.7	0.2	0.3	0.2	0.2
단백질	pro(g)	0.3	2.0	1.1	0.3	0.8	0.7	0.6	0.7
식이섬유	fib(g)	2.4	6.7	2.6	2.4	0.9	2.0	0.4	0.9
설탕(당)	sug(g)	10.4	0.7	12.2	9.9	7.9	4.7	6.2	15.5

```
> cal <- c( 52 , 160 , 89 , 57 , 34 , 32 , 30 , 69 )
> car <- c( 112.4 , 8.5 , 22.8 , 14.5 , 8.2 , 7.7 , 7.6 , 18.1 )
> fat <- c( 0.2 , 14.7 , 1.3 , 0.7 , 0.2 , 0.3 , 0.2 , 0.2 )
> pro <- c( 0.3 , 2.0 , 1.1 , 0.3 , 0.8 , 0.7 , 0.6 , 0.7 )
> fib <- c( 2.4 , 6.7 , 2.6 , 2.4 , 0.9 , 2.0 , 0.4 , 0.9 )
> sug <- c( 10.4 , 0.7 , 12.2 , 9.9 , 7.9 , 4.7 , 6.2 , 15.5 )
> fruits <- data.frame( cal , car , fat , pro , fib , sug )
> result <- prcomp( fruits , center = T , scale. = T )
# center와 scale 값을 T로 표준화하여 변수 간 단위 차이를 제거
> result
Standard deviations (1, .., p=6):
[1] 2.01314374 1.05853762 0.81088150 0.35447821 0.19925394 0.06216644

Rotation (n x k) = (6 x 6):
           PC1         PC2         PC3         PC4          PC5        PC6
cal  0.4497789  0.25668231  0.39132362 -0.13770784  0.172277348 -0.7280357
car -0.1343382  0.86196398 -0.34816436  0.34088787  0.031790681 -0.0231893
fat  0.4899044  0.06599968 -0.03435189 -0.04290641  0.718838104  0.4856835
pro  0.4638167 -0.11821949  0.23112276  0.75978379 -0.345838088  0.1435447
fib  0.4608776  0.27563218 -0.08775242 -0.53083464 -0.577034897  0.2986026
sug -0.3348309  0.31117101  0.81446248 -0.06272348 -0.002897031  0.3518084

# 첫 번째 주성분
# PC1 = 0.4497789 * cal + 0.4638167 * pro + 0.4899044 * fat
#             - 0.1343382 * car + 0.4608776 * fib - 0.3348309 * sug
# 첫 번째 주성분은 계수가 큰 cal, pro, fat, fib에 영향을 많이 받는다.
# 두 번째 주성분
# PC2 = 0.25668231 * cal - 0.11821949 * pro + 0.06599968 * fat
#            0.86196398 * car + 0.27563218 * fib + 0.31117101 * sug
# 두 번째 주성분 계수가 큰 car에 많은 영향을 받는다.
# 세 번째 주성분
```

```
# PC3 = 0.39132362 * cal + 0.23112276 * pro - 0.03435189 * fat
#              -0.34816436 * car - 0.08775242 * fib + 0.81446248 * sug
# 세 번째 주성분은 계수가 큰 sug에 많은 영향을 받는다.
# 위와 같은 방법으로 기존의 6개의 변수를 활용하여 주성분(새로운 변수)을 생성
> summary( result )
Importance of components:
                          PC1    PC2    PC3     PC4     PC5     PC6
Standard deviation     2.0131 1.0585 0.8109 0.35448 0.19925 0.06217
Proportion of Variance 0.6755 0.1867 0.1096 0.02094 0.00662 0.00064
Cumulative Proportion  0.6755 0.8622 0.9718 0.99274 0.99936 1.00000

# PC1(첫 번째 주성분)은 전체 데이터의 67.55%를 설명한다.
# PC1 하나의 누적 설명력은 67.55%다.
# PC2(두 번째 주성분)는 전체 데이터의 18.67%를 설명한다.
# PC1, PC2 두 성분의 누적 설명력은 86.22%다.
# 주성분의 개수는 전체 데이터의 70% 이상을 설명할 수 있도록 선택한다.
# 따라서 2개의 주성분으로 전체 데이터의 86.22%를 설명할 수 있기 때문에
# 기존 6개의 변수로 설명하던 8개의 과일을 2개의 변수로 설명할 수 있다.
```

② 주성분분석 #2 – scree plot★★★

- scree plot은 x축을 성분의 개수, y축을 고윳값(eigenvalue)으로 하는 그래프로 주성분의 개수를 선택하는 데 도움을 준다. 일반적으로 고윳값이 1 근처의 값을 갖는 주성분분석의 수를 결정할 수 있다. 그러나 또 다른 방법으로는 그래프가 수평을 이루기 전 단계를 주성분의 수로 선택할 수 있다.

```
> screeplot( result, type = 'lines' )

# 만약 3과 4 사이의 선이 수평이
# 유지된다고 판단되면
# 주성분의 개수는 3개로 선택한다.
# 만약 4와 5 사이의 선이 수평이
# 유지된다고 판단되면
# 주성분의 개수는 4개로 선택한다.
```

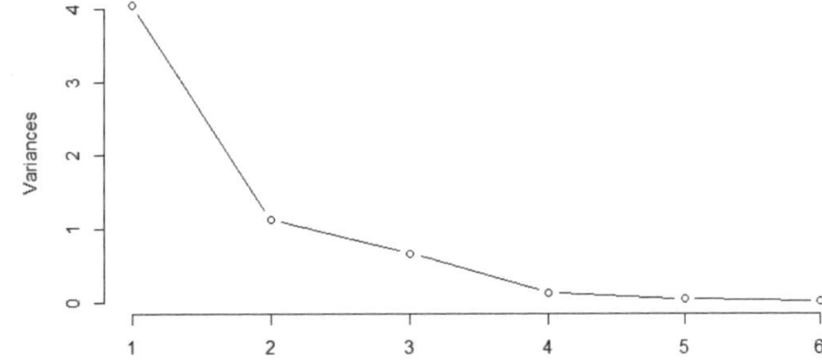

③ 주성분분석 #3 – biplot

- biplot은 첫 번째 주성분과 두 번째 주성분을 축으로 하는 그래프다. biplot 그래프는 다차원 척도법과 같이 주성분분석의 결과로 데이터가 어떻게 퍼져 있는지 시각화할 수 있다.

```
> biplot( result )
```

```
# cal , fat , pro , fib는 수평 방향으로 뻗어 있기 때문에
# PC1 값에 의해 영향을 받는 것을 알 수 있다.
# car는 수직 방향으로 뻗어 있기 때문에
# PC2에 의해 영향을 받는 것을 알 수 있다.
# sug는 수평 방향이지만 비교적 짧은 길이를 가지고 있기
# 때문에
# PC1, PC2에 의해 받는 영향이 상대적으로 적다.
# 아보카도는 풍부한 cal, fat, pro, fib 영양소를 가지고
# 있음을 알 수 있다.
# 사과는 풍부한 car를 가지고 있음을 알 수 있다.
```

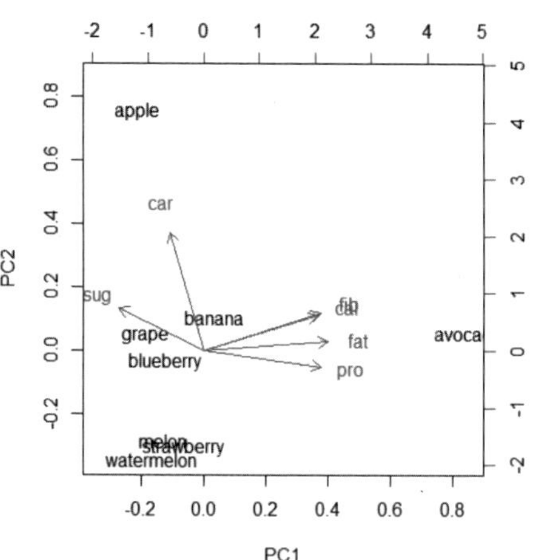

참고 **차원의 저주**

일반적으로 고차원의 데이터일수록 데이터에 대한 설명력이 좋아질 것으로 생각한다. 그러나 그것은 데이터가 충분히 많은 경우에만 해당하며, 그렇지 않은 경우에는 데이터 사이의 밀도가 감소하게 된다. 따라서 불충분한 데이터 수에 어울리지 않는 고차원의 데이터는 설명에 있어서 근거가 부족해지며 구축된 모델의 성능에 부정적인 결과를 가져온다.

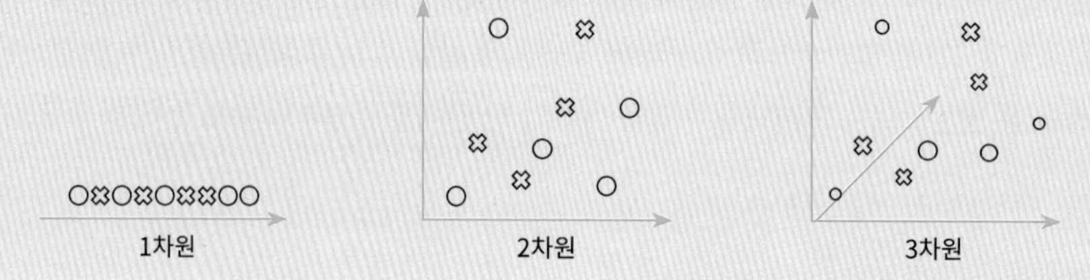

3과목 / 2장 / 핵·심·문·제

01. 다음 중 다차원 척도법에 대하여 잘못 설명한 것은 무엇인가?

① 데이터를 저차원 공간에 배열하는 시각화 기법 중 하나다.
② STRESS 값이 0인 경우 적합이 가장 잘 된 것이다.
③ 데이터의 변수는 연속형 변수 또는 서열척도여야 한다.
④ 데이터 시각화 결과를 보고 회귀모형을 산출할 수 있다.

02. 다음 중 주성분분석에 대한 설명 중 바르지 못한 것은 무엇인가?

① 변수 요약 기법 중 하나로 기존 데이터의 선형 결합으로 주성분을 생성한다.
② 기존 데이터의 분산이 가장 작은 축을 첫 번째 주성분으로 한다.
③ 누적 기여율이 70 ~ 90%가 되도록 주성분의 개수를 선택한다.
④ n개의 변수를 n개의 주성분으로 요약할 때 누적 기여율은 100%다.

03. **다음은 여러 학원들의 점수를 비롯한 여러 데이터에 대하여 주성분분석을 시행한 결과다. 다음 중 결과를 잘못 해석한 것은 무엇인가?**

```
> result$rotation
                     PC1         PC2          PC3         PC4         PC5         PC6         PC7
score       -0.6353455270  0.04076846 -0.123798766  0.11768173 -0.02236952  0.04442004  0.75035014
distance    -0.1086410508  0.47986716 -0.053289207 -0.80293722 -0.26815467 -0.19611870  0.00269069
students     0.1079691323  0.45410062 -0.600730394  0.12626660  0.61856871 -0.14854669 -0.02493329
teacher     -0.5143432561 -0.19991056 -0.199454498 -0.25428033  0.21776628  0.58716101 -0.44594394
bus         -0.5196013554 -0.08532659  0.233881174  0.11514315  0.17422183 -0.69917148 -0.36821386
building    -0.0004928063 -0.38644640 -0.725567565  0.04487072 -0.49566184 -0.25557750 -0.10581469
recognition -0.1958087163  0.60437769  0.005131096  0.49554996 -0.47064782  0.19641673 -0.30116700
> summary(result)
Importance of components:
                          PC1    PC2    PC3    PC4     PC5     PC6     PC7
Standard deviation     1.5264 1.2004 1.0587 0.9410 0.80063 0.73157 0.21603
Proportion of Variance 0.3328 0.2059 0.1601 0.1265 0.09157 0.07646 0.00667
Cumulative Proportion  0.3328 0.5387 0.6988 0.8253 0.91688 0.99333 1.00000
```

① 두 번째 주성분은 전체 데이터의 약 20%를 설명한다.

② 첫 번째 주성분은 score에 가장 작은 영향을 받는다.

③ 두 번째 주성분은 recognition에 가장 큰 영향을 받는다.

④ 4개의 주성분으로 전체 데이터의 약 82.53%를 설명할 수 있다.

04. **주성분분석은 이해하기 힘든 고차원의 데이터를 낮은 차원의 데이터로 변환하여 데이터의 구조를 분석하는 것이 목적이다. 다음 중 주성분분석에 대한 설명으로 올바른 것은 무엇인가?**

① 회귀분석에서 다중공선성이 존재하여 해석의 어려움이 발생할 때 활용하여 더욱 쉽게 해석할 수 있다.

② 평균 고윳값 방법은 고윳값들의 평균을 구한 뒤 고윳값이 평균보다 큰 값을 갖는 주성분을 제거하는 방법이다.

③ 변수들이 서로 상관성이 없어서 데이터를 이해하기 힘든 경우에 활용된다.

④ Scree plot을 활용하는 방법은 주성분을 x축으로, 누적 고윳값을 y축으로 하여 그래프를 그린 뒤 추세가 원만해지는 지점을 주성분의 수로 선택한다.

【정답&해설】

01. **답:** ④

해설: 다차원 척도법은 시각화 기법으로 데이터 간의 거리를 표현하여 저차원 공간에 표현하는 것이 목적이다. 따라서 그 결과를 보고 선형회귀 식을 산출하기에는 적절하지 않다.

02. **답:** ②

해설: 손실되는 정보가 최소가 되도록 분산이 가장 큰 축을 찾는 것이 주성분분석이다.

03. **답:** ②

해설: 첫 번째 주성분의 score 계수는 약 –0.6355로 절댓값이 다른 요인들보다 크다. 따라서 score가 첫 번째 주성분에 가장 큰 영향을 끼친다.

04. **답:** ①

해설: 회귀분석에서 다중공선성의 존재로 변수 간의 해석이 어려워지는 문제가 발생한다. 따라서 주성분분석을 활용함으로써 다중공선성의 문제를 해결할 수 있다.

05 시계열 분석

1. 시계열 분석 개요

(1) 시계열 분석의 개념

① 시계열 분석의 개념

- 시계열 분석은 일정 시간 간격으로 기록된 자료들에 대하여 특성을 파악하고 미래를 예측하는 분석 방법이다. 가까운 미래에 있을 날씨 예측, 주식 예측, 판매 예측 등의 목적으로 사용된다.
- 주가, 환율, 월별 재고량, 일일 확진자 수 등이 시계열 자료에 해당한다.

② 시계열 자료의 자기상관성 ***

- 시계열 자료의 자기상관성에 관해서는 앞서 '더빈 왓슨 검정' 편에서 잠시 살펴본 바 있다. 조금 더 자세히 살펴보기로 한다.
- 주식이나 기온 등의 시계열 자료들은 자기상관성을 가지고 있다. 이 말은 서로 이웃하는 자료들끼리 일종의 상관관계를 가진다는 말이다. 수학적으로 풀어보면 하나의 잔차항의 크기가 이웃하는 다른 잔차항의 크기와 서로 일정한 관련이 있다는 말과 같다. 시계열 자료는 인접한 자료들과 상호 연관성을 가진다는 의미다.
- 여기서 공분산의 개념을 살펴봐야 한다. 공분산은 두 개의 확률 변수의 선형관계를 나타낸다. 하나의 확률 변수의 증감에 따른 다른 확률 변수의 증감 경향에 대한 측도다. 분산이라는 개념을 확장하여 두 개의 '확률 변수'의 흩어진 정도를 표현한 것이 공분산이다.
- 공분산이 시계열 분석에서 중요한 이유는 바로 시계열 자료의 자기상관성 때문이다. 시계열 자료는 서로 인접한 이웃 자료들끼리 자기상관성을 갖는다고 말했다. 그렇기 때문에 확률변수의 흩어짐 정도를 의미하는 공분산이 어느 정도인지, 다시 말해 어느 정도의 상관성을 갖는지가 중요한 것이다. 여기서 만약 두 확률변수의 공분산이 '0'이라면 그건 자기상관성이 없는 독립적인 확률변수로 봐야 한다.
- 그런데 어디서 많이 들어본 개념 아닌가? 그렇다. 바로 상관관계와 관련이 있는 개념이다. 공분산은 자료들의 평균이나 편차에 대해 정규화가 안 된 값이다 보니 그 정도나 비교가 어렵다. 그래서 공분산값을 정규화한 것이 바로 상관계수다.

- 따라서 대부분의 시계열 자료들은 자기상관성을 가지기 때문에 공분산은 '0'이 아니다. 또 시계열 분석에서는 상관분석에서 중요하게 다루어지는 상관계수와 같이 상관성의 정도를 나타내는 '자기상관계수' 개념이 중요하다. 이것은 시계열 분석 방법에서 다루기로 한다.

③ 시계열 분석의 자료 ★★★

- 시계열 분석의 자료는 크게 정상성 시계열 자료와 비정상성 시계열 자료로 구분되는데, 대부분의 시계열 자료는 비정상성 시계열 자료다.
- 그런데 문제는 시계열 분석을 수행하려면 정상성 자료여야 하는데, 정상성이란 평균이 일정할 것, 분산이 시점에 의존하지 않을 것 등의 일정한 조건을 요구한다. 따라서 자료가 대부분 비정상성이므로 이를 정상성 시계열 자료로 변환해야 한다.

(2) 시계열 자료의 정상성 조건★★★

① 일정한 평균

- 모든 시점에 대하여 평균이 일정해야 한다. 그렇지 않다면 차분을 통해 정상화할 수 있다.
- 차분이란 현 시점의 자료 값에서 전 시점의 자료 값을 빼는 것이다. 만약 연중 기온을 예측하는 것과 같이 계절적인 주기가 있는 경우에는 여러 시점 전의 자료 값을 빼는 계절차분을 사용한다.

```
# 2018년 1월부터 2019년 12월까지 매월 초의 환율 데이터
> rate <- c( 1072 , 1081 , 1090 , 1065 , 1087 , 1085 , 1130 , 1130 , 1122 , 1122 , 1144 ,
1121 , 1131 , 1129 , 1137 , 1146 , 1176 , 1194 , 1174 , 1200 , 1224 , 1213 , 1172 , 1197 )
> plot( rate , type = 'l' )
```

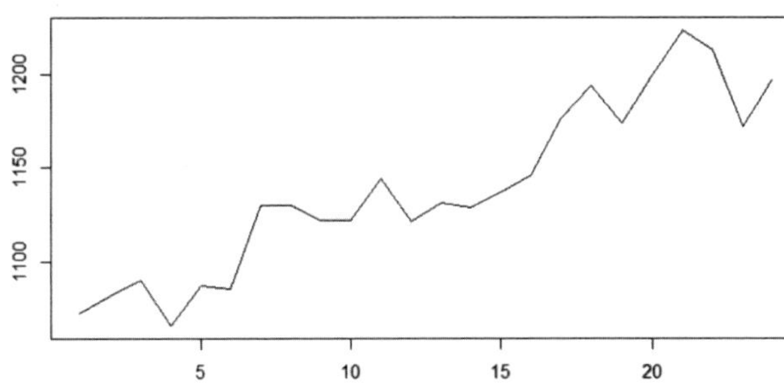


```
# 평균이 일정하지 않다. 즉 정상성에 위배된다.
# 따라서 1회 차분을 실시한다.

> rate_diff <- diff( rate , lag = 1 )
> plot( rate_diff , type = 'l' )
```

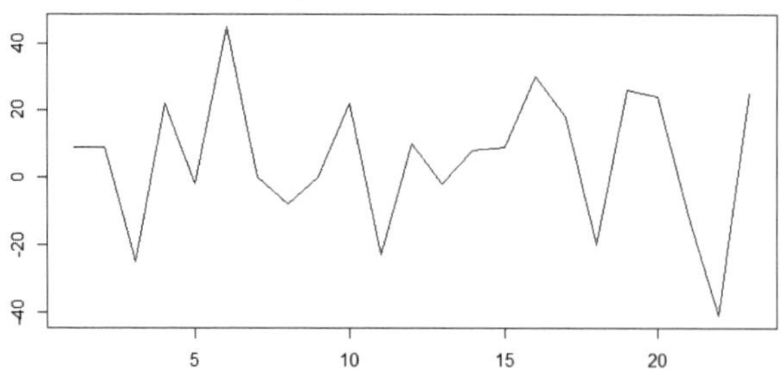

1회 차분 결과 평균이 일정해지는 것을 확인할 수 있다.

② 일정한 분산

- 모든 시점에 대하여 분산이 일정해야 한다. 그렇지 않다면 변환을 통해 정상화할 수 있다.
- 자료 값에 지수 혹은 로그를 취해 변환하여 시간에 따라 변하는 분산의 크기를 안정시킬 수 있다.

```
# R 내장 시계열 데이터인 UKgas를 활용
> plot( UKgas )
```

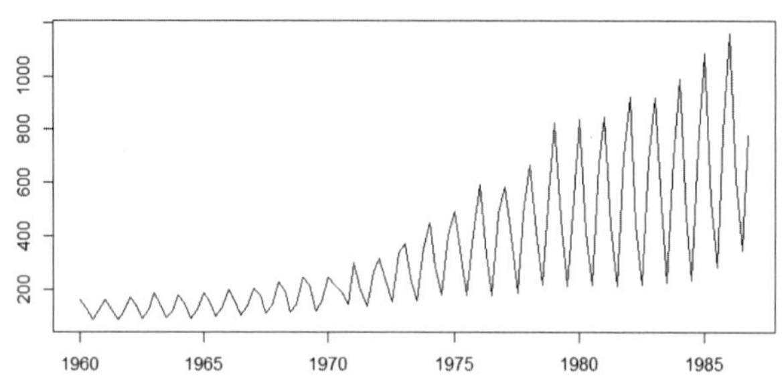

```
# 시간이 흐름에 따라 분산이 일정하지 않다고 판단되어 정상성을 위배
# 따라서 자연상수 e를 밑으로 하는 log를 취하여 변환을 실시한다.

> UKgas_log <- log( UKgas )
> plot( UKgas_log )
```

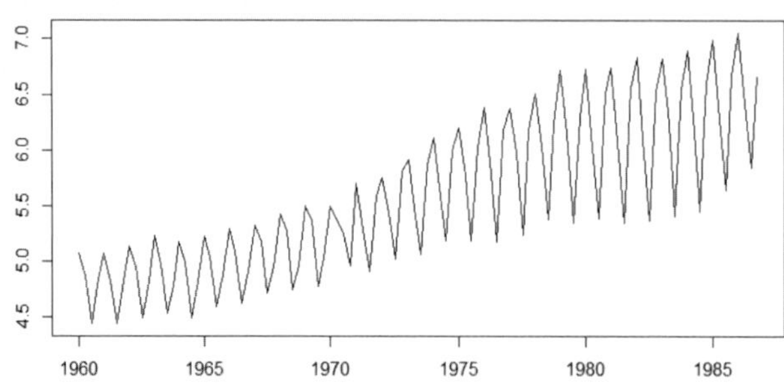

변환을 실시함으로써 분산이 일정해지는 것을 확인할 수 있다.

③ 시차에만 의존하는 공분산

- 공분산은 단지 시차에만 의존하고 특정 시점에 의존하지 않는다.
- *t*는 시점, *s*는 시차라고 했을 때, 't시점과 t+s시점의 공분산'과 't시점과 t−s시점의 공분산'은 서로 같다.
- 아래 그림을 보면, X축이 시간의 흐름을 나타내는데 특정한 시간의 관점을 '시점'이라 하고, 시점과 시점 간의 차이를 시차라고 한다. 공분산이 특정 시점에 의존하지 않는다는 말은 't시점과 t+s시점의 공분산'과 't시점과 t−s시점의 공분산'은 서로 같다는 의미다. 다만 시차, 즉 시점과 시점 간의 차이에 따라 공분산 값은 다를 수 있다.

【 공분산에 대한 정상성 가정 】

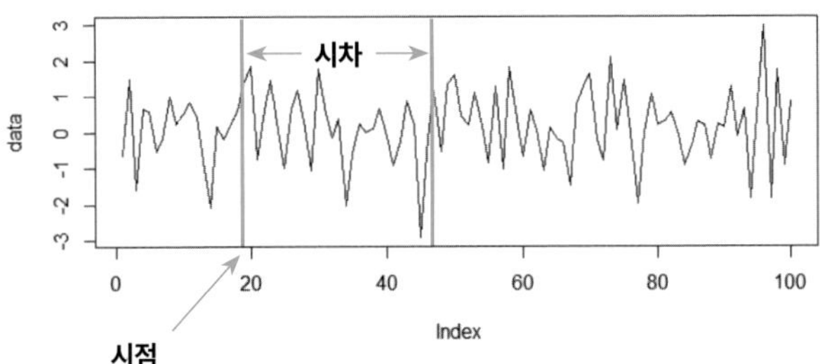


```
# 임의의 시계열 데이터 생성
> data <- rnorm( 100 )
# 시차를 3으로 설정
> diff <- 3
> x <- 1 : ( 100-diff )
> y <- x + diff
# 시차를 3으로 갖는 시계열 자료의 산점도
> plot( data[ x ] , data[ y ] )
```

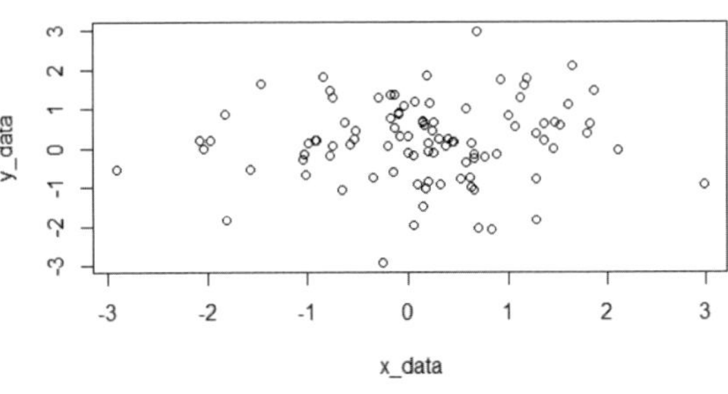


```
# 특정 시점이 아닌 시차에 영향을 받는 공분산 값
> cov( data[ x ] , data[ y ] )
[1]  0.08170408
```

(3) 자기상관계수

① 자기상관계수(ACF: Autocorrelation Function)

- 시계열 분석에서 자기상관계수는 시간의 흐름에 따른 자기상관관계를 나타낸다. 중요한 것은 어떤 특정한 시점이 아니라 '시간의 흐름'에 따른 변수 간의 상관관계 변화라는 점이다. 앞서 공분산이 특정 시점이 아니라 시차에 의존한다는 말이 이해가 갈 것이다.
- 만약 시계열 자료가 시간의 흐름에 따라 일정한 패턴을 보인다면 그것은 바로 변수들이 자기상관성을 갖고 있기 때문이다.
- 시계열 분석에서는 자기상관함수를 시계열 자료가 시간에 의존하지 않고 무작위성을 띠는지 확인하는 데 사용한다. 만약 시계열 데이터가 무작위성을 띠지 않는다면 시계열 분석을 통한 미래 시점의 예측도 가능하다.
- 자기상관함수는 특정 시점 t에서의 값과 t로부터 l만큼의 시차를 갖는 $t+l$시점에서의 값의 상관계수(자기상관계수)를 나타내는 함수다.
- 자기상관함수는 시차 l을 x축으로, 상관계수를 y축으로 하는 그래프로 표현 가능하다. 시차 $l=0$인 경우에는 자신과의 상관계수를 의미하며, 항상 1이다. 일반적으로 자기상관계수는 시차가 증가하면서 자기상관계수 값이 감소한다.

② 부분자기상관계수(PACF: Partial Autocorrelation Function)

- 자기상관함수는 두 시계열 확률변수 간의 상관관계를 보여주지만, 부분자기상관함수는 두 시계열 확률변수 간에 다른 시점의 확률변수 영향력은 통제하고 상관관계만 보여준다.
- 예를 들어, 교회가 많을수록 범죄 발생률이 높다는 연구가 있다고 가정하자. 이 연구의 결론이 과연 옳은 분석 결과일까? 교회가 많다는 것은 인구수가 많다는 것이다. 그렇다면 범죄발생률이 높은 것이 과연 교회 때문일까? 이때 영향을 주는 인구라는 요소를 제외하고 오로지 교회와 범죄발생률만을 놓고 상관관계를 분석해본다면 바로 이것이 부분자기상관계수 개념이다.
- 두 시계열 확률변수의 상관관계를 알아보려고 할 때, 그에 영향을 주는 요소들을 제외하고 오로지 둘 사이의 상관관계만을 고려할 때 부분자기상관계수를 이용한다는 것이다.
- 부분자기상관계수는 시점 t와 시차 l을 갖는 $t+l$시점 사이에 존재하는 $l-1$개의 자료값이 자기상관계수에 미치는 영향을 제거한 상관계수다. 일반적으로 부분자기상관계수는 특정 시점 이후 급격히 감소한다.

(4) 시계열 분석 기법★★

① 이동평균법

- 이동평균법은 시계열 데이터에서 일정 기간별로 자료를 묶어 평균을 구하는 방법이다.
- 시간이 지남에 따라 평균 계산에 포함되는 자료가 바뀌기 때문에 이동평균법이라고 한다. 변동이 많은 시계열 데이터의 평균을 구함으로써 여러 요인으로 인한 변동을 없앨 수 있다.
- 이동평균법은 장기적인 추세를 파악하는데 효율적이나 모든 시점에 대해서 동일한 가중치를 주고 있기 때문에 최근의 자료가 더 많은 정보를 간직한다고 볼 수 있는 일반적인 견해에 어긋난다.

② 지수평활법

- 지수평활법은 이런 문제점을 해결하기 위해 사용하는 방법으로 최근 자료가 과거 자료보다 예측에 효과적이라는 가정하에 최근 데이터일수록 큰 가중치를 부여하고, 오래된 데이터일수록 작은 비중을 부여하는 방식을 사용해 평균을 계산한다.
- 자료의 수가 많고 자료가 안정된 패턴을 보이는 경우 예측 품질이 높으며, 불규칙변동의 영향을 제거할 수 있으므로 중장기 예측에 주로 사용된다.

2. 시계열 모형

(1) 자기회귀(AR: Autoregressive) 모형★★★

- 자기회귀 모형은 시계열 자료를 설명하기 위한 모형 중 하나로서 t라는 시점에서의 값 y_t는 이전 시점들 n개에 의해 설명될 수 있음을 의미한다.
- 특정 시점 t로부터 k번째 이전 시점들은 각각의 다른 가중치 값 ϕ_k를 가지고 있다.
- $AR(n)$ 모형을 사용하기 위한 적절한 n의 값을 결정하기 위해서는 부분자기상관함수를 사용한다.

$AR(1)$: $Z_t = \phi_1 Z_{t-1} + a_t$

$AR(2)$: $Z_t = \phi_1 Z_{t-1} + \phi_2 Z_{t-2} + a_t$

$AR(n)$: $Z_t = \phi_1 Z_{t-1} + \phi_2 Z_{t-2} + \cdots + \phi_n Z_{t-n} + a_t$

Z_t: t시점에서의 자료 값

ϕ_k: k번째 이전 시점의 자료가 현재 시점에 어느 정도의 영향을 미치는지 알려주는 계수

a_t: 백색 잡음으로 시계열 분석에서의 평균이 0, 분산이 σ^2인 정규분포를 따르는 오차항

참고 **백색잡음**

- 시계열 자료는 과거의 시점이 현재의 시점에 영향을 미치기 때문에 이전 시점과 현재 시점 사이의 상관관계가 존재한다. 그러나 현재의 시점이 이전 시점과의 상관관계이 존재하지 않는 즉, 공분산과 자기공분산이 모두 0 인 시계열 자료를 백색잡음이라 한다.
- 백색잡음이 평균이 μ, 분산이 σ^2으로 정규분포를 따를 경우 가우시안 백색잡음이라고 하며, 평균이 0인 경우에는 시계열 모형에서 오차항이 될 수 있다.

【 백색잡음 예시 】

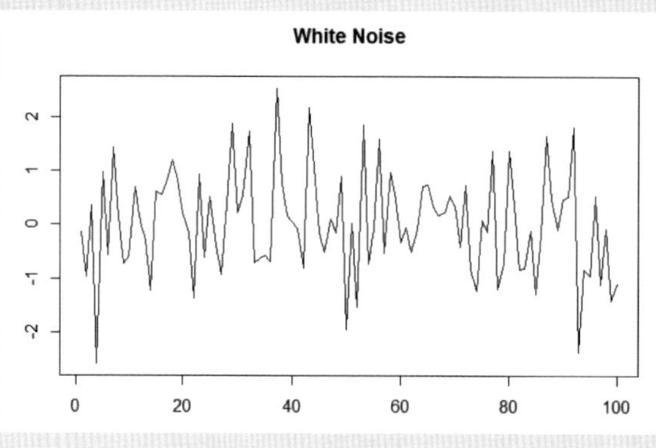


```
# 2018년 1월부터 2019년 12월까지 매월 초의 환율 데이터
> rate <- c( 1072 , 1081 , 1090 , 1065 , 1087 , 1085 , 1130 , 1130 , 1122 , 1122 , 1144 ,
1121 , 1131 , 1129 , 1137 , 1146 , 1176 , 1194 , 1174 , 1200 , 1224 , 1213 , 1172 , 1197 )
# 수치형 벡터를 시계열 자료로 변환
> rate_ts <- ts( rate )
# 위 시계열 자료는 평균이 일정하지 않아 정상성을 만족하지 못함
# 2회의 차분을 실시하여 진행
> rate_ts_diff2 <- diff( rate_ts , differences = 2 )
> pacf( rate_ts_diff2 )
```

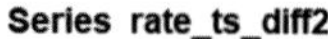

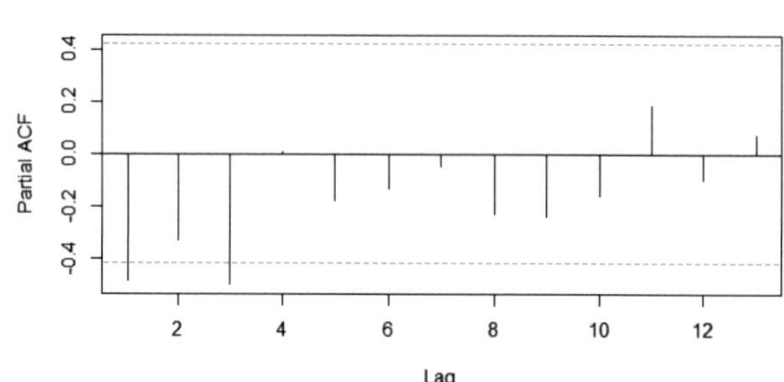

pacf 그래프를 보아 시차가 2인 지점에서 처음으로 파란선 안에 존재.
즉 시차가 2인 지점부터 자기상관이 낮음
바로 전인 시차가 1지점까지가 현재 시점에 영향을 미친다고 판단
따라서 $AR(1)$ 모형 사용이 가능하다고 판단
그러나 시차가 3인 지점에서 다시 파란선 밖에 존재
시차가 4인 지점부터 급격히 자기상관이 낮음
바로 전인 시차가 3지점까지 현재 시점에 영향을 미친다고 판단 가능
따라서 $AR(3)$ 모형 사용이 가능하다고 판단
가능한 후보 모형은 $AR(1)$과 $AR(3)$이다.

(2) 이동평균(MA: Moving Average)모형★★★

- 자기회귀모형이 이전 시점들의 자료값들에 의한 선형 결합이라면 이동평균모형은 이전 시점의 백색잡음들의 선형 결합으로 표현할 수 있다.
- 백색잡음들의 선형 결합으로 이루어져 있기 때문에 항상 정상성을 만족하는 모형이다.
- $MA(n)$ 모형을 사용하기 위한 적절한 n의 값을 결정하기 위해서는 자기상관함수를 사용한다.

$MA(1)$: $Z_t = \mu + a_t + \theta_1 a_{t-1}$

$MA(2)$: $Z_t = \mu + a_t + \theta_1 a_{t-1} + \theta_2 a_{t-2}$

$MA(n)$: $Z_t = \mu + a_t + \theta_1 a_{t-1} + \theta_2 a_{t-2} + \cdots + \theta_n a_{t-n}$

μ: 시계열 자료의 평균 값

Z_t: t 시점에서의 자료 값

θ_k: k번째 이전 시점의 백색잡음이 현재 시점에 어느 정도의 영향을 미치는지 알려주는 계수

a_t: t 시점에서의 백색잡음의 값

```
# 2018년 1월부터 2019년 12월까지 매월 초의 환율 데이터
> rate <- c( 1072 , 1081 , 1090 , 1065 , 1087 , 1085 , 1130 , 1130 , 1122 , 1122 , 1144 ,
1121 , 1131 , 1129 , 1137 , 1146 , 1176 , 1194 , 1174 , 1200 , 1224 , 1213 , 1172 , 1197 )
# 수치형 벡터를 시계열 자료로 변환
> rate_ts <- ts( rate )
# 정상성 가정이 필요하지 않으므로 차분 없이 진행
> acf( rate_ts )
```

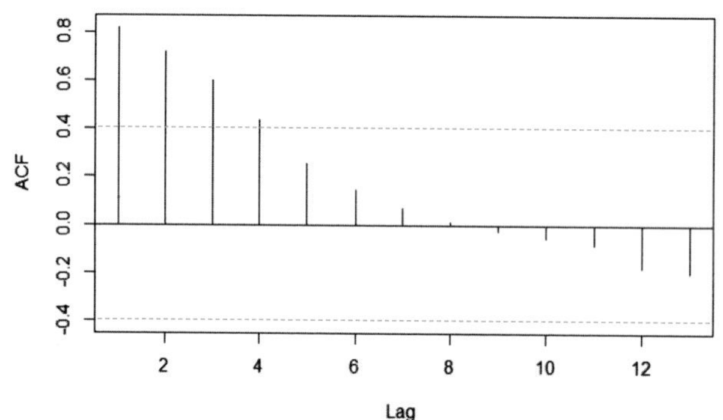


```
# acf 그래프에서 시차가 5인 지점에서 처음으로 파란선 안에 존재
# 즉 시차가 5인 지점부터 자기상관이 낮음
# 바로 전 시차가 4지점까지가 현재 시점에 영향을 미친다고 판단
# 따라서 MA(4) 모형 사용이 적절
```

(3) 자기회귀누적이동평균모형 ★★★

- 자기회귀누적이동평균(ARIMA: Autoregressive Integrated Moving Average) 모형은 비정상 시계열 자료를 다룰 수 있는 모형으로 현실에 존재하는 대부분의 시계열 자료를 설명할 수 있다.
- 비정상 시계열이기 때문에 차분이나 변환을 통해 정상화할 수 있다.
- 가장 이상적인 p, d, q 값을 R을 활용하여 찾아보자.

> $ARIMA(p, d, q)$
>
> p: AR 모형의 차수
>
> d: 시계열 자료를 정상화하기 위한 필요 차분 횟수
>
> q: MA 모형의 차수
>
> $p=0$이면 $IMA(d, q)$ 모형
>
> $d=0$이면 $ARMA(p, q)$ 모형
>
> $q=0$이면 $ARI(p, d)$ 모형

```
# 2018년 1월부터 2019년 12월까지 매월 초의 환율 데이터
> rate <- c( 1072 , 1081 , 1090 , 1065 , 1087 , 1085 , 1130 , 1130 , 1122 , 1122 , 1144 ,
1121 , 1131 , 1129 , 1137 , 1146 , 1176 , 1194 , 1174 , 1200 , 1224 , 1213 , 1172 , 1197 )
# 수치형 벡터를 시계열 자료로 변환
> rate_ts <- ts( rate )
```

```
# auto.arima 함수를 사용하여 최적의 모형을 구할 수 있다.
> library( forecast ) # forecast 패키지에 내장되어 있는 auto.arima 함수를 사용
# 만약 auto.arima가 없다면 아래 두 줄을 실행
> install.packages( 'xts' )
> install.packages( 'forecast' , dependencies = T )
# 최적의 모형을 선정
> auto.arima( rate_ts )
Series : rate_ts
ARIMA( 0 , 1 , 0 )

sigma^2 estimated as 431.7 :   log likelihood = -102.41
AIC = 206.83   AICc = 207.02   BIC = 207.96
# 최적의 모형은 정상성 만족을 위해 1회의 차분이 필요한 ARIMA( 0 , 1 , 0 )이다.

# 1회 차분을 진행한 뒤 자기상관함수와 부분자기상관함수를 확인해보자.
> rate_ts_diff1 <- diff( rate_ts , differences = 1 )
> acf( rate_ts_diff1 )
```

Series ex_rate_ts_diff1

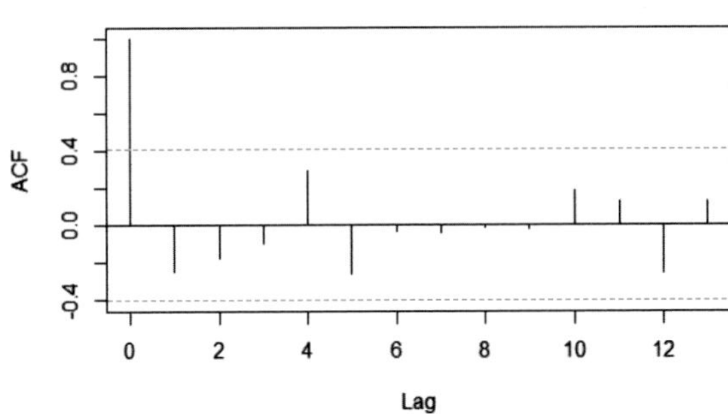

Series ex_rate_ts_diff1

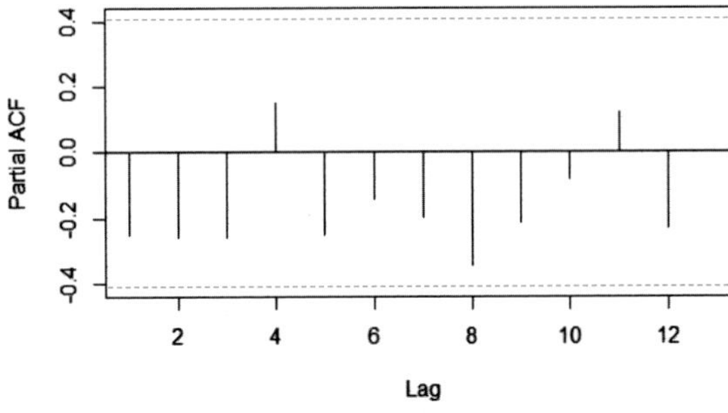


```
> pacf( rate_ts_diff1 )

# 두 그래프 모두 시차가 1인 지점에서 처음으로 파란선 안에 존재
# 즉 시차가 1인 지점부터 자기상관이 낮음
# 시차가 1, 즉 바로 이전 시점이 현재 시점에 영향을 주지 않는다고 판단 가능
```

```
# 1회 차분 시 AR(0), MA(0)이 되는 것을 확인할 수 있다.
# 결론적으로 1회 차분하여 정상성을 만족하는 자료는 이전 시점에 영향을 받지 않는
# 무작위 변동이라고 판단할 수 있다.
# 2년간 24개의 자료가 아닌 더 많은 데이터를 보유하고 있다면 다른 결과가 나올 수 있다.
```

(4) 분해 시계열★★

- 시계열은 추세요인, 계절요인, 순환요인, 불규칙요인 등으로 구성되며, 이들 요인이 서로 복잡하게 혼합되어 하나의 시계열 데이터를 구성한다.
- 분석 목적에 따라 특정 요인만 분리해 분석하거나 제거하는 작업을 하게 되는데, 이를 분해 시계열이라고 한다. 주로 회귀분석과 함께 사용한다.
- 분해 시계열은 추세요인(Trend), 계절요인(Seasonal), 순환요인(Cyclical), 불규칙요인(Irregular)의 4가지 요인으로 구성되어 있다.

$$Z_t = f(T_t, S_t, C_t, I_t)$$

Z_t: t시점에서의 시계열 자료 값

T_t: 시계열 자료의 증가 혹은 감소 추세

S_t: 시간, 계절과 같은 원인으로 인한 주기를 두고 변동하는 자료

C_t: 알 수 없는 원인으로 인한 주기를 두고 변동하는 자료

I_t: 설명할 수 없는 오차

【 시계열의 구성 요소 】

추세요인	추세요인이란 인구의 증가, 기술의 변화 등과 같은 요인에 의해 장기간 일정한 방향으로 상승 또는 하락하는 경향을 보이는 요인으로, 급격한 충격이 없는 한 지속되는 특징이 있다.
순환요인	정확히 알려진 이유가 없고 주기가 일정하지 않은 변동을 순환요인이라고 한다. 보통 추세선을 따라 상하로 반복 운동하는 형태로 나타난다.
계절요인	일정한 주기를 가지는 상하 반복의 규칙적인 변동을 계절변동이라 한다. 요일마다 반복되는 주기, 월별, 분기별, 계절별 등 고정적인 주기에 따라 자료의 변동이 반복되는 모든 경우가 계절요인에 포함된다. 계절요인은 매년 같은 시기에 유사한 패턴으로 나타나므로 예측하기가 상대적으로 쉬우며, 순환요인보다 주기가 짧은 것이 특징이다.
불규칙요인	불규칙요인은 위에서 설명한 세 가지 요인으로 설명하지 못하는 오차에 해당하는 요인으로 어떠한 규칙성 없이 우연히 발생하는 예측 불가능한 변동이다. 불규칙요인이 많으면 신뢰성 있는 예측이 어려우며 천재지변, 질병 등과 같은 요인에 의해 발생하는 모든 변동이 불규칙요인에 포함된다.

(5) 시계열 분석 예시★★

- R 패키지 중 datasets 패키지가 보유한 Nile 데이터를 사용하여 시계열 분석을 활용해보자.
- Nile 데이터는 아스완댐에서 측정한 나일강의 연간 유입량에 관한 데이터다.

```
> library( datasets )
> library( forecast )
> auto.arima( Nile )
Series: Nile
ARIMA(1,1,1)

Coefficients:
         ar1      ma1
      0.2544  -0.8741
s.e.  0.1194   0.060
# ARIMA(1, 1, 1) 모형이 적절하다고 판단
# ARIMA(1, 1, 1) 모형으로 Nile 데이터 모형 구축
> result <- arima( Nile , order = c( 1 , 1 , 1 ) )
# 구축된 모형으로 미래 5년 예측
> pred <- forecast( result , h = 5 )
> pred
     Point Forecast    Lo 80     Hi 80    Lo 95    Hi 95
1971       816.1813 635.9909  996.3717 540.6039 1091.759
1972       835.5596 642.7830 1028.3363 540.7332 1130.386
1973       840.4889 643.5842 1037.3936 539.3492 1141.629
1974       841.7428 642.1115 1041.3741 536.4331 1147.053
1975       842.0617 640.0311 1044.0923 533.0826 1151.041
# Forecast는 예측 평균값
# 내년 유입량의 80% 신뢰 구간은 Lo 80과 Hi 80인 635.9909와 996.3717 사이
# 내년 유입량의 95% 신뢰 구간은 Lo 95와 Hi 95인 540.6039와 1091.759 사이

# 예측 데이터를 시각화해서도 확인 가능하다.
> plot( pred )
```

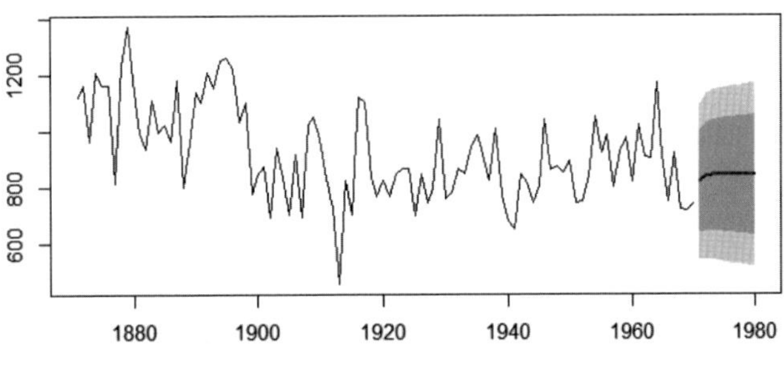

01. 시계열 분석의 정상성에 대한 설명 중 부적절한 것은 무엇인가?

① 정상 시계열은 모든 시점에 대하여 일정한 평균을 갖는다.

② 평균이 일정하지 못한 경우 변환을 통해 정상 시계열로 만들 수 있다.

③ 정상 시계열은 모든 시점에 대하여 일정한 분산을 갖는다.

④ 공분산은 특정 시점이 아닌 시차에 의존한다.

02. 다음은 어느 시계열 모형에 대한 설명인가?

현재의 시계열 자료는 n개의 이전 시점의 자료들로 설명이 가능하다는 전제로 적절한 n값을 찾기 위해 PACF 그래프를 활용한다.

① 자기회귀 모형 ② 이동평균모형

③ 자기회귀누적이동평균모형 ④ 전이함수 모형

03. 시계열 자료를 설명하기 위해 시계열 데이터를 몇 개의 요인으로 분해하여 각 요인에 대해 설명하는 분해 시계열법이 있다. 다음 중 분해 시계열의 요인이 아닌 것은?

① 회귀요인 ② 순환요인

③ 계절요인 ④ 불규칙요인

【정답&해설】

01. **답:** ②

해설: 평균이 일정하지 못한 경우 차분을 통해 정상 시계열로 만들 수 있다.

02. **답:** ①

해설: n개의 이전 시점 자료들로 현재 시점을 설명하는 자기회귀 모형에 대한 설명이다.

03. **답:** ①

해설: 분해 시계열은 추세요인, 순환요인, 계절요인, 불규칙요인 4개로 구성된다.

정형 데이터 마이닝

01 _ 데이터 마이닝

학습단계

1. 데이터 마이닝 개요
2. 데이터 분할

학습목표

데이터 마이닝의 기초 개념들을 학습한다.
분석모형 구축과 테스트를 위한 데이터 분할에 대해 학습한다.

02 _ 분류 분석

학습단계

1. 로지스틱 회귀분석
2. 의사결정나무
3. 앙상블 분석
4. 인공신경망 분석
5. 나이브베이즈 분류
6. k-NN 알고리즘
7. 서포트벡터머신(SVM)
8. 분류 모형 성과 평가

학습목표

분류 분석을 통한 예측모형을 수립하는 방법을 학습한다.
다양한 분류 분석 방법을 익히고 예측력이 높은 모형으로 개선하는 방법을 학습한다.

03 _ 군집분석

학습단계

1. 군집분석
2. 계층적 군집분석
3. 혼합 분포 군집
4. 자기조직화지도(SOM)

학습목표

비지도학습인 군집분석에 대해 학습한다.
군집분석을 통해 인사이트를 얻는 과정을 학습한다.

04 _ 연관분석

학습단계

1. 연관분석의 개요 및 측도
2. 연관분석의 알고리즘과 특징

학습목표

마케팅에서 자주 사용되는 연관분석에 대해 학습한다.
연관분석의 다양한 알고리즘과 특징을 이해한다.

01 데이터 마이닝

1. 데이터 마이닝 개요

(1) 데이터 마이닝의 이해

① 데이터 마이닝이란

- 데이터 마이닝(Data Mining)은 방대한 양의 데이터 속에서 숨겨진 규칙, 패턴 등을 찾아내어 예측하거나 의사결정에 활용하는 것을 목적으로 한다. 인공지능이 발달함에 따라 컴퓨터가 스스로 학습하는 알고리즘인 머신러닝(Machine Learning)을 구현하기 위한 바탕이 된다.

② 통계분석과 데이터 마이닝의 차이

- 많은 통계학 교과서들은 통계분석을 이렇게 설명한다.
- "통계분석은 표본을 통해 의미 있는 자료를 추출하고, 이를 기반으로 의사결정, 요약, 연관성 파악, 예측 등의 결과로 이어지도록 하는 일련의 과정을 말한다. 통계분석은 [수집 → 정제 → 추정 → 검정]의 과정을 통해 이루어진다." 통계학은 표본이 있어야 한다는 것과 그 표본을 통해 모집단의 어떤 특성을 추정하고 검정한다는 것이 중요하다. 추정이라는 개념에는 바로 '가설과 검정'이라는 개념도 포함되어 있다.
- 그렇다면 데이터 마이닝은 통계와 무엇이 다를까? 상향식 접근법을 생각하면 쉽다. 데이터 마이닝은 굳이 가설과 검정을 하지 않아도 좋다. 데이터들을 분석하여 숨겨진 규칙이나 패턴을 찾아내는 것이 중요하다. 그렇다면 왜 규칙이나 패턴이 중요할까? 바로 예측이나 설명이 가능하기 때문이다.
- 데이터들 속에 숨겨진 규칙이나 패턴을 찾아낸다면 데이터 마이닝을 통해 일종의 함수, 즉 모형을 만들 수 있고 그 모형을 토대로 예측이 가능하다. 바로 이 예측이 가능하다는 것은, 기업의 입장에서 보면 사업 성공의 가능성을 높이 끌어 올릴 수 있다는 의미다. 혹은 예측이 아니라 설명이 가능하다면 데이터 마이닝을 통해 기업의 의사결정에 큰 도움이 될 것이며, 신제품 개발에 활용하여 신사업의 성공률을 높일 수도 있을 것이다.

- 이것을 광의의 개념에서 본다면 데이터 마이닝을 통해 인사이트(예측과 설명)를 얻는 과정으로 이해하면 좋다. 우리가 가장 처음 공부했던 빅데이터와 인사이트를 기억해보자. 데이터 마이닝의 궁극적인 목적은 인사이트를 얻어 이를 활용하는 데 있다.
- 데이터 마이닝은 분석의 목적과 필요한 데이터를 정의하는 '목적 정의 단계' → 필요한 데이터를 수집하고 데이터 정제를 통해 데이터의 품질을 보장하는 '데이터 준비 단계' → 분석 목적에 맞게 목표 변수를 정의하고 분석 기법 적용이 가능한 형태로 데이터를 가공하는 '데이터 가공 단계' → 분석 기법을 적용해 목적하는 정보를 추출하는 '데이터 마이닝 기법 적용 단계' → 추출한 정보를 검증하는 '검증 단계'의 순으로 진행된다.

(2) 데이터 마이닝의 종류★★★

① 데이터 마이닝 방법에 따른 분류

■ **지도학습**

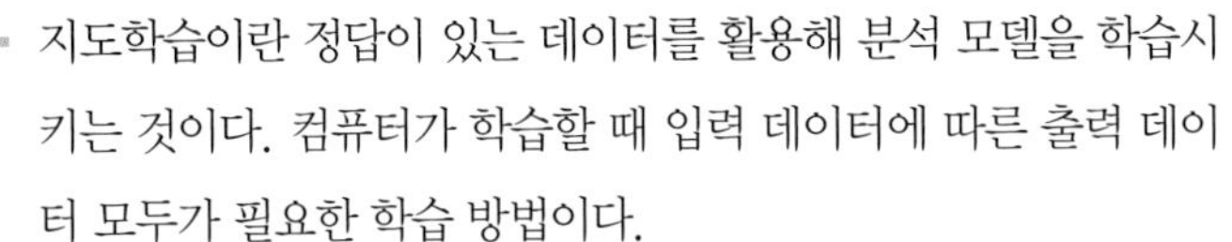

- 지도학습이란 정답이 있는 데이터를 활용해 분석 모델을 학습시키는 것이다. 컴퓨터가 학습할 때 입력 데이터에 따른 출력 데이터 모두가 필요한 학습 방법이다.

TIP _ 지도학습과 비지도학습은 구체적인 방법까지 모두 알아두어야 합니다. 또한 분석 목적에 따른 데이터 마이닝 유형들도 시험에 자주 등장하니 꼭 알아두어야 합니다.

- 고양이 사진 50장과 강아지 사진 50장을 입력 데이터로 줄 때 각 사진마다 고양이 사진인지, 강아지 사진인지에 대한 정보(일종의 정답지)가 필요한 것이다.
- 학습이 끝났다면 컴퓨터는 새로운 사진을 입력받았을 때 사진 속 동물이 강아지인지 고양이인지 판별할 수 있다. 독립변수에 따른 종속변수가 있다면 지도학습이라 할 수 있다.

■ **비지도학습**

- 비지도학습이란 지도학습과는 달리 정답을 알려주지 않고 학습하는 것이다. 컴퓨터가 학습할 때 입력 데이터만 가지고 그 속에 숨겨진 패턴을 찾아내는 학습 방법이다.
- 정답 레이블이 없는 강아지 사진과 고양이 사진 100장을 입력 데이터로 줄 때, 컴퓨터는 정확히 어떤 동물이라고 정의할 수는 없지만, 동물들의 특징이 비슷한 동물끼리 군집화를 실시한다.
- 독립변수에 따른 종속변수가 없으면 비지도학습이라 할 수 있다.

【 지도학습과 비지도학습 】 ***

지도학습		비지도학습	
회귀 (연속형)	▪ 선형회귀분석(Linear Regression) ▪ 의사결정나무(회귀트리모형) ▪ SVR(Support Vector Regression) ▪ 신경망 모형 ▪ 릿지(Ridge) ▪ 라쏘(Lasso)	군집	▪ K-means ▪ SOM ▪ DBSCAN(밀도 기반 군집) ▪ 병합 군집 ▪ 계층 군집
		연관	▪ Apriori
분류 (범주형)	▪ 로지스틱 회귀분석 ▪ 신경망 모형 ▪ 의사결정나무(분류트리모형) ▪ k-NN(k-최근접 이웃 알고리즘) ▪ 앙상블모형 ▪ SVM(Support Vector Machine) ▪ 나이브 베이즈 분류	차원 축소	▪ PCA(주성분분석) ▪ LDA(선형판별분석) ▪ SVD(특잇값 분해) ▪ MDS(다차원 척도법)

② 데이터 마이닝 분석 목적에 따른 분류

■ 분류(Classification) 분석

- 대표적인 지도학습 중 하나로 동물, 식물의 종을 분류하거나 영화나 음악의 등급 분류, 신용등급평가와 같이 데이터가 어느 그룹에 속하는지 판별하고자 하는 분석 기법이다.
- 대표적인 분석 기법으로는 로지스틱 회귀분석(Logistic Regression), 의사결정나무(Decision Tree), 앙상블(Ensemble) 분석, 인공신경망, k-NN(k-Nearest Neighborhood) 등의 방법이 있다.

■ 군집(Clustering) 분석

- 비지도학습 중 하나로 여러 이질적인 데이터들 사이의 유사성을 측정하여 유사성이 높은 객체끼리 하나의 그룹으로 묶기 위한 분석 방법이다.
- 병합적 방법, 분할적 방법, K-평균 군집(K-means Clustering) 등의 방법이 있다.

■ 연관(Association) 분석

- 비지도학습 중 하나로 장바구니 분석으로 불린다. '맥주를 사는 고객은 기저귀를 살 가능성이 높다'와 같이 데이터(상품)의 연관성을 파악하는 분석 방법이다.

- 연관분석을 활용하여 상품이나 카탈로그의 배열, 교차판매, 판촉행사 등을 위한 목적으로 활용할 수 있으며, 분석의 결과는 연관 규칙으로 나타낸다.

(3) 데이터 마이닝의 프로세스 ★★

① 목적 정의

- 데이터 마이닝의 결과로 무엇을 알고자 하는지 분명한 목적을 설정하는 단계다.
- 이해관계자 모두가 설정된 목적에 동의하면 전문가의 참여하에 데이터 마이닝에 필요한 기법 및 필요 데이터를 정의한다.

② 데이터 준비

- 고객정보, 고객거래정보 등 데이터 마이닝에 필요한 데이터를 수집하는 단계다.
- 데이터 정제를 통해 데이터의 품질을 보장하고, 필요할 경우 보강 작업을 거쳐 충분한 양의 데이터를 확보하여 데이터 부족 문제가 발생하지 않도록 한다.

③ 데이터 가공

- 데이터 마이닝 목적에 따른 목적 변수를 정의하고 데이터 마이닝에 적용 가능한 형식으로 데이터를 변환하는 단계다.

④ 데이터 마이닝 기법 적용

- 앞서 준비된 데이터를 활용하여 데이터 마이닝 기법을 적용하는 단계다.
- 소프트웨어 및 라이브러리의 매뉴얼에 따라 데이터 마이닝을 할 수 있지만 어떤 알고리즘을 적용하느냐에 따라 결과의 성과가 달라지므로 분석 전문가가 필요하다.

⑤ 검증

- 데이터 마이닝의 결과로 얻은 모델에 대한 평가 및 실제 업무에서 적용 가능한지 성능을 검증하는 단계다. 평가가 우수하다면 IT 부서와 협의하여 업무에 적용하고 모델의 기대효과를 알릴 수 있도록 한다.

【 모형 선정 플로 차트 】

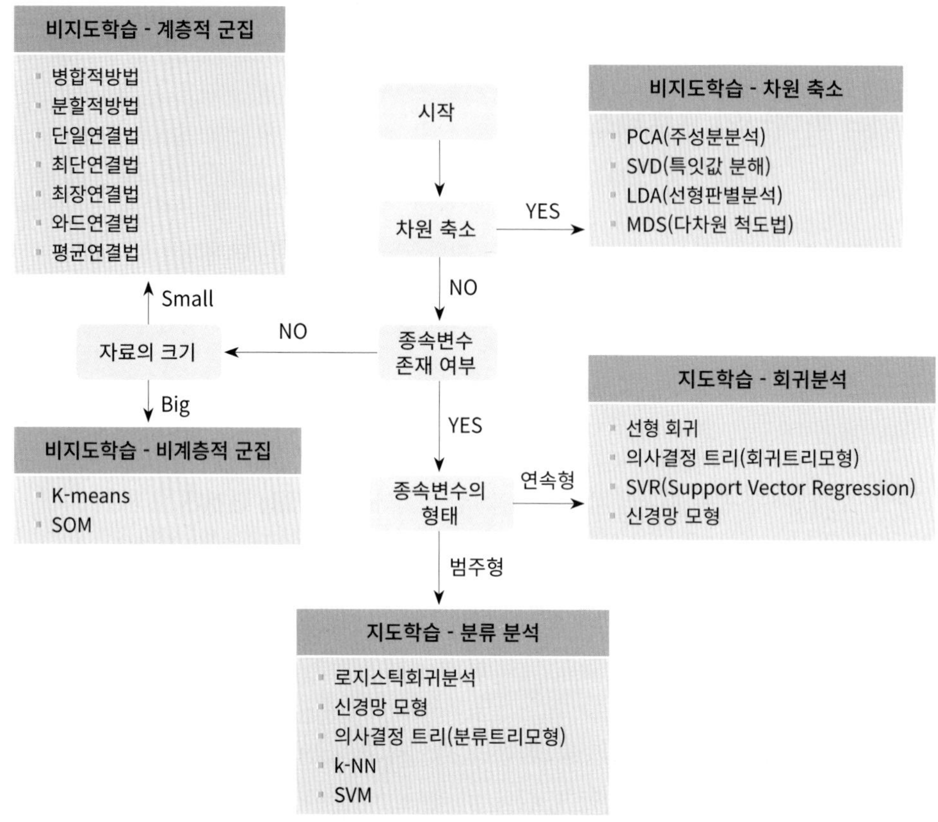

2. 데이터 분할

(1) 데이터 분할의 이해

① 데이터 분할 *

- 데이터 마이닝 기법을 적용하기에 앞서 데이터를 훈련용(train, 50%), 검정용(validation, 30%), 평가용(test, 20%)의 세 가지 데이터로 분할한다. 혹은 훈련용을 60%, 나머지를 각각 검정용과 평가용으로 20%씩 할당하기도 한다.
- 훈련용 데이터는 모델을 구축하기 위해 활용되며, 검정용 데이터는 구축된 모델이 적합한지 검증하고 모형의 과대추정 및 과소추정을 방지하기 위해 활용되며, 평가용 데이터는 최종적으로 구축된 모델의 성능을 평가하기 위함이다.
- 분석 모델의 주목적은 한 번도 보지 못한 새로운 데이터를 분류 및 예측하는 것이므로 학습에 전혀 영향을 주지 않은 테스트 데이터로 측정한 성과가 높아야 학습이 적절하게 됐다고 볼 수 있다.

【 데이터셋 분할 】

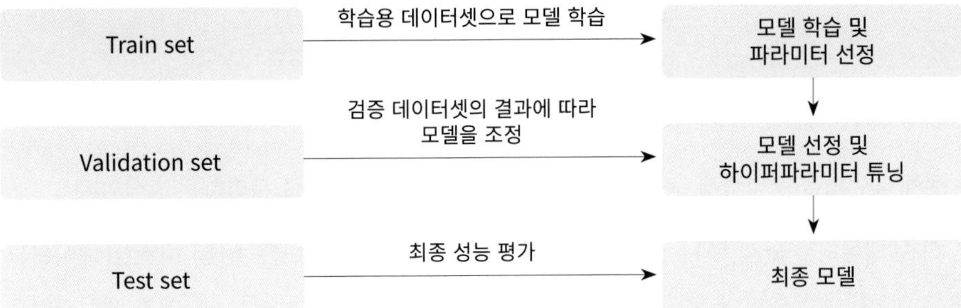

참고 **파라미터와 하이퍼파라미터**

- **파라미터(매개변수)**: 모델이 구축되는 과정에서 사람의 개입이 없이 발견되는 최적의 값으로 회귀분석의 회귀계수, 인공신경망의 가중치등을 예로 들 수 있다.
- **하이퍼파라미터(초매개변수)**: 모델 구축 외적인 요소로 분석 수행자가 찾아주어야 하는 최적의 값으로 뒤에서 배우게 될 인공신경망의 은닉 층의 수, 은닉 노드의 수, k-NN의 k값을 예로 들 수 있다.

② 과적합(과대적합)과 과소적합 ★★

- 과적합과 과소적합에 대해서는 이미 앞서 회귀분석에서 살펴본 바 있다. 회귀분석편에서 회귀분석의 관점에서 과적합과 과소적합을 방지하기 위해 정규화 선형회귀를 사용한다고 언급했다. 정규화 선형회귀에는 제약 조건의 종류에 따라 릿지(Ridge), 라쏘(Lasso), 엘라스틱넷(Elastic Net) 회귀모형이 사용된다.
- 간단히 다시 언급하면 다음과 같다. 과적합의 경우 데이터가 훈련용 데이터에 대하여 너무 많이 설명하려고 하여 모델이 복잡해지고 해석의 어려움이 발생한다. 또한 실제 데이터에 대해 예측력이 떨어지는 문제가 발생한다. 반대로 과소적합은 데이터 부족 문제로 발생할 수도 있지만 모델이 너무 단순하여 데이터를 충분히 설명하지 못하는 문제를 말한다.
- 여기서는 데이터의 분할을 통해 과적합과 과소적합을 검증하는 방법에 대해 공부하기로 한다.

【 과적합과 과소적합 】

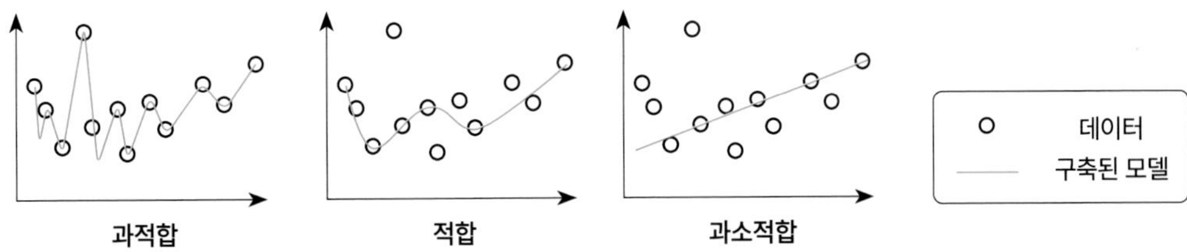

(2) 데이터 분할을 통한 검증 ★★★

TIP _ 홀드아웃에서는 데이터의 수가 적을 경우 각 데이터셋이 전체 데이터를 대표하지 못할 가능성이 큽니다.

① 홀드아웃 ★★

- 홀드아웃은 가장 보편적인 데이터 분할을 통한 검증 방법이다.
- 홀드아웃은 전체 데이터를 랜덤하게 추출해 학습 데이터와 테스트 데이터로 분리하는 방식이다.
- 일반적으로 학습 데이터는 80%, 테스트 데이터는 20%, 혹은 학습 데이터를 70%, 테스트 데이터는 30%가 되도록 데이터를 분할한다. 검증용 데이터로 하이퍼 파라미터를 튜닝하는 단계가 생략되었으며, 테스트 데이터는 오로지 모델의 성과 평가만을 위해 사용된다.

【 홀드아웃 】

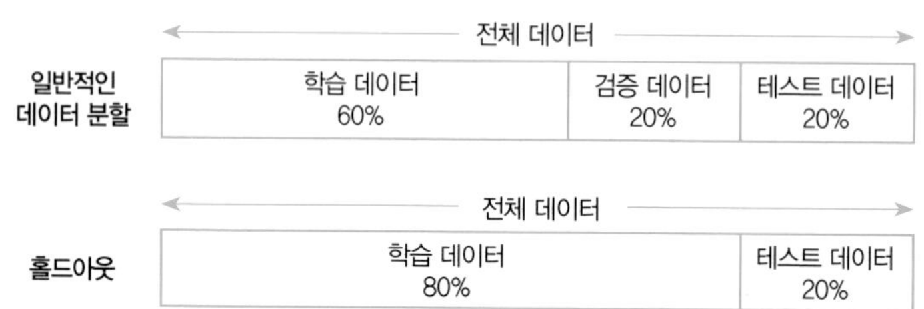

② K-Fold 교차검증(cross-validation) ★★

- 전체 데이터셋을 k개의 집단으로 구분한 뒤 k−1개를 훈련용(train) 데이터로, 나머지 1개를 평가용(test) 데이터로 사용하여 구축된 k개의 모델을 종합하여 최종 모형을 구축하는 방법이다. 모델의 정확도를 향상시킬 수 있으며, 과적합 및 과소적합을 모두 방지할 수 있다는 장점이 있다. 반면, 데이터가 적을 경우에는 과적합 방지가 어려울 수 있으며, k번의 모델 구축을 수행하기 때문에 모델 훈련에 많은 시간을 필요로 한다.

【 K-폴드 교차검증 】

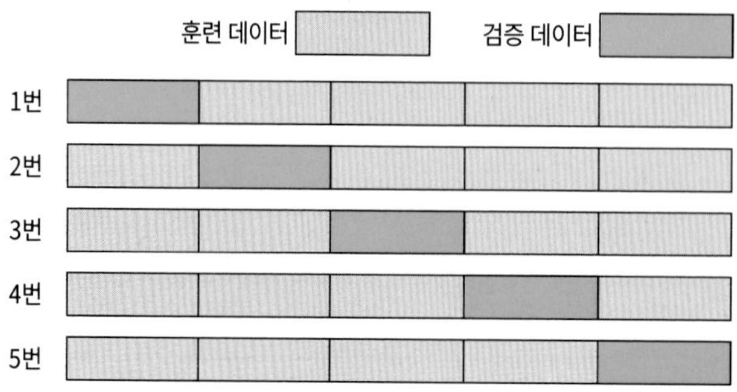

LOOCV(Leave-One-Out Cross-Validation) EASY BOX

K-Fold 교차검증은 데이터의 크기가 N인 전체 데이터셋을 K개의 집단으로 나눈 뒤, N / K개의 모델을 종합하여 최종 모델을 구축하는 방법이다. LOOCV는 이와 달리 K값을 N으로 활용하여 N-1개를 훈련용 데이터로, 나머지 1개를 평가용 데이터로 활용하여 N개의 모델을 종합하여 최종 모델을 구축하는 방법이다. N번의 훈련을 수행함으로써 수행 속도가 매우 느리다는 것이 단점이다.

TIP _ 붓스트랩은 복원추출을 하며 중복 추출을 허용한다는 점에 유의해야 합니다.

③ 붓스트랩 ★★

- 붓스트랩은 표본을 다시 추출하는 방법의 일종이다. 통계학에서 표본을 다시 추출하는 경우는 모델의 신뢰도를 높여 성능을 개선하고자 할 때다. 랜덤하게 반복 추출하여 머신러닝 모델의 성능 향상을 꾀할 수 있다.
- 붓스트랩은 원본 데이터의 크기만큼 복원추출을 수행하며, 추정의 신뢰성을 평가하는 데 사용된다.
- 붓스트랩은 데이터셋의 분포가 고르지 않아 오버샘플링 혹은 언더샘플링과 같은 문제가 있을 때 사용될 수 있으며, 과적합 발생 가능성을 낮출 수 있다.

【 붓스트랩으로 데이터 분할 】

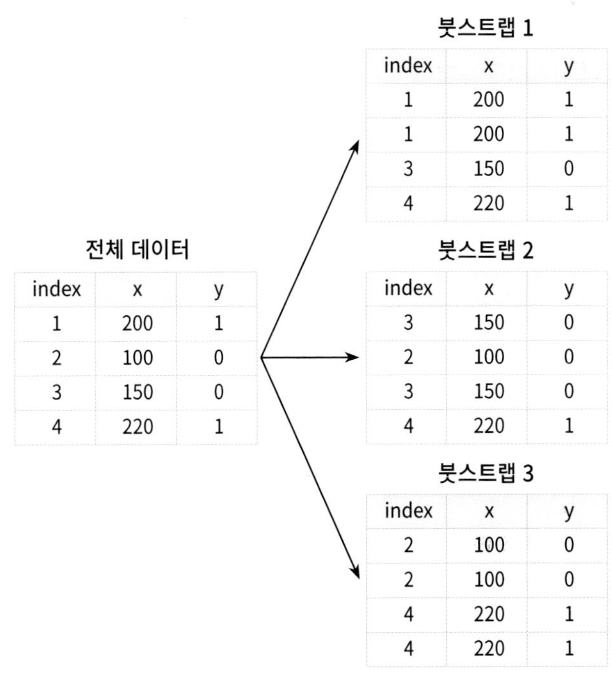

전체 데이터

index	x	y
1	200	1
2	100	0
3	150	0
4	220	1

붓스트랩 1

index	x	y
1	200	1
1	200	1
3	150	0
4	220	1

붓스트랩 2

index	x	y
3	150	0
2	100	0
3	150	0
4	220	1

붓스트랩 3

index	x	y
2	100	0
2	100	0
4	220	1
4	220	1

참고 **붓스트랩에 한번도 선정되지 않을 확률**

- 크기가 n인 데이터셋에서 하나의 데이터를 뽑을 때 특정한 데이터가 뽑힐 확률은 $\frac{1}{n}$, 뽑히지 않을 확률은 $1-\frac{1}{n}$이다.
- 크기가 n인 데이터셋에서 붓스트랩을 구성할 때, 특정한 데이터가 한번도 선정되지 않을 확률은 $(1-\frac{1}{n})^n$이다.
- 자료 선정을 무한히 반복할 경우 이 근사값은 e^{-1}에 가까워지며, 이는 약 36.8%에 해당한다.

④ 계층별 k-겹 교차 검증(Stratified k-fold cross validation) **

- 주로 불균형 데이터를 분류하는 문제에서 사용하는 방법으로 작동 방식은 k-폴드 교차검증과 동일하다.
- 예를 들어, 참인 경우가 1,000개, 거짓인 경우가 10개인 데이터셋의 경우 k-폴드 교차검증을 사용하면 특정 폴드에는 거짓 데이터가 하나도 포함되지 않을 수도 있다. 계층별 k-겹 교차 검증은 각 폴드가 가지는 레이블의 분포가 유사하도록 폴드를 추출해 교차검증을 실시한다.

⑤ 오버샘플링 & 언더샘플링

- 데이터의 수가 충분하다 하더라도 목표변수의 수가 불균형하면 잘못된 데이터 분할이 수행되어 모델 구축 시 학습이 안되는 경우가 발생할 수 있다.
- 데이터의 목표변수는 균형을 이루었을 때 가장 안정적으로 데이터 분할이 수행 가능하며 목표변수의 다양한 범주에 대해서 학습이 가능하다.
- 특정 범주가 많은 데이터를 다른 범주와 균형을 맞추도록 데이터 셋을 축소시키는 작업을 언더샘플링이라하며, 특정 범주가 적은 데이터를 데이터 셋의 크기를 확장시키는 작업을 오버샘플링이라 한다.

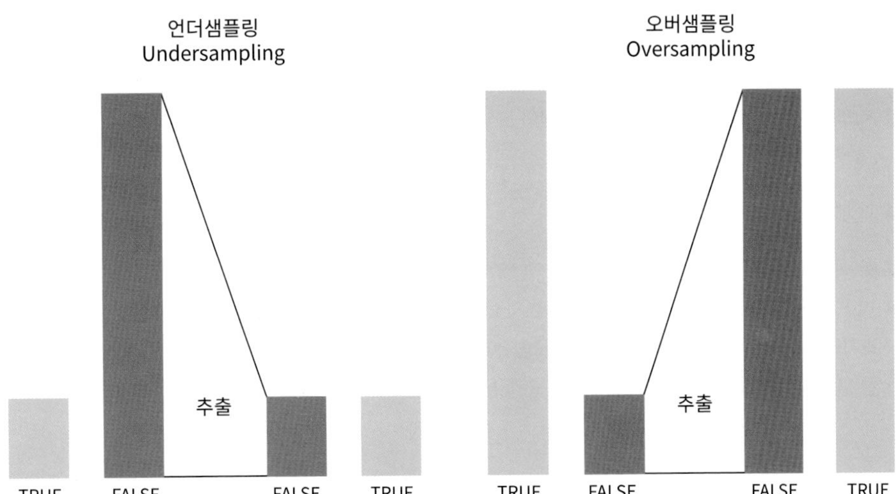

01. 다음 중 지도학습과 비지도학습에 대하여 잘못 설명한 것은 무엇인가?

① 지도학습은 모형을 훈련시킬 때 각 데이터에 대하여 답을 알려주는 방법이다.

② 지도학습의 예로는 의사결정나무, 인공신경망 등이 있다.

③ 지도학습은 비지도학습보다 언제나 우수한 성능을 보여준다.

④ 100장의 동물 사진들 중 유사한 사진끼리 묶는 것은 비지도학습의 하나다.

02. 아래 보기는 데이터 마이닝 중 어떤 문제에 대한 설명인가?

> 모형이 훈련 데이터를 더욱 잘 설명하기 위해 복잡해지는 것으로, 복잡해진 만큼 훈련 데이터에 대해 우수한 예측력을 보여주지만 실제 데이터에 대해 불안정하여 일반화할 수 없다.

① 과적합　　② 과소적합

③ 기울기 소실 문제　　④ 포화 문제

03. 데이터 마이닝은 여러 목적을 갖고 수행될 수 있다. 다음 중 데이터를 가장 유사한 데이터끼리 묶는 군집분석을 수행하기에 가장 적절한 사례는 무엇인가?

① 처음 보는 음식이 한식, 중식, 일식 중 무엇으로 분류될 수 있는지 파악한다.

② SNS 상의 사람들 사이의 관계를 조사한다.

③ 지구에 사는 70억 인구의 평균 수명을 조사한다.

④ 마트에서 손님들이 어떠한 물건을 구매하는지 파악하고 유형을 조사한다.

【정답&해설】

01. **답**: ③

해설: 지도학습과 비지도학습은 완전히 다른 유형의 분석 방법으로 서로 비교할 수 없다.

02. **답**: ①

해설: 과적합에 대한 설명이다.

03. **답**: ④

해설: 1번은 기존에 존재하는 음식들의 유형으로 현재 음식이 무엇인지 조사하는 분류 분석이며, 2번은 사용자 간의 팔로잉을 조사하는 소셜 네트워크 분석이며, 3번은 모집단에 대한 조사가 힘들기 때문에 표본조사를 실시하며, 4번은 가장 비슷한 물건을 구매하는 고객끼리 묶을 수 있는 군집 분석이 적절하다.

02 분류 분석

1. 로지스틱 회귀분석

(1) 로지스틱 회귀분석 개요

① 로지스틱 회귀분석

- 로지스틱 회귀분석은 회귀분석을 분류에 이용한 방법으로, 독립변수의 선형 결합을 이용해 사건의 발생 가능성을 예측하는 분석방법으로 종속변수(y)가 범주형 변수일 때 사용 가능하다.
- 로지스틱 회귀분석은 종속변수가 바로 범주형 변수를 반환하지 않고 각 범주(집단)에 포함될 확률 값을 반환하여 분류한다. 예컨대 '어떤 사건이 발생할 확률과 발생하지 않을 확률'로 나누어서 예측한다.

② 로지스틱 회귀분석의 변수 ***

- 일반적인 로지스틱 회귀분석은 종속변수가 속할 수 있는 집단이 두 개로 이진 분류가 기본이며, 세 개 이상의 집단을 분류하는 경우 이를 '다중 로지스틱 회귀분석'이라 한다.
- 로지스틱 회귀분석은 독립변수가 연속형이면서 종속변수가 범주형일 때 가능하다. 만약 독립변수가 범주형일 경우에는 그 범주형 독립변수를 더미변수로 변환하면 가능하다.
- 로지스틱 회귀분석은 독립변수가 어떤 값을 가지든 상관없이 종속변수는 확률값을 가진다. 따라서 로지스틱 회귀분석의 종속변수는 항상 '0과 1' 사이의 값을 가지는데, 이를 위해 '오즈(Odds), 로짓(Logit) 변환, 그리고 시그모이드 함수 같은 개념이 등장하게 된다.

(2) 로지스틱 회귀분석의 알고리즘 ***

① 오즈(Odds)

- 오즈란 성공할 확률이 실패할 확률의 몇 배인지를 나타내는 값이다. 로지스틱 회귀분석에서 이 오즈를 사용하여 각 범주(집단)에 분류될 확률 값을 추정한다.
- 예를 들어, 제비를 뽑아 4번의 성공과 1번의 실패를 경험하였다면 오즈는 $\frac{\text{4회(성공)}}{\text{1회(실패)}} = 4$다.

- 독립변수(x)가 주어졌을 때 성공확률을 P라고 하면 실패 확률은 $1-P$이다.
- 이때 오즈 값은 $\frac{P}{1-P}$로, 오즈 값에 로그를 취한 로지스틱 회귀분석 추정식은 다음과 같다.

$$\ln\left(\frac{P}{1-P}\right)=\alpha+\beta_1X_1+\beta_2X_2+\cdots+\beta_kX_k$$

- 위 로지스틱 회귀분석의 추정식으로부터 오즈값을 도출하면 아래의 식을 얻을 수 있다.

$$\frac{P}{1-P}=e^{\alpha+\beta_1X_1+\beta_2X_2+\cdots+\beta_kX_k}$$

- 이는 독립변수 X_k가 1만큼 증가할 때 e의 β_k제곱만큼 오즈 값(성공 확률)이 증가함을 의미한다.

② 로짓변환

- 앞에서 오즈를 살펴보았는데, 오즈는 두 가지 한계를 지닌다. 하나는 음수를 가질 수 없다는 것이고 다른 하나는 확률값과 오즈의 그래프는 비대칭성을 띤다는 것이 그것이다.
- 그래서 이러한 한계를 극복하기 위해 오즈에 로그값을 취한 것이 바로 로짓(logit)이며, 이를 로짓 변환이라고 한다. 이를 표현한 공식은 다음과 같다.

$$\log(\text{Odds})=\log\frac{p}{1-p}$$

- 오즈의 범위가 무한대에서 확장되며 확률과 로짓값의 그래프는 성공확률 0.5를 기준으로 대칭 형태를 띠게 된다.

$$-\infty<\log(\text{Odds})<\infty$$

- 로짓변환을 이용한 로지스틱 회귀분석식은 다음과 같다.

$$log(Odds)=log\left(\frac{p}{1-p}\right)=\hat{\beta}_0+\hat{\beta}_1x_1+\hat{\beta}_2x_2+\cdots++\hat{\beta}_dx_d$$

③ 시그모이드 함수

- 시그모이드 함수는 로지스틱 회귀분석과 인공신경망 분석에서 활성화 함수로 활용되는 대표적인 함수 중 하나다. 시그모이드 함수는 로짓 함수와 역함수 관계이기 때문에 로짓함수를 통해 시그모이드 함수가 도출된다.

- 앞의 로지스틱 회귀분석식에서 결국 구하고자 하는 확률값이다. 어떤 사건이 발생할 추정 확률을 구한다면 그 사건이 발생할지 혹은 발생하지 않을지 예측이 가능하기 때문이다. 앞의 로지스틱 회귀분석식에서 확률 값을 중심으로 놓고 정리하면 다음과 같은 시그모이드 함수식을 정의할 수 있다.

$$p = \frac{1}{1 + e^{-(\beta_0 + \beta_1 X)}}$$

【 시그모이드 함수 】

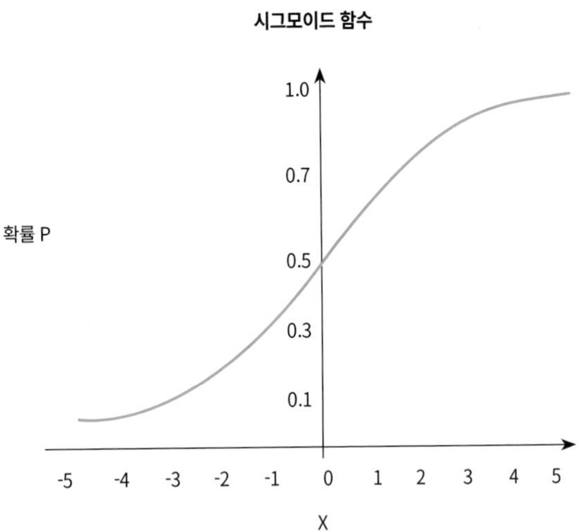

(3) 로지스틱 회귀분석 예시 ★★★

- R에 내장된 데이터인 iris를 활용하여 Species를 분류하고자 로지스틱 회귀분석을 시행해본다.

```
# 이진 분류를 위해 3개의 범주를 보유한 iris의 Species를 두 개의 범주만 갖도록 추출
> iris_bin1 <- subset( iris , Species == 'setosa' | Species == 'versicolor' )
# 데이터 분할은 생략
> str( iris_bin1 )
'data.frame': 100 obs. of  5 variables:
 $ Sepal.Length: num  5.1 4.9 4.7 4.6 5 5.4 4.6 5 4.4 4.9 ...
 $ Sepal.Width : num  3.5 3 3.2 3.1 3.6 3.9 3.4 3.4 2.9 3.1 ...
 $ Petal.Length: num  1.4 1.4 1.3 1.5 1.4 1.7 1.4 1.5 1.4 1.5 ...
 $ Petal.Width : num  0.2 0.2 0.2 0.2 0.2 0.4 0.3 0.2 0.2 0.1 ...
 $ Species     : Factor w/ 3 levels "setosa","versicolor",..: 1 1 1 1 1 1 1 1 1 1 ...
# Species가 범주형(Factor) 변수로 setosa를 1로, versicolor를 2로 인식하고 있다.
>
# Species ~ .은 Species를 종속변수, 나머지 변수를 독립변수로 활용하겠다는 의미
# family = 'binomial'은 glm을 로지스틱 회귀분석으로 사용하겠다는 의미
> result <- glm( data = iris_bin1 , Species ~ . , family = 'binomial' )
```

```
Warning messages:
1: glm.fit : 알고리즘이 수렴하지 않았습니다.
2. glm.fit : 적합된 확률값들이 0 또는 1입니다.
# '알고리즘이 수렴하지 않았습니다.' 경고 문구는 control 값으로 조정 가능
> result <- glm( data = iris_bin1 , Species ~ . , family = 'binomial' ,
control = list( maxit = 50 ) )
Warning messages:
1. glm.fit : 적합된 확률값들이 0 또는 1입니다.
# '적합된 확률 값들이 0 또는 1 입니다.' 경고 문구는 100%로 분류 가능을 의미

> pairs( iris_bin1 , col = iris_bin1$Species )
```

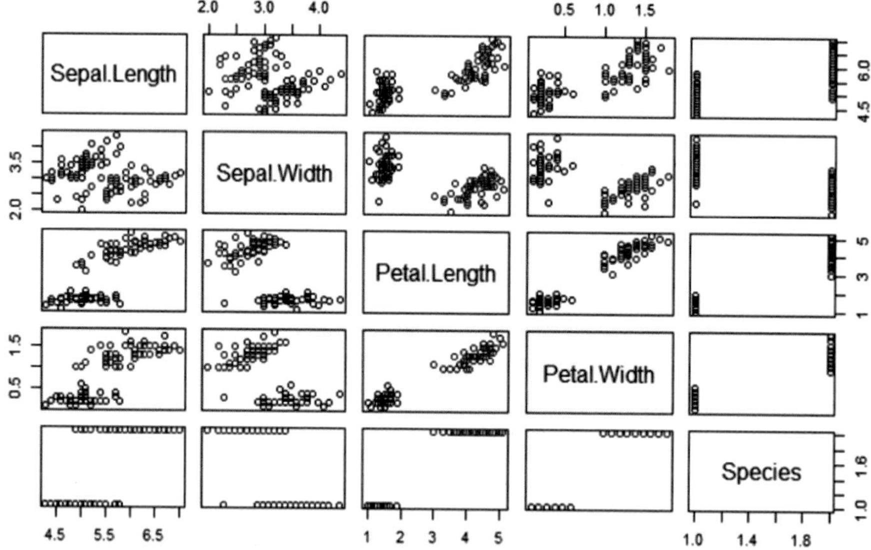


```
# 산점도에서 볼 수 있듯이 'setosa'와 'versicolor'는 Petal.Length와 Petal.Width에 의하여 완벽하게 분류될 수 있다.
# 따라서 Petal.Length와 Petal.Width가 독립변수로 포함되어 Species를 예측하고자 한다면 경고 문구 '적합된 확률 값들이 0 또는 1입니다'를 계속해서 출력할 것이다.
>
> result <- glm( data = iris_bin1 , Species ~ Petal.Width , family = 'binomial' ,
control = list( maxit = 50 ) )
Warning messages:
glm.fit : 적합된 확률값들이 0 또는 1입니다.
>
> result <- glm( data = iris_bin1 , Species ~ Petal.Length , family = 'binomial' ,
control = list( maxit = 50 ) )
Warning messages:
glm.fit : 적합된 확률값들이 0 또는 1입니다.
```

```
>
# Petal.Length도 Petal.Width가 아닌 Sepal.Length를 독립변수로 활용
> result <- glm( data= iris_bin1 , Species ~ Sepal.Length , family = 'binomial' )

> summary( result )
Call:
glm(formula = Species ~ Sepal.Length, family = "binomial", data = iris_bin1)

Deviance Residuals:
     Min        1Q    Median        3Q       Max
-2.05501  -0.47395  -0.02829   0.39788   2.32915

Coefficients:
             Estimate Std. Error z value Pr(>|z|)
(Intercept)   -27.831      5.434  -5.122 3.02e-07 ***
Sepal.Length    5.140      1.007   5.107 3.28e-07 ***
---
Signif. codes:  0 '***' 0.001 '**' 0.01 '*' 0.05 '.' 0.1 ' ' 1

(Dispersion parameter for binomial family taken to be 1)
    Null deviance: 138.629  on 99  degrees of freedom
Residual deviance:  64.211  on 98  degrees of freedom
AIC: 68.211

Number of Fisher Scoring iterations: 6
# Null deviance: 절편만 포함한 모형의 완전 모형으로부터의 이탈도
# 값이 작을수록 완전 모형에 가깝다.
# Residual deviance: 독립변수들이 추가된 모형의 완전 모형으로부터의 이탈도
# 값이 작을수록 완전 모형에 가깝다.

# glm 함수를 활용한 로지스틱 회귀분석 결과는 p-value 값을 바로 알려주지 않는다.
# 따라서 p-value 값을 직접 구해서 모형의 기각 여부를 판단한다.
> 1 - pchisq( 138.629 , df = 99 )
[1] 0.005302078
# p-value는 0.005302078로 유의수준 0.05하에서 기각
# 따라서 적합 결여 판정으로 절편만 포함한 모형은 완전모형에 가깝지 못하다.

> 1 - pchisq( 64.211 , df = 98 )
[1] 0.9966935
# p-value는 0.9966935로 유의수준 0.05하에서 기각 불가
# 따라서 독립변수들이 포함된 모형은 완전모형에 가깝다.
```

즉, 위 모형이 관측된 자료를 잘 적합한다고 할 수 있다.
독립변수가 추가된 모형이 자료를 잘 설명하므로 각 계수에 대한 해석을 실시
절편(Intercept)에 대한 해석은 하지 않는다.
Sepal.Length 회귀계수의 p-value가 3.28e-07로 유의수준 0.05보다 작다.
따라서 귀무가설 'H_0: 회귀계수 = 0'을 기각
Sepal.Length의 회귀계수 추정치는 5.140이다.
Sepal.Length가 1 증가할 때 종속변수(y)가 1(setosa)에서 2(versicolor)일 확률이
오즈(odds) 값이 exp(5.140)≈170배 증가함을 알 수 있다.
오즈 값의 170배 증가는 versicolor일 확률이 170배 증가

2. 의사결정나무

(1) 의사결정나무 개요

① 의사결정나무

- 의사결정나무는 자료를 학습하여 특정 분리 규칙을 찾아내고, 그에 따라 몇 개의 소집단으로 분류하는 분석 방법이다. 상위 노드에서부터 하위 노드로 분류하는 과정이 나무가지와 유사한 구조로 나타나며, 의사결정이 진행되는 방식을 한눈에 볼 수 있다.
- 따라서 데이터의 어떤 기준을 바탕으로 분류 기준값을 정의하는지가 알고리즘의 성능에 큰 영향을 미친다. 올바른 분류를 위해서는 상위 노드에서 하위 노드로 갈수록 집단 내에서는 동질성이, 집단 간에는 이질성이 커져야 한다.

② 의사결정나무 구성 요소

- 의사결정나무는 종속변수가 연속형인 회귀트리와 종속변수가 이산형인 분류트리로 구분된다.
- 의사결정나무는 그림과 같이 상위노드에서 하위노드로 가면서 집단이 분류된다.

【 의사결정나무 구성 요소 】

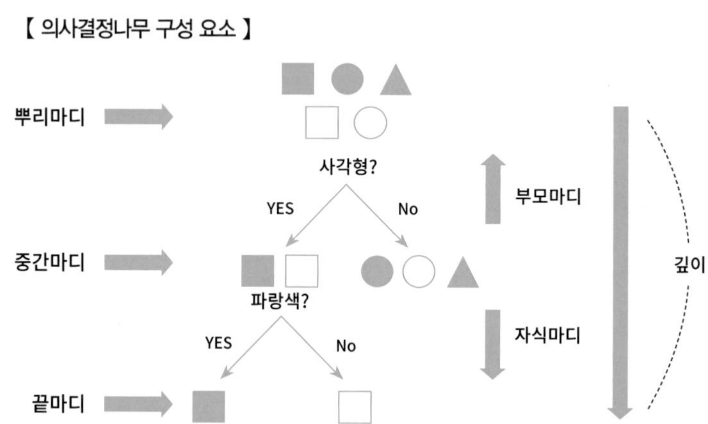

- **뿌리마디**: 전체 자료를 포함하고 있는 가장 최상위 마디
- **자식마디**: 하나의 마디로부터 나온 2개 이상의 하위 마디
- **부모마디**: 모든 자식마디의 바로 상위 마디
- **끝마디**: 자식마디가 없는 최하위 마디
- **중간마디**: 부모마디와 자식마디를 모두 보유한 마디
- **가지**: 부모마디와 자식마디를 연결하는 연결선
- **깊이**: 뿌리마디를 제외한 중간마디 수

③ 의사결정나무의 활용

- **세분화**: 비슷한 특성을 가진 그룹별로 분할
- **분류**: 종속변수의 범주를 몇 개의 등급으로 분류
- **예측**: 데이터들로부터 규칙을 찾아내어 이를 예측에 활용
- **차원 축소 및 변수 선택**: 여러 개의 독립변수들 중에서 종속변수에 큰 영향을 끼치는 변수를 선택
- **교호작용**: 여러 개의 독립변수들을 결합하여 종속변수에 작용하는 규칙을 파악 / 범주형변수를 병합 또는 연속형 변수를 몇 개의 등급으로 이산화

④ 의사결정나무의 특징 ★★★

장점	단점
▪ 모델이 직관적이고 해석이 용이하다. ▪ 데이터 정규화 및 단위 변환이 필요하지 않다. ▪ 다른 기법에 비해 전처리 작업이 어렵지 않다. ▪ 이산형 변수, 연속형 변수 모두에 적용 가능하다. ▪ 데이터의 선형성, 정규성 등의 가정이 불필요하다. ▪ 이상값에 민감하지 않다.	▪ 독립변수들 사이의 중요도를 판단하기 쉽지 않다. ▪ 분류 경계선 근처의 자료에 대해 오차가 크다. ▪ 과적합 발생 가능성이 높다.

(2) 의사결정나무의 분석 과정 ★★★

① 성장

- **성장 단계:** 분석 목적과 자료구조에 따라 적절한 분리 기준과 정지 규칙을 설정해 의사결정나무를 성장시키는 단계다. 각 마디에서 최적의 분리 규칙을 찾아 의사결정나무를 형성하고 적절한 정지 규칙을 만족하면 나무의 성장을 중단한다. 최적의 분할은 불순도 감소량을 가장 크게 하는 분할이다.

TIP _ 의사결정나무의 알고리즘은 종속변수에 따라 달라집니다. 이에 따른 알고리즘을 각각 알고 있어야 합니다. 특히 지니 지수 계산법은 시험에 자주 등장합니다.

- **분리기준:** 의사결정나무는 데이터를 분류하는 방법으로 불순도를 사용한다. 불순도는 자료들의 범주가 한 그룹 안에 얼마나 섞여 있는지를 나타내는 측도로서 분류가 잘 되어 하나의 범주로만 구성되어 있으면 불순도 값은 작고, 다양한 범주의 데이터로 구성되어 있으면 불순도 값은 크다.
- **정지규칙:** 의사결정나무가 너무 많은 분리 기준을 보유하고 있으면 해석상의 어려움이 발생한다. 따라서 분석자가 설정한 특정 조건하에 현재의 마디에서 더 이상 분리가 일어나지 않고 현재의 마디가 끝마디가 되도록 정지시킨다.

【 정지규칙 】

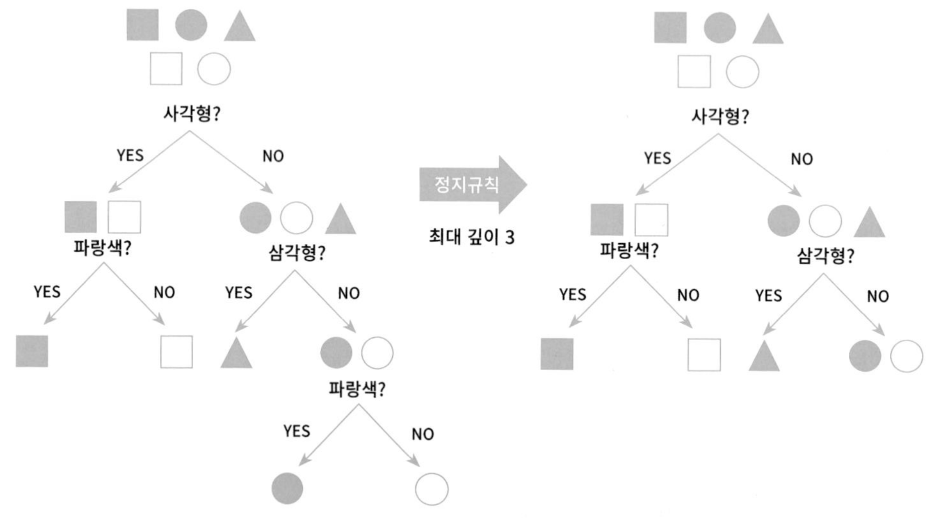

- 뿌리마디로부터 일정 깊이에 도달하였을 경우
- 불순도의 감소량이 아주 작아 분리에 의미가 없는 경우
- 마디에 속하는 자료가 일정 수 이하인 경우
- 모든 자료들이 하나의 그룹에 속하는 경우

【 불순도 】

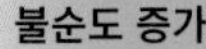

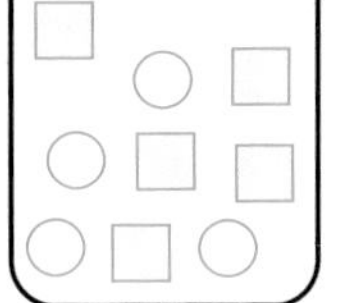

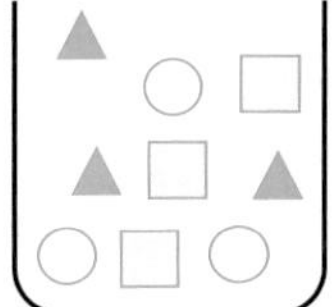

의사결정나무 분리 기준  EASY BOX

- **종속변수가 이산형일 경우**: 분류트리를 사용하며 분리 기준으로 카이제곱 검정, 지니 지수, 엔트로피 지수 등을 사용한다.
- **종속변수가 연속형일 경우**: 회귀트리를 사용하며, 분리 기준으로 분산분석에서의 F통계량, 분산의 감소량 등을 사용한다.

【 분리 기준 】

종속변수	분류기준	알고리즘	내용
이산형	카이제곱 통계량	CHAID	이산형 변수의 다지 분할을 위한 CHAID **알고리즘**에서 사용되는 각각의 변수들로 분리되었을 때 카이제곱 통계량을 활용하여 얻은 p-value가 가장 작은 변수를 활용하여 최적분리를 수행, 자식마디를 형성한다. 카이제곱 통계량 $(\chi^2)=\sum_{i=1}^{k}\frac{(O_i-E_i)^2}{E_i}$ (k: 범주의 수, O_i: 실제도수, E_i: 기대도수)
	지니 지수	CART	이산형 변수의 이진 분할을 위한 CART **알고리즘**에서 사용되는 불순도 측도로 통계적 분산 정도를 정량화해서 표현한 값이다. 지니 지수를 가장 감소시키는 변수를 활용하여 최적분리를 수행, 자식마디를 형성한다. 지니 지수$(G)=\sum_{i\neq j}p_i\times p_j=1-\sum_{i=1}^{n}p_i^2$
	엔트로피 지수	C4.5	이산형 변수의 분리를 위해 C4.5 **알고리즘**에서 사용되는 불순도 측도로 계산식에 log를 사용하므로 정규화된 불순도 측도라고 할 수 있다. 엔트로피 지수가 가장 작은 변수를 활용하여 최적분리를 수행, 자식마디를 형성한다. 엔트로피지수$(E)=-\sum_{i}^{c}p_i\log_2 p_i$
연속형	ANOVA F-통계량	CHAID	F-통계량의 p-value가 작아지는 방향으로 가지 분할을 수행한다.
	분산감소량	CART	분산의 감소량이 커지는 방향으로 가지 분할을 수행한다. 분산의 감소량이 커지면 분산은 감소한다.

참고 **지니 지수 계산*****

앞면의 확률 = $\frac{3}{4}$, 뒷면의 확률 = $\frac{1}{4}$

엔트로피지수$(E)=-\left\{\frac{3}{4}log_2\left(\frac{3}{4}\right)+\frac{1}{4}log_2\left(\frac{1}{4}\right)\right\}=0.811$

지니 지수$(G)=1-\left(\frac{3}{4}\right)^2-\left(\frac{1}{4}\right)^2=\frac{6}{16}=0.375$

앞면의 기대도수 = 2, 뒷면의 기대도수 = 2

카이제곱 통계량$(\chi^2)=\frac{(1-2)^2}{2}+\frac{(3-2)^2}{2}=1$

② 가지치기

- 의사결정나무도 데이터 마이닝 기법 중 하나로 모형이 복잡한 경우 과적합이, 너무 단순한 경우 과소적합이 발생한다. 의사결정나무의 성장이 끝났지만 모형이 너무 복잡한 경우 과적합이 발생할 수 있어 일부 가지를 적당히 제거하여 적당한 크기의 완성된 의사결정나무 모형으로 만들어준다.

【 가지치기 】

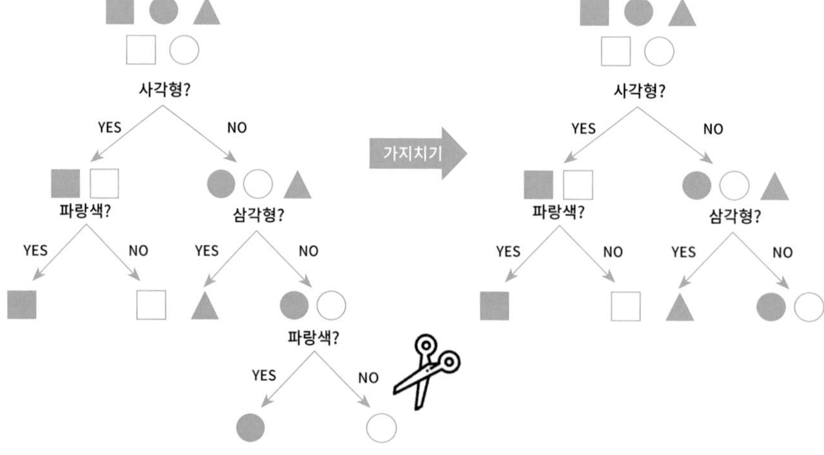

③ 타당성 평가

- 형성된 의사결정나무를 평가하는 단계다. 검증용 데이터를 이용해 모델의 예측 정확도를 평가하거나 이익 도표 등의 평가 지표를 이용해 의사결정나무를 평가한다.

④ 해석 및 예측

- 구축된 의사결정나무를 예측에 적용하고 이를 해석하는 단계다.

(3) 의사결정나무 예시 ★★★

- R의 내장 데이터 iris를 사용하여 의사결정나무를 실습해본다.

```
# 데이터 마이닝을 위한 데이터 분할 시행
# train 데이터는 index 값을 1로 70%, test 데이터는 index 값을 2로 30% 생성
> index <- sample( c( 1 , 2 ) , nrow( iris ) , replace = T , prob = c( 0.7 , 0.3 ) )
> train <- iris[ index == 1 , ]
> test <- iris[ index == 2 , ]
> library( rpart ) # 라이브러리가 없으면 install.packages( 'rpart' )
> result <- rpart( data = train , Species ~ . )
# margin으로 그래프 외곽의 여백의 두께를 조정
> plot( result , margin = 0.3 )
> text( result )
```

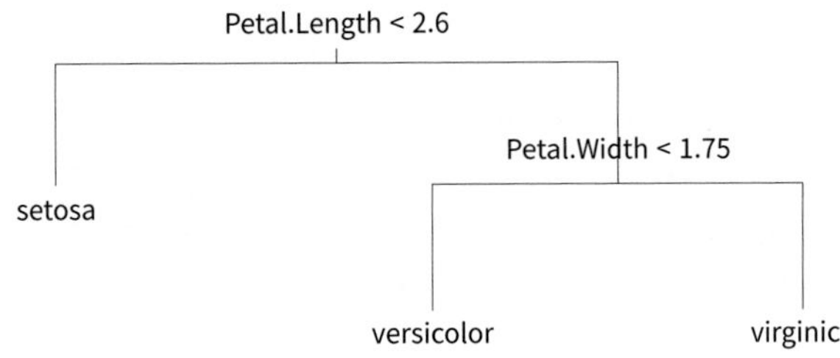


```
# train 데이터로 구축된 모형을 test 데이터로 검정
> pred <- predict( result , newdata = test , type = 'class' )
# test 데이터의 실제값(condition)과 예측값(pred)으로 표를 작성
> table( condition = test$Species , pred )
            pred
condition    setosa versicolor virginica
  setosa         14          0         0
  versicolor      0         12         2
  virginica       0          2        16
# 실제 virginica를 versicolor로 잘못 예측한 값이 2개 존재
# 데이터 분할에 따라 다른 결과가 나타난다.
```

```
> result
n = 106

node) , split, n, loss, yval, (yprob)
                * denotes terminal node

1) root 106 68 virginica ( 0.32075472 0.32075472 0.35849057 )
  2) Petal.Length < 2.6 34 0 setosa ( 1.00000000 0.00000000 0.00000000 ) *
  3) Petal.Length >= 2.6 72 34 virginica ( 0.00000000 0.47222222 0.52777778 )
    6) Petal.Width < 1.75 37 4 versicolor ( 0.00000000 0.89189189 0.10810811 ) *
    7) Petal.Width >= 1.75 35 1 virginica ( 0.00000000 0.02857143 0.97142857 ) *

# 106개로 구성된 train 데이터셋
# 1번은 뿌리마디로 106개 중 68개의 virginica를 보유하고 있다.
# 2번과 3번은 1번 뿌리마디의 자식마디다.
# 2번은 34개의 setosa 중 0개가 잘못 분류되었음을 의미한다.
# '*' 표시는 자식마디가 없음을 의미, 따라서 2번 노드는 끝마디다.
# 3번은 72개의 virginica 중 34개가 잘못 분류되었음을 의미한다.
# 6번과 7 번은 3번의 자식마디다.
# 6번은 37개의 versicolor 중 4개가 잘못 분류되었음을 의미한다.
# 7번은 35개의 virginica 중 1개가 잘못 분류되었음을 의미한다.
# 괄호 안의 숫자는 (setosa, versicolor, virginica)의 비율을 가리킨다.
```

3. 앙상블 분석

(1) 앙상블 분석 개요

- 앙상블(ensemble)은 프랑스어로 '함께', '동시에'라는 의미로 음악에서는 1인 이상의 가창이나 연주, 소규모 인원의 합주를 의미한다. 데이터 마이닝에서는 여러 개의 모형을 생성 및 조합하여 예측력이 높은 모형을 만드는 것을 의미한다.

- 앙상블 분석은 결국 모형의 예측력을 높이고자 여러 번의 데이터 분할을 통하여 구축된 다수의 모형을 결합하여 새로운 모형을 만드는 방법이다. 앙상블 분석의 대표적인 방법으로 배깅(bagging), 부스팅(boosting), 랜덤 포레스트(random forest)가 있다.

- 각각의 예측모형에서 독립적으로 산출된 결과를 종합하여 예측의 정확도를 향상시킬 수 있다. 종속변수의 형태에 따라 회귀분석과 분류 분석에 모두 적용할 수 있다.

- 결과가 수치형 데이터인 경우에는 값들의 평균을 통해 최종 결과를 예측하고, 결과가 범주형 데이터인 경우에는 다수결 방식으로 최종 결과를 예측한다.

(2) 앙상블 분석의 종류 ★★★

① 배깅

- 배깅은 Bootstrap Aggregating의 줄임말로 여러 개의 붓스트랩(Bootstrap)을 집계하는 알고리즘이다.
- 붓스트랩이란 원본 데이터와 같은 크기의 표본을 랜덤복원추출한 샘플 데이터를 의미하며, 특히 모델 구축을 위한 훈련용(train) 데이터를 가리킨다. 복원추출이기 때문에 하나의 붓스트랩에는 같은 데이터가 여러 번 추출될 수도 있지만, 그렇지 않을 수도 있다.
- 앙상블 분석에서 각각의 모델을 분류기(classifier)라고 부르며, 흔히 의사결정나무를 사용한다. 여러 개의 분류기에 의한 결과를 놓고 다수결에 의하여 최종 결괏값을 선정하는 작업을 보팅(voting)이라 한다.
- 분석을 위한 데이터 모집단의 분포를 현실적으로 알 수 없다. 그러나 하나의 붓스트랩을 구성할 때 원본 데이터로부터 복원추출을 진행하기 때문에 붓스트랩은 알 수 없던 모집단의 특성을 더 잘 반영할 수 있다. 배깅은 모집단의 특성이 잘 반영되는 분산이 작고 좋은 예측력을 보여준다.

【 배깅 】

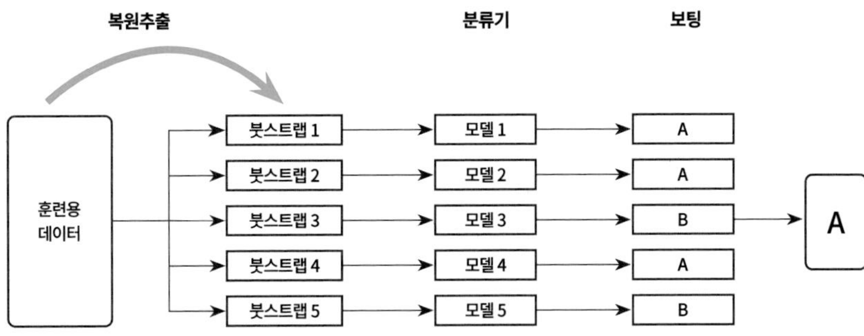

참고 붓스트랩

붓스트랩은 원본 데이터로부터 복원 추출되면서 원본 데이터와 크기가 같은 데이터 집합을 의미한다.

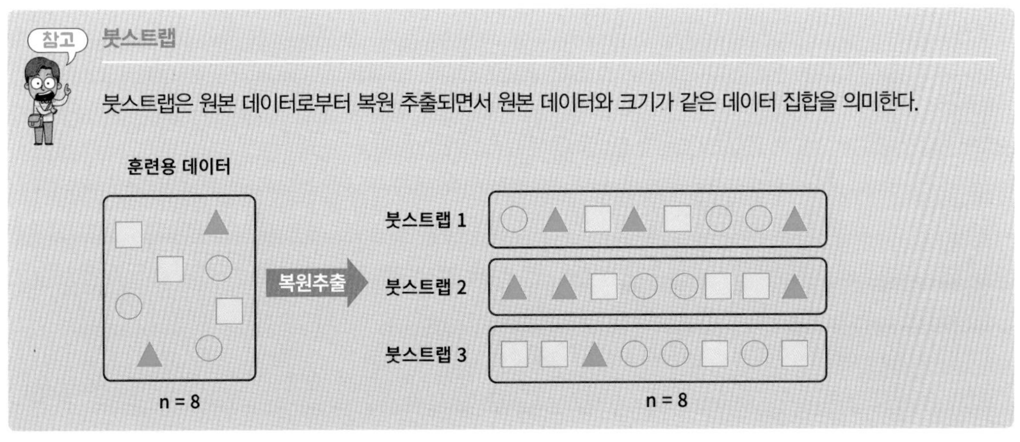

```
> install.packages('adabag')
> library(adabag)
# 데이터 분할 70:30
> index <- sample( c( 1 , 2 ) , nrow( iris ) , replace = T , prob = c( 0.7 , 0.3 ) )
> train <- iris[ index == 1 , ]
> test <- iris[ index == 2 , ]
# 의사결정나무 개수를 정하는 매개변수 mfinal = 100이 기본값이다.
> result <- bagging( data = train , Species ~ . )
# 첫 번째 의사결정나무
```

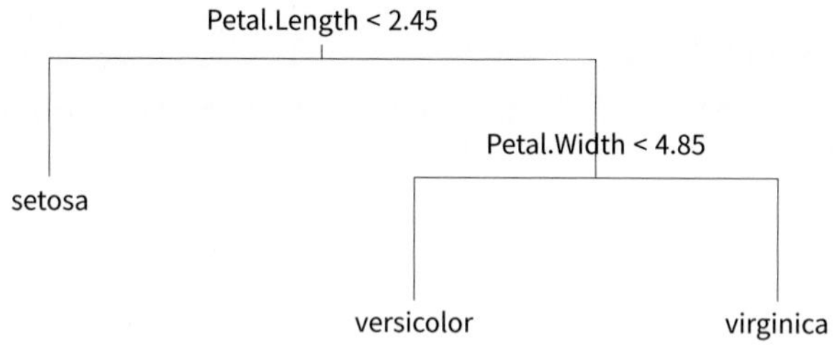

Petal.Length < 2.45

Petal.Width < 4.85

setosa

versicolor

virginica

```
> plot( result$trees[ [ 1 ] ] , margin = 0.3 )
> text( result$trees[ [ 1 ] ] )

# 백 번째 의사결정나무
> plot( result$trees[ [ 100 ] ] , margin = 0.3  )
> text( result$trees[ [ 100 ] ] )
```

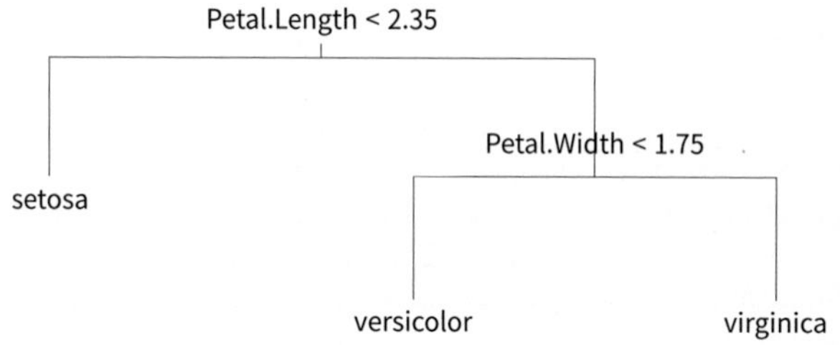

Petal.Length < 2.35

Petal.Width < 1.75

setosa

versicolor

virginica

```
# train 데이터로 구축된 모형을 test 데이터로 검정
> pred <- predict( result , newdata = test )
# test 데이터의 실제값(condition)과 예측값(pred)으로 표를 작성
> table( condition = test$Species , pred$class )
            pred
condition    setosa versicolor virginica
  setosa         11          0         0
  versicolor      0         19         1
  virginica       0          1        12
# 실제 virginica를 versicolor로 잘못 예측한 값이 1개 존재
# 실제 versicolor를 virginica로 잘못 예측한 값이 1개 존재
```

```
# pred$votes로 각 데이터에 대한 투표 결과를 알 수 있다.
# pred$confusion으로도 바로 결과를 볼 수 있다.
               Observed Class
Predicted Class setosa versicolor virginica
     setosa         11          0         0
     versicolor      0         19         1
     virginica       0          1        12
```

② 부스팅

- 부스팅은 여러 개의 모형을 구축한다는 점에서 배깅과 유사하지만, 배깅은 각 분류기(모델)가 독립적인 데 반해, 부스팅은 독립적이지 않다.
- 부스팅은 이전 모델을 구축한 뒤 다음 모델을 구축할 때 이전 분류기에 의해 잘못 분류된 데이터에 더 큰 가중치를 주어 붓스트랩을 구성한다. 따라서 약한 모델들을 결합하여 나감으로써 점차적으로 강한 분류기를 만들어 나가는 과정이다.
- 대표적인 부스팅 방법으로 에이다부스팅(AdaBoosting)이 있으며, 그 밖에 Gradient Boost, XGBoost, Light GBM 등이 있다.
- 붓스트랩을 재구성하는 과정에서 잘못 분류된 데이터에 더 큰 가중치를 주어 표본을 추출하기 때문에 훈련오차를 빠르게 줄일 수 있다. 예측 성능 또한 배깅보다 성능이 뛰어나다고 할 수 있다.

【 부스팅 】

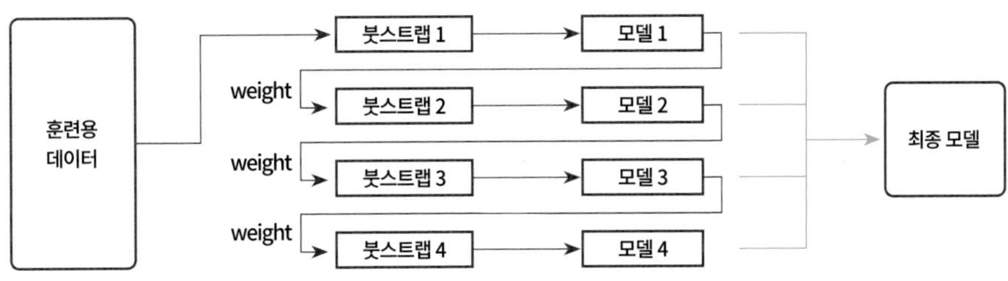


```
> library( adabag )
# 데이터 분할 70:30
> index <- sample( c( 1 , 2 ) , nrow( iris ) , replace = T , prob = c( 0.7 , 0.3 ) )
> train <- iris[ index == 1 , ]
> test <- iris[ index == 2 , ]
# boos = T 값을 주어야 가중치 값을 조정한다.
> result <- boosting( data = train , Species ~ . , boos = T , mfinal = 10 )
# 첫 번째 의사결정나무
> plot( result$trees[ [ 1 ] ] , margin = 0.3 )
```

```
> text( result$trees[ [ 1 ] ] )
```

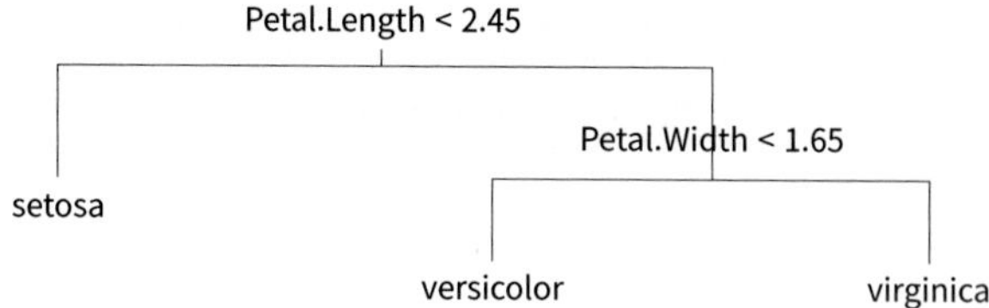


```
# 가중치가 조정되면서 생성된 열 번째 의사결정나무
> plot( result$trees[ [ 10 ] ] , margin = 0.3 )
> text( result$trees[ [ 10 ] ] )
```

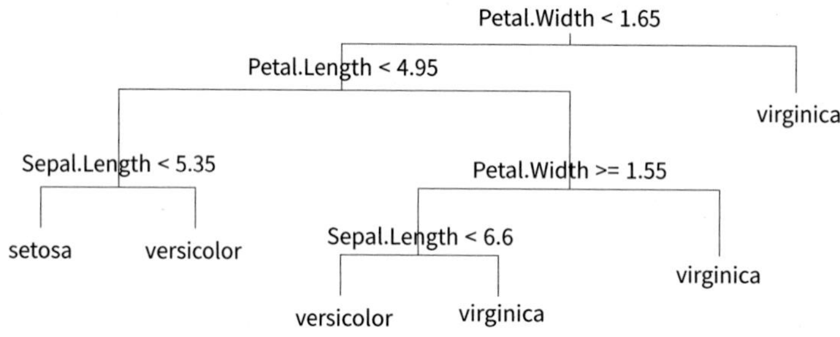


```
# train 데이터로 구축된 모형을 test 데이터로 검정
> pred <- predict( result , newdata = test )
# test 데이터의 실제값(condition)과 예측값(pred)의 표를 확인
> pred$confusion
               Observed Class
Predicted Class setosa versicolor virginica
     setosa         14          0         0
     versicolor      0         11         2
     virginica       0          0        15
```

③ 랜덤 포레스트

- 랜덤 포레스트(Random Forest)는 서로 상관성이 없는 나무들로 이루어진 숲을 의미한다. 방법은 배깅과 유사하나 배깅에 더 많은 무작위성을 주는 분석 기법이다.
- 많은 무작위성으로 생성된 서로 다른 여러 개의 트리로 구성되어 있기 때문에 포레스트(Forest, 숲)라 명명되었으며, 여러 개의 약한 트리들의 선형 결합으로 최종 결과를 얻는 모델이다.
- 분류의 경우에는 다수결로 최종 결과를 구하지만 회귀의 경우에는 평균 또는 중앙값을 구하는 방법을 사용한다.

- 배깅에서는 각 붓스트랩을 활용하여 트리를 구성할 때 트리의 모든 마디가 불순도가 제일 작아지는 최적의 분할을 실시한다. 그러나 랜덤 포레스트는 각 마디에서 최적의 분할이 아닌 표본추출 과정이 한 번 더 반복되어 추출된 표본을 대상으로 최적의 분할을 실시한다.
- 따라서 랜덤 포레스트는 큰 분산을 갖고 있다는 의사결정나무의 단점을 보완하여 분산을 감소시키고 모든 분류기들이 높은 비상관성을 갖기 때문에 일반화의 성능을 향상시킬 수 있다. 또한 의사결정나무의 특징을 물려받아 이상값에 민감하지 않다는 장점이 있다.

【 랜덤 포레스트 】

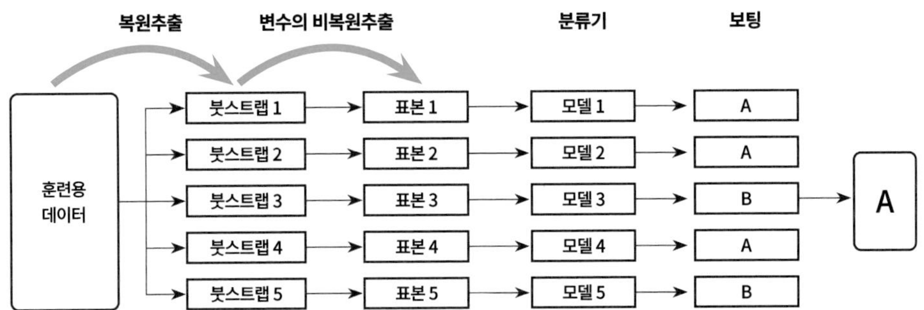


```
> library( randomForest )
# 데이터 분할 70:30
> index <- sample( c( 1 , 2 ) , nrow( iris ) , replace = T , prob = c( 0.7 , 0.3 ) )
> train <- iris[ index == 1 , ]
> test <- iris[ index == 2 , ]
> result <- randomForest( Species ~ . , data = train , ntree = 100 )
> pred <- predict( result , newdata = test )
> table( condition = test$Species , pred )
            pred
condition    setosa versicolor virginica
  setosa         19          0         0
  versicolor      0         10         1
  virginica       0          0         6
```

Out of Bag(OOB) Score

- Out of Bag(OOB)은 하나의 트리를 구성하기 위한 붓스트랩을 생성할 때 선택되지 않은 데이터를 의미한다.
- Out of Bag Score는 붓스트랩에 의해 구성된 트리를 Out of Bag 데이터로 몇 개가 올바르게 분류되었는지 파악하고 랜덤 포레스트 작업이 종료된 이후 올바르게 분류한 비율을 나타낸 값이다. 즉, 평가용 데이터로부터 모델을 평가하는 것과는 유사하지만 활용 데이터가 다르다는 것이 특징이다.

4. 인공신경망 분석

(1) 인공신경망 개요

- 인공신경망은 인간의 뇌를 모방하여 만들어진 학습 및 추론 모형이다.
- 인간의 뇌는 여러 시냅스의 결합으로 신호를 전달받아 일정 기준치를 초과할 때 뉴런이 활성화되고 출력 신호를 내보낸다. 뉴런과 뉴런 사이는 시냅스로 연결되어 있는데, 입력신호가 다른 뉴런으로 전달되기 위해서는 신호의 강도가 일정 기준치를 초과해야 한다. 인공신경망 분석은 이러한 뇌의 구조를 수학적으로 단순화해 모델링한 것이다.
- 인공신경망 분석에서 값이 입력되면 개별 신호의 정도에 따라 값이 가중된다. 가중된 값에 편향(bias)이라는 상수를 더한 후 활성함수를 거치면 인공신경망의 출력값이 생성된다.
- 인공신경망의 등장과 발전으로 인하여 머신러닝(Machine Learning)을 넘어서서 딥러닝(Deep Learning)이 등장했으며, 현재의 CNN, RNN 등과 같은 다양한 알고리즘의 기반을 마련했다.

【 인공신경망 분석의 장단점 】**

구분	내용
장점	▪ 잡음에 민감하게 반응하지 않는다. ▪ 비선형적인 문제를 분석하는 데 유용하다. ▪ 패턴인식, 분류, 예측 등의 문제에 효과적이다. ▪ 스스로 가중치를 학습하므로 다양하고 많은 데이터에 효과적이다.
단점	▪ 모형이 복잡할 경우 학습에 오랜 시간이 소요된다. ▪ 초기 가중치에 따라 전역해가 아닌 지역해로 수렴할 수 있다. ▪ 추정한 가중치의 신뢰도가 낮다. ▪ 결과에 대한 해석이 쉽지 않다. ▪ 은닉층의 수와 은닉 노드의 수를 결정하기가 어렵다.

(2) 인공신경망의 알고리즘

TIP _ 활성함수가 생성할 수 있는 범위 내에 출력값이 존재해야 합니다.

① 활성함수 ***

- 인공신경망은 노드에 입력되는 값을 바로 다음 노드로 전달하지 않고 비선형 함수에 통과시킨 후 전달한다. 이때 사용되는 비선형함수를 활성함수라고 한다.
- 어떤 활성함수를 사용하느냐에 따라 그 출력값이 달라지므로 적절한 활성함수를 사용하는 것이 중요하다. 대표적인 활성함수로는 시그모이드 함수, 소프트맥스 함수, ReLU 함수 등이 있다.

【 인공신경망 활성함수 】

<table>
<tr><td>Step 함수</td><td>기본적인 활성함수로, 0 또는 1을 반환하는 이진형 함수다.
$$S(x)=\begin{Bmatrix}0, & x<0 \\ 1, & x=>0\end{Bmatrix}$$</td></tr>
<tr><td>Sigmoid 함수</td><td>로지스틱 회귀분석의 확률값을 구하기 위한 계산 식과 유사하며, 0과 1 사이의 값을 반환한다. 많이 사용되는 활성함수 중 하나다.
$$S(x)=\frac{1}{1+\exp(-x)}$$
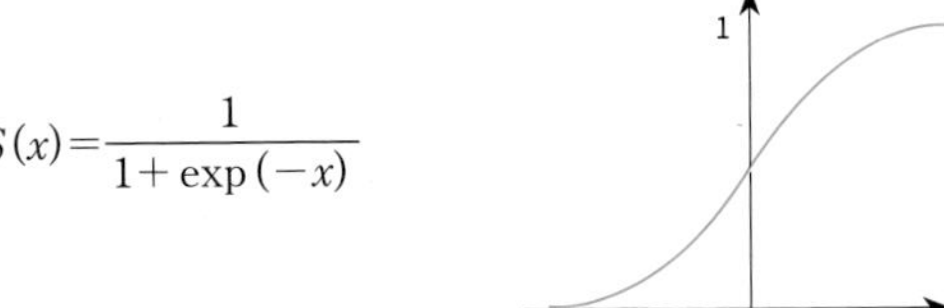
</td></tr>
<tr><td>Sign 함수</td><td>기본적인 활성함수로, −1 또는 1을 반환하는 이진형 함수다.
$$S(x)=\begin{Bmatrix}-1, & x<0 \\ 1, & x=>0\end{Bmatrix}$$
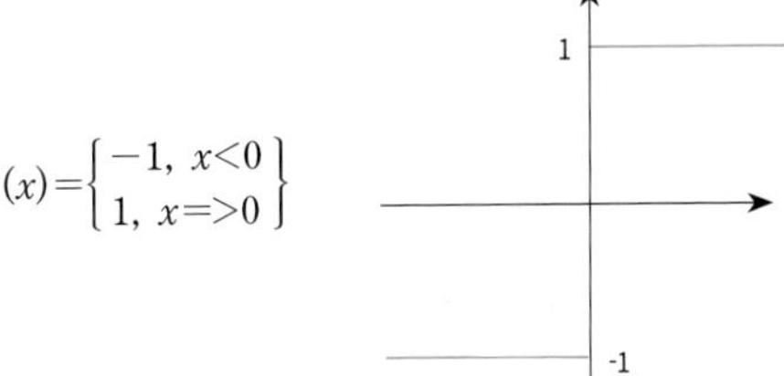
</td></tr>
<tr><td>tanh 함수</td><td>확장된 형태의 시그모이드 함수로, 중심값은 0이며, −1과 1 사이의 값을 출력한다.
$$S(x)=\frac{\exp(x)-\exp(-x)}{\exp(x)+\exp(-x)}$$
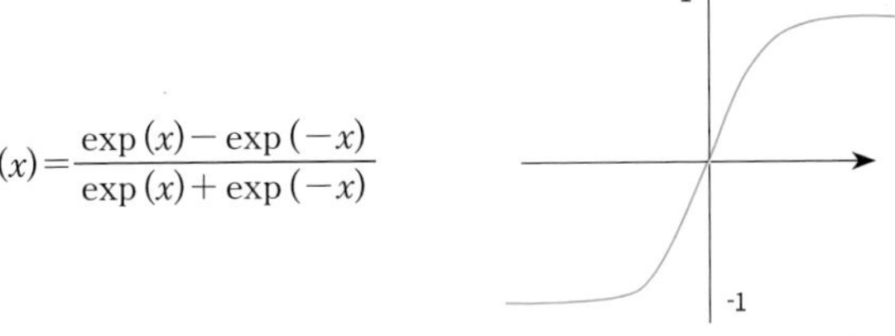
</td></tr>
<tr><td>ReLU 함수</td><td>최근 딥러닝에서 가장 많이 사용되는 함수로, 입력값과 0 중에서 큰 값을 반환한다.
$$S(x)=\begin{Bmatrix}0, & x<=0 \\ x, & x>0\end{Bmatrix}$$
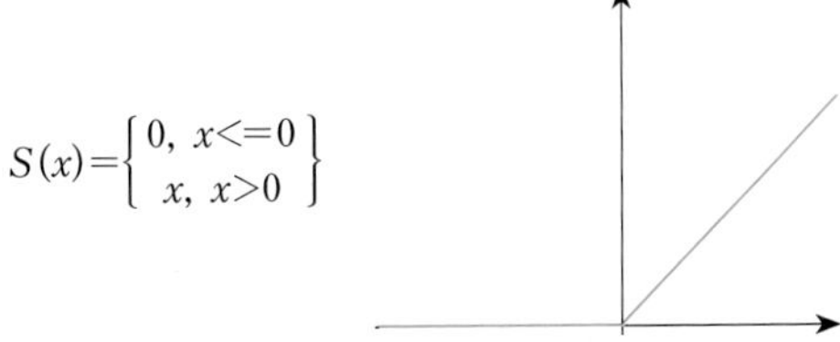</td></tr>
<tr><td>Softmax 함수</td><td>$$S(x_i)=\frac{\exp(x_n)}{\sum_{i=1}^{k}\exp(x_i)},\ for\ n\ in\ 1,\ \cdots,\ k$$
표준화지수 함수라고도 불리며, 출력값이 다범주인 경우에 사용되며, 로지스틱 회귀분석과 마찬가지로 각 범주에 속할 확률값을 반환한다.</td></tr>
</table>

② 인공신경망의 계층 구조 ***

- 하나의 인공신경망은 데이터를 입력하는 입력층, 데이터를 출력하는 출력층을 갖고 있는 단층신경망과 입력층과 출력층 사이에 보이지 않는 다수의 은닉층을 가지고 있을 수 있는 다층신경망으로 구분할 수 있다. 은닉층이 존재하지 않는 단층신경망은 한계점이 있기에 일반적인 인공신경망은 다층신경망을 의미한다.

- 입력층은 데이터를 입력받아 시스템으로 전송하는 역할을 한다. 은닉층은 신경망 외부에서는 은닉층의 노드에 직접 접근할 수 없도록 숨겨진, 말 그대로 은닉한 층이다. 은닉층은 입력층으로부터 값을 전달받아 가중치를 계산한 후 활성함수에 적용하여 결과를 산출하고 이를 출력층으로 보낸다. 출력층은 학습된 데이터가 포함된 층으로, 활성함수의 결과를 담고 있는 노드로 구성된다. 출력층의 노드 수는 출력 범주의 수로 결정된다. 분류 문제일 경우 출력층의 노드는 각 라벨의 확률을 포함한다.

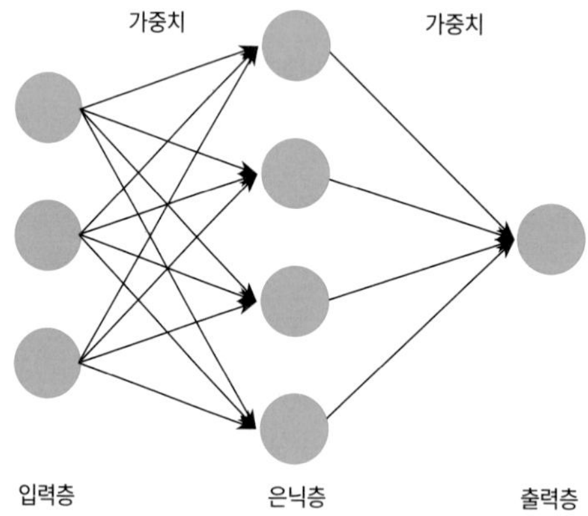

③ 인공신경망 학습(역전파 알고리즘)

- 인공신경망은 여러 개의 퍼셉트론으로 구성되어 있기 때문에 각 퍼셉트론이 보유한 여러 개의 가중치 w_i 값의 결정이 중요하다. 인공신경망은 지도학습의 한 종류로 입력층(독립변수)과 출력층(반응변수)의 데이터에 따른 이상적인 가중치 w_i 값을 결정해야 한다.

- 가중치 값의 결정은 입력층에서 출력층으로 찾아 나가는 **순전파 알고리즘**을 먼저 활용한다. 이때 발생한 오차들을 줄이고자 출력층에서 입력층 방향으로 거꾸로 찾아 나가는 **역전파 알고리즘**을 활용하여 가중치 값들을 새롭게 조정한다. 훈련용(train) 데이터의 자료들이 순차적으로 입력될 때마다 가중치가 새롭게 조정되는 것을 인공신경망이 학습한다고 표현한다. 이때 전체 자료들에 의하여 학습이 한 번 되는 것을 1 epoch라 하면 일정 수의 epoch에 도달하거나 혹은 원하는 수준의 정확도를 얻을 때까지 위 작업을 반복한다.

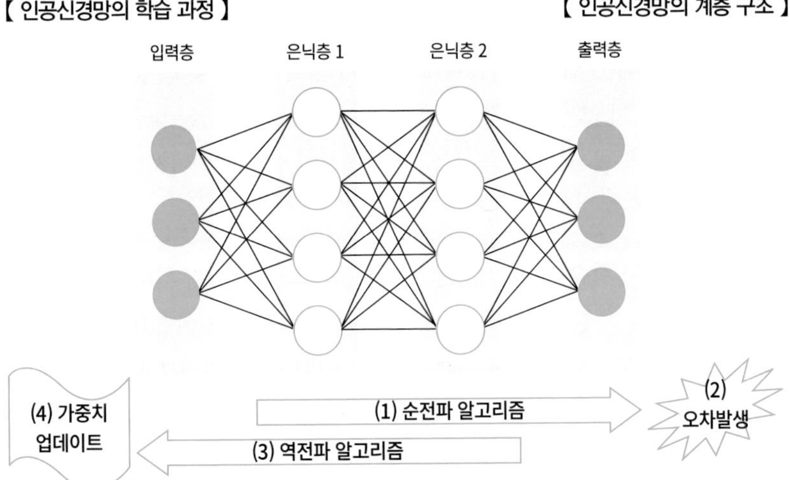

(3) 인공신경망의 종류 ★★★

① 단층 퍼셉트론(단층 신경망)

- 단층 신경망이라고도 하며 입력층이 은닉층을 거치지 않고 바로 출력층과 연결된다.
- 퍼셉트론은 여러 개의 개별 입력 데이터를 받아 하나의 입력 데이터로 가공하여 활성함수에 의하여 출력값을 결정한다. 퍼셉트론의 출력값은 또 다른 퍼셉트론의 입력 데이터가 된다.
- 단층 퍼셉트론은 다수의 입력값을 받아 하나의 출력값을 출력하는데, 이 출력값이 정해진 임곗값을 넘었을 경우 1을 출력하고 넘지 못했을 경우에는 0을 출력한다.

【 퍼셉트론 】

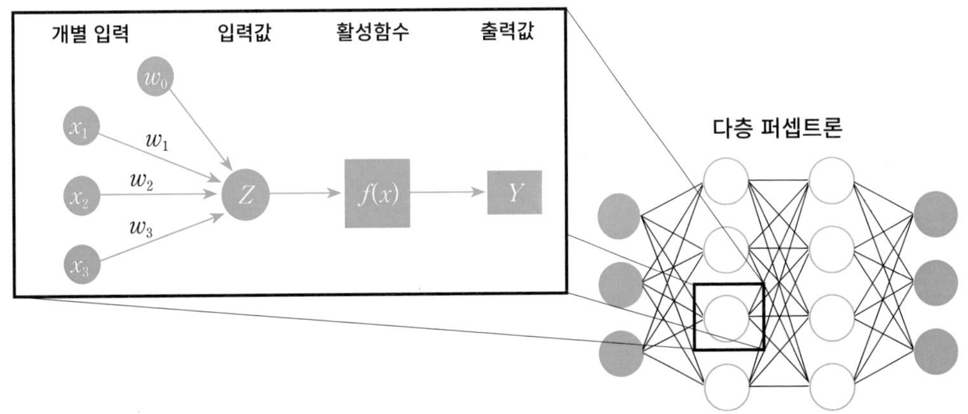

(x_i: 개별 입력값, w_i: 개별 가중치, w_0: 상수항(편차), $Z = w_0 + \Sigma x_i w_i$: 입력값)

② 다층 퍼셉트론(다층 신경망)

- 하나의 퍼셉트론은 데이터를 입력하는 입력층, 데이터를 출력하는 출력층을 갖고 있는 단층 퍼셉트론과 입력층과 출력층 사이에 보이지 않는 다수의 은닉층을 가지고 있을 수 있는 다층 퍼셉트론으로 구분할 수 있다. 은닉층이 존재하지 않는 단층 퍼셉트론은 한계점이 있기에 일반적으로 인공신경망을 부를 때 다층 퍼셉트론을 의미한다.
- 다층 퍼셉트론은 단층 퍼셉트론보다 학습하기가 어려우며 은닉층의 노드의 수가 너무 적으면 복잡한 의사결정 경계를 구축할 수 없고, 은닉층의 노드의 수가 너무 많으면 일반화가 어렵기 때문에 과적합 문제가 발생하며, 너무 적은 은닉층과 은닉노드는 과소적합 문제가 발생하기 때문에 적절한 노드의 수를 찾는 것이 중요하다.

【 다층 퍼셉트론의 구조 】

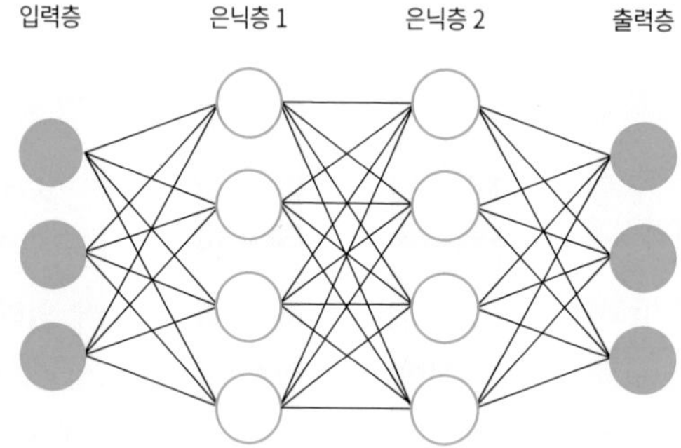

(4) 인공신경망 예시

- R의 내장 데이터인 iris를 사용하여 인공신경망을 활용해본다.

```
> install.packages('neuralnet')
> library(neuralnet)
# 데이터 분할 70:30
> index <- sample( c( 1 , 2 ) , nrow( iris ) , replace = T , prob = c( 0.7 , 0.3 ) )
> train <- iris[ index == 1 , ]
> test <- iris[ index == 2 , ]
>
# act.fct는 활성함수로 기본값은 logistic(Sigmoid)이다.
# 또 다른 사용 가능한 함수로는 tanh를 보유하고 있다.
# 만약 알고리즘이 수렴하지 않는 에러가 발생한다면
# stepmax 값을 기본값인 1e5보다 더 크게 지정해서 시도해본다.
# 4개의 은닉노드를 갖는 2개의 은닉층을 설정
```

```
> result <- neuralnet( data = train , Species ~ . , hidden = c( 4 , 4 ) , stepmax = 1e7 )
> pred <- predict( result, newdata = test )
>
> head( pred , 5 )
        [,1]          [,2]          [,3]
2   0.9985259 -0.0005205102 -0.0005337428
6   0.9977984  0.0019560060  0.0025223732
12  0.9960767  0.0078326888 -0.0023503488
16  1.0029047 -0.0162519679  0.0114359461
21  0.9904190  0.0164716755 -0.0027667885
>
# 출력변수로 'setosa', 'versicolor', 'virginica'의 3개의 변수를 보유
# 종속변수는 가장 큰 값을 갖고 활성화되는 노드 하나
# 2번 데이터의 경우 1번 노드가 가장 큰 값으로 활성화되어 'setosa'로 분류됨
# train 데이터로 구축된 모형을 test 데이터로 검정
# 가장 큰 값을 갖는 노드를 명목형으로 변환하기
> predicted_class <- c( )
> for( i in 1 : nrow( test ) ){
   loc <- which.max( pred[ i , ] )
   if( loc == 1 ){
       predicted_class <- c( predicted_class , 'setosa' )
   }else if( loc == 2 ){
       predicted_class <- c( predicted_class , 'versicolor' )
   }else{
       predicted_class <- c( predicted_class , 'virginica' )
   }
  }
>
# 명목형 변수로 바뀐 것을 확인 가능
> head( predicted_class , 5 )
[ 1 ]  "setosa"  "setosa"  "setosa"  "setosa"  "setosa"
>
> pred <- predict( result , newdata = test )
# test 데이터의 실제값(condition)과 예측값(pred)의 표를 확인
> table( condition = test$Species , predicted_class )
            predicted_class
condition     setosa versicolor virginica
  setosa          12          0         0
  versicolor       0         16         0
  virginica        0          0        16
# test 데이터 모두를 정확하게 분류함을 확인할 수 있다.
# 위 결과는 조금씩 다를 수 있다.
```

```
# plot을 활용하여 인공신경망을 시각화할 수 있다.
> plot( result )
```

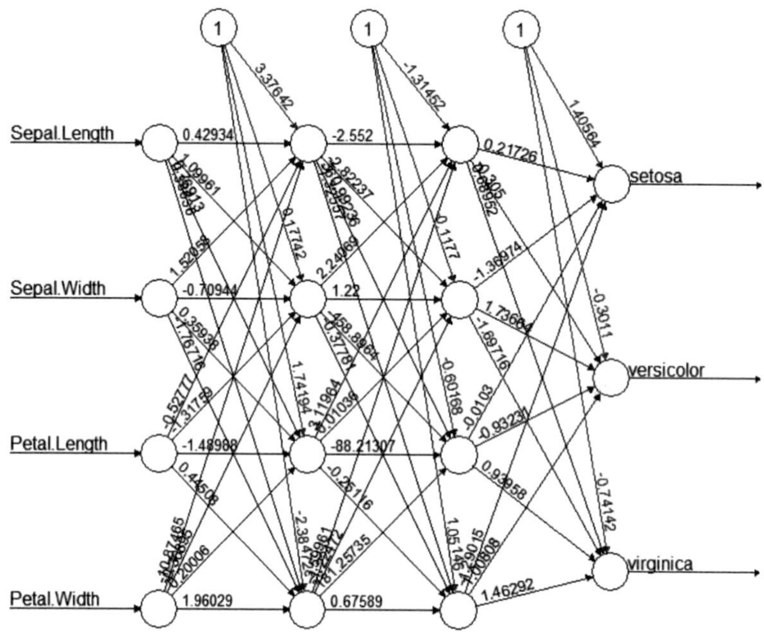

Error: 0.930312 Steps: 11488

다양한 인공신경망 구조

- RNN: 순환 신경망으로 입력층의 데이터는 은닉층을 통해 출력층으로 가지만 은닉층의 결괏값이 다음 입력 데이터가 입력될 때 자기 자신에게 영향을 주는 신경망이다. 언어 모델링, 음성 인식 등에 활용될 수 있다. 그러나 시간적으로 오래된 데이터에 대한 문맥 처리가 어려운 것이 단점이다.
- CNN: 합성곱 신경망으로 이미지 분류 및 다중객체탐지(Multi Object Detection)에 뛰어난 성능을 보인다. 합성곱과 풀링의 두 개의 작업으로 구성되어 있다.
- LSTM: 장단기 메모리라고 하며, RNN의 한계를 극복하기 위해 나온 인공신경망 모형이다. 오래된 데이터는 버리고, 가장 최근의 데이터를 더욱 오래 보존하려는 것이 특징이다.
- YOLO: 이미지 속에서 물체를 탐지하는 알고리즘으로, CNN과 목적은 유사하지만 다른 알고리즘을 갖는다. 한 장의 이미지를 수십 개의 박스로 나누어 각 박스에 대해 가장 확률이 높은 객체를 탐지한다. You Only Look Once의 약자로, 이미지 전체를 한 번만 보기 때문에 빠른 속도를 보여준다.
- GAN: 생산적 적대 신경망으로, 위조지폐범의 위조지폐 생산과 경찰(분류 모형)의 지폐 판별 과정을 반복하면서 학습할 경우 위조지폐범이 진짜에 가까운 위조지폐를 생산할 수 있는 것처럼 분류 모형으로부터 최적의 결과를 얻을 수 있도록 유도하는 학습이다. 대표적인 사례로 페이스북의 딥 페이스가 있다.

5. 나이브베이즈 분류

(1) 베이즈 이론(Bayes Theorem)

① 베이즈 이론(베이지안 확률) **

- 베이즈 이론은 확률을 해석하는 이론이다. 통계학에서 확률은 크게 빈도 확률과 베이지안 확률로 구분할 수 있다. 이 둘의 계산 방법은 크게 다르지 않지만 해석하는 방법에서 차이가 나는데, 빈도 확률은 객관적으로 확률을 해석하고 베이지안 확률은 주관적으로 확률을 해석한다.
- 빈도 확률이란 사건이 발생한 횟수의 장기적인 비율을 의미한다. 빈도 확률은 근본적으로 반복되는 어떤 사건의 빈도를 다루는 것으로, 모집단으로부터 반복적으로 표본을 추출했을 때 추출된 표본이 사건 A에 포함되는 경향을 사건 A의 확률이라 한다.
- 이에 반해 베이지안 확률은 사전확률과 우도확률을 통해 사후확률을 추정하는 정리로, 데이터를 통해 확률을 추정할 때 현재 관측된 데이터의 빈도만으로 분석하는 것이 아니라 분석자의 사전지식(이미 알려진 사실 혹은 분석자의 주관)까지 포함해 분석하는 방법이다.
- 베이즈 정리에서 확률은 '주장 혹은 믿음의 신뢰도'로 나타난다. 통계학 책에 따라서는 베이즈 이론을 '두 확률변수의 사전 확률과 사후 확률 사이의 관계를 나타내는 정리'라고 정의하기도 한다.

$$\mathrm{P}(\mathrm{H}|E)=\left(\frac{P(E|H)\,P(H)}{P(E)}\right)$$

(2) 나이브 베이즈 분류

① 나이브 베이즈 개념

- 나이브 베이즈 분류 모델은 베이즈 정리를 기반으로 한 지도학습 모델로, 스팸 메일 필터링, 텍스트 분류 등에 사용할 수 있다.
- 나이브 베이즈는 데이터의 모든 특징 변수가 서로 동등하고 독립적이라는 가정하에 분류를 실행한다. 질환 유무를 분류할 수 있게 해주는 특성들은 나이브 베이즈 분류기에서 서로 연관성이 없고, 각각의 특성이 질환의 유무에 독립적으로 기여하는 것으로 간주한다.

② 나이브 베이즈 알고리즘

- 나이브 베이즈 알고리즘은 이진 분류 데이터가 주어졌을 때 베이즈 이론을 통해 범주 a, b가 될 확률을 구하고, 더 큰 확률값이 나오는 범주에 데이터를 할당하는 알고리즘이다. 범주 a, b에 속할 확률은 다음과 같다.

- 범주 a에 속할 확률 $= P(a|E) = \left(\frac{P(E|a)p(a)}{P(E)}\right)$
- 범주 b에 속할 확률 $= P(b|E) = \left(\frac{P(E|b)p(b)}{P(E)}\right)$

- P(a)와 P(b)는 사전확률로, 범주 a와 b에 해당하는 레코드를 전체 레코드로 나눈 비율을 의미한다. P(E)는 두 수식에 겹쳐 나오므로 생략하고 계산할 수 있으며, 데이터가 변수 v_1, v_2, v_3로 구성되어 있다면 다음과 같이 표현할 수 있다.
  - $P(v_1, v_2, v_3|E) = P(a) \times P(v_1|a) \times P(v_2|a) \times P(v_3|a)$

6. k-NN 알고리즘

(1) k-NN(k-Nearest Neighbor) 알고리즘의 개요

- 'k-NN(k-Nearest Neighbor)'은 'k-최근접이웃'으로도 불리는 분류 알고리즘의 하나다. k-NN은 지도학습인 분류 분석에 속하지만 실은 군집의 특성도 가지고 있어 책에 따라서는 Semi(준)-지도학습으로 분류하기도 한다.
- 지도학습과 비지도학습을 다시 한 번 살펴보기로 한다. 지도학습은 정답이 있는 데이터를 학습시키는 것이며, 비지도학습은 정답이 없는 데이터들을 학습하여 군집화를 수행한다. 그래서 분류는 지도학습이고 군집은 비지도학습으로 구분한다.
- k-NN은 정답 라벨이 있는 데이터들 속에서 정답 라벨이 없는 데이터들을 어떻게 분류할 것인지에 대한 해결방법으로 사용된다. 간단히 말해서, 정답 라벨이 없는 자신의 데이터를 분류하기 위해 정답 라벨이 있는 주변의 데이터들을 분석해서 가장 가까이에 있는 데이터의 라벨을 확인하는 것이다.

(2) k-NN 알고리즘의 원리 ★★★

- k-NN은 정답 라벨이 없는 새로운 데이터를 입력 받았을 때 그 데이터로부터 가장 가까이에 있는 데이터의 정답 라벨을 확인하여 새로운 데이터의 정답 라벨을 결정한다.
- 다음 페이지의 그림을 보면 이해하기 쉬울 것이다. 네모칸 물음표 데이터 주변에 가장 가까이에 있는 데이터를 보면 가장 가까운 데이터의 정답 라벨은 파란색 동그라미다. 여기서 k는 주변 데이터의 수를 의미하는데, k를 '4'로 확장시켜 보면 검정색 세모가 더 많이 보인다. 그럼 이 데이터는 파란 동그라미인가? 검정색 세모인가? 결국 k값을 어떻게 정하는 게 좋을 것인가 하는 문제가 생긴다.
- 결국 k-NN은 k값을 어떻게 정하는지가 관건이다. 일반적으로는 최적의 k값을 찾기 위해 총 데이터들의 제곱근 값을 사용한다.

- k-NN은 함수가 오직 지역적으로 근사하고 모든 계산이 분류될 때까지 연기되는 인스턴스 기반 학습이다. 그래서 통계학에서 '게으른 학습'이라고도 부른다. 또 k-NN 알고리즘은 가장 간단한 기계학습 알고리즘이기도 하다.

【 k-NN 알고리즘의 원리 】

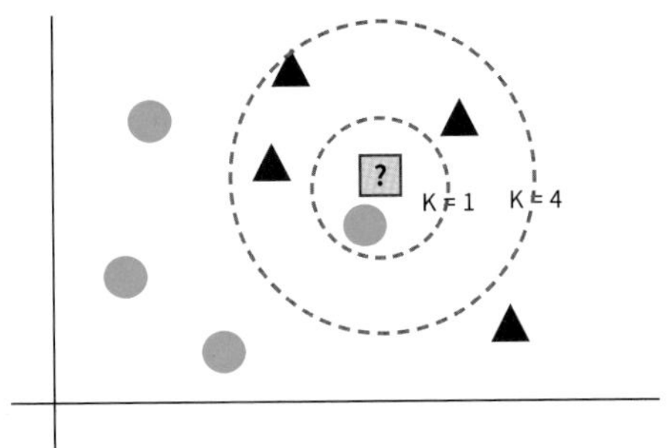

7. 서포트벡터머신

TIP _ SVM은 세부적으로 들어가면 어렵기도 하고, ADsP 시험에도 출제가 자주 되지는 않았습니다. 다만 개념 정도는 알고 있어야 합니다.

(1) 서포트벡터머신의 개요

- 서포트벡터머신(SVM: Support Vector Machine)은 지도학습에 주로 이용되며 특히 분류 성능이 뛰어나 분류 분석에 자주 사용된다.
- 서포트벡터머신은 초평면(hyper-plane)을 이용하여 카테고리를 나누어 비확률적 이진 선형모델을 만든다.

(2) 서포트벡터머신(SVM) 알고리즘 ★★

- 서포트벡터머신은 분류할 때 가장 높은 마진을 가져가는 방향으로 분류한다. 마진이 크면 클수록 학습에 사용하지 않는 새로운 데이터가 들어오더라도 분류를 잘 할 가능성이 높기 때문이다. 그래서 분류 분석에서 예측력이 높다.
- 일반적으로 서포트벡터머신은 분류 또는 회귀분석에 사용 가능한 초평면 또는 초평면들의 집합으로 구성되어 있다. 초평면이 가장 가까운 데이터와 큰 차이를 가진다면 오차가 작아지기 때문에 좋은 분류를 위해서는 어떤 분류된 점에 대해서 가장 가까운 학습 데이터와 가장 먼 거리를 가지는 초평면을 찾아야 한다.
- 초평면 f(x)는 wTx+b=0으로 나타낼 수 있다.

8. 분류 모형 성과 평가★★★

(1) 성과 평가 개요

- 지금까지 다양한 분류 분석 기법들을 알아보았다. 여러 분류 기법들을 적용해보고 여러 모델 중 가장 예측력이 좋은 모델을 최종 모델로 선정하기 위해서는 평가 기준이 필요하다.
- 모형 평가의 기준으로는 다른 데이터에서도 안정적으로 적용이 가능한지 판단하는 일반화, 모형의 계산 양에 비한 모형의 성능을 고려하는 효율성, 구축된 모형의 분류 정확성 등의 기준이 있다.
- 여기서는 컨퓨전매트릭스(Confusion Matrix, 혼동행렬)라고도 불리는 오분류표, ROC 커브, 이익도표, 향상도곡선 등에 대해 알아보기로 한다.

성과 평가는 모형 성능 개선의 일환

EASY BOX

데이터 마이닝에서 성과 평가는 모형의 성능 개선 관점에서 바라볼 필요가 있다. 모형의 성과 평가는 그저 단순히 점수를 매기는 것 이상의 의미를 가진다. 성과 평가를 하는 근본적인 이유는 바로 모형의 성능을 높이기 위해서다. '모형의 성능을 높인다=모형의 설명력을 높인다=모형의 예측력을 높인다'는 모두 같은 개념의 말이다. 즉, 성과 평가를 통해 궁극적으로 모형의 성능을 높이는 목적이 있다. 만약 여러분이 R이나 파이썬 등의 도구를 이용해 데이터 분석을 해보았다면 이 말에 충분히 공감할 것이다. 실제 데이터 마이닝 과정에서는 성과 평가로 끝나는 것이 아니라 이를 바탕으로 다시 분석을 수행하는 경우가 빈번하다. 그렇게 수차례에 걸쳐 분석을 수행하고 또 성과를 평가하면서 가장 성능이 높은 모형을 최종적으로 완성해 나가는 것이 데이터 마이닝의 과정이다.

(2) 오분류표와 평가 지표★★★

TIP _ 오분류표는 시험에 매우 자주 등장하는 중요한 개념입니다. 또 실제로 오분류표의 특이도, 민감도, 정밀도, F1 스코어 등을 계산하는 문제도 여러 번 출제된 적이 있으므로 계산방법도 잘 알아두어야 합니다.

- 분류 분석 성과 평가는 간단히 말해서 분류 분석 모형이 내놓은 답과 실제 정답이 어느 정도 일치하는지를 판단하는 것이다. 일반적으로 정답과 예측값은 True와 False, 0과 1, 양성과 음성, Yes와 No 등의 이진 분류 클래스 레이블을 갖는다.
- 분류 분석 후 예측한 값과 실제 값을 차이를 교차표(Cross Table) 형태로 정리한 것을 오분류표 혹은 컨퓨전매트릭스(Confusion Matrix, 혼동행렬)라고 부른다.
- 오분류표는 실제값과 예측치의 값에 대한 옳고 그름을 표로 나타낸 것으로, 분류오차의 정확한 추정치를 얻기 위해서 평가용(test) 데이터로부터 계산되어 얻은 표다. 훈련용(train) 데이터를 활용한 오분류표는 과적합의 위험성이 존재하기 때문이다. 다음 페이지의 표에서 실제집단과 예측집단의 위치를 헷갈리지 않도록 주의하자.

【 오분류표 & 평가 지표 】***

		예측집단		합계
		Positive 1(True)	Negative 0(False)	
실제집단	Positive 1(True)	TP (Correct)	FN (Incorrect)	민감도(재현율) $\frac{TP}{TP+FN}$
	Negative 0(False)	FP (Incorrect)	TN (Correct)	특이도 $\frac{TN}{FP+TN}$
오분류율 $\frac{FN+FP}{TP+FN+FP+TN}$		정밀도 $\frac{TP}{TP+FP}$	(없음)	정분류율 $\frac{TP+TN}{TP+FN+FP+TN}$

- TP(True Positive): 예측한 값이 Positive이고 실제 값도 Positive인 경우
- FP(False Positive): 예측한 값이 Positive이고 실제 값은 Negative인 경우
- TN(True Negative): 예측한 값이 Negative이고 실제 값도 Negative인 경우
- FN(False Negative): 예측한 값이 Negative이고 실제 값은 Positive인 경우

■ **정분류율=정확도(Accuracy):** 전체 관측치 중 올바르게 예측한 비율

$$\frac{TP+TN}{TP+FN+FP+TN}$$

■ **오분류율(Error Rate):** 전체 관측치 중 잘못 예측한 비율

$$\frac{FN+FP}{TP+FN+FP+TN}$$

■ **민감도=재현율(Sensitivity):** 실제 True 중 올바르게 True를 찾아낸 비율
민감도와 동일한 지표로 모형의 완전성을 평가하는 지표

$$\frac{TP}{TP+FN}$$

■ **특이도(Specificity):** 실제 False 중 올바르게 False를 찾아낸 비율

$$\frac{TN}{FP+TN}$$

- **정밀도(Precision):** 예측 True 중 올바르게 True를 찾아낸 비율

$$\frac{TP}{TP+FP}$$

TIP _ 간혹 일부 책에서 '정확도'로 표기하는 경우도 있습니다. 헷갈릴 경우 영어로 구분하면 확실합니다. 정확도는 'Accuracy', 정밀도는 'Precision'입니다.

- **F1 Score:** 정밀도와 재현율의 조화평균 값으로 정밀도의 재현율은 높은 확률로 음의 상관관계를 가질 수 있는 효과를 보정하기 위한 지표로 값이 높을수록 좋다.

$$F1\ score = \frac{2 \times Precision \times Recall}{Precision + Recall}$$

- **거짓 긍정률(FPR: False Positive Rate):** 실제 Negative인 값 중 Positive로 잘못 분류한 비율

$$1 - \frac{TN}{FP+TN} = \frac{FP}{FP+TN}$$

참고 **평가 지표 계산 연습 *****

다음 표의 오분류표를 보고 평가 지표를 계산해보자.

		예측집단		합계
		1(True)	0(False)	
실제집단	1(True)	950	50	1000
	0(False)	150	850	1000
합계		1100	900	2000

- 정분류율=정확도: $Accuracy = \frac{TP+TN}{P+N} = \frac{1800}{2000} = 0.9$
- 오분류율: $Error\ Rate = \frac{FP+FN}{P+N} = \frac{200}{2000} = 0.1$
- 민감도=재현율: $Sensitivity = \frac{TP}{P} = \frac{950}{1000} = 0.95$

  $Recall = \frac{TP}{P} = \frac{950}{1000} = 0.95$
- 특이도: $Specificity = \frac{TN}{N} = \frac{850}{1000} = 0.85$
- 정밀도: $Precision = \frac{TP}{TP+FP} = \frac{TP}{P'} = \frac{950}{1100} \approx 0.864$
- F1 스코어: $F1\ score = \frac{2 \times Precision \times Recall}{Precision + Recall} = \frac{2 \times 0.864 \times 0.95}{0.864 + 0.95} \approx 0.905$

(3) ROC 커브★★★

- ROC 커브(Receiver Operating Characteristic Curve)는 분류 분석 모형의 평가를 쉽게 비교할 수 있도록 시각화한 그래프다.
- x축은 FPR(1−특이도) 값을, y축은 TPR(민감도) 값을 갖는 그래프다. 이진 분류(0 또는 1) 모형의 성능을 평가하기 위해 사용된다.
- ROC 커브의 아래 면적을 나타내는 'AUROC(Area Under ROC)'의 값이 1에 가까울수록 모형의 성능이 우수하며, 0.5에 가까울수록 무작위로 예측하는 랜덤 모델에 가까운 좋지 못한 모형이다.

【 ROC 커브 】

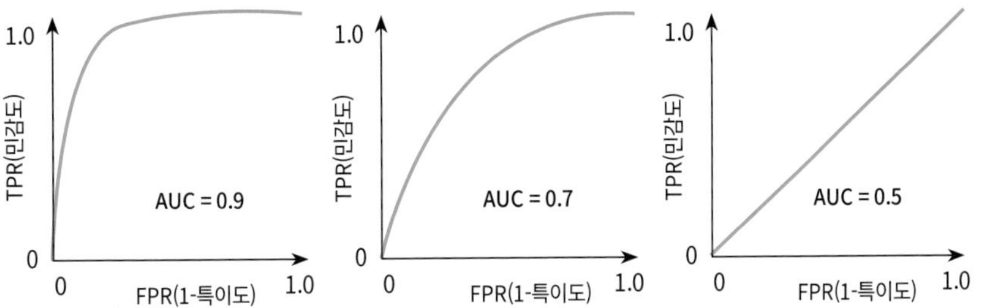


```
# 이진 분류(0 또는 1)를 목적으로 setosa와 versicolor만 추출
> iris_bin1 <- subset( iris , Species == 'setosa' | Species == 'versicolor' )
>
# setosa를 1로, setosa가 아닌 경우(versicolor)를 0으로 변경
> iris_bin1$Species <- ifelse( iris_bin1$Species=='setosa' , 1 , 0 )
>
# 로지스틱 회귀분석 예시에서 보았듯 Petal.Length와 Petal.Width에 의하여
# setosa와 versicolor가 정확히 분류되므로 Sepal.Length와 Sepal.Width를 변수로 사용
> iris_bin1 <- iris_bin1[ , c( 1 ,2 , 5 ) ]
>
# 데이터 분할
> index <- sample( 2 , nrow( iris_bin1 ) , replace = T , prob = c( 0.7 , 0.3 ) )
> train <- iris_bin1[ index == 1 , ]
> test <- iris_bin1[ index == 2 , ]

# 의사결정나무를 활용하여 ROC 커브 작성
# ROC 커브를 그리기 위해서는 하나의 집단에 속할 확률 값들이 필요하다.
# 이번 경우에는 setosa(1번) 그룹에 속할 확률 값들을 계산
> library( rpart )
> result <- rpart( Species ~ . , data = train )
```

```
> pred <- predict( result , newdata = test )
# 각 테스트 케이스마다 1번에 속할 확률 값을 반환
> head( pred )
  2    4    11   12   13   14
0.8  0.8  1.0  1.0  0.8  0.8
>
# test 데이터에 1번 집단에 속할 확률을 추가
> test$pred <- pred
> head( test , 3 )
  Sepal.Length Sepal.Width Species pred
2          4.9         3.0       1  0.8
4          4.6         3.1       1  0.8
11         5.4         3.7       1  1.0
>
# ROC 커브를 그리기 위한 Epi 패키지 호출
> install.packages('Epi')
> library(Epi)
> ROC( form = Species ~ pred , data = test , plot = 'ROC' )
```

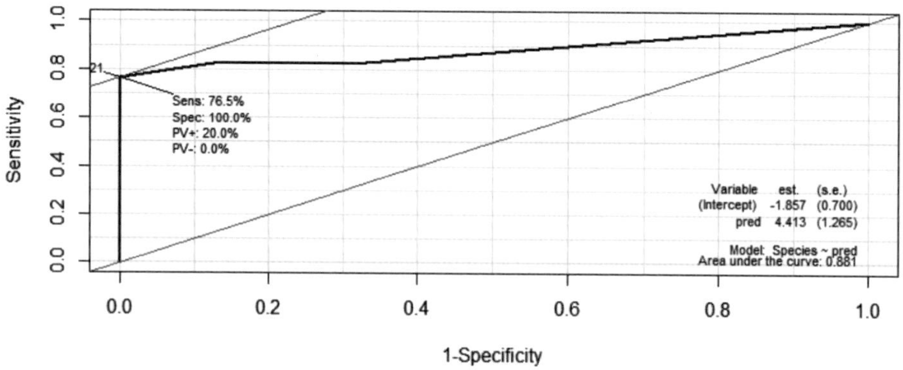

```
# AUROC(Area Under the curve) 값이 0.881로 위 의사결정나무 모형은
# 좋은 모형임을 알 수 있다.
```

(4) 이익도표(Lift Chart) ★★

- 이익도표(Lift Chart), 이득곡선(Gain Curve) 혹은 이득도표(Gain Chart)라고도 하며 모델의 성능을 판단하기 위해 작성한 표다.
- 목표범주(위 예제에서 setosa, 1번 그룹)에 속할 확률을 내림차순으로 정렬하여 몇 개의 구간으로 나누어 각 구간에서의 성능을 판단하고 랜덤 모델보다 얼마나 더 뛰어난 성능을 보이는지를 판단한다.

- 일반적으로 '0.5'에서 cut-off 하며, '1.0'이 가장 높은 기준이 된다.
- 예를 들어, 다음의 이익도표를 살펴보자.
- 200개의 자료 중 40개가 그룹1에 속해 있는 평가용(test) 데이터셋이 있을 때 구축된 모형으로 200개 각각의 자료에 대해 그룹1에 속할 확률을 구하고 내림차순으로 정렬한 후 구간을 나누었다. 그리고 이익도표를 그려 보았다.

【 그룹1에 속할 확률을 내림차순으로 정렬 】

```
   real_value        prob
1           0 0.400593007
2           0 0.621764215
3           0 0.051190028
4           1 0.982221130
5           0 0.649874703
6           0 0.206591590
7           1 0.708957606
8           0 0.755691246
9           0 0.433879567
10          1 0.588365605
11          0 0.800443764
12          1 0.836051372
13          0 0.206111279
14          0 0.427256920
15          0 0.242772816
16          0 0.386224871
17          0 0.026244403
18          0 0.654024687
19          0 0.975126281
20          0 0.361612701
```

내림차순

```
    real_value        prob
92           1 0.997547935
4            1 0.982221130
91           1 0.975945334
19           0 0.975126281
30           0 0.961929199
70           1 0.936548993
100          1 0.936333254
38           1 0.934785646
34           1 0.928429944
24           1 0.888033748
12           1 0.836051372
-------------------------
43           0 0.818524634
45           1 0.811899441
28           1 0.805843594
80           0 0.801737672
11           0 0.800443764
35           1 0.790228113
99           0 0.777432022
66           1 0.762155800
8            0 0.755691246
```

【 이익도표 】

구간	실제 빈도수	반응 검출률	반응률	향상도
1	8	8/40 = 0.2	8/10 = 0.8	0.8/0.2 = 4
2	5	5/40 = 0.125	5/10 = 0.5	0.5/0.2 = 2.5
⋮	⋮	⋮	⋮	⋮

- 랜덤모델의 예측력 = (목표범주 그룹1에 속한 데이터 개수)/(전체 데이터 개수)

  = 40/200 = 0.2

- 향상도 = (반응률)/(랜덤모델의 예측력)

(5) 향상도 곡선(Lift Curve) ★★

- 랜덤 모델과 비교하여 해당 모델의 성과가 얼마나 향상되었는지 구간별로 파악하기 위한 그래프다. 좋은 모델일수록 큰 값에서 시작하여 급격히 감소한다.

```
# 앞 ROC 커브를 그리기 위해 사용한 테스트셋을 사용
# 향상도 곡선을 그리기 위한 ROCR 패키지 호출
> library( ROCR )
# 실제 집단과 집단에 포함될 예측 확률로 향상도 곡선을 그리기 위한 준비
> lift_value <- prediction( test$pred , test$Species )
# 향상도 곡선
> plot( performance( lift_value , 'lift' , 'rpp' ) )
# 수직선
> abline( v = 0.4 , lty = 2 , col = 'blue' )
> abline( v = 0.58 , lty = 2 , col = 'blue' )
```

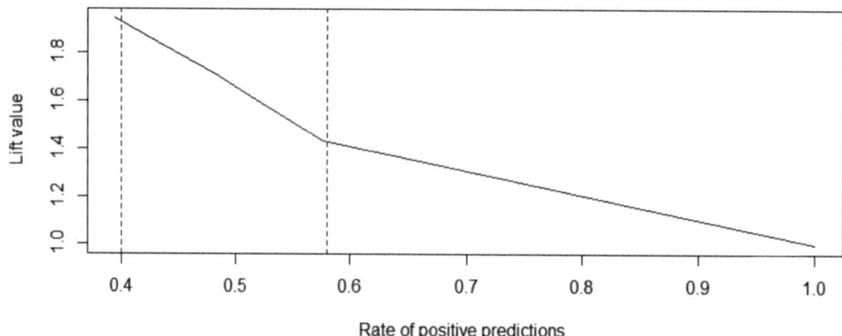


```
>
# 구축된 모형은 랜덤모델과 비교하여
# 상위 40% 데이터에 대해 1.9배 정도의 좋은 예측력을 갖고 있다고 할 수 있다.
# 상위 58% 데이터에 대해 1.4배 정도의 좋은 예측력을 갖고 있다고 할 수 있다.
```

3과목 / 3장 / 핵·심·문·제

01. 다음 중 로지스틱 회귀분석에 대한 설명 중 가장 부적절한 것은 무엇인가?

① 오즈란 이진 분류에서 실패할 확률 대비 성공할 확률을 의미한다.

② 로지스틱 회귀분석의 종속변수는 범주형이다.

③ 독립변수 X의 회귀계수를 5라 가정하면 X값이 1 증가할 때 성공할 확률은 5배 증가한다.

④ 성공 횟수가 10이고 실패 횟수가 1이면 오즈값은 10이다.

02. 다음 중 의사결정나무에 대한 설명으로 부적절한 것은 무엇인가?

① 분류 분석의 일종으로 여러 개의 분리 기준에 의하여 최종 분류 값을 찾는 방법이다.

② 지니 지수, 엔트로피 지수 등을 분리 기준의 지표로 활용한다.

③ 시각화하였을 때 누구나 쉽게 알아볼 수 있다는 특징이 있다.

④ 종속변수가 범주형인 경우에는 지니 지수를, 연속형인 경우 엔트로피와 카이제곱 통계량을 사용한다.

03. 다음은 의사결정나무의 어떤 규칙에 대한 설명인가?

> 너무 많은 분리기준을 보유한 의사결정나무는 일반화의 어려움이 있을 수 있는 과적합 문제가 발생할 수 있다. 이러한 문제를 해결하기 위해 특정 조건에 도달하였을 경우 나무의 성장을 멈추도록 하는 규칙이다.

( )

04. 아래 그림의 집단을 보고 지니 지수를 계산하시오.

① 12/25 ② 13/25
③ 14/25 ④ 15/25

05. 다음 중 앙상블 분석에 대한 설명으로 가장 부적절한 것은?

① 배깅은 원본 데이터의 붓스트랩을 활용하여 여러 개의 모형을 만들고 보팅에 의하여 최종 결과를 찾아낸다.
② 붓스트랩이란 기존 데이터와 같은 크기만큼의 표본을 복원추출하여 만들어낸 새로운 표본집단이다.
③ 의사결정나무는 이상값에 민감하지 않지만 랜덤 포레스트는 이상값에 민감하다.
④ 앙상블 분석의 주 목적은 여러 개의 분류기를 제작하여 하나의 분류기에서 오는 낮은 신뢰성을 높이는 것이다.

06. 다음은 앙상블 분석의 어떤 기법에 대한 설명인가?

> 한 번에 여러 개의 붓스트랩을 만들지 않고 다음 분류기를 제작하기 위한 붓스트랩을 구성할 때 이전 분류기에 의하여 잘못 분류된 데이터에 더 큰 가중치를 주어 새로운 붓스트랩을 구성하여 최종 모형을 만드는 방법이다.

① 랜덤 포레스트 ② 앙상블
③ 부스팅 ④ 의사결정나무

07. 다음 중 인공신경망에 대한 설명 중 잘못 설명한 것은 무엇인가?

① 다층신경망에서 은닉층의 수와 은닉노드의 수는 많을수록 좋으나 계산 시간이 오래 걸려서 선호되지 않는다.
② 발생한 오차를 줄이기 위해 역전파 알고리즘을 사용하여 가중치를 수정한다.
③ 역전파에 의한 가중치 수정 작업 중 가중치의 절댓값이 커져 과소적합이 발생하는 것을 포화문제라 한다.
④ 다수의 은닉층을 보유한 경우 시그모이드 함수를 사용하면 기울기 소실 문제가 발생할 수 있다.

08. 아래는 성과 평가의 여러 그래프 중 하나에 대한 설명이다. 어떤 그래프에 대한 설명인가?

> x축은 1 – 특이도의 값을 나타내며, Y축은 민감도의 값을 나타내어 모형의 이진 분류에 대한 성과를 평가하기 위한 그래프다. 그래프의 아래 면적값이 클수록 모델의 성능이 우수하다고 말할 수 있다.

① 향상도 곡선 ② 회귀 곡선
③ 편차 제곱합 그래프 ④ ROC 커브

09. 아래 표를 보고 F1 SCORE 값을 구하시오(단, 소수 둘째 자리에서 반올림).

		예측집단		합계
		1(True)	0(False)	
실제집단	1(True)	15	5	20
	0(False)	10	70	80
합계		25	75	100

( )

【정답&해설】

01. 답: ③

해설: 오즈값은 5배가 아닌 e의 5제곱인 약 148배가 증가한다.

02. 답: ④

해설: 종속변수가 범주형일 경우 카이제곱 검정, 지니 지수, 엔트로피 지수 등을, 연속형일 경우 분산분석에서의 F통계량, 분산의 감소량 등을 사용한다.

03. 답: 정지규칙

해설: 정지규칙에 대한 설명이다.

04. 답: ①

해설: 지니 지수: $1-\left(\frac{2}{5}\right)^2-\left(\frac{3}{5}\right)^2=\frac{12}{25}$

05. 답: ③

해설: 여러 개의 의사결정나무로 이루어진 랜덤 포레스트는 의사결정나무의 특징인 이상값에 민감하지 않다는 특징을 그대로 보유하고 있다.

06. 답: ③

해설: 부스팅에 관한 설명이다.

07. 답: ①

해설: 은닉층과 은닉노드의 수가 너무 많으면 과적합이 발생할 수 있다. 반대로 너무 적으면 과소적합이 발생할 수 있다.

08. 답: ④

해설: ROC 그래프에 대한 설명이며, ROC 그래프의 아래 면적을 AUROC라 한다.

09. 답: 0.7(0.67 반올림)

해설: F1 SCORE = 0.67 / 정밀도: 15 / 25 = 0.6, 재현율: 15 / 20 = 0.75, F1 SCORE: (2 * 0.6 * 0.75) / (0.6 + 0.75) = 0.67

03 군집분석

1. 군집분석

(1) 군집분석 개요

- 비지도학습 중 하나인 군집분석은 여러 변수로 표현된 자료들 사이의 유사성을 측정하고 유사한 자료들끼리 몇 개의 군집(Cluster)으로 묶고 다변량 분석(상관분석, 회귀분석, 주성분분석 등)을 활용하여 각 군집에 대한 특징을 파악하는 기법이다.
- 생물학에서는 종의 분류, 마케팅에서는 시장 세분화, 금융에서는 산업 분석 등 다양하게 활용되며 협업 필터링(Collaborative Filtering) 같은 추천 서비스가 등장하는 기반을 제공하였다.
- 군집분석에서 관측치의 유사성을 측정하기 위한 방법으로 거리측도로는 유클리디안 거리, 맨하튼 거리 등이 있고 유사성 측도로는 코사인 거리와 상관계수가 있다. 거리가 가까울수록 유사성이 크다.
- 군집분석의 평가 지표로는 실루엣 계수가 사용되는데, 응집도와 분리도를 계산하며, 그 값이 1에 가까울수록 완벽하게 분리되었다고 판단한다.

(2) 거리 측도★★★

① 변수가 연속형인 경우

- 유클리디안 거리(Euclidean): 두 점 사이의 거리를 계산할 때 가장 널리 쓰이는 계산 방법으로, 두 점 사이의 가장 짧은 거리를 계산한다. 통계적 개념이 포함되지 않은 수학적 거리로 변수들의 산포정도를 감안하지 않는다.

$$d(x,\ y) = \sqrt{\sum_{i=1}^{n}(x_i - y_i)^2}$$

- 맨하튼 거리(Manhattan): 두 점 사이를 가로지르지 않고 길을 따라 갔을 때의 거리로, 유클리디안 거리와 마찬가지로 수학적 거리다. 시가거리라고도 표현하며, 도시에서 최단거리를 움직이듯 변수들의 차이의 단순합으로 계산한 거리다.

$$d(x, y) = \sum_{i=1}^{n} |x_i - y_i|$$

【 유클리디안 거리와 맨하튼 거리 】

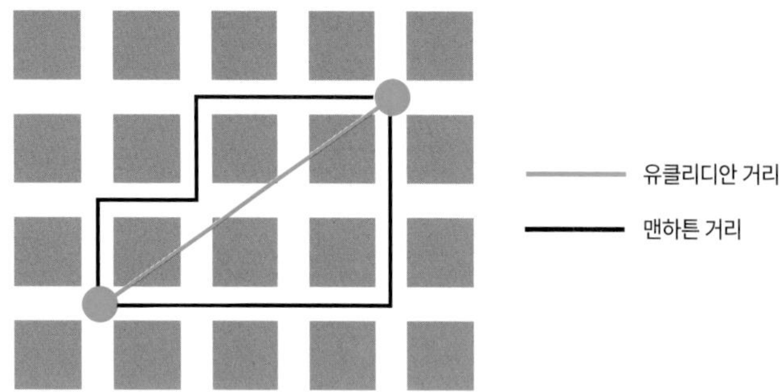

- 체비셰프 거리(Chebychev): 변수 간 거리 차이 중 최댓값을 데이터 간의 거리로 정의한다.

$$d(x, y) = max|x_i - y_i|$$

- 표준화 거리(Standardized): 유클리디안 거리에서 변수 간 단위의 차이로 어떤 변수가 거리 측정에 크게 기여하지 못하는 문제를 표준편차로 나눔으로써 해결한 거리다.

$$d(x, y) = \left[\sum_{i=1}^{n} \frac{|x_i - y_i|^2}{S_{ii}}\right]^{1/2} = [(X-Y)^T D^{-1} (X-Y)]^{1/2}$$

(D: 변수의 분산을 성분으로 하는 대각행렬)

- 마할라노비스 거리: 표준화 거리가 고려하지 못한 변수 간 상관성까지 고려한 거리다.

$$d(x, y) = [(X-Y)^T S^{-1} (X-Y)]^{1/2}$$

(S: 변수의 공분산을 성분으로 하는 대각행렬)

- 민코프스키 거리: 유클리디안 거리와 맨하튼 거리를 한번에 표현한 거리로, $m=1$일 때는 맨하튼 거리이며, $m=2$일 때는 유클리디안 거리가 된다.

$$d(x, y) = \left[\sum_{i=1}^{n} |x_i - y_i|^m\right]^{1/m}$$

【예시】 **연속형 변수의 대표적인 거리 측도 계산**

유클리디안 거리

	x	y	z
A	3	3	5
B	1	7	2
$A-B$	2	−4	3
$(A-B)^2$	4	16	9
합	29		
거리	$\sqrt{29}$		

맨하튼 거리

	x	y	z
A	3	3	5
B	1	7	2
$A-B$	2	−4	3
$\|A-B\|$	2	4	3
합	9		
거리	9		

체비셰프 거리

	x	y	z
A	3	3	5
B	1	7	2
$A-B$	2	−4	3
$\|A-B\|$	2	4	3
max	4		
거리	4		

참고 **표준화와 정규화**

각 변수 사이의 단위의 차이는 거리에 영향을 줄 수 있기 때문에 유클리디안 거리를 사용하기 전에 일반적으로 정규화 또는 표준화를 수행한다.

- **표준화**: 관측치들이 평균으로부터 얼마나 떨어져 있는지를 나타낼 때 사용된다. 표준화한 자료들의 평균은 0, 표준편차는 1이 되기 때문에 변수 간 분포를 통일할 수 있다.

$x_{new}=\frac{x-\mu}{\sigma}$($\mu$: x의 평균, σ: x의 표준편차)

- **정규화**: 모든 데이터의 범위를 0과 1 사이로 변환하여 분포를 조정하는 방법이다.

$x_{new}=\frac{x-x_{min}}{x_{max}-x_{min}}$

② 변수가 범주형인 경우

데이터가 범주형 변수인 경우에는 얼마나 많은 공통된 요소를 갖고 있는지 판단할 수 있다.

- **단순 일치 계수**: 두 객체 i와 j 간의 상이성을 불일치 비율로 계산한다. P는 변수의 총 개수이며, m은 객체 i와 j가 같은 상태인 변수의 수(일치한 수)를 의미한다.

$$d(i, j)=\frac{m}{p}$$

- **자카드 지수**: 두 집합 사이의 유사도를 측정하는 지표로서 두 집합이 같으면 1, 완전히 다르면 0의 값을 갖는다.

$$J(X, Y)=\frac{n(A\cap B)}{n(A\cup B)}$$

- **자카드 거리**: 자카드 지수를 거리화하기 위해 완전히 다르면 먼 거리를 갖는 1로, 완전히 동일하면 거리를 0으로 변환하기 위해 1에서 자카드 지수를 뺀 값이다.

$$d_{jaccard}(X,\ Y)=1-J(X,\ Y)=1-\frac{n(A\cap B)}{n(A\cup B)}$$

- **코사인 유사도**: 문서(텍스트)의 유사도를 측정하기 위한 지표로서 크기가 아닌 방향성을 측정하는 지표다. 완전히 일치하면 1의 값을 가지며, 완전히 다른 방향이면 −1의 값을 갖는다.

$$Cosine\ Similarity(X,\ Y)=\frac{\vec{X}\cdot\vec{Y}}{|X||Y|}$$ ($\vec{X}\cdot\vec{Y}$는 두 벡터의 내적 값, |X|는 X벡터의 크기)

- **코사인 거리**: 코사인 유사도를 거리화하기 위해 1에서 코사인 유사도를 뺀 값이다.

$$d_{cosine}(X,\ Y)=1-Cosine\ Similarity(X,\ Y)=1-\frac{\vec{X}\cdot\vec{Y}}{|X||Y|}$$

- **순위 상관계수**: 순서척도인 두 데이터 사이의 거리를 측정하기 위한 지표로서 스피어만 상관계수를 사용할 수 있다(3과목 '상관분석' 편 참고).

【예시】 범주형 변수의 대표적인 거리 측도 계산

- **단순 일치 계수(SMC)**

	Var_1	Var_2	Var_3	Var_4	Var_5
A	1	1	1	0	0
B	0	1	0	1	0

$\boldsymbol{SMC}$(Simple Matching Coefficient)$=\frac{2}{5}$

- **자카드 지수**

	Var_1	Var_2	Var_3	Var_4	Var_5
A	1	1	1	0	0
B	0	1	0	1	0

A={ Var_1, Var_2, Var_3 }
B={ Var_2, Var_4 }
$J(X,\ Y)=\frac{n(A\cap B)}{n(A\cup B)}=\frac{1}{4}$

- **코사인 유사도**

	apple	*banana*	*melon*
A	4	2	0
B	2	1	3

$$Cosine\ Similarity(A,\ B) = \frac{(4\times2)+(2\times1)+(0\times3)}{\sqrt{4^2+2^2+0^2}\sqrt{2^2+1^2+3^2}} = \frac{10}{\sqrt{20}\sqrt{14}} \approx 0.598$$

2. 계층적 군집분석

(1) 계층적 군집분석 개요

- 개별 관측치 간의 거리를 계산해서 가장 가까운 관측치부터 결합해나가면서 계층적 트리 구조를 형성하고, 이를 통해 군집화를 수행하는 방법이다.
- 계층적 군집의 방법에는 각 데이터를 하나의 군집으로 간주하고 가까운 데이터부터 순차적으로 병합해 나가는 '병합적 방법'과 전체 데이터를 하나의 군집으로 간주하고 각각의 관측치가 하나의 군집이 될 때까지(혹은 종료조건까지) 군집을 순차적으로 분할하는 '분할적 방법'이 있다.
- 병합적 방법이 대표적이며, 몇 개의 군집으로 나눌 것인지를 사전에 정할 필요가 없고 분석 결과를 바탕으로 분석가가 판단하여 설명 가능한 수준으로 군집화하면 된다.
- 여러 데이터 중 가장 유사한 두 데이터를 하나의 군집으로 묶었다면 새로운 군집과 기존의 데이터 사이의 거리를 새로 측정해야 한다. 이때 새로운 거리를 어떻게 계산하느냐에 따라 여러 방법으로 나뉠 수 있다.

【 덴드로그램을 통한 계층 구조 시각화 】

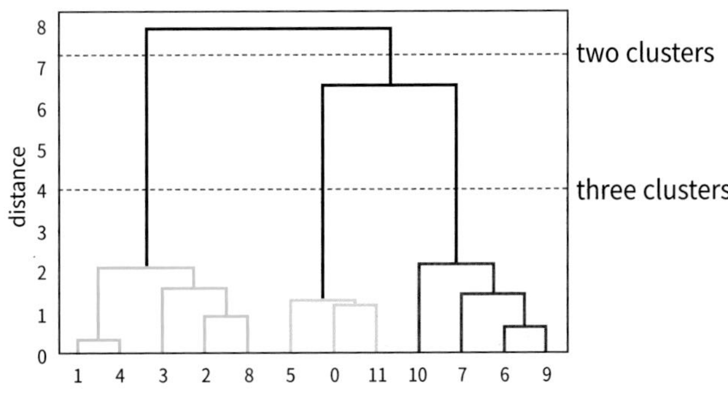

- 앞의 그림에서 원하는 군집의 수를 2개로 설정하면 (1, 4, 3, 2, 8)군집과 (5, 0, 11, 10, 7, 6, 9)군집이 생성되며, 군집 수를 3개로 설정하면 (1, 4, 3, 2, 8)군집과 (5, 0, 11)군집 그리고 (10, 7, 6, 9) 군집이 생성된다.

(2) 군집 간의 거리 ★★★

TIP_군집 간의 거리 측정 방법별 특성을 알고 있어야 합니다.

- 군집분석에서는 관측 벡터 간의 거리뿐만 아니라 군집 간 거리에 대한 정의가 필요하다.
- 계층적 군집은 한 번 병합된 개체는 다시 분리되지 않고 사용되는 연결법에 따라 생성되는 군집이 다를 수 있다. 따라서 여러 연결법을 통해 군집을 생성해 보고 유의미한 군집을 형성하는 방법을 적용해야 한다.

【 군집 간 거리 측정 방법 】

TIP_각 연결법과 설명을 연결할 수 있어야 합니다.

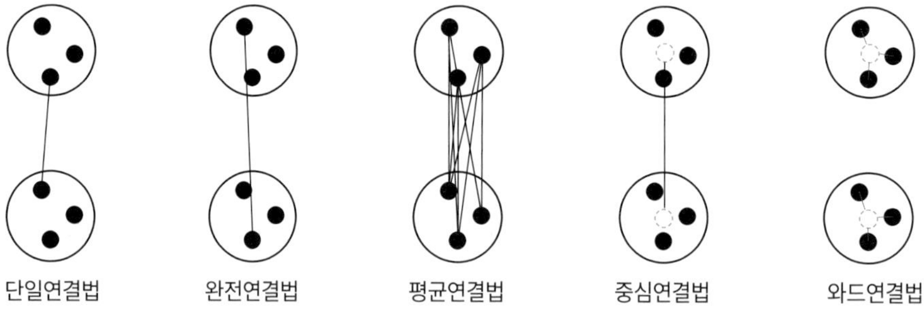

단일연결법 완전연결법 평균연결법 중심연결법 와드연결법

단일연결법 (single linkage)	최단연결법이라고도 하며 생성된 군집과 기존의 데이터들의 거리를 가장 가까운 데이터로 계산하는 방법이다. 대부분 관측치가 멀리 떨어져 있어도 하나의 관측치만 다른 군집과 가까이 있으면 병합이 가능하다.
완전연결법 (complete linkage)	최장연결법이라고도 하며 생성된 군집과 기존의 데이터들의 거리를 가장 먼 데이터로 계산하는 방법이다. 내부 응집성에 중점을 둔 방법으로 둥근 형태의 군집이 형성된다.
평균연결법 (average linkage)	생성된 군집과 기존의 데이터들의 거리를 군집 내 평균 데이터로 계산하는 방법이다. 계산량이 불필요하게 많아질 수 있으며, 단일연결법과 완전연결법보다 이상치에 덜 민감하다.
중심연결법 (centroid linkage)	각 군집의 중심점 사이의 거리를 거리로 정의한 방법이다. 평균연결법보다 계산량이 적고, 모든 관측치 사이의 거리를 측정할 필요 없이 중심 사이의 거리를 한 번만 계산한다.
와드연결법 (ward linkage)	생성된 군집과 기존의 데이터들의 거리를 군집 내 오차가 최소가 되는 데이터로 계산하는 방법이다. 비슷한 크기의 군집끼리 병합하는 경향이 있으며 군집 내 분산을 최소로 하기 때문에 좀 더 조밀한 군집이 생성될 수 있다.

【예시】 최단연결법 – 유클리디안 거리

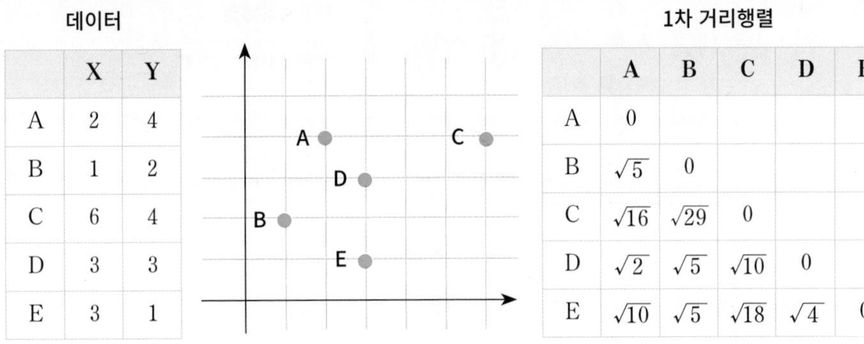

데이터

	X	Y
A	2	4
B	1	2
C	6	4
D	3	3
E	3	1

1차 거리행렬

	A	B	C	D	E
A	0				
B	$\sqrt{5}$	0			
C	$\sqrt{16}$	$\sqrt{29}$	0		
D	$\sqrt{2}$	$\sqrt{5}$	$\sqrt{10}$	0	
E	$\sqrt{10}$	$\sqrt{5}$	$\sqrt{18}$	$\sqrt{4}$	0

A와 D가 가장 가까우므로 군집 형성

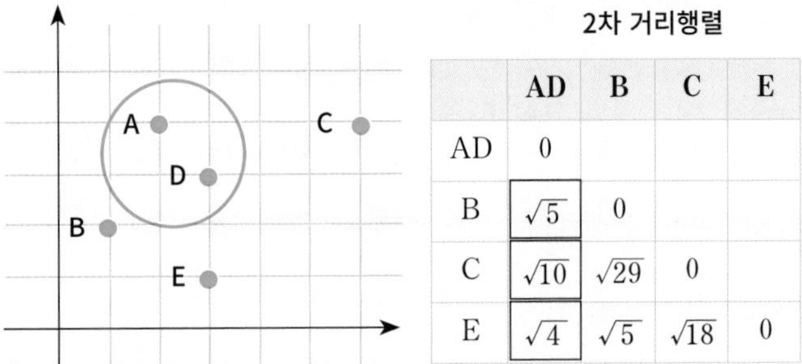

2차 거리행렬

	AD	B	C	E
AD	0			
B	$\sqrt{5}$	0		
C	$\sqrt{10}$	$\sqrt{29}$	0	
E	$\sqrt{4}$	$\sqrt{5}$	$\sqrt{18}$	0

AD와 B의 거리는 A와 B의 거리($\sqrt{5}$)와 D와 B의 거리($\sqrt{5}$) 중 최단거리 $\sqrt{5}$
AD와 C의 거리는 A와 C 거리($\sqrt{16}$)와 D와 C의 거리($\sqrt{10}$) 중 최단거리 $\sqrt{10}$
AD와 E의 거리는 A와 E 거리($\sqrt{10}$)와 D와 E의 거리($\sqrt{4}$) 중 최단거리 $\sqrt{4}$
AD와 E가 가장 가까우므로 군집을 형성

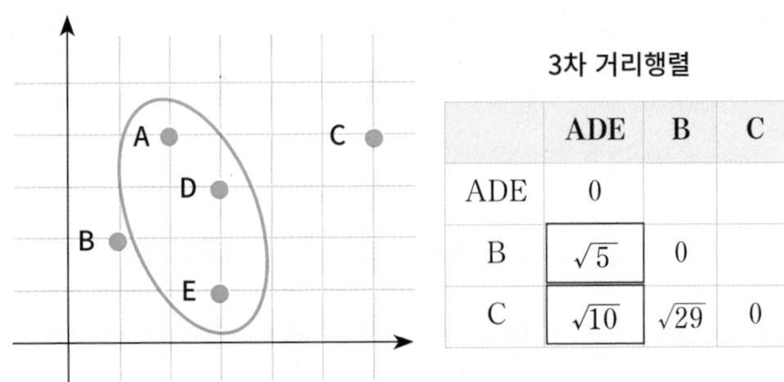

3차 거리행렬

	ADE	B	C
ADE	0		
B	$\sqrt{5}$	0	
C	$\sqrt{10}$	$\sqrt{29}$	0

ADE와 B의 거리는 AD와 B의 거리($\sqrt{5}$)와 E와 B의 거리($\sqrt{5}$) 중 최단거리 $\sqrt{5}$
ADE와 C의 거리는 AD와 C의 거리($\sqrt{10}$)와 E와 C의 거리($\sqrt{18}$) 중 최단거리 $\sqrt{10}$
ADE와 B가 가장 가까우므로 군집을 형성

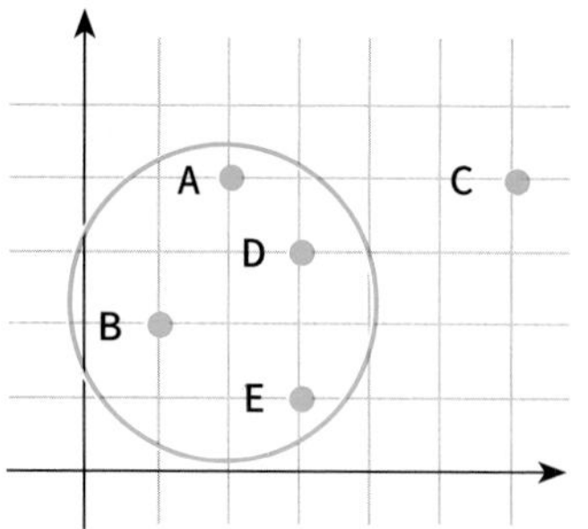

4차 거리행렬

	ABDE	C
ABDE	0	
C	$\sqrt{10}$	0

ABDE와 C의 거리는 ADE와 C의 거리($\sqrt{10}$)와 B와 C의 거리($\sqrt{29}$) 중 최단거리 $\sqrt{10}$
ABDE와 C가 가장 가까우므로 군집을 형성

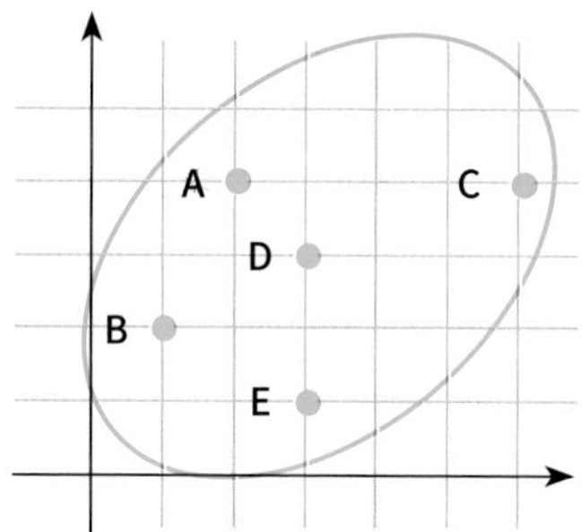

모든 개체가 한 군집으로 묶이고 분석을 종료

【예시】 계층적 군집분석

```
# 데이터 생성
> x = c( 2, 1, 6, 3, 3 )
> y = c( 4, 2, 4, 3, 1 )
> data = data.frame( x, y )

# 데이터 행에 이름 할당하기
> rownames( data ) <- c( 'A' , 'B' , 'C' , 'D' , 'E' )

# 거리 행렬 데이터 생성
# euclidean은 유클리디안 거리를 의미하며, 그 외에 manhattan, minkowski 등이 있다.
# 기본값은 euclidean이므로 method = 'euclidean'을 생략해도 같은 결과를 출력한다.
> dist_data <- dist( data , method = 'euclidean' )

# 거리행렬 데이터 살펴보기
> print( dist_data )
A         B         C         D
B 2.236068
C 4.000000 5.385165
```

```
D 1.414214 2.236068 3.162278
E 3.162278 2.236068 4.242641 2.000000

# 군집분석 수행
# single은 최단연결법을 의미하며, 그 외에 complete(최장), average(평균) 등이 있다.
# 기본값은 method='complete'이다.
> hclust_data <- hclust( dist_data , method = 'single' )

# 결과 시각화하기
> plot( hclust_data )
```

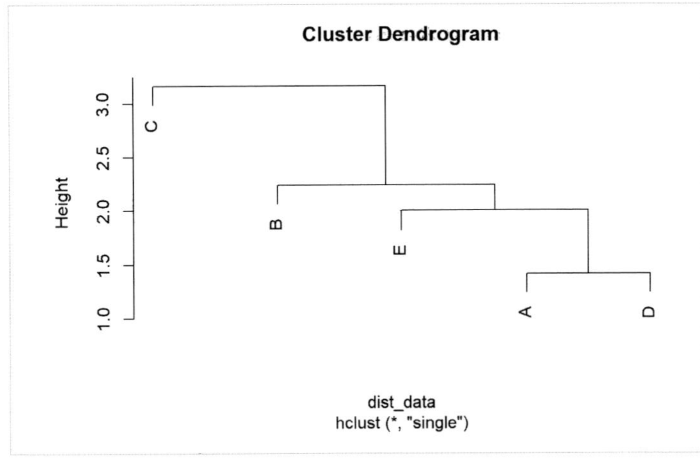


```
# 만약 Height 값을 2.1로 설정한다면
> abline(h=2.1)
```

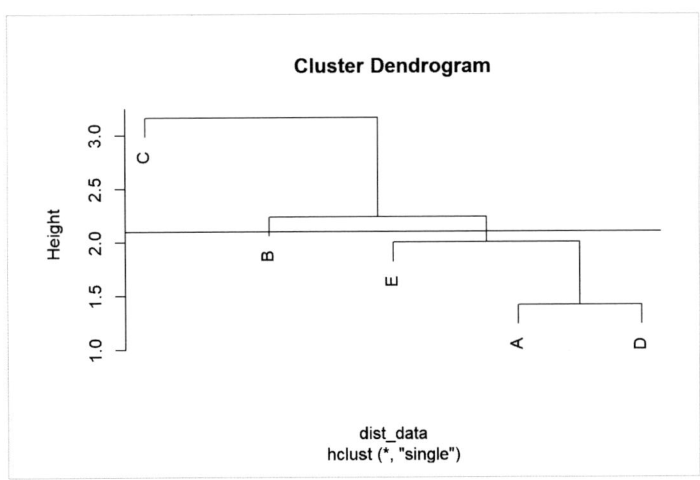


```
# (c), (b), (a,d,e)의 3개의 군집으로 나뉘는 것을 확인할 수 있다.
```

(3) 비계층적 군집분석

- 계층적으로 군집을 형성하지 않고 구하고자 하는 군집의 수를 사전에 정의해 정해진 군집의 수만큼 형성하는 방법이다.

- 비계층적 군집분석은 계층적 군집분석과 다르게 데이터 간 거리행렬을 사용하여 분석을 수행하지 않는다. 또한 원하는 군집의 수(k)의 초깃값을 설정하고 분석을 수행한다. 대표적인 방법으로 k-means(k-평균) 군집이 있다.

① k-means 군집***

- 군집의 수(k개)를 사전에 정한 뒤 집단 내 동질성과 집단 간 이질성이 모두 높게 전체 데이터를 k개의 군집으로 분할하는 알고리즘이다.

- 군집의 수 k의 초깃값을 설정하고 k개의 군집 각각을 설명할 변수의 값을 임의로 설정하거나 데이터 중에서 k개를 선택한다. 이때 임의로 설정된 k개의 데이터를 seed라 한다.

② k-means 군집의 방법***

[step 1] 군집의 수 K의 초깃값을 설정하고 각각의 K를 설명할 변수의 값을 임의로 설정하거나 데이터 중에서 K개를 선택한다. 이때 임의로 설정된 K개의 데이터를 seed라 한다.

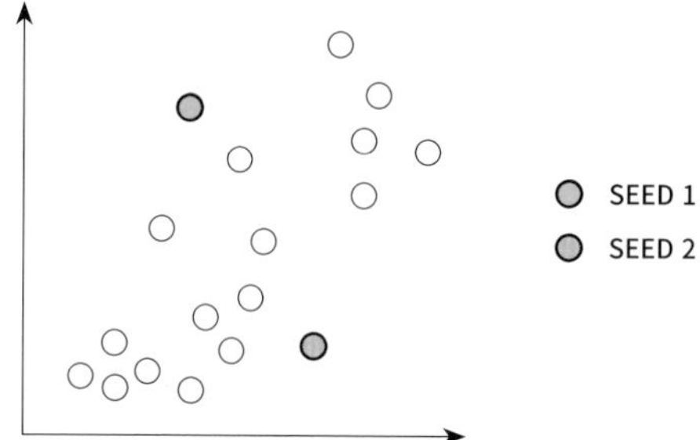

[step 2] 각 데이터를 가장 가까운 seed로 할당한다.

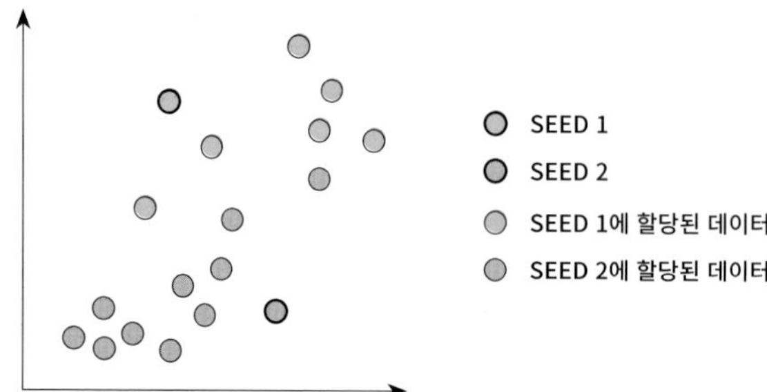

[step 3] 각 군집의 데이터들 사이의 평균값 혹은 중앙값을 계산하여 새로운 seed를 설정한다.

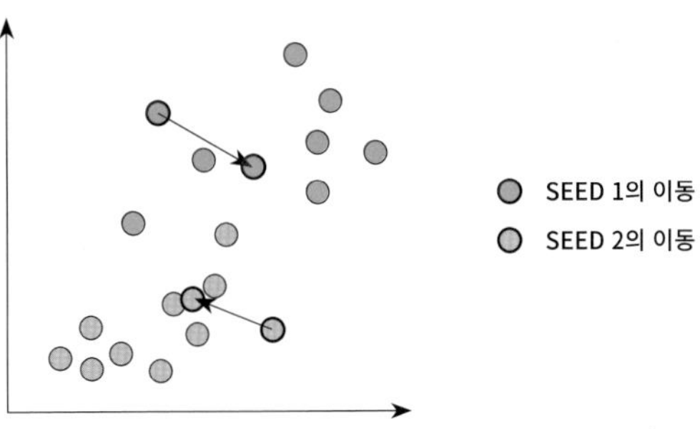

[step 4] 새로운 seed를 중심으로 군집을 재할당한다.

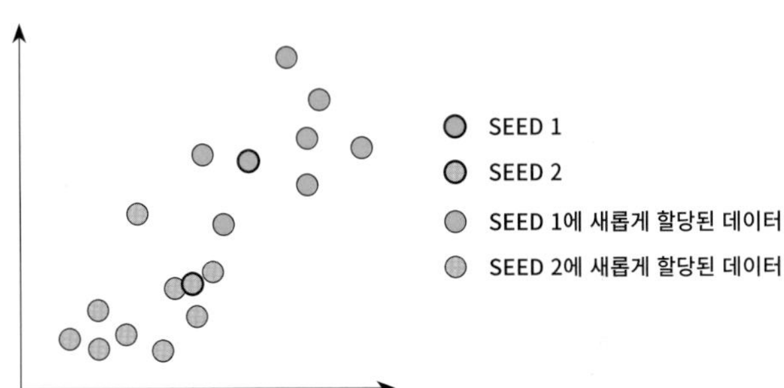

[step 5] 각 군집의 중심이 변하지 않을 때(모든 데이터가 이상적으로 군집화될 때)까지 위 3, 4번 과정을 반복한다.

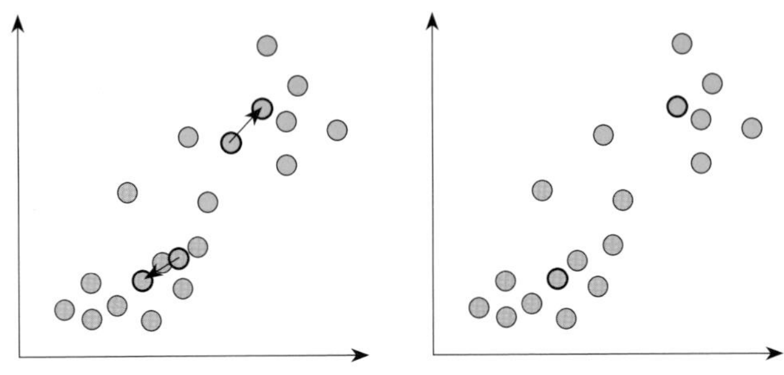

③ k-means 군집의 특징★★

장점	단점
▪ 분석 기법의 적용이 비교적 단순하고 빠르다. ▪ 다양한 데이터에서 사용 가능하다.	▪ 초깃값 K개의 설정이 어렵다. ▪ 결과의 해석에 어려움이 있다. ▪ 데이터의 변수들이 연속형 변수여야 한다. ▪ 안정된 군집은 보장하나 최적의 보장은 없다. ▪ 이상값에 민감하게 반응한다. → 평균값 대신 중앙값을 사용하기도 한다.

참고 **집단 내 제곱합 그래프**

K-평균 군집의 초깃값 설정의 편의를 위한 집단 내 제곱합 그래프는 K의 값을 1부터 늘려가면서 K-평균 군집 기법을 적용하였을 때 모든 데이터들이 각 군집의 중심으로부터 떨어진 거리를 제곱하여 합한 값을 나타낸 그래프다. 군집의 수가 많을수록 집단 내 제곱합 값은 감소하지만 특정 K값 이후 감소량이 급격히 적어진다.

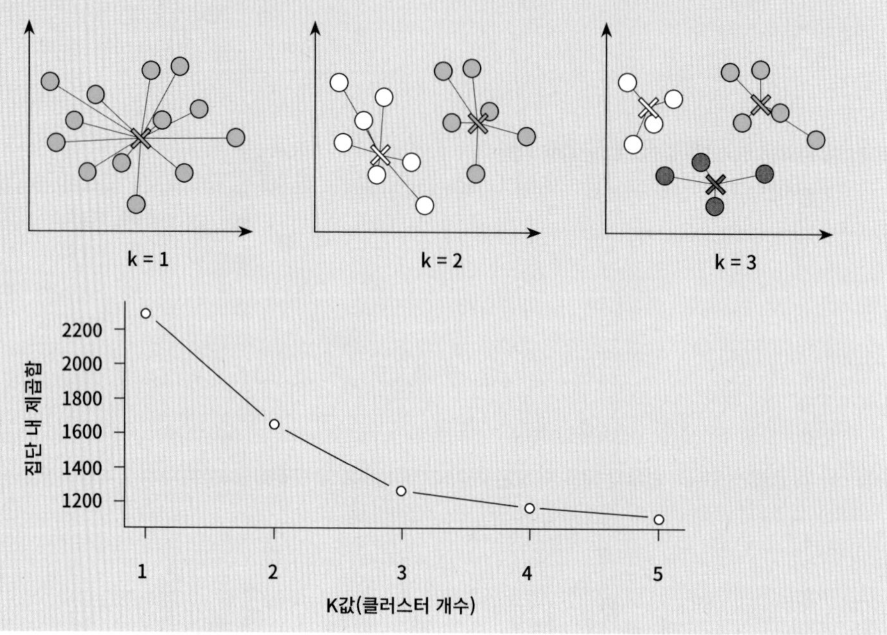

【예시】 **k-means 군집**

다차원 척도법에서 본 과일 데이터를 사용하여 K-평균 군집을 활용해보자.

	변수명	사과	아보카도	바나나	블루베리	멜론	수박	딸기	포도
열량	cal(kcal)	52	160	89	57	34	32	30	69
탄수화물	car(g)	112.4	8.5	22.8	14.5	8.2	7.7	7.6	18.1
지방	fat(g)	0.2	14.7	1.3	0.7	0.2	0.3	0.2	0.2
단백질	pro(g)	0.3	2.0	1.1	0.3	0.8	0.7	0.6	0.7
식이섬유	fib(g)	2.4	6.7	2.6	2.4	0.9	2.0	0.4	0.9
설탕당	sug(g)	10.4	0.7	12.2	9.9	7.9	4.7	6.2	15.5

```
> cal <- c( 52 , 160 , 89 , 57 , 34 , 32 , 30 , 69 )
> car <- c( 112.4 , 8.5 , 22.8 , 14.5 , 8.2 , 7.7 , 7.6 , 18.1 )
> fat <- c( 0.2 , 14.7 , 1.3 , 0.7 , 0.2 , 0.3 , 0.2 , 0.2 )
> pro <- c( 0.3 , 2.0 , 1.1 , 0.3 , 0.8 , 0.7 , 0.6 , 0.7 )
```

```
> fib <- c( 2.4 , 6.7 , 2.6 , 2.4 , 0.9 , 2.0 , 0.4 , 0.9 )
> sug <- c( 10.4 , 0.7 , 12.2 , 9.9 , 7.9 , 4.7 , 6.2 , 15.5 )
> fruits <- data.frame( cal , car , fat , pro , fib , sug )
> rownames( fruits ) <- c( 'apple' , 'avocado' , 'banana' , 'blueberry' , 'melon' , 'watermelon' ,
                         'strawberry' , 'grape' )
# 군집의 중심과 개체 사이의 거리를 구하는데 단위의 문제가 발생할 것으로 예상된다면
# 표준화를 통해 단위 문제를 해결
> fruits <- as.data.frame( scale( fruits, center = T, scale = T ) )
# 군집분석을 위한 내장 데이터인 Nclus를 활용
> install.packages("flexclust")
> library(flexclust)
> data(Nclus)
# 초기값(K, 군집의 수)는 3으로 설정하고 군집수행
> result <- kmeans( Nclus , centers = 3 )
# 각 군집의 중심
> result$centers
        cal    car        fat pro      fib  sug
1  51.83333  13.15  0.4833333 0.7 1.533333  9.4
2  53.00000 112.40  0.2000000 0.3 2.400000 10.4
3 160.00000   8.50 14.700000 2.0 6.700000  0.7
# 2번 군집은 1번과 3번 군집에 비해 탄수화물(car)이 많은 집단인 것을 알 수 있다.

# 원본 데이터에 군집을 추가
> fruits$cluster <- result$cluster
> head( fruits )
           cal   car  fat pro fib  sug cluster
apple       52 112.4  0.2 0.3 2.4 10.4       2
avocado    160   8.5 14.7 2.0 6.7  0.7       3
banana      89  22.8  1.3 1.1 2.6 12.2       1
blueberry   57  14.5  0.7 0.3 2.4  9.9       1
melon       34   8.2  0.2 0.8 0.9  7.9       1
watermelon  32   7.7  0.3 0.7 2.0  4.7       1
>
# 어느 과일이 어느 군집에 속하는지 확인 가능하다.

# 데이터가 2차원일 경우 시각화로도 표현이 가능하다.
# 군집분석을 위한 내장 데이터인 Nclus를 활용
>  install.packages("flexclust")
>  library(flexclust)
> data(Nclus)
> result <- kmeans( Nclus , 3 )
# 시각화
```

```
> plot( Nclus , col = result$cluster , xlim = c( -7 , 10 ) , ylim = c( -4 , 10 ) ,
                                                          xlab = ' ' , ylab = ' ' )
# 군집의 중심을 표시
> par( new = T )
> plot( result$centers , pch = 3 , cex = 3 , xlim = c( -7 , 10 ) , ylim = c( -4 , 10 ) ,
                                                          xlab = ' ' , ylab = ' ' )
```

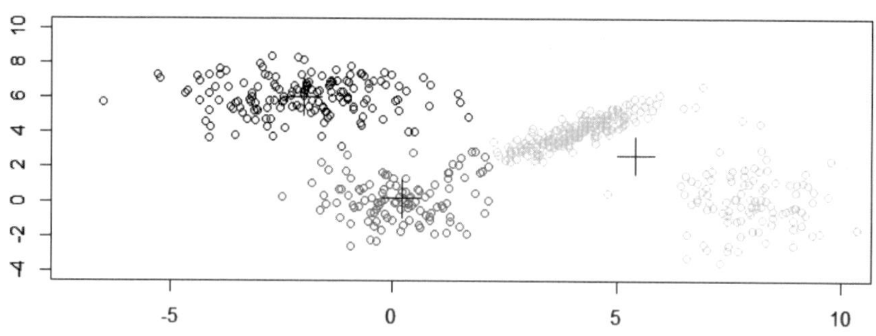

참고 **K-medoids**

K-medoids는 이상값에 민감한 K-평균 군집의 단점을 보완하기 위해 고안되었다. 군집 수행을 위한 알고리즘은 대체로 K-평균 군집과 유사하지만 다음과 같은 차이가 있다.

1. SEED 값은 반드시 데이터 중에서 선택한다.
2. SEED의 이동은 각 클러스터의 중심 또는 평균이 아닌 해당 클러스터에 속한 데이터 중에서 다른 데이터와의 거리 척도가 최소가 되는 데이터로 선택한다.

K-medoids는 이상값에 민감하지 않다는 장점이 있으나, 각 클러스터에서 새로운 SEED를 추출할 모든 데이터와 거리를 측정해야 하므로 군집 수행에 있어서 많은 시간을 필요로 한다는 단점이 있다.

④ DBSCAN(Density Based Spatial Clustering of Applications with Noise)

- 대부분의 군집분석 알고리즘은 개체 간의 거리를 기반으로 군집을 형성하기 때문에 데이터의 분포가 볼록하지 않은 경우 효과적으로 군집을 형성하지 못하는 경우가 많았다.
- DBSCAN 알고리즘은 밀도 기반 군집분석의 한 방법으로 개체 간의 거리에 기반을 둔 다른 군집 방법 알고리즘과 다르게 개체들이 밀집한 정도에 기초해 군집을 형성한다.
- DBSCAN 알고리즘은 k-means 알고리즘과 달리 군집의 형태에 구애받지 않아 데이터의 분포가 기하학적이고 노이즈가 포함된 데이터셋에 대해서도 효과적으로 군집을 형성할 수 있고, 초기 군집의 수를 설정할 필요가 없다.

【예시】 DBSCAN

```
# 라이브러리 설치 및 호출
> install.packages( " fpc " )
> library(fpc)
>
# DBSCAN을 수행할 데이터 생성
> data<-data.frame(
+ x = c( sample( 1:10, 15, replace=T), sample( 20:30, 10, replace=T) ),
+ y = c( sample( 1:10, 15, replace=T), sample( 20:30, 10, replace=T) )
+)
# 데이터 프레임 시각화
> plot(data)
```

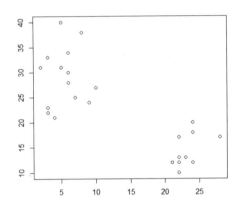

```
>
# dbscan 수행
# 5라는 거리 안에 3개의 점이 있다면 하나의 그룹으로 군집화
> dbscan_result<-dbscan(data, eps=5, MinPts=3)
# 그룹화 시각화 확인
plot(data, col = dbscan_result$cluster)
```

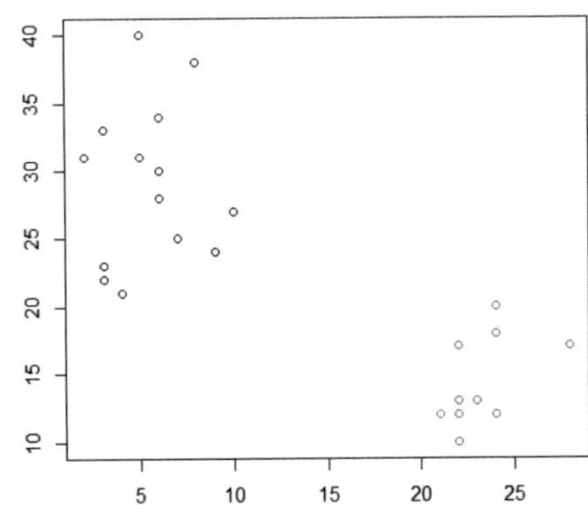

3. 혼합 분포 군집

(1) 혼합 분포 군집 개요

- 모형 기반의 군집 방법으로 관측된 데이터들은 여러 개의 확률분포(흔히 정규분포)로부터 추출되었다는 가정하에 같은 확률분포에서 추출된 데이터들끼리 군집화하는 분석 기법이다.
- 데이터들이 몇 개의 확률분포로 구성되어 있는지, 각각의 확률분포의 모수(평균, 분산)와 그 확률분포가 전체 데이터에서 차지하는 비중(가중치)을 찾는 것이 혼합 분포 군집의 핵심이다. 이때 모수와 가중치를 추정하는 방법으로는 EM(기댓값 최대화) 알고리즘을 사용한다.

(2) EM 알고리즘 ★★

- 기댓값 최대화(EM, Expectation Maximization) 알고리즘은 확률모델의 최대가능도(Maximum Likelihood)를 갖는 모수와 함께 그 확률모델의 가중치를 추정하고자 한다.
- 각 데이터가 어느 분포에서 추출된 데이터인지 각 집단(잠재변수, Z)으로부터 기댓값을 구할 수 있다. 이때 추정된 기댓값을 활용하여 로그-가능도 함수가 최대로 되게 하는 모수를 찾을 수 있다.
- 알고리즘으로 두 가지 단계(E-step, M-step)로 구성되어 있다.

- **가능도(Likelihood)**

우도(尤度)라고도 표현하며, 관측된 데이터가 특정 분포를 따를 가능성을 의미한다. 동전을 10번 던져서 앞면이 나오는 수의 사건은 당연히 모수(앞면이 나올 확률)가 50%인 이항 분포다. 만약 동전을 10번 던져서 6번의 앞면을 받았다면 실제 모수가 50%일 수 있지만 관측된 데이터에 한해서 최대가능도를 갖는 모수가 60%이기 때문에 앞면이 나올 확률은 60%라고 주장할 수 있는 근거를 제시해준다.

- **로그-가능도 함수**

가능도 함수의 로그 형태로 지수 형태를 갖는 함수식이나 미분과 같은 계산상의 편의를 위하여 사용한다. 로그는 증가함수이기 때문에 로그-가능도 함수가 최대라는 것은 가능도가 최대인 것을 의미한다.

(3) EM 알고리즘 과정

01. [E - STEP] 파라미터(모수) 설정: 두 개의 정규분포로 혼합된다고 가정할 경우 초기 파라미터(각 정규분포의 평균과 표준편차, 가중치) 값을 임의로 설정한다.

02. [E – STEP] Z의 기댓값 계산: 설정된 파라미터 값을 가진 분포로부터 실제 데이터가 얼마나 나올지를 알아보기 위해 로그 가능도 함수의 기댓값을 계산한다.

03. [M – STEP] 새로운 파라미터 추정: 위 과정에서 얻은 기댓값을 사용하여 왼쪽 분포의 평균인 μ_1 값은 지금보다 더 큰 값을 가져야 하며, 오른쪽 분포의 평균인 μ_2 값은 지금보다 더 작은 값을 가져야 하는 등의 새로운 파라미터 값을 추정할 수 있다.

04. [M – STEP] 알고리즘 반복 및 종료: 이전 가능도에 비해 가능도 증가량이 특정 기준값(ε)보다 낮으면 가능도가 최대가 되었다고 판단하고 알고리즘을 종료한다. 그렇지 않으면 2번(E step, Z의 기댓값 계산)과 3번(M–step, 새로운 파라미터 추정) 단계를 반복한다.

【예시】 혼합 분포 군집

```
# 미국의 온천 분출 시간 자료가 담긴 내장 데이터 faithful의 waiting 열을 활용
# 혼합 분포 군집을 위한 mixtools 패키지를 호출
> library( mixtools )
> waiting <- faithful$waiting
> hist( waiting )
```

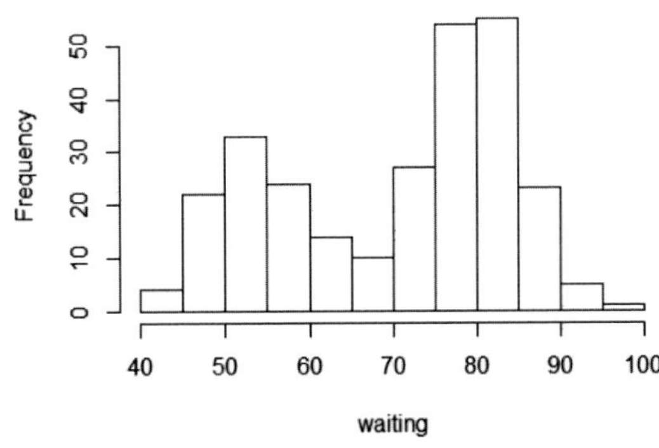


```
# 두 개의 정규분포가 혼합된 것으로 유추 가능
# normalmixEM을 활용하여 혼합 분포 군집을 수행
```

```
> result <- normalmixEM( waiting )
number of iterations = 38
> summary( result )
summary of normalmixEM object:
           comp 1     comp 2
lambda   0.360887   0.639113
mu      54.614892  80.091092
sigma    5.871244   5.867716
loglik at estimate:   -1034.002
```

```
# 분포 1은 평균이 54.61, 표준편차가 5.87인 정규분포를 따르며, 그 비중은 약 36%다.
# 분포 2는 평균이 80.09, 표준편차가 5.87인 정규분포를 따르며, 그 비중은 약 64%다.

# plot을 사용해서 시각화된 결과를 얻을 수 있다.
> plot( result , density = T )
Hit <Return> to see next plot :
```

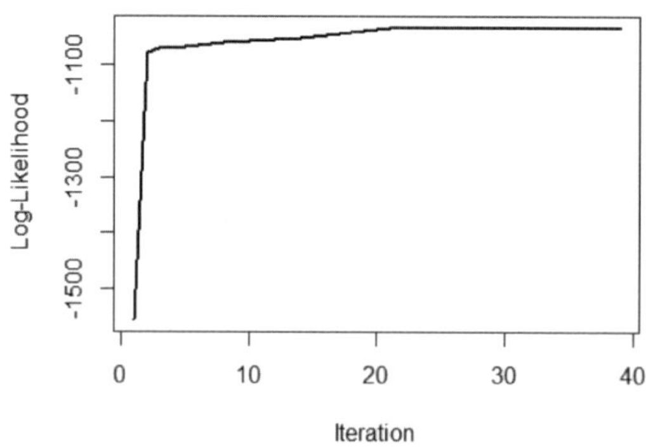


```
# 엔터를 누르면 다음 그래프를 볼 수 있다.
```

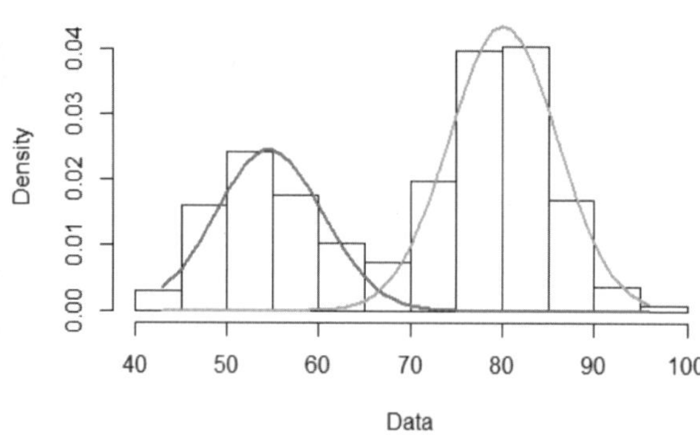

혼합 분포 군집과 같이 모형 기반의 군집분석은 관측된 데이터가 몇 개의 확률분포로부터 추출되었는지 결정하기 어려운 문제가 있다. 이 어려움을 해결하기 위해 BIC 값을 활용하여 분포(군집)의 수를 결정할 수 있다.

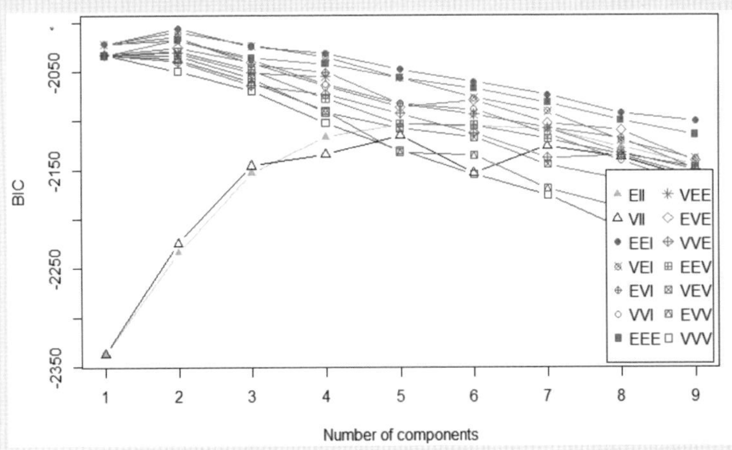

위 그래프를 보면 모델링의 현재 상태를 의미하는 세 글자의 영문명과 상관없이 BIC 값이 가장 큰 값을 갖는 2개가 관측된 데이터를 설명하기 위한 확률분포의 수로 적절하다.

4. 자기조직화지도(SOM)

(1) 자기조직화지도 개요

- SOM(자기조직화지도) 알고리즘은 코호넨 맵이라고도 불리며, 인공신경망 기반 차원 축소와 군집화를 동시에 수행할 수 있는 알고리즘이다.
- 다차원 데이터를 축소해 저차원의 지도를 생성하고 이를 통해 데이터를 가시화하는 데 유용하다. 또한 입력공간의 속성을 보존한다는 특징이 있어 실제 유사한 데이터는 2차원 격자에서도 가깝게 표현된다.
- 코호넨에 의해 개발되어 코호넨 맵으로도 불리는 SOM 알고리즘은 고차원 데이터를 한눈에 파악하기 쉬운 저차원(2차원) 공간에 정렬하여 나타내는 시각화 방법 중 하나다.

(2) 자기조직화지도 구성 ★★

- 은닉층을 보유한 다층신경망과 달리 은닉층이 없이 j개의 데이터를 입력받는 입력층과 이를 n개의 노드(뉴런)로 표현하고자 하는 경쟁층으로 구성되어 있으며, 입력층의 모든 데이터는 경쟁층의 모든 노드와 완전연결(fully connected)되어 있다.

- 각 학습 단계마다 임의의 프로토타입 벡터(경쟁층의 각각의 뉴런을 의미)와의 거리를 유클리디안 거리에 의해 계산하고 비교한다. 이때 입력층의 표본 벡터에 가장 가까운 프로토타입 벡터를 BMU(Best-Matching Unit)라 부른다. 최종적으로 경쟁층에 있는 노드들 중 가장 가까운 하나의 노드에만 도달하게 되는데, 그 노드를 승자 노드(winning node)라 부른다.

【 SOM의 구조 】

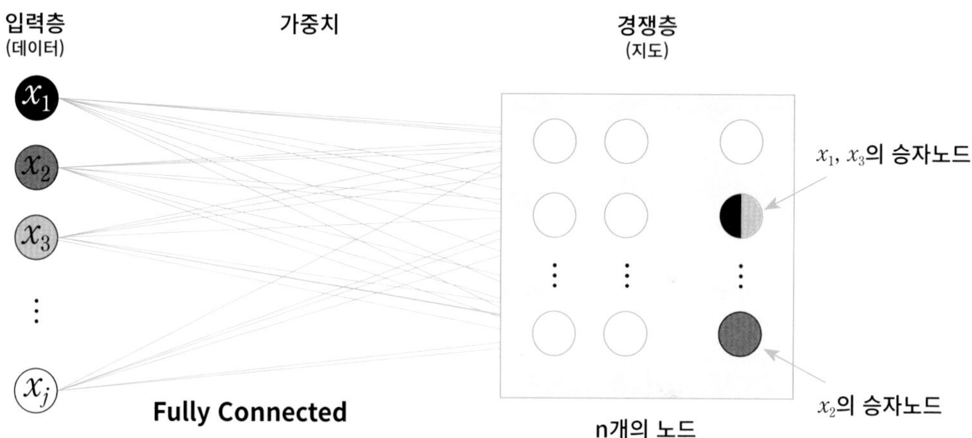

【 SOM의 예시 】

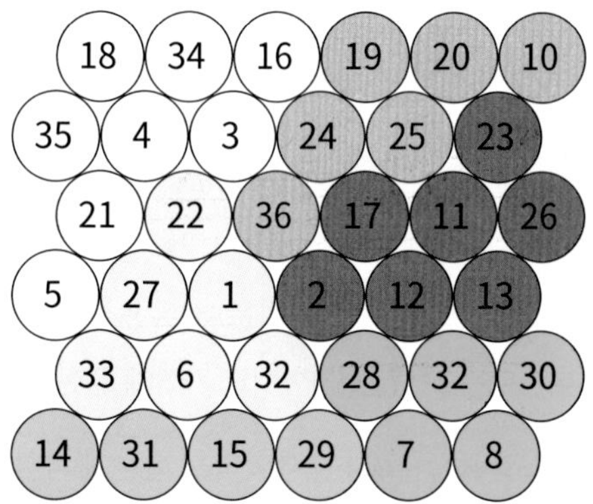

(3) 자기조직화지도 과정 ★★★

01. 초기 학습률(α_0)과 임의의 값의 가중치 행렬, 경쟁층의 노드 개수를 지정한다.

02. 입력 벡터(첫 번째 데이터)를 제시하고 가중치 행렬에 의하여 가장 가까운 노드에 나타낸다.

03. 입력 벡터에 대한 승자노드가 입력 벡터를 더 잘 나타내도록 학습률을 사용하여 해당 가중치를 재조정한다.

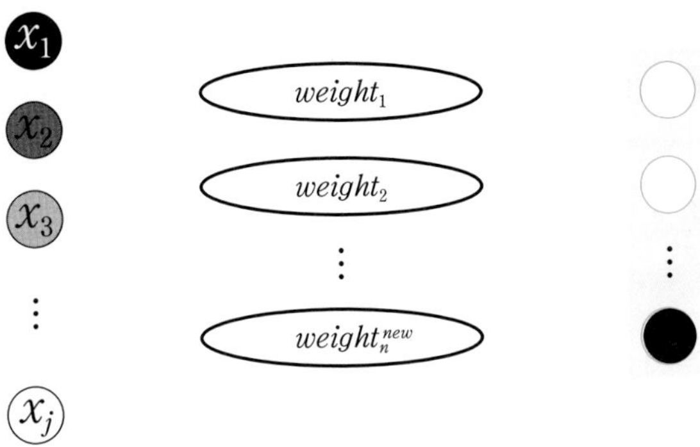

04. 2단계로 돌아가서 반복하여 모든 입력 벡터를 승자노드에 나타낸다. 모든 입력 벡터가 승자노드에 표시되는 과정을 1회의 iteration(반복)이라 한다.

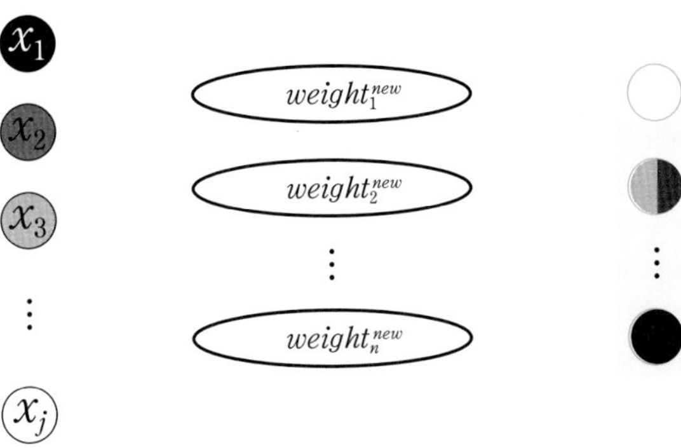

05. 일정 iteration(반복) 수에 도달할 때까지 2번으로 돌아가 위 작업을 반복한다(단, 반복하는 과정에서 입력 벡터에 대한 승자노드는 변경될 수 있다).

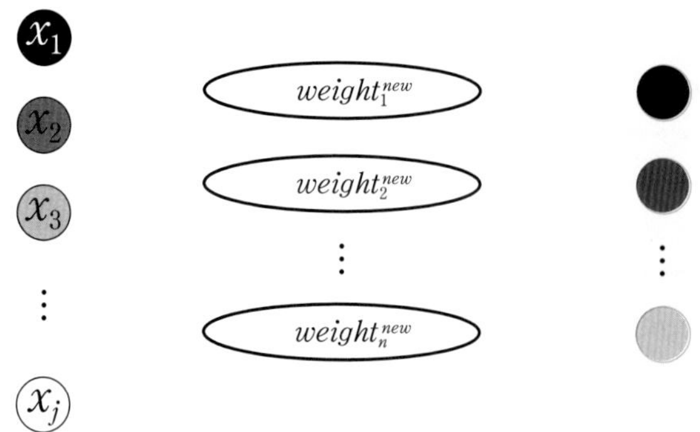

(4) 자기조직화지도 특성 ★★

- 인공신경망의 일종이지만 다층신경망과 달리 은닉층을 보유하고 있지 않으며, 순전파 방식만 사용하여 알고리즘을 수행하는 속도가 매우 빠르다.

장점	단점
▪ 역전파 알고리즘을 사용하지 않는 순전파 방식이므로 속도가 매우 빠르다. ▪ 저차원의 지도로 형상화되어 시각적 이해가 쉽다. ▪ 패턴 발견 및 이미지 분석에서 성능이 우수하다. ▪ 입력 데이터에 대한 속성을 그대로 보존한다.	▪ 초기 학습률 및 초기 가중치에 많은 영향을 받는다. ▪ 경쟁층의 이상적인 노드의 개수를 결정하기 어렵다.

【예시】 자기조직화지도 예시

- 다차원 척도법에서 사용했던 과일 데이터를 사용하여 자기조직화지도를 활용해보자.

```
> cal <- c( 52 , 160 , 89 , 57 , 34 , 32 , 30 , 69 )
> car <- c( 112.4 , 8.5 , 22.8 , 14.5 , 8.2 , 7.7 , 7.6 , 18.1 )
> fat <- c( 0.2 , 14.7 , 1.3 , 0.7 , 0.2 , 0.3 , 0.2 , 0.2 )
> pro <- c( 0.3 , 2.0 , 1.1 , 0.3 , 0.8 , 0.7 , 0.6 , 0.7 )
> fib <- c( 2.4 , 6.7 , 2.6 , 2.4 , 0.9 , 2.0 , 0.4 , 0.9 )
> sug <- c( 10.4 , 0.7 , 12.2 , 9.9 , 7.9 , 4.7 , 6.2 , 15.5 )
> fruits <- data.frame( cal , car , fat , pro , fib , sug )
> names <- c( 'apple' , 'avocado' , 'banana' , 'blueberry' , 'melon' , 'watermelon' ,
             'strawberry' , 'grape' )
> rownames( fruits ) <- names
# kohonen 패키지 호출
> install.packages('kohonen')
> library(kohonen)
```

```
# fruits 데이터 표준화
> fruits_scaled <- scale( fruits , center = T , scale = T )
# 자기조직화지도 수행, 경쟁층의 노드 수는 1×3으로 3개
> result <- som( fruits_scaled , grid = somgrid( 3, 1 ) )
# 1×2 시각화 표현
> par( mfrow = c( 1 , 2 ) )
> plot( result )
> plot( result, type = 'mapping' , labels = names )
```

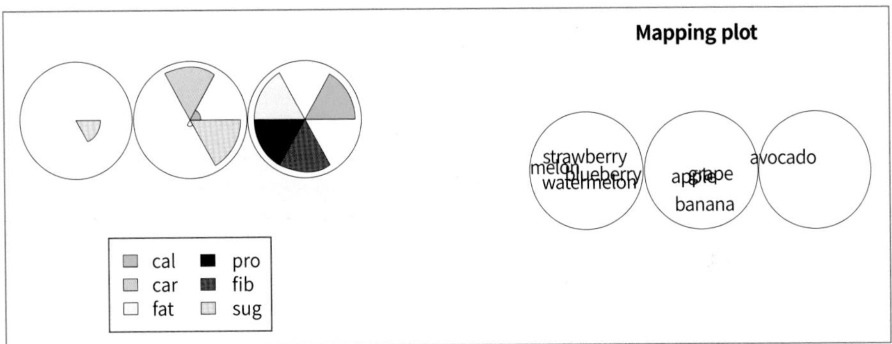


```
# 왼쪽 그림의 첫 번째 노드는 설탕(sug)을 많이 포함한 과일들을 의미한다.
# 오른쪽 그림을 보아 첫 번째 노드는 딸기, 수박, 멜론, 블루베리가 있음을 알 수 있다.
# 왼쪽 그림의 두 번째 노드는 탄수화물(car)과 설탕(sug)을 많이 포함한 과일을 의미한다.
# 오른쪽 그림을 보아 두 번째 노드는 사과 포도 바나나를 포함하고 있음을 알 수 있다.
# 왼쪽 그림의 세 번째 노드는 열량(cal), 단백질(pro), 지방(fat), 식이섬유(fib)를 많이 포함한 과일을 의미한다.
# 오른쪽 그림을 보아 세 번째 노드에는 아보카드가 속해 있음을 알 수 있다.
```

참고 **군집분석 모형의 평가**

군집분석을 수행할 때 수립한 군집분석 모형이 얼마나 타당성을 갖는지 알아보기 위해 군집 간 분산(inter-cluster variance)이 최대가 되는 군집의 개수가 몇 개인지, 또 군집 내 분산(inner-cluster variance)이 최소가 되는 군집의 개수가 몇 개인지 확인한다. 이를 찾아내는 것이 바로 군집모형의 타당성 평가다. 다음 표는 비지도학습의 평가 방법을 정리한 것이다.

【 군집분석의 평가 방법 】

외부 평가	자카드 계수 평가	두 데이터 군집 간의 유사도를 계산 $$J(A,\ B)=\frac{\lvert A\cap B\rvert}{\lvert A\cup B\rvert}=\frac{TP}{TP+FP+FN}$$
	분류 모형 평가 방법을 응용	▪ 혼동행렬(confusion matrix) ▪ ROC curve(군집분석 평가에 분류평가 방법을 사용)

	단순 계산법	전체 데이터의 개수가 n개인 경우, 군집의 개수인 K값은 $\sqrt{\frac{n}{2}}$로 계산
	군집 간의 거리를 계산하여 평가	▪ 유클리디안 거리(Euclidean) ▪ 맨해튼 거리(Manhattan) ▪ 민코프스키 거리(Minkowski) ▪ 표준화 거리(Standardized) ▪ 마할라노비스 거리(Mahalanobis) ▪ 캔버라 거리(Canberra) ▪ 체비셰프 거리(Chebychev)
내부 평가	실루엣 계수	실루엣(Silhouette) 계수는 하나의 데이터와 나머지 모든 데이터와의 거리를 활용하여 지금 데이터가 속한 군집 안에 데이터들이 잘 속해 있는지 평가하는 방법이다. 실루엣 계수는 −1부터 1까지의 범위를 가지며 1에 가까울수록 군집이 매우 잘 되었다고 할 수 있으며, 실루엣 계수가 1인 경우 군집보다 모든 데이터가 정확하게 분류되었다고 얘기할 수 있는 수준이다.
	엘보 메소드	▪ K−means 분석 시각화 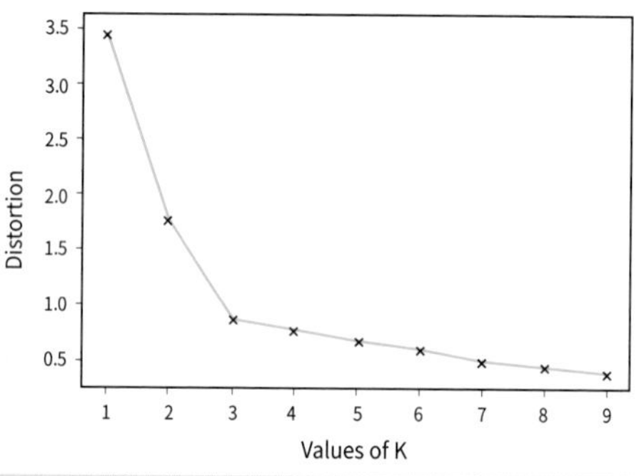

협업 필터링(Collaborative Filtering)이란?

협업 필터링은 수많은 사람들로부터 유사한 사람들을 찾고 유사한 사람들이 선호했거나 경험한 것을 예측하는 추천 방법 중 하나다.

(사용자) X (아이템에 대한 선호도)로 구성된 2차원 행렬로부터 사람 간의 유사도(거리)를 측정하고 가장 가까운 거리를 갖는 사람으로부터 이용하지 않은 아이템에 대하여 선호도를 예측한다.

아래와 같이 USER_B는 ITEM_A와 ITEM_D에 대한 이용기록이 없으며, 그 외 나머지 사용자들에 대한 각 아이템별 선호도 행렬을 다음과 같이 생성할 수 있다.

	ITEM_A	ITEM_B	ITEM_C	ITEM_D
USER_A	5	2	4	1
USER_B	?	3	3	?
USER_C	2	5	1	4

그리고 USER_B에게 ITEM_A와 ITEM_D 중 어떤 아이템을 추천할 것인지 고민하게 된다. 이제 USER_B는 USER_A와 USER_C 중 누구와 더 유사한지를 계산해야 한다. 유사도는 위 군집분석에서 본 유클리드 거리, 시가 거리 등의 다양한 방법으로 거리를 측정한다면 USER_B는 USER_C보다 USER_A와 더 유사함을 알 수 있다. 그렇다면 USER_A가 높은 선호도로 평가한 아이템인 ITEM_A를 USER_B가 선호할 가능성이 높다고 판단할 수 있다.

3과목 / 3장 / 핵·심·문·제

01. 군집분석을 실시하기 위한 여러 거리 측도 중 범주형 데이터의 거리를 계산하기 위한 측도로 적절한 것은 무엇인가?

① 유클리디안 거리
② 자카드 거리
③ 맨하튼 거리
④ 표준화 거리

02. 아래 표를 보고 두 데이터 A와 B의 맨하튼 거리와 체비셰프 거리를 바르게 구한 것은?

	X	Y	Z
A	3	4	5
B	5	7	9

	맨하튼 거리	체비셰프 거리
①	9	$\sqrt{29}$
②	4	$\sqrt{29}$
③	9	4
④	4	4

03. 다음 중 계층적 군집분석에 대한 설명으로 부적절한 것은?

① 범주형 데이터에서도 거리 측정이 가능하므로 분석 기법을 적용할 수 있다.
② R에서 최장연결법으로 수행하기 위해서는 complete를 사용한다.
③ 최장연결법은 가장 거리가 먼 데이터를 우선 묶는 방법으로 좋지 못한 방법이다.
④ 와드연결법은 군집 내 편차 제곱합이 최소가 되도록 연결하는 방법이다.

04. 아래의 명령문으로 군집분석을 시행한 후 그 결과를 덴드로그램으로 나타냈다. 다음 중 결과를 잘못 해석한 것은 무엇인가?

```
> dist_train <- dist( train , method = 'euclidean' )
> plot( hclust( dist_train , method = 'ave' ) )
```

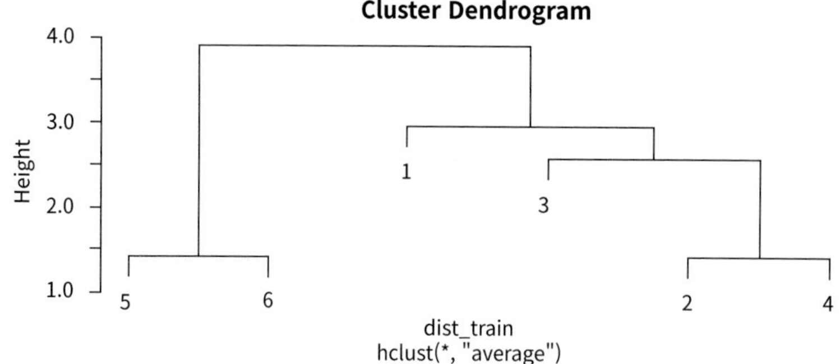

① Height 값을 2로 설정할 경우 4개의 군집으로 나눌 수 있다.

② 첫 번째 명령문의 method = 'euclidean'을 생략하면 다른 결과를 얻는다.

③ 평균연결법을 활용하여 군집을 수행하였다.

④ 계층적 군집분석을 수행한 결과다.

05. 다음 중 K평균 군집에 대한 설명으로 부적절한 것은?

① 각 클러스터와 거리 차이의 분산을 최소화하는 방식으로 동작한다.

② 한번 군집에 속한 데이터는 seed가 변경되어도 군집이 변하지 않는다.

③ 제곱합 그래프를 보고 초기 K값 결정에 도움을 받을 수 있다.

④ seed의 변경이 없거나 n번의 반복이 끝날 때까지 군집작업을 반복 수행한다.

06. 다음 중 K-평균 군집의 특징으로 부적절한 것은?

① 탐욕적 알고리즘으로 안정된 군집을 보장하지 못한다.

② 탐욕적 알고리즘이므로 최적의 군집을 보장하지 못한다.

③ 이상값에 민감하기 때문에 새로운 seed를 결정할 때 평균 대신 중앙값을 사용하기도 한다.

④ 목적이 없이 분석 수행이 가능하나 결과의 해석이 어렵다.

07. 다음 중 자기조직화지도에 대한 설명으로 부적절한 것은?

① 완전연결의 형태로 입력층의 각 데이터는 경쟁층의 각각의 뉴런에 연결된다.

② 경쟁층에 한 번 표시된 데이터는 iteration이 반복되는 동안 다른 노드로 이동할 수 없다.

③ 은닉층이 없으며 순전파 방식만 사용하기 때문에 매우 빠르게 수행된다.

④ 초기 학습률 및 초기 가중치의 결정이 결과에 큰 영향을 끼친다.

08. 다음 중 고차원의 데이터를 이해하기 쉽도록 2차원 공간에 정렬하여 지도의 형태로 나타내는 군집 방법은 무엇인가?

① 인공신경망
② 인포그래픽
③ 자기조직화지도
④ 랜덤 포레스트

09. 다음 중 실루엣 계수에 대한 설명으로 올바른 것은 무엇인가?

① 분류 모형의 성과를 평가하기 위한 지표다.
② 군집분석의 군집 정도를 평가하기 위한 지표다.
③ 연관분석의 연관 규칙을 평가하기 위한 지표다.
④ 회귀분석으로 파악할 수 없는 계수로 사람이 직접 지정해야 하는 하이퍼파라미터다.

【정답&해설】

01. 답: ②

해설: 범주형 데이터의 거리를 측정하기 위한 측도로는 자카드 거리, 코사인 거리 등이 있다.

02. 답: ③

해설: 유클리디안 거리: $\sqrt{29}$, 맨하튼 거리: 9, 체비셰프 거리: 4

03. 답: ③

해설: 최장연결법은 새롭게 생성된 군집 내의 데이터들과 군집 밖의 데이터의 거리 중 가장 먼 거리를 군집과 데이터의 거리로 사용한다.

04. 답: ②

해설: 데이터프레임의 각 객체 간의 거리를 측정해주는 dist 함수에서 거리 측도의 기본값은 유클리디안 거리다. 따라서 생략하여도 유클리디안 거리를 활용한다.

05. 답: ②

해설: 가까운 seed가 있는 군집으로 변경된다.

06. 답: ①

해설: 탐욕적 알고리즘으로 언제나 안정된 군집은 도출할 수 있으나 최적으로 군집화되었는지는 알 수 없다.

07. 답: ②

해설: 경쟁층에 표시된 노드는 n번의 iteration 동안 경쟁층의 현재 노드에서 이동될 수도, 이동되지 않을 수도 있다.

08. 답: ③

해설: 자기조직화지도(Self-Organizing Map)에 대한 설명이다.

09. 답: ②

해설: 실루엣 계수는 군집분석의 군집 정도를 평가하기 위한 지표다.

04 연관분석

1. 연관분석의 개요 및 측도

TIP _ 연관분석의 측도를 실제로 계산하는 문제는 시험에 자주 출제되므로 계산 방법까지 잘 알아두어야 합니다.

(1) 연관분석의 개요

- 장바구니 분석으로도 불리며 '치킨을 구매한 고객은 콜라를 구매할 확률이 높다'와 같이 고객들의 구매 패턴을 분석하여 의미 있는 규칙을 찾아내는 분석이다. 조건에 따른 결과의 형태로 'IF ~ Then ~'으로 해석된다.
- 연관분석은 탐색적 기법의 일종으로 조건 반응에 의해 표현되어 결과를 쉽게 이해할 수 있다. 또한 특별한 분석 의도가 없는 비지도학습 유형으로 다양하게 활용될 수 있다. 사용이 편리하고 계산이 간단하다.
- 하지만 연관분석은 품목의 수가 증가하면 분석 계산이 기하급수적으로 증가할 수 있다. 이를 개선하기 위해 유사한 품목을 하나의 범주로 일반화하는 작업을 수행하기도 한다. 너무 세분화된 품목으로 연관 규칙을 찾으면 의미없는 분석이 될 수 있다.

(2) 연관분석의 측도 ★★★

TIP _ 연관분석을 하면 무수히 많은 연관 규칙이 생성되는데, 모든 연관 규칙이 유용하지는 않으므로 측도를 통해 이 규칙들이 유의미한지 확인해야 합니다.

① 지지도(support)

- 전체 거래 중에서 A와 B라는 두 개의 품목이 동시에 포함된 거래의 비율로, 지지도가 높다는 것은 그 두 개의 아이템이 같이 잘 팔린다는 것을 의미한다.

$$\text{지지도} = P(A \cap B) = \frac{A\text{와 } B\text{가 동시에 포함된 거래 수}}{\text{전체 거래 수}}$$

② 신뢰도

- 어떤 하나의 품목이 구매되었을 때 다른 품목 하나가 구매될 확률로, 조건부확률로 나타낼 수 있다.
- A가 구매되었을 때 B가 구매될 확률인 신뢰도(A→B)와, B가 구매되었을 때 A가 구매될 확률인 신뢰도(B→A)는 다르다.

$$신뢰도(A\rightarrow B) = P(B|A) = \frac{P(A\cap B)}{P(A)} = \frac{A와\ B가\ 동시에\ 포함된\ 거래\ 수}{A가\ 포함된\ 거래\ 수}$$

$$신뢰도(B\rightarrow A) = P(A|B) = \frac{P(A\cap B)}{P(B)} = \frac{A와\ B가\ 동시에\ 포함된\ 거래\ 수}{B가\ 포함된\ 거래\ 수}$$

③ 향상도

- 품목 A가 주어지지 않았을 때 품목 B가 구매될 확률 대비 품목 A가 구매될 때 품목 B가 구매될 확률을 나타낸 값이다.
- 신뢰도와 달리 향상도(A→B)와 향상도(B→A)는 같다.

$$향상도(A\rightarrow B) = \frac{신뢰도(A\rightarrow B)}{P(B)} = \frac{P(A\cap B)}{P(A)P(B)}$$

$$향상도(B\rightarrow A) = \frac{신뢰도(B\rightarrow A)}{P(A)} = \frac{P(A\cap B)}{P(B)P(A)}$$

향상도(A→B) 〈 1	품목 A가 구매될 때 품목 B가 구매될 확률이 감소	음의 상관관계
향상도(A→B) = 1	품목 B가 구매될 확률이 변화 없음	관계없음
향상도(A→B) 〉 1	품목 A가 구매될 때 품목 B가 구매될 확률이 증가	양의 상관관계

【예시】 **연관분석 측도 계산**★★★

- 다음과 같은 거래 데이터가 주어질 때 각 연관분석 측도를 계산해보자.

품목	거래 횟수
{치킨}	100
{콜라}	200
{사이다}	100
{치킨 , 콜라}	300
{콜라 , 사이다}	100
{사이다 , 치킨}	100
{치킨 , 콜라 , 사이다}	100
전체 거래 수	1000

- 거래 횟수별 구매율

품목	거래 횟수	구매율
{치킨}	100	(100+300+100+100) / 1000 = 0.6
{콜라}	200	(200+300+100+100) / 1000 = 0.7
{사이다}	100	(100+100+100+100) / 1000 = 0.4
{치킨 , 콜라}	300	(100+300) / 1000 = 0.4
{콜라 , 사이다}	100	(100+100) / 1000 = 0.2
{사이다 , 치킨}	100	(100+100) / 1000 = 0.2
{치킨 , 콜라 , 사이다}	100	(100) / 1000 = 0.1
전체 거래 수	1000	

- 위와 같이 각 품목 집합에 대한 구매확률(지지도)을 계산했다면 위 표를 바탕으로 신뢰도와 향상도를 계산할 수 있다.

연관 규칙	지지도	신뢰도	향상도
치킨→콜라	0.4	0.4 / 0.6 = 0.666...	0.666... / 0.7 = 0.952...
콜라→치킨	0.4	0.4 / 0.7 = 0.571...	0.571... / 0.6 = 0.952...
사이다→콜라	0.2	0.2 / 0.4 = 0.5	0.5 / 0.7 = 0.714...
콜라→사이다	0.2	0.2 / 0.7 = 0.285...	0.285... / 0.4 = 0.714...
치킨→사이다	0.2	0.2 / 0.6 = 0.333...	0.333... / 0.4 = 0.833...
사이다→치킨	0.2	0.2 / 0.4 = 0.5	0.5 / 0.6 = 0.833...
{치킨 , 콜라} →사이다	0.1	0.1 / 0.4 = 0.25	0.25 / 0.4 = 0.625...
{콜라 , 사이다} →치킨	0.1	0.1 / 0.2 = 0.5	0.5 / 0.6 = 0.833...
{사이다 , 치킨} →콜라	0.1	0.1 / 0.2 = 0.5	0.5 / 0.7 = 0.714...

1. '치킨→콜라'의 지지도 0.4는 전체 거래 중 치킨과 콜라가 함께 구매되는 비율이 40%임을 의미
2. '치킨→콜라'의 신뢰도 약 0.66은 치킨이 구매될 시 콜라가 구매될 확률이 약 66%임을 의미
3. '치킨→콜라'의 향상도 약 0.95(1보다 작음)는 치킨이 구매될 시 콜라가 구매될 확률이 감소함을 의미
   왜냐하면, 콜라가 구매될 확률은 (200+300+100+100) / 1000 = 0.7인 것에 반해 치킨이 구매될 때 콜라가 구매될 확률은 0.66으로 감소하기 때문이다.
4. '콜라→사이다'의 지지도 0.2는 전체 거래 중 콜라, 사이다가 함께 구매되는 비율이 20%임을 의미
5. '콜라→사이다'의 신뢰도 약 0.28은 콜라가 구매될 시 사이다의 구매 확률이 약 28%임을 의미
6. '콜라→사이다'의 향상도 약 0.71(1보다 작음)은 콜라가 구매될 시 사이다의 구매확률이 감소함을 의미. 왜냐하면 사이다의 구매 확률은 이미 40%이나 콜라가 구매될 때 사이다의 구매 확률은 약 28%이기 때문이다.

2. 연관분석의 알고리즘과 특징

(1) 연관분석의 알고리즘 ★★★

① apriori 알고리즘

- 가능한 모든 경우의 수를 탐색하여 측정지표가 높게 나타나는 연관 규칙을 찾는 방식은 아이템의 수가 증가할수록 계산에 소요되는 시간과 복잡도가 기하급수적으로 증가하게 된다.
- apriori 알고리즘은 지지도를 사용해 빈발 아이템 집합을 판별하고 이를 통해 계산의 복잡도를 감소시키는 알고리즘이다.

② apriori 알고리즘 절차

- apriori 알고리즘은 품목 수의 증가에 따른 계산량의 증가와 낮은 지지도를 갖는 품목은 의미 없는 결과를 도출할 수 있는 문제를 해결하고자 최소 지지도를 도입하였으나 여전히 많은 계산량을 필요로 한다. apriori 알고리즘 절차는 다음과 같다.

[STEP 1] 최소 지지도를 설정한다.

[STEP 2] 최소 지지도보다 큰 지지도를 갖는 단일 품목을 선별한다.

[STEP 3] 위 과정에서 찾은 단일 품목으로 2가지 품목으로 생성되는 연관 규칙(A→B) 중 최소 지지도 이상의 연관 규칙을 찾는다.

[STEP 4] 위 과정을 반복적으로 수행하면서 3가지 이상의 품목에 대한 연관 규칙을 생성하면서 의미 있는 결과를 찾는다.

② FP-Growth 알고리즘

- FP-Growth 알고리즘은 데이터셋이 큰 경우 모든 아이템셋을 하나씩 검사하는 것이 비효율적이라는 문제점에서 탄생했다.
- FP-Growth 알고리즘은 지지도가 낮은 품목부터 지지도가 높은 품목 순으로 차츰 올라가면서 빈도수가 높은 아이템 집합을 생성하는 상향식 알고리즘이다. apriori 알고리즘보다 속도가 빠르며, 연산 비용이 저렴하다.

(2) 연관분석의 특징 ★★

- 품목 세분화에 대한 어려움이 있다. 예를 들어, '치킨을 사면 탄산음료를 산다' 같은 의미 있는 규칙을 찾았을 때를 가정해 보자. 탄산음료를 지나치게 세분화한다면 '치킨을 사면 콜라를 산다' 또는 '치킨을 사면 사이다를 산다' 같은 의미 있는 규칙을 찾지 못할 수도 있기 때문이다.

장점	단점
▪ 결과가 단순하고 분명하다. (IF ~ THEN ~) ▪ 분석을 위한 계산이 간단하다. ▪ 목적변수가 없으므로 데이터 탐색을 위해 사용 가능하다.	▪ 품목 세분화에 어려움이 있다. ▪ 품목 수의 증가는 기하급수적인 계산량의 증가를 초래한다. ▪ 거래가 발생하지 않은 품목에 대해서는 분석이 불가능하다.

【예시】 연관분석

```
# 연관분석을 위한 간단한 데이터 생성
> items <- c( 'chicken' , 'coke' , 'cider' )
> count <- sample( 3 , 100 , replace = T )
> transactionId <- c( ) # 거래 번호
> transactionItem<- c( ) # 아이템 번호( '치킨' , '콜라' , '사이다' )
> for( i in 1 : 100 ){
+   current_transaction <- sample( items , count[ i ] )
+   for( j in 1 : length( current_transaction ) ){
+     transactionId <- c( transactionId , i )
+     transactionItem <- c( transactionItem , current_transaction[ j ] )
+   }
+ }
# 거래 데이터 생성 완료
> transaction <- data.frame( transactionId , transactionItem )
> head( transaction , 4)
  transactionId  transactionItem
1             1             coke
2             1           cideer
3             1          chicken
4             2            cider
# 연관분석을 위한 apriori 패키지 호출
> install.packages('arules')
> library(arules)
# 데이터 전처리
> transactionById <- split( transaction$transactionItem , transaction$transactionId )
# as와 파라미터 값으로 'transactions'(거래)를 사용하여 거래 데이터로 변환
```

```
> transactionById_processed <- as( transactionById , 'transactions' )
# 연관분석 실시
# parameter를 활용하여 최소 지지도(supp)와 최소 신뢰도(conf) 값을 설정할 수 있다.
# 최소 지지도 기본값은 0.1, 최소 신뢰도 기본값은 0.8이다.
> result <- apriori(transactionById_processed , parameter = list( supp= 0.2 , conf = 0.7 ) )

# 몇 개의 규칙이 발견되었는지 확인할 수 있다.
> result
set of 3 rules
# 3개의 규칙이 발견되었다.
# inspect를 활용하여 규칙을 볼 수 있다.
> inspect( result )
    lhs                       rhs        support  confidence    lift    count
[1] { }                    => { coke }    0.71    0.7100000  1.00000     71
[2] { cider }              => { coke }    0.43    0.7413793  1.044196    43
[3] { chicken , cider }    => { coke }    0.30    0.8108108  1.141987    30
# 콜라의 구매확률은 71%다.
# 자기 자신에 대한 향상도는 1이다.
# 사이다와 콜라가 같이 구매될 확률은 43%다.
# '사이다→콜라'의 향상도가 1보다 크므로 사이다를 사면 콜라를 살 확률이 증가한다.
# 그 확률은 '사이다→콜라'의 신뢰도인 74%다. (사이다 구매 시 콜라를 구매할 확률)
# 치킨과 사이다와 콜라를 모두 구매할 확률은 30%다.
# '치킨,사이다→콜라'의 향상도가 1보다 크므로 치킨,사이다 구매 시 콜라를 살 확률이 증가한다.
# 그 확률은 '치킨,사이다→콜라'의 신뢰도인 81%다.
>
# 위 결과는 sample에 의한 랜덤 데이터로 결과가 매번 다르다.
```

순차패턴

연관분석에 시간 개념이 추가되어 '프린터를 구매한 고객은 추후 종이를 구매한다'와 같은 규칙을 찾는 분석 기법이다. 연관분석은 장바구니를 언제 누가 들고 있었는지에 대한 정보는 필요 없지만 순차패턴은 장바구니를 누가 언제 들고 있었는지에 대한 고객과 시간의 정보가 함께 필요하다.

01. 다음 중 연관분석의 특징에 대하여 잘못 설명한 것은 무엇인가?

① 품목 수가 증가할수록 계산량은 기하급수적으로 증가한다.

② 최소 지지도 이상의 품목에 대하여 분석을 진행하는 apriori 알고리즘이 있다.

③ 품목 세분화가 많이 될수록 더 좋은 결과를 얻는다.

④ 결과의 해석이 쉽고 단순하다.

02. 다음 중 보기에서 설명하는 연관분석 측도는 무엇인가?

물품 X가 구매되었을 때 물품 Y가 구매될 확률을 의미하며, 두 품목의 조건부확률로 나타낼 수 있다.

① 지지도　　② 신뢰도

③ 민감도　　④ 향상도

【정답&해설】

01. **답:** ③

해설: 너무 많은 품목 세분화는 의미 있는 규칙을 찾기 힘들다. 연관분석을 진행하기 위해서는 이상적인 품목 세분화 결정이 중요하다.

02. **답:** ②

해설: 신뢰도는 두 품목의 서로에 대한 조건부 확률을 의미하며, 신뢰도 값이 크면 두 품목의 연관성이 높을 것으로 판단하기 쉽지만 향상도 값이 1보다 큰 경우에 의미가 있다.

* 기출문제는 한국데이터산업진흥원에서 공개하지 않으며, 본 '기출 유형 문제'편은 최근 3년간 기출된 문제의 주제 및 유형을 분석하여 문제 및 보기를 새롭게 출제한 문제임을 밝힙니다.

01. 다음 중 신뢰구간에 대한 설명으로 부적절한 것은?

① 95% 신뢰구간은 특정구간에 미지의 모수가 포함되지 않을 확률이 95%라는 의미다.
② 관측치의 수가 늘어나면 신뢰구간의 길이는 줄어든다.
③ 점추정의 정확성을 보완하는 방법이다.
④ 신뢰수준이 높아지면 신뢰구간의 폭도 넓어진다.

02. k–means 군집분석의 수행 순서로 적절한 것은?

가 – 각 군집의 seed 값을 다시 계산한다.
나 – 모든 개체가 군집으로 할당될 때까지 위의 과정을 반복한다.
다 – 각 데이터를 가장 가까운 seed가 있는 군집으로 분류한다.
라 – 원하는 군집의 개수와 초깃값을 정해 군집을 형성한다.

① 라 – 다 – 가 – 나
② 라 – 다 – 나 – 가
③ 가 – 라 – 나 – 다
④ 가 – 다 – 라 – 나

03. 숫자, 문자, 논리연산자가 모두 포함된 벡터의 형식으로 적절한 것은?

① NULL형 벡터
② 수치형 벡터
③ 논리형 벡터
④ 문자형 벡터

04. R의 plyr 패키지에서 리스트를 입력값으로 받아 데이터프레임을 출력하는 함수는 무엇인가?

① ddply
② ldply
③ adply
④ llply

05. 이상치 판정 방법으로 가장 부적절한 것은?

① 평균으로부터 3 standard deviation 이상 떨어져 있는 값을 이상치로 판단한다.
② 군집분석을 이용해 다른 데이터들과 거리상 멀리 떨어진 데이터를 이상치로 판정한다.
③ Q2 ± 1.5 * IQR보다 크거나 작으면 이상치로 인식한다.
④ 회귀분석에서는 설명변수의 동일수준의 다른 관측치에 비해 종속변수의 상이한 값을 이상치로 판정한다.

06. 부스팅은 과적합을 해소하고 모형의 정확도를 높이는 방법 중 하나지만 속도가 느리다는 단점이 있다. 이를 개선하기 위한 알고리즘 중에서 leaf-wise 방법을 사용하는 것으로 적절한 것은?

① AdaBoost
② LGBM
③ stacking
④ XGBoost

07. Lasso 회귀 모형에 대한 설명으로 부적절한 것은?

① 람다 값으로 penalty의 정도를 조정한다.
② 회귀계수의 절댓값이 클수록 강한 penalty를 부여한다.
③ 자동으로 변수를 선택하는 효과가 있다.
④ L2 penalty를 사용한다.

08. 다음 중 이산형 확률분포가 아닌 것은?

① 이항 분포
② 기하 분포
③ 포아송 분포
④ 지수 분포

09. 스피어만 상관계수의 대상이 되는 자료의 형태로 적절한 것은?

① 등간척도
② 서열척도
③ 비율척도
④ 명목척도

10. 비모수적 방법 중 짝지어진 두 개의 관찰치의 크고 작음에 대한 가설을 검증하는 방법으로 적절한 것은?

① 크루스칼-왈리스 검정
② 부호순위 검정
③ 부호 검정
④ 만-위트니 검정

11. 아래의 지니 지수를 계산하시오.

A: 30, B: 20

① 0.5
② 0.32
③ 0.48
④ 0.41

12. 표본의 분산에 대한 차이를 검정하기 위한 방법으로 적절한 것은?

① F-검정
② t-검정
③ Z-검정
④ 부호 검정

13. 자료의 종류에 대한 설명 중 틀린 것은?

① 명목척도는 데이터가 어느 집단에 속하는지 분류할 때 사용된다.
② 순서척도는 데이터가 가지는 서열관계를 관측한다.
③ 구간척도는 속성의 양을 측정하는 것으로 구간 사이의 간격에 의미가 있다.
④ 비율척도는 절대적인 영점이 존재하지 않고 사칙연산이 가능하다.

14. 맨하튼 거리를 통해 A, B 간의 거리를 계산한 것은?

	키	몸무게
A	170	80
B	173	67

① 3　　② 13

③ 16　　④ 20

15. 회귀모형의 통계적 유의성 확인 방법으로 적절한 것은?

① F-통계량을 확인한다.　　② t-통계량을 확인한다.

③ 결정계수를 확인한다.　　④ 왈드 검정을 수행한다.

16. 핸드폰 사용자 100명에 대해 핸드폰 이용 패턴 데이터를 조사하였다. 아래 그래프는 mclust 패키지를 활용하여 혼합분포 군집 방법으로 군집분석을 수행한 공분산 형태의 BIC 그래프를 그린 것이다. 아래 그래프를 토대로 했을 때 최적의 군집 수는 몇 개인가?

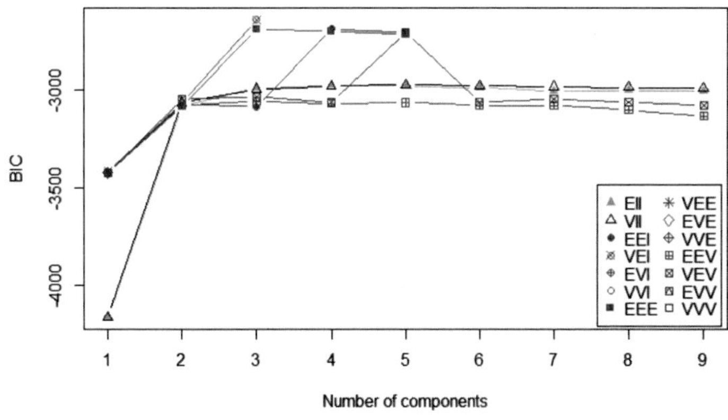

① 2개　　② 3개

③ 4개　　④ 5개

17. 다음 정보를 활용하여 상한값과 하한값을 구하라.

1분위수 = 4, 3분위수 = 12

① 하한값 = -4, 상한값 = 20　　② 하한값 = -8, 상한값 = 24

③ 하한값 = -8, 상한값 = 16　　④ 하한값 = -4, 상한값 = 24

18. 주성분분석에 대한 설명으로 가장 부적절한 것은?

① 상관관계가 있는 변수들을 선형 결합해 상관관계가 없는 변수로 축약하는 방법이다.

② 공분산 행렬을 사용하는 경우 고윳값이 1보다 큰 주성분의 수를 사용한다.

③ 공분산 행렬을 사용하는 경우 변수들의 측정 단위에 민감하다.

④ 가장 분산이 작은 축을 제1주성분으로 설정한다.

19. 다음 box plot의 해석 중 가장 부적절한 것은?

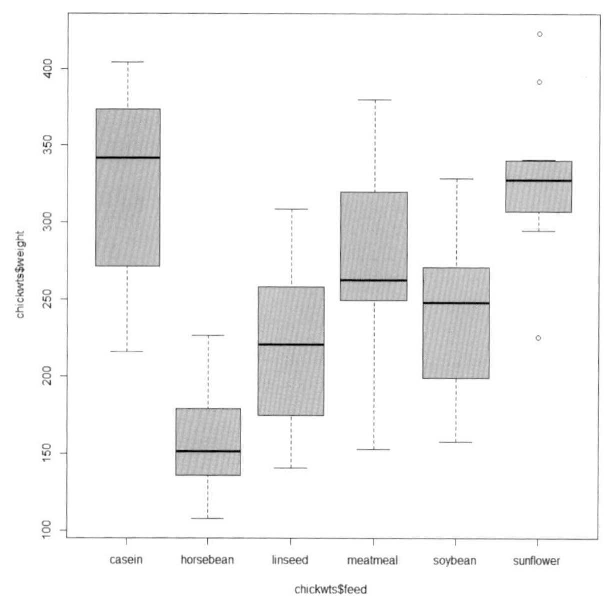

① casein의 관측치 수가 가장 많다.

② horsebean의 중앙값이 가장 작다.

③ sunflower에 비해 soybean을 먹은 닭들의 몸무게의 분산이 더 클 것이다.

④ horsebean은 닭의 성장을 촉진하는 데 가장 비효율적이다.

20. 다음에서 설명하는 표본추출 방법으로 적절한 것은?

모집단의 원소에 차례대로 번호를 부여한 뒤 일정한 간격을 두고 데이터를 추출하는 방법이다.

① 단순 임의 추출법 ② 층화 추출법

③ 계통 추출법 ④ 집락 추출법

21. 인공신경망의 활성화 함수는 여러 개의 값을 입력받아 하나의 값으로 변환한 뒤 함수를 통해 결괏값을 결정한다. 통상적인 활성화와 달리 다중 클래스 분류를 목적으로 사용 가능한 활성화 함수는 무엇인가?

① 소프트맥스 함수 ② 아크탄젠트 함수

③ 하이퍼볼릭 함수 ④ 시그모이드 함수

22. 목표변수가 이산형인 경우에는 지니 지수, 연속형인 경우에는 분산감소량을 사용하는 의사결정나무 알고리즘으로 적절한 것은?

① CART
② ID3
③ C4.5
④ CHAID

23. 신용카드 고객의 파산 여부를 예측하기 위해 사용하는 분석 모형이 아닌 것은?

① 선형회귀분석
② 로지스틱 회귀분석
③ 의사결정나무
④ 앙상블모형

24. 아래에 사용된 척도로 적절한 것은?

(1) 매우 불만족, (2) 불만족, (3) 보통, (4) 만족, (5) 매우 만족

① 비율척도
② 서열척도
③ 등간척도
④ 명목척도

25. 오른쪽으로 꼬리가 긴 분포의 평균과 중앙값의 관계로 적절한 것은?

① 중앙값이 평균보다 크다.
② 자료의 크기에 따라 그 결과가 달라진다.
③ 중앙값과 평균이 일치한다.
④ 평균이 중앙값보다 크다.

26. 앙상블 분석에 대한 설명으로 가장 부적절한 것은?

① 앙상블하는 모델 간에 상호 연관성이 높을수록 정확도가 향상된다.
② 앙상블 분석은 지도학습의 한 방법이다.
③ 부스팅은 재표본 과정에서 잘못 분류한 데이터에 가중치를 부여한다.
④ 랜덤 포레스트는 기존의 배깅 방법에 특징 배깅을 더한 방법이다.

27. 다층 신경망에서 은닉층의 수가 너무 많아 역전파 과정에서 은닉층의 가중치 조정이 이루어지지 않고 이로 인해 학습이 제대로 이루어지지 않는 문제를 뜻하는 용어로 적절한 것은?

① 지역 최적화 문제
② 과적합 문제
③ 기울기 소실 문제
④ 비선형 문제

28. 연관 규칙에서 후보빈발집합을 생성하지 않고 연관 규칙을 발견하도록 고안된 알고리즘으로 적절한 것은?

① DHP
② DIANA
③ FP-Growth
④ Apriori 알고리즘

29. 다음 표를 통해 구한 향상도(A−〉B)로 적절한 것은?

A	20
B	30
C	10
A, B, C	40
전체 거래수	100

① 4/3 ② 20/3 ③ 2/5 ④ 20/21

30. 두 확률변수 X와 Y의 공분산에 대한 설명으로 부적절한 것은?

① 두 변수 사이의 선형관계를 측정한다.

② 데이터를 표준화하지 않아 변수 사이 관계의 강도를 확인할 수 없다.

③ 공분산의 범위는 −1 〈= cov(X,Y) 〈= 1이다.

④ 공분산을 통해 변수 사이 관계의 방향을 확인할 수 있다.

31. 여러 개의 변수 사이의 인과관계를 규명하기 위한 분석을 다변량 분석이라고 한다. 다음 중 회귀분석의 일종으로 독립변수 후보 모두를 포함한 모형에서 출발해 가장 적은 영향을 주는 변수부터 하나씩 제거해 더 이상 제거할 변수가 없을 때의 모형을 선택하는 방법은 무엇인가?

① 다중회귀분석 ② 후진제거법

③ 전진선택법 ④ 비선형 회귀분석

32. 다음 중 민감도와 특이도가 어떤 관계를 가지고 변하는지 이차원 평면상에 y축은 민감도를, x축은 1−특이도 값을 갖는 그래프로 모형을 평가하는 그림은 무엇인가?

① ROC 커브 ② 향상도 곡선

③ 자기상관함수 그래프 ④ 제곱합 그래프

33. 다음 중 데이터마이닝 성과평가를 위한 여러 지표 중 하나로 실제 False인 값들 중 올바르게 False로 예측한 비율을 의미하는 값은 무엇인가?

① 민감도 ② 정밀도

③ 특이도 ④ 정분류율

34. 다음 중 가설검정에 대한 설명으로 잘못된 것은 무엇인가?

① 귀무가설은 모집단에 대한 특징을 나타내는 가설로 일반적으로 '~와 같다.'로 정의한다.

② 대응표본 t 검정의 경우 비교하고자 하는 두 집단의 크기는 반드시 같다.

③ 가설검정의 목적은 제1종 오류와 제2종 오류 모두가 최소가 되는 모수를 찾는 것이다.

④ 표본조사를 통해 가설검정을 수행하기 때문에 모집단을 정의할 수 없는 경우에도 활용 가능하다.

35. 다음 중 단위시간 혹은 단위공간 내에서 어떤 사건이 발생하는 횟수를 나타내는 확률분포로 평균과 표준편차가 동일한 값을 갖는 것은 무엇인가?

① 기하분포　　② 초기하분포　　③ 포아송 분포　　④ 정규분포

36. 다음 중 결측치와 이상치에 대한 설명으로 잘못된 것은 무엇인가?

① 결측치는 존재하지 않는 값으로 그 자체로 아무 의미가 없기 때문에 반드시 삭제해야 한다.

② 결측치는 컴퓨터의 오류, 사람의 실수 등 다양한 요인으로 인해 나타날 수 있다.

③ 이상치는 다른 데이터들과 비교했을 때 그 값이 극단적으로 크거나 작은 값을 의미한다.

④ ESD는 이상치를 처리하는 대표적인 방법 중 하나로, 평균에서 3표준편차 이상 떨어진 값을 이상치로 판별한다.

37. 다음 중 아래의 주성분분석 결과에 대해 잘못 해석한 것은 무엇인가?

```
> result$rotation
                      PC1         PC2          PC3         PC4         PC5         PC6         PC7
score       -0.6353455270  0.04076846 -0.123798766  0.11768173 -0.02236952  0.04442004  0.75035014
distance    -0.1086410508  0.47986716 -0.053289207 -0.80293722 -0.26815467 -0.19611870  0.00269069
students     0.1079691323  0.45410062 -0.600730394  0.12626660  0.61856871 -0.14854669 -0.02493329
teacher     -0.5143432561 -0.19991056 -0.199454498 -0.25428033  0.21776628  0.58716101 -0.44594394
bus         -0.5196013554 -0.08532659  0.233881174  0.11514315  0.17422183 -0.69917148 -0.36821386
building    -0.0004928063 -0.38644640 -0.725567565  0.04487072 -0.49566184 -0.25557750 -0.10581469
recognition -0.1958087163  0.60437769  0.005131096  0.49554996 -0.47064782  0.19641673 -0.30116700
> summary(result)
Importance of components:
                          PC1    PC2    PC3    PC4     PC5     PC6     PC7
Standard deviation     1.5264 1.2004 1.0587 0.9410 0.80063 0.73157 0.21603
Proportion of Variance 0.3328 0.2059 0.1601 0.1265 0.09157 0.07646 0.00667
Cumulative Proportion  0.3328 0.5387 0.6988 0.8253 0.91688 0.99333 1.00000
```

① 주성분분석 수행 전의 데이터는 몇 개의 변수를 보유한 데이터인지 알 수 없다.

② PC2는 전체 데이터의 약 20.59%를 설명하는 변수이다.

③ 세 개의 주성분을 사용할 경우 약 30.12%의 데이터 손실이 발생한다.

④ PC2는 PC1보다 students라는 변수에 더 많은 영향을 받음을 알 수 있다.

38. 다음 중 군집분석의 평가 지표로 응집도와 분리도를 계산하며 그 값이 1에 가까울수록 완벽하게 분리되었다고 판단하는 지표는 무엇인가?

① 결정계수　　② 자카드 계수　　③ Mallow's CP　　④ 실루엣 계수

39. SOM에서는 경쟁층의 프로토타입 벡터와의 거리를 계산하고 가장 가까운 프로토타입 벡터를 선택한다. 다음 중 이때 선택된 프로토타입 벡터를 뜻하는 단어는 무엇인가?

① Best Matching Unit　　② Closest Node

③ Similarity Vector　　④ Central Vector

40. 다음 중 재표본 과정에서 분류가 잘못된 데이터에 더 큰 가중치를 부여해 표본을 추출하는 앙상블 기법은 무엇인가?

① 랜덤 포레스트　　② 부스팅　　③ 배깅　　④ 스태킹

3과목 - 기출 유형 문제 정답 및 해설

01. **답**: ①

해설: 95% 신뢰구간은 특정구간에 미지의 모수가 포함될 확률이 95%라는 의미다.

02. **답**: ①

해설: 라 - 다 - 가 - 나 순으로 군집을 수행한다.

03. **답**: ④

해설: R은 문자형 〉 수치형 〉 논리형 〉 NULL의 순서로 우선순위가 정해진다.

04. **답**: ②

해설: plyr 패키지에서 d는 데이터 프레임, l은 리스트, a는 어레이를 의미한다. 따라서 리스트(l)를 입력받아 데이터프레임(d)을 출력하는 함수는 ldply이다.

05. **답**: ③

해설: Q1-1.5*IQR ~ Q3+1.5*IQR를 벗어난 값을 이상치로 판단한다.

06. **답**: ②

해설: Light Gradient Boosting Machine은 leaf-wise 방식을 사용한다.

07. **답**: ④

해설: Lasso 회귀 모형은 L1 penalty를 사용한다.

08. **답**: ④

해설: 지수 분포는 연속형 확률분포다.

09. **답**: ②

해설: 등간척도, 비율척도에는 피어슨 상관분석을 수행하고, 서열척도에는 스피어만 상관분석을 적용한다.

10. **답**: ③

해설: 짝지어진 두 개의 관찰치의 크고 작음에 대한 가설을 검증하는 방법은 부호 검정이다.

11. **답**: ③

해설: $1-\left(\frac{30}{50}\right)^2-\left(\frac{20}{50}\right)^2=\frac{1200}{2500}=0.48$

12. **답**: ①

해설: 표본의 분산에 대한 차이를 검정하기 위해서는 F-검정을 사용해야 한다.

13. **답**: ④

해설: 비율척도는 절대적인 영점이 존재한다.

14. **답**: ③

해설: |173-170|+|67-80| = 16

15. **답**: ①

해설: 회귀모형의 통계적 유의성을 확인하기 위해서는 F-통계량을 확인해야 한다.

16. **답**: ②

해설: 14개의 모든 그래프를 통틀어서 BIC 그래프 값을 최대가 되게 하는 VEI 그래프의 X 좌푯값 3이 최적의 군집 수다.

17. **답**: ②

해설: IQR = 12-4 = 8

하한값 = 4 - 1.5 * 8 = -8

상한값 = 12 + 1.5 * 8 = 24

18. **답**: ④

해설: 분산이 가장 큰 축을 제1주성분으로 설정한다.

19. **답**: ①

해설: 해당 그림을 통해서는 관측치의 수를 확인할 수 없다.

20. **답**: ③

해설: 계통 추출법은 모집단의 원소에 차례대로 번호를 부여한 뒤 일정한 간격을 두고 데이터를 추출하는 방법이다.

21. **답**: ①

해설: 소프트맥스 함수는 다중 클래스 분류를 목적으로 활용 가능하다.

22. **답**: ①

해설: 목표변수가 이산형인 경우에는 지니 지수, 연속형인 경우에는 분산감소량을 사용하는 알고리즘은 CART이다.

23. **답**: ①

해설: 고객의 파산 여부를 예측하기 위해서는 분류모델을 사용해야 한다. 선형회귀분석은 회귀모델이다.

24. **답**: ②

해설: 서열척도는 관측치의 값을 순위로 나타내는 것이다.

25. **답**: ④

해설: 오른쪽으로 꼬리가 긴 분포의 경우 최빈값 〈 중앙값 〈 평균이다.

26. **답**: ①

해설: 앙상블 분석 시 모델 간에 상호 연관성이 높으면 과적합을 해결할 수 없다.

27. **답**: ③

해설: 기울기 소실 문제에 대한 설명이다.

28. **답**: ③

해설: FP-Growth는 Apriori 알고리즘과 달리 후보빈발집합을 생성하지 않는 연관 규칙 알고리즘이다.

29. **답**: ④

해설: 향상도(A->B)를 구하는 공식은 {(A,B 동시 포함 거래수)*(전체거래수)}/{(A 포함 거래수)*(B 포함 거래수)}다. 따라서 (40*100)/(60*70) = 20/21이다.

30. **답**: ③

해설: 공분산의 범위는 음의 무한대 ~ 양의 무한대다.

31. **답**: ②

해설: 위 문제는 후진제거법에 대한 설명이다.

32. **답**: ①

해설: 위 문제는 ROC 커브에 대한 설명으로 ROC 커브의 아래 면적인 AUROC 값이 1에 가까울수록 더욱 좋은 모형임을 의미한다.

33. **답**: ③

해설: 특이도는 실제 False 값 중 올바르게 False를 예측한 비율을 의미한다.

34. **답**: ③

해설: 제1종 오류와 제2종 오류 모두가 최소가 될 수 없기에 제1종 오류가 허용하는 최소한의 확률을 설정하는데, 이것이 유의수준이다.

35. **답**: ③

해설: 위 문제는 포아송 분포에 대한 설명이다.

36. **답**: ①

해설: 결측치가 많을 경우 많은 데이터 손실이 발생하므로 적절한 처리 방안 마련이 필요하다.

37. **답**: ①

해설: 주성분분석 수행 전의 데이터도 분석 수행 후와 마찬가지로 7개의 변수를 보유한다.

38. **답**: ④

해설: 실루엣 계수는 군집분석의 평가지표로 −1과 1까지의 범위를 가지며, 1에 가까울수록 군집이 잘 형성되었다고 할 수 있다.

39. **답**: ①

해설: 경쟁층에 가장 가까운 프로토타입 벡터를 BMU(Best Matching Unit)라고 한다.

40. **답**: ②

해설: 위 문제는 부스팅에 대한 설명이다.

01. 아래 보기의 예시에 대한 검정을 수행하려고 한다. 다음 중 가장 적절한 검정 방법은 무엇인가?

> 하나의 기업이 같은 제품을 두 개의 판매경로를 통해 판매하고 있다. 외환위기가 닥쳐오자 매출이 더 적은 판매경로를 폐쇄하기로 결정하여 두 판매경로의 매출금액을 비교하고자 한다.

① 일 표본 T-검정
② 이 표본 T-검정
③ 카이제곱 검정
④ 분산분석

02. 두 개의 확률변수 X와 Y가 있다. X와 Y의 공분산이 12이고, X의 분산이 9, Y의 분산이 16일 때 아래 설명 중 가장 부적절한 것은 무엇인가?

① 공분산의 값으로는 X와 Y의 선형 관계를 파악하기가 쉽지 않다.
② X와 Y는 강한 양의 상관관계에 있다고 할 수 있다.
③ 상관계수의 값은 1이다.
④ X와 Y의 공분산이 -12여도 X와 Y는 여전히 강한 양의 상관관계에 있다.

03. R의 데이터 구조 중 2차원 데이터 구조로 각 열이 모두 같은 데이터 타입을 갖는 데이터 구조는 무엇인가?

① 벡터
② 리스트
③ 행렬
④ 데이터프레임

04. 군집분석에 대한 설명 중 바르게 설명한 것은 무엇인가?

① K-Nearest Neighbor 기법 중 하나다.
② 의사결정나무와 같이 지도학습의 한 종류다.
③ 가장 거리가 가까운 데이터끼리 n개의 그룹으로 클러스터링하는 기법이다.
④ 이상값에 민감하지 않다는 장점이 있다.

05. data = c(1, 2, 3, 4)일 때 data + 5의 결과로 알맞은 것은?

① 6, 7, 8, 9
② 1, 2, 3, 9
③ 1, 2, 3, 4, 5
④ 5, 1, 2, 3, 4

06. 다음 중 가설검정에 대한 설명으로 가장 부적절한 것은 무엇인가?

① 가설의 종류에는 귀무가설과 대립가설이 있다.
② 유의수준보다 유의확률이 클 경우 귀무가설을 기각할 수 있다.
③ 일반적으로 귀무가설은 H_0 기호를 사용하여 나타낸다.
④ 유의수준은 제1종 오류를 허용하는 최대 확률을 나타낸다.

07. 다음 그림에 나오는 집단의 지니 지수를 바르게 계산한 것은?

○ ○ △ □ □

① 14/25 ② 3/5
③ 16/25 ④ 17/25

08. data = c(3, 4, 5, 4)일 때 다음 중 혼자 다른 결과를 출력하는 것은 무엇인가?

① mean(data) ② max(data)
③ data[2] ④ median(data)

09. 아래는 어떤 데이터로 수행한 주성분분석의 결과다. 결과에 대하여 잘못 설명한 것은 무엇인가?

```
> result<-princomp(test,cor=T)
> summary(result)
Importance of components:
                          Comp.1    Comp.2     Comp.3     Comp.4     Comp.5      Comp.6
Standard deviation     2.0463129 1.0714999 0.57737047 0.39288744 0.35326479 0.227987246
Proportion of Variance 0.6978994 0.1913520 0.05555944 0.02572676 0.02079933 0.008663031
Cumulative Proportion  0.6978994 0.8892514 0.94481088 0.97053763 0.99133697 1.000000000
```

① 원본 데이터는 6개의 변수를 갖고 있다.
② 1개의 주성분을 사용하면 전체 데이터의 약 69.8%를 설명할 수 있다.
③ 2개의 주성분을 사용하면 약 19.1%를 설명할 수 있다.
④ 상관계수 행렬을 사용하여 주성분분석을 시행하였다.

10. 다음 중 연관분석의 측도들에 대하여 잘못 설명한 것은 무엇인가?

① 지지도가 높으면 해당 품목의 판매는 자주 발생한다는 것을 의미한다.
② 신뢰도가 크면 두 품목은 같이 진열하였을 때 기대수익이 더 클 것으로 예상한다.
③ 향상도가 크면 두 품목이 같이 진열될 때 더 잘 팔린다는 것을 의미한다.
④ 지지도, 신뢰도, 향상도 모두 값이 클수록 연관 규칙이 의미 있게 된다.

11. 다음 중 의사결정나무에 대한 설명으로 부적절한 것은 무엇인가?

① 목표변수가 연속형인 경우, 회귀나무를 활용한다.
② CART 알고리즘은 엔트로피지수를 분리 기준으로 사용한다.
③ 정지규칙과 가지규칙을 통해 가지의 과적합을 방지한다.
④ R에서 rpart 패키지를 활용하여 의사결정나무를 수행할 수 있다.

12. 다음 중 사용자가 R에서 Structured Query Language를 활용하여 데이터프레임을 다룰 수 있도록 도와주는 패키지는 무엇인가?

① sqldf
② neuralnet
③ plyr
④ party

13. 주성분분석의 결과다. 다음 중 결과에 대하여 잘못 설명한 것은 무엇인가?

```
> result<-princomp(test,cor=T)
> result$loadings

Loadings:
     Comp.1 Comp.2 Comp.3 Comp.4 Comp.5 Comp.6
var1  0.459         0.195  0.782  0.111  0.352
var2 -0.466                0.600 -0.295 -0.568
var3 -0.426  0.361 -0.146  0.123  0.806
var4  0.367  0.437 -0.800        -0.144 -0.113
var5 -0.439 -0.300 -0.418  0.104 -0.230  0.692
var6  0.253 -0.763 -0.341         0.422 -0.242

               Comp.1 Comp.2 Comp.3 Comp.4 Comp.5 Comp.6
SS loadings     1.000  1.000  1.000  1.000  1.000  1.000
Proportion Var  0.167  0.167  0.167  0.167  0.167  0.167
Cumulative Var  0.167  0.333  0.500  0.667  0.833  1.000
```

① 첫 번째 주성분은 6개 변수 모두에 의해 영향을 받는다고 판단할 수 있다.
② comp2는 var1에 의해 받는 영향이 전혀 없다.
③ 상관계수행렬을 사용하여 주성분분석을 시행하였다.
④ var1 값이 증가하면 comp 1의 값은 증가한다.

14. 모집단으로부터 복원 추출에 의하여 생성되는 표본집단으로 모집단과 동일한 크기를 갖는 집단은 무엇인가?

① 표본집단
② 집락
③ 붓스트랩
④ 군집

15. 다음 중 자기조직화지도에 대한 설명으로 가장 부적절한 것은 무엇인가?

① 군집분석의 일종으로 데이터를 시각화하여 이해하기 쉽게 도와준다.
② 역전파 알고리즘을 활용하여 더욱 빠른 오차 수정이 가능하다.
③ 경쟁층의 입력층 뉴런들은 모두 경쟁층의 뉴런과 연결되어 있는데, 이를 완전 연결이라 한다.
④ 초기 가중치에 따라 결과가 달라질 수 있다.

16. 다음 중 분산분석에 대한 설명으로 올바른 것은 무엇인가?

① 표본집단의 구성비율이 실제 모집단의 비율과 동일한지 비교하는 가설검정이다.
② 현실 세계의 데이터는 모분산을 알 수 없기 때문에 이를 해결하기 위한 방법이다.
③ 두 개 이상의 집단에 대하여 평균을 비교하는 가설검정이다.
④ 집단이 두 개인 경우 분산분석의 사후 검정이 반드시 필요하다.

17. 아래 확률분포표를 보고 확률변수 X의 기댓값을 바르게 계산한 것은?

X	1	2	3	4
P(X=x)	$\frac{1}{2}$	$\frac{1}{4}$	$\frac{1}{8}$	$\frac{1}{8}$

① 13/8
② 7/4
③ 15/8
④ 2

18. 다음 중 연속형 확률변수 X에 대하여 X의 기댓값을 구하는 식은 무엇인가?

① $x\int f(x)$
② $\int xf(x)$
③ $\int x^2f(x)$
④ $\int xf(x^2)$

19. data = 'banana'일 때 다음 중 결측값을 출력하는 것은 무엇인가?

① data[3 : 4]
② substr(data, 3, 4)
③ data[[1]]
④ length(data)

20. 아래는 가설검정을 수행한 결과다. 결과를 잘못 해석한 것은 무엇인가?

```
> t.test(data,mu=6)

        One Sample t-test

data:  data
t = -2.1613, df = 99, p-value = 0.03308
alternative hypothesis: true mean is not equal to 6
95 percent confidence interval:
 4.712823 5.945011
sample estimates:
mean of x
 5.328917
```

① 귀무가설은 '집단의 평균은 6이다'다.
② 유의수준 5% 내에서 귀무가설을 기각할 수 있다.
③ 유의수준 5% 내에서 평균은 6이라고 할 수 있다.
④ 95% 신뢰구간의 길이는 약 1.2다.

21. 다음 중 ESD에 대한 설명으로 올바른 것은?

① 결측값의 처리 방법 중 하나로 평균 대치법의 일종이다.
② 이상값의 판단 기준으로 상자그림을 활용한다.
③ 이상값의 판단 기준으로 평균으로부터 표준편차 3을 기준으로 한다.
④ 데이터 분석에 앞서서 데이터를 이해하기 위한 작업이다.

22. 다음 중 k–NN에 대한 설명으로 올바른 것은 무엇인가?

① 인공신경망 기법 중 하나로 이미지 행렬에 K번의 합성곱으로 이미지 분석을 수행한다.

② 분류 분석 혹은 회귀분석에 사용되는 방법이지만 주변 K개의 데이터를 탐색하여 다수결 방식에 의하여 결측값을 대체하는 결측값 처리 방법으로도 활용될 수 있다.

③ 비계층적 군집분석인 K평균 군집 분석의 하나로 데이터를 이상적으로 설명할 수 있는 K 값을 찾는 방법이다.

④ 연관분석의 알고리즘으로 최소 지지도 K를 설정하여 최소 지지도 이상의 값을 갖는 품목을 찾는 방법이다.

23. 다음 중 주성분분석에 대한 설명으로 가장 부적절한 것은 무엇인가?

① n개의 변수로 구성된 데이터를 n개 이상의 변수로 좀 더 자세하게 설명하는 분석 방법이다.

② 전체 데이터의 70% 이상을 설명할 수 있는 만큼의 주성분을 선택한다.

③ 각각의 주성분은 기존 변수들의 선형 결합으로 이루어진다.

④ biplot을 활용하여 주성분분석의 결과를 시각화할 수 있다.

24. 다음 중 비모수적 방법에 대한 설명으로 옳지 않은 것은?

① 모집단의 분포에 대한 가정사항 없이 통계적 추론을 할 수 있다.

② 표본집단에 대한 평균과 분산을 활용한다는 점에서 모수적 방법과 공통점을 갖는다.

③ 자료를 순서대로 나열하여 각각의 순위를 활용한 분석 기법을 순위검정이라 한다.

④ 전체 자료에서 중앙값을 뺐을 때 그 값이 양수인지 음수인지로 검정을 수행하는 방법을 부호 검정이라 한다.

25. 아래의 R 코드를 수행했을 때 result1과 result2의 결과로 올바른 것은 무엇인가?

```
> result1 <- seq( 0, 10, by = 2 )
> result2 <- seq( 0, 10, length.out = 5 )
```

	result1	result2
①	0 2 4 6 8 10	0 2.5 5 7.5 10
②	2 4 6 8	2 4 6 8 10
③	0 10	0 5 10
④	3.33 6.66	0 2 4 6 8 10

26. 다음 중 회귀분석의 종류와 그 설명이 부적절한 것은?

① 단순회귀분석 - 한 개의 독립변수와 한 개의 종속변수의 선형식을 찾는 방법

② 다중회귀 - 한 개의 독립변수와 두 개 이상의 종속변수의 선형식을 찾는 방법

③ 다항회귀 - 한 개 이상 그리고 이차식 이상의 독립변수와 한 개의 종속변수의 회귀식을 찾는 방법

④ 로지스틱 회귀분석 - 분류 분석에 활용되는 회귀분석으로 종속변수는 0과 1 사이의 확률 값을 가질 수 있다.

27. 아래의 R 코드를 수행할 때 다음 중 잘못 설명하고 있는 것은 무엇인가?

```
> data <-c( 1 , 3 , 5 , 7 , 2 , 4 , 5 )
> answer <- data[ data < 4 ]
> value1 <- sum( data )
> value2 <- sd( data )
```

① length(answer)는 3이다.
② value1은 27이다.
③ value2는 data의 모 표준편차를 계산한다.
④ 위 명령문 모두 오류 없이 실행된다.

28. $P(X)=\frac{1}{2}$, $P(Y)=\frac{1}{3}$, $P(X \cup Y)=\frac{2}{3}$일 때 Y가 발생했을 때 X가 발생할 조건부 확률 값을 바르게 계산한 것은?

① 1/6
② 1/3
③ 1/2
④ 2/3

29. 다음 중 plot 함수에 대한 설명으로 잘못된 것은 무엇인가?

① main을 활용하여 산점도에 이름을 지정할 수 있다.
② xlim을 활용하여 x축의 범위를 정할 수 있다.
③ type = 'n'으로 산점도의 점들을 선으로 이을 수 있다
④ col을 사용하여 산점도의 색을 지정할 수 있다.

30 ~ 31. 총 10개의 관측치를 단순회귀분석에 적용한 후 출력된 분산분석표다. 다음 표를 보고 각 물음에 답하여라.

	DF	Sum Sq	Mean Sq	F value
x	1	180	180	ㄴ
Residuals	ㄱ	160	20	

30. 위 표에서 빈칸 ㄱ 에 들어갈 값으로 알맞은 것은 무엇인가?

① 8
② 7
③ 6
④ 5

31. 위 분산분석표의 F value의 빈칸 ㄴ에 들어갈 값은?

① 9
② 8
③ 7
④ 6

32 ~ 33. 아래는 데이터의 사분위수를 나타낸 표다. 다음 물음에 답하여라.

0%	25%	50%	75%	100%
3	7	10	15	20

32. 앞의 표를 보고 IQR 값을 구하시오.

① 9　　② 8
③ 7　　④ 6

33. 이상치 탐색을 위해 사분위수를 활용할 때 이상치가 아니라고 판단할 수 있는 범위를 바르게 계산한 것은?

① (−5 , 27)　　② (−1 , 23)
③ (−2 , 22)　　④ (2 , 18)

34 ~ 35. 5개의 집단에 대하여 평균을 비교하기 위하여 분산분석을 수행하였다. 아래는 분산분석을 나타낸 표다. 다음 표를 보고 물음에 답하여라.

요인	제곱합	자유도	제곱평균	F비	p-value
처리	ㄱ	ㄴ	15	0.5	0.7358
잔차	3000	100	ㄷ		
계	ㄹ				

34. 각 빈칸에 들어갈 값으로 잘못 짝지어진 것은 무엇인가?

① ㄱ – 60　　② ㄴ – 5
③ ㄷ – 30　　④ ㄹ - 3060

35. 위 분산분석 결과에 대한 설명으로 부적절한 것은 무엇인가?

① 유의수준 5% 이내에서 기각할 수 없다.
② 처리 제곱합은 전체 평균과 각 집단의 평균들의 차이제곱합이다.
③ 분산분석에 사용된 전체 데이터 개수는 106개다.
④ 5개 집단에 대하여 평균이 같다고 할 수 있다.

36. 혼합분포군집을 수행할 때 확률분포의 개수가 몇 개인지 최적의 초깃값을 설정하는 것은 매우 어려운 문제다. 이 문제를 해결하기 위해 분산 그래프를 활용하여 최적의 군집수를 결정할 수 있다. 오른쪽 그림을 토대로 했을 때 최적의 군집 수는 몇 개인가?

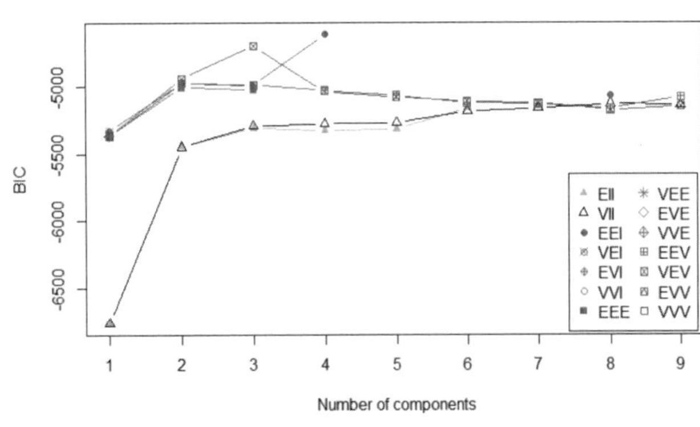

① 2개　　② 3개
③ 4개　　④ 5개

37. 아래에서 설명하는 것은 무엇인지 고르시오.

두 개의 확률 변수 X, Y에 대하여 X가 증가할 때 Y의 증감 여부를 파악하기 위한 통계적 용어로 이 값이 1일 경우 X와 Y는 완벽한 양의 선형관계를 갖는다.

① 공분산
② 상관계수
③ 첨도
④ 왜도

38. 첨도가 10, 왜도가 양수인 확률변수 X에 대한 설명 중 가장 부적절한 것은 무엇인가?

① 정규분포보다 뾰족한 모양일 것이다.
② 최빈값은 중앙값보다 작을 것이다.
③ 중앙값은 평균보다 작을 것이다.
④ 왼쪽으로 긴 꼬리를 갖는 모양이다.

39. 아래는 독립변수(x)와 x의 제곱(x^2)을 활용하여 종속변수(y)를 예측하기 위하여 회귀분석을 수행하고 얻은 결과다. 다음 중 잘못 해석한 것은 무엇인가?

```
> summary(result)

Call:
lm(formula = y ~ ., data = test)

Residuals:
    Min      1Q  Median      3Q     Max 
-64.093 -21.296  -2.385  19.421  77.174 

Coefficients:
            Estimate Std. Error t value Pr(>|t|)    
(Intercept)  -7.5582    11.9263  -0.634    0.528    
x             6.4892     4.9809   1.303    0.196    
x2            2.5627     0.4413   5.807 8.03e-08 ***
---
Signif. codes:  0 '***' 0.001 '**' 0.01 '*' 0.05 '.' 0.1 ' ' 1

Residual standard error: 32.07 on 97 degrees of freedom
Multiple R-squared:  0.9115,	Adjusted R-squared:  0.9096 
F-statistic: 499.3 on 2 and 97 DF,  p-value: < 2.2e-16
```

① 위 모형의 p 값이 2.2e-16으로 통계적으로 유의한 모형이라 할 수 있다.
② 위 모형은 두 개 이상의 변수를 갖고 있는 다중회귀 모형이다.
③ 결정계수 값을 보아 전체 데이터의 91% 이상을 설명한다.
④ x의 p 값이 유의수준 5% 내에서 기각할 수 없으므로 x를 제외하고 회귀분석을 한 번 더 수행하는 것이 권장된다.

40. 다음 중 표본의 추출 방법에 대한 설명으로 부적절한 것은 무엇인가?

① 층화 추출법은 모집단을 여러 개의 집단으로 나누어서 표본을 추출하는 방법이다.
② 집락 추출법은 모집단을 여러 개의 집단으로 나누어서 표본을 추출하는 방법이나 각 집락 간 이질적이고, 집락 내 동질적인 집단으로 나눈다.
③ 계통 추출법은 모집단의 자료들에 번호를 부여한 뒤 일정 간격으로 표본을 추출하는 방법이다.
④ 데이터의 표본추출 방법은 통계적 추론을 위한 중요한 사전작업이므로 적절한 표본추출 방법을 선정해야 한다.

41. 다음은 군집분석을 수행하기 위하여 아래의 R 명령문을 활용하여 얻은 결과를 시각화한 것이다. 다음 중 잘못 설명한 것은 무엇인가?

```
> test_dist <- dist( test , method = 'manhattan' )
> result <- hclust( test_dist, method = 'single' )
> plot( result )
```

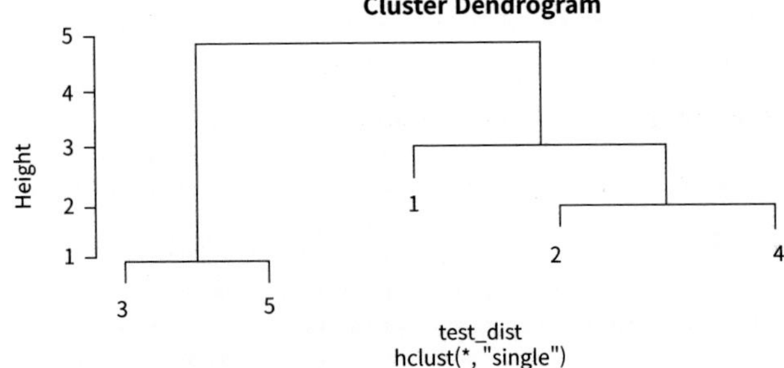

① Height = 4일 때 2개의 군집으로 나누어진다.

② 데이터 사이의 거리를 측정하는 방법으로 시가거리를 활용하였다.

③ 새로운 군집과 기존의 데이터 사이의 거리를 최단 연결법을 활용하여 계산하였다.

④ method = 'single'을 생략해도 같은 결과를 얻는다.

42. 다음을 보고 B와 C의 지니 지수를 활용한 불순도 값을 바르게 계산한 것은?

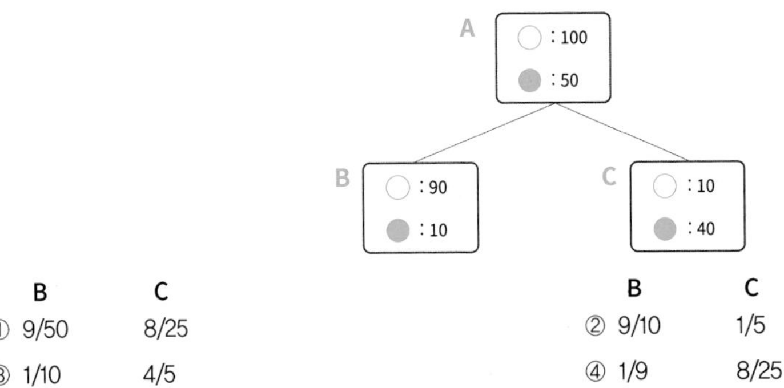

	B	C		B	C
①	9/50	8/25	②	9/10	1/5
③	1/10	4/5	④	1/9	8/25

43. 모집단의 표본집단을 추출하고 표본집단으로부터 모수를 추정하는 것을 통계적 추론이라 한다. 다음 중 통계적 추론에 대한 설명으로 가장 부적절한 것은?

① 점추정이란 표본집단으로부터 찾아낸 모수가 될 수 있는 특정 값을 의미한다.

② 구간추정이란 표본집단으로부터 모수가 포함될 범위를 파악하는 것이다.

③ 구간추정을 통해 얻은 범위에 모수가 포함될 가능성은 신뢰도다.

④ 신뢰도 값이 커질수록 구간추정의 범위는 좁아진다.

44. 다음 중 가설검정에 대한 설명으로 가장 부적절한 것은 무엇인가?

① 귀무가설이란 일반적으로 사실일 것으로 여겨지는 가설이다.
② 제1종 오류란 귀무가설이 옳지만 귀무가설을 기각하게 되는 확률을 의미한다.
③ 제1종 오류와 제2종 오류를 모두 최소화하는 것이 가설검정의 목표다.
④ 유의확률이 유의수준보다 작다면 귀무가설을 기각할 수 있다.

45. 정규분포는 평균과 표준편차에 따라 다양한 형태의 모양 및 위치를 가질 수 있다. 따라서 서로 다른 정규분포로 추출된 두 개의 자료를 비교하기란 쉽지 않기 때문에 표준화를 통해 두 자료를 비교할 수 있다. 다음 중 표준화 값이 가장 작은 것은 무엇인가?

① 평균이 0, 표준편차가 1인 정규분포에서 추출된 2
② 평균이 2, 표준편차가 4인 정규분포에서 추출된 0
③ 평균이 10, 표준편차가 3인 정규분포에서 추출된 7
④ 평균이 5, 표준편차가 10인 정규분포에서 추출된 5

46. 다음 중 자기상관함수와 부분자기상관함수에 대한 설명으로 잘못된 것은 무엇인가?

① 시계열 자료에서 현재 시점의 데이터로부터 특정 시차만큼 떨어진 값들에 대한 상관계수를 함수로 나타낸 것이 자기상관함수다.
② 자기상관함수는 시차가 0일 때 자기 자신과의 상관계수를 의미하므로 자기상관함수의 값은 1이다.
③ 부분자기상관함수는 시계열 자료에서 순환요인을 제거한 자기상관함수다.
④ 자기상관함수와 부분자기상관함수 모두 시계열 모형을 선택하기 위해 사용된다.

47. 다음 중 연관분석에 대한 설명으로 부적절한 것은 무엇인가?

① 품목들 사이의 연관성을 파악하기 위한 분석 기법이다.
② 순차패턴은 연관분석에서 시간 개념을 제거한 분석 기법이다.
③ 지나친 세분화는 연관 규칙의 발견을 어렵게 만들기도 한다.
④ 연관분석을 실시하기 위한 계산은 단순하지만 품목수의 증가는 기하급수적인 계산량을 초래한다.

48. 아래 보기에서 설명하는 예시를 수행하기 위한 검정 방법은 무엇인가?

> 사람을 연령기에 따라 유아기, 청소년기, 성인, 노년기로 분류할 수 있다. 위 분류로 인구를 나눌 때 수도권과 비수도권 지역의 인구 구성비율에 차이가 있는지 없는지 비교하려고 한다.

① 동질성 검정
② F 검정
③ 이 표본 T-검정
④ 등분산 검정

49. 다음 중 데이터 마트에 대한 설명으로 올바른 것은 무엇인가?

① 데이터를 하나의 상품으로 취급하는 데이터 거래 플랫폼이다.
② 각 부서 혹은 인원이 특정 목적에 맞게 사용될 수 있는 데이터의 집합이다.
③ RDBMS, NoSQL 등 여러 데이터베이스 중 RDBMS만을 지칭하는 용어다.
④ 여러 개의 데이터 웨어하우스들을 합쳐 놓은 초대형 데이터 집합이다.

50. 다음 중 군집분석의 종류가 아닌 것은 무엇인가?

① K Means Clustering
② Self-Organizing Map
③ Mixture Of Normal Distribution
④ Multidimensional Scaling

51. 다음 중 R의 특징으로 가장 부적절한 것은 무엇인가?

① 프리웨어로 누구나 무료로 이용 가능하다.
② 활발한 커뮤니티를 통해 최신 분석 기법에 대한 빠른 접근이 가능하다.
③ 다양한 기능의 모듈화를 통해 적은 설치 용량을 요구한다.
④ RStudio를 활용하여 더욱 편리한 R 사용이 가능하다.

52. 다음 중 표본조사에 대한 설명으로 부적절한 것은 무엇인가?

① 모집단을 조사하기에는 비용 및 시간적 한계가 있어 모집단의 일부분을 조사하여 모집단의 특성을 파악하고자 하는 것이다.
② 모집단을 특정할 수 없는 경우 표본조사를 수행한다.
③ 표본의 크기가 클수록 모수의 구간추정에 있어서 신뢰구간의 범위를 좁힐 수 있다.
④ 표본조사는 표본평균과 모집단의 평균이 동일하다는 가정하에 수행된다.

53~55. 아래의 각 품목의 판매 횟수 표에 대하여 다음 물음에 답하여라.

품목	판매 빈도
{A}	200
{B}	100
{C}	150
{A,B}	100
{B,C}	150
{A,C}	100
{A,B,C}	200

53. 품목 A와 품목 B의 지지도를 바르게 계산한 것은?

① 0.2
② 0.25
③ 0.3
④ 0.35

54. 품목 A에 대한 품목 C의 신뢰도를 바르게 계산한 것은?

① 0.5
② 0.55
③ 0.6
④ 0.65

55. 품목 A, B에 대한 품목 C의 향상도를 바르게 계산한 것은?

① 8/9　　② 1

③ 10/9　　④ 11/9

56. R에 내장된 여러 함수들 중 함수명과 그 설명으로 잘못 연결된 것은 무엇인가?

① nchar – 입력된 데이터의 글자 수를 계산한다.

② subset – 입력된 데이터의 특정 조건을 만족하는 부분집합을 구한다.

③ merge – 입력된 두 데이터프레임을 공통된 특정 기준열에 의하여 병합한다.

④ rbind – 입력된 두 데이터를 열로써 병합한다.

57. 다음 그림과 같이 R에서 주어진 데이터프레임의 각 그룹별 데이터 개수를 구하기 위한 함수로 올바른 것은 무엇인가?

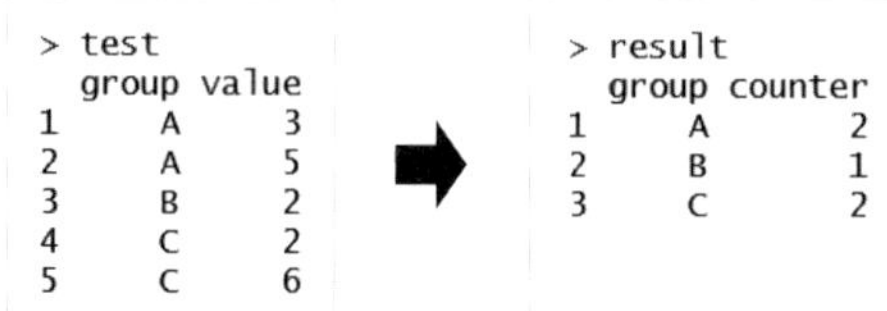

```
> test
  group value
1     A     3
2     A     5
3     B     2
4     C     2
5     C     6
```

```
> result
  group counter
1     A       2
2     B       1
3     C       2
```

① result <– ddply(test , group , summarise , counter = length(value))

② result <– ddply(test , 'group' , summarise , counter = length(value))

③ result <– ddply(test , group , transform , counter = length(value))

④ result <– ddply(test, 'group' , transform , counter = length(value))

58. 여러 개 그룹의 평균을 비교하기 위해 수행한 가설검정의 결과 테이블이다. 다음 중 아래 결과에 대하여 잘못 설명한 것은 무엇인가?

```
> summary(result)
            Df Sum Sq Mean Sq F value   Pr(>F)
group        3  182.9   60.97   8.371 0.000237 ***
Residuals   36  262.2    7.28
---
Signif. codes:  0 '***' 0.001 '**' 0.01 '*' 0.05 '.' 0.1 ' ' 1
```

① 분석에 사용된 데이터의 개수는 40개다.

② 4개의 그룹에 대한 평균을 비교하기 위해 수행되었다.

③ 4개의 그룹의 평균은 모두 차이가 난다고 결론 지을 수 있다.

④ 수행한 가설검정 방법은 분산분석이다.

59. 다음은 주성분분석을 수행한 결과를 나타낸 것이다. 다음 중 결과에 대하여 잘못 해석한 것은 무엇인가?

```
> result<-prcomp(test,scale=T,center=T)
> summary(result)
Importance of components:
                          PC1    PC2    PC3     PC4     PC5     PC6
Standard deviation     1.9482 1.1330 0.8311 0.41580 0.20026 0.13095
Proportion of Variance 0.6325 0.2140 0.1151 0.02882 0.00668 0.00286
Cumulative Proportion  0.6325 0.8465 0.9616 0.99046 0.99714 1.00000
```

① scale = T는 변수들의 평균을 0으로, center = T는 변수들의 분산을 1로 맞추기 위함이다.

② prcomp 대신 princomp(test, cor = T)를 활용하여도 같은 결과를 얻는다.

③ 첫 번째 주성분은 분산이 가장 큰 새로운 축을 갖는다.

④ 두 개의 주성분을 활용할 경우 전체 데이터의 약 85%를 설명할 수 있다.

60. 다음 중 시계열 분석에 대한 설명으로 부적절한 것은 무엇인가?

① 환율 예측, 주가 예측과 같이 시간을 변수로 갖는 데이터 분석이 목적이다.

② 시계열 분석을 위해서는 시계열 자료의 정상성 가정이 요구된다.

③ 평균이 일정하지 않은 경우 변환, 분산이 일정하지 않은 경우 차분을 통해 정상성을 만족시킬 수 있다.

④ 백색잡음이란 정규분포로부터 추출된 데이터로 시계열 자료에서 오차항에 해당한다.

61. 혼합 분포 군집을 수행하기 위한 알고리즘의 순서를 바르게 나열한 것은?

ㄱ. 초기 모수값 설정
ㄴ. 최대 가능도 검사
ㄷ. 기댓값 계산
ㄹ. 새로운 모수값 설정
ㅁ. 최대 가능도에 도달하면 알고리즘 종료

① ㄱ – ㄴ – ㄷ – ㄹ – ㅁ　　② ㄱ – ㄷ – ㄴ – ㄹ – ㅁ

③ ㄷ – ㄱ – ㄴ – ㄹ – ㅁ　　④ ㄷ – ㄴ – ㄱ – ㄹ – ㅁ

62. 다음 중 R의 라이브러리와 그 목적이 잘못 연결된 것은 무엇인가?

① ggplot2 – R의 시각화 라이브러리로 다양한 함수를 지원한다.

② data.table – 데이터프레임보다 효율적으로 데이터를 저장하고 인덱스를 활용하여 더욱 빠른 탐색이 가능하다.

③ readxl – R에서 XML 파일을 읽기 위한 라이브러리다.

④ party – 의사결정나무를 위한 ctree 함수를 지원한다.

63. 아래는 회귀분석을 수행한 결과다. 다음 중 분석 결과에 대하여 가장 잘못 설명한 것은 무엇인가?

```
> summary(result)

Call:
lm(formula = y ~ ., data = test)

Residuals:
    Min      1Q  Median      3Q     Max
-3.5404 -1.6701 -0.4264  1.1320  5.4996

Coefficients:
            Estimate Std. Error t value Pr(>|t|)
(Intercept) 16.53357   10.96423   1.508  0.14362
x1           0.00872    0.01119   0.779  0.44281
x2          -0.02060    0.01528  -1.348  0.18936
x3           2.01578    1.30946   1.539  0.13579
x4          -4.38546    1.24343  -3.527  0.00158 **
x5           0.64015    0.45934   1.394  0.17523
---
Signif. codes:  0 ‘***’ 0.001 ‘**’ 0.01 ‘*’ 0.05 ‘.’ 0.1 ‘ ’ 1

Residual standard error: 2.558 on 26 degrees of freedom
Multiple R-squared:  0.8489,    Adjusted R-squared:  0.8199
F-statistic: 29.22 on 5 and 26 DF,  p-value: 6.892e-10
```

① 유의수준 5% 내에서 위 모형은 통계적으로 유의하다고 말할 수 있다.

② 위 모형으로 전체 데이터의 약 85%를 설명할 수 있다.

③ 종속변수에 가장 큰 영향을 미치는 변수는 x4다.

④ x4를 제외한 나머지 독립변수 모두 유의확률값이 유의수준보다 크므로 더 좋은 모형이 있는지 탐색해본다.

64. 다음 중 데이터의 결측값 처리 방법에 대한 설명으로 잘못된 것은 무엇인가?

① 평균 대치법은 해당 변수의 평균으로 모든 결측값을 대치하는 것이다.

② 조건부 평균 대치법은 해당 변수를 회귀분석과 같은 분석을 통해 비조건부 평균 대치법보다 좀 더 신뢰성 높은 값으로 결측값을 대치한다.

③ 다중 대치법은 대치, 결합, 분석 세 단계가 순차적으로 진행되어 결측값 대치를 진행한다.

④ 결측값이 많은 경우 단순대치법은 막대한 양의 데이터 손실을 초래한다.

65. 독립변수 x1, x2, x3와 종속변수 y로 이루어진 데이터프레임 cars가 주어져 있을 때 전진선택법을 활용한 최적 회귀방정식을 찾으려고 한다. 다음 중 위 회귀분석을 수행하기 위한 R 코드로 올바른 것은 무엇인가?

① step(lm(data = cars, y ~ 1), scope = list(upper = ~ .), direction = forward)

② step(lm(data = cars, y ~ 1 , scope = list(upper = x1 + x2 + x3)) , direction = 'forward')

③ step(lm (data = cars, y ~ 1) , scope = list(upper = ~ .) , direction = 'forward')

④ step(lm(data = cars, y ~ 1) , scope = list(upper = ~ x1 + x2 + x3) , direction = 'forward')

66. 다음 중 로지스틱 회귀분석에 대한 설명으로 부적절한 것은 무엇인가?

① 종속변수(y)는 0과 1 사이의 확률값을 반환하므로 이진 분류에 적합하다.
② 오즈값을 종속변수(y)로 사용할 수 없다.
③ 오즈값이란 실패 확률을 성공 확률로 나눈 값이다.
④ 독립변수가 여러 개가 있는 경우에도 다중회귀와 같은 방법으로 종속변수(y)의 확률값을 구할 수 있다.

67 ~ 69. 다음은 분류 분석의 성과를 평가하기 위한 오분류표다. 다음 각 물음에 답하여라.

		예측집단	
		TRUE	FALSE
실제집단	TRUE	20	20
	FALSE	10	50

67. 위 오분류표를 보고 민감도를 바르게 계산한 것은?

① 0.5 ② 0.6
③ 0.7 ④ 0.8

68. 위 오분류표를 보고 정밀도(precision)를 바르게 계산한 것은?

① 1/3 ② 1/2
③ 2/3 ④ 5/6

69. 위 오분류표를 보고 F1 SCORE 값을 바르게 계산한 것은?

① 3/7 ② 4/7
③ 5/7 ④ 6/7

70. 다음 중 앙상블 분석에 대한 설명으로 잘못된 것은 무엇인가?

① 분류 분석 모형은 데이터 분할이 고르지 못할 경우 모형의 성능이 저하될 수 있다는 문제가 있다. 앙상블 분석은 이러한 문제를 해결하기 위해 여러 개의 모형을 결합하는 기법이다.
② 여러 개의 트리로 구성된 모형이기 때문에 이상값에 민감하지 않다는 장점이 있다.
③ 여러 개의 트리 중 가장 강력한 트리로부터 최종 결과를 얻는 것이 보팅이다.
④ 랜덤 포레스트는 독립변수의 차원을 랜덤하게 감소시킨 다음 그중에서 독립변수를 선택하는 방법이다.

71. 기업의 재무상태에 관련한 여러 가지 변수를 활용하여 기업의 파산 여부(YES/NO)를 판단하려고 한다. 다음 중 이 모형을 구축하기에 가장 적절한 기법은 무엇인가?

① 군집분석 ② 시계열 분석
③ 회귀분석 ④ 로지스틱 회귀분석

72. 군집분석을 수행하기 위해서는 입력 벡터 간의 거리 측정은 필수 작업이다. 다음 중 나머지 거리 측도와 다른 유형은 무엇인가?

① 시가 거리
② 코사인 유사도
③ 자카드 계수
④ 단순 일치 계수

73. 다음 중 K-평균 군집의 특징으로 잘못 설명한 것은 무엇인가?

① 이상값에 민감하지 않기 때문에 계층적 군집분석보다 자주 사용된다.
② 초기 K 값의 설정은 쉽지 않다.
③ 적절한 K 값을 선택하더라도 최적의 보장은 없다.
④ 거리의 측정을 위해 평균값 대신 중앙값을 사용해도 된다.

74. 정규분포를 통한 모집단의 모수 추정은 모분산을 모를 경우 활용할 수 없다는 문제가 있다. 이 문제를 해결하기 위해 등장한 확률분포로 하나의 집단의 평균 검정 또는 두 개의 집단의 평균 검정을 위해 활용되는 분포는 무엇인가?

① F 분포
② T 분포
③ 카이제곱 분포
④ 베타 분포

75 ~ 76. 다음 표를 보고 다음 각 물음에 답하여라.

	X	Y	Z
A	1	2	3
B	−1	−2	0
C	3	0	−1

75. 다음 중 A와 B의 유클리디안 거리와 B와 C의 맨하튼 거리를 바르게 짝지은 것은 무엇인가?

	AB – 유클리디안 거리	BC – 맨하튼 거리
①	$\sqrt{29}$	6
②	$\sqrt{29}$	7
③	$2\sqrt{7}$	6
④	$2\sqrt{7}$	7

76. 위 자료를 보고 체비셰프 거리를 통하여 합병형 군집분석을 진행할 때 가장 처음으로 군집이 형성되는 데이터는 무엇인가?

① AB
② BC
③ CA
④ ABC

77. 분류 분석의 성과를 평가하기 위해 ROC 커브를 자주 사용한다. 다음 중 ROC 커브에 대한 설명으로 부적절한 것은 무엇인가?

① x 축은 1 − 특이도 값을 의미한다.

② y 축은 1 − 민감도 값을 의미한다.

③ 각 분류 기준값에 따라 민감도와 특이도의 변화를 나타낸다.

④ ROC 커브의 아래 면적값이 1에 가까울수록 모형의 성능은 우수하다.

78. 다음 중 상관계수에 대한 설명으로 부적절한 것은 무엇인가?

① −1과 1 사이의 값을 갖는다.

② 피어슨 상관계수는 연속형 변수의 상관성을 측정한다.

③ 상관계수는 공분산을 두 변수의 표준편차의 곱으로 나눈 값이다.

④ 스피어만 상관계수는 명목척도의 상관성을 측정한다.

79. 다음과 같이 데이터프레임이 주어졌을 때 독립변수(x1, x2, x3)로 종속변수(y)를 예측하기 위해 회귀분석을 수행하려 한다. 다음 중 회귀분석을 수행하기 위한 R 코드로 올바른 것은?

```
> test
   x1 x2 x3        y
1   4  2  5 20.71862
2   1  8  9 21.52640
3   1  5  8 15.16298
4   7  4  9 25.24164
5   8  4  8 23.78886
6  10  6  1 48.91509
7   3 10  6 51.52704
8   5  6  2 37.05281
9   7  1  9 11.03025
10  7  4  5 31.94629
```

① `lm( data = test, x1 + x2 + x3 ~ y )`

② `lm( data = test, y ~ . )`

③ `glm( data = test, x1 + x2 + x3 ~ y , family = 'binomial' )`

④ `glm( data = test, y ~ . , family = 'binomial' )`

80. 아래의 잔차도를 보고 위배되었다고 판단할 수 있는 회귀분석의 가정사항은 무엇인가?

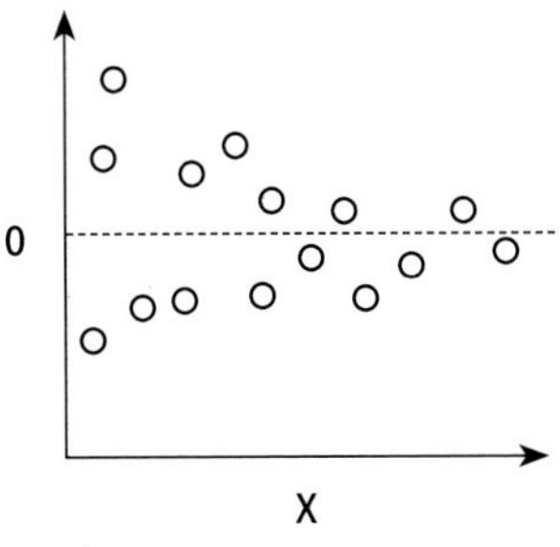

① 선형성

② 등분산성

③ 정규성

④ 독립성

81. **다음 중 데이터 마이닝에 대한 설명으로 잘못된 것은?**

① 방대한 양의 데이터 속에서 숨겨진 규칙, 패턴 등을 찾아내 예측하거나 의사결정에 활용하는 것을 목적으로 한다.

② 방대한 양의 데이터에 기반하기 때문에 결측값이나 이상값은 무시할 수 있다는 장점이 있어 그 효율성이 더욱 부각된다.

③ 사용자가 직접 설정해야 하는 최적의 하이퍼파라미터 값 선정은 데이터 마이닝에서 중요한 과제 중 하나이다.

④ 데이터 분할을 수행하는 가장 큰 이유는 과적합을 방지하기 위해서이다.

82. **의사결정나무는 데이터가 많을수록 나무의 깊이가 깊어져 과적합이 발생할 가능성이 높아진다. 다음 중 이런 문제를 해결하기 위한 방법 중 하나로 나무의 성장을 제한하도록 특정한 조건을 설정하는 것을 무엇이라 하는가?**

① 분할규칙 ② 정지규칙
③ 성장규칙 ④ 연관규칙

83. **다음 중 기하 분포에 대한 예시로 올바른 것은 무엇인가?**

① 1000페이지에 달하는 서류에서 1개 페이지 안에 3개의 오타가 발생할 확률

② 동전을 10번 던져서 앞면이 7번, 뒷면이 3번 발생할 확률

③ 랜덤하게 사람을 추출했을 때 그 사람의 키가 160cm 이상 170cm 이하일 확률

④ 제비뽑기에서 5번의 기회가 주어졌을 때 3번째에 당첨될 확률

84. **다음 중 R이 보유한 데이터 타입으로, 3차원 이상의 구조로 모든 데이터가 같은 타입을 갖는 것은 무엇인가?**

① 벡터 ② 행렬
③ 배열 ④ 리스트

85. **다음 중 나머지와 다른 특성의 데이터마이닝 기법은 무엇인가?**

① 로지스틱 회귀분석 ② SOM
③ SVM ④ KNN

86. **다음 중 아래의 R 코드를 수행한 결과로 올바른 것은?**

```
> result <- 1
> for( i in 1:6){
+  result <- result * i
+ }
> print( result )
```

① 0 ② 21
③ 720 ④ 1440

87. 데이터마이닝을 수행하는 데 있어서 과적합 문제를 방지하기 위해 데이터 분할을 수행한다. 이때, 한 번의 데이터 분할에서 오는 낮은 신뢰성 문제를 해결하기 위해 고안된 것이 K개의 작은 데이터셋으로 나눈 뒤 K-1개의 데이터셋을 훈련용 데이터로 활용하고, 나머지 1개의 데이터셋을 평가용 데이터로 활용한다. 이렇게 K번의 데이터마이닝 수행을 통해 높은 신뢰성을 확보하는 방법은 무엇인가?

① K-fold Cross Validation
② KMP Algorithm
③ K Nearest Neighbor
④ K-means Algorithm

88. 다음 중 탐색적 데이터 분석(EDA)를 수행하는 데 있어서 그 예시로 올바른 것은 무엇인가?

① R 코드에서 summary 함수를 통해 데이터의 기초 통계량을 확인한다.
② 군집분석을 활용하여 cluster라는 새로운 변수를 생성한다.
③ 주성분분석을 활용하여 고차원의 데이터를 저차원의 데이터로 변환한다.
④ 의사결정나무를 활용하여 정분류율 95%의 모델을 생성한다.

89. 인공신경망은 활성화 함수 선택이 매우 중요한 분석 기법이다. 이때 활성화 함수의 기울기가 0에 수렴하게 되어 학습이 잘 되지 않는 기울기 소실 문제가 발생할 수 있다. 다음 중 이런 문제를 해결하기 위해 활용 가능한 함수는 무엇인가?

① tanh 함수
② 소프트맥스 함수
③ Relu 함수
④ step 함수

90. 다음 중 분류 분석의 모형을 평가하기 위한 방법 중 하나로, 랜덤 모델에 비하여 모델의 성과가 얼마나 향상되었는지를 등급별로 파악하는 그래프는 무엇인가?

① 향상도 곡선
② 자기상관그래프
③ ROC 커브
④ 편차 제곱합 그래프

3과목 - 예상 문제 정답 및 해설

01. **답**: ②

해설: 두 판매경로의 매출에 대하여 같은지 다른지를 검정하고자 하는 것이므로 이 표본 t-검정이 적절하다.

02. **답**: ④

해설: 문항의 상관계수는 $12/(\sqrt{9}\times\sqrt{16})=1$이다. 공분산 값이 -12이면 상관계수 값이 -1로 강한 음의 상관관계에 있다.

03. **답**: ③

해설: 행렬은 2차원 구조로 데이터프레임과 유사하나 모든 열이 같은 타입을 가져야 한다.

04. **답**: ③

해설: 군집분석은 가장 유사한 데이터끼리 혹은 거리가 가장 가까운 데이터끼리 군집화하는 기법이다.

05. **답**: ①

해설: R에서 벡터와 상수의 사칙연산은 벡터의 모든 성분과 연산을 한다.

06. **답**: ②

해설: 유의확률이 유의수준보다 작을 경우 귀무가설을 기각한다.

07. **답**: ③

해설: $G(\text{지니 지수})=1-\left(\frac{2}{5}\right)^2-\left(\frac{1}{5}\right)^2-\left(\frac{2}{5}\right)^2=\frac{16}{25}$

08. **답**: ②

해설: max(data)의 값은 data의 최댓값인 5이며, 나머지 값들은 모두 4다.

09. **답**: ③

해설: 2개의 주성분을 사용하면 누적 설명력이 약 88.9%다.

10. **답**: ②

해설: 신뢰도가 커도 향상도가 1보다 작다면 같이 진열될 경우 구매 확률의 감소를 의미한다.

11. **답**: ②

해설: CART 알고리즘은 지니 지수를 활용하여 불순도를 계산한다. 엔트로피 지수는 C4.5 알고리즘에서 활용된다.

12. **답**: ①

해설: sqldf 패키지는 사용자가 SQL 문장을 활용하여 데이터프레임을 다룰 수 있도록 도와준다.

13. **답**: ②

해설: Loadings에서 빈 공간은 -0.1과 0.1 사이의 값으로 변수가 주성분에 미치는 영향이 거의 없다고 판단하여 생략되었을 뿐 0이라는 보장은 없다.

14. **답**: ③

해설: 복원 추출을 통해 모집단과 같은 크기를 갖는 집단은 붓스트랩이다.

15. **답**: ②

해설: 자기조직화지도는 역전파 알고리즘을 사용하지 않는다. 순전파 방식을 사용하여 알고리즘을 수행하는 속도가 매우 빠르다.

16. **답**: ③

해설: 분산분석은 두 개 이상의 집단의 평균을 비교하기 위한 가설검정이다. 세 개 이상의 집단에 대한 분산분석으로 귀무가설을 기각한다면 어떠한 집단끼리 평균이 다른지 알 수 없다. 따라서 세 개 이상의 집단에 대한 귀무가설이 기각될 경우 사후 검정이 필요하다.

17. **답**: ③

해설: $\mathrm{E(X)}=1\times\frac{1}{2}+2\times\frac{1}{4}+3\times\frac{1}{8}+4\times\frac{1}{8}=\frac{15}{8}$

18. **답**: ②

해설: 연속형 확률분포의 기댓값은 $\mathrm{E(X)}=\int xf(x)$

연속형 확률분포의 분산은 $\mathrm{Var(X)}=\int x^2f(x)-\mathrm{E(X)}^2$

19. **답**: ①

해설: 1번은 NA NA,

2번은 'na'

3번은 'banana'

4번은 1을 출력한다.

20. **답**: ③

해설: 유의수준 5% 내에서 귀무가설이 기각되므로 평균은 6이라고 할 수 없다.

21. **답**: ③

해설: ESD는 평균으로부터 표준편차의 3배만큼 떨어진 곳을 이상값을 판단하는 기준으로 삼는다.

22. **답**: ②

해설: k-NN은 k-Nearest Neighbor의 약자로 주변 K개의 데이터를 탐색하여 분류 혹은 결측값 대치를 위해 활용될 수 있다.

23. **답**: ①

해설: 기존의 변수보다 적은 수의 주성분으로 전체 데이터를 요약하는 것이 주성분분석의 목적이다.

24. **답**: ②

해설: 비모수적 방법은 통계적 추론에 있어서 평균과 분산을 활용하지 않는다.

25. **답**: ①

해설: seq의 첫 번째 매개변수는 시작값, 두 번째 매개변수는 종료값으로 두 명령 모두 0에서 시작하여 10에서 종료되는 수열을 의미한다.

by는 간격을 의미하며 수열 사이의 간격이 2인 수열로 0 2 4 6 8 10이다.

length.out은 수열의 개수를 의미하며, 0과 10을 포함하여 같은 간격을 갖는 5개의 수열을 의미하여 0 2.5 5 7.5 10이다.

26. **답**: ②

해설: 다중회귀는 여러 개의 독립변수와 한 개의 종속변수의 선형식을 찾는 회귀분석 방법이다.

27. **답**: ③

해설: sd 함수는 주어진 벡터의 모 표준편차가 아닌 표본 표준편차를 계산한다.

28. **답**: ③

해설:

$$P(X \cap Y) = P(X) + P(Y) - P(X \cup Y) = \frac{1}{2} + \frac{1}{3} - \frac{2}{3} = \frac{1}{6}$$

$$P(X|Y) = \frac{P(X \cap Y)}{P(Y)} = \frac{1/6}{1/3} = 1/2$$

29. **답**: ③

해설: type = 'n'은 none의 약자로 산점도에 아무것도 나타내지 않는다.

type = 'p'는 기본값으로 산점도의 데이터를 점으로 나타낸다.

type = 'l'은 산점도의 데이터를 선으로 이어서 나타낸다.

type = 'b'는 점과 선을 모두 사용하여 산점도를 나타낸다.

30. **답**: ①

해설: 단순회귀분석의 분산분석표에서 잔차의 자유도는 n–2다. 총 관측치의 수 n이 10이므로 잔차의 자유도는 10–2 = 8이 된다.

31. **답**: ①

해설: F–통계량은 MSR/MSE로 계산할 수 있다. 위의 표에서 MSR은 180, MSE는 20이므로 F–통계량은 180/20 = 9다.

32. **답**: ②

해설: IQR 값은 3분위수(75%)에서 1분위수(25%)의 차이 값인 15 – 7 = 8이다.

33. **답**: ①

해설: 이상값의 기준은 1분위수(25%) – 1.5×IQR=7 – 1.5×8=–5와 3분위수(75%)+1.5×IQR=15+1.5×8=27이다.

34. **답**: ②

해설: 처리제곱합의 자유도(ㄴ)는 그룹 수 – 1로 5 – 1=4개다.

35. **답**: ③

해설: 분석에 사용된 데이터의 개수는 전체 자유도 + 1 = 104 + 1 = 105개다.

36. **답**: ③

해설: BIC 값을 최대가 되게 하는 4개를 최적의 군집 수로 설정할 수 있다.

37. **답**: ②

해설: 상관계수에 대한 설명으로 상관계수 값이 −1인 경우에는 음의 선형관계를 갖고 있다.

38. **답**: ④

해설: 왜도가 양수인 경우 오른쪽으로 긴 꼬리를 가지며, 최빈값 < 중앙값 < 평균의 관계를 갖는다.

39. **답**: ②

해설: 하나의 변수 x와 x의 이차식 이상의 변수를 활용하였으므로 다항회귀 모형이다.

40. **답**: ②

해설: 집락 추출법은 집락 간 동질적이며, 집락 내 이질적인 특성을 갖고 있다.

41. **답**: ④

해설: hclust의 method의 기본값은 complete으로 최장연결법이다. 따라서 method = 'single'을 생략한다면 method = 'complete'으로 군집을 수행한다. 맨하튼 거리는 다른 말로 시가거리라고도 한다.

42. **답**: ①

해설: B의 G(지니 지수)$=1-\left(\frac{90}{100}\right)^2-\left(\frac{10}{100}\right)^2=\frac{18}{100}=\frac{9}{50}$

C의 G(지니 지수)$=1-\left(\frac{10}{50}\right)^2-\left(\frac{40}{50}\right)^2=\frac{8}{25}$

43. **답**: ④

해설: 신뢰도 값이 커지면 구간추정의 범위는 넓어진다.

44. **답**: ③

해설: 제1종 오류와 제2종 오류는 반비례 관계로 모두를 최소화할 수 없기 때문에 제1종 오류를 통제하기 위해 유의수준을 사용한다.

45. **답**: ③

해설: 1번의 표준화 값은 (2 − 0) / 1 = 2

2번의 표준화 값은 (0 − 2) / 4 = −0.5

3번의 표준화 값은 (7 − 10) / 3 = −1

4번의 표준화 값은 (5 − 5) / 10 = 0

46. **답**: ③

해설: 부분자기상관함수는 현재 시점의 값과 시차 n만큼 떨어진 시점에서의 값의 상관계수를 계산할 때 두 시점 사이에 존재하는 시계열 자료로부터 오는 영향을 제거한 함수다.

47. **답**: ②

해설: 순차패턴은 연관분석에서 시간 개념을 추가하여 미래에 발생할 것으로 예측되는 품목을 찾는 것이다.

48. **답**: ①

해설: 두 개의 집단(수도권, 비수도권)의 내부 구성의 비율에 차이가 있는지 없는지 비교하기 위한 가설검정을 수행하기 위해서 카이제곱 분포를 활용한 동질성 검정을 수행한다.

49. **답**: ②

해설: 데이터 마트란 데이터 웨어하우스로의 부분집합으로 특정 집단이 특정 목적을 갖고 사용할 수 있는 데이터 집합이다.

50. **답**: ④

해설: K–Means Clustering(K–평균 군집), Self–Organizing Map(자기조직화지도), Mixture Of Normal Distribution(혼합 분포 군집)은 모두 군집 분석의 일종이고 Multidimensional Scaling(다차원 척도법)은 통계 분석으로 시각화 기법의 한 종류다.

51. **답**: ①

해설: R은 프리 소프트웨어보다 더 개방적인 오픈소스다. 프리 소프트웨어는 무료 사용은 가능하지만 코드에 접근할 수 없다. 그러나 오픈소스는 무료이면서 동시에 코드에 접근할 수 있다.

52. **답**: ④

해설: 모집단의 특성을 나타낼 수 있는 대표적인 모수 평균을 추정하기 위해 표본조사를 수행하기 때문에 표본평균과 모집단의 평균이 동일하다는 가정은 필요 없다.

53. **답**: ③

해설: A와 B가 모두 포함된 거래 수는 {A,B} + {A,B,C} = 100 + 200 = 300이며, 전체 거래 횟수는 {A} + {B} + {C} + {A,B} + {B,C} + {A,C} + {A,B,C} = 1000이므로 품목 A,B의 지지도는 300/1000으로 0.3이다.

54. **답**: ①

해설: A와 C의 지지도 = ({A,C} + {A,B,C}) / 전체 거래 횟수 = (100 + 200) / 1000 = 0.3

A의 구매확률 = ({A} + {A,B} + {A,C} + {A,B,C}) / 전체 거래 횟수 = (200+100+100+200)/1000 = 0.6

품목 A에 대한 품목 C의 신뢰도는 A에 대한 조건부확률 C로 (A와 C의 지지도) / (A의 구매확률) = 0.3 / 0.6으로 0.5다.

55. **답**: ③

해설: A,B,C의 지지도 = {A,B,C} / 전체 거래 횟수 = 200 / 1000 = 0.2

A,B의 구매확률 = ({A,B} + {A,B,C}) / 전체 거래 횟수 = (100+200) / 1000 = 0.3

C의 구매확률 = ({C} + {A,C} + {B,C} + {A,B,C}) / 전체 거래 횟수 = (150+150+100+200)/1000 = 0.6

품목 AB에 대한 품목 C의 향상도는 (A,B,C의 지지도)/(A,B의 구매확률 × C의 구매확률) = 0.2/(0.3×0.6) = 0.2 / 0.18 = 10/9이다.

56. **답**: ④

해설: rbind는 두 데이터를 행으로써 병합하고, cbind는 두 데이터를 열로써 병합한다.

57. **답**: ②

해설: 회귀분석의 lm의 경우 따옴표 없이 변수 선택이 가능하나 ddply의 경우 변수 선택을 위해 따옴표를 사용해야 한다. summarise는 기존 데이터의 요약, transform은 기존 데이터의 요약 없이 새로운 열을 추가한다.

58. **답**: ③

해설: 분산분석의 귀무가설(모든 집단의 평균은 같다)을 기각하여 4개 그룹은 모두 같은 평균이 아니라는 것을 알았을 뿐, 어느 그룹 간에 얼마나 다른지는 알 수 없다.

59. **답**: ①

해설: scale = T는 분산을 1로, center = T는 평균을 0으로 만들기 위함이다.

60. **답**: ③

해설: 평균이 일정하지 않은 경우 차분을 통해, 분산이 일정하지 않은 경우 변환을 통해 정상성을 만족시킬 수 있다.

61. **답**: ②

해설: 혼합 분포 군집은 EM 알고리즘에 의하여 수행된다. E 단계에서 초기 모수값 설정 후 기댓값을 계산하며, M 단계에서 최대 가능도를 검사하고 새로운 모수값을 설정한다. 이 과정을 반복하여 최대 가능도에 도달하면 알고리즘을 종료한다.

62. **답**: ③

해설: readxl은 R에서 엑셀 파일을 읽기 위한 라이브러리다. CSV 파일을 읽는 read.csv를 내장함수로 보유하고 있다.

63. **답**: ②

해설: 문제에 제시된 회귀모형은 다중회귀모형으로 결정계수보다 수정된 결정계수를 활용하여 모델의 설명력을 결정한다.

64. **답**: ③

해설: 다중 대치법은 대치, 분석, 결합 순서대로 진행된다.

65. **답**: ④

해설: step과 lm을 활용하여 최적 회귀방정식을 수행할 수 있다. step에서 scope 파라미터를 활용하여 최적 회귀방정식의 변수의 범위를 정할 수 있다. 단, scope에서 변수는 x1, x2, x3를 입력해야 한다.

66. **답**: ③

해설: 오즈값은 성공 확률을 실패 확률로 나눈 값이다.

67. **답**: ①

해설: 민감도는 (실제 T 중 T로 예측) / (실제 T)의 값으로 20 / 40 = 0.5다.

68. **답**: ③

해설: 정밀도는 (예측 T중 실제 T) / (예측 T)의 값으로 20 / 30 = 2/3다.

69. **답:** ②

해설: F1 SCORE 값은 재현율(민감도)과 정밀도의 조화평균값인 (2×재현율×정밀도)/(재현율+정밀도)로 (2×0.5×(2/3))/(0.5+2/3) = 4/7다.

70. **답:** ③

해설: 보팅이란 여러 개의 트리로부터 얻은 결괏값을 다수결 방식에 의하여 최종 결과를 선택하는 방법이다.

71. **답:** ④

해설: 여러 가지 분류 분석 기법 중 YES와 NO의 이진 분류를 위해서는 로지스틱 회귀분석이 보기 중에 가장 적합하다.

72. **답:** ①

해설: 시가 거리는 연속형 변수의 거리를 측정하기 위한 측도이며, 코사인 유사도, 자카드 계수, 단순 일치 계수는 모두 범주형 변수의 거리를 계산하기 위한 측도다.

73. **답:** ①

해설: 이상값에 민감하기 때문에 이상값이 존재할 경우 최적의 군집을 보장할 수 없다. 따라서 거리 측정을 위해 평균값 대신 이상값에 영향을 받지 않는 중앙값을 대신 사용하기도 한다.

74. **답:** ②

해설: 하나의 집단에 대한 평균 검정(일 표본 검정), 두 개의 집단의 평균 검정(이 표본 검정) 모두 T분포를 활용하여 수행된다.

75. **답:** ②

해설: AB – 유클리디안 거리 = $\sqrt{(1-(-1))^2+(2-(-2))^2+(3-0)^2}=\sqrt{29}$

BC – 맨하튼 거리 = $|(-1)-3|+|-2-0|+|0-(-1)|=7$

76. **답:** ④

해설: AB 체비셰프 거리 = $\max(|1-(-1)|, (|2-(-2)|), |3-0|)=\max(2, 4, 3)=4$

BC 체비셰프 거리 = $\max(|(-1)-3|, |-2-0|, |0-(-1)|)=\max(4, 2, 1)=4$

CA 체비셰프 거리 = $\max(|3-1|, |0-2|, |-1-3|)=\max(2, 2, 4)=4$

체비셰프 거리를 통한 AB, BC, CA 거리는 모두 4로 같으므로 ABC가 첫 번째 군집의 데이터가 된다.

77. **답:** ②

해설: ROC 커브의 y축은 민감도를 나타내며, ROC 커브는 분류 기준값의 변화에 따라서 민감도와 특이도의 변화를 보여주며, 최적의 분류 기준값을 찾는 데 유용하다.

78. **답:** ④

해설: 스피어만 상관계수는 명목척도가 아닌 순서척도의 상관성을 측정하기 위함이다.

79. **답:** ②

해설: lm(linear model)을 활용하여 회귀분석을 수행할 수 있으며, 변수의 입력 순서는 종속변수 ~ 독립변수다. glm은 로지스틱 회귀분석에 사용한다.

80. 답: ②

해설: x값이 증가할수록 잔차도의 분산이 감소하므로 회귀분석의 등분산성이 위배되었다고 할 수 있다.

81. 답: ②

해설: 데이터 마이닝에서도 결측값이나 이상값 처리는 반드시 필요하다.

82. 답: ②

해설: 위 문제는 정지규칙에 대한 설명이다.

83. 답: ④

해설: 기하분포는 어떤 사건에 대해 처음으로 그 사건이 발생할 때까지 시행해야 하는 시행 횟수를 의미한다.

84. 답: ③

해설: 3차원 이상의 구조로 모든 성분이 같은 타입을 갖는 데이터 구조는 배열(array)이다.

85. 답: ②

해설: SOM은 비지도학습으로 군집분석 기법이며, 나머지는 지도학습의 분류분석 기법이다.

86. 답: ③

해설: 위 R 코드는 1부터 6까지 숫자들의 곱셈을 구하는 코드로 1 × 2 × 3 × 4 × 5 × 6 = 720이다.

87. 답: ①

해설: 위 문제는 K-fold Cross Validation(교차검증)에 대한 설명이다.

88. 답: ①

해설: 탐색적 데이터 분석(EDA)은 데이터마이닝과 데이터 전처리에 앞서서 데이터를 다양한 각도에서 관찰하고 이해하는 과정을 의미한다.

89. 답: ③

해설: Relu 함수는 입력값이 아무리 커도 미분값이 0이 되지 않으므로 기울기 소실 문제가 발생하지 않는다.

90. 답: ①

해설: 위 문제는 향상도 곡선에 대한 설명이다.

ADsP(Advanced Data Analytics Semi-Professional)

1회 모의고사

【1과목】

01. 다음 중 나머지와 종류가 다른 데이터베이스는?

① MariaDB
② Cassandra
③ MongoDB
④ HBase

02. 다음 중 데이터 사이언티스트가 갖추어야 할 역량으로 가트너가 제시하지 않은 것은?

① 데이터에 대한 이해
② 분석론에 대한 지식
③ 비즈니스 요소에 초점
④ 데이터베이스 모델링

03. 다음 중 아래에서 설명하는 기술은 무엇인가?

> 관리 대상이 되는 데이터를 하나의 블록으로 생성하고 대규모의 노드들 사이에 분산저장하는 P2P 방식을 기반으로 하며, 중앙 집중 구조가 아니라 개인 간 자유로운 거래가 가능한 분산 데이터 저장 기술의 일종이다.

① 블록체인
② 메타버스
③ 사물인터넷
④ 마이데이터

04. 다음 중 아래에서 설명하는 빅데이터 관련 기술은 무엇인가?

> 모든 사물에 센서 및 통신기능을 내장함으로써 인터넷에 연결하여 사물들 간 서로 정보를 주고받으며 사용자가 원격에서 사물을 조정할 수 있는 기술이다.

① IoT
② 데이터 마이닝
③ 디지털 초지능
④ Human Pose

05. 다음 중 DIKW에 대한 설명으로 가장 부적절한 것은?

① 데이터: 가공되지 않은 있는 그대로의 사실을 나타내는 자료다.
② 정보: 여러 데이터 간 상호 관계 속에서 얻은 의미 있는 자료다.
③ 지식: 여러 정보의 종합적인 결과로 개인의 결정에 기준이 되는 가치 있는 자료다.
④ 지혜: 개인에게 내재되어 있어 타인과의 공유가 쉽게 가능한 자료다.

06. 다음 중 현대사회에서의 빅데이터 기능을 설명하는 것으로 가장 부적절한 것은?

① 현대사회에서 빅데이터는 차세대로 넘어가기 위한 발판을 마련해준다.
② 현대사회에서 빅데이터는 기존에 모르던 새로운 가치를 발견할 수 있도록 도와준다.
③ 현대사회에서 빅데이터는 비대면 서비스의 발전을 위한 기술을 제공해준다.
④ 현대사회에서 빅데이터는 현대사회의 에너지를 제공해주는 원동력이다.

07. 다음 중 반정형 데이터의 예시로 부적절한 것은?

① HTML 파일
② {'name' : 'JSON입니다.'}
③ 이모티콘을 포함한 영화 리뷰
④ 〈note〉〈to〉XML입니다.〈/to〉〈/note〉

08. 다음 중 데이터 웨어하우스와 데이터 마트에 대한 설명으로 올바른 것은 무엇인가?

① 데이터 웨어하우스는 데이터 마트의 일부분이다.
② 데이터 마트는 사용자의 의사결정에 도움을 주기 위해 분산된 데이터들을 한 곳에 공통된 형식으로 변환하여 모아놓은 집합이다.
③ 데이터 웨어하우스와 데이터 마트는 반드시 데이터베이스 관리 시스템으로 관리되어야 한다.
④ 데이터 마트는 특정 목적을 달성하기 위해 개인 또는 조직에게 전달되기 위한 최종 데이터 형태다.

09. 다음 중 보기에서 설명하는 것과 가장 관련이 깊은 것은?

(가) IT 기술의 발전으로 SNS가 등장했으나 SNS 사용자의 게시글은 누구나 접근 가능하며 수집 가능하다는 특징이 있어 악용되는 사례가 빈번하다.
(나) 구글은 사용자의 인터넷 기록 및 검색을 분석하여 인터넷 종료 이후 사용자의 행동을 87%의 정확도로 예측할 수 있다.

① 동의에서 책임으로
② 책임 원칙 훼손
③ 네트워크 최적화 중요성
④ 알고리즈미스트 등장

10. 아래 설명에서 A, B에 들어갈 알맞은 단어는 무엇인가?

데이터의 수집 및 저장 기술의 발전에 따라 분석을 위한 하드웨어적 한계는 존재하지 않는다고 봐도 무방하다. 빅데이터가 도래한 21세기 분석 목적에 맞게 데이터를 선별 및 전처리하여 분석하는 (A) 방식에서 가능한 한 많은 데이터를 분석 대상으로 보는 (B) 방식으로의 변화가 발생했다.

① (A) : 사전처리 , (B) : 사후처리
② (A) : 사후처리 , (B) : 사전처리
③ (A) : 상관분석 , (B) : 인과분석
④ (A) : 인과분석 , (B) : 상관분석

【2과목】

11. 다음 중 빅데이터 분석 방법론 중 서로 피드백을 주고받을 수 있는 단계로 바르게 연결된 것은 무엇인가?

① 분석 기획 - 데이터 준비
② 데이터 준비 - 데이터 분석
③ 데이터 분석 - 시스템 구현
④ 시스템 구현 - 평가 및 전개

12. 다음 중 기업에 필요한 데이터, 인력, 조직, 분석업무 등이 적용되지 않아 성숙된 분석 수준을 확보하기 위한 여러 방면에서 사전준비가 필요한 기업은 어느 유형인가?

① 확산형 기업
② 정착형 기업
③ 도입형 기업
④ 준비형 기업

13. 빅데이터 분석 방법론에서 예상되는 위험으로부터 대응하기 위한 방법이 아닌 것은?

① 회피
② 수용
③ 방관
④ 완화

14. 다음 중 방법론이 생성되는 과정을 올바르게 나열한 것은 무엇인가?

① 암묵지 → (체계화) → 형식지 → (내재화) → 방법론 → (형식화) → 암묵지

② 암묵지 → (내재화) → 형식지 → (형식화) → 방법론 → (체계화) → 암묵지

③ 암묵지 → (체계화) → 방법론 → (형식화) → 형식지 → (내재화) → 암묵지

④ 암묵지 → (형식화) → 형식지 → (체계화) → 방법론 → (내재화) → 암묵지

15. 다음 중 데이터 거버넌스의 체계의 순서를 바르게 나열한 것은 무엇인가?

① 데이터 관리 체계 - 데이터 표준화 - 데이터 저장소 관리 - 표준화 활동

② 데이터 표준화 - 데이터 관리 체계 - 데이터 저장소 관리 - 표준화 활동

③ 데이터 저장소 관리 - 데이터 표준화 - 표준화 활동 – 데이터 관리 체계

④ 표준화 활동 - 데이터 저장소 관리 - 데이터 관리 체계 - 데이터 표준화

16. 다음 중 전사 분석 업무를 별도로 담당하는 조직을 구축하여 전사적 차원에서 우선순위를 결정하여 업무를 진행할 수 있으나 현업 업무부서와 이중화, 이원화의 가능성이 높다는 단점이 있는 구조는 무엇인가?

① 집중 구조　　② 합병 구조

③ 기능 구조　　④ 분산 구조

17. 다음 중 분석 과제 발굴의 방법 중 하나인 하향식 접근법이 수행되는 단계로 바르게 연결된 것은 무엇인가?

① 최적화에서 해결책　　② 해결책에서 발견

③ 발견에서 통찰력　　④ 통찰력에서 최적화

18. 다음 중 지속적인 분석 내재화를 위한 '장기적인 마스터플랜 방식'과 비교할 때 빠른 문제 해결을 위한 '과제 중심적 접근 방식'의 특징으로 부적절한 것은 무엇인가?

① Quick & Win　　② Problem Solving

③ Speed & Test　　④ Accuracy & Deploy

19. 다음 중 ISP(Information Strategy Planning)에 대한 설명으로 올바른 것은 무엇인가?

① 새로운 상품의 개발 또는 전략 수립 등 중요한 의사결정을 할 때 상향식 접근법과 하향식 접근법의 수렴 단계를 반복적으로 수행하여 이루어지는 상호보완을 통한 최적의 의사결정 방식을 의미한다.

② 정보기술 및 정보 시스템을 전략적으로 활용하기 위해 조직의 내외부 환경을 분석하고 문제점을 도출하는 등 중장기적 마스터플랜을 수립하는 절차를 의미한다.

③ 시스템 구축을 목적으로 프로젝트 수행을 위한 계획 및 인력 구성 등을 위한 절차를 의미한다.

④ 시스템 운영 및 유지보수를 목적으로 정보화 계획을 수립하는 것을 의미한다.

20. 다음 중 프레이밍 효과에 대한 설명으로 적절한 것은 무엇인가?

① 일반 업무자가 이해할 수 없는 수준의 복잡한 모델이 발생한 것을 의미한다.

② 모델이 지나치게 일반화되어 현실에 적용할 수 없는 문제를 말한다.

③ 같은 결과를 해석하는 두 사람이 완전히 다른 결론을 도출하는 현상을 의미한다.

④ 지나친 데이터 익명화로 신원 확인에 어려움이 발생하는 현상을 의미한다.

【3과목】

21. 아래의 예시를 수행하기 위해 사용해야 하는 확률분포로 올바른 것은?

> 두 집단의 평균을 비교할 경우 두 집단의 분산이 같은 경우와 다른 경우의 가설검정 수행 방법이 달라진다. 따라서 두 집단의 분산이 같은지 다른지를 판별하기 위한 등분산 검정을 수행하기 위한 확률분포다.

① 정규분포　　② 카이제곱 분포

③ T 분포　　④ F 분포

22. 다음 중 아래 R 명령문을 실행하였을 때 예상되는 결과로 적절한 것은 무엇인가?

R Console

```
> x <- c( 1 : 10 )
> y <- x + 10
> plot( x , y , type = 'b' , main = 'my plot' )
```

①

②

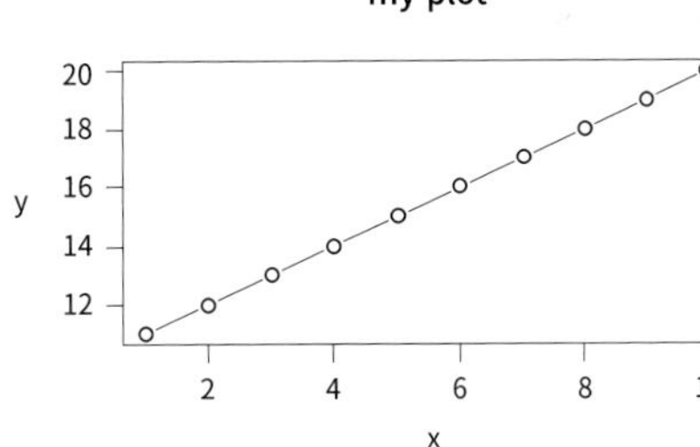

③

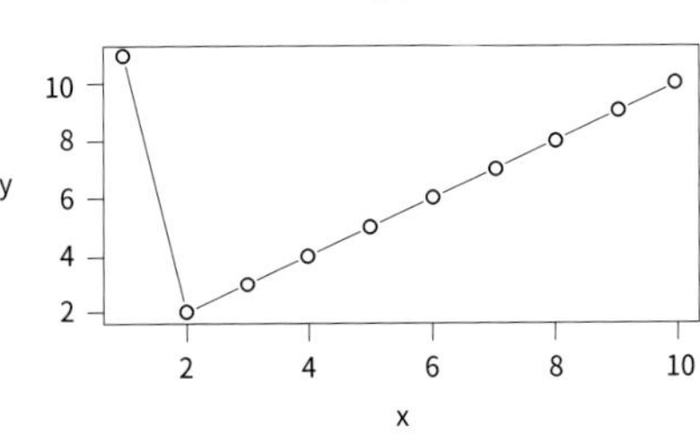

④

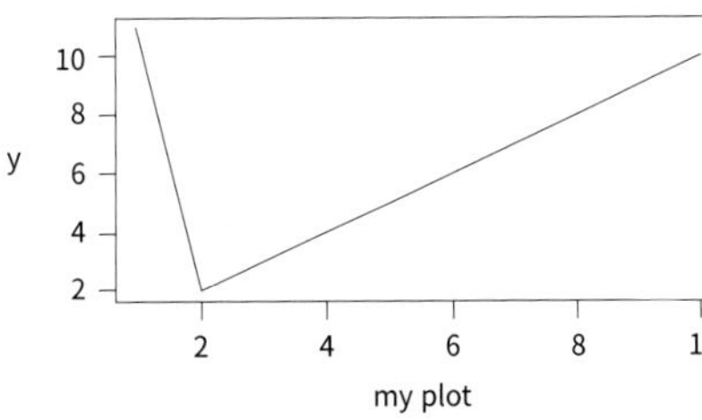

23. 다음 중 단순선형 회귀분석을 수행하기 위한 가정사항으로 잘못 설명한 것은 무엇인가?

① 선형성: 독립변수와 종속변수는 선형 관계를 가져야 한다.

② 독립성: 잔차는 종속변수와 독립이어야 한다.

③ 등분산성: 잔차들의 분산이 모두 동일하다.

④ 정규성: 잔차항이 정규분포를 따라야 한다.

24. 다음 중 가설검정을 수행할 때 귀무가설을 기각할 때 그 결정이 잘못되었을 확률을 의미하는 용어는 무엇인가?

① 기각역 ② 검정통계량

③ 유의수준 ④ 유의확률

25. 다음 중 아래의 R 코드에 대하여 잘못 설명한 것은 무엇인가?

R Console

```
> x <- c( 1 , 2 , 3 , NA )
> y <- x * 3
> z <- mean( y , na.rm = T )
> w <- mean( x )
```

① print(y)는 3, 6, 9가 출력된다.

② z값을 구하기 전에 na.rm = T를 사용하면 전혀 다른 결과가 출력된다.

③ z의 값은 6이다.

④ w의 값은 NA이다.

26. 다음 확률분포표를 보고 확률변수 X의 기댓값을 바르게 계산한 것은 무엇인가?

X	−2	−1	0	1	2
P(X)	$\frac{1}{8}$	$\frac{1}{4}$	$\frac{1}{4}$	$\frac{1}{8}$	$\frac{1}{4}$

① 1/16 ② 1/8

③ 3/16 ④ 1/4

27. 파란색 구슬 300개, 빨간색 구슬 200개, 검정색 구슬 500개로 이루어진 모집단이 있을 때 비례 층화 추출법을 활용하여 100개의 표본을 뽑을 때 파란색, 빨간색, 검정색 구슬의 개수를 바르게 나열한 것은 무엇인가?

	파란색	빨간색	검정색		파란색	빨간색	검정색
①	50개	30개	20개	②	33개	33개	34개
③	30개	20개	50개	④	30개	30개	40개

28. 다음 중 시계열 분석의 정상성 가정에 대한 설명으로 잘못된 것은 무엇인가?

① 모든 시점 t에 대해 일정한 평균을 갖는다.

② 모든 시점 t에 대해 일정한 분산을 갖는다.

③ 공분산은 시점 t에 의존하고 시차 l에 의존하지 않는다.

④ 백색잡음은 대표적인 정상성 가정을 만족하는 시계열 자료다.

29. 아래는 주성분분석을 시행한 결과다. 다음 중 잘못 설명한 것은 무엇인가?

```
> result<-princomp(test,cor=T)
> result$loadings

Loadings:
     Comp.1 Comp.2 Comp.3 Comp.4 Comp.5 Comp.6 Comp.7
var1  0.298  0.633  0.566  0.407  0.147              
var2  0.359  0.497 -0.167 -0.640 -0.404        -0.139
var3  0.392  0.141 -0.569         0.690         0.153
var4  0.408 -0.104 -0.313  0.473 -0.380 -0.536 -0.262
var5  0.407 -0.260         0.193 -0.366  0.528  0.562
var6  0.391 -0.358  0.243         0.175  0.399 -0.685
var7  0.379 -0.355  0.413 -0.401  0.176 -0.517  0.317

               Comp.1 Comp.2 Comp.3 Comp.4 Comp.5 Comp.6 Comp.7
SS loadings     1.000  1.000  1.000  1.000  1.000  1.000  1.000
Proportion Var  0.143  0.143  0.143  0.143  0.143  0.143  0.143
Cumulative Var  0.143  0.286  0.429  0.571  0.714  0.857  1.000
> summary(result)
Importance of components:
                          Comp.1    Comp.2     Comp.3     Comp.4      Comp.5      Comp.6      Comp.7
Standard deviation     2.3278080 0.9757188 0.60904407 0.32694344 0.245596196 0.238197728 0.185474242
Proportion of Variance 0.7740986 0.1360039 0.05299067 0.01527029 0.008616785 0.008105451 0.004914385
Cumulative Proportion  0.7740986 0.9101024 0.96309309 0.97836338 0.986980164 0.995085615 1.000000000
```

① prcomp(test, scale = T, center = T)를 사용하여도 동일한 결과를 얻는다.

② 첫 번째 주성분으로 전체 데이터의 약 14%를 설명할 수 있다.

③ 첫 번째 주성분은 7개의 모든 변수에 의하여 영향을 받음을 알 수 있다.

④ 첫 번째 주성분이 가장 큰 분산을 갖고 있는 축이다.

30. A은행은 고객들에게 차별화된 서비스를 제공하고자 고객을 여러 개의 집단으로 나누어보려고 한다. 다음 중 적용할 수 없는 기법은 무엇인가?

① K–평균 군집 ② DBSCAN

③ 계층적 군집분석 ④ 랜덤 포레스트

31. 다음 중 과적합에 대한 예시로 부적절한 것은 무엇인가?

① 인공신경망을 활용한 분류 분석에 많은 수의 은닉층과 은닉노드를 사용.

② 5개의 변수를 갖는 데이터로 구축한 의사결정나무의 깊이가 10층 이상이다.

③ 5개의 변수를 갖는 데이터에서 각 변수에 대한 2차항과 3차항을 만들어 총 15개의 독립변수를 사용하여 설명력을 높였다.

④ 배깅에서 1만 개의 이상적인 트리를 구축하여 분류 모형을 구축하였다.

32. 다음 중 연관분석의 측도에 대한 설명으로 올바른 것은?

① 향상도 A → B: A를 구매하지 않았을 때 품목 B를 구매할 확률 대비, A를 구매했을 때 품목 B의 구매 확률의 증가 비율을 의미한다.

② 신뢰도 A → B: 두 개의 품목 A, B에 대하여 구매 발생 비율을 의미한다.

③ 지지도 B → A: 품목 A가 구매되었을 때 품목 B의 구매 확률을 의미한다.

④ 향상도 A → B: 품목 A가 구매될 때 B가 구매될 확률 대비 품목 A가 구매될 비율을 의미한다.

33. 아래의 A, B, C라는 세 개의 데이터에 대하여 맨하튼 거리를 계산하여 군집을 수행할 때 가장 처음으로 군집화되는 데이터로 올바르게 묶은 것은?

	x	y	z
A	2	5	8
B	–1	2	5
C	3	4	2

① A, B
② B, C
③ C, A
④ A, B, C

34. 다음 중 의사결정나무의 특징으로 부적절한 것은 무엇인가?

① 이상값에 민감하여 완벽한 이상값 처리를 요구한다.
② 여러 독립변수들 사이의 중요도를 판단하기 쉽지 않다.
③ 분류 경계선에서 높은 오차를 갖는다.
④ 누구나 쉽게 분석 결과를 이해할 수 있다.

35. 아래의 덴드로그램에서 Height = 2일 때 올바르게 군집화된 것은 무엇인가?

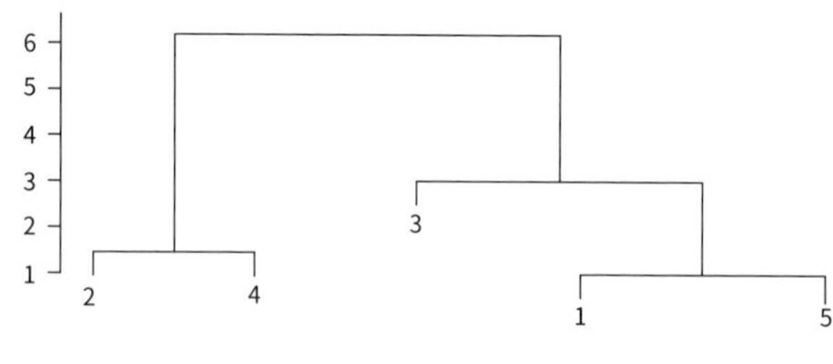

① {2, 4}, {1, 5}
② {2, 4}, {1}, {5}
③ {2}, {4}, {3, 1, 5}
④ {2, 4}, {3}, {1, 5}

36. 아래의 모집단을 보고 붓스트랩을 생성할 때 올바른 붓스트랩은 무엇인가?

① ○ □ △
② ○ □ △ □
③ ○ □ △ □ △ △
④ ○ □ △ □ △ △ □

37. 다음 중 아래의 결과를 보고 정밀도 값을 바르게 계산한 것은?

		예측집단	
		TRUE	FALSE
실제집단	TRUE	40	15
	FALSE	5	40

① 8/9
② 7/9
③ 2/3
④ 5/9

38. 다음 중 첨도가 10이고, 왜도가 −5인 분포는 정규분포와 비교하였을 때 어떤 형태를 갖는가?

① 오른쪽으로 긴 꼬리를 갖는 납작한 정규분포 형태
② 오른쪽으로 긴 꼬리를 갖는 뾰족한 정규분포 형태
③ 왼쪽으로 긴 꼬리를 갖는 납작한 정규분포 형태
④ 왼쪽으로 긴 꼬리를 갖는 뾰족한 정규분포 형태

39. 다음은 분산분석을 수행한 결과다. 결과를 잘못 해석한 것은?

```
> summary(result)
             Df Sum Sq Mean Sq F value   Pr(>F)
group         3  185.5   61.83   8.686 2.59e-05 ***
Residuals   136  968.1    7.12
---
Signif. codes:  0 '***' 0.001 '**' 0.01 '*' 0.05 '.' 0.1 ' ' 1
```

① 4개의 그룹에 대한 평균을 비교하기 위해 수행하였다.
② 전체 데이터의 개수는 140개다.
③ 유의수준 5% 내에서 귀무가설을 기각한다.
④ 각각의 4개 그룹의 평균은 모두 다르다고 볼 수 있다.

40. 다음 중 상관계수에 대한 설명으로 부적절한 것은 무엇인가?

① 연속형변수에 대한 상관분석을 수행하기 위해서는 피어슨 상관계수를 사용해야 한다.
② 상관계수 값이 0인 경우에는 두 변수 간의 상관성이 존재하지 않는다.
③ 상관계수 값은 −10부터 10 사이의 값을 가질 수 있다.
④ 공분산과 유사한 개념이지만 공분산이 음의 무한대부터 양의 무한대까지의 값을 갖는 문제를 해결하기 위해 등장하였다.

41. 다음 중 결측값 처리 방법에 대한 설명으로 부적절한 것은 무엇인가?

① 평균 대치법의 경우 조건부 평균 대치법과 비조건부 평균 대치법으로 나눌 수 있다.
② 결측값이 많은 경우에는 단순대치법을 수행하는 것이 이상적이다.
③ 다중 대치법은 대치 분석 결합의 순서로 구성된다.
④ 분류를 위한 k-NN 알고리즘을 사용해서 결측값을 대치할 수 있다.

42. 다음 중 자기조직화지도에 대한 설명으로 올바른 것은 무엇인가?

① 인공신경망을 이해하기 쉬운 저차원의 뉴런으로 정렬하여 지도 형태로 시각화한 기법으로 분류 분석의 일종이다.

② 한번 경쟁층에 도달한 입력 벡터는 가중치가 변경되어도 입력 벡터에 대한 승자노드는 변경되지 않는다.

③ 역전파 알고리즘을 사용하여 빠른 방식으로 군집을 수행한다.

④ 가까운 뉴런은 더 가깝게, 먼 뉴런은 더 멀게 가중치를 조정해가며 군집을 형성하는 방법이다

43. 다음 중 K-평균 군집에 대한 설명으로 부적절한 것은 무엇인가?

① 최단 연결법을 사용하는 경우 seed의 값은 자동으로 결정된다.

② 잡음이나 이상값에 민감하기 때문에 평균 대신 중앙값을 사용하기도 한다.

③ seed의 변경에 따라 데이터들을 다른 군집으로 이동할 수 있다.

④ 분석을 수행하기에 앞서 사전에 주어진 목적이 없기 때문에 결과의 해석이 어렵다.

44. 아래는 다중회귀분석을 수행한 결과다. 다음 중 잘못 해석한 것은 무엇인가?

```
> summary(result)

Call:
lm(formula = y ~ ., data = test)

Residuals:
     Min       1Q   Median       3Q      Max
-1.30479 -0.10482 -0.01758  0.09824  2.58093

Coefficients:
              Estimate Std. Error t value Pr(>|t|)
(Intercept) -1.940e+00  4.560e-02  -42.55   <2e-16 ***
x1           2.080e-02  5.639e-04   36.89   <2e-16 ***
x2           1.789e-02  3.645e-04   49.08   <2e-16 ***
x3           1.083e-04  1.950e-07  555.36   <2e-16 ***
---
Signif. codes:  0 '***' 0.001 '**' 0.01 '*' 0.05 '.' 0.1 ' ' 1

Residual standard error: 0.1792 on 53936 degrees of freedom
Multiple R-squared:  0.8572,    Adjusted R-squared:  0.8571
F-statistic: 1.079e+05 on 3 and 53936 DF,  p-value: < 2.2e-16
```

① 위 모형은 유의수준 5% 내에서 통계적으로 유의하다고 할 수 있다.

② 위 모형과 더불어 모든 회귀계수들의 유의확률 값이 0.05보다 작으므로 이상적인 결과라고 할 수 있다.

③ 결정계수와 수정된 결정계수의 차이가 없는 걸로 보아 x1, x2, x3는 거의 독립이라고 할 수 있다.

④ 위 회귀분석에 사용된 데이터의 개수는 53940개다.

45. 다음 중 단순회귀분석에서 최소제곱법에 대한 설명으로 올바른 것은 무엇인가?

① 실제값과 추정값의 차이의 제곱합이 최소가 되는 회귀계수와 회귀상수를 찾는 방법

② 실제값과 추정값의 차이의 합의 제곱이 최소가 되는 회귀계수와 회귀상수를 찾는 방법

③ 실제값과 추정값의 차이의 제곱합이 최소가 되는 결정계수와 F-통계량을 찾는 방법

④ 실제값과 추정값의 차이의 합의 제곱이 최소가 되는 결정계수와 F-통계량을 찾는 방법

46. 다중 대치법은 데이터의 결측값을 처리하기 위한 방법을 그 순서에 상관없이 나열한 것이다. 다음 중 (ㄱ), (ㄴ), (ㄷ)에 들어갈 알맞은 용어로 바르게 짝지은 것은?

A. 결측 자료의 예측분포 또는 사후분포에서 추출된 결측값과 (ㄱ) 하여 활용
B. 모수의 점 추정과 표준오차의 추정치를 구한 뒤 여러 표본으로부터 도출된 결과를 (ㄴ)
C. 같은 예측분포로 만들어진 표본으로부터 (ㄷ) 수행

① (ㄱ) : 대치 (ㄴ) : 결합 (ㄷ) : 분석
② (ㄱ) : 대치 (ㄴ) : 분석 (ㄷ) : 결합
③ (ㄱ) : 분석 (ㄴ) : 대치 (ㄷ) : 결합
④ (ㄱ) : 분석 (ㄴ) : 결합 (ㄷ) : 대치

47. 다음 중 K-fold 교차 검증에 대한 설명으로 올바른 것은 무엇인가?

① 결측값을 대치하는 방법의 일종으로 주변 K개의 데이터를 분석하여 결측값을 대치
② 데이터 분할의 무작위성으로 인한 낮은 신뢰도를 보완하기 위한 방법으로 K번의 데이터 분할을 통해 각각의 분류기로부터 얻은 결과에 대해 보팅을 통해 최종 결과를 선정하는 방법
③ 전체 데이터를 K개의 데이터셋으로 나눈 뒤 K-1개의 데이터를 학습 데이터로 활용하여 나머지 1개의 데이터셋의 검증을 수행하는 방법
④ 데이터를 K개의 그룹으로 군집화하기 위한 방법

48. 데이터 마이닝은 그 특성에 따라 지도학습과 비지도학습으로 나눌 수 있다. 다음에 나열된 기법 중 그 특성이 다른 것은 무엇인가?

① Expectation Maximization Algorithm
② K-Means Clusetering
③ Apriori Algorithm
④ Linear Regression

49. 아래는 회귀분석을 수행한 뒤 분산분석표를 탐색한 것이다. 다음 중 결정계수 값을 계산하는 식으로 올바른 것은?

```
> anova(result)
Analysis of Variance Table

Response: y
          Df Sum Sq Mean Sq F value    Pr(>F)
x          1  82629   82629  2645.3 < 2.2e-16 ***
Residuals 98   3061      31
---
Signif. codes:  0 ‘***’ 0.001 ‘**’ 0.01 ‘*’ 0.05 ‘.’ 0.1 ‘ ’ 1
```

① 3061 / (82629 + 3061)
② 82629 / (82629 + 3061)
③ 31 / (82629 + 31)
④ 82629 / (82629 + 31)

50. 분류 분석을 평가하기 위한 지표는 여러 가지가 있다. 재현율과 정밀도 모두 모형의 True의 예측 정도를 나타내는 지표지만 두 지표는 높은 확률로 음의 상관관계를 가질 수 있다는 문제가 있는데, 이를 해결하기 위해 등장한 것이 F1-SCORE이다. 다음 중 F1-SCORE를 구하는 식으로 올바른 것은? (여기서, A는 재현율, B는 정밀도)

① AB / (A+B)
② 2AB / (A+B)
③ (A+B) / 2AB
④ (A+B) / AB

ADsP(Advanced Data Analytics Semi-Professional)

2회 모의고사

【1과목】

01. 다음 중 데이터 사이언스의 구성 요소에 대하여 잘못 설명한 것은?

① 수학 및 통계학적 지식, IT 및 프로그래밍 지식, 분석의 대상인 도메인에 대한 지식을 모두 포괄할 수 있어야 한다.
② 위 요인들 외에 스토리텔링, 커뮤니케이션, 호기심 등이 추가적으로 요구된다.
③ 기존의 통계학과 다른 점은 총체적 접근법을 활용한다는 것이다.
④ 효율적인 데이터베이스 모델링을 위해서는 수학적 지식이 요구된다.

02. 다음 중 데이터에 대한 설명으로 부적절한 것은 무엇인가?

① 데이터는 있는 그대로의 사실을 나타내며 그 자체가 중요한 의미를 갖는다.
② 데이터는 정보를 얻기 위한 근거가 될 수 있다는 당위적 특성을 지니고 있다.
③ '주다'의 의미를 갖는 라틴어인 'dare'가 그 어원이다.
④ 데이터는 종류에 따라 정성적 데이터와 정량적 데이터로 나눌 수 있다.

03. 다음 중 기업과 빅데이터 활용 사례 연결이 가장 부적절한 것은 무엇인가?

① 유튜브 - 빅데이터를 활용한 최적의 동영상 추천 알고리즘
② 구글 - 페이지 랭크 알고리즘 혁신으로 검색 결과 개선
③ 스타벅스 - 빅데이터를 활용하여 기존 점포의 매출부터 교통, 지역 등 다양한 변수로부터 최고의 위치 선정
④ 아마존 - 클라우드 서비스 제공

04. 다음 중 빅데이터의 가치 산정이 어려운 이유로 부적절한 것은 무엇인가?

① 재조합 및 재사용이 무한하다는 데이터의 특징
② 소속 및 저작권이 없어 상품으로서의 가치가 없다는 특징
③ 데이터의 사용법에 따른 무궁무진한 가치를 창출할 수 있는 특징
④ 현재의 분석 기술로 분석 불가능한 데이터지만 미래에는 엄청난 가치를 창출할 가능성이 있다는 특징

05. 다음 중 아래 보기에서 설명하는 기업 내부에서 활용하는 데이터베이스는 무엇인가?

> 기업이 존재하기 위해서는 고객이 존재해야 한다. 따라서 기존 고객과의 신뢰 및 관계 유지뿐만 아니라 신규 고객을 유치하기 위한 정보시스템 중 하나다. 이것은 단순한 고객 정보 수집에서 그치지 않고 고객정보 분석까지 나아가 고객의 니즈에 대응할 수 있게 하는 것이 목적이다.

① KMS　　② RTE
③ ERP　　④ CRM

06. 다음 중 데이터의 특징에 대한 설명으로 가장 부적절한 것은 무엇인가?

① 빅데이터의 등장으로 데이터는 점차 정형화되어 수집 및 분석이 용이해졌다.

② 온라인상에서 생성되는 속도는 지속적으로 증가하고 있다.

③ 2011년 ZB 시대에 진입하였으며 2020년대에 ZB 시대가 본격화될 것으로 예상된다.

④ IoT와 같은 데이터 활용이 가능한 분야가 점차적으로 넓어지고 있다.

07. 다음 중 아래 SQL 문장에 대한 설명으로 잘못된 것은 무엇인가?

```
SELECT ARTIST, COUNT(SONG_TITLE) AS ST FROM SONGS GROUP BY ARTIST WHERE ARTIST LIKE 'M%'
```

※ ARTIST는 가수명, SONG은 노래 제목, SONGS는 가수명과 노래 제목을 가진 테이블이다.

① LIKE를 =로 바꾸어 쓸 수 있다.

② AS를 생략할 수 있다.

③ 위 쿼리를 정상적으로 수행하기 위해서는 WHERE 을 HAVING으로 수정해야 한다.

④ 위 쿼리는 가수별 보유한 노래의 개수를 반환한다.

08. 다음 중 개인정보 비식별 기술과 그 설명이 잘못 연결된 것은 무엇인가?

① 데이터 마스킹 - 데이터의 일부를 읽을 수 있는 다른 값으로 대체한다.

② 데이터 값 삭제 - 해당 변수를 삭제하여 존재하지 않는 것처럼 한다.

③ 총계처리 - 기존 값을 해당 변수의 전체 데이터 값의 합계나 평균으로 대체한다.

④ 데이터 범주화 - 데이터의 값을 범주화해서 최솟값과 최댓값을 제공한다.

09. 다음 중 보기에서 설명하는 빅데이터의 기본 테크닉은 무엇인가?

하나 이상의 연속형 독립변수와 하나의 연속형 종속변수의 관계를 수학적 식으로 찾아내는 분석 방법이다. 예를 들어, 광고 노출 시간에 따른 매출액의 관계를 찾아내어 예상매출액을 추정할 수 있다.

① 분류분석 ② 회귀분석 ③ 기계학습 ④ 유전자 알고리즘

10. 다음 중 데이터 사이언티스트에게 요구되는 역량 중 소프트 스킬로만 짝지어진 것은?

① 분석 설계 최적화, 창의적 사고, 스토리텔링

② 분석 설계 최적화, 스토리텔링, 분석방법론

③ 창의적 사고, 스토리텔링, 커뮤니케이션

④ 창의적 사고, 커뮤니케이션, 분석방법론

【2과목】

11. 분석의 대상(What)과 분석의 방법(How)에 따라 분석을 4가지 유형으로 나누어 볼 수 있다. 다음 중 분석의 대상은 알지만 분석의 방법을 모르는 경우는 어느 유형에 속하는가?

① Optimization ② Insight ③ Solution ④ Discovery

12. 다음 중 분석 방법론을 구성하는 요소 중 산출물에 대한 예시와 그 설명으로 부적절한 것은 무엇인가?

① WBS: 업무 분업 구조로 프로젝트를 작은 단위의 업무로 나누어 수행자 및 수행 기간을 명시한 문서다.

② ERD: 프로젝트를 효과적으로 관리하기 위해 여러 프로그램끼리의 연결 관계를 그린 관계 다이어그램이다.

③ 프로그램 목록: 프로젝트를 수행하면서 산출되는 작은 단위부터 큰 단위까지 모든 프로그램을 나열한 목록이다.

④ 데이터 명세서: 데이터를 관리하기 위한 문서로 변수명, 속성, 목적 및 활용 방안 등을 포함할 수 있다.

13. 다음 중 비즈니스 모델 캔버스의 9가지 블록을 5가지로 단순화하였을 때 이에 속하지 않는 블록은 무엇인가?

① 업무
② 제품
③ 고객
④ 플랫폼

14. 다음 중 분석 기회를 발굴하기 위해 거시적 관점에서 접근하였을 때 각 영역과 그 사례가 부적절한 것은 무엇인가?

① 사회 – 코로나의 등장으로 비대면 서비스의 부상
② 기술 – 인포그래픽을 위한 다양한 시각화 툴의 등장
③ 경제 – 대북정책의 변경
④ 환경 – 배출가스 규제를 위한 유로6엔진의 등장

15. 다음 중 기업의 데이터 분석 수준 진단을 위한 분석 준비도의 항목이 아닌 것은 무엇인가?

① 분석 업무
② 분석 기법
③ 분석 고객
④ 분석 문화

16. 다음 중 ROI 관점에서의 과제 우선순위 평가에 대해 잘못 설명하고 있는 것은 무엇인가?

① 난이도가 어려우면서 시급성이 현재인 과제를 첫 번째 과제로 선정한다.

② 난이도 요소의 3V와 시급성 요소의 1V를 사용하여 우선순위를 선정한다.

③ ROI 관점의 우선순위 평가기준을 포트폴리오 사분면으로 표현할 수 있다.

④ 필요한 경우 난이도적 요소를 낮추어서 첫 번째 우선순위로 선정할 수 있다.

17. 데이터 거버넌스 구성 요소와 그 내용으로 잘못 연결된 것은 무엇인가?

① 조직 – 데이터 관리자
② 조직 – 데이터베이스 관리자
③ 프로세스 – 데이터 관리를 위한 체계와 활동
④ 프로세스 – 데이터 유지, 관리를 위한 지침

18. 아래 보기는 데이터 거버넌스 체계의 어느 단계에 해당하는 업무인가?

- 표준 용어 설정
- 명명 규칙 수립
- 메타데이터 구축
- 데이터 사전 구축

① 데이터 표준화
② 데이터 관리 체계
③ 데이터 저장소 관리
④ 표준화 활동

19. **다음 중 하향식 접근법에 대한 설명으로 잘못된 것은?**

① 문제 탐색, 문제 정의, 해결 방안 탐색, 타당성 검토 순으로 수행된다.
② 기존의 유스케이스를 최대한 활용하여 과거의 실패를 되풀이하지 않도록 한다.
③ 거시적 관점으로는 대체재, 경쟁자, 신규 진입자 등의 관점에서 문제를 탐색할 수 있다.
④ 해결 방안 탐색에서는 기존 시스템 활용 가능 여부와 기업의 역량 여부에 따라 4가지의 해결책을 제시할 수 있다.

20. **다음 중 보기는 어떤 분석 방법론에 대한 설명인가?**

분석 프로젝트 또는 소프트웨어 개발 프로세스를 위한 방법론의 하나로 모든 단계가 순차적으로 진행되는 가장 단순한 모델이다. 이전 단계가 완료된 이후 다음 단계로 진행 가능한 하향식(Top-Down) 구조를 띤다. 필요한 경우 이전 단계로 돌아가 피드백 과정을 수행할 수 있다.

① 폭포수 모델　　② 프로토타입 모델
③ 나선형 모델　　④ 계층적 모델

【3과목】

21. **아래 보기에서 설명하는 표본추출 방법은 무엇인가?**

모든 자료에 일정한 번호를 부여한 뒤 1, 5, 9, 13, 17과 같이 일정한 간격 k에 의해 표본들을 추출하는 방법이다.

① 단순 랜덤 추출법　　② 계통 추출법
③ 집락 추출법　　④ 층화 추출법

22. **다음 중 랜덤 포레스트에 대한 설명으로 부적절한 것은 무엇인가?**

① 앙상블 기법 중 하나로 여러 개의 의사결정나무로 구성된다.
② 의사결정나무의 단점인 분산이 크다는 것을 고려하여 배깅보다 더 많은 무작위성을 주어 분산을 감소시킨다.
③ 배깅보다 더 많은 무작위성에 의해 각 트리가 서로 상관성을 가질 수 있어 배깅보다 우수하거나 비슷하다.
④ 여러 개의 트리들의 선형 결합으로 최종 분류기를 만드는 방법이다.

23. **R의 데이터 구조 중 2차원 구조로 각 열이 서로 다른 타입을 가질 수 있으며 정형 데이터 분석에 가장 많이 활용되는 데이터 구조는 무엇인가?**

① 데이터프레임　　② 행렬
③ 벡터　　④ 어레이

24. **다음 중 앙상블 기법 중 하나로 이전 분류기에 의해 잘못 분류된 데이터에 더 큰 가중치를 주어 붓스트랩을 재구성하는 기법은 무엇인가?**

① 배깅　　② 부스팅
③ 랜덤 포레스트　　④ 의사결정나무

25. 다음 중 표본조사와 추정에 대한 설명으로 잘못된 것은 무엇인가?

① 추정이란 실제 모집단에 대한 모수를 찾기 위한 전수조사가 불가능하기 때문에 표본조사를 통해 모집단의 모수를 예측하고자 하는 것이다.

② 점 추정이란 모집단의 모수가 특정한 값일 것으로 생각하는 것으로 일반적으로 모집단의 평균의 추정치는 표본집단의 평균이다.

③ 구간추정이란 모집단의 모수가 속할 것으로 예상되는 구간을 추정하는 것이다.

④ 표본조사를 수행할 때 가능한 한 많은 표본을 추출하는 것이 좋을 수 있으나 통계학적으로 중심극한 정리에 의해 30개의 표본을 추출하는 것이 가장 이상적이다.

26. 다음 중 성공과 실패의 단 두 가지 사건만 발생하는 시행을 여러 번 시행할 때 성공 횟수의 분포로 알맞은 것은 무엇인가?

① 베르누이 분포
② 이항 분포
③ 다항 분포
④ 기하 분포

27. 3개의 파란 공과 7개의 하얀 공이 들어있는 주머니로부터 3개의 공을 복원 추출로 꺼낼 때 1개의 하얀 공과 2개의 파란 공이 나올 확률을 구하기 위한 식으로 올바른 것은 무엇인가?

① $1\times\left(\frac{3}{10}\right)^{2}\times\left(\frac{7}{10}\right)^{1}$
② $2\times\left(\frac{3}{10}\right)^{1}\times\left(\frac{7}{10}\right)^{2}$
③ $3\times\left(\frac{3}{10}\right)^{2}\times\left(\frac{7}{10}\right)^{1}$
④ $4\times\left(\frac{3}{10}\right)^{1}\times\left(\frac{7}{10}\right)^{2}$

28. 다음 중 분해 시계열의 요소로 부적절한 것은 무엇인가?

① 추세요인
② 계절요인
③ 기온요인
④ 불규칙요인

29. 다음 중 정형 데이터 마이닝에 대한 설명으로 부적절한 것은 무엇인가?

① 데이터 마이닝은 크게 지도학습과 비지도학습으로 분류할 수 있다.

② 데이터 마이닝은 대용량 데이터 속에서 규칙 및 패턴을 발견하는 것이 목적이다.

③ 데이터 분할의 목적은 과적합을 방지하는 것이다.

④ 데이터가 적을 때도 홀드아웃은 데이터를 대표할 수 있는 대표성을 가진다.

30. 표본조사를 수행하기 위해서 표본추출 방법의 선택은 매우 중요한 요소다. 다음 중 아래 표본조사 수행환경에 알맞은 표본조사 방법으로 적절한 것은 무엇인가?

A 대학교에 한해 내부적인 문제로 정원 감축을 시행했기 때문에 학년 간 불균형이 발생하였다. 이때 재학 중인 학생들을 대상으로 선호하는 학년별 선택교양과목을 조사하고자 한다.

① 단순 랜덤 추출법
② 계통 추출법
③ 집락 추출법
④ 층화 추출법

31. 다음 중 아래의 R 명령문을 수행한 결과에 대한 각 출력 결과가 잘못 연결된 것은 무엇인가?

R Console

```
> x <- seq( 0, 10, 2 )
> y <- rep( c( 1, 3 ), each = 3 )
> z <- paste( 'ba', 'nana' )
> w <- mean( x, na.rm = T )
```

① x: 0 2 4 6 8 10
② y: 1 1 1 3 3 3
③ z: banana
④ w: 5

32. 다음 중 아래의 각 R 명령문과 그에 대한 활용 데이터 마이닝 기법이 잘못 연결된 것은 무엇인가?

① princomp – 주성분분석
② hclust – K–평균 군집
③ neuralnet – 인공신경망
④ ctree – 의사결정나무

33. 다음 중 자료의 분포를 나타내는 여러 척도들 중 각 척도와 그에 대한 설명이 잘못된 것은 무엇인가?

① 첨도: 자료의 뾰족한 정도를 나타내는 정도로 값이 클수록 뾰족하다.
② 왜도: 자료가 어느 쪽으로 긴 꼬리를 갖는지 나타내며, 음수이면 왼쪽으로 짧은 꼬리를 갖는다.
③ 분산: 자료의 모든 데이터에 대하여 평균으로부터 흩어져 있는 정도를 나타낸다.
④ 중앙값: 자료의 모든 데이터를 순서대로 나열하였을 때 가운데에 위치한 값을 나타낸다.

34. K–평균 군집을 수행할 때 초깃값 SEED의 개수 K 값을 결정하는 것은 쉽지 않다. 다음 중 K 값을 결정하기 위한 그래프로 알맞은 것은 무엇인가?

① 제곱합 그래프
② Confusion Matrix
③ 향상도 곡선
④ ROC 커브

35. 다음 중 아래 보기는 어떤 알고리즘에 대한 설명인지 고르시오.

의사결정나무 구축을 위한 알고리즘으로 불순도의 측도로는 엔트로피 지수를 활용한다. 각 마디에서 가지 분리가 가능하다는 큰 특징이 있다.

① CART
② C4.5
③ CHAI
④ APRIORI

36. 계층적 군집분석을 수행하기 위한 방법 중 아래 보기에서 설명하는 것은 무엇인가?

자료들이 군집화될 때 생성된 군집과 군집 밖의 자료의 거리를 계산할 때 군집에 속한 자료의 편차제곱합이 최소가 되는 위치와의 거리를 사용하는 방법이다.

① 평균연결법
② 최단연결법
③ 와드연결법
④ 중심연결법

37. 다음 중 연관분석에 대한 특징으로 부적절한 것은 무엇인가?

① 품목 수의 증가는 계산량의 기하급수적인 증가를 초래하므로 최소 신뢰도를 선정하여 최소 신뢰도 이상의 품목에 대해서만 분석을 수행한다.

② 품목 세분화의 어려움이 있다.

③ 연관분석에 시간의 개념을 추가하여 순차패턴분석을 수행할 수 있다.

④ 연관분석의 결과를 확인하기 위해서는 inspect를 사용한다.

38. 부동산 매물 100채에 대하여 다각도로 조사하여 데이터를 수집하였다. 그리고 mclust 패키지의 혼합 분포 군집을 활용하여 아래와 같이 분산 형태의 BIC 그래프를 그렸다. 다음 중 부동산 매물 100개를 군집화하기에 좋은 최적의 개수는 몇 개인가?

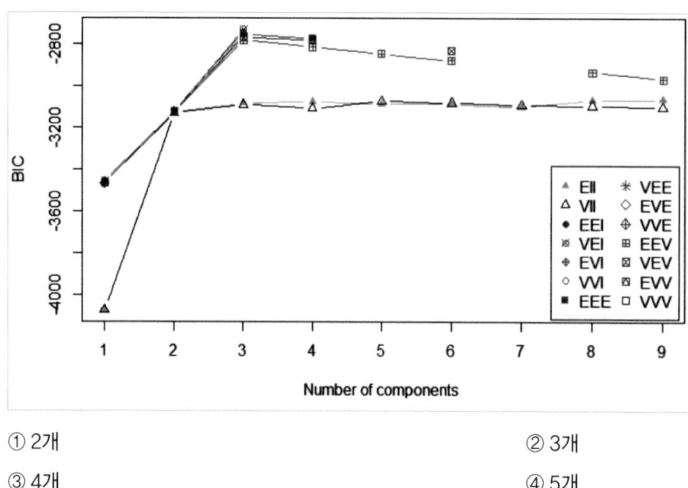

① 2개
② 3개
③ 4개
④ 5개

39. 다음 중 기댓값을 활용하여 분산을 구하는 식으로 올바른 것은 무엇인가?

① $Var(X)=E(X^2)-E(X)^2$
② $Var(X)=E(X)-E(X)^2$
③ $Var(X)=E(X^2)-E(X)$
④ $Var(X)=E(X)^2-E(X^2)$

40. 다음 중 R의 특징이 아닌 것은 무엇인가?

① 오픈소스로 누구나 무료로 이용 가능하다.

② 파이썬과 같이 C 언어로 작성되어 있어 수행 속도가 매우 빠르다.

③ 활발한 커뮤니티와 다양한 논문 등 자료가 많아 알고리즘 구현이 쉽다.

④ 모듈화로 인해 설치 용량이 비교적 적다.

41. 아래는 A, B, C, D의 4가지 성분으로 구성된 여러 제품에 대한 고객 만족도 데이터를 회귀분석한 결과다. 다음 중 결과에 대한 해석으로 잘못된 것은 무엇인가?

```
> summary(result)

Call:
lm(formula = score ~ ., data = test)

Residuals:
    Min      1Q  Median      3Q     Max
-504.77 -103.83   18.04  109.35  588.05

Coefficients:
            Estimate Std. Error t value Pr(>|t|)
(Intercept)   6.7134    63.2424   0.106   0.9157
A             9.5374     0.5939  16.058  < 2e-16 ***
B             4.5421     0.6094   7.454 4.18e-11 ***
C             3.4713     0.5914   5.870 6.36e-08 ***
D             1.2250     0.6089   2.012   0.0471 *
---
Signif. codes:  0 '***' 0.001 '**' 0.01 '*' 0.05 '.' 0.1 ' ' 1

Residual standard error: 171.4 on 95 degrees of freedom
Multiple R-squared:  0.7823,    Adjusted R-squared:  0.7731
F-statistic: 85.32 on 4 and 95 DF,  p-value: < 2.2e-16
```

① 잔차의 최댓값은 588.05다.

② 모든 독립변수들의 귀무가설을 유의수준 5% 내에서 기각할 수 있다.

③ 추정되는 회귀식은 score = 0.106 + 16.058 * A + 7.454 * B + 5.870 * C + 2.012 * D다.

④ 결정계수는 많은 독립변수들에 의하여 의미 없는 변수에 의해서도 설명력이 올라가기 때문에 수정된 결정계수를 보는 것이 적절하다.

42. 다음 중 분산분석의 사후검정방법이 아닌 것은 무엇인가?

① Tukey 검정
② Bonferroni 검정
③ Fisher' LSD
④ Shapiro 검정

43. 아래의 품목 판매 데이터를 보고 주스를 구매하는 고객이 사과를 구매할 확률을 바르게 계산한 것은?

품목	판매 빈도
{사과}	30
{주스}	20
{빵}	30
{사과,주스}	20
{주스,빵}	40
{사과,빵}	40
{사과,주스,빵}	20

① 1/5
② 3/10
③ 2/5
④ 1/2

44. 아래의 여러 데이터 마이닝 기법 중 나머지와 분류가 다른 하나는 무엇인가?

① 자기조직화지도
② 연관분석
③ 혼합 분포 군집
④ 의사결정나무

45. 다음 중 의사결정나무에 대한 설명으로 잘못된 것은?

① 모델이 직관적이고 해석이 용이하나, 독립변수들 사이의 중요도 판단이 쉽지 않다는 어려움이 있다.
② 이상값에 민감하지 않다는 장점이 있으나, 과적합 발생 가능성이 높다는 문제점이 있다.
③ CHAID 알고리즘과 C4.5 알고리즘은 이산형, 연속형 모두에 대하여 적용 가능하나, CART 알고리즘은 이산형 변수에만 적용 가능하다.
④ 데이터에 대한 선형성, 정규성 등의 가정이 필요하지 않으나, 분류 경계선 근처 자료에 대한 오차가 크다.

46. 다음 중 보기에서 설명하는 알고리즘은 무엇인가?

의사결정나무에 활용되는 알고리즘으로 분리 기준의 측도로는 엔트로피 지수를 활용한다. 엔트로피 지수가 가장 작은 변수를 활용하여 최적 분리를 수행함으로써 자식마디를 형성한다. 연속형 변수에 대해서는 수행할 수 없다는 단점이 있다.

① CHAID 알고리즘
② CART 알고리즘
③ C4.5 알고리즘
④ FP-Growth 알고리즘

47. 다음 그림은 1개의 퍼셉트론을 나타낸 그림이다. 입력값이 그림과 같을 때 출력값으로 올바른 것은?

$$x_0=0.7,\ x_1=-1,\ x_2=2,\ x_3=1$$
$$w_1=2,\ w_2=0.5,\ w_3=0.1$$

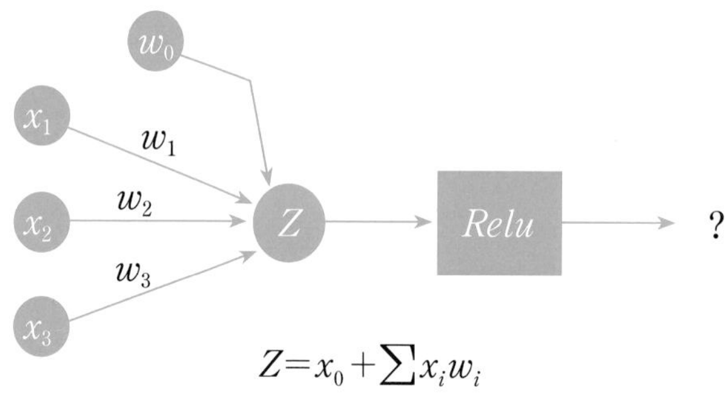

① -1
② -0.2
③ 0
④ 1

48. 다음 표를 보고 민감도와 특이도를 계산한 것으로 올바르게 짝지은 것은?

		예측집단	
		TRUE	FALSE
실제집단	TRUE	35	25
	FALSE	5	35

① 민감도: 1/8, 특이도: 5/12
② 민감도: 1/8, 특이도: 7/12
③ 민감도: 7/12, 특이도: 7/8
④ 민감도: 07/12, 특이도: 5/12

49. 다음 중 분산팽창계수(VIF)에 대한 설명으로 올바른 것은 무엇인가?

① 분산분석의 귀무가설이 기각될 때 어느 집단이 이질적인지 파악하기 위해 사용되는 지표
② 회귀분석에서 독립변수 간의 상호선형 관계가 존재하는지 파악하기 위해 사용되는 지표
③ 군집분석을 수행한 뒤 데이터들이 얼마나 잘 군집화되었는지 파악하기 위해 사용되는 지표
④ 주성분분석을 수행한 뒤 각각의 주성분 사이에 상관성이 존재하는지 파악하기 위해 사용되는 지표

50. 다음 중 군집분석을 수행한 뒤 군집분석의 결과를 높이(height) 변수로 표현하여 특정 높이에 따라 데이터 간의 거리를 보여주기 위해 도식화된 것은?

① 체르노프 페이스
② 스타차트
③ 벤다이어그램
④ 덴드로그램

ADsP(Advanced Data Analytics Semi-Professional)

3회 모의고사

【1과목】

01. 다음 중 데이터 사이언티스트의 요구 역량 예시로 가장 부적절한 것은 무엇인가?

① R의 ggplot2 또는 파이썬의 matplotlib와 seaborn ② 설득력 있는 전달을 위한 논문 구현 능력
③ 빅데이터 분석 방법론 ④ 강력한 호기심

02. 다음 중 빅데이터가 등장할 수 있었던 배경으로 가장 관련이 적은 것은 무엇인가?

① 스마트폰의 등장과 함께 신규 메신저 서비스 이용 고객 증가
② 이미지, 영상, 음성 등 자료들이 컴퓨터가 읽을 수 있도록 디지털화
③ 인공위성을 활용한 범지구위치결정시스템의 등장
④ 대용량 데이터를 다룰 수 있는 분석 기법 및 분석 도구의 등장

03. 더그 래니는 빅데이터를 3V로 요약하였다. 다음 중 3V를 바르게 짝지은 것은 무엇인가?

① Volume, Variety, Value ② Volume, Velocity, Value
③ Volume, Variety, Velocity ④ Variety, Value, Velocity

04. 다음 중 빅데이터로 인한 변화가 아닌 것은 무엇인가?

① 표본조사에서 전수조사 ② 질에서 양
③ 사전처리에서 사후처리 ④ 상관관계에서 인과관계

05. 다음 중 빅데이터 활용 기본 테크닉과 그 사례가 가장 거리가 멀게 연결된 것은 무엇인가?

① 유형분석 - 기업의 경영 상태, 채권 관련 재무 상태 등으로 기업의 파산(Yes)/회생(No) 여부를 분류
② 회귀분석 - SNS 이용 시간 대비 온라인상에 흩어져 있는 개인정보 데이터 양의 관계
③ 연관분석 - A를 시청한 고객이 B를 시청할 가능성을 파악하여 추천 여부를 결정
④ 기계학습 - 고객의 쇼핑몰 장바구니를 분석하여 상품 간의 관계를 파악

06. 다음 중 데이터베이스에 대한 설명으로 가장 가장 부적절한 것은 무엇인가?

① 데이터베이스란 데이터를 체계적으로 저장한 데이터의 집합이다.
② 데이터베이스는 중복된 데이터를 갖고 있지 않다는 통합된 데이터의 특징이 있다.
③ 데이터베이스와의 통신을 위해서는 SQL이 반드시 필요하다.
④ DBMS는 관계형 데이터베이스뿐 아니라 비정형 데이터베이스 관리 시스템을 포괄한 개념이다.

07. 다음 중 일차원적 분석과 비교하였을 때 전략도출 가치기반 분석의 특징으로 올바른 것은 무엇인가?

① 해당 부서나 업무 영역에서 상당한 효과를 얻을 수 있다.

② 사회 변화 및 고객의 니즈 변화를 빠르게 파악하고 새로운 기회를 포착할 수 있다.

③ 일차원적인 분석으로도 기업이 최고의 의사결정을 내리기에 충분하다.

④ 기업의 의사결정을 위해서는 반드시 전략도출 가치기반 분석을 수행해야 한다.

08. 데이터베이스의 활용은 기업의 목적과 사회의 목적으로 나누어 볼 수 있다. 다음 중 나머지와 다른 특성의 데이터베이스는 무엇인가?

① EAI ② ITS

③ NEIS ④ GPS

09. 다음 중 아래 보기의 설명에 들어갈 알맞은 용어는 무엇인가?

> 대용량 데이터의 분산 처리를 위해 개발된 자바 기반의 프레임워크로 여러 개의 컴퓨터가 하나인 것처럼 작업을 수행하기 때문에 우수한 처리 속도를 보여준다. 데이터를 키(key)와 값(value)의 쌍으로 표현하며, 데이터를 키 값에 따라 나누는 맵 함수와 원하는 함수를 적용하고 결과를 종합하는 리듀스 함수를 사용하여 처리한다.

① 하둡 ② 스파크

③ 스트럿츠 ④ 카프카

10. 다음 중 데이터 사이언스 및 데이터 사이언티스트에 대한 설명으로 잘못된 것은 무엇인가?

① 데이터 공학, 수학, 통계학, 컴퓨터 공학 등 다양한 전문 지식을 종합한 학문이다.

② 여러 데이터로부터 의미 있는 정보를 추출하고 그 분석 결과를 반드시 시각화를 통해 전달할 수 있어야 한다.

③ 하드 스킬에는 빅데이터 관련 이론적 지식 및 분석 기술에 대한 숙련 등이 있다.

④ 데이터 사이언스는 전략적 통찰을 추구하고 비즈니스 핵심 이슈에 답할 수 있어야 한다.

【2과목】

11. 다음 중 분석 마스터플랜에 대한 설명으로 가장 부적절한 것은 무엇인가?

① 탐색한 문제에 대한 해결 방안들을 총체적인 관점에서 적용 우선순위를 설정하기 위함이다.

② 우선순위 결정을 위해서는 전략적 중요도, ROI 관점 등의 요소를 고려한다.

③ 적용 범위 및 방식을 고려하기 위해 실행 용이성과 기술 적용 수준의 요소를 고려한다.

④ 분석 마스터플랜은 분석 과제 도출, 우선순위 평가, 이행계획 수립 순서로 수행된다.

12. 다음 중 분석 기획 고려사항에 대한 설명으로 가장 관련이 적은 것은?

① 분석의 재료가 되는 사용 가능한 데이터의 존재 여부를 반드시 고려해야 한다.

② 기존 실패 사례 등 유스케이스를 확보하여 과거의 전례를 밟지 않도록 한다.

③ 분석을 수행하는 데 있어 발생 가능한 장애요소에 대한 사전계획을 수립한다.

④ 확보한 데이터들을 어떻게 분석할 수 있을지 분석 기법과 분석의 목적을 설정한다.

13. 다음 중 분석 과제 발굴을 위한 하향식 접근법을 수행하기 위한 각 단계와 그 설명을 잘못 짝지은 것은 무엇인가?

① 문제 탐색: 분석 과제 발굴을 위해 무엇이 문제인지를 파악하고자 모델 기반 탐색과 외부 사례 기반 문제 탐색을 실시한다.

② 문제 정의: 탐색된 문제에 대하여 데이터 문제를 비즈니스 문제로 변환한다.

③ 해결 방안 탐색: 정의된 문제에 대하여 해결 방안을 모색하는 단계다.

④ 타당성 검토: 경제적 타당성과 데이터 및 기술적 타당성 평가를 통해 해결 방안을 결정한다.

14. 다음 중 분석의 대상(What)과 더불어 분석의 방법(How)을 아는 경우는 어느 유형에 해당하는가?

① Solution
② Optimization
③ Discovery
④ Insight

15. 다음 중 하향식 접근법의 해결 방안 탐색 단계에서 분석의 역량(Who)은 확보하였지만 분석 기법 및 시스템(How)은 기존 시스템을 사용해야 하는 경우 문제 해결을 위한 적절한 방안은 무엇인가?

① 기존 시스템 개선 후 활용
② 기존 시스템을 활용하기 위한 신규 인력 확보
③ 신규 시스템을 도입하여 시스템을 고도화
④ 분석 전문업체에 위탁

16. 기업의 분석 수준을 진단하기 위해 분석 준비도와 분석 성숙도를 활용한다. 다음 중 분석 준비도는 낮지만 조직, 인력, 분석 업무 등을 제한적으로 사용하여 높은 수준의 성숙도를 지닌 기업은 어느 유형에 해당하는가?

① 확산형 기업
② 도입형 기업
③ 정착형 기업
④ 준비형 기업

17. 다음 중 분석 교육에 대한 설명으로 가장 부적절한 것은 무엇인가?

① 분석 교육의 목적은 분석 역량 확보 및 강화에 초점을 맞추어야 한다.

② 기업 내 모든 구성원에게 분석 기반의 업무를 정착시키는 것이 목적이다.

③ 분석 기획자는 분석의 효율적인 설계를 위한 큐레이션 교육이 요구된다.

④ 업무 수행자에게는 직접적인 데이터 분석 및 도구의 교육이 반드시 요구된다.

18. 기업의 분석 성숙도는 비즈니스 부문, 조직 및 역량 부문, IT 부문의 3가지 관점에서 단계별로 평가를 수행한다. 다음 중 확산 단계에서 평가하기 위한 요소가 아닌 것은 무엇인가?

① 전사성과 실시간 분석
② 실시간 대시보드
③ 분석 COE 운영
④ 분석 전용 서버 운영

19. 다음 중 지속적인 분석 내재화를 위한 '장기적인 마스터플랜 방식'과 비교할 때 빠른 문제 해결을 위한 '과제 중심적인 접근 방식'의 특징으로 부적절한 것은 무엇인가?

① Quick & Win
② Problem Solving
③ Speed & Test
④ Accuracy & Deploy

20. 다음 중 보기에서 설명하는 것은 무엇인가?

> 폭포수 모델의 단점을 보완하기 위한 방법 중 하나로 사용자 중심의 방법론으로 고객의 요구를 완전하게 이해하지 못할 때 일부분을 개발한 뒤 사용자의 요구를 분석, 정당성 점검, 성능 평가 등의 작업을 반복적으로 수행하면서 점차적으로 프로젝트를 완성하는 방법론이다.

① 폭포수 모델
② 프로토타입 모델
③ 계층적 프로세스 모델
④ 나선형 모델

【3과목】

21. 다음 중 시계열 분석에 대한 설명 중 잘못된 것은 무엇인가?

① 이동평균법, 지수평활법과 같은 방법들이 있다.
② 대부분의 시계열은 비정상 자료이며, 정상성을 만족하지 못하는 시계열 자료는 정상성 조건을 만족시킨 후 시계열 분석을 수행한다.
③ ARIMA(1 , 2 , 3) 모형의 경우 1회의 차분이 요구된다.
④ 평균이 일정하지 못한 경우에는 차분, 분산이 일정하지 못한 경우에는 변환을 통해 정상 시계열로 만들어준다.

22. 아래의 거래 데이터가 있을 때 다음 중 가장 큰 값은 무엇인가?

품목	판매 빈도
{사과}	15
{주스}	10
{빵}	5
{사과,주스}	20
{주스,빵}	25
{사과,빵}	15
{사과,주스,빵}	10

① {사과,주스} 지지도
② {사과,빵} 지지도
③ {주스,빵} 지지도
④ {사과,주스,빵} 지지도

23. 다음 중 R에서 apriori 알고리즘을 통한 연관분석을 수행한 뒤 연관 규칙에 대한 결과를 확인하기 위한 함수로 올바른 것은?

① inspect
② aov
③ summary
④ arule

24. 아래의 오분류표를 보고 민감도와 특이도 값을 바르게 계산한 것은?

		예측집단	
		TRUE	FALSE
실제집단	TRUE	35	5
	FALSE	15	45

	민감도	특이도		민감도	특이도
①	7/8	3/4	②	4/8	7/10
③	3/4	7/10	④	4/5	1/5

25. 가설검정이란 알고 싶어 하는 사실에 대해서 통계적으로 사실인지 거짓인지를 검증하기 위한 과정이다. 다음 중 각각의 가설검정과 그에 대한 설명으로 부적절한 것은 무엇인가?

① T 검정: 한 개의 모집단의 평균을 특정값과 비교하기 위한 검정

② 동질성 검정: 두 개 이상의 모집단에 대해서 내부 구성비가 동일한지 다른지를 검정

③ 분산분석: 두 개의 모집단에 대해서 평균을 비교하기 위한 검정

④ 대응 검정: 두 개의 모집단, 그리고 각 표본이 전과 후로 대응이 되는 경우 평균을 비교하기 위한 검정

26. 아래는 펜의 글씨체 굵기에 따라 연필(pencil), 볼펜(pen), 붓(brush)의 3가지 범주로 분류하기 위한 의사결정나무 분석을 수행한 결과다. 아래 결과를 보고 잘못 설명한 것은 무엇인가?

```
> result
n= 150

node), split, n, loss, yval, (yprob)
      * denotes terminal node

1) root 150 100 brush (0.33333333 0.33333333 0.33333333)
  2) bold>=4.379367 52   6 brush (0.88461538 0.11538462 0.00000000) *
  3) bold< 4.379367 98  48 pencil (0.04081633 0.44897959 0.51020408)
    6) bold>=2.0307 66  22 pen (0.06060606 0.66666667 0.27272727) *
    7) bold< 2.0307 32   0 pencil (0.00000000 0.00000000 1.00000000) *
```

① 3개의 끝마디를 갖는다.

② bold 값이 4.379 이상인 자료들 58개를 붓으로 분류하였다.

③ 2번에서의 지니 지수는 3번에서의 지니 지수보다 작다.

④ 위 결과에서 잘못 분류된 데이터는 28개다.

27. 서로 독립인 두 사건 A와 B가 있다. $P(A)=\frac{1}{3}$, $P(B)=\frac{1}{4}$일 때 $P(A\cup B)$의 값을 바르게 계산한 것은 무엇인가?

① 3/4

② 2/3

③ 7/12

④ 1/2

28. 다음 중 다중공선성에 대한 설명으로 올바른 것은 무엇인가?

① 분산팽창요인(VIF) 값이 4보다 작으면 심각한 문제가 있다고 판단한다.

② 회귀분석에서 독립변수 사이에 상관성이 존재하여 회귀식 추정이 어려운 문제다.

③ 카이제곱 검정을 수행하여 다중 공선성 존재 여부를 파악한다.

④ 인공신경망의 역전파 과정에서 기울기가 점차적으로 작아져 가중치 조정이 이루어지지 않는 문제다.

29. 다음 중 아래의 R 명령문 중 가장 마지막에 출력되는 값으로 올바른 것은 무엇인가?

R Console

```
> line1 <- c( 4 , 3 , 2 , 5 )
> line2 <- c( 1 , 5 , 3 , 2 )
> ma1 <- cbind( line1 , line2 )
> ma2 <- t( ma1 )
> ma2[ 2 , 3 ] + ma2[ 1 , 4 ] + ma1[ 3 , -1 ] + ma1[ 1 , 2 ]
```

① 12　　② 13

③ 14　　④ 에러 발생

30. 다음 중 나머지와 특성이 다른 분포는 무엇인가?

① 기하 분포　　② 다항분포

③ 포아송 분포　　④ 균일분포

31. 성공확률이 $\frac{1}{4}$ 인 베르누이 시행을 100번 시행하는 확률변수 X가 있다. 다음 중 X의 기댓값과 분산을 바르게 계산한 것은 무엇인가?

	기댓값	분산		기댓값	분산
①	25	75/4	②	25	25/4
③	75	75/4	④	75	225/4

32. 다음 중 여러 신경망 모형에 대해서 그 설명이 잘못된 것은 무엇인가?

① RNN: 순환 신경망으로 은닉층이 출력값이 자기 자신에게 다시 입력되는 형태로서 언어 모델링 및 음성 인식에 활용된다.

② CNN: 합성곱 신경망으로 합성곱 단계와 풀링 단계를 반복함으로써 데이터로부터 두드러지는 특징을 추출한다. 이미지 분류에 뛰어난 성능을 보인다.

③ YOLO: 생산적 적대 신경망으로 기존에 구축된 분류 모형으로부터 최적으로 분류되기 위해 반복적으로 학습하는 과정이다. 대표적인 사례로는 페이스북의 딥 페이스가 있다.

④ LSTM: 장단기 메모리로 RNN의 단점을 보완하기 위해 고안되었다. 오래된 데이터는 잊고, 최근 데이터를 더욱 잘 기억하는 특징이 있다.

33. 다음 중 아래에서 설명하는 것은 무엇인가?

데이터 마이닝의 여러 기법들 중 YES(1)/NO(0)의 이진 분류를 목적으로 하는 경우 YES(1)에 속할 확률값을 반환하여 YES와 NO를 분류한다. 모형의 성능에 중요한 영향을 미치며 일반적으로 0.5의 값을 사용하지만 YES로 분류하기 위한 최소확률 값을 나타낸다.

① p value
② cutoff value
③ VIF
④ confidence Level

34. 다음 중 분류 분석 모형의 성능을 평가하기 위한 그래프 중 하나로 랜덤모델과 비교하였을 때 일부 상위 데이터에서 모델의 성능이 얼마나 우수한지를 평가하기 위한 그래프는 무엇인가?

① ROC 그래프
② 향상도 곡선
③ 제곱합 그래프
④ 덴드로그램

35. 다음 중 K-평균 군집을 수행하기 위한 절차를 바르게 나열한 것은?

ㄱ. 각 군집의 seed 값을 새로 계산한다.
ㄴ. K 값과 초기 seed 값을 결정한다.
ㄷ. seed의 변화가 없으면 종료한다.
ㄹ. 각 데이터를 가장 가까운 seed가 있는 군집으로 할당한다.
ㅁ. 이전 두 과정을 반복한다.

① ㄴ - ㄱ - ㄹ - ㅁ - ㄷ
② ㄴ - ㄱ - ㅁ - ㄹ - ㄷ
③ ㄴ - ㄹ - ㅁ - ㄱ - ㄷ
④ ㄴ - ㄹ - ㄱ - ㅁ - ㄷ

36. 다음 중 자기조직화지도(SOM)를 수행하기 위한 절차를 바르게 나열한 것은?

ㄱ. 위 과정을 반복하여 모든 데이터에 대한 승자노드를 표시한다.
ㄴ. 초기 학습률 및 가중치를 결정한다.
ㄷ. 입력 벡터와 가장 가까운 경쟁층에 승자노드를 나타내고 해당 가중치를 변경한다.
ㄹ. 학습률을 변경한다.
ㅁ. 특정 반복 수에 도달할 때까지 위 과정을 반복한다.

① ㄴ - ㄷ - ㄱ - ㄹ - ㅁ
② ㄴ - ㄹ - ㄱ - ㅁ - ㄷ
③ ㄴ - ㄷ - ㄹ - ㄱ - ㅁ
④ ㄴ - ㄹ - ㄷ - ㄱ - ㅁ

37. 다음 중 아래 주성분분석에 대한 설명으로 부적절한 것은 무엇인가?

① 서로 상관성이 높은 변수들의 선형 결합으로 새로운 주성분을 만들어 변수를 요약 및 축소하는 기법이다.
② 회귀분석에서 다중공선성이 우려되는 경우 주성분분석 수행 이후 각 주성분을 독립변수로 회귀분석을 수행하기도 한다.
③ 주성분분석은 변수의 요약 및 축소 기법으로 변수들이 한 곳에 잘 집중될 수 있도록 분산이 가장 작은 축을 찾아 첫 번째 주성분으로 선정한다.
④ 주성분의 개수를 선택하기 위해 누적 설명률과 함께 scree plot을 활용한다.

38. 분류 모형의 성과를 평가하기 위해 ROC 커브를 주로 사용한다. 아래 ROC 커브 중 가장 좋은 모형이라 할 수 있는 것은 무엇인가?

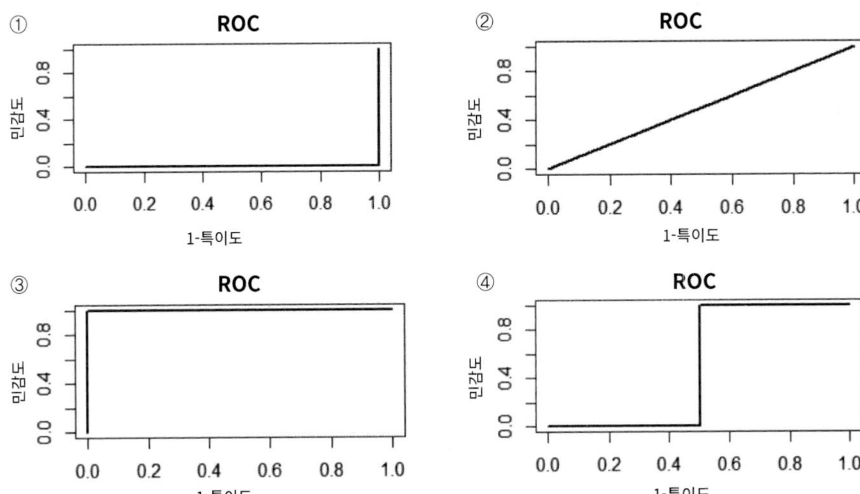

39. 아래의 여러 그래프 중 두 확률변수 X와 Y의 상관계수 값이 가장 큰 그래프는 무엇인가?

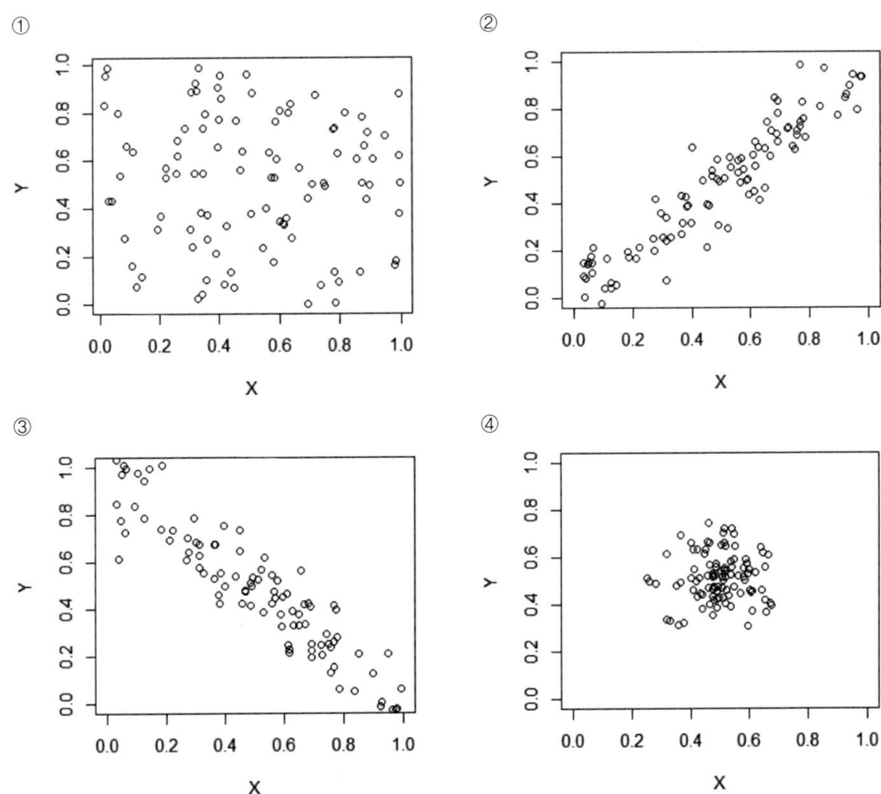

40. 다음 결측값 처리 방법과 R에서 결측값 처리 방법에 대한 설명 중 잘못된 것은 무엇인가?

① 단순 대치법 – 결측값을 보유한 모든 데이터를 삭제하는 방법으로 결측값이 많은 경우 손실되는 데이터의 양도 많다.

② 평균 대치법 – 해당 변수의 평균값으로 결측값을 대치하는 방법으로 조건부 평균 대치법과 비조건부 평균 대치법으로 나눌 수 있다.

③ centralImputation – 해당 변수의 중앙값으로 모든 결측값을 대치한다.

④ is.na – 해당 데이터가 결측값인지 아닌지 판단하는 함수로 결측값이면 FALSE, 결측값이 아니면 TRUE를 반환한다.

41. 아래 그림과 같이 데이터를 변환하기 위해 plyr 패키지가 보유한 여러 함수 중 아래 보기에 들어갈 알맞은 함수는 무엇인가?

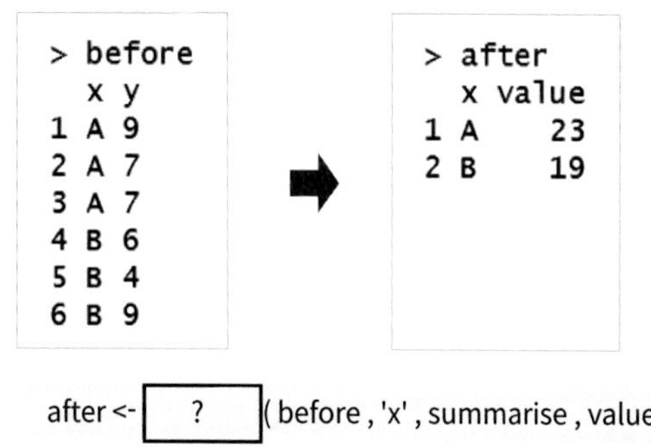

```
> before
  x y
1 A 9
2 A 7
3 A 7
4 B 6
5 B 4
6 B 9
```

```
> after
  x value
1 A    23
2 B    19
```

```
after <- [ ? ]( before , 'x' , summarise , value = sum( y ) )
```

① apply ② sapply

③ dlply ④ ddply

42. 아래의 여러 가설검정 상황에 대해 각각 사용해야 할 검정 방법이 올바르게 짝지어진 것은 무엇인가?

ㄱ. 야구선수 A의 타율이 3할인지 아닌지 검정

ㄴ. 새로 개발한 시약의 효과가 있는지 없는지 검정

ㄷ. 한 야구팀에 소속된 타자들의 타율이 모두 비슷한지 아닌지 검정

	일 표본 검정	이 표본 검정	분산분석
①	ㄱ	ㄴ	ㄷ
②	ㄱ	ㄷ	ㄴ
③	ㄷ	ㄴ	ㄱ
④	ㄷ	ㄱ	ㄴ

43. 아래의 표는 두 변수 X, Y를 보유하고 있는 데이터 A, B에 대한 자료다. 두 데이터 A와 B 사이의 거리를 바르게 측정한 것은 무엇인가?

	X	Y
A	2	5
B	5	9

	유클리디안 거리	맨하튼 거리	체비셰프 거리
①	5	7	4
②	5	4	7
③	3	7	4
④	3	4	7

44. 다음 중 아래의 분산분석표를 보고 각 빈칸에 들어갈 값들의 합(ㄱ+ㄴ+ㄷ+ㄹ+ㅁ)으로 올바른 것은 무엇인가?

요인	제곱합	자유도	제곱평균	F비
처리	30	ㄱ	15	3
잔차	ㄴ	ㄷ	ㄹ	
계	ㅁ	12		

① 142
② 147
③ 152
④ 157

45. 다음 중 데이터베이스와 유사한 형태로 존재하지만 데이터 웨어하우스와는 다른 목적을 갖고 존재하는 데이터베이스로, 한 조직 혹은 개인이 특정 목적을 위해 활용되는 작은 데이터베이스는 무엇인가?

① 데이터프레임
② 데이터 마트
③ DBMS
④ 하둡

46. 다음 중 보기에서 설명하는 것은 무엇인가?

> 인간의 뇌를 기반으로 제작된 인공신경망의 작은 한 단위이며, 이 단위 하나가 인공신경망이 될 수 있다. 또한 두 개 이상의 결합으로 더욱 복잡한 구조를 표현하는 인공신경망이 될 수도 있다. 뉴런과 같은 역할을 담당하며 여러 개의 입력 신호를 받아 가중치와의 조합을 통해 하나의 출력을 내보낸다.

① 노드
② 퍼셉트론
③ 벡터
④ 붓스트랩

47. 다음 중 보기에서 설명하는 분석 기법은 무엇인가?

데이터마이닝을 수행하기 위한 데이터 분할은 중요한 작업이다. 랜덤 추출에 의한 데이터 분할을 수행하더라도 분할된 데이터가 편향을 가질 경우 구축된 모형의 성능은 현저히 저하되기 때문에 다수의 데이터 분할로 여러 개의 모델을 구축하는 분석 기법이다.

① 앙상블 분석 ② 주성분 분석
③ 회귀분석 ④ 군집분석

48. 다음 중 시계열분석에 대한 설명으로 올바른 것은 무엇인가?

① 일정 시간 간격으로 기록된 자료에 대한 특성을 파악하고 과거를 추론하는 데 활용하는 방법이다.
② 평균이 일정하지 않은 비정상 시계열의 경우 변환을 통해 정상 시계열로 변환할 수 있다.
③ 자기회귀는 과거 n번째 이전 시점이 현재 시점을 설명할 수 있음을 의미한다.
④ 지수평활법은 최근 자료가 과거 자료보다 예측에 효과적이라는 가정하에 최근 데이터에 더 큰 가중치를 부여하는 방법이다.

49. 다음 중 이산형 확률분포 중 하나로 주어진 시간 단위 또는 공간 내에서 특정 사건이 몇 번 발생할지 확률을 나타내는 분포는 무엇인가?

① 기하 분포 ② 베타 분포
③ 포아송 분포 ④ 정규 분포

50. 다음 중 아래의 거래 데이터가 있을 때 , 사과가 구매될 때 빵이 구매될 확률을 올바르게 계산한 것은?

품목	판매 빈도
{사과}	15
{주스}	10
{빵}	5
{사과,주스}	20
{주스,빵}	25
{사과,빵}	15
{사과,주스,빵}	10

① 1 / 3 ② 5 / 12
③ 1 / 2 ④ 7 / 12

1회 _ 모의고사 해답

01. 답: ①

해설: MariaDB는 기존 관계형 데이터베이스 관리 시스템이고, Cassandra, MongoDB, HBase는 NoSQL DB다.

02. 답: ④

해설: 가트너가 제시한 데이터 사이언티스트의 필요 역량으로는 데이터에 대한 이해, 분석론에 대한 지식, 비즈니스 요소의 초점 외 커뮤니케이션, 협력, 리더십, 창의력 등이 있으나 데이터베이스 모델링은 포함되어 있지 않다.

03. 답: ①

해설: 블록체인에 대한 설명이다.

04. 답: ①

해설: 사물인터넷(IoT, Internet of Things)에 관한 설명이다.

05. 답: ④

해설: 지혜는 개인 깊숙한 곳에 내재되어 타인과 공유하기 어려운 자료로 운동선수나 악기 연주가의 머슬 메모리(Muscle Memory)를 예시로 들 수 있다.

06. 답: ③

해설: ①은 산업혁명에서의 석탄과 철의 역할을, ②는 미생물의 발견을 도와준 렌즈의 역할을, ④는 원유의 역할에 대한 설명이다. ③은 빅데이터 기능과 관련 없이 IT 기술 발전의 예시다.

07. 답: ③

해설: HTML 파일, JSON 파일, XML 파일 모두 고정된 형태는 존재하지만 연산이 불가능하다는 점에서 반정형 데이터이며, 영화 리뷰와 같은 사용자가 작성한 텍스트 파일은 대표적인 비정형 데이터다.

08. 답: ④

해설: 데이터 웨어하우스는 사용자의 의사결정에 도움을 주기 위해 분산된 데이터들을 한 곳에 공통된 형식으로 변환하여 모아놓은 집합이다. 데이터 마트는 데이터 웨어하우스의 일부분이며 특정 목적을 달성하기 위해 사용자에게 전달될 최종 데이터 형태다.

09. 답: ①

해설: 위 보기는 사생활 침해의 사례들로 그 해결 방안인 '동의에서 책임으로'가 가장 관련이 깊다고 할 수 있다.

10. 답: ①

해설: 위 문제는 사전처리에서 사후처리 방식으로의 변화를 설명하고 있다.

11. 답: ②

해설: 빅데이터 분석 방법론에서 서로 피드백을 주고받을 수 있는 단계는 데이터 준비와 데이터 분석 단계다.

12. 답: ④

해설: 준비형 기업은 데이터, 인력, 조직, 분석업무, 분석 기법 등이 적용되지 않은 낮은 수준의 성숙도와 낮은 수준의 준비도를 보유하고 있는 기업이다.

13. 답: ③

해설: 예상되는 위험으로부터 대응하는 방법으로는 회피, 수용, 전이, 완화가 있다.

14. 답: ④

해설: 방법론 생성 과정을 올바르게 나열한 것은 4번이다.

15. 답: ②

해설: 데이터 거버넌스의 체계는 데이터 표준화, 데이터 관리 체계, 데이터 저장소 관리, 표준화 활동 순으로 반복적으로 이루어진다.

16. 답: ①

해설: 집중 구조는 전사차원에서 우선순위를 결정할 수 있으나 현업 업무부서와 이중화, 이원화의 가능성이 있다는 단점이 있다.

17. 답: ①

해설: 하향식 접근법은 최적화(Optimization)에서 해결책(Solution)의 단계로 수행된다.

18. 답: ④

해설: 빠른 문제 해결이 목적인 '과제 중심적 접근 방식'의 특징은 Quick & Win, Speed & Test, Problem Solving이 있다.

19. 답: ②

해설: ISP는 정보계획수립 방법론을 의미하며 그 목표는 기업의 중장기적인 마스터플랜을 수립하는 것이다.

20. 답: ③

해설: 프레이밍 효과는 같은 문제를 놓고 바라보는 관점에 따라 다르게 해석하는 현상을 의미한다.

21. 답: ④

해설: 두 개의 집단의 평균에 대한 검정을 위해서는 등분산 여부를 우선적으로 판별해야 한다. 등분산 검정은 F 분포를 활용하여 수행된다.

22. 답: ②

해설: y 〈- x + 10에 의해 y는 11부터 20까지의 값을 갖는 벡터다. main = 'my plot'에 의해 산점도 전체 이름이 my plot으로 지정된다.

23. 답: ②

해설: 독립성은 잔차가 독립변수와 독립이어야 함을 의미한다.

24. 답: ④

해설: 유의확률이란 귀무가설을 기각할 때 그 결정이 잘못되었을 확률, 다른 표현으로는 귀무가설을 지지하는 정도로 볼 수 있다.

25. 답: ①

해설: print(y)는 3 , 6 , 9 , NA가 출력된다.

26. 답: ②

해설: $E(X)=(-2)\times\frac{1}{8}+(-1)\times\frac{1}{4}+(0)\times\frac{1}{4}+(1)\times\frac{1}{8}+(2)\times\frac{1}{4}=\frac{1}{8}$

27. 답: ③

해설: 비례 층화 추출법은 모집단의 구성비율과 동일한 구성비를 갖는 표본집단을 생성하기 위한 표본추출 방법이다.
파란색 : 빨간색 : 검정색 = 300 : 200 : 500 = 3 : 2 : 5의 비율을 갖는 30개, 20개, 50개다.

28. 답: ③

해설: 공분산은 시점 t에 의존하지 않고 시차 l에 의존한다.

29. 답: ②

해설: 첫 번째 주성분으로 전체 데이터의 약 77.4%를 설명할 수 있다.

30. 답: ④

해설: 모형의 구축 목적인 고객을 나누기 위해서는 비지도학습인 군집분석을 사용해야 한다. 랜덤 포레스트는 분류 분석의 일종인 지도학습이다.

31. 답: ④

해설: 1, 2, 3번의 경우는 지나치게 모형을 복잡하게 만들었지만 4번의 경우 다수결 방식으로 최종 분류값을 결정하는 배깅은 모형이 복잡해지기보다 의미 없는 많은 계산량을 요구한다.

32. 답: ①

해설: 향상도는 A를 구매하지 않았을 때 품목 B를 구매할 확률 대비, A를 구매했을 때 품목 B의 구매 확률의 증가 비율을 의미한다.

33. 답: ③

해설: AB 맨하튼 거리: (|2−(−1)|)+(|5−2|)+(|8−5|)=9
BC 맨하튼 거리: (|−1−3|)+(|2−4|)+(|5−2|)=9
CA 맨하튼 거리: (|3−2|)+(|4−5|)+(|2−8|)= 8

34. 답: ①

해설: 의사결정나무는 이상값에 민감하지 않다는 것이 큰 장점이다.

35. 답: ④

해설: Height = 2일 때 { 2, 4 }, { 3 }, { 1, 5 }으로 군집화된다.

36. 답: ④

해설: 붓스트랩은 모집단과 크기가 동일해야 한다. 따라서 표본의 크기가 7이어야 한다.

37. 답: ①

해설: 정밀도는 True로 예측한 것 중 실제 값이 True인 비율을 나타내는 값이다.
40 / (40 + 5) = 8 / 9이다.

38. 답: ④

해설: 첨도가 3보다 크면 정규분포보다 뾰족하며 왜도가 음수이면 왼쪽으로 긴 꼬리를 갖는다.

39. 답: ④

해설: 분산분석의 귀무가설 '4개의 그룹에 대한 평균이 모두 같다'를 기각하지만 4개의 그룹이 모두 다른지는 알 수 없다. 평균이 다르다고 할 수 있는 그룹을 찾기 위해서는 Tukey와 같은 방법으로 분산분석의 사후검정을 수행하여야 한다.

40. 답: ③

해설: 상관계수 값은 –1과 1 사이의 값을 가질 수 있다.

41. 답: ②

해설: 결측값이 많은 경우 단순대치법은 대량의 데이터 손실을 초래할 수 있기 때문에 권장되지 않는다.

42. 답: ④

해설: 자기조직화지도에서 입력층의 각 뉴런은 경쟁층의 각 뉴런과 유클리디안 거리를 통해 거리를 계산하고 비교한다. 승자독식 방식으로 입력 벡터와 가장 가까운 가중치 벡터를 가지는 경쟁층의 뉴런이 승자로 선택되고, 승자 뉴런의 가중치 벡터가 입력 벡터와 더 가까워지도록 가중치를 조정한다. 승자 뉴런뿐만 아니라 승자 뉴런의 이웃 뉴런 또한 가중치가 조정되는데, 승자 뉴런에 가까운 이웃일수록 가중치가 크게 조정되고 먼 이웃일수록 작게 조정된다.

43. 답: ①

해설: 비계층적 군집분석인 K–평균 군집은 최단 연결법이 존재하지 않는다.

44. 답: ③

해설: 결정계수와 수정된 결정계수는 각 변수 사이의 독립성을 판단하기 위해 사용되지 않는다.

45. 답: ①

해설: 최소제곱법은 실제값과 추정값의 차이의 제곱합을 최소가 되도록 하는 회귀계수와 회귀상수를 찾는 방법이다.

46. 답: ①

해설: 다중 대치법은 대치(A), 분석(C), 결합(B) 순으로 수행되며 ㄱ. 대치, ㄴ. 결합, ㄷ. 분석이다.

47. 답: ③

해설: K–fold cross validation (K–fold 교차 검증)은 K개의 데이터셋으로부터 K–1개를 훈련용 데이터로 활용하여 나머지 데이터셋으로 검증을 수행하는 방법이다.

48. 답: ④

해설: 1, 2번은 군집분석의 기법으로, 3번은 연관분석 기법으로 비지도학습이며, 4번은 선형회귀분석으로 지도학습의 일종이다.

49. 답: ②

해설: 결정계수는 총변동에 대한 설명 가능한 변동의 비율로 SSR/SST = 82629 / (82629 + 3061)로 계산하며, 답은 0.964…이다.

50. 답: ②

해설: F1–SCORE는 재현율(민감도)과 정밀도의 조화평균값으로 그 수식은 2AB / (A+B)이다.

2회 _ 모의고사 해답

01. 답: ④

해설: 데이터베이스 모델링 능력은 수학적 지식이 아닌 IT 영역에 포함된다.

02. 답: ①

해설: 데이터는 그 자체가 중요한 것이 아닌 다른 데이터와의 상호 관계 속에서 중요한 의미를 갖는다.

03. 답: ④

해설: 클라우드 서비스는 빅데이터의 활용 사례라고 보기는 어려우며, 오히려 빅데이터 활용의 기반을 만들었다고 보는 것이 옳다.

04. 답: ②

해설: 데이터는 생성된 주체 혹은 플랫폼에 귀속된 것으로서 상품으로서의 가치가 있다. 따라서 이를 빅데이터의 가치 산정이 어려운 이유로 보기는 부적절하다.

05. 답: ④

해설: 고객관계관리(CRM)에 대한 설명이다.

06. 답: ①

해설: 다양한 종류의 비정형 데이터들의 수집 및 분석이 어려워지고 있어 비정형 데이터의 관리 및 분석 기법이 중요해지고 있다.

07. 답: ①

해설: LIKE와 =는 바꾸어 쓸 수 없다.

08. 답: ①

해설: 데이터 마스킹은 형식을 유지한 채 읽을 수 없는 다른 문자로 대체하는 것이고, 읽을 수 있는 다른 값으로 대체하는 것은 가명처리다.

09. 답: ②

해설: 위 보기는 회귀분석에 대한 설명이다.

10. 답: ③

해설: 소프트스킬에는 창의적 사고, 호기심, 논리적 비판, 스토리텔링, 비쥬얼라이제이션, 커뮤니케이션 등이 있다.

11. 답: ③

해설: 분석의 대상은 알지만 분석의 방법을 모르는 경우는 Solution 유형에 해당한다.

12. 답: ②

해설: ERD는 Entity Relationship Diagram으로, 데이터베이스를 생성하고 데이터베이스 내의 테이블끼리의 연결관계를 표현한 문서 또는 그림이다.

13. 답: ④

해설: 비즈니스 모델 캔버스는 업무, 제품, 고객, 규제&감사, 지원 인프라의 5가지 블록으로 단순화된다.

14. 답: ③

해설: 대북정책의 변경은 경제가 아닌 정치의 영역이다.

15. 답: ③

해설: 분석 준비도의 항목으로는 분석 문화, 분석 데이터, 분석 인프라, 분석 기법, 분석 업무, 분석 조직 및 인력이 있다.

16. 답: ①

해설: 난이도가 쉬우면서 시급성이 현재인 과제를 첫 번째 과제로 선정한다.

17. 답: ④

해설: 데이터 유지, 관리를 위한 지침은 데이터 거버넌스 구성 요소 중 '원칙'에 해당한다.

18. 답: ①

해설: 데이터 표준화 단계는 표준 용어 설정, 명명 규칙 수립, 메타데이터 구축, 데이터 사전 구축 등의 업무로 구성된다.

19. 답: ③

해설: 대체제, 경쟁자, 신규 진입자 등은 경쟁자 확대 관점에 포함된다.

20. 답: ①

해설: 위 보기는 폭포수 모델에 대한 설명이다.

21. 답: ②

해설: 계통 추출법에 대한 설명이다.

22. 답: ③

해설: 랜덤 포레스트는 각 트리가 서로 높은 비상관성을 갖는다.

23. 답: ①

해설: R에서 가장 많이 사용되는 2차원 구조로 각 열이 서로 다른 타입을 갖는 데이터 구조는 데이터프레임이다.

24. 답: ②

해설: 부스팅은 붓스트랩 재구성 과정에서 잘못 분류된 데이터에 가중치를 조정하는 방법이다.

25. 답: ④

해설: 표본조사를 수행할 때 표본의 수는 많으면 많을수록 더욱 높은 신뢰도를 가져온다. 중심극한정리는 표본의 수가 30개 이상이라면 추출한 표본들이 정규분포하다고 가정할 수 있을 뿐이다.

26. 답: ②

해설: 성공과 실패의 두 가지 사건이 발생하는 시행의 경우 이항 분포를 따른다.

27. 답: ③

해설: 파란 공이 2번 나올 확률 $\left(\frac{3}{10}\right)^2$, 하얀 공이 나올 확률 $\left(\frac{7}{10}\right)^1$이며, 전체 경우의 수는 파란 공이 첫 번째로 나올 수도, 두 번째로 나올 수도, 세 번째로 나올 수도 있는 3가지다. 따라서 파란 공 2개, 하얀 공 1개가 나올 확률은 $3\times\left(\frac{3}{10}\right)^2\times\left(\frac{7}{10}\right)^1$이다.

28. 답: ③

해설: 분해 시계열 요소로는 추세요인, 계절요인, 순환요인, 불규칙요인이 있다.

29. 답: ④

해설: 홀드아웃은 데이터가 많을 경우 훈련용, 검정용, 평가용으로 나누고, 데이터가 적을 경우 훈련용과 평가용으로 분할하는 방법이다. 하지만 이때 각 데이터셋이 전체 데이터를 대표하지 못할 가능성이 크다.

30. 답: ④
해설: 학년별 선택교양과목 조사를 위해서는 각 학년별 동일 수의 표본이 필요하다. 따라서 집단 내 동질성을 보유한 층화 추출법을 통해 불균형 문제를 해결할 수 있다.

31. 답: ③
해설: paste 함수의 파라미터 중 구분자를 의미하는 sep 기본값이 ' '(1칸의 공백)이다. 따라서 출력되는 결과는 'ba nana'다.

32. 답: ②
해설: hclust는 계층적 군집분석을 수행하기 위한 함수이며, K-평균 군집은 kmeans 함수로 수행할 수 있다.

33. 답: ②
해설: 왜도는 음수이면 왼쪽으로 긴 꼬리(오른쪽으로 짧은 꼬리)를 갖는다.

34. 답: ①
해설: 이상적인 K 값 결정을 위해서 제곱합 그래프를 활용하며 그래프가 수평이 되기 바로 전 단계를 K 값으로 결정한다.

35. 답: ②
해설: C4.5 알고리즘에 대한 설명이다. APRIORI 알고리즘은 연관분석을 위한 알고리즘이다.

36. 답: ③
해설: 군집 내 자료들의 편차제곱합이 최소가 되도록 하는 방법은 와드연결법이다.

37. 답: ①
해설: 최소 신뢰도가 아닌 최소 지지도를 사용한다.

38. 답: ②
해설: Number of components의 값이 3일 때 BIC의 값이 최대가 되므로 최적 군집의 개수를 3개로 설정할 수 있다.

39. 답: ①
해설: 분산은 확률분포의 제곱의 평균에서 평균의 제곱을 뺀 값으로 구할 수 있다.

40. 답: ②
해설: R은 C 언어가 아닌 S 언어로 작성되었다.

41. 답: ③
해설: 추정되는 회귀식은 6.7134 + 9.5374 * A + 4.5421 * B + 3.4713 * C + 1.2250 * D다.

42. 답: ④
해설: Shapiro 검정은 자료의 분포가 정규분포인지를 검정하기 위한 방법이다.

43. 답: ③
해설: 사과를 구매하는 고객이 주스를 구매하는 확률은 연관 규칙 '주스 → 사과'의 신뢰도를 묻는 문제다. 품목 주스의 구매율은 {주스} + {사과,주스} + {주스,빵} + {사과,주스,빵} / (전체 거래 수) = (20 + 20 + 40 + 20) / 200 = 0.5다. 품목 사과와 주스의 지지도는 {사과,주스} + {사과,주스,빵} / (전체 거래 수) = (20 + 20) / 200 = 0.2다.
따라서 연관 규칙 '주스 → 사과'의 신뢰도는 (품목 사과와 주스의 지지도) / (품목 주스의 구매비율)인 0.2 / 0.5 = 2/5다.

44. 답: ④

해설: 자기조직화지도, 연관분석, 혼합 분포 군집은 비지도학습이며, 의사결정나무는 분류 분석을 위한 지도학습의 한 종류다.

45. 답: ③

해설: CHAID 알고리즘과 CART 알고리즘이 이산형, 연속형 모두에 대해 적용가능하며, C4.5 알고리즘은 이산형에 대해서만 적용 가능하다.

46. 답: ③

해설: 위 보기는 C4.5 알고리즘에 대한 설명이다.

47. 답: ③

해설: Z = 0.7 + (–1) × 2 + 2 × 0.5 + 1 × 0.1 = –0.2이며, 해당 값을 활성화함수에 입력하면 Relu(x) = max(0, x)이므로 Relu(0, –0.2) = 0이다.

48. 답: ③

해설: 민감도는 실제 TRUE 중 중 올바르게 TRUE로 예측한 비율로 35/(35+25) = 7/12, 특이도는 실제 FALSE 중 올바르게 FALSE로 예측한 비율인 35/(5+35) = 7/8 이다.

49. 답: ②

해설: 분산팽창계수는 회귀분석에서 다중공선성(독립변수 간의 상호선형 관계) 존재 여부를 판단하기 위해 활용된다.

50. 답: ④

해설: 군집분석의 결과는 덴드로그램을 통해 나타내며, height 값에 따라 군집의 변화를 파악하기가 쉽다.

3회 _ 모의고사 해답

01. 답: ②

해설: 분석 결과에 대한 설득력 있는 전달은 요구되지만 그 창구가 반드시 논문일 필요는 없다. 인포그래픽을 위한 시각화나 짧은 발표 및 간단한 보고서로도 충분히 전달할 수 있다.

02. 답: ③

해설: 범지구위치결정시스템(GPS)을 활용한 내비게이션과 같은 서비스를 창출하였지만 빅데이터의 등장에 주는 직접적인 영향은 적다.

03. 답: ③

해설: 더그 래니는 빅데이터를 3V(Volume, Variety, Velocity)로 요약하였다.

04. 답: ④

해설: 빅데이터의 등장으로 인과관계에서 상관관계로의 변화가 생겼다.

05. 답: ④

해설: 기계학습은 과거 데이터들을 기반으로 컴퓨터가 규칙 및 패턴을 찾고 새로운 데이터에 대하여 결정을 내리는 것으로 상품 간의 관계를 파악하는 것은 연관분석이다.

06. 답: ③

해설: 관계형 데이터베이스 관리 시스템(RDBMS)은 SQL을 필요로 하며, 비정형 데이터베이스를 다룰 때 NoSQL 같은 경우에는 SQL이 아닌 REST API와 같은 방식으로 소통한다.

07. 답: ②

해설: 전략도출 가치기반 분석을 통해 기업은 사회의 변화와 고객의 니즈 변화에 빠른 파악이 가능하며 그에 대한 새로운 기회를 포착할 수 있다.

08. 답: ①

해설: 기업 응용 프로그램의 통합을 의미하는 EAI(Enterprise Application Integration)는 기업 수준의 데이터베이스 활용이며, 나머지 ITS(지능형 교통 시스템), NEIS(교육 행정 정보 시스템), GPS(범지구위치결정시스템)는 사회기반 데이터베이스다.

09. 답: ①

해설: 위 보기는 하둡에 대한 설명이다.

10. 답: ②

해설: 분석 결과를 전달하는 것은 시각화가 아닌 프레젠테이션, 스토리텔링 등 다양한 방법이 있다.

11. 답: ③

해설: 실행 용이성은 적용 범위 및 방식이 아닌 우선순위 고려요소다.

12. 답: ④

해설: 분석 기획 시 3가지 주요 고려사항으로는 1. 가용 데이터의 존재 여부, 2. 유스케이스 탐색, 3. 장애요소에 대한 사전계획 수립이 있다.

13. 답: ②

해설: 문제 정의 단계에서는 탐색된 문제들에 대해 비즈니스적 문제를 데이터 문제로 변환하는 단계다.

14. 답: ②

해설: 분석의 대상과 분석의 방법을 아는 경우는 최적화(Optimization)에 해당한다.

15. 답: ①

해설: 분석 역량은 확보되었지만 기존 시스템을 활용해야 하는 경우 기존 시스템을 개선함으로써 해결 방안을 모색한다.

16. 답: ③

해설: 분석 준비도는 낮지만 분석 성숙도가 높은 기업은 정착형 기업에 해당한다.

17. 답: ④

해설: 업무 수행자는 고객과 직접 대면하는 업무를 담당하므로 고객의 니즈로부터 분석 기회를 발굴하고 그에 대한 시나리오를 작성하는 방법에 대한 교육이 필요하다. 데이터 분석 기법 및 도구 교육은 분석 실무자에게 요구된다.

18. 답: ②

해설: 실시간 대시보드는 두 번째 단계인 활용에서 분석 성숙도를 평가하기 위한 요소다.

19. 답: ④

해설: 빠른 문제 해결이 목적인 '과제 중심적인 접근 방식'의 특징은 Quick & Win, Speed & Test, Problem Solving이 있다.

20. **답**: ②

해설: 위 보기는 프로토타입 모델에 대한 설명이다.

21. **답**: ③

해설: ARIMA(1, 2, 3)은 2회의 차분이 요구된다.

22. **답**: ③

해설: {사과,주스} 지지도 = (20 + 10) / 100 = 0.3

{사과,빵} 지지도 = (15 + 10) / 100 = 0.25

{주스,빵} 지지도 = (25 + 10) / 100 = 0.35

{사과,주스,빵} 지지도 = 10 / 100 = 0.1

23. **답**: ①

해설: apriori 알고리즘의 연관 규칙의 정보를 보기 위해 inspect 함수를 사용한다.

24. **답**: ①

해설: 민감도 값은 실제 True 중 True의 비율로 35 / (35 + 5) = 7/8,

특이도 값은 실제 False 중 False의 비율로 45 / (15 + 45) = 3/4이다.

25. **답**: ③

해설: 분산분석은 두 개의 모집단이 아닌 두 개 이상의 모집단에 대해서 평균을 비교하기 위한 검정이다. 일반적으로 두 개의 모집단인 경우 분산분석보다 T 검정을 수행한다.

26. **답**: ②

해설: 결과를 시각화하면 다음과 같은 결과를 얻을 수 있다.

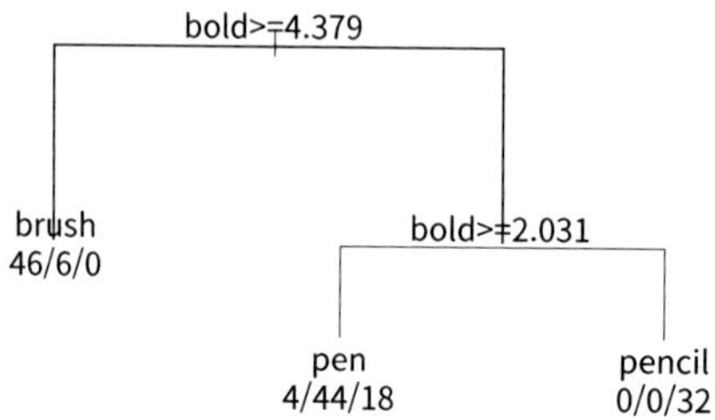

bold 값이 4.379 이상인 자료들 52개를 붓으로 분류하였으며 그중 잘못된 6개의 데이터가 있다.

27. **답**: ④

해설: A와 B는 서로 독립이므로 P(A∩B)=P(A)P(B)이다. 따라서 P(A∪B)=P(A)+P(B)−P(A∩B)이다. 따라서 $P(A \cup B) = \frac{1}{3} + \frac{1}{4} - \frac{1}{12} = \frac{6}{12} = \frac{1}{2}$이다.

28. **답**: ②

해설: 다중공선성이란 회귀분석에서 독립변수들 사이에 상관성(선형관계)가 존재하여 회귀식 추정이 어려운 문제를 가리키며, 분산팽창요인(VIF)값이 10보다 크면 문제가 있다고 판단한다.

29. **답**: ①

해설: ma2[2, 3] = 3 , ma2[1, 4] = 5, ma1[3, −1] = 3, ma1[1, 2] = 1로 3 + 5 + 3 + 1 = 12다.

30. 답: ④

해설: 기하 분포, 다항분포, 포아송 분포는 이산확률분포이고, 균일분포는 연속확률분포다.

31. 답: ①

해설: 기댓값 $E(X)=np=100\times\frac{1}{4}=25$

분산 $Var(X)=np(1-p)=100\times\frac{1}{4}\times\frac{3}{4}=75/4$다

32. 답: ③

해설: YOLO는 다중 객체 탐지로 이미지로부터 물체를 탐지하기 위한 알고리즘이며, 문제의 설명은 GAN에 대한 설명이다.

33. 답: ②

해설: 이진 분류의 YES에 속할 최소확률 값을 나타내는 분류기준값(cutoff value)이다.

34. 답: ②

해설: 향상도 곡선은 일부 상위 데이터에 대한 예측력이 랜덤모델과 비교할 때 성능이 얼마나 향상되는지를 나타낸다.

35. 답: ④

해설: K–평균 군집의 수행 절차는 다음과 같다.

1. K 값 및 초기 seed 값을 결정한다.
2. 각 데이터를 가장 가까운 seed가 속한 군집으로 할당한다.
3. 각 군집의 데이터를 계산하여 새로운 seed를 결정한다.
4. 위 두 과정을 반복한다.
5. seed의 변화가 없으면 종료한다.

36. 답: ①

해설: 자기조직화지도의 수행 과정은 다음과 같다.

1. 초기 학습률 및 가중치를 결정한다.
2. 각 입력 벡터(한 개의 데이터)와 경쟁층 여러 노드 중 가장 가까운 거리를 가지는 노드를 승자노드로 결정하고 해당 가중치를 변경한다.
3. 위 과정을 반복하여 모든 데이터에 대한 승자노드를 표시한다.
4. 학습률을 변경한다.
5. 특정 반복수(iteration)에 도달할 때까지 위 과정을 반복한다.

37. 답: ③

해설: 주성분분석은 데이터를 가장 잘 설명할 수 있도록 분산이 가장 큰 축을 찾아 주성분으로 결정한다.

38. 답: ③

해설: ROC 커브는 (0,0)에서 시작하여 우상향 그래프로 (1,1)에서 종료되는 그래프다. 이때 그래프가 (0,1)에 가까울수록, 즉 민감도 값이 1, 특이도 값이 1일수록 좋은 모형이라 할 수 있다. ROC 곡선 아래의 면적을 AUC(Area Under Curve)라고 하며 면적이 넓을수록(AUC 최댓값인 1에 가까울수록) 분류를 잘하는 모형이라고 평가할 수 있다.

39. 답: ②

해설: 산점도가 올곧은 우상향일수록 상관계수 값이 최댓값인 1에 가까울 수 있다.

40. 답: ④

해설: is.na는 결측값의 존재 여부를 판단하는 함수로 결측값이 존재하면 True, 존재하지 않으면 False를 반환한다.

41. 답: ④

해설: ddply 함수에 의하여 데이터를 그림과 같이 변환할 수 있다.

42. 답: ①

해설: 한 명의 야구선수의 타율을 검정하기 위해서는 일 표본 검정을, 시약 효과의 전과 후를 검정하기 위해서는 이 표본 검정을, 여러 명의 타율이 비슷한지 아닌지를 검정하기 위해서는 분산분석을 수행해야 한다.

43. 답: ①

해설: AB 유클리디안 거리 $\sqrt{(2-5)^2+(5-9)^2}=5$

AB 맨하튼 거리 $|2-5|+|5-9|=7$

AB 체비셰프 거리 $max(|2-5|, |5-9|)=4$

44. 답: ②

해설: ㄱ = 2, ㄴ = 50, ㄷ = 10, ㄹ = 5, ㅁ = 80이다.

45. 답: ②

해설: 위 보기는 데이터마트에 대한 설명이다.

46. 답: ②

해설: 위 문제는 퍼셉트론에 대한 설명이다.

47. 답: ①

해설: 위 문제는 앙상블 분석에 대한 설명으로 배깅, 부스팅, 랜덤포레스트 등이 있다.

48. 답: ④

해설: 시계열 분석은 미래 예측이 주 목적이고, 평균이 일정하지 않은 경우 차분을 통해 정상 시계열로 변환하며, 자기회귀모형은 현재 시점은 바로 직전의 몇 개의 데이터에 의해 설명될 수 있음을 의미한다.

49. 답: ③

해설: 위 문제는 포아송 분포에 대한 설명이다.

50. 답: ②

해설: 사과가 거래된 수는 15 + 20 + 15 + 10 = 60건이며, 사과와 빵이 동시에 거래된 수는 15 + 10 = 25건으로 25 / 60 = 5 / 12이다.

ADsP(Advanced Data Analytics Semi-Professional)

(37회)기출 변형 문제

【1과목】

01. 다음 중 데이터 사이언티스트에 대한 설명으로 부적절한 것은?

① 프로그래밍, 통계 기법, 모델 학습 등 다양한 분야의 기술을 결합하여 데이터 기반의 문제를 해결하는 전문가를 지칭한다.

② 넷플릭스, 유튜브와 같은 추천 알고리즘은 데이터 사이언티스트를 활용한 대표적인 서비스라고 할 수 있다.

③ 데이터 사이언티스트는 위와 같은 알고리즘으로부터 피해를 입은 사람을 구제하고 사전에 방지하는 역할을 포함한다.

④ 데이터 사이언티스트는 데이터 문제의 해결을 넘어서 효과적으로 전달하는 업무까지 포함한다.

02. 다음 중 일차원적 분석과 가치 기반 분석에 대한 설명으로 부적절한 것은?

① 일차원적 분석은 해당 부서 및 내부 문제에만 국한되지만, 전사적인 성공을 위해서라면 가치 기반 분석이 수반되어야 한다.

② 일차원적 분석을 통해 작은 성공으로부터 분석 범위를 보다 넓게 전략적으로 변화를 줌으로써 가치 기반 분석으로 나아가야 한다.

③ 금융 서비스에서의 일차원적 분석 사례로는 신용점수 산정, 사기 탐지 등이 있다.

④ 인구통계학적 변화는 일차원적 분석에서 고려해야 하는 요소다.

03. 다음 중 경영 자원 통합 관리를 의미하며, 여러 자원 및 업무가 하나로 통합된 시스템으로 재구축해서 어느 부서에서 필요로 하는 자원이 있다고 알릴 경우 바로 그 자원에 대한 구매 및 생산이 진행될 수 있도록 도와 업무의 효율성을 높이는 것이 목적인 시스템은?

① Enterprise Resource Planning
② Real Time Enterprise
③ Customer Relationship Management
④ Supply Chain Management

04. 다음 중 데이터베이스의 특징으로 잘못된 것은?

① 분리된 데이터: 데이터는 여러 곳에 분리 저장되어 삭제로부터 안전하다.

② 저장된 데이터: 컴퓨터 및 전자기기가 접근할 수 있는 매체에 저장된다.

③ 공용 데이터: 여러 사용자가 공유 가능한 데이터다.

④ 변화하는 데이터: 삽입, 수정, 삭제를 통해 항상 정확한 데이터를 유지한다.

05. 다음 중 DIKW 피라미드의 요소와 그 예시가 올바르게 짝지어진 것은?

(가) A마트의 우유 1L는 1000원, B마트의 우유 1L는 2000원이다.
(나) A마트의 우유가 B마트보다 더 저렴하다.
(다) 일반적으로 도매점보다 소매점이 저렴하므로 필요한 물품을 구매할 때는 A마트를 방문하는 것이 현명할 것이다.
(라) A마트로부터 우유를 사야 한다.

① DATA – (라)
② INFORMATION – (가)
③ KNOWLEDGE – (나)
④ WISDOM – (다)

06. **다음 중 빅데이터 활용 테크닉 중 그 방법과 예시가 잘못 연결된 것은?**

① 소셜 네트워크 분석: 특정 두 인물 간의 친밀도를 계산

② 유형분석: 같은 패턴을 보이는 고객을 분류하여 다른 서비스를 제공

③ 연관규칙: 고객의 만족도와 재방문율을 계산

④ 텍스트마이닝: 영화 리뷰를 통해 영화에 점수를 부여

07. **다음 중 데이터에 대한 설명으로 잘못된 것은?**

① 정성적 데이터는 언어와 문자와 같이 기준이 명확하지 않은 데이터이다.

② 정형 데이터는 고정된 틀이 있어 수집, 보관, 활용이 용이한 데이터이다.

③ 비정형 데이터는 메타데이터를 보유하고 있으므로 연산이 가능한 데이터이다.

④ 반정형 데이터는 가공을 통해 정형 데이터로 변환 가능한 데이터이다.

08. **다음 중 빅데이터가 개인, 기업 및 정부에게 가져오는 영향으로 적절하지 않은 것은?**

① 빅데이터는 아직 그 범위 및 정의가 구체화되지 않은 영역으로 개인이 활용할 수 없는 영역이다.

② 다양한 소비자들의 행동 패턴을 분석하여 고객의 니즈를 충족시킬 수 있다.

③ 시장 변동 예측을 통해 비즈니스 모델을 혁신 및 신사업 발굴에 활용할 수 있다.

④ 국가 안보, 미래 성장 전략 등 국가 정책 수립에 활용할 수 있다.

09. **다음 중 데이터 모델링에 대한 설명으로 올바른 것은?**

① 데이터 포인트 간의 연결 및 관계를 이해하기 위해 시각화로 표현하는 일련의 프로세스이다.

② 중복된 데이터를 최소화하여 데이터베이스를 효율적으로 관리하기 위한 일련의 프로세스이다.

③ 모델 구축을 위해 입력 데이터 및 출력 데이터를 정의하는 작업을 의미한다.

④ 구축된 모델에 대해 정확도 향상을 위해 보완 작업을 수행하기 위한 작업을 의미한다.

10. **다음은 데이터베이스에 작업을 수행하기 위한 명령어를 나열한 것이다. 다음 중 나머지와 그 성격이 다른 것은?**

① SELECT　　② CREATE

③ UPDATE　　④ DELETE

【2과목】

11. **다음 중 빅데이터 분석 방법론의 분석 기획 단계에서 수행하는 주요 태스크로 잘못된 것은?**

① 비즈니스 이해 및 범위 설정　　② 프로젝트 정의 및 계획 수립

③ 필요 데이터 정의　　④ 프로젝트 위험 계획 수립

12. **다음 중 분석 과제 발굴에 대한 설명으로 잘못된 것은?**

① 분석의 대상을 알지만 분석 방법을 모를 경우 Solution 탐색 관점에서 접근해야 한다.

② 문제가 무엇인지 알고 있을 때 상향식 접근법을 활용해야 한다.

③ 디자인 씽킹이란 하향식 접근법과 상향식 접근법의 상호작용을 통해 최고의 의사결정을 도출하는 것을 목표로 한다.

④ 상향식 접근법이란 다양한 데이터의 조합에서 인사이트를 찾아내기 위한 방법을 의미한다.

13. **다음 중 낮은 정확도(Accuracy)와 높은 정밀도(Precision)를 갖는 예시로 올바른 것은?**

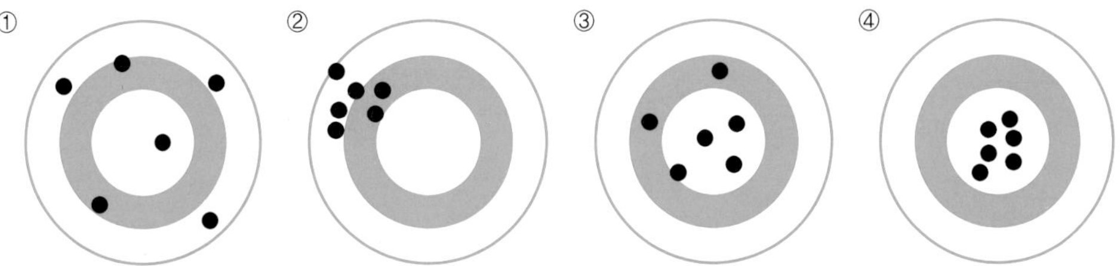

14. **다음 중 데이터 거버넌스 체계의 데이터 표준화 단계에서 수행해야 하는 업무가 아닌 것은?**

① 명명 규칙 수립
② 메타데이터 구축
③ 데이터사전 구축
④ 데이터 생명주기 관리 방안 수립

15. **다음 중 과제의 우선순위를 결정할 때 고려해야 하는 요소가 아닌 것은?**

① 전략적 중요도
② 비즈니스 성과 및 ROI
③ 기술 적용 수준
④ 분석 과제의 실행 용이성

16. **다음 중 기업의 분석 성숙도 진단 대상이 아닌 것은?**

① 비즈니스 부문
② 조직 및 역량 부문
③ IT 부문
④ 서비스 부문

17. **다음 중 프로토타입 모델에 대한 설명으로 올바른 것은?**

① 단계를 거쳐 순차적으로 진행하는 모델로, 현재 단계가 끝나야 다음 단계로 진행 가능한 모델

② 개발 및 사용자 요구 분석을 반복적으로 수행하면서 점진적으로 개발해 나가는 방법으로, 고객의 요구를 완전히 이해하지 못했을 때 용이한 모델

③ 개발 위험 요소를 사전에 제거해 나가면서 점증적으로 개발하는 모델

④ 단계, 태스크, 스텝으로 구성된 계층적 프로세스 모델

18. **하향식 접근법의 해결 방안 탐색 단계는 기존 시스템 가용 여부 및 기업의 분석 역량에 따라 해결 방안이 달라진다. 다음 중 기존 시스템 활용이 가능하면서 기업의 분석 역량이 부족한 경우에 해당하는 방안은 무엇인가?**

① 기존 시스템과 인력을 활용
② 교육 및 채용을 통한 인력 확보
③ 시스템 고도화
④ 전문업체 아웃소싱

19. 다음 중 분석 준비도의 구성 요소 중 하나인 분석 기법을 진단하기 위한 항목이 아닌 것은 무엇인가?

① 분석 업무를 위한 데이터
② 분석 업무 도입 방법론
③ 분석 기법 라이브러리
④ 분석 기법 효과성 평가

20. 다음 중 능력 성숙도 통합 모델의 4단계에 대한 설명으로 올바른 것은?

① 일정이나 비용과 같은 요소가 프로세스의 중심으로, 약간의 개발 프로세스 아래 통제되는 상태
② 위와 더불어 조직을 관리하기 위한 프로세스가 존재하는 상태
③ 위와 더불어 체계적인 관리하에 프로젝트 및 산출물 등에 대한 정량적인 측정이 가능한 상태
④ 위와 더불어 조직적으로 최적화된 프로세스를 보유하고 지속적인 개선을 목표로 하는 상태

【3과목】

21. 다음 중 데이터 마이닝 프로세스의 일부로 목적 변수를 정의하고 모델 또는 소프트웨어에 적용 가능한 형태로 변환하는 단계는?

① 데이터 준비
② 데이터 가공
③ 기법 적용
④ 모델 검증

22. 모델 구축 시 데이터 분할을 통해 각각의 목적을 갖고 데이터를 활용한다. 다음 중 모델의 과적합에 대한 미세조정을 위해 활용되는 데이터는 무엇인가?

① 훈련용 데이터
② 검정용 데이터
③ 평가용 데이터
④ 보완용 데이터

23. 붓스트랩은 관측치를 한 번 이상 훈련용 자료로 활용하기 위한 복원추출법에 기반한다. 다음 중 훈련용 자료의 선정을 무한히 반복할 때 하나의 관측치가 선정되지 않을 확률은 얼마인가?

① 34.6%
② 34.8%
③ 36.8%
④ 38.6%

24. 다음은 어떤 데이터에 대한 summary 값을 출력한 것이다. 다음 중 설명이 잘못된 것은?

```
> summary(data)
   Min. 1st Qu.  Median    Mean 3rd Qu.    Max.
  6.415   6.440   7.149   7.262   8.136   8.171
```

① 데이터의 개수는 알 수 없다.
② 평균값이 7.149임을 알 수 있다.
③ 왜도값이 양수임을 알 수 있다.
④ 첨도값은 알 수 없다.

25. 다음 중 연관분석의 특징에 대한 설명으로 잘못된 것은?

① 누구나 쉽게 이해하고 해석할 수 있다는 장점이 있다.
② 품목이 많으면 계산량이 기하급수적으로 증가하여 품목 세분화에 어려움이 있다.

③ 목적변수가 없으므로 데이터 탐색에 용이하다.

④ 순차 패턴은 IF ~ THEN ~ 형태로 결과가 도출되지 않는다.

26. **다음 중 다차원 척도법에 대한 설명으로 잘못된 것은?**

① 데이터를 저차원 공간에 위치시켜 데이터 간의 유사성을 시각화할 수 있는 기법이다.

② STRESS 값을 활용하여 적합도 판정을 할 수 있으며 그 값이 1에 가까울수록 적합이 매우 잘 되었다고 한다.

③ 데이터가 서열척도인 경우에는 비계량적 방법을 활용해야 한다.

④ 데이터가 비율척도, 구간척도인 경우에는 유클리디안 거리 행렬을 활용할 수 있다.

27. **다음 중 신경망 모형에 대한 설명으로 잘못된 것은?**

① 최적의 은닉층의 수와 은닉 노드의 수를 결정하는 데 어려움이 있다.

② 가중치 수정 작업 중 기울기가 0에 가깝게 되어 가중치 변화가 발생하지 않는 문제를 기울기 소실 문제라 한다.

③ 순전파 알고리즘만을 사용하기 때문에 훈련속도가 매우 빠르다.

④ 인공신경망을 기반으로 RNN, CNN, LSTM 등 다양한 확장 모델의 기반을 제공해주었다.

28. **다음 중 주성분분석에 대한 설명으로 잘못된 것은?**

① 서로 상관이 있는 변수들의 선형 결합으로 변수들을 요약, 축소하는 기법으로 기존 변수 간의 구조를 이해하기 위해 활용된다.

② 차원 감소폭의 결정은 전체 변이의 공헌도, 평균 고윳값, scree plot 등을 이용하는 방법이 있다.

③ 원 변수의 선형결합 중 분산이 가장 작은 것이 제1 주성분이다.

④ 평균 고윳값 방법은 고윳값의 평균을 구한 뒤 고윳값이 평균보다 작은 값을 갖는 주성분을 제거하는 방법이다

29. **다음은 어떤 귤 농장에서 생산된 귤 한 개의 무게에 대하여 가설검정을 수행한 결과를 나타낸 것이다. 다음 중 그 결과를 잘못 해석한 것은?**

```
> t.test(data,mu = 160)

        One Sample t-test

data:  data
t = -1.8511, df = 99, p-value = 0.06714
alternative hypothesis: true mean is not equal to 160
95 percent confidence interval:
 156.0763 160.1362
sample estimates:
mean of x
 158.1063
```

① 귀무가설은 "귤 한 개의 무게는 160g이다."이다.

② 99개의 귤을 표본으로 추출하여 일표본 T검정을 수행한 것이다.

③ 95%의 신뢰도로 가설검정을 수행한 것이다.

④ 유의수준 0.05 이내에서 귤 한 개의 무게는 160g이라고 할 수 있다.

30. **다음 중 텍스트 마이닝에 대한 설명으로 잘못된 것은?**

① 분석 대상이 텍스트라는 비정형 데이터이므로 비정형 데이터 마이닝으로 분류된다.

② 한국어의 경우 조사를 제거하거나 시제를 현재형으로 돌리는 등 단어의 어원을 찾는 작업을 토크나이저라 한다.

③ 텍스트 마이닝의 대표적인 활용방안으로는 문서의 요약, 분류, 군집, 추출 등이 있다.

④ 감성분석은 일종의 텍스트 마이닝으로 '오피니언 마이닝'으로도 불린다.

31~32. **다음 데이터를 보고 문제에 답하시오.**

	X	Y
A	0	5
B	4	0
C	2	3
D	1	2

31. **다음 중 첫 번째로 형성되는 군집을 올바르게 짝지은 것은?**

① A, B
② A, C
③ B, C
④ C, D

32. **최장 연결법을 활용하여 군집과의 거리를 측정할 때 첫 번째로 생성된 군집과 가장 가까운 데이터의 거리는?**

① $\sqrt{8}$
② $\sqrt{9}$
③ $\sqrt{10}$
④ $\sqrt{11}$

33. **다음 중 시계열 모형에 대한 설명으로 잘못된 것은?**

① 자기회귀모형은 특정 시점의 자료는 그 이전 n개의 데이터에 의해 설명될 수 있다는 전제하에 모형을 구축하는 것이다.

② 이동평균모형은 이전 시점들의 백색 잡음의 선형결합으로 표현될 수 있는 모형을 의미한다.

③ 자기상관함수 또는 부분자기상관함수를 활용해 시차 값 n을 판별할 수 있다.

④ 자기회귀누적이동평균모형 ARIMA(p,d,q)에서 p는 시계열 자료를 정상화하기 위해 필요한 차분 횟수를 의미한다.

34. **다음 중 자기조직화지도에 대한 설명으로 잘못된 것은?**

① 은닉층이 없으며 순전파 알고리즘만 활용하므로 수행 속도가 매우 빠르다.

② 경쟁층에 한 번 도달한 노드는 iteration이 반복되어도 다른 노드로 이동하지 않는다.

③ 유사한 데이터들을 그룹화하는 특징과 더불어 시각화가 가능하여 한눈에 파악하기 쉽다는 장점이 있다.

④ 최적의 초기 학습률 및 가중치의 결정이 어렵다는 단점이 있다.

35 ~ 36. 다음 표를 보고 문제에 답하시오.

		예측집단	
		1	0
실제집단	1	a	b
	0	c	d

35. 다음 중 민감도를 나타내는 수식으로 올바른 것은?

① a / (a + b)
② a / (a + c)
③ d / (a + b)
④ d / (a + c)

36. 다음 중 F1 SCORE를 나타내는 수식으로 올바른 것은?

① 2a / (a + b + c)
② 2a / (2a + b + c)
③ 2a / (a + 2b + 2c)
④ a / (a+ b + c)

37. 다음 중 K–평균 군집에 대한 설명으로 잘못된 것은?

① 한 번 군집에 속한 데이터는 seed가 변경되어도 다른 군집으로 이동할 수 있다.
② seed를 결정할 때는 기존 군집들의 평균값보다 중앙값을 활용하여 이상값에 민감한 문제를 보완할 수 있다.
③ 초기 k값 설정의 어려움이 있기 때문에 최소제곱법을 활용하여 k값을 결정할 수 있다.
④ 탐욕적 알고리즘을 적용하므로 최적의 군집은 아니나 안정적 군집은 보장한다.

38. 앙상블 분석 방법 중 하나로, 이전 모델을 구축한 뒤 다음 모델을 구축할 때 이전 분류기에 의해 잘못 분류된 데이터에 더 큰 가중치를 주어 붓스트랩을 구성한다. 따라서 약한 모델들을 결합하여 나감으로써 점차적으로 강한 분류기를 만들어 나가는 방법은 무엇인가?

① 의사결정나무
② 랜덤 포레스트
③ 배깅
④ 부스팅

39. 표본조사를 수행할 때 표본추출방법의 선정은 매우 중요한 요소 중 하나이다. 다음 중 모집단의 각 원소에 번호를 부여한 뒤 일정한 간격을 두고 데이터를 추출하는 방법은 무엇인가?

① 단순 랜덤 추출법
② 계통 추출법
③ 집락 추출법
④ 층화 추출법

40. 아래는 R의 내장 데이터인 USArrests 데이터를 활용하여 주성분분석을 수행한 것이다. 다음 중 그 결과를 잘못 해석한 것은?

```
> loadings(result)

Loadings:
         Comp.1 Comp.2 Comp.3 Comp.4
Murder    0.536  0.418  0.341  0.649
Assault   0.583  0.188  0.268 -0.743
UrbanPop  0.278 -0.873  0.378  0.134
Rape      0.543 -0.167 -0.818

               Comp.1 Comp.2 Comp.3 Comp.4
SS loadings      1.00   1.00   1.00   1.00
Proportion Var   0.25   0.25   0.25   0.25
Cumulative Var   0.25   0.50   0.75   1.00
> summary(result)
Importance of components:
                          Comp.1    Comp.2    Comp.3     Comp.4
Standard deviation     1.5748783 0.9948694 0.5971291 0.41644938
Proportion of Variance 0.6200604 0.2474413 0.0891408 0.04335752
Cumulative Proportion  0.6200604 0.8675017 0.9566425 1.00000000
```

① 제1 주성분은 Assault와 Rape에 영향을 크게 받음을 알 수 있다.

② 제2 주성분은 Murder에 가장 큰 영향을 받음을 알 수 있다.

③ 첫 번째 주성분은 약 62%의 설명률을 보유하고 있다.

④ 첫 번째 주성분과 두 번째 주성분의 누적 설명률은 약 86.7%이다.

41. 다음 중 회귀분석의 결과를 해석하는 방법을 잘못 설명한 것은?

① p-value 값을 확인하고 모형의 유의성을 판단한다.

② 각 독립변수의 회귀계수를 확인하고 유의한 변수를 판단한다.

③ 다중회귀분석의 경우 다중공선성의 여부를 판단해야 한다.

④ 결정계수를 확인하고 모형의 설명력을 판단한다.

42. 서열척도인 두 변수 값의 관계를 나타낸 값으로 한 변수를 단조 증가 함수로 바꿔 다른 변수를 표현할 수 있는 상관계수는 무엇인가?

① 자카드 계수　　② 피어슨 상관계수

③ 스피어만 상관계수　　④ 단순 일치 계수

43. 다음 중 보기에서 설명하는 용어를 올바르게 짝지은 것은?

(가) 모집단의 회귀식으로부터 얻은 예측값과 실제 관측값과의 차이

(나) 표본집단의 회귀식으로부터 얻은 예측값과 실제 관측값과의 차이

① (가) : 오차, (나) : 잔차　　② (가) : 오차, (나) : 편차

③ (가) : 잔차, (나) : 오차　　④ (가) : 잔차, (나) : 편차

44~45. 다음 표를 보고 문제에 답하시오.

	X	Y	Z
A	2	3	4
B	4	6	0

44. A와 B의 유클리디안 거리를 올바르게 계산한 것은?

① $\sqrt{26}$
② $\sqrt{27}$
③ $\sqrt{28}$
④ $\sqrt{29}$

45. A와 B의 체비셰프거리를 올바르게 계산한 것은?

① 2
② 3
③ 4
④ 5

46. 다음 중 의사결정나무에 대한 설명으로 잘못된 것은?

① 이상값에 민감하지 않으며 데이터의 선형성, 정규성 등의 가정이 불필요해 가장 보편적인 분류 방법 중 하나이다.
② 부모마디로부터 자식마디로 내려갈수록 변수의 중요도가 낮아져 변수 사이의 중요도를 판단하기에 용이하다.
③ 가지치기 및 정지규칙과 같은 부가적인 요소를 설정해 과적합을 미연에 방지한다.
④ 종속변수가 연속형인 경우에도 CHAID 또는 CART 알고리즘을 활용하여 의사결정나무를 구축할 수 있다.

47. 다음 중 분산분석을 수행하기 위한 가정 사항으로 적절하지 않은 것은?

① 정규성
② 등분산성
③ 독립성
④ 선형성

48. 다음 중 보기와 같은 상황이 주어졌을 때 수행해야 할 가설검정의 종류로 올바른 것은?

> 한 백화점에서 A상품, B상품, C상품 모두를 구매한 고객들을 대상으로 어떤 상품이 더 높은 만족도를 보였는지 각 제품에 대하여 선호도 점수를 조사했다. 단순히 결과를 비교하기에 앞서 각 상품에 VVIP 고객, VIP 고객, 일반 고객을 나누어 점수를 비교해야 할 것으로 판단된다.

① 이표본 T 검정
② 카이제곱 검정
③ 일원분산분석
④ 이원분산분석

49. 다음 중 가설검정 수행 시 귀무가설을 기각할 때 그 결정이 잘못되었을 확률을 의미하는 것은?

① 기각역
② p-value
③ 유의수준
④ 제1종오류

50. 다음은 어떤 데이터를 활용하여 군집분석을 수행하고 덴드로그램으로 나타낸 것이다. 다음 중 Height 값이 3일 때 군집화되는 데이터끼리 바르게 짝지은 것은?

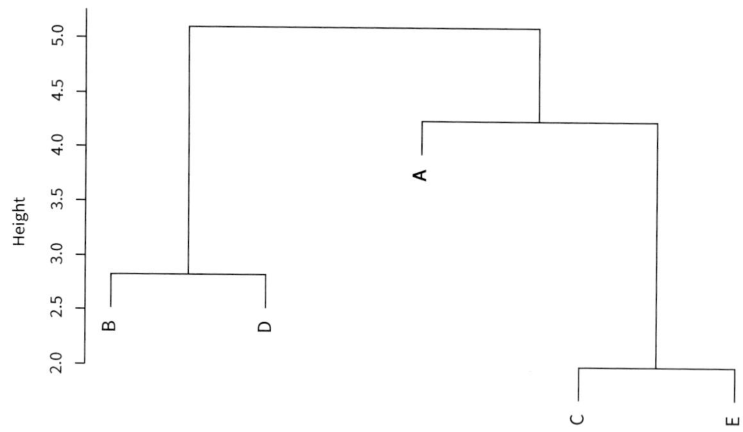

① (B,D),(C,E,A)

② (B,D),(C,E),(A)

③ (C,E),(B),(D),(A)

④ (A),(B),(C),(D),(E)

(37회)기출 변형 문제 해답

01. 답: ③

해설: 알고리즘으로 피해를 입은 사람을 구제하거나 이런 피해를 사전에 방지하는 업무를 수행하는 것이 알고리즈미스트의 업무다.

02. 답: ④

해설: 인구통계학적 변화는 전사적 관점에서 고려해야 하는 가치 기반 분석 고려 요소다.

03. 답: ①

해설: 위 문제는 ERP(Enterprise Resource Planning)에 대한 설명이다.

04. 답: ①

해설: 분리된 데이터는 데이터베이스의 일반적인 특징이 아니다.

05. 답: ④

해설: (가)는 DATA, (나)는 INFORMATION, (라)는 KNOWLEDGE이다.

06. 답: ③

해설: 해당 예시는 회귀분석을 통해 수행 가능하다.

07. **답**: ③

해설: 비정형 데이터는 연산이 불가능한 데이터이다.

08. **답**: ①

해설: 개인의 목적에 따라 활용이 확산되어 다양한 영역에서 활용되고 있다.

09. **답**: ①

해설: 데이터 모델링은 데이터 포인트 간의 연결 및 관계를 이해하기 위해 시각화로 표현하는 일련의 프로세스를 의미한다.

10. **답**: ②

해설: CREATE는 DDL(데이터 정의 언어)이며 나머지는 DML(데이터 조작 언어)이다.

11. **답**: ③

해설: 필요 데이터 정의는 데이터 준비 단계에서 수행한다,

12. **답**: ②

해설: 문제가 무엇인지를 알고 있을 때는 하향식 접근법을 활용한다.

13. **답**: ②

해설: 낮은 정확도는 예측값으로부터 멀리 벗어난 것을 의미하며, 높은 정밀도는 모델을 반복적으로 수행했을 때 편차가 크지 않은 것을 의미한다.

14. **답**: ④

해설: 데이터 생명주기 관리 방안 수립은 데이터 관리 체계 단계에서 수행한다.

15. **답**: ③

해설: 기술 적용 수준은 적용 범위/방식 고려 요소이다.

16. **답**: ④

해설: 기업의 분석 성숙도 진단 대상은 비즈니스, 조직 및 역량, IT 부문 3가지이다.

17. **답**: ②

해설: 프로토타입 모델은 사용자 중심 개발 방법으로 고객의 요구사항 분석 및 개발을 반복적으로 수행하는 모델이다.

18. **답**: ②

해설: 위 경우에는 교육 및 채용을 통한 인력 확보가 필요하다.

19. **답**: ①

해설: 분석 업무를 위한 데이터는 분석 데이터의 진단 항목이다.

20. **답**: ③

해설: 4단계에 대한 올바르게 설명한 것은 ③이다.

21. **답**: ②

해설: 위 문제는 데이터 가공 단계에 대한 설명이다.

22. **답**: ②

해설: 검정용 데이터(Validation Set)는 과적합에 대한 미세조정을 위해 활용된다.

23. **답**: ③

해설: 무한히 반복할 때 특정 데이터가 선정되지 않을 확률은 약 36.8% 이다.

24. **답**: ②

해설: 평균값(mean)은 7.262, 중앙값(median)은 7.149이며 평균값이 중앙값보다 크므로 왜도 값이 양수임을 알 수 있다. 위 데이터로 데이터의 갯수 및 첨도값은 알 수 없다.

25. **답**: ④

해설: 순차 패턴도 일반 연관분석과 동일하게 IF~ THEN~ 형태로 해석된다.

26. **답**: ②

해설: STRESS 값은 0에 가까울수록 적합이 잘 되었다고 한다.

27. **답**: ③

해설: 인공신경망은 순전파 알고리즘과 역전파 알고리즘을 모두 사용한다.

28. **답**: ③

해설: 분산이 가장 큰 것이 제1 주성분이다.

29. **답**: ②

해설: 자유도가 99인 것으로 보아 귤 100개를 추출한 것이다.

30. **답**: ②

해설: 단어의 어원을 찾는 작업은 스태밍이다.

31. **답**: ④

해설: CD는 $\sqrt{2}$의 거리로 첫 번째로 군집화가 수행된다.

32. **답**: ③

해설: C, D가 첫 번째로 군집화되며 C와 A의 거리는 $\sqrt{8}$, D와 A의 거리는 $\sqrt{10}$으로 최장 연결법에 의해 $\sqrt{10}$이 CD 군집과 A 사이의 거리가 된다. 도한 C와 B의 거리는 $\sqrt{13}$, D와 B의 거리는 $\sqrt{13}$으로 최장 연결법에 의해 $\sqrt{13}$이 CD 군집과 B 사이의 거리이다. 따라서 군집 CD와 A가 $\sqrt{10}$으로 가장 가까운 거리이다.

33. **답**: ④

해설: 시계열 자료를 정상화하기 위해 필요한 차분의 횟수는 d이다.

34. **답**: ②

해설: 경쟁층에 도달하더라도 iteration이 진행됨에 따라 경쟁층의 다른 노드로 이동 가능하다.

35. **답**: ①

해설: 민감도는 실제 1인 집단 중 올바르게 1로 예측한 집단의 비율을 의미한다.

36. **답**: ②

해설: F1 SCORE는 민감도(재현율)와 정밀도의 조화평균값으로, 그 수식을 바르게 표현한 것은 ②이다.

37. **답**: ③

해설: 최소제곱방법은 회귀분석에서 회귀계수를 찾기 위한 방법이며 제곱합 그래프를 통해 최적의 k값을 선정할 수 있다.

38. **답**: ④

해설: 위 문제는 부스팅에 대한 설명이다.

39. **답**: ②

해설: 위 문제는 계통 추출법에 대한 설명이다.

40. **답**: ②

해설: 제2 주성분은 절댓값이 가장 큰 UnrbanPop에 가장 큰 영향을 받는다.

41. **답**: ②

해설: 독립변수의 p-value를 확인하여 독립변수의 유의성을 판단한다.

42. **답**: ③

해설: 서열척도를 대상으로 두 변수 간의 관계를 나타내는 계수는 스피어만 상관계수 값이다.
자카드 계수와 단순 일치 계수는 두 집합 사이의 일치도를 나타내는 계수이다.

43. **답**: ①

해설: (가)는 오차에 대한 설명, (나)는 잔차에 대한 설명이다.

44. **답**: ④

해설: $\sqrt{(2-4)^2+(3-6)^2+(4-0)^2} = \sqrt{29}$

45. **답**: ③

해설: $\max(|2-4|, |3-6|, |4-0|) = \max(2, 3, 4) = 4$

46. **답**: ②

해설: 독립변수 사이의 중요도를 판단하기는 쉽지 않다.

47. **답**: ④

해설: 분산분석을 수행하는 데 있어 선형성은 필요한 가정사항이 아니다.

48. **답**: ④

해설: 위처럼 제품별, 고객 등급별 점수를 비교하고자 할 때는 분산분석 중 2개 이상의 독립변수에 적용 가능한 이원분산분석을 활용해야 한다.

49. **답**: ②

해설: 위 문제는 p-value에 대한 설명이다.

50. **답**: ②

해설: Height 값이 3일때는 3보다 아래 있는 B와 D가 한 군집, C와 E가 한 군집, 그리고 3보다 위에 있는 A는 혼자 별개의 군집으로 그룹화된다.

ADsP(Advanced Data Analytics Semi-Professional)

(38회)기출 변형 문제

【1과목】

01. 다음 중 데이터의 크기를 순서대로 올바르게 나열한 것은?

① PB - EB - ZB - YB
② PB - EB - YB - ZB
③ PB - ZB - EB - YB
④ EB - PB - ZB - YB

02. 다음 중 빅데이터 시대의 위기 요인으로 적절하지 않은 것은 무엇인가?

① 데이터 익명화
② 사생활 침해
③ 책임원칙 훼손
④ 데이터 오용

03. 다음 중 보기에서 설명하는 용어를 바르게 짝지은 것은?

(가) 데이터에 대해 구조화된 데이터로, 다른 데이터를 설명하는 데이터이다.
(나) 데이터베이스에 저장된 데이터에 대하여 빠른 탐색이 가능하도록 하는 데이터이다.

① (가) 메타데이터, (나) 트리거
② (가) 스키마, (나) 트리거
③ (가) 메타데이터, (나) 인덱스
④ (가) 스키마, (나) 인덱스

04. 다음 중 기업이 외부 공급업체, 특히 물류, 유통업체의 협력을 바탕으로 통합된 정보 시스템으로 연계하여 시간과 비용, 재고를 최적화하기 위한 목적으로 활용하는 데이터베이스 시스템을 무엇이라고 하는가?

① SCM
② ERP
③ CRM
④ KMS

05. 다음 중 데이터 사이언스 및 데이터 사이언티스트에 대한 설명으로 부적절한 것은?

① 데이터 사이언스는 전략적 통찰을 추구하고 비즈니스의 핵심 이슈에 답할 수 있어야 한다.
② 데이터 사이언티스트는 데이터 분석을 넘어서 프레젠테이션, 스토리텔링 등 효과적인 전달까지 할 수 있어야 한다.
③ 데이터 분석은 항상 객관적 사실에 근거해야 하므로 주관적 해석의 개입을 지양해야 한다.
④ 데이터 사이언티스트는 분석적 지식, IT적 지식, 비즈니스적 지식을 골고루 갖추어야 한다.

06. 다음 중 상용 데이터베이스로 적절하지 않은 것은?

① tableu
② MYSQL
③ Cassandra
④ MariaDB

07. 다음 중 빅데이터가 만들어낸 본질적인 변화로 잘못된 것은?

① 인과관계에서 상관관계로의 변화 ② 질에서 양으로의 변화
③ 사후처리에서 사전처리로의 변화 ④ 표본조사에서 전수조사로의 변화

08. 다음 중 데이터베이스의 특징으로 잘못 설명하고 있는 것은?

① 통합된 데이터: 중복된 내용의 데이터는 존재하지 않는다.
② 공용 데이터: 여러 사용자가 서로 다른 목적으로 이용 가능하다.
③ 저장된 데이터: 컴퓨터 기술을 바탕으로 다양한 전자 매체가 접근 가능하다.
④ 불변 데이터: 데이터의 수정, 삭제를 방지하여 과거의 데이터를 유실하지 않는다.

09. 다음 중 빅데이터 출현 배경 중 데이터의 분석 비용 문제를 해결해준 것은 무엇인가?

① 스마트폰과 같은 다양한 전자기기의 상용화 ② 클라우드 컴퓨팅
③ 하드드라이브와 같은 저장 장치의 발전 ④ 사진, 동영상의 디지털화

10. 다음 중 데이터의 가치 측정이 어려운 이유로 가장 거리가 먼 것은?

① 데이터의 활용 방식으로 인해 언제 누가 사용했는지 알 수 없다.
② 인공지능의 등장으로 이미지, 동영상과 같은 다양한 데이터가 언제, 어떻게 학습될지 알 수 없다.
③ 무심코 지나칠 수 있는 데이터로부터 가치가 발견될 수 있다.
④ 분석 기술의 발전으로 과거에 몰랐던 가치를 찾을 수 있다.

【2과목】

11. 다음 중 비즈니스 모델 캔버스를 활용한 과제 발굴 영역에 속하지 않는 것은?

① 고객 관계 ② 채널
③ 핵심 자원 ④ 혁신

12. 다음 중 보기에서 설명하는 분석 조직 구조는 무엇인가?

> 별도의 분석 전담 조직이 구성되어 있으며 전략적 중요도에 따라 분석 조직이 직접 우선순위를 정해서 진행 가능하다는 장점이 있다. 그러나 현업 업무부서와 분석업무의 이중화, 이원화의 가능성이 높은 분석 조직 구조다.

① 집중형 조직 구조 ② 분산형 조직 구조
③ 방사형 조직 구조 ④ 기능 중심 조직 구조

13. 기업의 분석 준비도와 분석 성숙도에 따라 4가지 영역으로 나누어 분석 경쟁력 확보 및 강화 목표 수준을 설정할 수 있다. 분석 성숙도와 분석 준비도가 모두 낮은 경우에는 다음 중 어느 영역에 포함되는가?

① 정착형 ② 확산형
③ 준비형 ④ 도입형

14. 다음 중 분석 기회 발굴 범위를 확장할 때 그 영역과 예시가 잘못 연결된 것은?

① 거시적 관점: 사회, 기술, 경제
② 시장 니즈 탐색: 고객, 채널, 영향자들
③ 인력 영입: 대체재, 경쟁자, 신규 진입자
④ 역량의 재해석: 내부 역량

15. 다음 중 분석 마스터플랜 수립에서 적용 범위 및 방식의 고려 요소가 아닌 것은?

① 기술 적용 수준
② 업무 내재화 적용 수준
③ 분석 데이터 적용 수준
④ 실행 용이성

16. 다음 중 분석과제 발굴에 대한 설명으로 부적절한 것은?

① 하향식 접근법과 상향식 접근법 가운데 무엇이 더 중요한지 판단할 수 없으므로 두 접근법의 지속적인 반복 수행이 권장된다.
② 문제를 정의하기 위한 상향식 접근법과 주어진 문제에 대해 해답을 찾는 하향식 접근법으로 나누어 볼 수 있다.
③ 분석 과제 발굴을 수행하기 위해서는 전사적인 관점에서 인사이트를 갖고 문제를 탐색하고자 하는 노력과 시간이 필요하다.
④ 분석 과제 발굴을 통해 문제를 찾아내고 도출된 문제에 대해서는 즉시 해결해야 한다.

17. 다음 중 분석 기획 시 고려해야 할 사항이 아닌 것은?

① 가용 데이터의 고려
② 새로운 비즈니스의 탐색
③ 적절한 활용 방안 및 유스케이스의 탐색
④ 장애요소에 대한 사전 계획 수립

18. 다음 중 빅데이터 분석 방법론의 분석 기획 단계에서 프로젝트에 참여하는 관계자들의 이해를 일치시키고 프로젝트의 핵심 목표를 정의하는 문서는 무엇인가?

① WBS
② SOW
③ 프로젝트 수행 계획서
④ 시스템 운영 계획서

19. 데이터 거버넌스 중 하나로 데이터의 표준 용어 설정, 명명규칙 수립, 메타데이터 구축, 데이터 사전 구축 등의 업무를 수행하는 단계는 무엇인가?

① 데이터 표준화
② 데이터 관리 체계
③ 데이터 저장소 관리
④ 표준화 활동

20. 하향식 접근법의 해결 방안 탐색 단계에서는 기존 시스템의 가용 여부 및 분석 역량에 따라 그 해결 방안이 달라진다. 다음 중 기존 시스템으로 불가능하면서 분석 역량이 있는 경우의 해결 방안은 무엇인가?

① 전문업체 아웃소싱
② 시스템 고도화
③ 교육 및 채용을 통한 전문 인력 확보
④ 기존 시스템과 인력을 최대한 활용

【3과목】

21. 다음 중 모집단의 구성 비율을 반영한 표본집단을 생성하기 위해 모집단을 여러 개의 이질적인 집단으로 나눈 뒤 모집단의 비율과 같은 비율로 각 집단으로부터 표본을 추출하는 표본 추출 방법은 무엇인가?

① 비례 층화 추출법　② 불비례 층화 추출법
③ 계통 추출법　④ 집락 추출법

22. 다음은 R의 ISLR 패키지가 보유한 데이터 Hitters에 대한 일부분을 summary로 확인한 결과이다. 다음 중 그 설명이 잘못된 것은?

```
   PutOuts            Assists          Errors           Salary          NewLeague
Min.   :   0.0   Min.   :  0.0   Min.   : 0.00   Min.   :  67.5   A:176
1st Qu.: 109.2   1st Qu.:  7.0   1st Qu.: 3.00   1st Qu.: 190.0   N:146
Median : 212.0   Median : 39.5   Median : 6.00   Median : 425.0
Mean   : 288.9   Mean   :106.9   Mean   : 8.04   Mean   : 535.9
3rd Qu.: 325.0   3rd Qu.:166.0   3rd Qu.:11.00   3rd Qu.: 750.0
Max.   :1378.0   Max.   :492.0   Max.   :32.00   Max.   :2460.0
                                                 NA's   :59
```

① 322개의 데이터가 있음을 알 수 있다.
② PutOuts의 평균값과 중앙값을 보아 PutOuts의 왜도는 음수임을 알 수 있다.
③ Salary는 결측값이 59개임을 알 수 있다.
④ 사분위수로 보아 Errors에는 이상값이 존재함을 알 수 있다.

23. 다음 데이터를 보고 지니 지수 값을 바르게 계산한 것은?

① 0.6　② 0.62
③ 0.64　④ 0.68

24. 다음 중 확률분포와 그 설명이 부적절한 것은?

① 베르누이 분포: 성공 확률이 p인 시행에 대해서 처음으로 성공이 나올 때까지 k번 실패할 확률의 분포
② 이항 분포: 성공 확률이 p인 시행에 대해서 k번 성공할 확률의 분포
③ 균일 분포: 연속형 확률변수로 모든 값에 대해 동일한 확률을 가진 분포
④ t 분포: 자유도가 n인 t 분포는 정규분포와 동일한 모양을 가지나 양쪽으로 더 넓은 분포를 띤다. 자유도가 커질수록 정규분포에 근사해진다는 특징이 있다.

25. **다음 중 상관계수에 대한 설명으로 잘못된 것은?**

① -1과 1 사이의 값을 가지며 -1에 가까울수록 강한 음의 상관성, 1에 가까울수록 강한 양의 상관성을 갖는다고 할 수 있다.

② 상관계수는 공분산을 두 변수의 표준편차의 곱으로 나눈 값이다

③ 피어슨 상관계수는 연속형 변수의 상관성을 측정한다.

④ 스피어만 상관계수는 명목척도의 상관성을 측정한다.

26. **다음 중 분석 기법의 특징이 나머지와 다른 것은?**

① 주성분 분석 ② 다차원 척도법

③ 회귀분석 ④ 군집분석

27. **다음 중 통계적 추론에 대한 설명으로 잘못된 것은?**

① 점추정이란 표본집단으로부터 찾아낸 모수가 될 수 있는 특정 값을 의미하며 표본집단의 평균을 모수의 추정치라 한다.

② 구간추정이란 표본집단으로부터 모수가 포함될 구간을 추정하는 것으로 점 추정값을 기준으로 양쪽으로 동일한 구간의 길이를 갖는다.

③ 신뢰도의 값이 커질수록 구간추정의 길이는 짧아진다..

④ 신뢰도 99%의 의미는 100번의 점추정을 수행할 경우 모수의 추정치가 99번은 신뢰구간 안에 있음을 의미한다.

28. **다음은 두 팀의 영업이익 데이터를 활용하여 가설검정을 수행한 결과이다. 다음 중 그 결과를 잘못 해석한 것은?**

```
> t.test(team1,team2,alternative = 'two.sided')

        Welch Two Sample t-test

data:  team1 and team2
t = -3.759, df = 192.5, p-value = 0.0002262
alternative hypothesis: true difference in means is not equal to 0
95 percent confidence interval:
 -2.8516212 -0.8889274
sample estimates:
mean of x mean of y
 50.87430  52.74458
```

① 이 표본 T 검정을 수행한 결과이다.

② 두 팀의 영업이익 간에는 유의수준 5% 이내에서 차이가 있다고 할 수 있다.

③ team2가 미묘하게나마 영업이익이 조금 더 높음을 알 수 있다.

④ 유의수준 1% 내에서는 차이가 없음을 알 수 있다.

29. **다음 중 주성분분석에 대한 설명으로 잘못된 것은?**

① 여러 개의 변수 중 서로 상관성이 높은 변수들의 선형 결합으로 새로운 변수를 만들어내는 변수 요약 및 축소 기법이다.

② 평균 고윳값 방법은 고윳값들의 평균을 구한 뒤 고윳값이 평균보다 큰 값을 갖는 주성분을 제거하는 방법이다

③ Scree plot을 활용하는 방법은 주성분을 x 축으로, 고윳값을 y 축으로 하여 그래프를 그린 뒤 추세가 원만해지는 지점을 주성분의 수로 선택한다.

④ 회귀분석에서 다중공선성이 우려되는 경우 주성분분석 수행 이후 각 주성분을 독립변수로 하여 회귀분석을 수행하기도 한다.

30. 다음 중 앙상블 기법에 대한 특징으로 적절하지 않은 것은?

① 앙상블 분석의 주 목적은 여러 개의 분류기를 제작하여 하나의 분류기에서 오는 낮은 신뢰성을 높이는 것이다
② 예측값의 분산을 높일수록 정확도가 높아진다. 예측값의 분산을 최대치로 올리기 위한 대표적인 기법으로는 랜덤 포레스트가 있다.
③ 여러 개의 분류기는 서로 상호 연관성이 낮을 때 최고의 결과를 도출한다.
④ 이상값에 민감하지 않다는 장점이 있다.

31. 다음은 어떤 모형에 대한 오분류표를 작성한 것이다. 다음 중 F1-SCORE를 올바르게 계산한 것은?

		예측집단	
		1	0
실제집단	1	25	15
	0	25	35

① 1 / 3
② 4 / 9
③ 5 / 9
④ 2 / 3

32. 다음 중 군집분석에서 군집 간 거리를 측정하는 방법으로, 두 군집의 평균 데이터로 거리를 계산하는 방법은?

① 완전연결법
② 평균연결법
③ 중심연결법
④ 와드연결법

33. 다음 중 연관분석의 특징으로 잘못된 것은?

① 목적변수가 없으므로 데이터 분석 이전에 반드시 목적을 설정해야 한다.
② 품목 세분화에 어려움이 있다.
③ 결과가 단순하고 해석이 쉽다.
④ 품목이 증가할수록 계산량이 기하급수적으로 증가한다.

34. 다음 중 분류 모형을 평가하기 위해 사용되는 것이 아닌 것은?

① 덴드로그램
② 이익도표
③ ROC커브
④ 혼동행렬

35. 다음 중 측정 대상의 속성과 그 특징을 잘못 설명하고 있는 것은?

① 명목척도는 측정 대상이 어느 집단에 속하는지 나타내는 자료이다.
② 순서척도는 선호도, 신용도, 학년 등을 예로 들 수 있다.
③ 등간척도는 속성의 양을 측정할 수 있으며 사칙연산이 가능하다.
④ 비율척도는 절대적 기준이 존재한다는 가장 큰 특징이 있다.

36. 다음은 A 품목과 B 품목 그리고 A, B가 동시에 거래된 수를 나타낸 것이다. 다음 표를 보고 신뢰도(A→B)를 바르게 나타낸 것은?

품목	빈도
{A}	10
{B}	60
{A, B}	30

① 0.6
② 0.65
③ 0.7
④ 0.75

37. 다음 중 시계열 분석에 대한 설명으로 잘못된 것은?

① 시계열 데이터가 정상성 가정을 만족해야 수행 가능하다.
② 정상성을 만족하지 못하는 경우 차분, 변환과 같은 작업을 통해 정상성 가정을 만족시킬 수 있다.
③ 백색잡음이란 시점에 영향을 받지 않아야 하므로 자기공분산이 0이다.
④ 특히 평균이 0, 분산이 1인 정규분포를 따를 경우 이를 가우시안 백색잡음이라 한다.

38. 다음 중 데이터 마이닝을 수행하는 데 있어 편향(bias)과 분산(variance)에 대한 설명으로 부적절한 것은?

① 일반적으로 편향이 커지면 분산이 작아지고, 분산이 작아지면 편향이 커지는 경향이 있다.
② 편향과 분산이 모두 최소가 되는 것이 가장 이상적인 모형이다.
③ 분산이 크다는 것은 반복적으로 예측을 수행할 때 예측값의 차이가 큼을 의미한다
④ 회귀분석을 활용해서 예측할 때 편향과 분산을 모두 최소화하기 위해 등장한 것이 최소제곱법이다.

39. 다음에서 설명하는 분석 기법은 모형 기반 군집 분석으로 관측된 데이터들이 여러 개의 확률 분포로 구성되었다는 가정하에 같은 분포에서 추출된 데이터들을 군집화하는 분석 기법이다. 다음 중 Expectation Maximization 알고리즘을 활용하여 모수 및 가중치를 추정하는 군집분석은 무엇인가?

① 격자 기반 군집분석
② 밀도 기반 군집분석
③ 혼합 분포 군집분석
④ 비계층적 군집분석

40. 인공신경망에는 은닉층의 수, 은닉 노드의 개수, 활성화 함수 등 다양한 하이퍼파라미터가 존재한다. 특히 활성화 함수는 목적에 따라 그 선택이 중요한데 목표변수가 범주형인 경우에 활용 가능한 활성화 함수는 무엇인가?

① 시그모이드 함수
② 소프트맥스 함수
③ 렐루 함수
④ 하이퍼볼릭 함수

41. 아래는 어떤 품목들의 구매 데이터를 나타낸 것이다. 아래의 표를 보고 연관규칙 A → B 에 대한 신뢰도 값을 바르게 계산한 것은?

품목	빈도
{A}	10
{B}	5
{C}	20
{A, B}	10
{A, C}	15
{B, C}	25
{A, B, C}	15

① 0.4
② 0.5
③ 0.6
④ 0.7

42. 다음 중 보기에서 설명하는 것은 무엇인가?

데이터베이스와 유사한 형태로 존재하지만 데이터 웨어하우스와는 다른 목적을 갖고 존재하는 데이터베이스이다. 한 조직 혹은 개인이 특정 목적을 위해 활용하려고 데이터 웨어하우스로부터 추출하는 작은 데이터베이스이다.

① 데이터프레임
② 데이터 마트
③ DBMS
④ 하둡

43. 다음은 어떤 데이터를 활용하여 시각화한 것이다. 다음 중 잘못 설명하고 있는 것은?

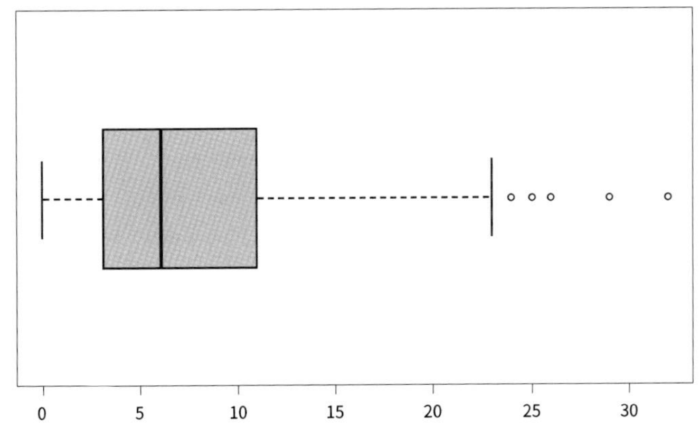

① 몇 개의 데이터로 시각화한 것인지 알 수 없다.
② 5개의 이상값이 존재함을 알 수 있다.
③ plot 명령어를 활용하여 시각화한 것이다.
④ 최솟값은 0임을 알 수 있다.

44. **다음 중 데이터의 결측값 처리 방법에 대한 설명으로 잘못된 것은 무엇인가?**

① 단순 대치법은 막대한 양의 데이터 손실을 초래하므로 비권장된다.

② 평균 대치법은 해당 변수의 평균값으로 결측값을 대치하는 방법이다.

③ 조건부 평균 대치법은 해당 변수를 회귀분석과 같은 분석을 통해 비조건부 평균 대치법보다 좀 더 신뢰성 높은 값으로 결측값을 대치한다.

④ 다중 대치법은 대치, 분석, 결합 세 단계가 순차적으로 진행되어 결측값 대치를 진행한다.

45. **다음 중 표본조사에 대한 설명으로 부적절한 것은 무엇인가?**

① 모집단을 조사하기에는 비용 및 시간적 한계가 있어 모집단의 일부분을 조사하여 모집단의 특성을 파악하고자 하는 것이다.

② 표본의 크기가 클수록 모수의 구간추정에 있어서 신뢰구간의 범위를 좁힐 수 있다.

③ 비표본오차는 조사 과정에서 발생할 수 있는 모든 부주의나 실수 등을 의미하며 표본의 크기에 상관없이 일정한 오차를 얻는다.

④ 표본조사를 수행할 때는 표본추출 방법의 선정도 매우 중요하다.

46. **다음 중 ESD에 대한 설명으로 올바른 것은?**

① 결측값의 처리 방법 중 하나로 평균 대치법의 일종이다.

② 데이터 분석에 앞서 데이터를 이해하기 위한 탐색 작업이다.

③ 이상값의 판단 기준으로 상자 그림을 활용하는 방법이다.

④ 이상값의 판단 기준으로 평균으로부터 3표준편차만큼 떨어진 지점을 기준으로 한다.

47. **다음 중 비모수적 검정 방법이 아닌 것은?**

① 부호 검정
② 순위합 검정
③ 교차 검정
④ 연속성 검정

48. **다음 중 군집분석의 특징으로 잘못 설명한 것은?**

① 계층적 군집분석의 경우 사전에 군집의 개수를 결정하는 데 어려움이 있다.

② K-평균 군집의 경우 탐욕 알고리즘을 활용한다.

③ 계층적 군집분석은 모든 데이터 간의 거리를 측정하기 때문에 데이터가 많을수록 그 계산량이 기하급수적으로 증가한다.

④ 밀도기반 군집분석의 대표적인 기법으로는 DBSCAN이 있다.

49. **다음은 회귀분석의 실제 값과 각 값에 대한 예측 값의 결과다. 다음 표를 보고 회귀모형의 평가 지표인 MAE 값을 바르게 계산한 것은 무엇인가?**

실제값	5	1	4
예측값	8	3	5

① 1
② 2
③ 3
④ 4

50. 다음은 ISLR 패키지에 내장된 Default(채무불이행) 데이터에 대한 요약값과 어떤 분석 기법을 수행한 결과다. 다음 중 잘못 설명한 것은 무엇인가? (단, 유의수준은 5%로 설정한다.)

```
> str(Default)
'data.frame':   10000 obs. of  4 variables:
 $ default: Factor w/ 2 levels "No","Yes": 1 1 1 1 1 1 1 1 1 1 ...
 $ student: Factor w/ 2 levels "No","Yes": 1 2 1 1 1 2 1 2 1 1 ...
 $ balance: num  730 817 1074 529 786 ...
 $ income : num  44362 12106 31767 35704 38463 ...
> summary(glm(default~student+balance+income,data=Default,family=binomial))

Call:
glm(formula = default ~ student + balance + income, family = binomial,
    data = Default)

Deviance Residuals:
    Min       1Q   Median       3Q      Max
-2.4691  -0.1418  -0.0557  -0.0203   3.7383

Coefficients:
              Estimate Std. Error z value Pr(>|z|)
(Intercept) -1.087e+01  4.923e-01 -22.080  < 2e-16 ***
studentYes  -6.468e-01  2.363e-01  -2.738  0.00619 **
balance      5.737e-03  2.319e-04  24.738  < 2e-16 ***
income       3.033e-06  8.203e-06   0.370  0.71152
---
Signif. codes:  0 '***' 0.001 '**' 0.01 '*' 0.05 '.' 0.1 ' ' 1

(Dispersion parameter for binomial family taken to be 1)

    Null deviance: 2920.6  on 9999  degrees of freedom
Residual deviance: 1571.5  on 9996  degrees of freedom
AIC: 1579.5

Number of Fisher Scoring iterations: 8
```

① income의 값이 클수록 Default의 가능성은 증가한다.

② balance의 p-value 값이 유의수준 0.05보다 작으므로 balance는 유의한 변수임을 알 수 있다.

③ family=binomial을 보아 glm 함수를 활용하여 로지스틱 회귀분석을 수행한 것이다.

④ Default 데이터는 10,000개의 관측치와 4개의 변수로 구성되어 있음을 알 수 있다.

(38회)기출 변형 문제 해답

01. **답**: ①

해설: 데이터의 크기 순서는 KB - MB - GB - TB – PB - EB - ZB - YB이다.

02. **답**: ①

해설: 데이터 익명화는 빅데이터 시대의 위기 요인에 포함되지 않는다.

03. **답**: ③

해설: (가)는 메타데이터, (나)는 인덱스에 대한 설명이다.

04. **답**: ①

해설: 위 문제는 SCM(Supply Chain Management)에 대한 설명이다.

05. **답**: ③

해설: 객관적 사실을 어떻게 해석하느냐는 데이터 사이언티스트의 주관적 해석이 필요하다.

06. **답**: ①

해설: tableu는 시각화 도구이다.

07. **답**: ③

해설: 사전처리에서 사후처리로의 변화가 발생했다.

08. **답**: ④

해설: 변화하는 데이터로 데이터 삽입, 수정, 삭제 작업을 통해 항상 최신 데이터를 유지한다.

09. **답**: ②

해설: 클라우드 컴퓨터로 인해 분석 비용을 절감할 수 있었다.

10. **답**: ②

해설: 인공지능과 데이터 가치 측정이 어려운 이유는 서로 거리가 멀다.

11. **답**: ④

해설: 혁신은 비즈니스 모델 캔버스에 포함되지 않는다.

12. **답**: ①

해설: 위 보기는 집중형 조직 구조에 대한 설명이다.

13. **답**: ③

해설: 분석 준비도와 분석 성숙도가 모두 낮은 경우 준비형에 속한다.

14. **답**: ③

해설: 인력 영입 관점이 아닌 경쟁자 확대 관점이다.

15. **답**: ④

해설: 실행 용이성은 우선순위 고려 요소이다.

16. **답**: ④

해설: 도출된 분석 과제에 대해서는 현재 수행이 불가능하다고 판단되면 풀로 관리하여 추후에 해결할 수 있다.

17. **답**: ②

해설: 새로운 비즈니스 탐색은 분석 기획 시 고려해야 할 사항으로 부적절하다.

18. **답**: ②

해설: 위 문제는 프로젝트 범위 정의서(SOW, Statement of Work)에 대한 설명이다.

19. **답**: ①

해설: 표준 용어 설정, 명명규칙 수립, 메타데이터 구축 등은 데이터 표준화 단계에서 수행하는 업무이다.

20. **답**: ②

해설: 시스템 고도화를 통해 분석 역량을 확보할 수 있다.

21. **답**: ①

해설: 위 문제는 층화 추출법 중 모집단의 비율을 반영하는 비례 층화 추출법에 대한 설명이다.

22. **답**: ②

해설: PutOuts의 평균값이 중앙값보다 크므로 왜도는 양수임을 알 수 있다.

23. **답**: ③

해설: $1-\left(\frac{2}{5}\right)^2-\left(\frac{2}{5}\right)^2-\left(\frac{1}{5}\right)^2=\frac{16}{25}=0.64$

24. **답**: ①

해설: 베르누이 분포는 성공확률이 p인 시행을 단 한 번을 하는 것을 의미하며 위 설명은 기하분포에 대한 설명이다.

25. **답**: ④

해설: 스피어만 상관계수는 명목척도가 아닌 순서척도의 상관성을 측정하기 위함이다.

26. **답**: ③

해설: 회귀분석은 목표변수가 필요한 지도학습이며, 나머지는 목표변수가 불필요한 비지도학습이다.

27. **답**: ③

해설: 신뢰도 값이 커질수록 구간추정의 길이는 넓어진다.

28. **답**: ④

해설: p-value 값이 0.0002262인 것으로 보아 유의수준 1% 내에서도 차이가 있음을 알 수 있다.

29. **답**: ②

해설: 평균 고윳값 방법은 고윳값이 평균보다 작은 값을 갖는 주성분을 제거하는 방법이다.

30. **답**: ②

해설: 예측값의 분산이 낮을수록 정확도가 높아질 수 있다.

31. **답**: ③

해설: 민감도(재현율) 값은 0.625, 정밀도 값은 0.5로 두 값의 조화평균은 5 / 9(약 0.5555..)이다.

32. **답**: ②

해설: 두 군집의 평균 데이터로 거리를 측정하는 것은 평균연결법이다.

33. **답**: ①

해설: 목적 설정은 불필요하며 데이터 탐색에 용이하다.

34. **답**: ①

해설: 덴드로그램은 군집분석을 시각화한 것이다.

35. **답**: ③

해설: 사칙연산이 가능한 것인 비율척도이다.

36. **답**: ④

해설: A가 포함된 거래 수는 40, A와 B가 동시에 포함된 거래 수는 30으로 30/40 = 0.75이다.

37. **답**: ④

해설: 평균이 0이면서 분산이 일정한 정규분포를 따를 경우 가우시안 백색잡음이라 한다.

38. **답**: ④

해설: 최소제곱법은 회귀계수를 추정하기 위한 방법이다.

39. **답**: ③

해설: 위 문제는 혼합 분포 군집분석에 대한 설명이다.

40. **답**: ②

해설: 목표변수가 범주형인 경우에는 소프트맥스를 활용한다.

41. **답**: ②

해설: A가 구매된 건 수는 10 + 10 + 15 + 15 = 50건이며, A와 B가 동시에 거래된 수는 10 + 15 = 25건이다. 따라서 25/50 = 1/2로 0.5 이다.

42. **답**: ②

해설: 위 보기는 데이터 마트에 대한 설명이다.

43. **답**: ③

해설: boxplot 명령어를 활용하여 시각화한 것이다.

44. **답**: ①

해설: 결측값이 많지 않은 경우에는 단순 대치법이 유용하다.

45. **답**: ③

해설: 비표본오차는 표본의 수가 많아질수록 증가한다.

46. **답**: ④

해설: ESD는 평균으로부터 3표준편차만큼 떨어진 지점을 기준으로 판단하는 방법이다.

47. **답**: ③

해설: 교차 검정은 카이제곱 분포를 활용하는 모수적 검정 방법이다.

48. **답**: ①

해설: 계층적 군집분석의 경우 사전에 군집의 개수를 미리 결정하지 않아도 된다.

49. **답**: ②

해설: 평균절대오차(MAE) 값은 (3+2+1)/3 = 2이다.

50. **답**: ①

해설: income의 p-value 값이 유의수준 0.05 이내에서 유의하지 않으므로 income이 Default를 증가시킨다고 할 수 없다.

ADsP(Advanced Data Analytics Semi-Professional)

(39회)기출 변형 문제

【1과목】

01. 다음 중 데이터베이스에 대한 특징과 그 설명으로 잘못된 것은?

① 통합된 데이터: 동일한 내용의 중복으로 예기치 않게 발생하는 삭제 작업으로부터 안전하다.

② 저장된 데이터: HDD, USB 등 다양한 전자매체를 통해 접근 가능한 데이터이다.

③ 공용 데이터: 여러 사용자가 공유 가능하다.

④ 변화하는 데이터: 삽입, 수정, 삭제 작업을 통해 항상 최신의 데이터를 유지한다.

02. 다음 중 암묵지와 형식지에 대한 설명으로 잘못된 것은?

① 암묵지는 학습과 체험을 통해 개인에게 습득된 지식을 의미한다.

② 형식지는 여러 사람이 공유 가능하도록 외부로 표출된 지식을 의미한다.

③ 암묵지의 특징으로는 내면화, 추상화가 있다.

④ 형식지의 특징으로는 표출화, 연결화가 있다.

03. 다음 중 데이터 사이언스의 구성요소로 가장 관련이 적은 것은?

① 수학, 확률 모델, 머신러닝 등을 포함한 분석적 지식

② 문서 작성과 같이 효율적인 전달을 위한 언어적 지식

③ 프로그래밍, 데이터 엔지니어링 등을 위한 IT적 지식

④ 프레젠테이션, 커뮤니케이션 등을 위한 비즈니스적 지식

04. 다음 중 빅데이터의 출현 배경으로 부적절한 것은?

① 게놈 프로젝트와 같이 데이터 활용을 다루는 과학이 학계에서 확산

② 디지털화, 저장 기술, 인터넷 보급 등 관련 기술의 발전

③ 다양한 데이터의 정형화로 수집 및 분석이 용이

④ 다양한 산업 분야에서 누적된 다양한 고객 정보

05. 다음 중 빅데이터의 가치 패러다임의 변화 단계 순서를 올바르게 나열한 것은?

① Agency → Digitalization → Connection　② Agency → Connection → Digitalization

③ Digitalization → Connection → Agency　④ Digitalization → Agency → Connection

06. 다음 중 빅데이터가 가져오는 변화로 잘못 설명한 것은 무엇인가?

① 데이터 양의 증가로 인한 인과관계의 강조　② 데이터 처리 비용의 감소로 사후처리가 가능

③ 분석의 정확도를 높이기 위한 데이터 양의 강조　④ IT 기술 발전 및 데이터 처리 비용의 감소로 전수조사가 가능

07. 다음 중 제조 부문의 한 영역으로 기업의 내/외부적인 분석을 통해 마케팅 측면에서 신규 고객의 창출 또는 기존 고객의 이탈 방지를 목적으로 하는 데이터베이스의 활용으로 알맞은 것은?

① CRM
② ERP
③ KMS
④ BI

08. 다음 중 DIKW 피라미드의 요소와 그 설명으로 잘못된 것은?

① 데이터: 그 자체로 의미가 중요하지 않은 객관적인 사실을 의미한다.
② 정보: 데이터의 가공, 처리를 통해 의미를 보유한 데이터를 의미한다.
③ 지식: 위 정보와 개인의 경험을 결합하여 얻어내는 개인의 판단을 의미한다.
④ 경험: 지식의 활용을 통해 얻어내는 경험으로 개인에게만 내포되는 데이터를 의미한다.

09. 다음 중 빅데이터의 위기 요인으로 그 사례가 적절하지 않은 것은?

① SNS에 업로드한 여행 게시글로 범죄의 타겟이 된 집
② 항공권 티켓 발권 시 알지 못하는 이유로 발권 거부
③ 범죄 예측 프로그램으로 인한 긴급 체포
④ 검사 사칭 전화를 통한 금융사기 타겟

10. 다음 중 데이터 사이언티스트에 대한 설명으로 잘못된 것은 무엇인가?

① Soft skill보다는 Hard skill의 중요성이 강조되고 있다.
② Hard skill에는 데이터마이닝과 같은 관련 기법에 대한 이해와 분석 방법론에 대한 지식 등이 있다.
③ 분석적 지식, IT적 지식, 비즈니스적 지식을 고루 갖추어야 한다.
④ 객관적 분석 결과에 대해서는 적절한 주관적 해석을 할 수 있어야 한다.

【2과목】

11. 다음 중 위험 대응 계획 수립의 방법으로 적절하지 않은 것은?

① 회피
② 전이
③ 관리
④ 완화

12. 분석 과제 발굴 시에는 분석 대상 인식 여부와 분석 방법에 대한 인지 여부에 따라 4가지로 나누어서 분석 과제 발굴을 수행할 수 있다. 분석 대상을 모르나 분석 방법을 알고 있는 경우에는 다음 중 어떠한 관점으로 접근해야 하는가?

① Insight
② Discovery
③ Optimization
④ Solution

13. 분석 과제들에 대한 우선순위를 고려할 때 빅데이터의 특징을 고려할 수 있다. 다음 ROI관점에서 우선순위를 선정할 때 그 요소로 적절하지 않은 것은 무엇인가?

① Volume ② Variety
③ Value ④ Veracity

14. 다음 중 분석 방법론의 생성 과정 순환을 올바르게 나타낸 것은?

① 암묵지 → (형식화) → 형식지 → (내재화) → 방법론 → (체계화) → 암묵지
② 암묵지 → (형식화) → 형식지 → (체계화) → 방법론 → (내재화) → 암묵지
③ 암묵지 → (체계화) → 방법론 → (내재화) → 형식지 → (형식화) → 암묵지
④ 암묵지 → (체계화) → 방법론 → (형식화) → 형식지 → (내재화) → 암묵지

15. 다음 중 아래 보기에서 설명하는 조직구조는 무엇인가?

> 전사내에 별도의 분석조직을 보유하고 있으며, 분석조직의 인력을 현업 부서로 배치하여 분석 업무를 수행한다. 전사적 관점에서 분석과제의 우선순위 선정이 가능하다는 장점이 있다.

① 집중형 조직 구조 ② 기능 중심 조직 구조
③ 고객 중심 조직 구조 ④ 분산형 조직 구조

16. 다음 중 분석 프로젝트 관리 영역 10가지에 포함되지 않는 것은 무엇인가?

① 리스크 ② 관리
③ 품질 ④ 조달

17. 다음 중 분석 과제 관리 프로세스에 대한 설명으로 잘못된 것은?

① 과제 발굴과 과제 수행의 두 가지 영역으로 나누어 볼 수 있다.
② 과제 발굴 단계에서 선정된 과제 후보는 현재 혹은 미래에 수행 가능하도록 풀로써 관리한다.
③ 수행된 분석 과제에 대해서는 과제 결과를 다시 과제 후보 풀로써 관리한다.
④ 과제 수행 단계에서 선정된 과제는 팀을 구성하고 과제를 수행하면서 지속적인 모니터링 작업을 병행한다.

18. 다음 중 분석 마스터플랜을 수립할 때 우선순위 고려 요소에 포함되는 것이 아닌 것은?

① 전략적 중요도 ② 기술 적용 수준
③ 비즈니스 성과 ④ 실행 용이성

19. 다음 중 데이터 거버넌스의 구성요소로 부적절한 것은?

① 원칙 ② 조직
③ 사업 구조 ④ 프로세스

20. **다음 중 하향식 접근법의 프로세스에 대한 설명으로 잘못된 것은 무엇인가?**

① 타당성 검토 단계에서는 경제적 타당성과 데이터 및 기술적 타당성 검토를 통해 문제 해결 수행 여부를 결정한다.

② 탐색된 문제에 대해 데이터 문제로 변환하는 문제 정의를 수행한다.

③ 비즈니스 모델 캔버스와 더불어 분석 기회 발굴 범위 확장 등을 통해 문제를 탐색한다.

④ 무엇을, 어떻게 분석해야 할지를 기준으로 해결 방안을 탐색한다.

【3과목】

21. **다음의 가설 검정 결과를 보고 잘못 해석한 것은?**

```
> summary(aov(data = chickwts, weight~feed))
            Df Sum Sq Mean Sq F value   Pr(>F)
feed         5 231129   46226   15.37 5.94e-10 ***
Residuals   65 195556    3009
---
Signif. codes:
0 '***' 0.001 '**' 0.01 '*' 0.05 '.' 0.1 ' ' 1
```

① 관측치의 개수는 70개임을 알 수 있다.

② 일원분산분석을 수행한 것으로 집단변수는 feed임을 알 수 있다.

③ p-value 값을 보아 귀무가설이 기각됨을 알 수 있다.

④ 위 결과로는 사후검정이 필요한 것으로 판단할 수 있다.

22. **다음 중 의사결정나무의 분류 기준과 종속변수의 유형으로 잘못 연결된 것은 무엇인가?**

① 지니지수 - 범주형 변수

② 카이제곱 통계량 - 범주형 변수

③ F-통계량 - 연속형 변수

④ 분산감소량 - 범주형 변수

23. **다음 중 아래 데이터를 보고 유클리드 거리를 올바르게 계산한 것은?**

	X	Y	Z
A	3	1	5
B	7	–2	0

① $\sqrt{12}$

② 5

③ $\sqrt{50}$

④ 12

24. **다음 중 시계열 분석에 대한 설명으로 부적절한 것은?**

① 시계열 자료에서 현재 시점의 데이터로부터 특정 시차만큼 떨어진 값들에 대한 상관계수를 함수로 나타낸 것이 자기상관함수다.

② 백색잡음이란 정규분포로부터 추출된 데이터로, 시계열 자료에서 오차항에 해당한다.

③ 평균이 일정하지 않은 경우 변환, 분산이 일정하지 않은 경우 차분을 통해 정상성을 만족시킬 수 있다.

④ 자기상관함수는 시차가 0일 때 자기 자신과의 상관계수를 의미하므로 자기상관함수의 값은 1이다.

25. 다음 중 연속형 확률변수의 기댓값을 구하는 식으로 올바른 것은?

① $\int xf(x)dx$　　② $x\int f(x)dx$

③ $\Sigma xf(x)$　　④ $x\Sigma f(x)$

26. 아래는 USArrest 데이터를 활용하여 주성분분석을 수행한 결과이다. 다음 중 아래 R코드와 결과를 보고 잘못 설명한 것은?

```
> prcomp(USArrests,center = T,scale. = T)
Standard deviations (1, .., p=4):
[1] 1.5748783 0.9948694 0.5971291 0.4164494

Rotation (n x k) = (4 x 4):
                PC1        PC2        PC3         PC4
Murder   -0.5358995  0.4181809 -0.3412327  0.64922780
Assault  -0.5831836  0.1879856 -0.2681484 -0.74340748
UrbanPop -0.2781909 -0.8728062 -0.3780158  0.13387773
Rape     -0.5434321 -0.1673186  0.8177779  0.08902432
> summary(prcomp(USArrests,center = T,scale. = T))
Importance of components:
                          PC1    PC2     PC3     PC4
Standard deviation     1.5749 0.9949 0.59713 0.41645
Proportion of Variance 0.6201 0.2474 0.08914 0.04336
Cumulative Proportion  0.6201 0.8675 0.95664 1.00000
```

① 2개의 주성분을 활용할 경우 전체 데이터의 86.75%를 설명할 수 있다.

② 첫 번째 주성분은 UrbanPop에 크게 영향을 받음을 알 수 있다.

③ center = T로 평균을 0으로 scale. = T로 분산을 1로써 단위 간 차이를 없앨 수 있다.

④ prcomp(USArrests, scale. = T)를 위와 수행해도 같은 결과를 얻을 수 있다.

27. 다음 중 연관분석의 지표들로 올바르게 짝지어진 것은?

① 지지도, 신뢰도, 민감도　　② 지지도, 신뢰도, 향상도

③ 신뢰도, 민감도, 향상도　　④ 신뢰도, 향상도, 특이도

28. 다음 중 배깅에 대한 설명으로 잘못된 것은 무엇인가?

① 한 개의 분류기에서 오는 불확실성 문제를 해결하기 위해 여러 개의 분류기를 통해 최종결과를 선발하는 모형을 의미한다.

② 지도학습의 한 종류로 목표변수를 포함하여 학습해야 한다.

③ 분산이 작을수록 좋은 예측력을 보유하기 위해 모집단의 특성을 잘 반영할 수 있는 붓스트랩을 활용하여 분류기를 구축해야 한다.

④ 앙상블 모델들은 각 분류기 간에 상호 연관성이 높을수록 정확도가 향상된다.

29. 다음 중 k-평균군집을 수행하는 순서를 올바르게 나열한 것은?

(가) 모든 개체가 군집으로 할당될 때까지 위의 과정을 반복한다.
(나) 각 군집의 seed 값을 계산한다.
(다) 원하는 군집의 개수와 초깃값을 정해 군집을 형성한다.
(라) 각 데이터를 가장 가까운 seed가 있는 군집으로 분류한다.

① (다) - (라) - (가) - (나)
② (다) - (라) - (나) - (가)
③ (다) - (나) - (라) - (가)
④ (다) - (나) - (가) - (라)

30. 시계열 모형 ARIMA(3,2,1)에 대해서 정상화를 위해 차분을 수행하게 되면 몇 번의 차분을 수행해야 하는가?

① 1
② 2
③ 3
④ 4

31. 다음 중 다차원 척도법에 대한 설명으로 잘못된 것은 무엇인가?

① 객체 간의 유사성을 시각화하는 통계 기법으로 군집분석과 유사하다.
② Stress 값을 척도로 활용하여 적합도를 판단할 수 있으며 그 값이 높을수록 좋다.
③ 주성분분석과 마찬가지로 차원 압축이라는 점은 시각화에 있어 한계점이 있음은 분명하다.
④ 구간척도 또는 비율척도인 경우 계량적 방법을 활용해야 한다.

32. 다음 중 표본조사에 대한 설명으로 잘못된 것은?

① 모집단을 정의할 수 없는 경우에 모집단으로부터 일부를 선정하고 선정된 데이터를 활용하여 모집단을 추론하는 것이 표본조사이다.
② 선정된 표본들은 반드시 모집단을 잘 대표할 수 있어야 하므로 표본조사 시 표본추출방법의 선정은 매우 중요한 요소이다.
③ 일반적인 모수의 추론은 점 추정과 구간 추정으로 평균값을 추론하는 것으로 모집단의 분산은 추정할 수 없다.
④ 모집단이 정규분포를 따르지 않는 경우 중심극한정리로부터 모집단의 모수는 정규분포를 따르므로 표본조사 수행이 가능하다.

33. 다음 중 자기조직화지도에 대한 설명으로 올바르지 않은 것은 무엇인가?

① 승자 독식 구조에 의해 군집이 수행된다.
② 역전파 알고리즘을 활용하여 군집의 수행속도가 매우 빠르다.
③ 한 번 경쟁층에 도달한 벡터는 iteration이 진행됨에 따라 가중치가 변경되므로 승자 노드가 변경될 수 있다.
④ 초기 학습률 및 가중치 행렬, 경쟁층의 노드의 수 등 최적의 파라미터 수 결정이 어렵다.

34. 다음 확률분포표를 보고 기댓값과 분산을 올바르게 짝지은 것은?

X	−1	0	1
P(X=x)	$\frac{1}{2}$	$\frac{1}{3}$	$\frac{1}{6}$

① $-\frac{1}{3}, \frac{5}{9}$
② $-\frac{1}{3}, \frac{1}{3}$
③ $-\frac{1}{6}, \frac{1}{2}$
④ $0, \frac{1}{3}$

35. 다음 중 로지스틱 회귀분석에 대한 설명으로 잘못된 것은?

① 분석을 통해 얻은 회귀계수가 한 단위 증가할 때 특정 집단에 속할 확률은 e의 회귀계수승만큼 증가한다.
② 로지스틱 회귀분석의 종속변수는 범주형이다.
③ 독립변수가 여러 개 있는 경우에도 다중회귀와 같은 방법으로 종속변수(y)의 확률값을 구할 수 있다.
④ 오즈란 실패확률을 성공확률로 나눈 값이다.

36. 다음 중 모집단의 원소에 차례대로 번호를 부여한 뒤 일정한 간격을 두고 데이터를 추출하는 표본추출 방법은 무엇인가?

① 층화 추출법
② 집락 추출법
③ 단순 임의 추출법
④ 계통 추출법

37. 주성분분석은 이해하기 힘든 고차원의 데이터를 낮은 차원의 데이터로 변환하여 데이터의 구조를 분석하는 것이 목적이다. 다음 중 주성분분석에 대한 설명으로 올바르지 않은 것은 무엇인가?

① 다변량 자료를 저차원의 데이터로 변환하는 방법으로 주성분의 갯수를 선정하는 방법으로는 평균고윳값, scree plot을 이용할 수 있다.
② 회귀분석에서 다중공선성이 의심될 경우 저차원의 데이터로 변경하여 변수의 상관성을 낮추어 다중공선성 문제를 해결할 수 있다.
③ 고차원의 데이터는 많은 정보를 보유한 것으로 생각되지만 데이터의 밀도가 감소하면서 모델 구축 시 모델의 성능이 저하되는 차원의 저주 문제를 해결하기 위해 활용 가능하다.
④ 평균고윳값 방법을 활용하여 주성분분석을 수행할 때는 평균고윳값보다 큰 고윳값을 갖는 주성분을 제거하여 분산을 낮추게 되어 안정적인 차원 축소가 가능하다.

38. 아래는 주택 가격을 예측하기 위해 각 요소들을 점수화하여 회귀분석을 수행한 결과다. 다음 중 그 결과를 잘못 해석한 것은?

```
> summary(lm(data=house_price,price~.))

Call:
lm(formula = price ~ ., data = house_price)

Residuals:
     Min       1Q   Median       3Q      Max
-2935.33  -473.37    46.28   639.15  1957.23

Coefficients:
               Estimate Std. Error t value Pr(>|t|)
(Intercept)     169.374   1371.633   0.123  0.90199
infrastructure  157.569     26.616   5.920 5.22e-08 ***
parking          27.931     11.524   2.424  0.01728 *
environment       4.245     33.905   0.125  0.90063
location        110.413     34.126   3.235  0.00168 **
school          -33.865     20.000  -1.693  0.09373 .
---
Signif. codes:  0 '***' 0.001 '**' 0.01 '*' 0.05 '.' 0.1 ' ' 1

Residual standard error: 902.5 on 94 degrees of freedom
Multiple R-squared:  0.8878,    Adjusted R-squared:  0.8818
F-statistic: 148.7 on 5 and 94 DF,  p-value: < 2.2e-16
```

① house_price에는 price를 포함하여 6개의 변수가 있음을 알 수 있다.

② 위 회귀모형은 통계적으로 유의하며 88.18%의 설명력을 보유하고 있다.

③ environment는 집값에 유의한 영향을 끼치지 못함을 알 수 있다.

④ school에 대한 점수가 높을수록 집값이 낮아지는 것을 알 수 있다.

39. 다음은 앙상블 기법 중 배깅에서 언급되는 단어와 그 설명을 정리한 것이다. 설명이 잘못된 것은 무엇인가?

① 붓스트랩: 원 데이터로부터 같은 크기만큼 랜덤 복원 추출한 샘플 데이터

② 분류기: 의사결정나무 또는 회귀모형과 같은 하나의 모델

③ 보팅: 여러 분류기로부터 얻은 결과로부터 최종 결과를 선정하는 작업

④ 퍼셉트론: 잘못 분류된 데이터에 대하여 가중치를 가하는 작업

40. 다음 중 K-FOLD 교차검증에 대한 설명으로 잘못된 것은?

① 데이터셋을 K개의 집합으로 나눈 뒤 K-1개를 훈련용으로, 나머지 1개를 테스트용으로 모델을 검증하는 방법이다.

② K값이 전체 데이터의 크기 값인 경우에는 LOOCV라 한다.

③ LOOCV는 불필요한 모델 훈련 및 검증 횟수를 줄인 것이므로 수행 속도가 매우 빠르다.

④ 교차검증의 목적은 모델의 정확도를 향상시키고 과적합을 방지하기 위함이다.

41. 다음 중 분해 시계열 요소가 아닌 것은?

① 정상 요인
② 계절 요인
③ 순환 요인
④ 추세 요인

42. 다음 중 아래의 오분류표를 보고 민감도와 특이도의 값의 차이를 바르게 계산한 것은?

		예측집단	
		1	0
실제집단	1	35	15
	0	5	45

① 0.1
② 0.15
③ 0.2
④ 0.25

43. 다음 중 Lasso 회귀모형에 대한 설명으로 부적절한 것은

① L2 penalty를 사용한다.
② 회귀계수의 절대값이 클수록 강한 penalty를 부여한다.
③ 변수를 자동으로 선택하기에 편리하다.
④ 람다 값으로 penalty 정도를 조정한다.

44. 다음 중 변수의 표준화와 함께 변수의 상관성까지 고려한 통계적 거리는?

① 체비셰프 거리
② 마할라노비스 거리
③ 민코프스키 거리
④ 표준화 거리

45. 다음 중 데이터마이닝 기법 중 그 특성이 나머지와 다른 것은?

① 자기 조직화 지도
② 혼합 분포 군집
③ K-평균 군집
④ 랜덤 포레스트

46. 다음 중 표본조사에 대한 설명으로 부적절한 것은 무엇인가?

① 비표본오차는 조사 과정에서 발생할 수 있는 모든 부주의나 실수 등을 의미하며 표본의 크기에 상관없이 일정한 오차를 갖는다.
② 모표본오차는 모집단을 대표할 수 있는 표본들이 표본집단에 속하지 못함으로써 발생하는 오차를 의미한다.
③ 표본편의는 모수를 작게 또는 크게 할 때 추정하는 것과 같이 표본추출방법에 의한 오차를 의미한다
④ 표본 표준편차는 모집단의 표준편차에 비례하며, 표본 크기의 제곱근에 반비례한다.

47. 아래는 모형 기반 군집분석을 수행하기 전에 최적의 군집의 수를 결정하기 위해 BIC 그래프를 나타낸 것이다. 다음 그림을 보고 최적의 군집의 수로 적절한 것은?

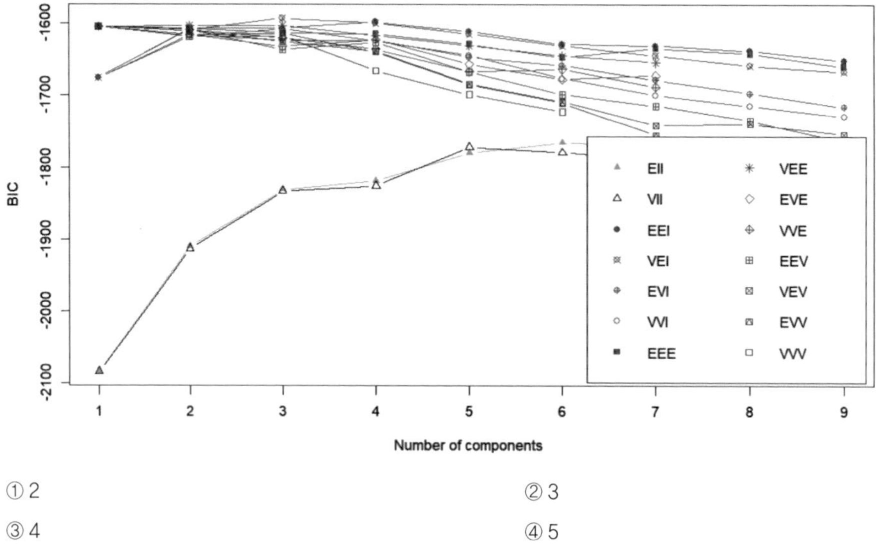

① 2　　② 3
③ 4　　④ 5

48. 다음 중 확률 및 확률분포에 대한 설명으로 잘못된 것은 무엇인가?

① 모든 확률은 반드시 0과 1 사이의 값을 갖는다.
② 두 사건이 배반사건인 경우 $P(A)+P(B)=P(A \cup B)$가 성립한다.
③ 두 사건이 독립사건인 경우 $P(A) \times P(B)=P(A \cap B)$가 성립한다.
④ A라는 사건이 발생했을 때 B라는 사건이 발생하는 조건부 확률은 $P(A \cap B)/P(B)$이다.

49. 다음 중 아래 통계 용어와 그 설명이 잘못된 것은?

① 분산: 데이터가 흩어져 있는 정도를 나타내는 것으로, 단위는 원 데이터의 제곱이다.
② 왜도: 데이터의 분포가 어느 쪽으로 많이 치우쳐 있는지를 나타내는 것으로, 왜도 값이 음수이면 최빈값 〈 평균 관계가 성립한다.
③ 첨도: 데이터가 평균에 얼마나 많이 몰려 있는지를 나타내는 정도로, 첨도 값이 클수록 확률분포가 뾰족한 그래프를 갖는다.
④ 상관관계: 두 데이터 간의 상관 정도를 나타내는 것으로, 그 값이 1에 가까울수록 두 변수는 강한 양의 상관관계를 갖는다.

50. 다음 중 데이터의 정규성을 확인하기 위한 방법이 아닌 것은?

① 샤피로 검정　　② QQ plot
③ 히스토그램　　④ 카이제곱 검정

(39회)기출 변형 문제 해답

01. **답**: ①

해설: 통합된 데이터는 동일한 내용이 중복되지 않는 것을 의미한다.

02. **답**: ③

해설: 암묵지의 특징은 내면화, 공통화이다.

03. **답**: ②

해설: 데이터 사이언스의 구성요소로써 가장 밀접한 것은 분석적 지식, IT적 지식, 비즈니스적 지식이다.

04. **답**: ③

해설: 이미지, 동영상 등과 같이 비정형적 데이터의 등장으로 수집 및 분석의 난이도가 상승했으며 해당 설명은 빅데이터의 출현 배경과는 거리가 멀다.

05. **답**: ③

해설: 과거의 Digitalization, 현재의 Connection, 미래의 Agency로 가치 패러다임의 변화가 발생하고 있다.

06. **답**: ①

해설: 데이터 양이 증가함으로 원인과 결과(인과관계)가 아닌 상관관계가 강조되었다.

07. **답**: ①

해설: 위 문제는 CRM(고객 관계 관리)에 대한 설명이다.

08. **답**: ④

해설: 경험은 DIKW 피라미드의 구성요소가 아니다.

09. **답**: ④

해설: ①은 사생활 침해, ②는 데이터 오용, ③은 책임원칙훼손 문제를 설명하고 있다. ④는 빅데이터 위기 요인과는 관련 없이 단순 보이스 피싱을 의미한다.

10. **답**: ①

해설: Soft skill과 Hard skill 중 무엇이 중요하다고 할 수 없다.

11. **답**: ③

해설: 위험 대응 계획 수립으로는 회피, 전이, 완화, 수용의 4가지 방법으로 대응할 수 있다.

12. **답**: ①

해설: 위 경우에는 Insight를 갖고 분석 과제 발굴을 수행해야 한다.

13. **답**: ④

해설: ROI 관점의 4V는 Volume, Variety, Velocity, Value이다.

14. **답**: ②

해설: 올바르게 나열한 것은 2번이다.

15. **답**: ④

해설: 위 문제는 분산형 조직 구조에 대한 설명이다.

16. **답**: ②

해설: 분석 프로젝트 관리 영역 10가지로는 통합, 이해관계자, 범위, 자원, 시간, 원가, 리스크, 품질, 조달, 의사소통이 있다.

17. **답**: ③

해설: 수행된 분석 과제는 과제 후보 풀이 아닌 과제 결과 풀로써 관리한다.

18. **답**: ②

해설: 기술 적용 수준은 적용 범위/방식 고려 요소이다.

19. **답**: ③

해설: 데이터 거버넌스의 구성요소로는 원칙, 조직, 프로세스가 있다.

20. **답**: ④

해설: 해결 방안 탐색은 무엇을 분석해야 할지, 어떻게 분석해야 할지가 아닌 분석 역량의 여부와 분석 시스템의 여부를 기준으로 해결 방안을 탐색한다.

21. **답**: ①

해설: 관측치의 개수는 자유도의 합보다 1이 더 많은 71개이다.

22. **답**: ④

해설: 분산감소량은 연속형 변수에 대한 분류 기준으로 CART 알고리즘에서 활용된다.

23. **답**: ③

해설: 유클리드 거리는 $\sqrt{(3-7)^2+(1-(-2))^2+(5-0)^2}=\sqrt{50}$이다.

24. **답**: ③

해설: 평균이 일정하지 않은 경우 차분을 통해, 분산이 일정하지 않은 경우 변환을 통해 정상성을 만족시킬 수 있다.

25. **답**: ①

해설: 연속형 확률변수의 기댓값을 구하는 식은 1번이다.

26. **답**: ②

해설: 첫 번째 주성분은 절댓값이 큰 Murder, Assault, Rape에 크게 영향받는다.

27. **답**: ②

해설: 연관분석의 지표로는 지지도, 신뢰도, 향상도가 있다.

28. **답**: ④

해설: 각 분류기 간에 상호 연관성이 낮아야 한다.

29. **답**: ②

해설: 순서를 올바르게 나열한 것은 2번이다.

30. **답:** ②

해설: ARIMA(3,2,1)의 경우 정상화를 위해 차분을 수행하게 되면 2번의 차분을 통해 ARMA(3,1)이 된다.

31. **답:** ②

해설: Stress 값은 낮을수록 좋다.

32. **답:** ③

해설: 모집단으로부터 n개의 표본을 추출한 경우 표본의 분산은 자유도가 n–1인 카이제곱분포를 따르며 이를 통해 모집단의 분산을 추정할 수 있다.

33. **답:** ②

해설: 자기조직화지도는 순전파 알고리즘만을 사용한다.

34. **답:** ①

해설: 기댓값은 $(-1)\times\frac{1}{2}+0\times\frac{1}{3}+1\times\frac{1}{6}=-\frac{1}{3}$,

분산은 $\left((-1)^2\times\frac{1}{2}+0^2\times\frac{1}{3}+1^2\times\frac{1}{6}\right)-\left(-\frac{1}{3}\right)^2=\frac{5}{9}$이다.

35. **답:** ④

해설: 오즈는 성공확률을 실패확률로 나눈 값이다.

36. **답:** ④

해설: 위 문제의 설명은 계통 추출법에 대한 설명이다.

37. **답:** ④

해설: 평균고윳값 방법은 평균고윳값보다 고윳값이 작은 주성분을 제거한다. 또한 분산이 클수록 많은 정보량을 가질 수 있기 때문에 분산을 낮추는 것은 좋은 차원 축소라 할 수 없다.

38. **답:** ④

해설: school의 p–value값이 0.05보다 큰 것으로 보아 school의 회귀계수는 유의하지 않음을 알 수 있다. 따라서 school에 대한 점수가 집값에 영향을 끼친다고 할 수 없다.

39. **답:** ④

해설: 퍼셉트론은 배깅과 관련이 없다.

40. **답:** ③

해설: K값이 전체 데이터 크기이므로 총 K번의 모델 구축 및 검증을 수행하기 때문에 수행속도가 매우 느리다.

41. **답:** ①

해설: 정상 요인은 분해 시계열 요소가 아니다.

42. **답:** ③

해설: 민감도는 35 / (35+15) = 0.7, 특이도는 45 / (5+45) = 0.9로 그 차이 값은 0.2이다.

43. **답:** ①

해설: Lasso 회귀모형은 L1 penalty를 사용한다.

44. **답**: ②

해설: 마할라노비스는 변수 간 상관성까지 고려한 통계적 거리이다.

45. **답**: ④

해설: 랜덤 포레스트는 지도학습 또는 분류분석이며, 나머지는 비지도학습 또는 군집분석이다.

46. **답**: ①

해설: 비표본오차는 표본의 수가 많아질수록 증가한다.

47. **답**: ②

해설: BIC가 최대가 되는 지점이 최적의 군집 수이므로 3개이다.

48. **답**: ④

해설: A라는 사건이 발생했을 때 B라는 사건이 발생하는 조건부 확률은 P(A∩B)/P(A)이다.

49. **답**: ②

해설: 왜도 값이 음수이면 최빈값 〉 중앙값 〉 평균 관계가 성립한다.

50. **답**: ④

해설: 카이제곱 검정은 정규성 검정에 적합하지 않다.

찾아보기

T – Y

ㄱ – ㄴ

ㄷ

찾아보기

ㅈ

ㅊ

ㅋ – ㅌ

ㅍ

찾아보기